Diccionario Irlandés-Español
Foclóir Gaeilge-Spáinnise

An Irish-Spanish Dictionary

David Barnwell
Carmen Rodríguez Alonso

Segunda edición
An dara heagrán

Arna fhoilsiú ag/*Published by* Evertype, 19A Corso Street, Dundee, DD2 1DR, Alba/*Scotland*. *www.evertype.com*.

© 2009–2022 David Barnwell & Carmen Rodríguez Alonso. An chéad eagrán/*First published in* 2009: Coiscéim, Baile Átha Cliath.

Gach ceart ar cosaint. Ní ceadmhach aon chuid den fhoilseachán seo a atáirgeadh, a chur i gcomhad athfhála ná a tharchur ar aon mhodh nó slí, bíodh sin leictreonach, meicniúil, bunaithe ar fhótachóipeáil, ar thaifeadadh nó eile, gan cead a fháil roimh ré ón bhfoilsitheoir.
All rights reserved. No part of this publication may be reproduced, stored in a retrieval system, or transmitted, in any form or by any means, electronic, mechanical, photocopying, recording, or otherwise, without the prior permission in writing of the Publisher, or as expressly permitted by law, or under terms agreed with the appropriate reprographics rights organization.

Tá taifead catalóige don leabhar seo le fáil ó Leabharlann na Breataine.
A catalogue record for this book is available from the British Library.

ISBN-10 1-78021-298-2
ISBN-13 978-1-78021-298-6

Arna chlóchur/*Typeset in* Baskerville ag/*by* Michael Everson.

Clúdach/*Cover design by* Michael Everson.

CLÁR AN ÁBHAIR • CONTENIDO

Agradecimientos iv
Réamhrá. v
An Spáinnis v
An Fhoclóireacht agus an Aistritheoireacht. vi
An Foclóir seo vii
Prefacio ix
Breve descripción del irlandés ix
Estado actual. xii
Descripción lingüística del irlandés xiv
Fonología y morfología xiv
Gramática xv
Léxico xvii
Breve historia de la lexicografía irlandesa xviii
Origen de este diccionario xx
Consejos para el uso del diccionario. xxiii
Lista de Abreviaturas xxiv

A 1	H 118	O 165	V 243
B 15	I 119	P 170	W 243
C 32	J 129	Q 179	X 243
D 65	K 129	R 180	Y 243
E 82	L 130	S 188	Z 243
F 88	M 144	T 220	
G 104	N 160	U 239	

Breves apuntes sobre la gramática del irlandés 244
   Tabla I: Pronombres preposicionales 244
   Tabla II: Comparativo de algunos adjetivos irregulares 245
   Tabla III: Verbos irregulares 245
   Tabla IV: Declinaciones del nombre 247
Refranes • Seanfhocail. 250
Cnuasach logainmeacha: Tíortha • Selección de topónimos: Países .. 255
Logainmeacha eile • Otros topónimos 256

Agradecimientos

Queremos expresar nuestro agradecimiento a los siguientes colaboradores:

Pól Ó Cainin *Asesor Lengua Irlandesa*

Mirna Vohnsen *Asesora Lengua Española*

María del Pilar Mejía Montoya *Asesora Lengua Española*

Isabel Presedo Vázquez *Asesora Lengua Española*

David Barnwell
Director de la Publicación

Réamhrá

An Spáinnis

Is teanga Rómánsach í an Spáinnis, a d'fhás as fréamhacha na Laidine. Míle bliain ó shin, ní raibh inti ach canúint a bhí lonnaithe i dtuaisceart na Spáinne, thart ar réigiún Cantabria agus áiteanna áirithe sa Chaistíl. Ach de bharr thábhacht na Caistíle sa *Reconquista*—is é sin, feachtas na gCríostaithe chun an tír a athghabháil ó na hArabaigh—d'fhás cumhacht na Caistílise agus chuaigh an *Mózarabe* i laige.

Ar feadh tamall fada mheas lucht labhartha na Caistílise gur saghas Laidine a bhí á labhairt acu. Ní go dtí an cúigiú haois déag a tháinig athrú ar an dearcadh sin, nuair a thosaigh daoine ag smaoineamh mar a dteanga mar rud ar leith a bhain leis an Spáinn, agus nach droch-Laidin amháin a bhí inti. Sa bhliain 1492 d'fhoilsigh Antonio de Nebrija a *Gramática de la Lengua Castellana*, an chéad ghraiméar a cuireadh i gcló ar theanga Rómánsach ar bith. B'éacht fíorthábhachtach é seo i stair na Spáinnise. Nuair a bhronn Nebrija a leabhar ar an mBanríon Isabel la Católica, deirtear go ndúirt sé léi: *Su alteza, la lengua es el instrumento del Imperio.* ("A Shoilse, is uirlis de chuid na hImpireachta í an teanga"). Ba sa bhliain 1492 a ghlac an Choróin seilbh ar chathair Granada, ag aontú na leithinse Ibéaraí don Chríostíocht den chéad uair ón mbliain 711. Ba í an Chaistílis teanga náisiúnta na Spáinne feasta, agus b'aon tír amháin í an Spáinn ar shlí nárbh fhíor roimhe sin. Dar ndóigh, i mí Lúnasa na bliana céanna d'fhág trí long Chríostóra Colambas calafort Palos san Andalúis agus thug siad an teanga Chastílise leo go dtí an Domhan Úr.

Bhí nascanna láidre idir an Spáinn agus Éire ó dheireadh an séú haois déag i leith. Bronnadh saoránacht na Spáinne ar Chaitlicigh na hÉireann chomh luath le Conradh Daingean i 1529. Níos déanaí sa chéad, thosaigh a lán taidhleoirí, feidhmeannach agus fiú amháin spiairí ag triall ar Éirinn chun dul i gcomhairle le taoisigh na nGael. Ba í an Laidin an teanga a d'úsáidtí i gcúrsaí taidhleoireachta na linne sin, ach is deacair a chreidiúint nach ndearna spiairí na Spáinne iarracht ar bith ar an nGaeilge a fhoghlaim, mar ba í gnáth-theanga a gcuid comhghuaillithe. Ní chuirfeadh sé ionadh dá mba rud é gur cuireadh liostaí focal Ghaeilge i dtoll a chéile nó fiú graiméir bheaga do na Spáinnigh seo roimh imeacht go hÉirinn dóibh, ach más ea, níor thángthas ar aon cheann acu riamh.

Ar an taobh eile de, is léir go raibh an Spáinnis ar eolas ag roinnt mhaith daoine in Éirinn an tráth sin. Mar shampla, sna 1590í scríobh spiaire Spáinneach ar ais go dtí a thír féin ag moladh go dtiocfadh cabhlach na Spáinne i dtír i gcalafort Dhún na Séad. Ar na buntáistí a bhí ag baint leis

Diccionario Irlandés-Español

an mbaile sin, dar leis, luaigh sé go raibh Spáinnis ag líon mór de lucht an bhaile. Go deimhin féin, bhí an scéal céanna ag Fynes Moryson, an Sasanach a thaistil trí Chúige Uladh i dtús an seachtú haois déag: "*All the gentlemen and common people, and the very jurymen put upon life and death and all trials in law, commonly spoke Irish, many Spanish, and few or none could or would speak English*".

Ba ghaol é Phillip O'Sullivan Beare le Dónal Cam, an té a rinne an t-aistear clúiteach ó Chorcaigh go Connachta tar éis Chath Chionn tSáile. Chaith Phillip formhór a shaoil sa Spáinn. Thart ar 1625 chum sé an *Zoilomastix*. Sa téacs sin ríomhann sé stair na hÉireann agus déanann sé ionsaí ar an mbolscaireacht chiníoch a bhí á cur amach ag Sasana san am. Tá mír aige faoin teanga Ghaeilge ina nochtann sé an tuairim gurbh í an Ghaeilge an teanga ba thúisce a labhraíodh sa Spáinn. Tugann sé samplaí d'fhocail Ghaeilge agus Spáinnise chun tacú lena chuid tuairimí. Fiú amháin más bréagshanasaíocht cuid mhór den saothar teangeolaíochta a chum sé, is féidir a rá gurbh é O'Sullivan Beare an chéad duine a rinne iarracht dul i ngleic le foclóireacht chomparáideach na Gaeilge agus na Spáinnise.

Gan amhras, an léargas ar stair na hÉireann a bhí ag an Súilleabhánach, gur ón Spáinn a tháinig na Gaeil (Clanna Míle) sa chéad dul síos, b'in í tuairim na coitiantachta ar feadh na gcéadta bliain. Tá sí le fáil sa *Lebor Gabhála* (ón dara haois déag) agus síos chomh fada leis na 1790í bhí aitheantas ar leith á thabhairt do na hÉireannaigh sa Spáinn ar an mbonn sin. Mar a deir caipéis oifigiúil de chuid na linne sin:

> *a los lrlandeses establecidos en estos Reynos se les deven guardar y mantener los Privilegios que les están concedidos igualándolos a los naturales Españoles ... respecto a que por el hecho de establecerse en estos Reynos, son reputados por Españoles y gozan los mismos derechos.*

Caithfear na pribhléidí atá ag na hÉireannaigh a chosaint, iad siúd a thugann ionannas dóibh leis na Spáinnigh agus a ghéilleann na cearta céanna dóibh agus atá ag na Spáinnigh.

An Fhoclóireacht agus an Aistritheoireacht

Is maith is eol do dhaoine an bhaint a bhí ag Éireannaigh le hArm na Spáinne, ach bhí tábhacht ag Éireannaigh, nó ag daoine dá sliocht, i saol intleachtúil na tíre freisin. Bhí Guillermo Bowles ann, an Corcaíoch a bhí ar dhuine de phríomheolaithe na Spáinne san ochtú haois déag. Fear de theaghlach clúiteach Easpáinneach-Éireannach i gCadiz ba ea Pedro Alonso O'Crowley, agus scríobh sé staidéar antraipeolaíoch ar Mheicsiceo dar teideal *Idea Compendiosa del Reyno de Nueva España* (1774). I gcur síos ar bith ar

Foclóir Gaeilge-Spáinnise

chúrsaí foclóireachta na Spáinnise is fiú an *Diccionario Nuevo y Completo de las Lenguas Espanola e Inglesa* a lua. Foilsíodh an saothar ollmhór seo i Maidrid i 1797. Beirt sagart as Éirinn iad na húdair, Tomás Connelly agus Tomás Higgins.

I Meiriceá chaith Mathias O'Conway (1766–1842) na blianta ag obair ar fhoclóirí Gaeilge-Béarla agus Béarla-Spáinnise. Ba chainteoir dúchais as Gaillimh é. Níor foilsíodh na foclóirí riamh—agus, ar an drochuair, tá cuid mhaith dá fhoclóir Gaeilge-Béarla caillte anois—ach tá carn dá chuid páipéar sa Leabharlann Náisiúnta i mBaile Átha Cliath a léiríonn gur cheannródaí é Mac Uí Chonmhaí i gcúrsaí foclóireachta Gaeilge agus Spáinnise. Ní miste Éireannach eile a lua, is é sin Denis McCarthy, fear as Baile Átha Cliath a raibh ardmheas air mar aistritheoir go Béarla, a d'aistrigh saothair leis an drámadóir Calderón de la Barca i lár an naoú haois déag. I measc na ndrámaí a d'aistrigh sé bhí an *Purgatorio de San Patricio*. Agus ba chóir tagairt a dhéanamh don Athair Peadar Ó Laoghaire, mar sa bhliain 1921 d'fhoilsigh sé aistriúchán Gaeilge ar leagan giorraithe de scéal *Don Quixote/Don Cíochótae*.

Is annamh a bhíonn an Ghaeilge le fáil i bhfoclóirí dátheangacha, fág na foclóirí Béarla-Gaeilge agus Gaeilge-Béarla as an áireamh. D'fhág Risteard Pluincéad lámhscríbhinn d'fhoclóir Gaeilge-Laidine ina dhiaidh ón seachtú haois déag. San fhichiú haois, tá foclóir Gaeilge-Fraincise ann, a chum Risteard de Hae i 1952, maille le foclóir Gaeilge-Briotáinise (*Geriadur iwerzhoneg-brezhoneg*) le Loeiz Andouard agus Éamon Ó Ciosáin (1987). Thart ar an am céanna scríobh Gary Bannister, a bhí ina chónaí i Moscó ag an am, foclóir beag Gaeilge-Rúisise.

An Foclóir seo

An t-imleabhar atá á chur amach anois, is leagan ceartaithe é den Fhoclóir a foilsíodh i mBaile Átha Cliath in 2009, agus forbairt mhór déanta air. Faraoir, cailleadh duine d'údair an chéad eagráin, Pádraig Ó Domhnalláin, idir an dá linn. Suaimhneas síoraí dá anam.

David Barnwell
Eagarthóir agus Stiúrthóir an Tionscadail

Prefacio

Breve descripción del irlandés

El irlandés es una lengua indoeuropea que pertenece a la rama goidélica de la familia celta. Ésta es la lengua que dio origen al gaélico escocés, así como también al manés, aunque de este último ya no quedan hablantes nativos. Existe cierto nivel de semejanza entre el irlandés hablado, especialmente en Donegal, y el gaélico escocés. El irlandés guarda una relación más distante con otras lenguas celtas tales como el galés y el bretón.

El irlandés llegó a Irlanda de la mano de los celtas aproximadamente en la época en que vivió Cristo.La forma más antigua del proto-irlandés se conserva en las inscripciones ogham, que datan principalmente de los siglos IV y V. Los caracteres ogham se basaban en combinaciones de barras oblicuas y líneas horizontales, usualmente escritos en piedra. La mayoría de las inscripciones son nombres de personas. El irlandés antiguo es la más temprana de las lenguas vernáculas del norte de Europa de la cual aún existe literatura. Ésta data del periodo medieval temprano, pero muchos de los temas que se abordan se remontan a épocas anteriores.

A pesar de la colonización de Irlanda por los vikingos y normandos, el irlandés permaneció como lengua dominante en la Edad Media y en épocas posteriores a ésta. El auge de la lengua se produjo quizás en el siglo XV. Casi toda la población irlandesa era gaélico parlante y si a esto sumamos los hablantes del gaélico escocés, que en esa época era más similar al irlandés de lo que es hoy, podría decirse que el gaélico competía con el inglés como principal lengua en grandes zonas de las dos islas. Además, ya para este periodo había emergido una importante literatura en lengua irlandesa. Lógicamente el estatus del idioma dependía de la fuerza de la cultura en la cual era hablado. Por esto la política inglesa en Irlanda tuvo como objetivo despreciar tanto el idioma como la cultura indígena. Así, caben citarse las palabras de Spenser, el poeta inglés, que escribió en 1589 *If the tongue be Irish then the hart be Irish* 'Si la lengua es irlandesa el corazón será irlandés'.

Desde comienzos del siglo XVII se inició un inexorable proceso de decadencia de la lengua. Puede decirse que comenzó con la derrota de la sociedad gaélica en la batalla de Kinsale (1601) cuando un ejército irlandés que llegó al sur del país para unirse con una fuerza expedicionaria española fue derrotado por los ingleses. Los sectores más poderosos de la aristocracia gaélica abandonaron su patria poco después, muchos buscaron refugio en España o Flandes.

Foclóir Gaeilge-Spáinnise

En los siglos XVII y XVIII el proceso de declive de la lengua continúa. De esta suerte, hechos tales como las "plantaciones" (limpieza étnica de la población nativa) y la implantación de las Leyes Penales (estatutos expresamente escritos con el objetivo de discriminar a la población católica) acabaron por eliminar lo que quedaba de las clases gobernantes hablantes del irlandés. En consonancia con la decadencia de sus instituciones sociales y culturales, la lengua llegó a ser asociada con el mundo rural más que con el urbano, con los campesinos más que con las clases profesionales, con la pobreza más que con la oportunidad. A partir de entonces, el inglés fue la única lengua empleada en y por las instituciones gubernamentales y públicas aunque sólo una minoría lo usaba como lengua nativa.

Aunque el irlandés era el idioma de una nación predominantemente católica, la lengua nunca fue posesión exclusiva de los católicos de Irlanda. El inicio de la tradición del interés de los protestantes por la lengua se muestra con el primer libro editado en irlandés. Este era *Foirm na n-Urrnuidheadh* (Forma de la Oración) por John Carswell, una traducción de la Liturgia de John Knox, que se publicó en Edimburgo en 1567. De hecho, Carswell dedicó su libro "a los hombres de Escocia e Irlanda". El irlandés empleado en este texto era un irlandés de alto registro lingüístico, usado en esa época tanto en Irlanda como Escocia, y el libro de Carswell siguió en uso en Escocia durante mucho tiempo. El primer libro gaélico impreso y publicado en Irlanda fue un catecismo de la iglesia anglicana de Irlanda *Aibidil Gaoidheilge agus Caiticiosma*, por John Kearney, Tesorero de la Catedral de San Patricio (Dublín, 1571). La versión protestante del Nuevo Testamento fue traducida al irlandés y publicada en Dublín en el año 1602. El autor es conocido como William O'Donnell, pero se cree que varios otros colaboraron en el proyecto. El Antiguo Testamento fue traducido al irlandés por un grupo de eruditos bajo la dirección del obispo inglés William Bedell, hacia el año 1630, pero sólo llegó a ser publicado algunas décadas después.

Indudablemente, todos estos textos fueron editados con el objetivo de promover la Reforma Protestante, pero cabe mencionar que también fueron publicados durante esta época una serie de obras católicas. En 1611 el padre Bonaventura O hEodhasa publicó en Amberes su catecismo católico *An Teagasc Críosdaidhe*, la primera obra impresa en fuente gaélica. Pocos años después, Aodh Mac Aingil, un irlandés que había vivido mucho tiempo en Salamanca, publicó en Lovaina su tratado *Scáthán Shacramuinte na hAithridhe*, es decir "El Espejo del Sacramento de la Penitencia". También durante esta década prolífica Flaithrí O Maolchonaire publicó una traducción de la obra castellana (originalmente catalana) "Espejo de Religiosos" bajo el título *Sgáthán an Chráibhidh* (Lovaina 1616). Por supuesto, cabe señalar que estos libros fueron editados en el extranjero, ya que la publicación

Diccionario Irlandés-Español

de libros de devoción católica quedó prohibida en Irlanda casi hasta el siglo diecinueve.

El siglo dieciocho vio la restricción de la lengua irlandesa a lo que ha sido llamado "La Irlanda Oculta", es decir la Irlanda gaélica y católica que vivió al margen del estado y lejos del poder. Pocos miembros de la clase dirigente protestante se interesaron por Irlanda o por su antigua cultura. Un número muy reducido de estos, tales como Charles Vallencey y Charlotte Brooke, sí trataron de promover el respeto por la lengua. Vallencey tenía un interés específico en lo que consideraba ser las fuentes españolas del pueblo irlandés y de su lengua. Esta identificación del sector protestante con la lengua irlandesa, si bien suponía una minoría escasa de los protestantes, volvió a renovarse a finales del siglo diecinueve, cuando muchos miembros de esa comunidad participaron en la iniciativa nacional que se proponía conservar la lengua.

Desde mediados del siglo XVIII las Leyes Penales fueron más laxas y pudo apreciarse un mayor desarrollo y prosperidad entre sectores de los irlandeses de cultura gaélica. El elemento más próspero de esta comunidad católica se asimiló a la clase dominante adoptando el inglés. Así, el irlandés continuó como el habla de la mayor parte de la población rural. Ésta experimentó un rápido crecimiento a principios del siglo XIX, así que para 1835 el número de hablantes nativos de irlandés se estimaba en cuatro millones. Casi todos de estos eran pobres, en muchos casos vivían en condiciones de miseria. Por lo tanto, la lengua ya se asociaba con pobreza y penuria económica.

Esta población quedó diezmada por la Gran Hambruna (1845-1848) y por la masiva oleada de emigración que comenzó durante esos años. Los irlandeses de habla irlandesa se enfrentaron con el hecho de que sus hijos tendrían que vivir en una sociedad en la cual el inglés era la lengua del poder y del progreso económico, tanto si permanecían en su propio país o si iban a emigrar a Inglaterra o a Estados Unidos. Dadas estas circunstancias, innumerables padres hablantes del irlandés tomaron la decisión de criar a sus hijos en el idioma inglés, a pesar de que ellos mismos no dominaban la lengua. Esta decisión fue reforzada por dos hechos, uno fue la actitud de la Iglesia Católica de apoyar al inglés como lengua idónea para difundir el catolicismo, el otro fue la naturaleza del sistema educativo británico vigente en Irlanda, bajo el cual la lengua de instrucción en las escuelas era el inglés. La norma por la cual las escuelas debían usar el inglés como único medio de enseñanza, llegaba a tal extremo que los estudiantes eran castigados si se les escuchaba hablar en irlandés. Parece que en algunos casos los padres apoyaban esta prohibición del irlandés porque consideraban que era cuestión de vida o muerte que sus hijos dominaran el inglés.

Foclóir Gaeilge-Spáinnise

Por esto no fue hasta 1878 cuando, por primera vez, el irlandés se incluyó en el currículo.

El caso del irlandés es extraño entre las lenguas del mundo, puesto que es raro que un pueblo abandone su lengua nativa y adopte otra. Si bien los factores a considerar fueron múltiples, nos encontramos ante una auténtica "decisión" por parte del propio pueblo irlandés, un pueblo enfrentado con la única alternativa de la emigración o la muerte, de alterar el estatus del irlandés como su lengua nacional. A lo largo del siglo diecinueve, millones de irlandeses decidieron no transmitir el irlandés a sus hijos, buscando de esta manera enfilarlos hacia el inglés, a pesar de que la que aprendían fuera una versión imperfecta de una lengua que en muchos casos apenas hablaban. Esta desviación lingüística fue drástica y súbita; en el espacio de dos generaciones el número de hablantes nativos de la lengua decayó de cuatro millones a menos de setecientos mil a finales del siglo XIX.

Sin embargo, las postrimerías del siglo XIX fueron un periodo importante y de optimismo para el idioma irlandés, ya que esa época fue testigo de una ola de interés por la lengua. Eruditos en lingüística, muchos de ellos de Alemania, llegaron a interesarse en la filología de las lenguas celtas, mientras que otros comenzaron a leer y traducir la antigua literatura del irlandés. El entusiasmo de este "Renacer Gaélico" se propagó al público en general y un gran número de irlandeses anglófonos se esforzaron por aprender su lengua nativa. En 1893 se fundó *Conradh na Gaeilge* (La Liga Gaélica) con el propósito de fomentar la enseñanza y el uso del irlandés. Se diseminó la Liga por las muchas partes del mundo donde residían irlandeses, inclusive en Buenos Aires, cuyo comité de la Liga fue establecido en 1899.

A pesar de todo este optimismo, el Renacer Gaélico pronto perdió empuje, y se reavivó de nuevo el declive de la lengua irlandesa. El logro de la independencia política para la mayor parte del país y la implementación de iniciativas políticas para apoyar el idioma resultaron insuficientes para detener este inexorable proceso. Ninguna medida, ni coercitiva ni seductora fue efectiva para detener el avance del inglés por toda la sociedad irlandesa. Al finalizarse el siglo XX el *Gaeltacht* o zona de habla irlandesa quedó reducida a pequeños focos en el oeste del país, tanto como a otras áreas diminutas en diferentes partes de Irlanda. La población total de estas regiones llegaba a casi 100.000 personas, pero esto incluía la gran cantidad de angloparlantes que vivían en los *Gaeltachtaí*. El censo de 2016 mostraba que el número de habitantes de las regiones oficialmente designadas como Gaeltacht alcanzaba los 96.000. Dos de cada tres de estas personas afirmaban hablar irlandés a diario pero solo 20.000 personas dijeron que hablaban irlandés fuera del ámbito del sistema educativo. En el país entero, la cifra de personas que sostenían que sabían irlandés llegaba al 40% de la población. No obstante, las cifras que arroja el censo nacional acerca del uso de la lengua son muy dudosas, dado que como siempre sucede en los casos en que los censados informan sobre sí mismos se tiende a abultar el número de personas que hacen uso de la lengua en su vida diaria. La estadística tiende a amplificar la presencia de la lengua en la vida diaria. Es algo casi insólito escuchar el irlandés hablado en la calle o el supermercado, así que puede sospecharse que el uso por este supuesto 40% de la población se basa más en el aprendizaje de la lengua en las escuelas, donde ésta es una asignatura obligatoria. La cifra más fidedigna que refleja el número de personas que hablan irlandés con frecuencia en su vida diaria apenas superará el 2.5% de la población de la República de Irlanda. El censo de 2021 en Irlanda del Norte mostró que unas 6000 personas, es decir el 0,3% de la población, afirmó usar el irlandés como idioma principal. Más del 12% de la población se atribuía cierta competencia en la lengua. El informe mostró que esta habilidad era mucho mayor en zonas de alta población católica en comparación con las de población protestante. La identificación con la lengua es casi exclusiva a la comunidad católica del Norte, para quienes el irlandés tiene importancia como un símbolo distintivo de su identidad nacional y cultural.

Estado actual

Como puede verse, un número considerable de irlandeses se declara usuarios del irlandés, pero resulta imposible evaluar la validez de estas declaraciones. Dicho esto, parece probable, como suele ocurrir en estos casos, que el nivel de lectura y comprensión auditiva es más alto que el dominio de la lengua hablada. La constitución de Irlanda reconoce el irlandés como el idioma nacional y primer idioma oficial del estado. El inglés es reconocido en la constitución como el segundo idioma oficial, pero en términos prácticos éste domina totalmente el país en cultura, educación, industria así como en los medios de comunicación. El idioma irlandés forma parte esencial del currículo de las escuelas en los sectores primario y secundario aunque aquí también se encuentra amenazado por la demanda de otras asignaturas importantes en la jornada escolar. Varios estudios muestran que el nivel de irlandés en las escuelas es muy bajo en general y que la motivación para aprender la lengua es floja. Dado el hecho de que los jóvenes educados en el sistema irlandés son sometidos a miles de horas de instrucción antes de salir del sistema público a la edad de dieciocho años o más, no deja de ser extraordinario que muchos de ellos al dejarlo no sean capaces de componer ni una simple frase en lengua irlandesa. Es obligatorio enseñar el irlandés en las escuelas de Irlanda, pero no es obligatorio aprenderlo.

Foclóir Gaeilge-Spáinnise

Las actitudes públicas hacia la lengua son ambivalentes. Todos los partidos políticos apoyan, al menos en teoría, que la lengua desempeñe una posición central en la vida nacional. Además, nunca ha existido un movimiento de amplio apoyo popular que abogara por abandonar la lengua. Sin embargo, existe una gran minoría de irlandeses que se declaran hostiles a la lengua y parece que desean verla muerta. Estas personas emplean términos como "lengua muerta" o "irrelevante" cuando se refieren al irlandés. Con frecuencia requieren que se amplíe el estudio de lenguas "modernas" en lugar del irlandés. Cierto es que no hay evidencia alguna de que estos quienes arrinconan el irlandés sean mas competentes en las lenguas "modernas". Por otro lado, existe una minoría que se identifica fuertemente con la lengua y hacen todo lo posible por usarla cada vez que se le brinda la oportunidad. La gran masa de la población se ubica entre los dos lados; apoyan la enseñanza del irlandes en las escuelas y la presencia del idioma en ocasiones oficiales, pero pocos hacen esfuerzo por hablarlo. Además, hay algunos que afirman que Irlanda tiene otra habla nacional, el inglés de Irlanda, y que por ello la lengua irlandesa no importa. Sí es verdad que el irlandés dejó muchas huellas en el inglés hablado en Irlanda, especialmente durante el siglo XIX, en la época en que ocurrió la gran transición del irlandés al inglés. Esta forma de inglés que ha sido altamente influido por el irlandés es conocida como Inglés Hibérnico. Si bien algunos pocos elementos de este dialecto han sobrevivido en el habla casi ya no existe. Es una forma que está en decadencia irrevocable, aniquilada por el inglés estándar mundial. Además, el inglés hibérnico no es aceptado como una lengua oficial y nunca es usado en ocasiones públicas o formales. Asimismo resulta revelador que no es ésta un habla innovadora, dado que ya no le entran ni se producen nuevas locuciones o expresiones. Así, se ha rendido frente a la hegemonía de los medios de comunicación ingleses y americanos y la globalización del inglés.

Evidentemente una lengua no sólo se emplea cuando se habla, sino que se ha de tener presente que la lectura o la escucha de la lengua con comprensión son otros de los usos. Actualmente existen varias publicaciones en lengua irlandesa, con escasa distribución. También se imprimen revistas y otras publicaciones, así como emiten en lengua irlandesa estaciones de radio y un canal de televisión. La circulación y difusión de todos estos medios es sin embargo bastante pequeña. A veces el irlandés también se asoma en los medios de lengua inglesa, tales como las grandes cadenas de TV y los periódicos más importantes. La lengua está presente en muchos documentos oficiales del estado irlandés, los cuales se publican en ambos idiomas, el inglés y el irlandés. El irlandés se ve también en la rotulación de los nombres de calles y barrios de las ciudades, aunque puede observarse el poco prestigio que tiene cuando se aprecia que una enorme cantidad de

Diccionario Irlandés-Español

éstos llevan errores de gramática u ortografía. Por otra parte la mayoría de los topónimos en Irlanda, tanto el norte como el sur, están basados en nombres de lugares de la lengua irlandesa, aunque recientemente ha habido un movimiento hacia la incorporación de nombres de lugares de Inglaterra.

Ya fuera de Irlanda es común ver a turistas irlandeses haciendo el intento de usar la lengua como un código secreto cuando desean que los no irlandeses no los comprendan, aunque rara vez pueden ir más allá de un par de frases imperfectas. A su vez, frecuentemente los irlandeses que han vivido fuera del país por un largo plazo intentan aprender o reestudiar el irlandés, una lengua por la que poco se preocupaban mientras vivían en Irlanda. No se han hecho estudios del efecto sobre el irlandés de la inmigración masiva que comenzó a finales del siglo veinte, pero es indudable que se escucha cien veces más el idioma chino o polaco en las calles de Dublín que el irlandés. En diez años el irlandés, que antes ocupaba el segundo puesto en cuanto al número de hablantes en Irlanda, ha caído hasta no ocupar ni siquiera la sexta posición. Parece que hay poco interés por la lengua irlandesa entre los inmigrantes en Irlanda, y la presencia de cientos de miles de hablantes de otros idiomas plantea problemas impredecibles para el porvenir del irlandés en la sociedad y su posición en el sistema educativo.

Descripción lingüística del irlandés

El irlandés puede dividirse en tres dialectos. Estos son el irlandés de Munster, que se habla predominantemente en el oeste de Kerry; el irlandés de Connemara, delimitado al occidente de Galway, y el irlandés del Ulster, localizado en regiones de Donegal. Todos son mutuamente inteligibles, especialmente desde el advenimiento de la televisión y la radio nacional en idioma irlandés, la cual ha dado a los hablantes la oportunidad de familiarizarse con otros dialectos que antes no oían. Existe una forma estandarizada de la lengua conocida como *An Caighdeán Oifigiúil* (La Norma Oficial), la cual se enseña en las escuelas y es usada en las publicaciones oficiales. Esta variedad en realidad constituye una forma del idioma usada por pocos hablantes nativos.

Fonología y morfología

El eje del sistema consonántico del irlandés es la existencia de pares de consonantes en versiones palatales y velares. Esta distinción es fonémica, o sea que es usada para comunicar significados. Este sistema tiene mayor afinidad con las lenguas eslavas que con muchas lenguas del oeste de Europa. Hay un residuo de tal distinción en las lenguas romances; puede verse en parejas tales como:

Foclóir Gaeilge-Spáinnise

medicina ~ médico   décimo ~ década
[meðiˈθina] ~ [ˈmeðiko]   [ˈdeθimo] ~ [deˈkaða]

Hay quince pares de tales consonantes en irlandés. Un ejemplo puede verse en la consonante final de **botún** 'error', que llega a ser palatizada, **botúin**, al formar el plural. El proceso igualmente funciona para indicar posesión en ciertos sustantivos:

    an garsún   **rothar an gharsúin**
    el chico   la bicicleta del chico

El irlandés tiene a nivel fonológico un sistema de cambios en la consonante de la palabra inicial. En uno de estos, llamado **séimhiu** 'lenición', las consonantes pueden fricatizar, sonorizarse o desaparecer por completo. Esto también es fonémico.

Un ejemplo puede verse en la tercera persona del adjetivo posesivo **a**. El significado de esta palabra, si se refiere a posesión por un hombre, una mujer o por más de una persona, es señalado por la morfología del nombre.

Cuando **a** se refiere a posesión por una mujer no hay cambio en la consonante siguiente **a fíon** 'el vino de ella', **a cat** 'el gato de ella'.

Cuando *a* se refiere a la posesión por un hombre, la consonante inicial puede fricatizar **a chat** 'el gato de él', o desaparecer por completo **a fhíon**, (donde la **fh** es muda) 'el vino de él'.

Cuando **a** denota posesión por más de una persona, la consonante inicial es sonora, **a bhfíon** 'el vino de ellos', pronunciada con una bilabial fricativa sonora, **a gcat** 'el gato de ellos' pronunciada con una oclusiva velar sonora inicial.

El sistema vocal del irlandés es bastante simple, sin embargo hay un gran número de diptongos y triptongos. La longitud vocálica es fonémica. Las vocales corresponden a las consonantes en cuanto a la distinción palatal/velar.

Gramática

El irlandés es una lengua de tipo VSO (el verbo viene al comienzo de la frase verbal) como podemos ver en este ejemplo: **D'ith an fear a bhricfeasta** 'Comió el hombre su desayuno'. Este orden es común en español, pero no sería normativo; es obligatorio en irlandés. Los sistemas verbales y nominales tienden a ser sintéticos. De ahí que **cuirim** 'pongo' contiene ambos el verbo y el pronombre.

Los pronombres proposicionales son aglutinantes, o sea que morfemas para persona, número y género están combinados. Se presenta algún ele-

Diccionario Irlandés-Español

mento parecido en español, donde por ejemplo *conmigo* combina en una palabra la preposición *con* y el morfema inflexionado *migo*. Este fenómeno es mucho más común en irlandés. De ahí que **dom** es 'para mí', mientras **dó** es 'para él' y **di** 'para ella', **dúinn** 'para nosotros'.

La lengua tiene dos géneros, masculino y femenino; hay dos números, singular y plural, con algunos residuos de un número dual, y cuatro casos (nominativo, vocativo, genitivo y dativo), aunque este sistema de casos está experimentando una rápida simplificación.

Los adjetivos concuerdan con el sustantivo en el número y género cuando se usa en la misma frase sustantivada:

an fear saibhir **an bhean shaibhir**
el hombre rico   la mujer rica

Sin embargo esto no se aplica en frases verbales.

tá an fear saibhir **tá an bhean saibhir**
el hombre es rico la mujer es rica.

Por regla general el adjetivo viene después del sustantivo, aunque hay un grupo importante de adjetivos que se anteponen,

dea-   **dea-scéal**   **sean-**   **sean-fhear**
bueno   buena noticia   viejo   hombre viejo

El uso de la cópula se parece en cierta medida al del español. De ahí que **is** es la cópula correspondiente a *ser* en español, mientras **tá** es lo que se denomina un verbo sustantivo, que en varios usos corresponde a *estar*. El verbo sustantivo puede ser inflexionado para indicar habitualidad. Como por ejemplo:

bíonn sí anseo   **tá sí anseo**
suele estar aquí   está aquí

Otras características interesantes del verbo incluyen el impersonal sintético (**deirtear** 'se dice', **feictear** 'se ve'), como también lo es el hecho de que algunos verbos experimenten cambios complejos en la negación o interrogación:

chonaic tú **an bhfaca tú?** **bhí mé** **ní raibh mé**
viste   ¿viste?   estuve   no estuve

Foclóir Gaeilge-Spáinnise

El sistema verbal del irlandés es en gran parte regular, sólo se presenta un pequeño número de verbos irregulares, los cuales exhiben estos fuertes cambios morfológicos. No existe la forma perfecta, ésta se traduce perifrásticamente; **tá sé ráite agam** 'tengo (he) dicho'.

Léxico

El estrato del léxico celta permanece como espina dorsal de la lengua. Por ser una lengua indoeuropea, el irlandés exhibe semejanzas con las lenguas romances en áreas como los números:

aon	**dó**	**trí**	**ceathair**
uno	dos	tres	cuatro, etc.

Se presentan algunos préstamos del francés medieval, **páiste** < *page* 'niño, niña', **garsún** < *garçon* 'chico'. La introducción de préstamos del inglés comenzó a finales de la Edad Media, (**bríste** < *breeches*, **gúna** < *gown*) y continúa hoy a un ritmo acelerado.

El irlandés y el español tienen palabras de origen común, bien sea del latín o de una base Indo-Europea. Por eso hay un pequeño número de palabras que forman cognados en español e irlandés. Estos préstamos latinos son en mayoría, pero no exclusivamente, visibles en el vocabulario eclesiástico. Generalmente el elemento irlandés en el par tiene una sílaba menos que en español.

He aquí una lista de algunos cognados:

beach	abeja	**léigh**	leo
beannacht	bendición	**litir**	letra
capall	caballo	**leabhar**	libro
cathaoir	cadera	**muir**	mar
canadh	cantar	**máthair**	madre
caoch	ciego	**muileann**	molino
corn	cuerno	**obair**	obra
each	yegua	**páiste**	paje
easpag	obispo	**peaca**	pecado
scuab	escoba	**reilig**	reliquia
scríobh	escribir	**sagart**	sacerdote
sorn	horno	**saghad**	saeta
eaglais	iglesia	**suan**	sueño
ifreann	infierno	**tír**	tierra

Diccionario Irlandés-Español

Breve historia de la lexicografía irlandesa

El ejemplo más antiguo del que se tiene conocimiento acerca de la lexicografía irlandesa es el llamado Glosario de Wurzburg, cuyo nombre proviene del monasterio donde se conserva el manuscrito. Este data del siglo VIII y es un glosario en irlandés de un texto en latín de la epístola de San Pablo. Le sigue a este el "Glosario de Cormac" *Sanas Chormaic* del siglo X, atribuido a Cormac Mac Cuileannáin, obispo de Cashel. Contiene etimologías y explicaciones de más de mil cuatrocientas palabras en irlandés, las cuales se indican bien sea en latín o en irlandés. Puede decirse que éste es el primer diccionario de una lengua no clásica de Europa. Pero no fue hasta el siglo XVII cuando apareció un trabajo lexicográfico más avanzado. En el año 1643 Michael Ó Cléirigh recopiló un glosario llamado *Sanasán Mhichíl Uí Chléirigh*. En 1662 el franciscano Richard Plunkett terminó el primer diccionario formal del irlandés, su Diccionario latín-irlandés. El manuscrito nunca fue publicado pero aún se puede ver en la ciudad de Dublín.

Hacia finales del siglo XVI y comienzos del siglo XVII existían vínculos muy estrechos entre Irlanda, especialmente la provincia de Ulster, y España. En el año 1529 los Católicos de Irlanda fueron, de hecho, reconocidos como ciudadanos de España por el Tratado de Dingle. Décadas más tarde muchos representantes y agentes españoles llegaron a Irlanda para establecer contacto con los jefes gaélicos. El lenguaje de la diplomacia de la época era generalmente el latín, pero parece lógico pensar que los agentes españoles hubieran hecho esfuerzos por aprender el idioma de sus aliados irlandeses. Es muy posible que se hubieran diseñado cartillas o listas de palabras con este fin, pero de ser así no se tienen datos de ninguna de éstas. Hay evidencia de que el conocimiento del español estaba bastante diseminado en la Irlanda de la época. Por ejemplo Fynes Moryson, un viajero inglés en el Ulster a principios del siglo diecisiete, se queja del insuficiente número de hablantes de inglés entre la población irlandesa, hasta para conformar jurados, mientras dice que un gran número de hablantes de irlandés tienen conocimientos de español: "*All the gentlemen and common people, and the very jurymen put upon life and death and all trials in law, commonly spoke Irish, many Spanish, and few or none could or would speak English*". A finales del siglo XVI un espía español en Irlanda para identificar puertos idóneos para una invasión, escribe a Madrid recomendando el puerto de Baltimore en Cork, y entre las ventajas que ve en Baltimore menciona que un gran número de sus habitantes hablaespañol. Se podrían citar otros ejemplos.

Una exposición intelectual de los vínculos entre España e Irlanda se encuentra en la obra de Phillip O'Sullivan Beare, natural de Cork y exiliado en Madrid. Alrededor de 1625 compiló su Zoilomastix, una defensa de

Foclóir Gaeilge-Spáinnise

Irlanda contra la propaganda racista de los ingleses de la época. Tiene varias secciones sobre el irlandés, argumenta que éste había sido el idioma original de España y proporciona comparaciones del idioma con el español, citando palabras que apoyan su teoría. En este aspecto O'Sullivan puede ser considerado como la primera persona que conocemos que trabajó en la lexicografía comparativa de las dos lenguas, irlandés y español.

O'Sullivan se movía dentro del marco de una visión historiográfica que fue común durante varios siglos, es decir la de la creencia de que los irlandeses descendieron de gente que había inmigrado de España. Estas personas, conocidas como Clanna Míle o Milesios, se pensaba que descendían de cierto rey, el rey Míl, quien no pudo llegar él mismo a Irlanda aunque sus hijos sí lo lograron. Los ancestros de Míl, conforme al mito, habían vivido en diferentes lugares tales como Escitia, Creta y África del Norte. Esta idea de que los irlandeses habían provenido de España, fue formulada por primera vez en el siglo doce en el *Lebor na Gabhála* (Libro de las Invasiones), y permaneció viva y fuerte por cientos de años. Aun tan tarde como el año 1790 se constata que los irlandeses todavía gozan de la ciudadanía española, como se indica en un documento de la corte:

> a los Irlandeses establecidos en estos Reynos se les deven guardar y mantener los Privilegios que les están concedidos igualándolos a los naturales Españoles ... respecto a que por el hecho de establecerse en estos Reynos, son reputados por Españoles y gozan los mismos derechos.

Los primeros diccionarios de inglés-irlandés-inglés aparecieron en el siglo XVIII. El galés Edward Lhuyd publicó en 1707 una lista que abarcaba palabras en las lenguas celtas, en latín y en inglés. Más tarde en este mismo siglo dos diccionarios importantes fueron compilados en Paris. El primero, publicado en 1732, fue un diccionario extenso de inglés-irlandés, recopilado y publicado por Hugo McCurtin y Conor Begley. El segundo, publicado en 1768, fue un trabajo similar pero de irlandés-inglés, escrito por el obispo católico John O'Brien. Aunque no trata sobre el irlandés, cabe mencionar otro importante trabajo lexicográfico llevado a cabo por irlandeses durante este siglo. Se trata de dos sacerdotes irlandeses, Tomás Connelly y Tomás Higgins, que escribieron los cuatro tomos del *Diccionario Nuevo y Completo de las Lenguas Española e Inglesa*, publicado en Madrid en 1797. Desgraciadamente, poco se sabe de ellos.

Durante el siglo XIX se publicaron algunos diccionarios de irlandés e inglés y varios otros fueron compilados pero permanecieron inéditos. En los Estados Unidos, Mathias O'Conway (1766-1842), un hablante nativo de irlandés, trabajó durante décadas en diccionarios de irlandés y español.

Diccionario Irlandés-Español

Ninguno fue publicado y una parte significativa de sus diccionarios se perdió con el transcurso de los años, pero se conservan suficientes de sus escritos en La Biblioteca Nacional de Dublín los cuales constatan un importante lugar para el estatus de O'Conway como pionero de la lexicografía del irlandés/español.

Durante el siglo XX se publicaron otros diccionarios inglés-irlandés e irlandés-inglés. Entre los más importantes destacan el diccionario inglés-irlandés publicado en 1959 por Tomás de Bhaldraithe, y el *Foclóir Gaeilge-Béarla*, diccionario inglés-irlandés, publicado en 1977 por Niall Ó Dónaill. Los autores del presente diccionario irlandés-español reconocen su deuda con estos gigantes de la lexicografía del irlandés, Ó Dónaill y de Bhaldraithe. También aparecieron en los últimos años del siglo XX un considerable número de diccionarios de contenidos específicos y listas de palabras abreviadas para principiantes,muchos de estos en Internet. Todavía se basa una gran parte de la lexicografía lengua irlandesa en el trabajo autoritario de Ó Dónaill. Actualmente se está confeccionando un gran diccionario inglés-irlandés que pretende incluir campos léxicos de Internet, salud, medios de comunicación etc. que no existían en la época de de Bhaldraithe. Queda mucho por hacer en el campo de la lexicografía irlandesa, un gran diccionario monolingüe de irlandés, por ejemplo. Existe el valioso *Foclóir Beag* (*"Pequeño Diccionario"*) pero carecemos de una obra más sustanciosa. Tampoco ha sido recopilado un diccionario etimológico del irlandés. Hay pocos diccionarios bilingües de irlandés y otras lenguas que no sean inglés. Aparte del diccionario latín-irlandés producido en manuscrito por Plunket en el siglo XVII, existe un diccionario irlandésfrancés publicado en 1952 por el autor Risteaird de Hae y el diccionario irlandés-bretón confeccionado en 1987 por Loeiz Andouard y Éamon Ó Ciosáin. Gary Bannister publicó un corto diccionario irlandés-ruso en Moscú por el año 1980, mientras que un diccionario alemán-irlandés apareció en 1997 preparado por Caldas y Schleicher. El presente volumen es el primer diccionario irlandés-español publicado, por lo tanto será un aporte valioso a los recursos lexicográficos disponibles para el irlandés.

Este diccionario

El volumen actual es una versión corregida y aumentada del diccionario original publicado en Dublín en 2009. Tristemente, uno de los autores de la primera edición, Pádraig Ó Domhnalláin, ha fallecido en este período. Descanse en paz.

Con más de diecinueve mil registros, el diccionario es un valioso recurso para cualquier persona interesada en ambos idiomas, tanto en Irlanda como en todo el mundo de habla hispana. Aparte de dar el significado de

Foclóir Gaeilge-Spáinnise

las diferentes palabras, se da una rica variedad de ejemplos para muchas de ellas, como también un breve panorama de la gramática del irlandés y una lista de proverbios que son paralelos en las dos lenguas.

El diccionario se basa primordialmente en el español de la Península, pero también se incluyen muchas variantes de América Latina. Por esto será de interés para todos los estudiantes de irlandés-español como también para aquellos atraídos por la traducción e interpretación de esas lenguas. Por encima de todo ofrece una rica fuente cultural para cualquiera que esté interesado en el patrimonio lingüístico de Irlanda y del mundo hispanoparlante. Sabemos claramente que un volumen como éste no atraerá un mercado masivo, pero no obstante existen razones por las cuales creemos que será de interés y de utilidad a un significativo número de personas en Irlanda y en el mundo hispanoparlante. En primer lugar, es consabido que hay un número importante de personas entre la población irlandesa que estudian ambos idiomas. Es una combinación muy popular en las universidades, al igual que se ha incrementado la enseñanza del español en las escuelas primarias y secundarias.

En segundo lugar, hay un pequeño pero creciente número de personas que estudian irlandés en ciudades hispanoparlantes. Se percibe un incremento específico en el interés por parte de los hablantes de lenguas regionales en España como el catalán y el euskera. Actualmente el irlandés se ofrece en los planes de estudios de algunas universidades de estas regiones. Fuera de España hay una larga tradición del estudio del irlandés, como es el caso de Buenos Aires en Argentina, donde la Liga Gaélica fue establecida hace más de un siglo. Casi cuatrocientas mil personas en Argentina reclaman su origen irlandés y muchos de ellos han intentado en años recientes reavivar su herencia irlandesa. La lengua también ha sido enseñada de vez en cuando en otras ciudades de América Latina como Ciudad de México, Montevideo y Santiago de Chile. Aparte del idioma, la música celta, la mitología y el folclor son fuertemente populares entre muchas personas de España y América Latina. A menudo aquellos interesados en estos campos se interesan también en el estudio de la lengua, la cual es la base de mucha parte de esta cultura.

En tercer lugar, este diccionario formará parte de la presencia cultural irlandesa en el mundo hispánico y ciertamente en los Estados Unidos de América. En cuarto lugar, aunque existen diccionarios entre el español y varias docenas de lenguas, la adición del irlandés a la lista representó la primera vez que se vinculara el español con una lengua celta. Éste fue un importante paso en la lexicografía del español. El diccionario aparece en un momento en que el irlandés ya ha sido declarado un idioma oficial de

Diccionario Irlandés-Español

trabajo de la Unión Europea. La presencia del irlandés en la lista de lenguas de la Comunidad crea nuevas demandas para un apoyo lexicográfico para quienes lo interpretan y traducen a otras lenguas.

David Barnwell
Director de la Publicación

Consejos para el uso del diccionario

Como suele suceder en el caso de lenguas que uno no domina, debe asegurarse de que las palabras y frases que busca realmente signifiquen lo que usted desea comunicar.

Si usted es un principiante de la lengua irlandesa, es posible que no entienda las funciones fundamentales de la eclipse, la lenición, los casos gramaticales, las formas posesivas y los plurales. En algunos casos las palabras que desea buscar no aparecerán en este diccionario, ya que una cantidad de variaciones de la palabra básica tal como se presenta en el diccionario vienen a raíz de cambios morfológicos occasionados por las reglas gramaticales de la lengua. De ser este el caso, siga las siguientes estrategias:

Si busca una palabra que empieza con una combinación de dos letras y que parece imposible de pronunciar, normalmente la primera letra no es parte de la raíz de la palabra. Por ejemplo:

> En vez de **bpáirc**, busque **páirc**.
> En vez de **dtír**, busque **tír**.
> En vez de **gcat**, busque **cat**.
> En vez de **bhfad**, busque **fad**.
> En vez de **mbád**, busque **bád**.
> En vez de **ndoras**, busque **doras**.
> En vez de **ngeata**, busque **geata**.
> En vez de **tsaoil**, busque **saol**.

Omita la **n-** al comienzo de una palabra. Por ejemplo, en vez de **n-arán** busque **arán**. Ya que hay muy pocas palabras que empiecen en **h** en irlandés, si no encuentra la entrada adecuada bajo esa letra quite la **h** y busque lo que queda, o sea busque **anam** si ve **hanam**. Si la segunda letra de la palabra es una **h**, normalmente se omite en la entrada. Por ejemplo, en vez de **bhean** busque **bean**, en vez de **chara** busque **cara**.

Si busca una palabra que finaliza en **-i-** seguida de una consonante y no la encuentra, pruebe a ignorar la **-i-** final. Es probable que se trate de un plural o una forma del caso genitivo. Por ejemplo, no encontrará **báid**, pero sí **bád**.

Una cosa parecida ocurre en palabras de terminación **-aigh**, muchas veces son variantes de la palabra fundamental que termina en **-ach**. Por otra parte, frecuentemente habrá que quitar la última vocal para encontrar la entrada que le corresponde p.ej. si no encuentra **Fraincise**, busque **Fraincis**.

Diccionario Irlandés-Español

Desafortunadamente, se verán casos aun más complicados. Para entender **gréine** hay que buscar **grian**, para entender **giorra** hace falta saber que es una variante gramatical de **gearr**. La verdad es que el buen uso de un diccionario de la lengua irlandesa es algo que requiere tiempo y práctica, y más que nada, unas nociones de la gramática de la lengua.

Lista de Abreviaturas

abrev abreviatura
adj adjetivo
adj comp adjetivo comparativo
adj num adjetivo numeral
adj pos adjetivo posesivo
adv adverbio
adv int adverbio interrogativo
adv prep adverbio preposicional
art def artículo definido
bot botánica
comp comparativo
cond condicional
conj conjunción
dem demostrativo
f1 nombre femenino de la primera declensión
fpl femenino plural
gen genitivo
geom geometría
gram gramática
int interjección; interrogativo
ling lingüística
m2 nombre masculino de la segunda declensión
neg negativa
npl nombre plural
nv nombre verbal
obj objeto
orn ornitología

part partícula
part int partícula interrogativa
part rel partícula de relativo
pas pasado
pers persona
pl plural
pos posesivo
pref prefijo
prep preposición
pres presente
pron pronombre
pron int pronombre interrogativo
pron prep pronombre preposicional
pron rel pronombre relativo
prov proverbio
quim química
rel relativo
s sustantivo
sg singular
spl sustantivo plural
subj subjuntivo
suf sufijo
sust sustantivo
v def verbo defectivo
v sustantivo verbo sustantivo
var variante
vi verbo intransitivo
voc vocativo
vt verbo transitivo

A

A, a *m* letra A. **A fada** (**Á, á**) A larga.
a[1] *partícula de vocativo* **bí ciúin, a Sheáin** cállate Juan. **a Shoilse** Su Excelencia.
a[2] *partícula empleada con numerales* **a haon, a dó** uno, dos. **seomra uimhir a cúig** habitación número cinco.
a[3] *prep usada con nombre verbal* **síol a chur** plantar una semilla. **téigh a chodladh** ir a dormir.
a[4] *adj pos* su (de él, ella, ellos, ellas), suyo. **a athair** su padre (de él). **a hathair** su padre (de ella). **a gcarr** el carro de ellos.
a[5] **I** *pron rel* **an té a chuireann síol** el que siembra. **an lá a baisteadh é** el día que fue bautizado. **an cat a d'ól an bainne** el gato que bebió la leche. **gach a bhfuil ann** todo lo que hay. **II** *partícula empleada con adverbios* **nuair a** cuando. **mar a** tal como.
a[6] *partícula utilizada con nombre abstracto para denotar grado* **a ghéire a labhair sí** con qué agudeza habló.
á *adj pos 3sg m y f, 3pl, empleado como objeto de nombre verbal* **bhí mé á dhíol** yo lo estaba vendiendo. **cad atá á rá agat?** ¿qué estás diciendo? **tá siad á gceannach** los están comprando.
ab[1] *partícula empleada como pasado y condicional de la cópula* **Máire ab ainm di** se llamaba María.
ab[2] *m3* abad.
abair *vt, vi* (*ver tablas*). decir. **abair an fhírinne** diga la verdad. **abair amhrán** canta una canción. **abair leis fanacht** dile que espere. **is deacair a rá** es difícil decir.
abairt *f2* frase, oración.
ábalta *adj* capaz; sano. **tá sé ábalta é a léamh** es capaz de leerlo.
ábaltacht *f3* habilidad; fuerza.
abar *m1* terreno pantanoso. **in abar** empantanado; en apuros.
abartha *adj* ocurrente, ingenioso; gracioso.
abarthacht *f3* agudeza, ingenio; gracia.
abhac *m1* enano.
abhacád *m1* aguacate.
ábhach *m1* agujero, hueco. **ábhach gliomach** nasa para langostas.
ábhacht *f3* jocosidad, broma.
abhaile *adv* a casa. **dul, teacht abhaile** ir, venir a casa. **slán abhaile** vaya con Dios.
ábhailleach *adj* juguetón, travieso.
ábhaillí *f4* travesura, malicia.
abhainn *f5* río.
ábhal *adj* grande, inmenso.
ábhalmhór *adj* colosal, enorme.
abhantrach *f2* cuenca.

ábhar *m1* asunto; material; causa, razón; buena cantidad o número. **ábhar tógála** material de construcción. **ábhar sagairt** seminarista. **ábhar múinteora** profesor en prácticas. **ábhar scoile** asignatura.
ábharachas *m1* materialismo.
ábharaí *m1* materialista.
ábharaíoch *adj* materialista.
ábhartha *adj* importante, pertinente. **taithí ábhartha** experiencia relevante.
ábharthacht *f3* relevancia.
abhcach *adj* enano, diminuto.
abhcóide *m1* defensor; abogado.
abhlann *f2* oblea, hostia.
abhlóir *m3* bufón.
abhóg *f2* salto, brinco.
ábhraigh *vi* supurar.
abhraiseach *f2* hilandera.
abhras *m1* hilo, hebra; trabajo de artesanía.
abhus *adv* aquí. **taobh abhus den loch** a este lado del lago.
ablach *m1* cadáver de un animal, carroña.
abláil *f3* chapuza, trabajo mal hecho.
absalóideach *adj* absoluto.
absalóideachas *m1* absolutismo.
abú *int* ¡arriba! ¡viva! **Baile Átha Cliath abú!** ¡viva Dublín!
acadamh *m1* academia.
acadúil *adj* académico.
acalaí *m4* acólito.
acaoineadh *m1* queja, lamento.
acaointeach *adj* lastimero, quejoso.
acarsóid *f2* fondeadero, ancladero.
acastóir *m3* eje.
ach *conj, prep* pero; sólo; excepto; apenas. **beir air ach ná bris é** cógelo pero no lo rompas. **ní raibh ach beirt i láthair** sólo estaban dos personas. **ach an oiread** tampoco. **tá Muireann deas go leor ach gan fearg a chur uirthi** Muireann es bastante amable pero no la enojes.
achadh *m1* prado.
achainí *f4* ruego, súplica, petición.
achainigh *vt, vi* suplicar, rogar.
achainíoch I *m1* peticionario, demandante.
II *adj* suplicante.
achair *vt, vi* suplicar, rogar.
achairt *f3* petición.
achar *m1* área, extensión; distancia; periodo. **achar talún na Spáinne** la extensión de España.
achasán *m1* reproche, insulto.
achoimre *f4* resumen, sumario.
achoimrigh *vt* resumir, recapitular.
achomair *adj* conciso, breve.

achomaireacht *f3* concisión, brevedad. **in achomaireacht** rápidamente, en breve.
achomharc *m1* apelación. **déan achomharc** apelar.
achomharcóir *m3* solicitante, demandante, apelante.
achrann *m1* lío, enredo; disputa, pelea. **in achrann** enmarañado.
achrannach *adj* enredado, intrincado; pendenciero.
acht *m3* decreto; condición. **acht parlaiminte** acta parlamentaria.
achtaigh *vt* decretar, promulgar.
achtú *m2* promulgación.
achtúire *m4* actuario.
aclaí *adj* flexible, ágil; hábil; atlético.
aclaigh *vt, vi* hacer ejercicios, hacer ejercicios de calentamiento.
aclaíocht *f3* agilidad, flexibilidad; ejercicio físico. **déanaim aclaíocht go rialta** hago ejercicio regularmente.
acmhainn *f2* capacidad; medio, recurso. **acmhainn grinn** sentido del humor. **acmhainní nadúrtha** recursos naturales. **acmhainní daonna** recursos humanos.
acmhainneach *adj* fuerte, resistente; acomodado; adinerado.
acomhal *m1* empalme, cruce, confluencia.
acra[1] *m4* acre.
acra[2] *m4* herramienta, instrumento; comodidad.
acrach *adj* práctico, útil; cómodo.
acraíocht *f3* superficie expresada en acres.
adac *m1* capacho.
adamh *m1* átomo.
adamhach *adj* atómico.
adamhaigh *m4* atomizar.
ádh *m1* suerte. **tá an t-ádh ort** tienes suerte.
adhain *vt, vi* encender, inflamar, prender fuego.
adhaint *f2* inflamación, ignición.
adhainteoir *m3* llave de contacto.
adhair *vt* adorar, venerar, reverenciar.
adhairt *f2* cabezal; almohada.
adhall *m1* celo en la perra.
adhaltrach *m4* adúltero.
adhaltranas *m1* adulterio.
Ádhamh *m* Adán. **síol Ádhaimh** la raza humana.
adhann *m1* tusílago, fárfara.
adhantach *adj* ígneo, inflamable.
adhantaí *m4* barra de material inflamable que se utiliza para encender fuego en una chimenea.
adharc *f2* cuerno; asta; erección del pene. **in adharc gabhair** en un dilema. **bheith in adharca a chéile** estar a la greña, estar a matar. **bhí na himreoirí in adharca a chéile fiú amháin roimh an cluiche** los jugadores estaban peleando aun antes del partido.
adharcach *adj* que tiene cuernos, astado.
adharcachán *m1* cachondo.
adharcáil *vt* cornear, embestir.
adharcán *m1* tentáculo, palpo; antena.
adhartán *m1* cojín; compresa.
adhascaid *f2* náusea, arcada; náuseas del embarazo, náuseas matutinas.
adhastar *m1* ronzal, cabestro.
adhfhuafar *adj* abominable, horrible; macabro.
adhfhuathaigh *vt* aborrecer, abominar.
adhlacadh *m1* entierro; sepulcro.
adhlacóir *m3* enterrador.
adhlaic *vt* enterrar.
adhmad *m1* madera, madero; leña; sustancia, material. **cad a dhéanfaimid feasta gan adhmad?** ¿qué va a ser de nosotros sin madera? **bhain sé adhmad as** sacó provecho de ello.
adhmadóir *m3* persona que trabaja con madera, carpintero.
adhmadóireacht *f3* carpintería, ebanistería.
adhmaint *f2* magnetita, imán.
adhmainteach *adj* magnético.
adhmainteas *m1* magnetismo.
adhmhaidin *f2* amanecer.
adhmhill *vt* destruir.
adhmholadh *m1* elogio, panegírico.
adhmholtóir *m3* panegirista.
adhnáire *f4* vergüenza.
adhnáireach *adj* vergonzoso, bochornoso.
adhnua *m4* novedad. **adhnua a dhéanamh** mimar.
adhradh *m1* adoración, veneración.
adhraitheoir *m3* devoto.
ádhúil *adj* afortunado.
admhaigh *vt, vi* reconocer, admitir; confesar. **d'admhaigh an Taoiseach go raibh géarchéim ann** el Primer Ministro admitió que había una crisis.
admháil *f3* acuse de recibo, recibo; reconocimiento.
adóib *f2* adobe.
aduaidh *adv* del norte. **an ghaoth aduaidh** viento del norte.
aduain *adj* extraño, desconocido; separado.
aduantas *m1* desasosiego, desazón; zozobra; congoja.
ae *m4* hígado. (*generalmente usado en pl.*) **aebha** hígado.
aeistéitic *f2* estética.
aeistéitiúil *adj* estético.
aer-[1] *pref* aero.
aer[2] *m1* aire; alegría. **aer beag gaoithe** soplo de viento. **aer an tsaoil** los placeres de la vida. **Aer Lingus** aerolínea nacional de Irlanda.

aer

aer³ *m1* melodía.
aerach *adj* despreocupado; jovial; homosexual.
aeracht *f3* jovialidad, alegría; ligereza.
aerachtúil *adj* sobrecogedor; inquietante, misterioso.
aeradróm *m1* aeródromo.
aeráid *f2* clima. **taitníonn aeráid Valencia go mór le m'aintín** a mi tía le encanta el clima de Valencia.
aeráideach *adj* climático.
aeraidinimic *m1* aerodinámica.
aeraigh *vt* airear.
aeráil *f3* ventilación *vt* ventilar, airear.
aeraíocht *f3* diversión al aire libre. **ag aeraíocht** tomando el aire.
aerálaí *m4* ventilador.
aerárthach *m1* avión.
aerasól *m1* aerosol.
aerbhac *m1* esclusa de aire.
aerbhealach *m1* ruta aérea.
aerbheirthe *adj* transmitido por el aire.
aerbhrat *m1* atmósfera.
Aerchór *m1* **An tAerchór** fuerzas aéreas de Irlanda.
aerdhíonach *adj* hermético.
aerfhórsa *m4* fuerza aérea.
aerfort *m1* aeropuerto.
aerga *adj* aéreo; etéreo.
aerghunna *m3* pistola de aire comprimido.
aerionad *m1* base aérea.
aerlíne *f4* línea aérea.
aerloingseoireacht *f3* aeronáutica.
aeróg *f2* antena.
aeroibrithe *adj* neumático.
aeroiriúnacht *f3* aire acondicionado.
aeroiriúnaigh *vt* climatizar.
aeróstach *m1* azafata aérea, asistente de vuelo.
aerpháirc *f2* aeródromo.
aerphost *m1* correo aéreo.
aer-ruathar *m1* ataque aéreo.
aertha *adj* atolondrado, tonto, simple.
aerthormán *m1* interferencias.
áfach *adv* no obstante, sin embargo. **ní raibh oiread agus focal Nachuáitlis ag Cortés, áfach** sin embargo, Cortés no entendía ni una palabra de náhuatl
ag¹ *prep pron* (*ver tablas*). en, a. **sin agat é** ahí lo tienes. **tá beirt mhac aige** tiene dos hijos. **tá snámh aici** sabe nadar. **shuigh an chlann ag an mbord** la familia se sentó a la mesa. **ag an am céanna** al mismo tiempo.
ag² *partícula empleada en la formación del progresivo* **tá Mícheál ag léamh** Miguel está leyendo.
aga *m4* periodo; intervalo; distancia.
agaill¹ *f2* lombriz de tierra.

aibhleog

agaill² *vt* dirigir la palabra, entrevistar.
agair *vt* rogar, suplicar; vengar, castigar. **d'agair sí a mac fanacht sa bhaile** le suplicó a su hijo que se quedara en casa.
agairt *f3* ruego, súplica; venganza. **liomsa an agairt** la venganza es mía.
agáit *f2* ágata.
agall *f2* exclamación; grito; charla.
agallamh *m1* conversación, coloquio; entrevista. **agallamh beirte** diálogo, **beidh ort dul faoi agallamh chun an post sin a fháil** tendrás que hacer una entrevista para conseguir ese trabajo. **Agallamh na Seanórach** El Coloquio de los Ancianos (*texto literario irlandés del siglo XIII*).
agallóir *m3* entrevistador.
aghaidh *f2* cara; frente; aspecto. **aghaidh fidil** máscara. **ar aghaidh** adelante. **lean ar aghaidh siga. ag dul ar aghaidh** progresando. **in aghaidh** contra, en contra. **le haghaidh** para. **beidh Shelbourne ag imirt in aghaidh Barcelona** el Shelbourne jugará contra el Barcelona.
aghloit *vt* desfigurar.
ághmhar *adj* valiente.
agnóisí *m4* agnóstico.
agnóisíoch *adj* agnóstico.
agó *m4* objeción, reparo; condición. **gan aon agó** indudablemente.
agóid **I** *f2* manifestación, protesta. **lucht agóide** manifestantes. **II** *vi* objetar, protestar.
agóideach *adj* protestón; malhumorado.
agóideoir *m3* manifestante.
agra *m4* pleito.
agrach *adj* suplicante.
aguisín *m4* adición, añadidura, apéndice.
agus *conj* y; mientras; como. **tá cat agus madra agam** tengo un perro y un gato. **bhí sé ag gáire agus mé ag caint leis** se reía mientras hablaba con él. **chomh tapa agus is féidir leat** tan pronto como puedas. **Gaeilge agus fáilte** estoy puesto a hablar irlandés.
agús *m1* apéndice.
aibéil **I** *f2* velocidad, rapidez. **aibéil chainte** réplica. **II** *adj* rápido, veloz.
áibhéalach *adj* excesivo, exagerado.
áibhéalta *adj* exagerado; inmenso, vasto.
áibhéil *f2* exageración *adj* enorme, inmenso.
aibhéis *f2* mar abierto; abismo, profundidad.
aibhinne *m4* avenida.
áibhirseoir *m3* adversario. **an tÁibhirseoir** el Demonio.
áibhle *f4* grandeza, inmensidad.
aibhléis *f2* electricidad.
aibhleog *f2* pedazo de carbón. **aibhleog dhóite** carbonilla.

3

aibhligh *vi* centellear, chispear.
áibhligh *vt* exagerar.
aibhneach *adj* fluvial.
aibhseach *adj* grande, inmenso.
aibhsigh *vt, vi* agrandar; intensificar.
aibí *adj* maduro; en sazón; listo. **súil aibí** ojo crítico.
aibíd *f2* hábito, vestido religioso; mortaja.
aibigh *vt, vi* madurar.
aibíocht *f3* madurez; agudeza, perspicacia.
aibítir *f2* alfabeto, abecedario; rudimentos. **ord aibítre** orden alfabético.
aibítreach *adj* alfabético.
Aibreán *m1* abril.
aibreog *f2* albaricoque, damasco.
aice[1] *f4* cercanía, proximidad. **in aice na farraige** junto al mar. **ina aice sin** y además.
aice[2] *f4* hoyo donde vive un cangrejo u otro crustáceo.
aiceann *m1* acento, énfasis.
aiceannaigh *vt* acentuar.
aicearra *m4* atajo; resumen.
aicearrach *adj* corto, breve, sucinto. **caint aicearrach** discurso sucinto.
aicearracht *f3* brevedad. **in aicearracht** sin demora.
aicéitiléin *f2* acetileno.
aicíd *f2* enfermedad.
aicídeach *adj* enfermo; pestilente.
aicis *f2* mal genio; veneno; malicia.
aicme *f4* género, clase. **an mheánaicme** la clase media.
aicmeach *adj* genérico.
aicmigh *vt* clasificar.
aicmiú *m4* clasificación.
aicmiúil *adj* sectario; exclusivista.
aicne *f4* acne.
aicseam *m1* botín.
aicsean *m1* acción.
aicsím *f2* axioma.
Aidbhint *f2* Adviento.
aidhm *f2* objetivo, propósito. **d'aon aidhm** a propósito.
aidhmeannach *adj* intrigante; ambicioso; frívolo.
aidhnín *m4* detonante; plomo, fusible.
aidiacht *f3* adjetivo.
aidiachtúil *adj* adjetival.
aidréanailín *m4* adrenalina.
aife *f4* reflujo.
aiféala *m4* pesar, remordimiento; vergüenza.
aiféalach *adj* pesaroso, afligido; avergonzado.
aiféaltas *m1* vergüenza; remordimiento.
aifear *m1* gigante. **Clochán an Aifir** La Calzada del Gigante (*formación geológica en el nordeste de Irlanda*).

áiféis *f2* exageración; disparate, desatino, tontería.
áiféiseach *adj* ridículo, absurdo; exagerado.
aifid *f2* áfido, pulgón.
aifir *vt* reprender, censurar; castigar.
aifirt *f3* reprensión, reproche.
aifreann *m1* misa. **aifreann éagnairce** misa fúnebre.
aifricéad *m1* africado.
aigéad *m1* ácido.
aigéadach *adj* ácido.
aigéan *m1* océano. **an tAigéan Atlantach** el Atlántico.
aigéanach *adj* oceánico.
aigéaneolaí *m4* oceanógrafo.
aigéaneolaíocht *f3* oceanografía.
aigeanta *adj* natural; alegre; enérgico, animoso.
aighne *m4* **Ard-Aighne** fiscal general.
aighneacht *f3* propuesta.
aighneas *m1* pelea, discusión.
aighneasach *adj* polémico.
aigne *f4* mente; disposición; alegría; propósito. **táimid ar aon aigne faoi sin** estamos de acuerdo sobre eso.
áil *m1* deseo, voluntad. **mar is áil leat** como guste.
ailb *f2* alba.
ailbíneach *m1*, *adj* albino.
ailbheolach *adj* alveolar.
ailbheolas *m1* alvéolo.
ailceimic *f2* alquimia.
ailceimiceoir *m3* alquimista.
áiléar *m1* desván, ático; galería.
ailgéabar *m1* álgebra.
ailibí *m4* coartada.
ailigéadar *m1* caimán.
ailím *f4* alumbre.
ailínigh *vt* alinear.
ailíniú *m4* alineación.
áilíos *m3* deseo, ansia; lascivia.
ailiúnas *m1* pensión alimenticia.
aill *f2* precipicio, acantilado.
áille *f4* belleza.
áilleacht *f3* belleza; deleite.
ailleadóireacht *f3* escalada, ascensión.
áilleagán *m1* juguete; chuchería; muñeca.
ailléirge *f4* alergia. **an bhfuil aon ailléirge ar do pháiste?** ¿tu niño tiene alguna alergia? **ailléirge cnónna** alergia a las nueces. **ailléirge uibhe** alergia a los huevos.
ailléirgeach *adj* alérgico.
áilligh *vt* embellecer.
ailp *f2* trozo, pedazo; pomo.
ailse *f4* cáncer. **feachtas eolais faoin ailse** campaña de información sobre el cáncer.
ailt *f2* barranco, terraplén.

ailtéarnaigh

ailtéarnaigh *vt, vi* alternar.
áilteoir *m3* bromista; payaso.
áilteoireacht *f3* burla.
ailtire *m4* arquitecto.
ailtireacht *f3* arquitectura.
áiméan *int* amén.
áiméar *m1* ocasión, oportunidad.
aimhleas *m3* daño, mal, detrimento.
aimhleasach *adj* dañino, perjudicial; equivocado.
aimhleasc *adj* reticente.
aimhleasta *adj* travieso, revoltoso.
aimhréidh I *f2* enredo. **dul in aimhréidh** enredarse. **II** *adj* liado; desaliñado; complicado; desigual.
aimhrialta *adj* irregular, anómalo.
aimhrialtacht *f3* anomalía.
aimhriar *f2* desobediencia; incongruencia.
aimiréal *m1* almirante.
aimiréalacht *f3* almirantazgo.
aimitis *f2* amatista.
aimléis *f2* sufrimiento, miseria. **in umar na haimléise** en miserables condiciones.
aimlithe *adj* encharcado; debilitado.
aimnéise *f4* amnesia.
aimpéar *m1* amperio.
aimpligh *vt* amplificar.
aimplitheach *adj* amplificador.
aimplitheoir *m3* amplificador.
aimplitiúid *f2* amplitud.
aimrid *adj* yermo, estéril.
aimride *f4* aridez, esterilidad.
aimridigh *vt* hacer yermo; esterilizar.
aimridiú *m4* esterilización.
aimseartha *adj* temporal.
aimsigh *vt* apuntar; acertar; encontrar. **an marc a aimsiú** dar en el blanco. **d'aimsigh Colambas bealach go Meiriceá** Colón descubrió una ruta a las Américas.
aimsir *f2* tiempo atmosférico; tiempo gramatical. **an aimsir láithreach** presente gramatical. **tuar na haimsire** pronóstico meteorológico. **cailín aimsire** sirvienta, criada, empleada doméstica.
aimsitheoir *m3* tirador; descubridor.
aimsitheoireacht *f3* puntería.
aimsiú *m4* objetivo, ataque.
ain- (*ver* **an-**²) *pref* in-, anti-, no-, híper-.
ainbhios *m3* ignorancia.
ainbhiosach *adj* ignorante.
ainbhiosán *m1* ignorante.
ainbhleitheach *adj* indigente.
ainbhreith *f2* juicio injusto.
aincheist *f2* dilema.
ainchíos *m3* alquiler exorbitante.
ainchleachtadh *m1* inexperiencia.
ainchreideamh *m1* incredulidad; falta de fe.
ainchreidmheach *m1* no creyente, infiel.
ainchríonna *adj* imprudente, precipitado.

ainmní

aincis *f2* malevolencia; irritación, malhumor.
ainciseach *adj* maligno; irritable.
aindia *m5* dios falso.
aindiachaí *m4* ateo.
aindiachas *m1* ateismo.
aindiaga *adj* impío.
aindílis *adj* desleal.
aindleathach *adj* ilegal.
aindlí *m4* desgobierno, anarquía.
aindlíthiúil *adj* anárquico.
áineas *m3* juego, divertimento; placer.
ainéifeacht *f3* ineficiencia.
ainéistéise *f4* anestesia.
ainéistéisí *m4* anestesista, anestesiólogo.
ainéistéiseach *m1, adj* anestésico.
aineoil *adj* desconocido, extraño.
aineolach *adj* ignorante; inexperto.
aineolas *m1* ignorancia; inexperiencia.
aingeal *m1* ángel. **Aingil an Uabhair** los Ángeles Caídos.
ainghníomh *m1* maldad.
aingí *adj* maligno; fastidioso; preocupado.
aingiallta *adj* irracional.
aingíne *f4* angina. **aingíne chléibh** angina de pecho.
ainglí *adj* angélico.
ainglis *f2* bocio.
ainiarmhartach *adj* funesto, desastroso.
ainimh *f2* mácula, tacha; deformación.
ainiochtach *adj* cruel.
ainís *f2* anís. **síol ainíse** anisete.
ainléannta *adj* ignorante, analfabeto.
ainligh *vt* guiar; navegar contracorriente. **an scéal a ainliú** manejar el asunto con destreza.
ainm *m4* nombre, sustantivo; reputación. **cad is ainm duit?** ¿cómo te llamas? **in ainm Dé** por Dios. **ainm cleite** nombre de pluma. **ainm briathartha** nombre verbal. **ainm teibí** nombre abstracto. **ainm bréige** alias. **in ainm agus supuestamente. ta a deartháir in ainm a bheith ag obair sa bhanc** su hermano supuestamente trabaja en un banco.
ainmchlár *m1* placa.
ainmfhocal *m1* nombre, sustantivo.
ainmheasartha *adj* inmoderado, excesivo.
ainmheasarthacht *f3* exceso, extremismo.
ainmhéid *f2* inmensidad; crecimiento desmedido.
ainmhí *m4* animal; bruto. **gairdín na n-ainmhithe** zoo.
ainmhian *f2* pasión, lujuria.
ainmhianach *adj* apasionado, lujurioso.
ainmhíoch *adj* animal; bruto.
ainmliosta *m4* catálogo.
ainmneach *m1, adj* nominativo.
ainmneoir *m3* denominador.
ainmní *m4* sujeto.

5

ainmnigh

ainmnigh *vt* nombrar, nominar; especificar.
ainmníocht *f3* nomenclatura.
ainmnithe *adj* electo, nombrado.
ainmnitheach *m1* nominado, candidato.
ainmniúchán *m1* nominación, nombramiento.
ainmniúil *adj* nominal; célebre, conocido.
ainneoin *s* **d'ainneoin, in ainneoin** no obstante, a pesar de.
ainneonach *adj* involuntario.
ainnir *f2* muchacha, doncella.
ainnis *adj* desdichado, desgraciado, de baja clase; torpe.
ainnise *f4* pena, desdicha, sufrimiento.
ainniseoir *m3* persona desgraciada, infeliz.
ainriail *f5* falta de disciplina; anarquía.
ainrialachas *m1* anarquismo.
ainrialaí *m4* anarquista; persona indisciplinada.
ainrialta *adj* indisciplinado; anárquico.
ainrianta *adj* desenfrenado, licencioso; ingobernable.
ainriocht *m3* condición lamentable.
ainscian *f2* furia, fiereza. **ainscian mná** arpía.
ainscianta *f2* salvaje, furioso.
ainsealach *adj* crónico.
ainseabhaí *m4* anchoa.
ainsiléad *m1* peso, báscula.
áinsíoch *adj* acusativo gramatical.
ainspianta *adj* grotesco; anormal.
ainspiantacht *f3* anormalidad; extravagancia.
Ainspiorad *m1* **an tAinspiorad** el Diablo.
ainsprid *f2* espíritu maligno.
aintéine *f4* antena.
aintiarna *m4* déspota, tirano.
aintiarnas *m1* tiranía.
aintiarnúil *adj* tiránico.
aintín *f4* tía.
aintiún *m1* antífona.
aíocht *f3* hospitalidad; hospedaje.
aíochtach *adj* hospitalario.
aíochtlann *f2* casa de huéspedes, pensión.
aipindic *f2* apéndice (*medical*).
aipindicíteas *m1* apendicitis.
airc *f2* avaricia; voracidad; necesidad.
áirc *f2* arca.
airceach *adj* voraz; necesitado.
aircitíopa *m4* arquetipo.
aird[1] *f2* dirección. **ó gach aird den tír** de todas partes del país. **na ceithre hairde** los puntos cardinales.
aird[2] *f2* atención; anuncio. **níor thug sé aon aird orm** no me hizo ningún caso.
airde *f4* altura, elevación; nivel. **in airde** en lo alto. **d'imigh siad ar cosa in airde** salieron corriendo. **tá an cnoc 400

áirse

méadar ar airde la colina tiene 400 metros de altura.
airdeall *m1* alerta, vigilancia.
airdeallach *adj* alerta, vigilante.
airdiúil *adj* altivo, altanero.
aire[1] *f4* cuidado, atención; caso. **tabhair aire duit féin** cuídate. **ar aire!** ¡atención!
aire[2] *m4* ministro. **an tAire Sláinte** el Ministro de Sanidad.
aireach *adj* cuidadoso; atento, vigilante.
aireachas *m1* atención, vigilancia.
aireacht *f3* ministerio.
aireachtáil *f3* percepción.
aireagal *m1* oratorio; apartamento; sala de hospital. **ceol aireagail** música de cámara.
aireagán *m1* invención.
áireamh *m1* cuenta; cálculo; enumeración. **rud a chur san áireamh** tener algo en cuenta. **gan áireamh** innumerable.
áireamhán *m1* calculadora.
airéine *f4* arena, palestra.
áirge *f4* objeto útil; posesión valiosa, bien.
airgead *m1* plata, dinero. **airgead tirim** dinero en efectivo.
airgeadaí *m4* financiero.
airgeadas *m1* finanzas. **an Roinn Airgeadais** el Ministerio de Hacienda.
airgeadóir *m3* cajero, encargado de caja.
airgeadra *m4* moneda de curso legal.
airgeadúil *adj* plateado; financiero; rentable.
áirgiúil *adj* bien equipado; espacioso.
airí[1] *m4* síntoma; característica.
airí[2] *f4* merecido. **is maith an airí air é** lo tiene bien merecido.
áiria *f4* aria.
airigh *vt* percibir; sentir; oir. **d'airigh mé uaim iad** les eché de menos. **an airíonn tú pian?** ¿sientes dolor?
áirigh *vt* contar, estimar.
airíoch *m1* cuidador, vigilante.
áirithe[1] *f4* certeza; porción. **in áirithe** reservado. **suíochán a chur in áirithe** reservar un asiento.
áirithe[2] *adj* cierto, particular. **go háirithe** especialmente. **ach go háirithe** de todos modos.
áirithigh *vt* asegurar.
airleacan *m1* adelanto, préstamo.
áirmhéadar *m1* máquina de calcular.
airmheán *m1* epicentro.
airne *f4* endrina, endrino.
airneán *m1* visita nocturna, trasnoche.
airnéis *f2* enseres; ganado; bienes; equipamento; pulgas; piojos.
airneog *f2* endrino.
áirse *m4* arco.

airteagal

airteagal *m1* artículo legal. **Airteagal a Dó** segundo artículo. **in airteagal** agonizando, en su lecho de muerte.
airtéiseach *m1* artesiano.
airtléire *f4* artillería.
airtríteas *m1* artritis.
ais-[1] *pref* re-, vuelta, reverso, parte posterior.
ais[2] *s* **ar ais** de vuelta, otra vez. **beidh mé ar ais roimh am lóin** estaré de vuelta antes de la hora de comer. **le hais** comparado con.
ais[3] *f2* eje.
áis *f2* comodidad; recuerdo; favor; ventaja; mecanismo. **an ndéanfá áis dom?** ¿me harías un favor? **ní haon áis dom é** no me sirve de nada. **ar áis!** ¡descansen! **áiseanna teagaisc** materiales didácticos. **áis éisteachta** audífono.
aisce *f4* favor; regalo; propina. **in aisce** gratis. **turas in aisce** viaje en vano.
aischéimnigh *vi* retroceder, dar marcha atrás.
aiseag *m1* restitución; vómito; emético. **lus an aisig** narciso.
aiseal *m1* eje.
aiseipteach *adj* aséptico.
aiséirí *m4* resurrección; resurgimiento.
aiséirigh *vi* resurgir, renacer.
aiséiteach *m1* asceta.
aiséitiúil *adj* ascético.
aiseolas *m1* retroalimentación.
aisfhreagra *m4* respuesta descarada, réplica; insolencia.
aisfhuaimnigh *vi* retumbar, resonar.
aisghair *vt* abrogar, abolir, revocar.
aisghairm *f2* abrogación, revocación.
aisig *vt* restaurar; vomitar.
áisínteacht *f3* agencia.
aisíoc I *m3* reembolso, restitución. **II** *vt* reembolsar, reintegrar.
aisiompaigh *vt, vi* invertir.
áisiúil *adj* conveniente, práctico, servicial.
áisiúlacht *f3* conveniencia, utilidad.
aisléim *f2* retroceso.
aisling *f2* visión; *aisling (género poético irlandés)*.
aislingeach *m1, adj* visionario, soñador.
aisnéal *m1* desvanecimiento, desmayo.
aispeist *f2* asbesto.
aistarraing *vt* retirar.
aiste *f4* ensayo; peculiaridad; condición; esquema; redacción. **aiste bia** dieta.
aisteach *adj* peculiar, raro; sorprendente; gracioso.
aistear *m1* viaje, trayecto; rodeo; inconveniencia.
aisteoir *m3* actor.
aisteoireacht *f3* actuación.
aistreach *adj* errante; inestable; remoto; transitivo.

aithne

aistreán *m1* lugar alejado; dificultad; incomodidad. **éan aistreáin** ave migratoria.
aistreánach *adj* apartado; incómodo; migratorio.
aistrigh *vt, vi* mover, transferir; traducir; mudarse. **d'aistrigh mé go Luimneach** me mudé a Limerick. **aistrigh é seo go Spáinnis** traduzca esto al español.
aistritheach *adj* movible, movedizo. **daonra aistritheach** gente de paso.
aistritheoir *m3* traductor; transportista, agente de mudanzas.
aistritheoireacht *f3* traducción.
aistriú *m4* traducción; mudanza; transposición. **saor-aistriú** libre traspaso.
aistriúchán *m1* traducción. **aistriúchán lom** traducción literal.
ait *adj* cómico; raro, extraño.
áit *f2* lugar, sitio, espacio; posición. **is deas an áit é** es un lugar bonito. **in áit** en lugar de. **an áit** donde. **cá háit?** ¿dónde? **ó áit go háit** de un lugar a otro. **an chéad áit** el primer puesto. **i ngach áit** por todas partes.
aiteacht *f3* rareza, extravagancia.
aiteal *m1* enebro.
aiteall *m1* claro entre chaparrones. **tá sé ag déanamh aitill** ha escampado.
áiteamh *m1* proceso de persuadir o solicitar.
aiteann *m1* tojo, aulaga.
aiteas *m1* agrado; diversión; aprensión; extrañeza.
aiteasach *adj* agradable, alegre.
áiteoireacht *f3* debate; disputa.
áith *f2* horno empleado para secar grano.
aitheach *m1* paleto, patán.
aitheanta *adj* reconocido, aceptado.
aitheantas *m1* conocimiento; reconocimiento; identificación. **cárta aitheantais** carnet de identidad. **lucht aitheantais** conocidos.
aitheasc I *m1* discurso; exhortación. **II** *vt* pronunciar un discurso; exhortar.
aitheascal *m1* oráculo.
aithin[1] *vt* conocer, reconocer; distinguir; admitir. **nach n-aithníonn tú mé?** ¿no me conoces?
aithin[2] *vt* mandar, ordenar.
aithinne *f4* tea; chispa.
aithis *f2* estigma; reproche; difamación.
aithiseach *adj* difamatorio; vergonzoso.
aithisigh *vt* calumniar, difamar.
aithne[1] *f4* conocimiento; reconocimiento; presentación. **tá aithne agam air** lo conozco. **daoine a chur in aithne dá chéile** presentar una persona a otra. **cuirfidh mé Úna in aithne duit ag gcóisir** te presentaré a Úna en la fiesta. **gan aithne gan urlabhra** inconsciente.

aithne² ƒ4 mandamiento, precepto. **na Deich nAithne** los Diez Mandamientos.
aithnid ƒ2 conocido.
aithnidiúil adj familiar, conocido.
aithreachas m1 arrepentimiento, remordimiento. **tá aithreachas orm faoi** lo siento.
aithrí ƒ4 arrepentimiento; penitencia. **aithrí thoirní** arrepentimiento de última hora.
aithríoch m1 penitente.
aithris I ƒ2 narración; imitación, remedo. **ná déan aithris ar an duine bocht sin** no te burles de ese pobre. **II** vt, vi narrar; recitar; imitar, remedar.
aithriseach adj imitativo, burlón.
aithriseoireacht ƒ3 recitación; imitación.
aithriúil adj paternal, paterno.
áitigh vt, vi ocupar; ponerse a hacer algo; argüir, persuadir. **rud a áitiú ar dhuine** persuadir a alguien de algo.
áitithe adj establecido; experimentado. **bligeard áitithe** canalla reconocido.
áititheach adj persuasivo.
áititheoir m3 inquilino; argumentador.
áitiúil adj local.
áitreabh m1 habitación; domicilio.
áitreabhach m1 habitante.
áitrigh vt habitar.
áitritheoir m3 habitante.
ál m1 camada, nidada; prole.
ala s **ar ala na huaire** sin pensar.
alabhog adj tibio, templado.
alabhreac adj caballo pinto, picazo.
áladh m1 herida; embestida. **áladh a thabhairt ar rud** atrapar algo.
álainn adj hermoso, bello, chévere. **tá an gúna a cheannaigh sí go hálainn** el vestido que compró está super chévere.
aláram m1 alarma.
Albain ƒ2 Escocia. **Gaeilge na hAlban** gaélico escocés.
albam m1 álbum.
albatras m1 albatros.
alcaileach adj alcalino.
alcól m1 alcohol.
alcólach m1, adj alcohólico.
alcólacht ƒ3 alcoholismo.
alfraits ƒ2 pillo, canalla.
alga m4 alga.
allabhair ƒ5 evocación; eco.
allabhrach adj evocador.
allagar m1 hablar en voz alta; pelea; grito. **ag allagar** discutiendo.
allaíre ƒ4 sordera parcial.
allas m1 sudor, transpiración. **ag cur allais** sudando. **allas Muire** hierba de San Juan.
allasúil adj sudoroso.
allmhaire ƒ4 artículo importado, importación.

allmhaireoir m3 importador.
allmhairigh vt importar.
allta adj silvestre, salvaje.
alltacht ƒ3 asombro. **alltacht a chur ar dhuine** asombrar a alguien.
alluaiceach adj despreocupado; atolondrado.
allúrach m1, adj extranjero.
almanag m1 almanaque.
almóinn ƒ2 almendra.
almóir m3 alacena; nicho.
almsa ƒ4 limosna.
aló m4 aloe.
alp vt, vi engullir, devorar.
alpach adj voraz, ávido.
alpaire m4 glotón, voraz.
alpán m1 pedazo, trozo.
Alsáiseach m1, adj pastor alemán; alsaciano.
alt I m1 juntura, nudo; articulación; nudillo; artículo; párrafo. **alt na coise** tobillo. **as alt** descoyuntado. **II** vt articular, juntar, unir.
altach adj articulado, unido; nudoso; ondulado.
altaigh vt, vi bendecir las comidas, dar gracias a Dios.
altán m1 barranco; riachuelo; montículo.
altóir ƒ3 altar.
altram m3 adopción.
altramaigh vt acoger a un niño en la familia.
altranas m1 enfermería. **an Bord Altranais** (organización nacional que rige la enfermería).
altrúchas m1 altruismo.
altú m4 acción de gracias. **altú roimh bhia** bendición de una comida.
alúm m1 alumbre.
alúmanam m1 aluminio.
am m3 tiempo; hora. **faoin am seo** llegados a este punto, ya. **cén t-am é?** ¿qué hora es? **in am** a tiempo. **an éigin** alguna vez.
amach adv afuera. **an bealach amach** la salida. **amach anseo** en lo sucesivo. **feicfear arís é amach anseo** volveremos a verlo más adelante. **amach ó** aparte de. **amach is amach** total, totalmente.
amadán m1 tonto, idiota.
amadánta adj fatuo.
amadántacht ƒ3 tontería, bobada.
amaid ƒ2 mujer necia.
amaideach adj tonto.
amaideacht ƒ3 idiotez, estupidez.
amaidí ƒ4 tontería, desatino. **ag amaidí** haciendo el tonto.
amaitéarach m1, adj amateur; aficionado.
amanathar adv pasado mañana.
amárach adv mañana. **maidin amárach** mañana por la mañana.
amarrán m1 desgracia, infortunio.

amas *m1* ataque; intento; puntería. **déan amas** patear en golf.
ambaiste *int* ciertamente, verdaderamente.
ambasadóir *m3* embajador.
ambasáid *f2* embajada.
amchlár *m1* horario.
amh *adj* crudo.
ámh *adv* sin embargo, no obstante.
amhábhar *m1* materia prima.
amhail *prep, conj* como, así; parecido a. **amhail is** como si. **amhail is a gheall sí** tal como había prometido.
amháin *adv* uno, único, sólo. **Spáinnis amháin a labhraíonn sí** sólo habla español. **ach amháin** excepto. **fiú amháin** incluso. **duine amháin** una persona. **uair amháin** una vez.
amhantar *m1* oportunidad; aventura; golpe de suerte.
amhantrach *adj* especulativo; arriesgado; afortunado.
amhantraí *m4* especulador.
amhantraíocht *f3* especulación.
ámharach *adj* afortunado, venturoso.
ámharaí *f4* ar **ámharaí an tsaoil** por un golpe de suerte, afortunadamente.
amharc I *m1* vista, mirada. **ar an gcéad amharc** a primera vista. **II** *vt, vi* mirar, ver. **bhí sí ag amharc amach as an bhfuinneog** estaba mirando desde la ventana.
amharcaíl *f3* escrutar; curiosear.
amharclann *f2* teatro.
amhas *m1* mercenario; gamberro.
amhasóireacht *f3* gamberrismo.
amhastrach *f2* ladrido.
amhastraigh *vi* ladrar.
amhiarann *m1* veta de hierro.
amhlabhra *f4* dificultad para expresarse.
amhlachas *m1* semblante; figura. **thóg mé i d'amhlachas féin é** le confundí contigo.
amhlaidh *adv* así, de esta manera. **is amhlaidh atá sé** lo que pasa es.
amhlánta *adj* grosero.
amhola *f4* petróleo, crudo.
amhra *m4* elogio, encomio.
amhra *adj* maravilloso.
amhrán *m1* canción. **amhrán náisiúnta** himno nacional. **Amhrán na bhFiann** La Canción de los Soldados (*himno nacional irlandés*).
amhránaí *m4* cantante.
amhránaíocht *f3* canto.
amhras *m1* duda; sospecha. **tá mé in amhras faoi sin** lo dudo.
amhrasach *adj* dudoso; sospechoso.
amhsaine *f4* actividad mercenaria.
amhscarthanach *f2* amanecer, alba.
amlóir *m3* estúpido; torpe.

ámóg *f2* hamaca.
amóinia *f4* amoniaco.
amparán *m1* cesto, canasta.
ampla *m4* hambre; avidez, voracidad.
amplach *adj* hambriento; glotón.
amplóir *m3* persona hambrienta.
amscaí *adj* desordenado; torpe; descuidado.
amú *adv* desperdiciado, en vano, extraviado. **am amú** pérdida de tiempo. **dul amú** equivocarse.
amuigh *adv prep* fuera, afuera, exterior, externo. **amuigh faoin spéir** al aire libre. **tá na páistí amuigh ag súgradh** los niños están jugando afuera. **taobh amuigh den oifig** fuera de la oficina.
an-[1] *pref* muy, grande. **an-chosúil** muy similar. **an-áthas** mucha alegría. **bhí an-ocras ar an madra** el perro tenía mucha hambre.
an-[2] (*ver* **ain-**) *pref* in-, anti-.
an[3] (*ver* **na**[2]) *art def* el, la. **an fear** el hombre. **an bhean** la mujer. **an rud is fearr** lo mejor. **eoró an kilo** un euro por kilo. **an**[4] *part int* **an dtuigeann tú?** ¿entiendes? **an eol duit?** ¿sabes?
anabaí *adj* inmaduro. **breith anabaí** nacimiento prematuro; aborto espontáneo.
anabaíocht *f3* inmadurez.
anacair *f3* desigualdad; incomodidad; aflicción. **anacair leapa** escara.
anacal *m1* protección; clemencia.
anachain *f2* infortunio, calamidad; daño. **limistéar anachaine** zona de desastre, zona catastrófica.
anacrach *adj* afligido, angustiado.
anaemach *adj* anémico.
anaemacht *f3* anemia.
anagram *m1* anagrama.
anáid *f2* pensión vitalicia, renta vitalicia.
anáil *f3* aliento, respiración; aire; influencia. **faoi anáil** bajo la influencia. **anáil a ligean amach** exhalar.
anailís *f2* análisis.
anailísí *m4* analista.
anailísigh *vt* analizar.
anairt *f2* **anairt bheag** lona; vela; lienzo.
anaithnid *adj* extraño, desconocido.
analach *f2* analogía.
análaigh *vt, vi* respirar; aspirar.
análaitheoir *m3* respirador.
anall *adv prep* acá, desde lejos. **anall as Sasana** desde Inglaterra. **ó 2020 anall** desde 2020. **tar anall** ven acá.
anallód *adv* antaño, en los viejos tiempos.
análú *m4* respiración. **análú tarrthála** boca a boca. **breoiteocht análaithe** enfermedad respiratoria.
anam *m3* alma; vida. **lán d'anam** muy animado. **anam agus corp** cuerpo y alma.

beannacht Dé lena hanam que Dios se apiade de su alma. **tír gan teanga, tír gan anam** el país que no tiene lengua propia no tiene alma (*lema de los activistas a favor de la lengua irlandesa*).
anamchara *m5* director espiritual, confesor.
anamúil *adj* animado, enérgico.
anann *m1* piña, ananás.
anarac *m1* anorak.
anas *m1* ano.
anás *m1* necesidad; pobreza.
anásta *adj* necesitado; torpe.
anatamaíocht *f3* anatomía.
anbhá *m4* consternación; pánico.
anbhann *adj* débil, flojo.
anbhuain *f2* inquietud, desasosiego; molestia.
ancaire *m4* ancla.
anchaoi *s* **in anchaoi, ar anchaoi** en mal estado, en apuros.
anchroíoch *adj* malévolo.
anchúinse *m4* monstruo.
anchúinseach *adj* monstruoso, grotesco; canallesco.
anchuma *f4* mal aspecto.
anchumtha *adj* deforme.
andóch *adj* improbable.
andóchas *m1* presunción; soberbia.
andóchasach *adj* presuntuoso.
andóigh *f2* improbabilidad; lugar o persona inverosímil.
andraigíneach *adj* andrógeno.
andúchasach *adj* no nativo; exótico.
andúil *f2* ansia; adicción. **andúil sa tobac** adicción al tabaco.
andúileach *m1* adicto.
andúilíocht *f3* adicción.
aneas *adv prep, adj* del sur, sureño. **an ghaoth aneas** viento sur.
anfa *m4* tormenta, temporal, borrasca; terror.
anfhorlann *m1* violencia, opresión.
angadh *m1* pus. **angadh a dhéanamh** supurar.
angaíoch *adj* purulento.
angar *m1* carencia; angustia. **go bun an angair** cueste lo que cueste.
anghrá *m4* erotismo.
anghrách *adj* erótico.
Anglacánach *m1, adj* anglicano.
anglais *f2* **anglais tae** té flojo.
anglait *f2* rape. pejerrey.
angóra *m4* angora.
aniar *adv prep, adj* del oeste. **an ghaoth aniar** viento oeste. **tháinig sé aniar aduaidh orm** me cogió por sorpresa.
aníos *adv prep, adj* hacia arriba; procedente del norte. **teacht aníos an staighre** subir las escaleras.
anlaith *m3* tirano; usurpador.

anlann *m1* condimento, salsa. *prov* **is maith an t-anlann an t-ocras** a buen hambre no hay pan duro.
anlathach *adj* tiránico; anárquico.
anlathas *m1* tiranía; usurpación; anarquía.
anluchtaigh *vt* sobrecargar; abarrotar.
anmhacnas *m1* lujuria.
ann[1] **I** *adv pron, prep* en él, en ello; allí. **níl aon mhaitheas ann** no sirve para nada. **fear láidir atá ann** es un hombre fuerte. **ní raibh mé ann riamh** nunca estuve allí. **tá Sinéad ina cónaí ann le fada** Sinéad lleva un buen tiempo viviendo allí. **II** *partícula empleada para indicar existencia* **nuair a bhí m'athair ann** cuando mi padre vivía. **níl ann ach madra** sólo es un perro.
ann[2] *s* **in ann** capaz de. **níl siad in ann é a dhéanamh inniu** no lo pueden hacer hoy.
annála *spl* anales, crónicas.
annálaí *m4* analista.
annamh *adj* raro, infrecuente, desacostumbrado. **is annamh a fheicim Ruairí** pocas veces veo a Rodrigo.
anó *m4* incomodidad; angustia, sufrimiento.
anocht *adv* esta noche.
anoir *adv prep, adj* del este. **an ghaoth anoir** el viento del este. **tháinig siad anoir agus aniar orainn** nos atacaron por todas partes.
anóirthear *adv, s* pasado mañana.
anois *adv* ahora, actualmente. **anois beag** ahora mismo; ahorita. **anois is arís** de vez en cuando.
anóiteach *adj* incómodo; desdichado.
anonn *adv prep* sobre, al otro lado. **anonn go Meiriceá** a América. **anonn agus anall** de acá para allá. **tá sé ag dul anonn sa lá** se está haciendo tarde.
anord *m1* caos.
anordúil *adj* caótico.
anraith *m4* sopa, caldo.
anró *m4* infortunio; condición lamentable; miseria.
anróiteach *adj* severo; inclemente; angustioso; doloroso.
ansa *adj comp de* **ionúin**. el más querido. **an bhean is ansa leis** la mujer a quien más quiere.
ansacht *f3* amor, amado.
anseo *adv* aquí. **beidh mé anseo ag a cúig a chlog** estaré aquí a las cinco. **anseo! ¡**presente!
ansin *adv* allí; entonces, luego. **ansin féin** incluso entonces.
ansiúd *adv* allá, allí, a lo lejos. **anseo is ansiúd** por todas partes.
ansmacht *m3* tiranía.

ansmachtaí
ansmachtaí *m4* tirano.
ansmachtaigh *vt* amenazar.
anstró *m4* tiranía.
antaibheathach *m1, adj* antibiótico.
antaiseipteach *adj* antiséptico.
antaiseipteán *m1* antiséptico.
Antartach I *m1* Antártida. **II** *adj* antártico.
antashubstaint *f2* anticuerpo.
antlás *m1* avaricia, codicia.
antlásach *adj* avaricioso, codicioso.
antoisceach *m1, adj* extremista, extremo.
antraicít *f2* antracita.
antraipeolaí *m4* antropólogo.
antraipeolaíocht *f3* antropología.
antrasc *m1* carbunclo bacteriano.
antráth *m3* momento inoportuno; hora avanzada, última hora.
antráthach *adj* tarde, inoportuno, intempestivo.
anuaill *f2* arrogancia.
anuas *adv prep* hacia abajo; procedente del sur. **teacht anuas** bajar. **le bliain anuas** durante el pasado año. **leag anuas ar an mbord é** déjalo sobre la mesa.
anuasal *m1* persona de baja cuna, plebeyo.
anumhal *adj* desobediente; arrogante.
anumhlaíocht *f3* desobediencia; arrogancia.
anuraidh *adv* el año pasado.
aodh *f4* inflamación. **aodh thochais** urticaria.
aoi *m4* huésped, invitado.
aoibh *f2* sonrisa; expresión de agrado.
aoibheall *m1* brinco, cabriola.
aoibhinn *adj* delicioso; placentero, agradable. **is aoibhinn duit** es maravilloso para tí. **is aoibhinn an lá é** hace un día muy bonito.
aoibhiúil *adj* agradable; sonriente.
aoibhneas *m1* dicha; deleite.
aoileach *m1* abono. **carn aoiligh** estercolero.
Aoine *f4* viernes. **Aoine an Chéasta** Viernes Santo.
aoir *f2* sátira, sarcasmo.
aoire *m4* pastor.
aoirigh *vt* pastorear.
aois *f2* edad; vejez. **cén aois thú?** ¿cuántos años tienes? **tá sí bliain d'aois** tiene un año. **an fichiú haois** el siglo veinte. **Nua-Aois** Nueva Era.
aol *m1* cal.
aolchoinneal *f2* estalagmita.
aolchuisne *m4* estalactita.
aoldath *m3* cal.
aolmhar *adj* calcáreo.
aon-[1] *pref* uno, uni-, mono-.
aon[2] *m1* uno; cualquier; algo de. **uimhir a haon** número uno. **gach aon** cada uno, todos. **an bhfuil aon arán agat** ¿tienes pan? **ní raibh aon airgead agam** no

ápa
tenía dinero. **d'aon ghuth** por unanimidad. **d'aon ghnó** a propósito. **Aon-Mhac Dé** el hijo unigénito de Dios.
aonach *m1* mercado, feria; asamblea. **aonach siamsaíochta** parque de atracciones.
aonad *m1* unidad.
aonán *m1* individuo.
aonar *m1* una persona. **tá mé i m'aonar** estoy solo. **duine aonair** persona solitaria; individuo.
aonarach *adj* uno; solitario, solo.
aonarán *m1* persona solitaria.
aonaránach *adj* solo, solitario.
aonbheannach *m1* unicornio.
aonchéileachas *m1* monogamia.
aonchineálach *adj* homogéneo.
aondiachas *m1* monoteísmo.
aonfhoirmeach *adj* uniforme.
aonghin *f2* unigénito.
aonghnéitheach *adj* uniforme.
aonmhac *m1* hijo único.
aonraic *adj* solitario, solo.
aonraigh *vt* aislar. **ní féidir an víreas a aonrú** no se puede aislar el virus.
aonréad *m1* solo musical.
aonréadaí *m4* solista.
aonsiollach *adj* monosílabo.
aonta *adj* uno; sencillo.
aontacht *f3* unidad, unión; unanimidad. **Acht na hAontachta** acta de unión entre Gran Bretaña e Irlanda 1800.
Aontantaí *m4* unionista, persona que apoya la unión entre Irlanda y Gran Bretaña.
aontaigh *vt, vi* unir; estar de acuerdo. **na Náisiúin Aontaithe** las Naciones Unidas.
aontaitheach *adj* conformista.
aontaobhach *adj* unilateral.
aontas *m1* unión. **Aontas na hEorpa** Unión Europea.
aontíos *m1* cohabitación. **in aontíos** viviendo juntos. *prov.* **ní haithne go haontíos** uno no conoce a otra persona hasta que vive con ella.
aontumha *f4* celibato, célibe.
aonú *adj* primero. **an t-aonú háit déag** el undécimo puesto.
aor *vt* satirizar, burlarse.
aorach *adj* satírico.
aorta *m4* aorta.
aorthóir *m3* satirista, difamador.
aos *m3* pueblo, gente. **an t-aos óg** la juventud. **an t-aos eagna** los intelectuales.
aosach *m1* adulto; persona mayor.
aosaigh *vi* envejecer; alcanzar la mayoría de edad.
aosta *adj* anciano, viejo.
aothú *m4* crisis en una enfermedad.
ápa *m4* simio, mono.

apacailipsis *m4* apocalipsis.
apacailipteach *adj* apocalíptico.
apacrafa *spl* Apócrifos.
apacrafúil *adj* apócrifo.
apaigí *m4* apogeo.
apaipléis *f2* apoplejía.
apsaint *f2* ajenjo.
ar[1] *prep (ver tablas)*. en, sobre, encima. **tá an bia ar an mbord** la comida está en la mesa. **ta dath gorm ar an gcarr** el carro es azul. **bhí praghas ard ar an teach** estaban pidiendo mucha plata por la casa. ❶ *empleada en muchas construcciones verbales* **tá orm labhairt leis** debo hablar con él. **níl aithne agam uirthi** no la conozco. ❷ *empleada con condiciones físicas y emocionales* **tá slaghdán orm** tengo catarro, **tá áthas orainn** estamos contentos. **cad atá ort?** ¿qué te pasa? **tá tuirse air** está cansado. **tá tart uirthi** tiene sed. **ar fheabhas** excelente.
ar[2] *v def* dice, dicen, dijo, dijeron. **ar seisean** él dijo.
ar[3] **I** *partícula relelativa empleada en el pasado* **an áit ar rugadh mo sheanathair** el lugar donde nació mi abuelo. **II** *pron rel* **gach ar cheannaigh sé** todo lo que compró.
ar[4] *part int* **ar bhris tú é?** ¿lo rompiste? **ar mhaith leat?** ¿te gustaría?
ár[1] *m1* matanza, carnicería; estragos.
ár[2] *adj pos* nuestro. **Ár nAthair atá ar Neamh** padre nuestro que estás en los cielos. **ár gcarranna** nuestros coches.
ara *m4* sien.
ára *f4* riñones; órganos vitales.
Arabach *m1, adj* árabe, arábigo.
árach[1] *m1* camilla, litera.
árach[2] *m1* cadenas, grilletes; bono.
árachaí *m4* persona asegurada.
árachaigh *vt* asegurar.
árachas *m1* seguro. **níl a theach faoi árachas fós** su casa todavía no está asegurada. **árachas cairr** seguro de coche. **árachas leighis** seguro médico.
arae *conj* porque; sin embargo.
aragail *f2* alféizar, repisa.
Aragóinis *f2 adj* aragonés.
araí[1] *f4* brida.
araí[2] *f4* aspecto.
Araibis *f2* arábigo.
araicis *f2* ayuda; encuentro. **dul in araicis duine** acudir a una cita.
araiciseach *adj* precipitado; impaciente; de genio vivo.
araid *f2* cubo; cofre. **araid bruscair** caneca, cubo de basura.
araile *pron* **agus araile** *(abrev* ⁊**rl, srl)** etcétera.
araíonacht *f3* moderación.

aralt *m1* heraldo.
araltach *m1* heráldico.
araltas *m1* heráldica.
arán *m1* pan. **ár n-arán laethúil** el pan nuestro de cada día. **arán gairleoige** pan de ajo.
arann *m1* sensación, sentimiento, emoción.
aranta *adj* irritable, malhumorado.
araon *adv* ambos. **sinn araon** nosotros dos. **araon le** junto con.
ararút *m1* arruruz, maranta.
áras *m1* casa; edificio; recipiente. **Áras an Uachtaráin** residencia presidencial de Irlanda.
árasán *f2* apartamento, piso.
áraslann *f2* bloque de pisos.
arbhar *m1* grano, cereal. **arbhar indiach** maíz. **arbhar sa dias** mazorca; espiga de grano.
arcán *m1* cochinillo, lechón.
ard-[1] *pref* archi-, de rango superior.
ard[2] *m1* altura; cima. **os ard** en voz alta *adj* alto, elevado. **tá cnoc ard taobh thiar de mo theach** hay un monte alto detrás de mi casa.
ardaidhm *f2* ambición.
ardaidhmeannach *adj* ambicioso.
Ard-Aifreann *m1* misa solemne.
ardaigh *vt, vi* elevar; aumentar. **cnoc a ardú** ascender a una colina. **ardaigh an fhuaim** sube el volumen.
ardaingeal *m1* arcángel.
ardaitheach *adj* predominante, ascendente.
ardaitheoir *m3* ascensor, elevador.
ardán *m1* altura; plataforma; escenario; tribuna; hilera de casas.
ardathair *m5* patriarca.
ardbhrú *m4* presión alta. **ardbhrú fola** tensión arterial alta.
ardchathair *f5* metrópoli, capital.
ardcheannas *m1* supremacía.
ardchlár *m1* meseta, altiplano.
ardchomhairle *f4* consejo supremo.
ard-deoise *f4* archidiócesis.
ardeaglais *f2* catedral.
ardeaspag *m1* arzobispo.
Ard-Fheis *f2* asamblea, congreso.
ardintinneach *adj* animoso; testarudo.
ardmháistir *m4* director de colegio.
ardmháistreás *f3* directora de colegio.
ardmhéara *m4* alcalde.
ardmheas *m3* gran estima.
ardnósach *adj* arrogante; pomposo.
ardrí *m4* rey supremo.
ardríocht *f3* reinado.
ardscoil *f2* escuela secundaria.
ardteistiméireacht *f3* examen posterior a la educación secundaria.
ardtiarna *m4* cacique.

ardtréas *m3* alta traición.
ardtráthnóna *m4* media tarde.
ardú *m4* elevación; aumento. **ardú tuarastail** aumento de sueldo. **ardú céime** ascenso.
aréir *adv s* anoche.
argain *f3* destrucción; saqueo, pillaje.
argóin *vt, vi* discutir.
argóint *f2* discusión, pelea.
arís *adv* otra vez, de nuevo; después. **faoin am seo arís** el año que viene por estas fechas.
arm *m1* arma, armamento; ejército. **airm uile-loiscthe** armas de destrucción masiva. **faoi arm** en las fuerzas armadas.
armach *adj* armado.
armadóir *m3* armero; fabricante de armas.
armadóireacht *f3* fabricación de armas.
armáid *f2* armada, flota.
armáil *f3* armamento *vt* armar.
armas *m1* escudo de armas, blasón, escudo.
armchúirt *f2* corte marcial.
armlann *f2* armería, arsenal.
armlón *m1* munición.
armóin *f2* armonía; armonio.
armónach *adj* armónico.
armónaigh *vt* armonizar.
armúr *m1* armadura, coraza; blindaje.
armúrtha *adj* acorazado. **carr armúrtha** carro blindado.
arna *utilizado con nv* por **arna fhoilsiú ag** publicado por. **arna mhaoiniú ag Aontas na hEorpa** subvencionado por la Unión Europea.
arócar *m1* araucaria.
arracht *m3* espectro; monstruo, gigante.
arrachtas *m1* potencia, fuerza.
arraing *f2* dolor punzante, punzada. **in arraingeacha an bháis** en la agonía de la muerte.
arsa (*ver* **ar²**) *v def* dijo, dice. **arsa mise** dije yo.
ársa *adj* antiguo; anciano.
ársaíocht *f3* afición a las antiguedades.
ársaitheoir *m3* anticuario.
arsanaic *f2* arsénico.
art *m1* piedra, roca. **chomh marbh le hart** muerto.
Artach *m1, adj* ártico.
artaire *m4* arteria.
artaireach *adj* arterial.
árthach *m1* barco, navío; recipiente; envase.
artola *f4* gasolina.
arú *adv* arú inné anteayer. **arú amárach** pasado mañana.
arúil *adj* fértil, cultivable.
as *prep, adv* (*ver tablas*). de. **fear as Corcaigh** oriundo de Cork. **cad as duit féin?** ¿de dónde eres tú? **fág as an áireamh é** no lo cuentes. **bain as do phóca é** sácalo del bolsillo. **léim an luch as an mbosca** el ratón saltó de la caja. **abair as Gaeilge é** dígalo en irlandés. **as baile** fuera de casa. **bíodh dóchas agat as Dia** confía en Dios. **go maith as** acomodado. **as obair** en paro. **as láthair** ausente. **as cló** descatalogado, descontinuado.
asáitigh *vt* desalojar.
asal *m1* asno, burro.
asanálaigh *vt, vi* exhalar.
asarlaí *m4* brujo, hechicero, mago.
asarlaíocht *f3* brujería; conjuros.
asbhaint *f2* deducción.
asbheir *vt* deducir.
ásc *s* **ar an gcéad ásc** al primer intento, en primer lugar.
ascaill *f2* axila; hueco; avenida. **ascaill mhara** brazo de mar.
aschur *m1* resultado, rendimiento.
asclán *m1* brazada.
asfalt *m1* asfalto.
aslaigh *vt* inducir.
aslonnaigh *vt* evacuar.
aslonnú *m4* evacuación.
asma *m4* asma.
aspairín *m4* aspirina.
aspal *m1* apóstol. **Aspal na hÉireann** el apóstol de Irlanda (*San Patricio*).
aspalacht *f3* apostolado.
aspalda *adj* apostólico.
aspalóid *f2* absolución.
asparagas *m1* espárrago.
asplanád *m1* explanada.
astaróideach *m1, adj* asteroide.
astitim *f2* lluvia radioactiva.
astralaí *m4* astrólogo.
astraláib *f2* astrolabio.
astralaíoch *adj* astrológico.
astralaíocht *f3* astrología.
at *m1* hinchazón, chichón *vi* hinchar.
atáirg *vt* reproducir.
atáirgeach *adj* reproductivo.
atáirgeadh *m1* reproducción.
atarlaigh *vi* producirse de nuevo, volver a presentarse.
ath- *pref* re-, segundo; antiguo, ex-; contra.
áth *m3* vado; abertura.
athair¹ *m5* padre. **athair críonna, athair mór** abuelo. **athair altrama** padre putativo. **in ainm an Athar** en el nombre del padre. **an tAthair Peadar** el padre Pedro.
athair² *f5* enredadera.
áthán *m1* vado.
athaontaigh *vt* reunir.
athaontú *m4* reunificación. **Athaontú na hÉireann** reunificación de Irlanda.
athartha¹ *m4* patria.
athartha² *adj* paterno, ancestral; paternal.

atharthacht *f3* paternidad.
áthas *m1* alegría, gozo. **cuireann sé áthas orm é sin a chloisteáil** me alegra oírlo.
áthasach *adj* regocijado, gozoso.
athbheochan *f3* resurgimiento, revival. **an Athbheochan Léinn** el Renacimiento.
athbheoigh *vt* revivir, reanimar.
athbhliain *f3* año nuevo. **athbhliain faoi mhaise duit** feliz año nuevo.
athbhreithnigh *vt* revisar, repasar.
athbhreithniú *m4* repaso, revisión.
athbhrí *f4* vigor renovado; ambigüedad.
athbhríoch *adj* tónico, estimulante; ambiguo.
athbhuille *m4* contragolpe; palpitación; recaída.
athbhunaigh *vt* restablecer.
athbhunú *m4* restablecimiento, restauración.
athchaint *f2* chismorreo; descaro, insolencia.
athchairdeas *m1* reconciliación.
athchaite *adj* usado, raído; desechado.
athchlóigh *vt* reimprimir.
athchluiche *m4* repetición de un partido.
athchogain *vt, vi* rumiar, darle vueltas a algo.
athchogantach *m1, adj* rumiante.
athchóirigh *vt* reordenar; renovar.
athchóiriú *m4* adaptación; restauración, renovación.
athchomhair *vt* hacer recuento.
athchomhairle *f4* cambio de opinión.
athchomhairligh *vt* disuadir.
athchraiceann *m1* revestimiento; chapa, barniz.
athchraol *vt, vi* retransmitir.
athchraoladh *m1* retransmisión. **bíonn athchraoladh den chlár le cloisteáil gach Domhnach** ese programa lo repiten todos los domingos.
athchuimhne *f4* reminiscencia, recuerdo.
athchuir *vt* replantar; expulsar; sustituir; postergar.
athchum *vt* reconstruir; distorsionar, deformar.
athchuma *f4* transformación; distorsión.
athchur *m5* prisión preventiva.
athdhúchas *m1* atavismo.
athdhúchasach *adj* atávico.
atheagar *m1* reorganización; recensión.
athfhéar *m1* hierba nueva que crece después del primer corte.
athfhill *vt, vi* repetir, volver a; replegar.
athfhillteach *adj* repetido, recurrente; constante.
athfhreagra *m4* réplica, respuesta.
athfhriotal *m1* cita textual.
athghabh *vt* recobrar, recuperar.
athghabháil *f3* recuperación, recobro, reconquista.
athghairm *f2* bis; revocación, abrogación.

athghlaoigh *vt* llamar; hacer volver.
athinsint *f2* acción de volver a contar algo.
athiomrá *m4* chismorreo, calumnia.
athionchollú *m4* reencarnación.
athlá *m* otro día. **rud a chur ar athlá** postergar.
athlámh *f2* **ar athláimh** de segunda mano. **culaith athláimhe** traje raído, usado.
athlasadh *m1* inflamación.
athleagan *m1* paráfrasis.
athleáigh *vt* refundir; refinar, acrisolar.
athléim *f2* rebote.
athléimneach *adj* resistente; adaptable.
athléirigh *vi* reponer.
athlíon *vt, vi* rellenar, repostar.
athluaigh *vt* reiterar.
athluaiteachas *m1* tautología.
athmhagadh *m1* imitación, remedo.
athmhuintearas *m1* reconciliación.
athnuachan *f3* renovación; rejuvenecimiento.
athnuaigh *vt* renovar; rejuvenecer; reanudar.
athordaigh *vt* reorganizar.
athphlandaigh *vt* replantar; transplantar.
athrá *m4* repetición, reiteración.
athrach *m1* cambio, alteración; alternativa. **chomh dócha lena athrach** a lo mejor.
athraigh *vt, vi* cambiar, alterar; mover. **athraigh do scuab fiacla go rialta** cambia a menudo el cepillo de dientes.
athraiteach *adj* cambiante, variable; movible.
athraon *vt* refractar.
athrú *m4* cambio, alteración, variación.
athscinneach *adj* elástico.
athscinn *vt* retroceder un muelle.
athscinneadh *m1* retroceso de un muelle.
athscríobh *vt* reescribir, copiar; transcribir.
athshondach *adj* resonante.
athshondas *m1* resonancia.
athsmaoineamh *m1* pensamiento posterior, idea tardía. **teacht ar athsmaoineamh** cambio de opinión.
athuair *adv* de nuevo, otra vez. **b'éigean dom an litir a scríobh athuair** tuve que volver a escribir la carta.
atitim *f2* reincidencia; recaída.
Atlantach *m1, adj* atlántico.
atlas *m1* atlas.
atmaisféar *m1* atmósfera, ambiente.
atmaisféarach *adj* atmosférico.
atóg *vt* reconstruir; retomar.
atóin *f3* doble fondo.
atráth *m3* **rud a chur ar atráth** aplazar, suspender algo.
atreorú *m4* desvío.
atrua *f4* compasión.
atruach *adj* compasivo.
aturnae *m4* abogado, notario, procurador.

B

B, b *m* letra B. **B séimhithe** (*Ḃ, ḃ*; **Bh, bh**) B lenizada.
ba *pas y cond de la cópula* **ba mhór an botún é** fue un gran error. **ba mhaith liom a rá** me gustaría decir. **b'ionann an dá rud** sería la misma cosa.
bá[1] *f4* simpatía, aprecio.
bá[2] *f4* ahogamiento; inmersión, inundación; bahía; elisión.
báb *f2* bebé; doncella.
babaí *m4* bebé.
bábánta *adj* infantil; inocente.
babhdán *m1* espantapájaros; piojo; el coco.
babhla *m4* tazón, cuenco.
babhlaer *f1* sombrero de hongo, bombín.
babhláil *vt, vi* lanzar, tirar una bola.
babhstar *m1* cabezal.
babhta *m4* turno, ocasión, vez. **an babhta seo** esta vez.
babhtaí a veces.
babhtáil I *f3* cambio, intercambio. **II** *vt* cambiar, intercambiar; canjear, permutar.
bábhún *m1* vallado; baluarte; rompeolas.
bábóg *f2* muñeca.
babún *m1* mandril.
bac I *m1* obstáculo, impedimento, barrera. **II** *vt, vi* interferir; impedir. **ná bac leo** no les hagas caso.
bacach II *m1* persona coja, impedida; mendigo. **II** *adj* cojo; titubeante; gorrón.
bacachas *m1* mendicidad; gorroneo.
bacadaíl *f3* cojera. **bhí sí ag bacadaíl** cojeaba.
bacadradh *m1* cojera.
bacaí *f4* cojera. **tá céim bhacaí ann** está cojo.
bácáil *vt* hornear; cocer.
bácailít *f2* baquelita.
bacainn *f2* barrera, obstáculo; barricada.
bacán *m1* gancho; pinza; poste. **ar na bacáin** en preparación.
bacart *m1* escuadra.
búch *adj* cariñoso, afectuoso.
bachaillín *m4* bacilo.
bachall *f2* báculo, cayado; rizo, bucle. **go barra bachall** en abundancia.
bachallach *adj* torcido, rizado.
bachlaigh *vi* brotar, retoñar.
bachlóg *f2* brote, retoño. **bachlóga Bhruiséil** coles de Bruselas.
bachta *m4* turbera.
baclainn *f2* brazo doblado, torcido. **baclainn mhóna** brazada de turba. **bhí an leanbh ina baclainn aici** llevaba al niño en brazos.

bacóg *f2* brazada.
bacstaí *m4* pan hecho con patatas crudas.
bácús *m1* tahona, panadería; horno de alfarero.
bád *m1* barco, bote. **bád tarrthála** barco salvavidas.
badánach *adj* copetudo, crestado.
badhbh *f2* diosa de la guerra; buitre, cuervo carroñero. **badhbh chaointe** ser sobrenatural que anuncia una muerte en la familia.
badhbh badhbh el coco, chucho.
bádóir *m3* barquero, batelero.
bádóireacht *f3* canotaje.
bagair *vt, vi* amenazar; blandir; llamar por señas. **tá na hoibrithe ag bagairt stailce** los trabajadores amenazan con ir a la huelga.
bagairt *f3* amenaza. **faoi bhagairt** amenazado.
bagáiste *m4* equipaje.
bagánta *adj* sano; robusto; pulcro.
baghcat *m1* boicoteo.
baghcatáil *vt* boicotear.
bagrach *adj* amenazante, inquietante.
bagún *m1* beicon, tocino, panceta.
Baiblis *f2* bable, habla de la región de Asturias.
baic *f2* **baic an mhuiníl** nuca, cogote.
baiceáil *vt, vi* apoyar, respaldar; retroceder.
báicéir *m3* panadero.
báicéireacht *f3* cocción, horneo; panadería.
baicle *f4* banda; camarilla.
baictéar *m1* bacteria.
baictéarach *adj* bacteriano.
baictéareolaí *m4* bacteriólogo.
baictéareolaíocht *f3* bacteriología.
baig *vt* embolsar, ensacar.
báigh *vt* ahogar; sumergir, hundir.
bail *f2* prosperidad; estado; validez. **bail ó Dhia ort** Dios te bendiga. **cuir bail ar an teach** ordenar la casa. **gan bhail** inválido.
hailbhe *f4* mudez; tartamudez.
bailc I *f2* chaparrón. **II** *vt* llover a cántaros.
bailchríoch *f2* acabado; toque final, último detalle. **tá bailchríoch lonrach ar an adhmad** la madera tiene un acabado brillante.
baile *m4* casa, hogar; lugar; población. **an bhfuil Nóra sa bhaile?** ¿está Nóra en casa? **baile mór** ciudad. **Baile Átha Cliath** Dublín. **baile na comhchruinne** la aldea global.
bailé *m4* ballet, baile.

baileach *adj* exacto; frugal, ahorrador. **níl a fhios agam go baileach** no sé exactamente.
bailéad *m1* balada, romance.
bailí *adj* válido.
bailigh *vt, vi* reunir, juntar. **bhailigh sé leis** se fue. **bailithe de rud** harto de algo. **bhailigh sé béaloideas an cheantair** recogió el folklore local.
bailíocht *f3* validez.
bailitheacht *f3* aburrimiento.
bailitheoir *m3* coleccionista.
bailiúchán *m1* acumulación; colección, colecta. **bailiúchán daoine** reunión de personas.
báille *m4* alguacil.
bain *vt, vi* extraer; cosechar; coger; afectar. **duais a bhaint** ganar un premio. **bhain sé gáire asam** me hizo reir. **ní bhaineann sé leat** no te incumbe. **bain do chóta díot** quítate el abrigo. **bhain sé amach an tríú háit** llegó en tercer lugar. **níor bhain sí aon tairbhe as** no obtuvo ningún provecho. **bain amach** llegar. **bhaineamar Trá Lí amach ag a sé** llegamos a Tralee a las seis. **bain sult as an bpictiúr** disfruta de la película. **bain taitneamh as an béile** ¡buen apetito! ¡qué aproveche!
baincéir *m3* banquero.
baincéireacht *f3* operación bancaria, banca. **baincéireacht idirlíne** servicios bancarios en línea.
baineanda *adj* afeminado.
baineann *adj* femenino; afeminado.
baineannach *m1, adj* hembra.
baineannú *m5* feminización.
báiní *f4* furia, frenesí. **dul le báiní** enfurecerse.
báinín *m4* paño de lana tejida, tejido artesanal; franela.
baininscneach *adj* femenino.
bainis *f2* boda, banquete nupcial. **bainis bhaiste** fiesta de bautizo.
bainisteoir *m3* director, gerente, administrador. **bainisteoir cistí** gestor de fondos.
bainisteoireacht *f3* dirección, gerencia, administración.
bainistí *f4* economía, frugalidad.
bainistíocht *f3* economía, frugalidad; administración, gestión.
bainistreás *f3* directora, gerente, administradora.
bainne *m4* leche. **bainne bó bleachtáin** primavera, prímula. **bainne cíche** leche materna.
bainniúil *adj* lechoso, que produce leche.
báinseach *f2* césped.
bainseo *m4* banjo.

baint *f2* cosecha; conexión; relevancia. **in am bainte na móna** durante la recogida de la turba.
báinté *s* tá an fharraige ina báinté el mar está totalmente calmado.
bainteach *adj* **bainteach le rud** metido en, envuelto en; relativo a algo.
bainteoir *m3* recolector, cosechador; excavador.
baintreach *f2* viuda. **baintreach fir** viudo.
baintreachas *m1* viudez, viudedad.
báíocht *f3* compasión.
bairdéir *m3* celador, carcelero.
báire *m4* partido; competición; meta. **i dtús báire** al principio. **i lár báire** en medio. **i ndeireadh báire** cuando todo había acabado. **cúl báire** guardameta, portero. **buachaill báire** pícaro.
bairéad *m1* birrete, bonete; gorra.
báireoir *m3* jugador de *iománaíocht*.
bairille *m4* barril.
bairín *m4* pan, hogaza. **bairín breac** bizcocho con pasas.
bairneach *m1* lapa.
bairrín *m4* mitra.
báirse *m4* barcaza, lancha, gabarra.
báirseach *f2* arpía; marimacho, virago.
báirseoir *m3* guarda, vigilante; persona marimandona.
báisín *m4* pila, lavamanos; concha.
baisleac *f2* basílica.
baist *vt* bautizar.
baiste *m4* bautismo. **Eoin Baiste** San Juan Bautista.
báisteach *f2* lluvia. **bhí sé ag cur báistí** estaba lloviendo. **tá báisteach air** va a llover.
baisteadh *m1* bautismo, fiesta de bautizo.
baistí *adj* bautismal. **athair baistí** padrino. **máthair bhaistí** madrina.
báistigh *vi* llover.
báistiúil *adj* lluvioso.
báite *adj* inmerso. **báite in allas** empapado en sudor.
báiteach *adj* acuoso; pálido, descolorido; de color pastel.
baithis *f2* coronilla, frente.
baitíc *f2* batik.
baitín *m4* batuta.
baitsiléir *m3* soltero; licenciado.
balaistíocht *f3* balística.
balastar *m1* balaustre.
balastráid *f2* balaustrada, barandilla.
balbh *adj* mudo; con dificultad para expresarse; sonido sordo.
balbhán *m1* mudo; tartamudo; comodín en cartas.
balc *m1* traviesa, viga.

balcais

balcais *pl* retal, paño, trapo; harapo; prenda.
balcán *m1* persona fornida.
balcánta *adj* fornido.
balcóin *f2* balcón, mirador.
ball *m1* parte del cuerpo; componente; miembro; lugar; mancha. **ar ball** más tarde. **baill ghiniúna** órganos sexuales. **ball fearga** pene. **ball dobhráin** lunar. **ball éadaigh** prenda. **is baill de Pháirtí an Lucht Oibre iad** son miembros del Partido Laborista.
balla *m4* pared, muro. **balla an ghoile** pared del estómago.
ballach[1] *m1* bodión.
ballach[2] *adj* manchado, moteado.
ballaíocht *f* suposición.
ballán[1] *m1* tetina; teta.
ballán[2] *m1* bodión verde, pez doncella.
ballasta *m4* lastre, balasto.
ballbhrú *m4* moretón, morado, cardenal.
ballbhrúigh *vt* magullar.
ballchrith *m3* temblor. **bheith ar ballchrith** estar temblando.
ballnasc *m1* ligamento. **ballnasc croiseach** ligamento cruzado.
ballóg *f2* casa sin tejado; ruina; mancha.
ballóid *f2* papeleta electoral.
ballraíocht *f3* calidad de miembro, socio.
balsam *m1* bálsamo, remedio'
balsamaigh *vt* embalsamar.
balscóid *f2* erupción, ampolla.
bálta I *m4* vira de un zapato. **II** *pl* vulva.
balún *m1* globo.
bambach *adj* molesto, fastidioso; frustrante.
bambú *m4* bambú.
ban- *pref de género femenino*
bán[1] *m1* prado; tierra sin cultivar.
bán[2] *adj* blanco; rubio. **airgead bán** plata. **sioc bán** escarcha. **leathanach bán** página en blanco. **is deise an bán ná an gorm ort** te luce más el blanco que el azul. **Buachaillí Bána** *organización radical de campesinos irlandeses del s. XVIII.* **fuilchealla bána** leucocitos.
ban-ab *f3* abadesa.
banadhaltrach *m1* adúltera.
banaí *m1* tenorio, ligón, mujeriego.
bánaí *m4* albino.
bánaigh *vt, vi* blanquear; limpiar; vaciar.
banaltra *f4* enfermera. **banaltra chíche** nodriza.
banaltracht *f3* enfermería.
banana *m4* plátano, banana, banano.
banaoire *m4* pastora.
banbh *m1* cochinillo, lechón; as de corazones.
banbharún *m1* baronesa.
bánbhuí *adj* de color crema.

baol

banc *m1* banco. **Banc Ceannais na hÉireann** Banco Central de Irlanda.
bancáil *vt* efectuar operaciones bancarias.
banchara *m5* amiga.
banchliamhain *m4* nuera.
banda[1] *m4* banda; faja.
banda[2] *adj* femenino, propio de la mujer.
bándearg *m1, adj* color rosa, rosado.
bandia *m2* diosa.
bandiúc *m1* duquesa.
bandraoi *m4* hechicera; druidesa.
banéigean *m1* violación.
banfhile *m4* poetisa.
banfhreastalaí *m4* camarera.
bang *m3* brazada; esfuerzo; prohibición; impedimento.
bangharda *m4* mujer policía.
bánghlóthach *f2* crema de vainilla.
banimpire *m4* emperatriz.
banlámh *f2* codo. **an Bhanlámh** el Cinturón de Orión.
banlaoch *m1* heroína.
banlia *m4* médica.
banna[1] *m4* banda de músicos.
banna[2] *m4* lazo, vínculo; obligación. **dul i mbannaí ar dhuine** pagar la fianza de alguien. **bannaí pósta** amonestaciones matrimoniales.
bannaigh *vt* pagar la fianza.
bannóir *m3* titular de bonos; obligacionista.
banóglach *m1* sierva, sirvienta, criada; exploradora. **banóglach an Tiarna** la sierva del Señor.
banoide *m4* tutora, institutriz.
banoidhre *m4* heredera.
banóstach *m1* azafata.
banphríóir *m3* priora.
banphrionsa *m4* princesa.
banrach *f2* cercado; corral.
banrán *m1* queja, quejido; gruñido.
banrinceoir *m3* bailarina.
banríon *f3* reina.
banseirbhíseach *m1* sirvienta.
bantam *m1* pollo o pato pequeño.
bantiarna *f4* señora, dama perteneciente a la nobleza.
bantracht *f3* mujeres.
bánú *m4* blanqueamiento; alboreo; despeje; dispersión.
banúil *adj* femenino, mujeril; modesto.
banúlacht *f3* feminidad, condición femenina; modestia, pudor.
baoi *m4* boya, flotador.
baois *f2* locura, chaladura.
baoite *m4* cebo, carnada.
baoiteáil *vt* cebar, poner cebo.
baoiteálaí *m4* gorrón, pegote.
baol *m1* peligro. **cuirfidh sin go leor jabanna i mbaol** eso pondrá muchos traba-

17

baolach

jos en peligro. **i mbaol báis** en peligro de muerte. *prov.* **ní baol don bhacach an gadaí** el mendigo no teme al ladrón.
baolach *adj* peligroso. **is baolach nach bhfuil sé ag teacht** me temo que no va a venir.
baorthach *m1* avaro, persona tacaña.
baosra *m4* locura, chifladura; presunción. **tá sé le baosra** está furioso.
baoth *adj* tonto, necio; vanidoso, presumido.
baothaibhse *f4* fantasma.
baothánta *adj* fatuo, estúpido.
baothchaint *f2* fanfarronada.
baothdhána *adj* temerario.
baothghalánta *adj* esnob.
baothghlóir *f2* vanagloria.
baothghrá *m4* encaprichamiento.
baothmhian *f2* capricho.
baoth-thonn *m1* convulsión.
bara *m4* carreta. **bara rotha** carretilla.
baracáid *f2* barricada.
baraiméadar *m1* barómetro.
barainneach *adj* frugal, ahorrativo; parco; tacaño.
barainneacht *f3* economía, frugalidad, parquedad.
baráiste *m4* aluvión.
baránta *m4* garantía.
barántaigh *vt* garantizar.
barántas *m1* garantía; orden; orden de arresto.
barántóir *m3* garante.
barántúil *adj* fiable, de confianza; auténtico, genuino.
baratón *m1* barítono.
barbarach *m1* bárbaro.
barbartha *adj* bárbaro; mal hablado, grosero.
barbarthacht *f3* barbaridad. **barbarthacht chainte** grosería.
bárc *m1* barco, navío.
bárcadh *s* **ag bárcadh allais** chorreando de sudor.
bard *m1* bardo, poeta.
barda[1] *m4* guarnición, guardia.
barda[2] *m4* sala, pabellón de hospital.
bardach *m1* guarda, guardián.
bardal *m1* pato.
bardas *m1* autoridad municipal, ayuntamiento; corporación.
bardasach I *m1* concejal. **II** *adj* municipal.
barócach *adj* barroco.
barr *m1* punta, pico, cumbre; cosecha, cultivo; superficie. **i mbarr a réime** en la cumbre de su carrera. **de bharr** en consequencia. **thar barr** excelente. **barr an leathanaigh** la parte superior de la página. **barr prátaí** cosecha de papas.
barra *m4* barra.

bata

barrach *m1* sarga, estopa de lino, cáñamo.
barrachas *m1* predominio; excedente, superávit.
barraicín *m4* punta del pie, puntera. **ag siúl ar do bharraicíní** andar de puntillas.
barraíl *f3* ramas cortadas; desmoche; desecho del grano.
barraíocht *f3* exceso.
barrchaite *adj* raído, gastado.
barrchaolaigh *vt* afilar, estrechar.
barrchaolaithe *adj* ahusado.
barrchéim *f2* clímax; apogeo.
barriall *f2* cordón.
barrliobar *m1* entumecimiento en los dedos.
barrloisc *vt* chamuscar.
barróg *f2* abrazo; llave de lucha. **rug sé barróg orthu** los abrazó.
barrscoth *f3* guirnalda.
barrshamhail *f3* ideal.
barrsheol *m1* gavia.
barrthuairisc *f2* información adicional.
barrthuisle *m4* tropezón, traspié.
barrúil *adj* alegre; gracioso, divertido.
barúil *f3* opinión. **cad é do bharúil faoi sin?** ¿qué te parece eso?
barúlach *adj* porfiado, terco, testarudo.
barún *m1* barón.
barúntacht *f3* baronía.
bas *f2* **bas gheal** róbalo.
bás *m1* muerte. **pionós báis** peligro de muerte. **fuair m'athair bás anuraidh** mi padre falleció el año pasado. **chuir sé lámh ina bhás féin** se suicidó. **ceist beatha agus báis** cuestión de vida o muerte.
basadóir *m3* casamentero.
básaigh *vt*, *vi* matar, ejecutar; morir.
basal *m1* albahaca, basilico.
basár *m1* bazar.
basc *vt* vapulear, aporrear; aplastar.
Bascach *m1*, *adj* vasco. **Tír na mBascach** Euskadi, país vasco.
bascadh *m1* tunda, vapuleo; lesión grave.
bascaed *m1* cesta.
Bascais *f2* euskera, lengua vasca.
básmhaireacht *f3* mortalidad.
básmhar *adj* mortal.
básta *m4* cintura; cincha.
bastallach *adj* pomposo, pedante; capcioso.
bastard *m1* hijo ilegítimo, bastardo; cabrón.
bástcóta *m1* chaleco.
bastún *m1* gamberro, patán.
bású *m4* ejecución.
basún *m1* fagot, bajón.
bata *m4* palo, vara; bastón, batuta. **bata siúil** bastón. **bata is bóthar a thabhairt**

bataire

do dhuine destituir sumariamente a una persona.
bataire *m4* batería, pila.
batráil *vt* apalear, tundir.
báúil *adj* comprensivo, compasivo.
bé *f4* doncella. **na naoi mbéithe** las musas.
béabhar *m1* castor.
beacán *m1* seta, champiñón. **beacán bearaigh** hongo no comestible.
beach *f2* abeja. **beach chapaill** avispa.
beachaire *m4* apicultor.
beachlann *f2* colmenar.
beacht *adj* exacto, preciso, acertado.
beachtaigh *vt* corregir; criticar.
beachtaíoch *adj* crítico; capcioso.
beachtaíocht *f3* exactitud; crítica.
beachtas *m1* exactitud, precisión.
beadaí *m4* gourmet. **bia beadaí** exquisitez, golosina *adj* goloso; quisquilloso.
beadaíocht *f3* exquisitez.
béadán *m1* cotilleo, chismorreo, murmuración; difamación.
béadchaint *f2* calumnia, difamación.
beag *adj* pequeño, menudo; menor. **tá leanbh beag ag Rosario cheana féin** Rosario ya tiene un hijo pequeño. **chuir mé aithreach beag ar an litriú** he hecho algunos cambios en la ortografía. **ar a bheag** por lo menos. **ba bheag** casi. **ba bheag nár shleamhnaigh mé** casi me resbalé. **a bheag nó a mhór** hasta cierto punto. **Dé Céadaoin bheag seo** este miércoles. **is beag lá nach bhfeicim sibh** los veo casi todos los días. **is beag a tháinig an lá sin** pocos llegaron ese día. **Nollaig Bheag** La Epifanía, Día de los Reyes Magos.
beagán *m1* cantidad pequeña, escasez. **i mbeagán focal** en pocas palabras.
beagchainteach *adj* taciturno.
beagdheis *f2* **grúpaí beagdheise** grupos desfavorecidos.
beagmhaitheasach *adj* inútil, sin valor; descortés, poco servicial.
beagmhéathrais *adj* adelgazante, de poca grasa.
beagnach *adv* casi.
beagóinia *f4* begonia.
beaguchtach *m1* desánimo. **ná cuir beaguchtach air** no le desanimes.
beaichte *f4* exactitud, precisión.
beaignit *f2* bayoneta.
beairic *f2* cuartel, barraca; comisaría de policía en zonas rurales.
béal *m1* boca, abertura, entrada; labio. **scrúdú béil** examen oral. **íde béil** insulto. **béal dorais** vecino. **folcadh béil** enjuague.

beár

bealach *m1* vía, camino, paso; dirección; manera. **bealach isteach** entrada. **as bealach** apartado; equivocado. **bealach éalaithe** salida de emergencia. **ar bhealach** en cierto modo. **fág an bealach** apártate. **Bealach na Bó Finne** Vía Láctea.
bealadh *m1* grasa, lubricante.
bealaigh *vt* engrasar, lubricar. **caint bhealaithe** discurso afectado.
béalaithris *f2* relación oral, tradición.
béalalt *m1* ensambladura.
béalbhach *f2* boca de la brida, portillo para los cañones; borde.
béalchrábhadh *m1* religioso de boquilla; hipocresía.
béalchráifeach *adj* mojigato, santurrón, beato.
béalchuas *m1* cavidad buccal.
béaldath *m3* barra de labios, labial.
béaliata *adj* callado, reservado.
béalmhír *f2* broca.
béalmhúinte *adj* educado.
béalóg *f2* pequeña abertura; boquilla de instrumento musical; micrófono del teléfono.
béaloideas *m1* tradición oral, folklore.
béalraigh *vt* cotillear.
béalscaoilte *adj* indiscreto, hablador.
Bealtaine *f4* mayo. **Lá Bealtaine** el primero de mayo.
bean *f5* mujer; esposa. **bean chabhrach**, **bean ghlúine** comadrona. **bean chéile** esposa. **bean feasa** adivina. **bean rialta** monja. **bean sí** banshee; llorona; 'mujer de los túmulos' (*ser sobrenatural que anuncia una muerte en la familia*). **bean an tí** ama de casa. **bean chaointe** plañidera. **bean Uí Néill** la señora de Ó Neill. **a bhean uasal** señora (*vocativo*). "**mná**" "mujeres", "damas" (*servicio de damas*).
beangaigh *vt* injertar.
beangán *m1* ramal; retoño; púa.
beann[1] *f2* cuerno de un alce o de un ciervo, cornamenta; punta.
beann[2] *f2* respeto, aprecio. **tá mé beag beann air** le tengo poco respeto.
beannach *adj* astado, que tiene cuernos; acabado en pico; aguilón; angular.
beannacht *f3* bendición; saludo. **beannacht Dé leat** vaya usted con Dios. **beannacht Dé lena anam** descanse en paz.
beannachtach *adj* **buíoch beannachtach** efusivamente agradecido.
beannaigh *vt*, *vi* bendecir, saludar.
beannaithe *adj* bendito, santo. **an Mhaighdean Bheannaithe** la Virgen.
beannaitheach *adj* beatífico.
beannaitheacht *f3* beatitud.
beannú *m4* bendición; saludo.
beár *m1* bar, barra de un bar.

béar

béar *m1* oso.
bearach *m1* vaquilla, novilla.
bearbóir *m3* barbero, peluquero.
bearbóireacht *f3* barbería, peluquería.
béarla *m4* habla. **Béarla** lengua inglesa.
béarlachas *m1* anglicismo.
béarlagair *m4* jerigonza, jerga.
Béarlóir *m3* persona de habla inglesa.
bearna *f4* hueco, brecha; espacio, hiato; paso. **bearna mhíl** labio leporino. **bearna baoil** lugar de peligro.
bearnach *adj* con boquetes.
bearnaigh *vt* abrir brecha, hender.
bearnas *m1* paso, desfiladero.
bearr *vt* cortar, rapar; afeitar. **sobal bearrtha** espuma de afeitar.
bearradh *m* **bearradh gruaige** corte de pelo. **bearradh cainte** rapapolvo.
beart[1] *m1* bulto, paquete; byte.
beart[2] *m1* jugada; plan; acción. **beart de réir ár mbriathra** cumplimos nuestras promesas.
beart[3] *m3* camarote, litera.
beartach *adj* maquinador, intrigante.
beartaigh *vt, vi* planear; considerar; decidir. **bheartaigh mé gan imeacht** decidí quedarme.
beartaíocht *f3* maquinación, intriga; ingenuidad.
beartán *m1* bulto, paquete.
beartas *m1* política. **beartas frithdhrugaí** política contra la droga. **beartas comhionannais inscne** política de igualdad de géneros.
beartú *m4* plan, estratagema, treta.
béas[1] *m3* hábito; comportamiento, modales.
béas[2] *m3* beige.
béasach *adj* educado, cortés.
béasaíocht *f3* educación, etiqueta.
béascna *f4* conducta; costumbre; cultura.
beatha *f4* vida; sustento. **slí bheatha** profesión. **is é do bheatha** bienvenido. **beatha agus sláinte** salud. **uisce beatha** güisqui.
beathach *adj* **beo beathach** vivo y coleando.
beathaigh *vt* alimentar, nutrir; criar.
beathaisnéis *f2* biografía.
beathaisnéisí *f4* biógrafo.
beathaithe *adj* gordo, bien alimentado.
beathaitheach *adj* nutritivo, que engorda.
beathaitheacht *f3* gordura, obesidad.
beathnua *m4* hierba de San Juan.
beathú *m4* alimento, nutriente.
beibheal I *m1* bisel. **II** *vt* biselar.
béic *f2* grito, chillido. **béic asail** rebuzno *vi* chillar, gritar.
béicíl *f3* alaridos, chillidos.

beophianadh

béile *m4* comida. **béilte reoite** comidas congeladas.
beilt *f2* cinturón, correa.
béim *f2* golpe; mella; énfasis. **chuir an múinteoir béim ar an scrúdú** el profesor hizo hincapié en el examen.
béimneach *adj* impresionante, notable; emocionante.
beinifís *f2* beneficio religioso.
beinsín *m4* bencina.
beir *vt* llevar; parir; ganar; traer; tomar, coger; poner un huevo. **beir leat an t-airgead seo** llévate este dinero. **bhéarfadh na gardaí air go tapa** la policía lo atraparía rápidamente. **beir mo bheannacht dó** salúdale de mi parte. **béarfaidh sí páiste roimh deireadh na bliana** dará a luz para finales del año. **beir barróg** abrazar.
beireatas *m1* placenta de un animal; nacimiento. **ráta beireatais** tasa de natalidad. **teastas beireatais** certificado de nacimiento.
beirfean *m1* bochorno.
beirigh *vt, vi* hervir; cocinar; hornear. **lig dó beiriú ar feadh deich nóiméad** déjalo hervir durante diez minutos.
beiriste *m4* bridge.
beirt *f2* dos personas, pareja. **tá beirt fhear ag an doras** hay dos hombres en la puerta. **an bheirt againn** nosotros dos. **agallamh beirte** diálogo.
beirtreach *f2* criadero, vivero de ostras.
beith[1] *f2* ser, existencia; característica.
beith[2] *f2* abedul.
beithe *m4* hazmereír; risa, burla.
beithilín *m4* nacimiento, belén.
beithíoch *m1* bestia, animal; caballo.
beo *adj* vivo, viviente; activo; animado. **sreang bheo** cable con corriente.
beobhreitheach *adj* vivíparo.
beochan *f3* animación.
beochán *m1* **beochán tine** fuego pequeño, fogata.
beochaoineadh *m1* plañido por una persona que se ha marchado.
beocht *f3* vida; animación. **comharthaí beochta** señales vitales.
beodhíle *f4* ganado.
beoga *adj* animado; vívido.
beoghearradh *m1* vivisección.
beoigh *vt, vi* animar, avivar.
beoir *f5* cerveza. **beoir neamhmheisciúil** cerveza sin alcohólica. **beoir bhairille** cerveza de barril.
beola *spl* labios.
beophian *f2* dolor punzante *vt* atormentar, martirizar.
beophianadh *m1* suspense; impaciencia.

beostoc *m1* ganado, ganadería.
b'fhéidir *cond de féidir* quizás, tal vez, de pronto, acaso.
bheith *inf de bí (ver tablas).* **níor mhaith liom a bheith dian air** no me gustaría ser duro con él. **is onóir dúinn a bheith anseo inniu** es un honor para nosotros estar aquí hoy. **caithfidh tú a bheith foighneach léi** tendrás que tener paciencia con ella.
bhuel *int* bueno.
bhí *pas de tá (ver tablas).* **bhí mé anseo inné** ayer estuve aquí.
bhur *pos* vuestro, su. **bhur dteach** vuestra casa, su casa. **bhur n-athair** vuestro padre, su padre.
bí *v sustantivo (ver tablas).* ser, existir. **bíonn sí anseo gach Satharn** está aquí todos los sábados. **bí cúramach** ten cuidado. **bhí an t-ostán lán** el hotel estaba lleno. **beidh an sagart ar ais Dé Luain** el cura estará de vuelta el lunes. **cá bhfuil na páistí?** ¿dónde están los niños? **bhíodh sí anseo go minic** a menudo estaba aquí. **nuair a bhím ag staidéar** cuando estoy estudiando.
bia *m4* comida, alimento, sustancia. **seomra bia** comedor. **bia mara** mariscos y pescado. **bia saor ó ghlútan** comida sin gluten.
biabhóg *f2* ruibarbo.
biachlár *m1* menú, carta.
bia-eolaí *m4* dietista.
bia-eolaíocht *f3* dietética.
biaiste *f4* temporada; período de abundancia. **biaiste an éisc** temporada de pesca.
bialann *f2* cantina, restaurante.
bianna *m4* regatón.
biashlabhra *m4* cadena alimenticia.
biatach I *m1* abastecedor, proveedor de alimentos. **II** *adj* generoso.
biatas *m1* remolacha.
biathaigh *vt* alimentar.
bibe *m4* babero.
bibleagrafaí *m4* bibliógrafo.
bibleagrafaíocht *f2* bibliografía.
bícéips *f2* bíceps.
bideach *adj* diminuto, minúsculo.
bige *f4* pequeñez.
bigil *f2* vigilia, víspera de fiesta.
bile *m4* árbol sagrado; persona de renombre, héroe.
bileog[1] *f2* hoja. **bileog pháipéir** hoja de papel.
bileog[2] *f2* podadera.
bileogach *adj* frondoso; laminado.
bille *m4* factura; papel moneda; proyecto de ley.
billéad *m1* garita.
billéardaí *sp!* billar.
billiún *m1* billón.
binb *f2* veneno, virulencia. **ar binb** con los nervios a flor de piel.
binbeach *adj* venenoso, sarcástico.
bindealán *m1* pañales; vendaje, venda.
binid *f2* cuajo.
binn[1] *f2* pico, cumbre; teja; acantilado. **binn siosúir** filo de tijeras.
binn[2] *adj* dulce, melodioso. **d'éirigh go binn liom** me fue estupendamente.
binneas *m1* armonía.
binneog *f2* pañuelo de cabeza.
binse *m4* banco, asiento; antepecho, repisa; **binse breithimh** tribunal. **an Binse** la magistratura.
bintiúr *m1* bono, obligación.
bíobalta *adj* bíblico.
Bíobla *m4* Biblia.
biocáire *m4* vicario.
bíocunta *m4* vizconde.
bíog[1] *f2* gorjeo.
bíog[2] *vi* sobresaltarse; saltar; retorcerse.
bíogadh *m* sobresalto; salto.
biogamach *m1* bígamo.
biogamacht *f3* bigamia.
bíogarnach *f2* chirrido; chillido; gorjeo.
biogóid *m4* fanático, intolerante.
biogóideacht *f3* fanatismo, intolerancia, prejuicio.
bíogúil *adj* asustadizo; vivaz, enérgico.
biolar *m1* berro.
bíoma *m4* viga, travesaño.
biongó *m4* bingo.
bior *m3* punta, clavo, pincho; escarpia. **cuir bior ar an bpeann luaidhe sin** sácale punta a ese lápiz. **bior seaca** carámbano. **bior fiacla** mondadientes.
biorach *adj* agudo; puntiagudo.
bioraigh *vt, vi* sacar punta, afilar. **bhioraigh sé a chluasa** aguzó el oído.
biorán *m1* imperdible, alfiler, gancho. **biorán cniotála** aguja de tricotar.
bioránach *m1* sardineta, espadín.
bioranta *adj* cortante; frío.
bioróir *m3* sacapuntas, afilador.
bior-rós *m1* nenúfar.
bíosún *m1* bisonte.
biotáille *f4* licor, bebida espiritosa; alcohol.
biotúman *m1* betún.
bís *f2* torno; tornillo; espiral. **ar bís** en tensión, impaciente.
biseach *m1* mejoría, mejora; aumento. **bliain bhisigh** año bisiesto.
bíseach *adj* espiral.
bisigh *vt, vi* mejorar, recuperarse, recobrar; aumentar; prosperar.
bisiúil *adj* productivo; fecundo.
bith-[1]*pref* bio-.

bith-

bith-² *pref* constante, contínuo.
bith³ *s* **ar bith** algún, cualquiera. **lá ar bith anois** cualquier día de estos. **cibé ar bith de todas formas**. **níl ciall ar bith aige** es un insensato.
bithbhuan *adj* eterno, imperecedero.
bitheog *f2* microbio.
bitheolaí *m4* biólogo.
bitheolaíocht *f3* biología.
bithfhisic *f2* biofísica.
bithfhuinneamh *m1* bioenergía.
bithghlas *adj* perenne.
bíthín *s* **ar bhíthin** por consecuencia de. **dá bhíthin sin** por esa razón.
bithiúnach *m1* canalla, sinvergüenza.
bithiúnta *adj* canallesco, vil.
bithnimh *f2* germicida.
bithsféar *m3* biosfera.
bitseach *f2* perra.
biúró *m4* buró.
bladair *vt, vi* halagar, adular.
bladar *m1* halago, adulación, lisonja.
bladhaire *m4* llama.
bladhm I *f3* llama; incendio. **II** *vi* inflamarse; arder, llamear.
bladhmach *adj* llameante.
bladhmaire *m4* fanfarrón, jactancioso.
bladhmann *m1* llama; jactancia.
bladhmannach *adj* llameante; jactancioso.
bladrach *adj* halagador, lisonjero.
bláfar *adj* floreciente, hermoso; ordenado; solemne.
blag *m4* blog.
blagaid *f2* calva.
blagaideach *adj* calvo.
blagáil *vi* bloguear.
blagalaí *m4* bloguero.
blaincéad *m1* manta, cobija.
blais *vt, vi* probar, degustar, catar. **blais an t-anraith ar dtús** prueba la sopa primero.
blaiseadh *m1* prueba, bocado, cata.
blaisféim *f2* blasfemia.
blaisféimeach *adj* blasfemo.
blaisínteacht *f3* melindroso con la bebida o la comida.
blaistigh *vt* sazonar.
blaosc *f2* cáscara; carapacho, caparazón. **blaosc an chinn** calavera, cráneo.
blár *m1* espacio abierto; campo. **bheith ar an mblár folamh** estar desecho.
blas *m1* sabor, gusto; acento, pronunciación. **bhí blas rómhilis ar an gcáca** el pastel tenía un sabor demasiado dulce. **tá blas Thír Chonaill ar a chuid Gaeilge** su irlandés tiene acento de Donegal.
blasta *adj* sabroso; correcto. **bia blasta** comida sabrosa.
blastán *m1* condimento, aliño, aderezo.

bó

blastóg *f2* pasante, entremés.
bláth *m3* flor; florecimiento; prosperidad. **faoi bhláth** en flor. **i mbláth a shaoil** en la flor de la vida.
bláthach *f2* suero de leche, de manteca.
bláthadóir *m3* florista.
bláthaigh *vi* florecer.
bláthchuach *m1* florero.
bláthfhleasc *f2* guirnalda, corona.
bláthscaoileadh *m1* menstruación.
bleacht *m3* leche.
bleachtaire *m4* detective.
bleachtaireacht *f3* investigación. **scéal bleachtaireachta** relato detectivesco.
bleadar *m1* vejiga.
bleaist *f2* estallido, explosión. **bleaist ghaoithe** ráfaga de aire frío; trauma ocular.
bleaisteáil *vt, vi* volar, dinamitar.
bleán *m1* ordeño.
bleánlann *f2* vaquería.
bléasar *m1* chaqueta de sport.
bleathach *f2* molienda. **bleathach uibhe** ponche de huevo.
bleib *f2* bulbo.
bleid *f2* **bhuail sé bleid orm** me abordó.
bléin *f2* ingle; cavidad, cueva. **bléin mná** vulva.
bleitheach *m1* persona gorda, mújol.
bléitse *m4* lejía.
bliain *f3* año. **tá bliain amháin ag an leanbh sin** ese niño tiene un año. **an bhliain seo chugainn** el año que viene. **i mbliana** este año.
bliainiris *f2* publicación anual, anuario.
blianacht *f3* anualidad.
bliantóg *f2* planta anual.
bliantúil *adj* anual.
bligeard *m1* pillo, canalla.
bligh *vt* ordeñar.
bliosán *m1* alcachofa.
bliteoir *m3* ordeñador.
bloc *m1* bloc; manzana, cuadra.
blocánta *adj* robusto.
bloclitir *f5* mayúscula. **úsáid bloclitreacha le do thoil** emplee mayúsculas por favor.
blogh I *f3* fragmento. **II** *vt, vi* hacer añicos, romper en pedazos.
bloiscíneach *adj* pechugona.
blonag *f2* manteca de cerdo; grasa.
blosc *m1* explosión *vt* explotar, estallar.
bloscadh *m1* estallido; mejora de una enfermedad; incremento del rendimiento.
blúire *m4* pedazo, fragmento.
blús *m1* blusa.
bó *f4* vaca. **Táin Bó Cuailgne** El Robo del Toro de Cuailgne (*epopeya de la literatura irlan-*

22

bob

desa antigua). **galar na bó mire** enfermedad de las vacas locas.
bob *m4* broma **bob a bhualadh ar dhuine** gastar una broma a alguien.
bobáil *vt, vi* hacer un moño; podar; parpadear.
bobailín *m4* mechón, penacho, copete; borla, pompón.
bobaireacht *f3* **ag bobaireacht ar dhuine** gastar bromas a alguien.
bobarún *m1* tonto, bobo.
bobghaiste *m4* trampa explosiva.
boc *m1* machote; playboy; rebote. **boc mór** pez gordo.
bocáil *vt* rebotar, botar. **liathróid a bhocáil** botar una pelota.
bocaire *m4* pastelillo, bollo.
bocánach *m1* duende travieso, trasgo.
bóchna *f4* océano.
bocht *adj* pobre. **is bocht liom do chás** lamento tu aflicción. **tá na boicht ag dul i mboichte** los pobres son cada vez más pobres.
bochtaigh *vt* empobrecer.
bochtaineacht *f3* pobreza; tacañería; humillación.
bochtán *m1* pobre; miserable, tacaño.
bocóid *f2* clavo, tachón, taco.
bod I *m1* pene; patán, persona inculta. **bod bréige** dildo. **bod éirithe** pene erecto. **bod gaoithe** cernícalo. **II** *adj* torpe; desgarbado.
bodach *m1* patán, gamberro. **bodach mór** pez gordo. **bodach bóthair** vagabundo.
bodhaire *f4* sordera, sonido sordo. **bodhaire Uí Laoire** sordera fingida.
bodhar *adj* sordo. **tá mé bodhar ag éisteacht libh** estoy cansado de escucharos. **tá mo chos bodhar** no siento la pierna. **uisce bodhar** agua estancada.
bodhraigh *vt* ensordecer, amortiguar. **ná bodhraigh mé** no me molestes. **pian a bhodhrú** calmar el dolor.
bodhraitheach *adj* ensordecedor.
bodhrán[1] *m1* sordo; torpón.
bodhrán[2] *m1* pandero irlandés.
bodóg *f2* novilla, vaquilla.
bodúil *adj* grosero, hosco.
bog *adj* blando, suave; tibio; consentidor, laxo. **tóg go bog é** tómatelo con calma. **uisce bog** agua tibia. **aimsir bhog** tiempo húmedo y suave. **bíonn an múinteoir sin an-bhog leis na daltaí** ese maestro es muy laxo con los alumnos *vt, vi* suavizar; mover; soltar, aflojar, ablandar. **ná bog ón áit seo** no te muevas de aquí. **is fearr é a bhogadh in uisce** mejor ablandarlo en agua.
bogach *m1* terreno pantanoso.

bogadach *f2* movimiento. **ag bogadach** removiendo; meciendo.
bogadh *m1* ablandamiento, mitigación; movimiento.
bogán *m1* suelo blando; huevo sin cáscara; cobarde.
bogarnach *f2* **rud a choinneáil ar bogarnach** colgar algo.
bogásach *adj* presumido, petulante.
bogearra *m4* software.
bogfhiuchadh *s* **bogfhiuchadh a bhaint as rud** cocer algo a fuego lento, cocinar al baño María.
bogha *m4* arco; anillo, círculo. **bogha báistí** arco iris.
boghaisín *m4* anillo, círculo.
boghdóir *m3* arquero.
boghdóireacht *f3* tiro con arco.
boghta *m4* bóveda; piso, planta.
boglach *m1* tiempo húmedo; deshielo.
bogmheisce *s* **ar bogmheisce** ligeramente embriagado.
bogshifín *m4* espadaña.
bogshodar *m1* medio galope; hacer jogging.
bogstróc *s* **ar do bhogstróc** estar a sus anchas.
bogthais *adj* húmedo.
bogthaise *f4* humedad.
bogúrach *adj* blando, sensiblero.
boicín *m4* pijo; advenedizo, arribista.
bóidicín *m4* aguja de costura; punzón.
boige *f4* suavidad.
boigéiseach *adj* blandengue; crédulo, simple.
bóiléagar *s* **ar bóiléagar** descuidado; extraviado.
boilg *f2* arrecife sumergido.
boilgearnach *f2* burbujeante.
boilgeog *f2* burbuja.
boilsc *f2* bulto.
boilsceannach *adj* abultado.
boilscigh *vt* hincharse; provocar inflación; inflar.
boilsciú *m4* inflación.
bóin *f4* **bóin Dé** mariquita.
boinéad *m1* cofia, toca.
boirbe *f4* ferocidad; tosquedad; exuberancia.
boirbeáil *f3* absceso.
boiric *f2* protuberancia, hinchazón.
boirrche *f4* hinchazón; arrebato de ira.
boiseog *f2* manotada, palmada; onda. **boiseog uisce** lavado rápido, aseo superficial, baño de gato.
bóitheach *m1* establo.
bóithreoireacht *f3* nomadeo, vagabundeo.
bóithrín *m4* sendero, vereda, cañada.
bólacht *f3* ganado vacuno.
boladh *m1* olor, aroma; olfato.

bólaí *spl* **sna bólaí seo** por estos pagos.
bolaigh *vt* oler, olfatear.
bolaíocht *f3* olfateo, aspiración. **ag bolaíocht thart** husmeando.
bolastar *m1* cabezal.
bolb *m1* oruga.
bolcáinigh *vt* vulcanizar.
bolcán *m1* volcán; licor destilado ilegalmente.
bolcánach *adj* volcánico.
bolg[1] *m1* vientre, estómago, barriga; bolsa; fuelle. **bolg le gréin a dhéanamh** tomar el sol. **bolg soláthair** corpus, miscelánea. **bolg loinge** bodega de un barco. **Fir Bolg** una de las razas míticas de Irlanda.
bolg[2] *vt, vi* hinchar, abultarse; formarse ampollas. **seolta a bholgadh** hinchar las velas. **farraige bholgtha** mar agitado.
bolgach[1] *f2* viruela. **bolgach fhrancach** sífilis.
bolgach[2] *adj* panzudo; protuberante.
bolgam *m1* trago.
bolgán *m1* burbuja; bombilla. **bolgán béice** pedo de lobo.
bolgchaint *f2* ventriloquía.
bolgchainteoir *m3* ventrílocuo.
bolgóid *f2* burbuja.
bolgshúileach *adj* de ojos saltones.
bolla *m4* bolo. **cluiche bolla** juego de bolos.
bollaire *m4* fanfarrón.
bollán *m1* canto rodado.
bollóg *f2* pan, hogaza.
bológ *f2* novillo.
bolscaire *m4* anunciante, publicista; propagandista.
bolscaireacht *f3* divulgación; propaganda, publicidad.
bolta *m4* pestillo, pasador.
boltáil *vt* echar el pestillo.
boltanach *adj* olfativo; oloroso.
boltanas *m1* olor, aroma.
bomaite *m* minuto. **fan bomaite** espera un minuto.
bómánta *adj* lerdo, torpe; estúpido, menso.
bómántacht *f3* lerdez, torpeza; estupidez.
bombardaigh *vt* bombardear.
bombardaíocht *f3* bombardeo.
bóna *m4* cuello de la camisa; solapa.
bónas *m1* bonus.
bonn[1] *m1* planta; suela; base; neumático, llanta; rastro. **dul ar do cheithre boinn** andar a gatas, gatear. **imeacht sna boinn** ir descalzo. **láithreach bonn** inmediatamente. **bonn ar bhonn** junto a, uno al lado del otro. **bonn le bonn** de cerca.
bonn[2] *m1* moneda; medalla. **an Bonn Míorúilteach** la Medalla Milagrosa.
bonnaire *m4* caminante, andarín; peatón.

bonnán *m1* sirena, bocina; voz fuerte.
bonnán buí avetoro común.
bonnbhualadh *m1* callo, ampolla.
bonnchló *m4* plano.
bonneagar *m1* infraestructura.
bonnóg *f2* hogaza redonda, bollo, panecillo.
bonnsmideadh *m1* base de maquillaje.
bonsach *f2* jabalina. **bonsach shlaite** vara.
bórach[1] *adj* torcido, combado; patizambo.
bórach[2] *adj* bórico.
bórásach *adj* bórico.
borb *adj* fiero, violento; grosero. **deoch bhorb** bebida fuerte. **boladh borb** olor acre.
bord *m1* mesa; consejo, junta; borde. **bord do bheirt** una mesa para dos. **cé hiad atá ar an mbord agallaimh?** ¿quiénes forman el tribunal? **ar bhord na cathrach** en las afueras de la ciudad. **ar bord loinge** a bordo de un barco. **thar bord** por la borda. **Bord Gáis** agencia estatal para el suministro de gas.
bordáil *vt, vi* abordar; embarcar, subir a bordo. **bád ag bordáil** viraje de un barco. **ag bordáil ar, le** contiguo.
borgaire *m4* hamburguesa.
borr *vt, vi* hinchar, crecer. **ag borradh chuig duine** enfadarse con una persona.
borrach *adj* crecido; arrogante.
borradh *m* hinchazón; crecimiento; expansión. **borradh farraige** marejada.
borrchré *f4* tierra de batán.
borróg *f2* bollo.
borrphéist *f2* tiña.
borrtha *adj* varicoso.
borrúil *adj* rico, fértil; emprendedor.
bos *f2* palma de la mano; puñado, manojo.
bualadh bos aplauso.
bosach *adj* de pies planos.
bosán *m1* monedero; escroto.
bósan *m1* contramaestre.
bosca *m4* caja. **bosca ceoil** acordeón, bandoneón. **bosca litreacha** buzón.
boschrann *m1* aldaba, llamador, badajo.
boslach *m1* puñado.
both *f3* cabaña; cabina.
bothán *m1* camarote; cobertizo, barraca, cabaña, choza.
bothántaíocht *f3* ir de visita a una casa para pasar el rato, chismorrear.
bóthar *m1* carretera, camino. **bóthar iarainn** ferrocarril. **comharthaí bóthair** señales de tráfico. **ní mór dúinn an bóthar a bhualadh** necesitamos irnos. **an bóthar a thabhairt do dhuine** despedir a una persona.
botún *m1* error, equivocación. **botún cló** errata.

brá

brá *m4* cautivo, rehén.
brabach *m1* ganancia, provecho, beneficio; ventaja.
brabhsálaí *m4* buscador.
brablach *m1* escombros.
brabús *m1* provecho, ventaja.
brabúsach *adj* rentable, lucrativo.
brabúsaí *m4* oportunista.
brac *m1* corchete.
bráca[1] *m4* grada, rastrillo. **faoi bhráca na hainnise** en la más absoluta de las miserias.
bráca[2] *m4* chamizo, tugurio.
brach *m3* pus; secreción, supuración.
brách *s* **go brách** por siempre; nunca. **as go brách leis** se fue.
brachadh *m1* fermentación; supuración.
brachaí *adj* lloroso.
brachán *m1* gachas de avena. **brachán lom** gachas. **brachán a dhéanamh de rud** estropear algo.
bradach *adj* canallesco.
bradaí *m4* ratero, ladrón.
bradaigh *vt, vi* hurtar, robar; timar.
bradaíl *f3* robo; invasión de propiedad ajena; plagio.
bradán *m1* salmón. **an Bradán Feasa** Salmón de la Sabiduría (*que aparece en las antiguas leyendas irlandesas*).
brádán *m1* llovizna.
bradmheana *m4* lezna.
bradóg *f2* salabardo.
braich *f2* malta.
bráicín *m4* listón de madera.
bráid *f5* cuello; garganta, tórax; busto. **bráid coise** empeine. **bráid na broinne** cerviz. **dul thar bráid** pasar de largo. **rud a chur faoi bhráid duine** poner algo delante de alguien para que lo examine.
bráidealbh *f2* busto.
bráidín *m4* babero.
braighdeanach *m1* cautivo, prisionero.
braighdeanas *m1* cautividad, esclavitud. **braighdeanas baile** casa por cárcel.
braille *m4* braille.
braillín *f2* sábana.
brainse *m4* rama; sucursal. **an Brainse Speislalta** la policía política.
bráisléad *m1* brazalete, pulsera.
braistint *m* sensación.
bráite *m4* caladero.
braiteach *adj* perspicaz, alerta; traicionero.
braiteog *f2* tentáculo.
braiteoir *m3* sensor.
braith *vt, vi* depender; percibir, sentir; espiar. **bhí sé chomh te sin gur bhraith mé go raibh mé i gCancún** hacía tanto calor que me sentí como si estuviese en Cancún. **braithim uaim iad** los echo de

breacachan

menos. **conas a bhraitheann tú inniu?** ¿cómo te encuentras hoy? **ná bí ag brath ormsa** no dependas de mí.
bráithreachas *m1* hermandad, fraternidad.
bráithriúil *adj* fraternal.
bran[1] *m1* besugo.
bran[2] *m1* **bran mór** salvado, cascarillas.
branar *m1* barbecho.
branda[1] *m4* marca.
branda[2] *m4* brandy, aguardiente.
brandáil *vt* marcar.
branra *m4* reposo, trípode; rejilla, parrilla.
branra brád clavícula. **branraí** *pl* cepo de castigo.
braoi *f4* ceja.
braon *m1* gota. **braon bainne** un poco de leche. **ag déanamh braoin** supurando. **tá braon sa chuircín aige** ha estado tomando, está bebido.
braonach *adj* chorreante; brumoso; húmedo; lloroso.
brat[1] *m1* capa, cubierta, revestimiento; telón.
brat urláir alfombra, tapete.
brat[2] *m1* caldo.
bratach *f2* bandera. **is gleoite í bratach na Colóime** la bandera de Colombia es preciosa.
brataíl *f3* aleteo.
brath *m1* percepción, sensación; traición; expectativa; dependencia. **Céadaoin an Bhraith** Miércoles Santo.
bráth *m3* **lá an bhrátha** día del jucio final.
brathadóir *m3* traidor, delator; espía.
brathadóir deataigh detector de humo.
brathadóireacht *f3* traición. **ag brathadóireacht** *hart* fisgoneando.
bráthair *m5* hermano; pariente; fraile; rodaballo. **bráithre aon cheirde** de la misma calaña. **Bráithre Mionúra** *pl* Hermanos Franciscanos.
bratóg *f2* capa pequeña; cobertor; trapo.
bratóg shneachta copo de nieve.
bratógach *adj* harapiento, andrajoso.
breá *adj* bueno, excelente. **aimsir bhreá** buen tiempo. **béile breá** comida excelente. **is breá liom an dath sin** me encanta ese color.
breab I *f2* soborno, cohecho. **II** *vt* sobornar.
breabaireacht *f3* soborno.
breabhsánta *adj* aseado, pulcro.
breac-[1] *pref* mediano, regular; en parte; ocasional.
breac[2] *m1* trucha; pez.
breac[3] **I** *adj* moteado. **II** *vt, vi* motear; iluminar; cambiar de color; anotar, apuntar.
breac síos a huimhir ghutháin apunta su número de teléfono.
breacachan *f3* abigarramiento; labor hecha con retales.

25

breacadh *m!* abigarramiento. **breacadh an lae** amanecer.
breacaireacht *f3* abigarramiento; talla; pintarrajeo, garabateo.
breacán *m!* tartán *pl* ropas viejas.
breaceolas *m!* rudimentos, nociones.
breacfhostaíocht *f3* empleo temporal.
Breac-Ghaeltacht *f3* zonas en las que el irlandés está en declive.
breaclá *m* día de sol y lluvia.
breacoilte *adj* semicualificado.
breacsháile *m4* agua salobre.
breacsholas *m1* a media luz; destello.
bréad *m1* trenza.
bréag-[1] *pref* falso, pseudo.
bréag[2] *f2* mentira, falsedad. **ainm bréige** nombre falso. **moladh bréige** alabanza insincera. **bréag gan díobháil** mentira piadosa.
bréag[3] *vt* halagar, camelar; sosegar.
bréagach *adj* embustero, falso.
bréagadóir *m3* mentiroso; embaucador.
bréagán *m!* juguete.
bréagchéadfa *f4* alucinación.
bréagchráifeach *adj* mojigato, beato.
bréagfholt *m1* peluca.
bréagnaigh *vt* contradecir, refutar.
bréagnaitheach *adj* contradictorio.
bréagnuacht *f3* noticias falsas.
bréagriocht *m3* disfraz.
bréagstairiúil *adj* pseudohistórico.
breall[1] *f2* labios carnosos; mácula; persona tonta. **tá breall ort** estás cometiendo un error tonto.
breall[2] *f2* clítoris; glande.
breallach[1] *m!* almeja.
breallach[2] *adj* protuberante; de labios carnosos; tonto.
breallaireacht *f3* tontería, bobada.
breallánta *adj* bobo, tonto.
bréan I *adj* sucio; rancio, podrido. **bheith bréan de rud** estar asqueado o harto de algo. **II** *vt, vi* contaminar, corromper.
bréanlach *m!* lugar sucio; pozo negro.
bréantas *m1* pobredumbre, porquería; hedor.
breasal *m!* ocre; colorete.
breastaíocht *f3* ligereza, poca seriedad.
Breatain *f2* **an Bhreatain Mhór** Gran Bretaña. **an Bhreatain Bheag** Gales.
breáthacht *f3* belleza; excelencia.
breáthaigh *vt, vi* embellecer; embellecerse.
breathnaigh *vt, vi* observar, examinar; vigilar. **breathnaigh ar na sonraí seo** mira estos detalles. **breathnaigh orm** mírame.
breathnóir *m3* observador, espectador.
Breatimeacht *m.3* Brexit (*proceso de salida del Reino Unido de la Unión Europea*).
breicne *f4* peca.

breicneach *adj* pecoso.
bréid *m4* friso; paño; lona, lienzo; vendaje.
bréid ceo neblina.
bréidín *m4* tejido artesanal.
bréifin *f4* perforación.
bréifneach *adj* perforado.
bréige *f4* falsedad.
bréine *f4* hedor.
breis *f2* aumento, incremento; exceso. **breis agus bliain** más de un año. **sa bhreis** además. **costas breise** coste adicional. **ar mhaith leat breis císte?** ¿quieres más torta? **am breise** tiempo extra.
breischáin *f5* sobretasa, recargo.
breischéim *f2* grado comparativo.
breiseán *m!* aditivo.
breisigh *vt* aumentar.
breisiúchán *m!* aumento.
breisiúil *adj* creciente, prolífico.
breith[1] *f2* nacimiento; agarrada. **lá breithe** cumpleaños. **dáta breithe** fecha de nacimiento.
breith[2] *f2* juicio; decisión, fallo. **go brách na breithe** hasta el día del juicio final.
breitheamh *m!* juez. **Dlíthe na mBreithiún** las leyes de los jueces (*antiguo corpus legal irlandés*).
breithghreamannach *adj* capcioso.
breithiúnach *adj* judicial; judicioso; crítico.
breithiúnas *m!* juicio. **breithiúnas báis** sentencia de muerte. **breithiúnas aithrí** penitencia.
breithlá *m!* cumpleaños.
breithnigh *vt* declarar; adjudicar.
breo *m4* antorcha, tea; resplandor.
breoch *adj* resplandeciente.
breochloch *f2* pedernal, piedra de mechero.
breogán *m!* crisol.
breoigh *vt, vi* resplandecer; calentar; chamuscar; enfermar.
breoite *adj* enfermo, achacoso; resacoso.
breoiteachán *m!* persona delicada, inválido.
breoiteacht *f3* enfermedad, dolencia.
breosla *m4* combustible, fuel.
breoslaigh *vt* abastecer de combustible.
brí *f4* fuerza, vigor; sentido, significado. **dá bhrí go** por tanto. **dá bhrí sin** por consiguiente.
briathar *m!* palabra, verbo. **beirim mo bhriathar** te doy mi palabra. **ghlac an Briathar colainn dhaonna** el Verbo se hizo carne.
briathrach *adj* locuaz, parlanchín.
briathrachas *m!* verbosidad.
bríbhéir *m3* cervecero.
bríbhéireacht *f3* elaboración de cerveza; brebaje, poción.
bríce *m4* ladrillo.

bríceadóir

bríceadóir *m3* albañil.
bricfeasta *m4* desayuno.
bricín *m4* mota, peca; trucha pequeña, pececillo.
brícín *m4* briqueta de turba.
bricíneach *adj* pecoso, moteado.
bricliath *adj* canoso.
brídeach *f2* novia.
brídeog *f2* imagen ceremonial de Santa Brígida; novia.
brilléis *f2* charla insulsa; disparate.
brillín *m4* clítoris.
brín *s* **brín óg** joven despreocupado.
briocht *m3* encanto; amuleto.
briogáid *f2* brigada. **Briogáid Dóiteáin** Cuerpo de Bomberos.
briogáidire *m4* general de brigada.
briogún *m1* estoque.
bríomhaireacht *f3* energía.
bríomhar *adj* fuerte, vigoroso. **bia bríomhar** alimento nutritivo.
brionglóid *f2* sueño, ensueño.
brionglóideach I *adj* soñador, que sueña. **II** *f2* acto de soñar, sueño.
brionnaigh *vt* falsificar.
brionnú *m4* falsificación.
briosc *adj* frágil, quebradizo; animado. **glór briosc** voz vivaz.
briosca *m4* galleta.
brioscán *m1* patata frita de bolsa.
brioscarnach *f2* crujido, crepitación.
brioscóid *f2* torta de fruta; mantecada, bizcocho.
briota *m4* mar picada. **briota gaoithe** brisa.
briotach *adj* ceceo.
Briotáinis *f2* lengua británica.
briotaireacht *f3* ceceo.
briotais *f2* ocultismo.
bris *vt, vi* romper; cambiar moneda; destituir. **bhris an gasúr an fhuinneog** el niño rompió la ventana. **briseadh as a phost é** fué despedido de su puesto. **bhris mo charr síos ar an bhfána** mi coche se averió en la colina. **bhris gadaí isteach ina teach oíche Dé hAoine** un ladrón entró en su casa la noche del viernes.
briseadh *m2* cambio; fractura; derrota; destitución; interrupción. **an bhfuil briseadh agat?** ¿tienes cambio? **beidh mé ar ais tar éis an bhriseadh** vuelvo después del descanso.
briseán *m1* pancreas.
briste *adj* roto; derrotado. **talamh briste** tierra cultivada. **airgead briste** dinero suelto, cambio. **briste as gnó** cese de negocio.
bríste *m4* pantalones.

bromaire

bristeach *adj* inestable. **aimsir bhristeach** tiempo variable.
bristeoir *m3* rompehielos. **bristeoir cloch** cantero.
brístín *m4* bragas, calzones, cucos.
bró *f4* molinillo de mano; piedra de molino.
brobh *m1* filo; mechón; voluta. **brobh luachra** junco. **brobh féir** hoja de hierba. **ní fiú brobh é** no merece la pena.
broc *m1* tejón.
brocach *adj* gris; picado de viruela; moteado; mugriento. **caint bhrocach** charla obscena.
brocailí *m4* brécol.
brocaire *m4* terrier.
brocais *f2* cubil, chiquero.
brocamas *m1* basura, desperdicios.
brocamas cainte charla sin sentido.
brod *m1* acicate.
bród *m1* orgullo; regocijo. **is cúis bhróid dom gur bhuaigh m'iníon an scoláireacht** estoy orgulloso de que mi hija ganase la beca.
bródúil *adj* orgulloso, arrogante.
bródúlacht *f3* orgullo, arrogancia.
bróg *f2* bota, zapato; acento hablado. **bróg adhmaid** zueco. **snasán bróg** betún. **bain do bhróga díot** quítate los zapatos.
broghach *adj* sucio.
broic *vi* soportar, tolerar.
broicéad *m1* brocado.
bróicéir *m3* corredor de bolsa, agente de negocios.
broid[1] *f2* cautividad; pena, sufrimiento.
broid[2] *vt* aguijonear, estimular, empujar.
broideadh *m* estímulo, acicate; mordida de pez.
broidearnach *f2* latido, palpitación; efervescencia.
broidearnúil *adj* palpitante; efervescente.
broidiúil *adj* bajo presión, atareado.
bróidnéireacht *f3* bordado, recamado.
bróidnigh *vt* bordar.
broigheall *m1* cormorán.
broim *m3* pedo.
broimfhéar *m1* rastrojo.
bróimíd *f2* bromuro.
broinceach *adj* bronquial.
broincíteas *m1* bronquitis.
broinn *f2* útero. **galar broinne** enfermedad congénita. **is beannaithe toradh do bhroinne** bendito es el fruto de tu vientre.
bróis *f2* porquería, suciedad.
bróisiúr *m1* folleto.
bróiste *m4* broche.
brollach *m1* pecho, seno; frente; inicio, prefacio. **brollach turcaí** pechuga de pavo.
bromach *m1* potro; joven fuerte.
bromaire *m4* pedorro.

bromastún

bromastún *m1* azufre.
brón *m1* pena, tristeza. **mo bhrón** ¡ay! ¡qué pena! **tá brón orm faoi sin** lo siento. **tá cuma an bhróin ort** pareces triste.
brónach *adj* afligido, triste.
broncach *adj* bronquial.
bronn *vt* otorgar, conceder. **bhronn an tUachtarán na duaiseanna** el presidente otorgó los premios.
bronnadh *m1* otorgamiento, concesión.
bronntanas *m1* regalo, presente; otorgamiento. **bronntanas Nollag** aguinaldo.
bronntóir *m3* donante, legador.
brosna *m4* rozo, leña menuda; haz de leña.
brostaigh *vt, vi* acelerar, darse prisa; urgir. **brostaigh ort** date prisa.
brostaitheach *adj* estimulante, incitante.
brostaitheoir *m3* provocador, incitador.
brothall *m1* calor sofocante, bochorno; exuberancia; riqueza.
brothallach *adj* caliente, bochornoso.
brú[1] *m4* albergue. **brú óige** albergue juvenil. **Brú na Bóinne** 'Palacio del Boyne' (*importante asentamiento neolítico*).
brú[2] *m4* empujón; aplastamiento; presión; contusión. **brú fola** presión sanguínea. **brú tráchta** atasco, taco. **tá mé faoi bhrú chun an obair a chríochnú** estoy bajo presión para acabar el trabajo.
bruach *m1* orilla. **bruach cathrach** las afueras de una ciudad.
bruachánach *adj* ribereño, costero.
bruachbhaile *m4* afueras.
bruachsholas *m1* candilejas.
bruadar *m1* sueño, ensueño.
bruar *m1* fragmentos; migas.
bruas *m1* labios gruesos.
brúcht *m3* eructo; estallido, erupción.
brúcht sneachta nevada *vi* eructar; surtir; hacer erupción.
brúchtadh *m1* erupción; eructo.
brúdar *m1* cenizas, polvo.
brugh *m3* morada.
brúid *f2* bestia, bruto.
brúidigh *vt* embrutecer.
brúidiúil *adj* brutal.
brúidiúlacht *f3* brutalidad.
brúigh *vt, vi* presionar, apretar; empujar; aplastar. **brúigh an cnaipe sin** presione ese botón. **brúigh na prátaí** haz un puré con las patatas.
bruinneall *f2* doncella.
bruíon[1] *f2* morada de los duendes.
bruíon[2] **I** *f2* riña, disputa. **II** *vi* reñir, disputar.
bruíonach *adj* pendenciero.
bruis *f2* cepillo; vello púbico.
bruite *adj* hervido, cocido, guisado.

buaibheach

brúite *adj* aplastado, exprimido, hecho puré.
brúite faoi chois oprimido.
bruith I *f2* cocción, asado, horneo. **II** *vt, vi* hervir, cocer, hornear. **téigh ach ná bruith é** caliéntalo pero no lo hiervas.
bruithean *f2* calor. **séidéan bruithne** ola de calor. **ceo bruithne** calima.
bruithneach I *f2* lugar caliente, horno. **II** *adj* caliente, tórrido.
bruithneoir *m3* fundidor.
bruithnigh *vt* fundir.
brúitín *m4* puré de papas; pulpa.
bruitíneach *f2* sarampión. **bruitíneach dhearg** rubeola.
brus *m1* añicos, pedacitos; polvo.
brúsalóis *f2* brucelosis.
bruscán *m1* fragmentos; choque de coches. **bruscán beag airgid** calderilla. **bruscán daoine** grupo de personas.
bruscar *m1* migas, migajas; desechos, desperdicios, basura; chusma.
bruth[1] *pref* ígneo.
bruth[2] *m3* calor; erupción cutánea. **bruth ar éadach** lanilla. **bruth farraige le tír** espuma del oleaje. **bruth faoi thír** pecios, restos flotantes. **bruth féasóige** barba de tres días.
bruthaire *m4* cocina, horno.
bú *m4* jacinto.
bua *m4* victoria; talento, don, ventaja. **fuaireamar bua ar na fadhbanna tosaigh a bhí againn** solucionamos los problemas iniciales que se nos plantearon. **tá bua na scríbhneoireachta aici** tiene talento para la escritura. **níl duine ar bith in ann an bua a fháil orthu** nadie los puede vencer. **bhí an bua ag Corcaigh** ganó Cork.
buabhall *m1* bisonte; corneta; cuerno para beber.
buabhallaí *m4* corneta.
buacach *adj* elevado; rico, exuberante; boyante. **bheith go buacach** estar de excelente humor.
buacacht *f3* grandiosidad; riqueza, prosperidad.
buacaire *m4* canilla, grifo; llave; espita.
buach *adj* victorioso.
buachaill *m3* muchacho, soltero; joven. **buachaill bó** vaquero. **buachaill aimsire** sirviente.
buachailleacht *f3* cuidado del ganado.
buachalán *m1* **buachalán buí** hierba cana, zuzón.
buadán *m1* cuerno mocho; vendaje.
buaf *f2* sapo.
buafhocal *m1* epíteto; gracia.
buaibheach *adj* bovino.

buaic

buaic *f2* punto culminante, cénit; cima, cumbre. **buaic tí** cadena montañosa. **bheith sa bhuaic ar dhuine** tener manía a alguien. **is é do bhuaic é** es mejor para tí.
buaiceas *m1* mecha.
buaicphointe *m4* clímax.
buaigh *vt* ganar, obtener; superar, vencer. **bhuaigh mo mháthair an crannchur** mi madre ganó la lotería.
buail *vt, vi* pegar, golpear; derrotar; superar. **ná buail an capall** no golpees al caballo. **bualadh le duine** encontrarse con una persona. **tá an uair buailte linn** ya es hora. **buail isteach chugam lá éigin** pásate a verme un día de estos. **bhuail an smaoineamh mé** se me ocurrió. **buail craiceann** tener relaciones sexuales. **buail an bóthar!** ¡vete!; ¡fuera de aquí!
buaile *f4* corral para vacas, redil; aprisco, cercado.
buaileam *s* **buaileam sciath** jactancioso, bravucón.
buailteach *adj* belicoso, agresivo.
buailteán *m1* mayal.
buailteoir *m3* batidor, golpeador; trilladora. **buailteoir uibhe** batidor de huevos.
buailtín[1] *m4* mazo; pisón.
buailtín[2] *m4* lugar usado para trillar.
buain *vt* cosechar.
buaine *f4* permanencia; durabilidad; longevidad.
buainteoir *m3* segador, cosechador.
buair *vt* afligir, dar pena; fastidiar. **ná buair mé** no me molestes.
buaircín *m4* piña piñonera.
buaircíneach *m1* conífera *adj* conífero.
buaireamh *m1* preocupación, ansiedad.
buairt *f3* pena; contrariedad. **tá sé ag déanamh buartha dom** me está preocupando.
buaiteach *adj* ganador, victorioso. **bheith buaiteach le rud** salir victorioso de algo.
buaiteoir *m3* ganador, vencedor.
bualadh *m1* golpeo, apaleamiento; derrota. **bualadh bos** aplauso. **bualadh craicinn** coito. **"is oth liom féinig bualadh an lae úd"** "yo lamento la derrota de aquel día" *(de una canción de la Rebelión de 1798)*.
bual-lile *f4* nenúfar.
bualtrach *f2* estiércol.
buama *m4* bomba. **buama litreach** carta bomba.
buamadóir *m3* bombardero.
buamáil *vt, vi* bombardear.
buan-[1] *pref* permanente, perpetuo, fijo.
buan[2] *adj* perdurable, permanente. **más buan mo chuimhne** si la memoria no me falla. **go buan** constantemente. **post buan** trabajo fijo.
buanaí *m4* segador.
buanaigh *vt* perpetuar. **go mbuanaí Dia sibh** Dios os guarde.
buanaitheoir *m3* fijador.
buanchara *m5* amigo fiel, mejor amigo.
buanchoiste *m4* comisión permanente.
buanchruthach *adj* estereotipado.
buanfas *m1* durabilidad.
buannacht *f3* acantonamiento; ocupación ilegal.
buannúil *adj* presuntuoso.
buanordú *m4* reglamento, estatuto.
buanseasmhach *adj* perseverante, firme.
buanseasmhacht *f3* perseverancia.
buartha *adj* afligido, triste, pesaroso. **bheith buartha faoi rud** estar inquieto acerca de algo. **tá cuma bhuartha air** parece preocupado.
buatais *f2* botas altas.
búbónach *adj* bubónico.
bucainéir *m3* bucanero.
búch *adj* amable, afectuoso.
búcla *m4* hebilla; rizo.
búclach *adj* abrochado; rizado.
búcláil *vt* abrochar.
búcólach *adj* bucólico.
Búdachas *m1* budismo.
budragár *m1* periquito.
buí[1] *adj* amarillo; amarillento. **Fear Buí** orangista.
buí[2] *s* gracias, agradecimiento. **a bhuí le Dia** Gracias a Dios. *prov.* **is buí le bocht an beagán** hay que dar gracias por lo poco que tenemos.
buicéad *m1* cubo.
buidéal *m1* botella.
buidéalaigh *vt* embotellar.
buifé *m4* buffet libre.
buígh *vt, vi* amarillear, tostar. **iasc a bhuíochan** secar el pescado.
buile *adj* loco *f4* locura, demencia, furia. **ar buile** furioso. **fear buile** hombre loco. **tuairimí buile** ideas descabelladas.
builín *m4* pan blanco. **builín slisnithe** pan tajado.
buille *m4* golpe, porrazo; percusión. **fuair sé buille uafásach sa chloigeann** se dio un golpe tremendo en la cabeza. **ar bhuille boise** al instante. **buille faoi thuairim** conjetura, adivinanza.
buillean *m1* lingote.
buime *f4* madre adoptiva; nodriza.
buimpéis *f2* remiendo; zapatilla de baile.
buinne[1] *m4* yema, retoño; torrente, crecida de agua.

buinne² ** *m4* canutillo; aro; saliente; vira de zapato. **lán go buinne béil lleno hasta el borde.
buinneach *f2* diarrea.
**buinneán¹ ** *m1* brote; vástago; mancebo.
**buinneán² ** *m1* juanete, callo.
**buíocán ** *m1* yema.
buíoch ** *adj* agradecido; satisfecho. **tá mé buíoch díot as do chabhair te agradezco tu ayuda.
buíochán ** *m1* ictericia. **tháinig na buíocháin air cogió la ictericia.
buíochas ** *m1* gratitud, agradecimiento. **gabh mo bhuíochas leis as a chomhairle dale las gracias de mi parte por su consejo. **buíochas le Dia** gracias a Dios.
**buíóg ** *f2* verderón.
**buíon ** *f2* banda, compañía, tropa.
**búir I ** *f2* berrido; rebuzno; mugido. **II ** *vi* bramar, rugir; mugir.
**búireach ** *f2* mugido, rugido.
**buirg ** *f2* municipio, distrito.
**buirgcheantar ** *m1* distrito urbano.
**buirgéiseach ** *m1* burgués.
**buirgléir ** *m3* ladrón que roba artículos de casas.
**buirgléireacht ** *f3* robo de casas, desvalijamiento.
**búiríl ** *f3* bramido, rugido.
**buiséad I ** *m1* presupuesto. **II ** *vt, vi* presupuestar.
**buiséal ** *m1* fanega.
**búiste ** *m4* relleno; emplasto, cataplasma.
**búistéir ** *m3* carnicero, charcutero.
**búistéireacht ** *f3* matanza, carnicería.
**buitléir ** *m3* mayordomo.
bulaí ** *m4* matón. **bulaí fir!, **bulaí mná!** ¡bien hecho! **bulaí tine é** es un buen fuego.
**bulaíocht ** *f3* intimidación, acoso.
**bulba ** *m4* bombilla, foco; bulbo de flor.
**bulc ** *m1* mole, masa; bulto; cargamento.
**bulcaid ** *f2* mampara, tabique.
bulla¹ ** *m4* boya. **bulla eangaí flotador de la red.
**bulla² ** *m4* bula papal.
bulla³ ** *m4* **bulla gaoithe ráfaga de viento.
bulla⁴ ** *m4* **bulla bó báisín carraca, molinete; movimiento giratorio.
**bulladóir ** *m3* bulldog.
**bullán ** *m1* toro castrado, buey.
**bumaile ** *m4* botavara.
**búmaraing ** *f2* bumerán.
**bumbóg ** *f2* abejorro; mujer entrometida.
**bun-¹ ** *pref* básico, primario, elemental; medio.
bun² ** *m1* base, parte inferior; tronco; extremidad. **ón mbun aníos de abajo arriba. **bun na spéire** horizonte. **bun toitín** colilla. **níl bun ná barr leis** no tiene sentido.

faoi bhun debajo. **bun an leathanaigh** la parte inferior de la página. **gnó a chur ar bun** fundar un negocio.
**bunábhar ** *m1* materia prima; argumento.
bunadh I ** *m1* linaje, estirpe. **mo bhunadh féin los míos. **bunadh na háite** la gente del lugar. **an fhírinne bhunaidh** la verdad esencial. **II ** *adj* original, fundamental.
**bunaigh ** *vt* fundar, establecer.
**bunaíoch ** *adj* primitivo.
**bunaíocht ** *f3* fundación, establecimiento.
**bunairgead ** *m1* capital.
**bunáit ** *f2* residencia habitual, base.
**bunáite ** *f2* parte principal, mayoría.
**bunaitheoir ** *m3* fundador.
bunalt ** *m1* empalme. **bunalt creidimh artículo de fe.
**bunaois ** *f2* edad bastante avanzada.
**bunaosta ** *adj* bastante viejo.
**bunata ** *adj* básico, primario.
**bunchéim ** *f2* licenciatura; grado positivo del adjetivo.
**bunchíos ** *m3* renta.
**bunchloch ** *f2* primera piedra.
**bunchnoic ** *mpl* pie de las montañas, estribaciones.
**bunchúrsa ** *m4* curso elemental.
**bundallán ** *m1* tapón, obstáculo; persona rechoncha.
**bundamhna ** *m4* materia prima.
**bundlaoi ** *f4* alero en un tejado.
**bundúchasach ** *m1, adj* aborigen.
bundún¹ ** *m1* fundamento, base. **bundún leice anémona de mar.
bundún² ** *m1* conversación absurda, habla tonta; persona malhumorada. **tá bundún ort estás diciendo tonterías. **bundún leice** anémona de mar.
**bungaló ** *m4* bungalow.
**bunóc ** *f2* niño.
**bunoideachas ** *m1* educación primaria.
bunoscionn ** *adv, adj* al revés, patas arriba; confundido; equivocado. **bunoscionn le réasún opuesto a la razón.
bunreacht ** *m3* constitución. **Bunreacht na hÉireann Constitución de Irlanda.
**bunreachtúil ** *adj* constitucional.
**bunrí ** *f4* muñeca de la mano.
**bunriachtanas ** *m1* primera necesidad.
**bunscoil ** *f2* escuela primaria.
**bunsócmhainn ** *f2* activo fijo.
bunsprioc ** *f2* mojón, marca. **dul go bunsprioc ir al grano.
**bunsraith ** *f2* fondo, lecho; fundación; sustrato.
**buntáiste ** *m4* ventaja.
**buntásc ** *m1* pie de página.
**buntomhas ** *m1* dimensión, estándar de peso.

buntús *m1* rudimento.
bunú *m4* fundación, establecimiento.
bunúil *adj* bien asentado; sustancial; rico; original.
bunuimhir *f5* número cardinal.
bunús *m1* origen; base; sustancia; mayoría, **bunús an chreidimh** la esencia de la fe. **bunús an ama** la mayor parte del tiempo. **is ráfla gan bhunús é** es un rumor sin fundamento.
bunúsach *adj* original; básico; sustancial; próspero. **níl ach Gaeilge bhunúsach agam** sólo tengo algunos rudimentos de irlandés.
bunúsachas *m1* fundamentalismo.
búr *m1* palurdo, patán.
burdún *m1* estribillo; cuento; epígrama en verso.
burgar *m1* hamburguesa.
burgúin *f2* borgoña.
burla *m4* haz, atado, lío.
burláil *vt* atar, liar; enrollar.
burlaire *m4* embalador.
bursa *m4* monedero; beca.
búrúil *adj* rústico, grosero.
bus *m4* autobús, bus, ómnibus, guagua, colectivo, camión, chiva; autocar.
bús *m1* zumbido; ruido. **bús deataigh** nubes de humo.
busáras *m1* principal estación de autobuses en Dublín.
busta *m4* busto.
buta[1] *m4* tonel de vino. **buta ime** barril de mantequilla.
buta[2] *m4* punta, tope.
bútán *m1* butano.
buthal *m1* fulcro.
butrach *f2* mantecoso.

C

C, c *m* letra C. **C séimhithe** (Ċ, ċ; **Ch, ch**) C lenizada.
cá (**cár, cárb, cárbh**) *pron int adv adj* ¿qué? ¿cómo? ¿dónde? ¿adónde? **carb as** ¿de dónde? **cá fhad** ¿cuánto tiempo? ¿a qué distancia? **cá háit?** ¿dónde? **cá mhéad?** ¿cuánto? **cá bhfuil do charr?** ¿dónde está tu carro? **ní fheadar cárbh as a tháinig sé** no sé de dónde vino. **cá mhinice a dúirt me leat é?** ¿cuántas veces te lo he dicho? **cá hard é?** ¿cómo es de alto? **cárbh aois í?** ¿cuántos años tenía?
cab *m1* boca; hocico; labio; apertura.
cabaire *m4* parlanchín.
cabaireacht *f3* balbuceo; parloteo; locuacidad; cabaret.
cába *m4* capa; mantón.
cabáiste *m4* col.
cábán *m1* camarote, cabina.
cabha *m4* hueco; joroba.
cabhail *f5* cuerpo; torso; marco; carrocería.
cabhaileog *f2* corpiño.
cabhair[1] *f5* ayuda, asistencia. **is mór an chabhair dom é** me ayuda mucho. **cabhair dhaonnúil** ayuda humanitaria.
cabhair[2] *vt* grabar en relieve, repujar.
cabhán[1] *m1* cavidad, hueco; montículo.
cabhán[2] *m1* nenúfar amarillo.
cabhlach *m1* flota, armada.
cabhrach *adj* útil, de ayuda.
cabhraigh *vi* ayudar. **cabhraigh liom** ayúdame.
cabhsa *m4* calzada, camino.
cábla *m4* cable. **cábla sínidh** extensión.
cáblach *adj* funicular.
cábóg *f2* patán, payaso.
cábún *m1* capón.
cac **I** *m3* excremento, porquería. **II** *vt, vi* evacuar.
cáca *m4* pastel, torta, tarta, bizcocho.
cacamas *m1* escoria, desperdicios.
cách *m4* todos, todo el mundo. **mar is eol do chách** como todo el mundo sabe.
cachtas *m1* cactus.
cad *pron int* ¿qué? **cad chuige?** ¿por qué, para qué? **cad as duit?** ¿de dónde eres? **cad é mar atá tú?** ¿cómo estás? **cad é an fhadhb?** ¿cuál es el problema? **cad a dúirt siad?** ¿qué dijeron? **cad eile?** ¿qué más?
cadairne *m4* escroto.
cadás *m1* algodón.
cadhail *vt* girar; enrollar.

cadhan *m1* barnacla. **cadhan aonair** persona solitaria.
cadhnaíocht *f3* **ar thús cadhnaíochta** en vanguardia, avanzado.
cadhnra *m4* pila.
cadóg *f2* eglefino.
cadráil *f3* cháchara, chismorreo.
cadrálaí *m4* parlanchín.
cadránta *adj* duro, insensible; terco.
cafarr *m1* casco.
cág *m1* corneja, grajo; persona parlanchina. **cág cosdearg** chova.
cágach *adj* locuaz.
cágaire *m4* tacaño.
caibhéad *m1* hueco; armario.
caibheár *m1* caviar.
caibidil *f2* capítulo; debate. **beidh an t-ábhar faoi chaibidil againn anocht** esta noche consideraremos el tema.
cáibín *m4* gorra, sombrero viejo. **do cháibín a thabhairt saor leat** salir impune.
caibinéad *m1* armario, vitrina.
caibléir *m3* zapatero.
caid *f2* pelota; partido de fútbol gaélico.
caidéal *m1* bomba.
caidéalaigh *vt* hinchar, inflar.
caidéis *f2* curiosidad. **caidéis a chur ar dhuine** abordar a una persona.
caidéiseach *adj* inquisitivo, curioso.
cáidh *adj* santo, bendito.
cáidheach *adj* mugriento, roñoso.
cáidheadas *m1* mugre, roña.
caidhp *f2* cofia, bonete.
caidhséar *m1* corte, canal.
caidreamh *m1* relación; intimidad; asociación. **caidreamh poiblí** relaciones públicas. **caidreamh a dhéanamh le duine** intimar con alguien. **coinnigh caidreamh liom** mantente en contacto conmigo. **caidreamh collaí** relaciones sexuales. **caidreamh tionsclaíochta** relaciones laborales.
caidreamhach **I** *m1* persona sociable. **II** *adj* sociable.
caife *m4* café. **glacfaidh mé caife mór agus píosa den chíste seacláide sin** tomaré un café grande y una porción de ese pastel de chocolate.
caifé *m4* café, cafetería.
caifeach *adj* pródigo, derrochador.
caifeachán *m1* pródigo.
caiféin *f2* cafeína.
caifirín *m4* pañuelo.
caifitéire *m4* cafetería.
caígh *vt, vi* llorar; lamentar, deplorar.

caighdeán *m1* unidad de medida, estándar, norma. **An Caighdeán Oifigiúil** la norma oficial (*conjunto de normas gramaticales y ortográficas del irlandés*).
caighdeánach *adj* estándar.
caighdeánaigh *vt* estandarizar, normalizar.
cáil *f2* fama; cantidad. **bhain sé cáil amach mar dhochtúir** alcanzó fama como médico.
cailc-[1] *pref* calcáreo.
cailc[2] *f2* tiza, yeso. **dul thar cailc** pasarse de la raya.
cailceach *adj* cretáceo, de color yeso.
cailciam *m4* calcio.
cailcigh *vt, vi* calcificar.
caile *m4* chica, muchacha.
caileandar *m1* calendario.
caileann *f2* calendas.
cailéideascóp *m1* caleidoscopio.
cailg *f2* picadura *vt* picar.
cáiligh *vt, vi* cualificar, capacitar. **duine cáilithe** persona cualificada.
cailín *m4* chica, joven, doncella. **cailín aimsire** criada. **cailín coimhdeachta** dama de honor.
cáilíocht *f3* calidad; cualificación; disposición. **cáilíocht a thabhairt ar dhuine** dar referencias de una persona. **bhí cáilíochtaí den chéad scoth ag an iarrthóir sin** ese candidato estaba muy preparado.
cailís *f2* cáliz.
cáilitheach *adj* apto, idóneo; que habilita o faculta.
cáiliúil *adj* famoso, célebre.
caill **I** *f2* pérdida. **níl caill air** no importa perderlo. **II** *vt, vi* perder. **chaill an páiste an liathróid** el niño perdió la pelota. **chaill mé an bus** perdí el autobús.
caille *gen de* **caileann**. **Lá Caille** día de Año Nuevo.
cailleach *f2* mujer vieja; bruja; nicho. **cailleach ghiúise** cepa de pino. **cailleach dhubh** cormorán. **cailleach oíche** buho. **cailleach ghoile** tenia. **cailleach feasa** adivinadora.
cailliúint *f3* pérdida.
cailliúnaí *m4* perdedor; derrochador.
caillte *adj* perdido, muerto.
caillteach *adj* perdido, ruinoso.
caillteanas *m1* pérdida.
cáilmheas *m3* buena voluntad.
cáim *f2* falta; mancha.
caime *f4* maldad, retorcimiento; deshonestidad.
caimiléir *m3* persona deshonesta, malvada.
caimiléireacht *f3* estafa, fraude, deshonestidad.
caimileon *m1* camaleón.

caimseog *f2* mentira, embuste.
cáin **I** *f2* multa; pena; impuesto. **Cáin Bhreisluacha (CBL)** impuesto sobre el valor añadido. **II** *vt, vi* multar; condenar; censurar. **cháin an freasúra polasaí an Rialtais** la oposición criticó la política del gobierno.
cáinaisnéis *f2* Presupuestos Generales del Estado.
cainche *f4* membrillo.
caincín *m4* nariz.
cáineadh *m2* condena, censura.
cainéal[1] *m1* canal.
cainéal[2] *m1* canela.
caingean *f2* causa, razón; disputa.
caingneach *adj* justiciable; molesto.
cáinmheas *m3* tasa, gravamen.
cainneann *f2* puerro.
cainneon *m1* cañón.
cainníocht *f3* cantidad.
caint *f2* habla. **leagan cainte** expresión. **ranna cainte** partes de la oración. **ná bí ag caint liom air** ni me lo menciones. **níl siad ag caint le chéile** no se hablan.
cainteach *adj* hablador.
cáinteach *adj* crítico; criticón.
cainteoir *m3* hablante, orador.
cáinteoir *m3* crítico.
caintic *f2* cántico.
caintigh *vt, vi* hablar, dirigirse a, trabar conversación.
cáipéis *f2* documento.
cáipéiseach *adj* documental.
caipín *m4* gorra, cachucha. **caipín glúine** rótula. **caipín súile** párpado.
caipiteal *m1* capital. **cuirfear ioncam agus caipiteal san áireamh** se tendrán en cuenta ingresos y capital.
caipitleachas *m1* capitalismo.
caipitlí *m4* capitalista.
cairbíd *f2* carburo.
cairbín *m4* carabina.
cairbreach *adj* ondulado, rizado.
cairde *m4* tregua; prórroga; crédito. **cheannaigh mé an teilifís ar cairde** compré el televisor a crédito.
cairdeagan *m1* chaqueta de punto, rebeca.
cairdeas *m1* amistad.
cairdeasaíocht *f3* fraternización.
cairdiach *adj* cardíaco.
cairdín *m4* acordeón.
cairdineal *m1* cardinal.
cairdinéalta *adj* cardinal.
cairdiúil *adj* amistoso, amigable. **bheith cairdiúil le duine** ser amable con alguien.
cairdiúlacht *f3* cordialidad.
cairéad *m1* zanahoria.
cairéal *m1* cantera.

cáiréas

cáiréas *m1* caries.
cáiréis *f2* cuidado, delicadeza, finura.
cáiréiseach *adj* cuidadoso; delicado, fino.
cáiréiseach ar bhia quisquilloso con la comida.
cairpéad *m1* alfombra, tapete.
cairrín *m4* carretilla de mano.
cairt[1] *f2* gráfico; pergamino; escritura; fuero.
Cairt na Náisiún Aontaithe Carta de las Naciones Unidas.
cairt[2] *f2* carretilla.
cairtchlár *m1* cartón, cartulina.
cairtéal *m1* cartel.
cairtfhostaigh *vt* otorgar, aprobar estatutos.
cais *f2* rencor, resentimiento.
cáis *f2* queso.
Cáisc *f3* Pascua de Resurrección. **tine Chásca** fuego pascual. **Éirí Amach na Cásca** Alzamiento de Pascua (*rebelión nacionalista de 1916*).
caiscín *m4* integral; pan integral.
caise *f4* corriente, arroyo.
caiseach *adj* emergente, fluído.
caiséad *m1* casette.
caiseal *m1* castillo, fortaleza de piedra; recinto amurallado; peonza.
caisearbhán *m1* diente de león.
caisirnín *m4* enroscadura; giro, espiral.
caisleán *m1* castillo, mansión.
caislín *m4* pájaro cantor.
caismír *f2* cachemira.
caismirneach *f2* serpenteo; giro, torsión.
caismirt *f2* conmoción; conflicto, contienda.
Caistílis *f2* lengua castellana.
Caistíleach *m1*, *adj* castellano.
caite *adj* usado, consumido, gastado; caduco; pasado. **an tseachtain seo caite** la semana pasada. **an aimsir chaite** pasado gramatical. **éadach caite** ropa vieja. **abairt chaite** tópico.
caiteach *adj* manirroto, derrochador.
caiteachas *m1* gasto.
caiteoir *m3* consumidor, gastador.
caith *vt, vi* gastar; tirar; usar, llevar puesto; pasar tiempo; tener que. **ná caith tobac** prohibido fumar. **chaith mo dheartháir dhá bhliain i bPeiriú** mi hermano pasó dos años en Perú. **bhí an cailín ag caitheamh gúna bán** la niña llevaba un vestido blanco. **chaith sé a lán airgid nuair a bhí sé i Nua-Eabhrac** gastó mucho dinero cuando estuvo en Nueva York. **caith amach na páipéir sin** bota esos papeles. **ná caith seile** no escupir. **chaith sibh go maith liom** me tratasteis bien.
cáith[1] *f3* basura, vertido, porquería.

cam

cáith[2] *vt, vi* aventar; rociar; golpear. **ag cáitheadh báistí** lloviendo a cántaros.
caitheamh *m1* consumo, gasto; tiro, lanzamiento; curso. **caitheamh tobac** fumar tabaco. **caitheamh aimsire** pasatiempo. **i gcaitheamh an lae** en el curso del dia.
cáithíl *f3* gárgara; carraspeo.
caithir *f2* vello, pelusilla.
caithis *f2* cariño.
caithiseach *adj* cariñoso; atractivo; encantador, delicioso.
caithne *f4* madroño.
cáithnín *m4* copo diminuto; partícula.
caithréim *f2* carrera militar; triunfo.
caithréimeach *adj* triunfante, exultante.
caithrigh *vi* alcanzar la pubertad, desarrollarse.
caiticeasma *m4* catecismo.
caitín *m4* lanilla.
Caitliceach *m1*, *adj* católico.
Caitliceachas *m1* catolicismo.
cál *m1* col, repollo. **cál ceannann** *plato típico irlandés cocinado a base de repollo.*
caladh *m1* embarcadero, puerto; dique.
calafort *m1* puerto, caladero.
calaigh *vt* amarrar, atracar.
calaois *f2* fraude, timo; falta. **calaois a dhéanamh ar dhuine** timar a alguien, cometer una falta en un deporte.
calaoiseach *adj* fraudulento, engañoso.
calar *m1* cólera.
calc[1] *m1* masa densa.
calc[2] *vt, vi* incrustar; tapar. **calctha leis an tart** muerto de sed. **ná calcaigí bhur gcroíthe** no sean duros de corazón.
calcalas *m1* cálculo diferencial; piedra en el riñón o vesícula.
call *m4* necesidad; queja.
callaire *m4* altavoz; pregonero, voceador; fanfarrón.
callaireacht *f3* altavoz; plañidera; pregonero, anunciante.
callán *m1* ruido, clamor.
callánach *adj* ruidoso, clamoroso; quejoso.
callóid *f2* conmoción; riña, disputa; inquietud.
callóideach *adj* turbulento; problemático.
callshaoth *m3* problema, conflicto; estrés.
calm *m1* calma.
calma *adj* bravo; fuerte; espléndido.
calmacht *f3* fuerza; bravura.
calóg *f2* copo. **calóga arbhair** copos de avena. **calóg sneachta** copo de nieve.
calógach *adj* en copos; escamoso.
calra *m4* caloría.
cam[1] *m1* crisol. **cam an ime** ranúnculo.
cam[2] **I** *m1* curva; fraude. **II** *adj* curvado, torcido; erróneo. **III** *vt, vi* torcer; distorsionar; curvar. **bóthar cam** carretera con curvas.

camall

camall *m1* camello.
camán[1] *m1* palo empleado en *iománaíocht* (*un deporte tradicional irlandés*); corchea.
camán[2] *m1* **camán meall** manzanilla.
camarsach *adj* ondulado, curvado.
camas *m1* cala, caladero; meandro.
cámas *m1* crítica; insulto; afectación.
camastaíl *f3* retorcimiento, deshonestidad; fraude.
camchéachta *m4* **an Camchéachta** el Carro (*emblema tradicional de los partidos socialistas en Irlanda*).
camchuairt *f2* paseo, vuelta; gira.
camfar *m1* alcanfor, naftalina.
camghob *m1* piquituerto.
camhaoir *f2* amanecer, alba.
camhraigh *vi* enmohecerse.
camhraithe *adj* rancio; envenenado.
cam-mhuin *f2* piquituerto.
camóg *f2* gancho, garfio; palo curvado; arpón.
camógaíocht *f3* deporte femenino que se juega con palos y pelota pequeña.
campa *m4* campamento. **campa géibhinn** campo de concentración.
campáil *vi* acampar.
campálaí *m4* excursionista.
camra *m4* alcantarilla.
camras *m1* suciedad, aguas residuales.
can[1] *vt, vi* cantar; hablar, conversar. **amhrán a chanadh** cantar una canción.
can[2] *m1* serrín; caspa.
cána *m4* caña. **cána siúcra** caña de azúcar.
canablach *m1, adj* caníbal.
canablacht *f3* canibalismo.
cánachas *m1* impuestos, contribuciones.
canáil *f3* canal.
canáraí *m4* canario.
canbhás *m1* lona.
cancar *m1* cáncer, malignidad; malhumor.
cancrach *adj* cancerígeno; malhumorado.
cancrán *m1* cascarrabias.
candaí *m4* dulce, caramelo.
candam *m1* cantidad. **teoiric an chandaim** teoría cuántica.
cangarú *m4* canguro.
canna *m4* lata, bote; bidón. **ar na cannaí** bebido, borracho.
cannaigh *vt* enlatar.
canóin *f3* cañón.
canónach *m1* canon.
canónaigh *vt* canonizar.
canónta *adj* canónico.
canónú *m4* canonización.
canrán *m1* murmullo; refunfuño.
canta[1] *adj m4* trozo, pedazo.
canta[2] *adj* agradable, bonito.
cantain *f3* canto, canción.

cantaireacht *f3* canto, canción; murmullo; quejido.
cantal *m1* queja, irritabilidad; petulancia.
cantalach *adj* quejumbroso; malhumorado.
canú *m4* canoa.
canúint *f3* discurso; expresión; dialecto; acento. **canúintí na Gaeilge** los dialectos del irlandés.
canúineolaíocht *f3* dialectología.
canúnach *adj* dialectal.
canúnachas *m1* dialecto; acento; coloquialismo.
caoch I *m1, adj* ciego; miope; fruto vacío; borracho. **II** *vt, vi* cegar, deslumbrar, **súil a chaochadh** guiñar un ojo *vt* cegar, deslumbrar.
caochadh *m* parpadeo. **i gcaochadh na súl** en un abrir y cerrar de ojos.
caochán *m1* criatura ciega, topo.
caochneantóg *f2* ortiga muerta.
caochóg *f2* cegato.
caochpholl *m1* pozo ciego, ciénaga.
caochshráid *f2* callejón sin salida.
caochta *adj* borracho.
caoga *s* cincuenta. **níor ghoid siad ach caoga eoró** solamente robaron cincuenta euros.
caogadú *m4* quincuagésimo.
caoi *f4* forma, manera; medio; oportunidad, chance. **ar aon chaoi** en cualquier caso. **cén chaoi a bhfuil tú?** ¿cómo estás? **sa chaoi go** de manera que. **an raibh caoi agat labhairt leis?** ¿pudiste hablar con él? **cuir caoi ar** arreglar, ordenar.
caoiche *f4* ceguera.
caoile *f4* estrechez; delgadez, esbeltez.
caoimhe *f4* dulzura, cariño; suavidad.
caoin[1] *adj* suave, delicado; amable; refinado.
caoin[2] *vt, vi* lamentar, llorar.
caoinchead *m3* **le caoinchead ó** con permiso de.
caoindúthrachtach *adj* ferviente, devoto.
caoineadh *m1* llanto; lamento, elegía. **Caoineadh Airt Uí Laoghaire** Lamento por la muerte de Art O'Leary (*poema elegíaco del s. XVIII*).
caoineas *m1* suavidad, dulzura.
caoinfhulaingt *f2* tolerancia.
caoinfhulangach *adj* tolerante.
caointeach *adj* doliente, plañidero.
caointeoir *m3* plañidera.
caoireoil *f3* carne de cordero.
caoithiúil *adj* conveniente, oportuno; agradable, amable.
caoithiúlacht *f3* conveniencia; oportunidad; agrado; amabilidad, **ar do chaoithiúlacht** cuando le convenga.
caol I *m1* parte delgada, estrecha. **caol na coise** tobillo. **caol na láimhe** muñeca.

caol na sróine tabique nasal. **II** *adj* delgado, esbelto; estrecho; aguado. **na gutaí caola** las vocales palatales. **caol díreach** en directo.
caolach *m1* ramitas; artículos de mimbre.
caoladán *m1* persona flaca.
caoladóir *m3* cestero.
caoladóireacht *f3* cestería, mimbrería.
caolaigeanta *adj* de mente estrecha.
caolaigh *vt, vi* adelgazar; estrechar; reducir; diluir.
caolán *m1* intestino delgado.
caolas *m1* estrecho; cuello de botella. **Caolas Giobráltar** el Estrecho de Gibraltar.
caolchuid *f3* an chaolchuid de rud la parte delgada de algo. **ar an gcaolchuid** estar necesitado.
caolchúis *f2* sutileza.
caolchúiseach *adj* sutil.
caoldroim *m3* región baja de la espalda; solomillo.
caolsáile *m4* cala, estuario.
caolsráid *f2* callejón.
caolú *m4* atenuación; estrechamiento; disolución.
caomh *adj* querido; agradable; suave.
caomhnaigh *vt* proteger, conservar, preservar.
caomhnaitheach *adj* conservador, protector.
caomhnóir *m3* guardián, protector.
caomhnú *m4* protección; conservación.
caonach *m1* musgo. **caonach liath** moho.
caonaí *s* **caonaí aonair** persona solitaria.
caor *f2* baya, mora; objeto redondo, bola; objeto brillante. **caor thine** meteoro. **an chaor aduaidh** la aurora boreal. **caor finiúna** uva.
caora *f5* oveja.
caorán *m1* trozo de turba; páramo.
caordhearg *adj* resplandeciente.
caoróg *f2* baya pequeña.
caorthann *m1* serbal, fresno. **caorthann corraigh** valeriana.
capaillín *m4* pony.
capall *m1* caballo. **obair chapaill** trabajo duro. **cnó capaill** castaño de Indias.
capras *m1* alcaparra.
capsúl *m1* cápsula.
captaen *m1* capitán.
cár[1] (*ver cá*) *partícula empleada en el pasado*.
cár[2] *m1* sonrisa; mueca; dentadura.
cara *m5* amigo, parcero. **cara Críost** padrino, madrina. **cara liom** un amigo mío. **a chara** muy señor mío. **cogadh na gcarad** guerra civil.
caracatúr *m1* caricatura.
carachtar *m1* carácter, personaje.

carachtracht *f3* caracterización.
caramal *m1* caramelo.
carbad *m1* carro.
carbaihiodráit *f2* carbohidrato.
carball *m1* paladar.
carbán *m1* carpa.
cárbh (*ver cá*) *partícula empleada en el pasado*.
carbhal *m1* carabela.
carbhán *m1* caravana.
carbhas *m1* jarana, parranda.
carbhat *m1* corbata, corbatín.
carbólach *adj* carbólico.
carbón *m1* carbón.
carbónmhar *adj* carbonífero.
carbradóir *m3* carburador.
carcair *f5* prisión, cárcel.
carcraigh *vt* encarcelar; comprimir.
cardáil I *f3* cardado; discusión; cotilleo. **II** *vt, vi* verificar, debatir, chismear.
carghas *m1* cuaresma.
carn I *m1* mojón; montón, pila. **II** *vt, vi* apilar, amontonar.
carnabhal *m1* carnaval.
carnabhóir *m3* carnívoro.
carnach *adj* acumulativo.
carnadh *m1* acumulación.
carnán *m1* montón, montículo; bote (*cartas*).
caróg *f2* cuervo.
carr[1] *m1* coche, carro, auto. **carr sleamhnáin** trineo. **Lá saor ó charranna** Día Sin Coches.
carr[2] *f3* costra, corteza; zona rocosa.
carracán *m1* piedra.
carrach *adj* costroso; rocoso. **an galar carrach** escorbuto.
carraeir *m3* carretero, transportista.
carraeireacht *f3* acarreo, transporte.
carraig *f2* piedra, roca.
carraigeach *adj* rocoso.
carraigín *m4* alga comestible.
carráiste *m4* carruaje, vagón. **carráiste traenach** vagón de tren.
carrchlós *m1* aparcamiento, aparcadero, parking.
carrmhogall *m1* carbúnculo.
cársán *m1* resuello.
cársánach *adj* jadeante, asmático.
cart *vt, vi* limpiar; cepillar; vaciar.
cárt *m1* cuarto de galón.
cárta *m4* tarjeta. **cárta gnó** tarjeta de visita. **cárta Nollag** tarjeta de Navidad. **cárta poist** tarjeta postal. **cárta creidmheasa** tarjeta de crédito. **cárta dochair** tarjeta de débito. **cárta bordála** pase de abordar, tarjeta de embarque.
cartagrafaíocht *f3* cartografía.
cartán *m1* cartón.
carthanach *adj* compasivo, caritativo.
carthanacht *f3* amor; caridad; amistad.

carthanas m1 fundación benéfica.
cartlann f2 archivo.
cartlannaí m4 archivador.
cartún m1 tebeo; dibujo animado.
cartúnaí m4 dibujante.
cartús m1 cartucho.
carúl m1 villancico.
cas I adj torcido, curvado; rizado. **II** vt, vi girar, dar la vuelta, torcer; desviar; cantar; encontrarse. **chas an roth go tapa** la rueda giró muy rápido. **amhrán a chasadh** cantar una canción. **chas mé leis tar éis an Aifrinn** me lo encontré después de misa.
cás¹ m1 caso; circunstancia. **is é an cás go** el caso es que. **cuir i gcás** por ejemplo. **is trua liom do chás** te acompaño en el sentimiento.
cás² m1 funda; marco; jaula; caja, estuche. **cuir na seoda ar ais sa chás** devuelve las joyas a la caja. **cás uachtair** mayúsculas. **cás íochtair** minúsculas.
cásach adj honorable, venerable; respetuoso.
casacht f3 tos.
casachtach f2 tos; acción de torcer.
casadh m1 giro, rizo, vuelta. **casadh in abhainn** remolino de agua. **casadh aigne** náusea. **rud a chur ar casadh** hacer girar algo.
cásaigh vt lamentar, deplorar; preguntar.
cásáil f3 cubierta vt revestir, cubrir.
casal m1 casulla; manto.
cásamh m1 lamento, refunfuño; condolencia.
casaoid I f2 queja. **II** vt, vi quejarse, protestar.
casaoideach adj quejoso.
casarnach f2 matorral, hierbajo.
casaról m1 guiso; cacerola.
casca m4 barril, tonel.
caschlár m1 plato giratorio, giradiscos.
caschaint f2 réplica aguda.
cáscúil adj pascual.
casfhocal m1 trabalenguas.
casla f4 puerto, embarcadero.
cásmhaireacht f3 preocupación; lástima, compasión.
cásmhar adj preocupado; lastimero; compasivo.
casóg f2 sotana; chaqueta, abrigo.
casta adj torcido, difícil, complicado. **ceist chasta** cuestión compleja.
castacht f3 complejidad.
castainéad m1 castañuela.
castainn f2 torno; giro.
castaire m4 llave inglesa.
castán m1 castaña. **crann castán** castaño.
castóir m3 cuerda de un reloj.
casúireacht f3 martilleo.

casúr m1 martillo.
cat m1 gato. **cat fiáin** gato silvestre. **cat crainn** marta. prov. **cad é a dhéanfadh mac an chait ach luch a mharú?** de tal palo tal astilla. **le cuimhne na gcat** desde hace mucho tiempo.
cáta f4 respeto, acatamiento.
catach adj rizado. **gruaig chatach** pelo rizado.
catacóm m1 catacumba.
cataíl f3 rizadura.
catairsis f2 catarsis.
catalaíoch I m1 catalizador. **II** adj catalítico.
catalóg f2 catálogo.
Catalóin f2 **An Chatalóin** Cataluña.
Catalóinis f2 lengua catalana.
Catalónach m1, adj catalán.
cataracht f3 catarata del ojo.
catastróf f2 catástrofe.
cath m3 batalla; conflicto, pelea; batallón. **Cath Chionn tSáile** batalla librada en el condado de Cork en 1601.
cathach m1 relicario de batalla adj batallador, bélico.
cathain adv int ¿cuándo? **cathain a bheidh an bhainis?** ¿cuándo será la boda?
cathair f5 ciudad; fortaleza de piedra.
cathair Chorcaí Cork. **Halla na Cathrach** ayuntamiento.
cathaitheach adj tentador; arrepentido.
cathaitheoir m3 tentador; travieso.
cathaoir f5 silla, asiento; trono; cátedra.
cathaoir uilleann sillón.
cathaoirleach m1 presidente.
cathartha adj cívico, civil.
cathbheart m1 traje de campaña.
cathbhuaile f4 falange militar.
cathéide f4 armadura; traje de compaña.
cathlán m1 batallón.
cathlong f2 acorazado.
cathróir m3 habitante de una ciudad.
cathróireacht f3 ciudadanía.
cathú m4 tentación; pena; conflicto, batalla. **ná lig sinn i gcathú** no nos dejes caer en la tentación.
catóid f2 cátodo.
catóir m3 remolino.
catsúil f2 coqueteo.
catúil adj felino. gatuno.
cé¹ f4 muelle, desembarcadero.
cé² **(cén)** pron int ¿quién? ¿qué? **cé a rinne é?** ¿quién lo hizo? **cé hé an fear seo?** ¿quién es este hombre? **cé leis an leabhar?** ¿de quién es el libro? **cén áit?** ¿dónde? **cén fáth?** ¿por qué? **cé mhéad?** ¿cuánto? **cén uair?** ¿cuándo?
cé³ conj aunque. **cé nach bhfeicim iad a thuilleadh** aunque ya no los veo. **cé gur**

ceachartha

sampla réasúnta maith é aunque es un ejemplo bastante bueno.
ceachartha *adj* tacaño, mezquino, miserable.
ceacharthacht *f3* mezquindad, tacañería.
ceacht *m3* lección; ejercicio.
céachta *m4* arado.
ceachtar *pron* cualquiera. **ceachtar den bheirt** cualquiera de los dos. **níor labhair ceachtar againn** ninguno de nosotros habló.
cead *m3* permiso. **cead isteach** entrada. **cead pleanála** licencia de obras. **ní bhfuair sé cead an teach a thógáil san áit sin** no obtuvo permiso para construir la casa en ese sitio. **cead an ealaíontóra** licencia artística.
céad-[1] *pref* primero.
céad-[2] *pref* cien; muchos.
céad[3] *m1*, *adj* cien, céntuplo; siglo. **céad faoin gcéad** cien por cien.
céad[4] *adj* primero. **an chéad fhear** el primer hombre. **an chéad lá eile** el próximo día.
céadach *adj* grande, inmenso.
ceadaigh *vt, vi* permitir; pedir permiso. **ceadaítear clogad a chaitheamh san iomáint** se permite llevar casco en *iomáint*.
ceadaithe *adj* permitido; aprobado, sancionado.
ceadaitheach *adj* permisivo.
ceadal *m1* recital.
Céadaoin *f4* miércoles. **Céadaoin an Luaithrigh** miércoles de ceniza. **Céadaoin an Bhraith** Miércoles Santo. **feicfidh me Dé Céadaoin thú** te veo el miércoles.
céadar[1] *m1* cedro.
céadar[2] *m1* queso cheddar.
céadéaga *sp!* agonía.
céadchosach *m1* ciempiés.
céadfa *f4* sentido, percepción; comprensión.
céadfach *adj* sensorial; perceptivo.
céadfacht *f3* sensibilidad, percepción.
céadfhiacla *pl* dientes de leche.
céadghin *f2* primogénito.
ceadmhach *adj* lícito.
céadphroinn *f2* desayuno.
céadrata *adj* primitivo.
céadsearc *f2* primer amor.
ceadú *m4* permiso, aprobación.
céadú *m4 adj* centésimo.
ceadúnaí *m4* persona autorizada.
ceadúnaigh *vt* autorizar, permitir.
ceadúnas *m1* permiso, licencia. **ceadúnas tiomána** permiso de conducir, licencia de manejar.

ceannach

ceáfar *m1* travesura; brinco, salto; capricho musical.
ceáfrach *adj* fogoso, vivo.
ceaig *m4* barril.
ceaileacó *m4* calicó, percal.
ceaintín *m4* frasco, termo; cantina.
ceal *m4* falta, carencia, ausencia. **rud a chur ar ceal** cancelar, abolir. **scaoileadh é ceal fianaise** fue puesto en libertad por falta de pruebas. **tá an bláth ag seargadh de cheal uisce** la flor se está marchitando por falta de agua.
céalacan *m1* ayuno. **bheith ar céalacan** estar en ayunas.
cealaigh *vt* deshacerse de algo; esconder; rescindir, cancelar; consumir.
cealg *f2* engaño; traición.
cealgach *adj* engañoso; astuto; traicionero.
cealgadh *m1* engaño; astucia.
ceallafán *m1* celofán.
ceallalóid *f2* celuloide.
ceallalós *m1* celulosa.
ceallamán *m1* tesoro.
ceallra *m4* células; pilas. **luchtaire ceallra** cargador de pilas.
cealú *m4* rescisión, cancelación. **cealú pósta** nulidad matrimonial.
cealúchán *m1* cancelación.
ceamara *m4* cámara.
ceamthaifeadán *m1* cámara de video, grabadora.
ceanastar *m1* bote, lata.
ceangail *vt* liar, atar. **cheangail na póilíní lámha an ghadaí** los policías ataron las manos del ladrón.
ceangailteach *adj* conector; pegajoso.
ceangal *m1* atadura; grilletes; estribillo; relación; relevancia. **ceangal cairdis** lazo de amistad.
ceangaltán *m1* fardo, bulto; documento adjunto.
ceangaltas *m1* vínculo, lazo, conexión.
ceann-[1] *pref* principal.
ceann[2] *m1* cabeza; tejado; fin; extremidad; uno. **ná cuir do cheann amach an fhuinneog** no asome la cabeza por la ventana. **ná lig as do cheann é** no lo olvides. **ceann tíre** promontorio. **ceann staighre** descansillo. **go ceann** hasta. **an ceann sin** ese. **an ceann seo** este. **an ceann eile** el otro. **ceann acu** uno de ellos. **ceann ar bith** cualquiera. **ceann scríbe** destino. **ceann comhairle** presidente de una asamblea o parlamento.
céanna I *m4* el mismo, lo mismo. **mar an gcéanna** de la misma manera. **II** *adj* mismo, idéntico. **san am céanna** al mismo tiempo.
ceannach *m1* compra.

céannacht

céannacht *f3* identidad; identificación. **iarrtar ar chuairteoirí céannacht grianghraif a bhreith leo** se ruega a los visitantes traer identificación fotográfica.

ceannadhairt *f2* cabezal; travesaño; almohada.

ceannaí *m4* comprador; comerciante, tratante, mercader. **ceannaí gearr** minorista.

ceannaigh *vt, vi* comprar, adquirir. **ceannaigh torthaí úra** compra fruta fresca.

céannaigh *vt* identificar.

ceannainne *f4* mancha blanca en animales.

ceannairc *f2* motín, revuelta, asonada.

ceannairceach *m1, adj* amotinado, rebelde.

ceannaire *m4* jefe, guía, dirigente; cabo del ejército.

ceannaireacht *f3* liderazgo, dirección.

ceannaithe *fpl* facciones.

ceannaitheoir *m3* comprador.

ceannann *f2* animal de cara blanca. **an rud ceannann céanna** la misma cosa.

ceannáras *m1* cuartel general; sede.

ceannas *m1* soberanía; mando; firmeza. **is mise atá i gceannas** yo estoy al cargo.

ceannasach *adj* soberano; firme; dominante, imponente.

ceannasaí *m4* jefe, comandante; controlador.

ceannasaíocht *f3* dirección, mando.

ceannbhán *m1* **ceannbhán móna** algodoncillo silvestre.

ceannbheart *m1* casco.

ceannbhrat *m1* palio; dosel; toldo.

ceanncheathrú *f5* cuartel general.

ceanndána *adj* testarudo, obstinado, terco.

ceanndánacht *f3* obstinación, terquedad.

ceannfhocal *m1* palabra clave.

ceannfort *m1* dirigente, jefe; comandante; superintendente.

ceannlá *m1* día señalado.

ceannláidir *adj* testarudo, obstinado.

ceannlampa *m4* faro.

ceannliath *adj* canoso.

ceannlíne *f4* titular.

ceannlitir *f5* mayúscula.

ceann-nochta *adj* con la cabeza descubierta.

ceannpheaca *m4* pecado capital.

ceannródaí *m4* guía; pionero.

ceannscríbhinn *f2* membrete.

ceannsmacht *m3* maestría. **ceannsmacht a fháil ar dhuine** vencer a una persona.

ceannsraith *f2* capitación.

ceannteideal *m1* encabezamiento, título.

ceanrach *f2* cabezal, ronzal.

ceansa *adj* manso, dócil; domesticado.

ceansacht *f3* mansedumbre, docilidad.

ceansaigh *vt* apaciguar; domar; controlar.

cearnaigh

ceansú *m4* apaciguamiento; control, restricción. **ceansú tráchta** empleo de rampas para restringir la velocidad del tráfico.

ceant *m4* subasta. **fear ceant** subastador.

ceantáil I *f3* subasta; venta, liquidación. **II** *vt, vi* subastar. **ag ceantáil ar a chéile** ofertar más que otro.

ceantálaí *m4* subastador.

ceantar *m1* área, zona.

ceantrach *adj* distrito, local.

ceanúil *adj* cariñoso, afectuoso. **tá sí ceanúil ar pháistí** es muy cariñosa con los niños.

ceanúlacht *f3* afecto, amabilidad.

ceap[1] *m1* bloque; base. **ceap magaidh** hazmerreír. **ceap milleáin** chivo expiatorio. **ceap rotha** tapacubos, taza. **ceap oifigí** bloque de oficinas.

ceap[2] *vt, vi* crear; dar forma; inventar; designar, nombrar; pensar. **ceapaim go bhfuil an ceart agat** pienso que tienes razón. **ceapadh ina rúnaí ar an gcoiste é** lo nombraron secretario del comité.

ceapach *f2* parcela. **ceapach bláthanna** macizo de flores.

ceapachán *m1* designación, nombramiento para un puesto; composición.

ceapadóir *m3* compositor; inventor.

ceapadóireacht *f3* composición, redacción.

ceapaire *m4* sándwich, bocadillo, emparedado.

ceapóg *f2* parcela; semillero; verso compuesto en el acto.

ceapord *m1* almádena.

cearbhas *m1* alcaravea.

cearbhán *m1* tiburón, tiburón peregrino.

cearc *f2* gallina. **cearc fhraoigh** urogallo. **cearc ghoir** gallina clueca. **cearc uisce** anátida, ave acuática. **cearc phéacóige** pava real. **cearc bhradáin** salmón hembra.

cearchaill *f2* leño; viga.

céard *pron int* ¿qué? **céard é sin?** ¿qué es eso? **céard faoi?** ¿qué te parece?

ceardaí *m4* artesano.

ceardaíocht *f3* artesanía, producto de artesanía.

ceardchumann *m1* sindicato, unión. **cé hé ionadaí an cheardchumainn?** ¿quién es el representante sindical?

ceardchumannaí *m4* sindicalista.

ceardlann *f2* taller.

ceardscoil *f2* politécnico.

ceardúil *adj* competente, hábil.

ceardúlacht *f3* destreza, talento artístico.

cearn *f3* esquina, rincón; ángulo. **as gach cearn** de todas partes.

cearnabhán *m1* avispón.

cearnach *adj* angular; cuadrado.

cearnaigh *vt* cuadrar.

39

cearnóg

cearnóg *f2* plaza; cuadrado.
cearnógach *adj* a cuadros.
cearr I *f3* daño, mal. **II** *adj* malo, equivocado. **cad atá cearr leis an ngluaisteán?** ¿qué le pasa al coche?
cearrbhach *m1* jugador, tahúr.
cearrbhachas *m1* juego, apuesta.
ceart I *m1* derecho; razón. **ceart vótála** derecho al voto. **cuir i gceart** remediar. **tá an ceart ag Seán** Juan tiene razón. **An Roinn Dlí agus Cirt** Ministerio de Justicia. **II** *adj* justo; verdadero, correcto. **ba cheart duit labhairt leis** deberías hablar con él. **ceart go leor** de acuerdo.
ceárta *f4* forja; taller.
ceartaigh *vt, vi* corregir, rectificar; reparar. **ceartaigí na habairtí seo leanas** corrijan las frases siguientes.
ceartaiseach *adj* dogmático; mojigato; engreído; prepotente.
ceartaitheach *adj* correctivo, reparador.
ceartaitheoir *m3* corrector, reformador.
ceartas *m1* justicia *p1* derechos.
ceartchreideamh *m1* ortodoxia.
ceartchreidmheach *adj* ortodoxo.
ceartchaí *f4* nerviosismo, inquietud.
ceartlár *m1* centro exacto.
ceartlitriú *m4* ortografía.
ceartpholaitiúil *adj* políticamente correcto.
ceartú *m4* corrección, enmienda; ajuste.
ceartúchán *m1* corrección.
ceas *m3* saciedad, exceso; opresión; tristeza.
céas[1] *m3* greñas.
céas[2] *vt, vi* crucificar; atormentar; agonizar.
ceasacht *f3* queja; murmullo; gruñido.
céasadh *m1* crucifixión; agonía, tormento.
céasadóir *m3* verdugo.
céasla *f4* remo.
céaslaigh *vt* remar.
ceasna *m4* aflicción, queja.
ceasnaigh *vt, vi* quejarse, gruñir.
ceasnúil *adj* quejumbroso, quejica; malhumorado.
céasta *adj* crucificado; atormentado; desgraciado. **faí chéasta** voz pasiva. **Aoine an Chéasta** Viernes Santo.
ceastóireacht *f3* interrogatorio. **ag ceastóireacht ar dhuine** interrogar a una persona.
céatadán *m1* porcentaje.
ceathach *adj* lluvioso.
ceathair *m4* cuatro. **ceathair déag** catorce. **Na Ceithre Máistrí** los Cuatro Maestros (*historiadores del s. XVII*).
ceathairchosach *m1, adj* cuadrúpedo.
ceathairéad *m1* cuarteto.
ceathairshleasach *adj* cuadrilátero.
ceathairuilleach *adj* cuadrangular.
ceathairuilleog *f2* cuadrángulo.

ceimic

ceathartha *adj* cuádruple; cuaternario; elemental.
ceathracha *m* cuarenta.
ceathramhán *m1* cuadrante.
ceathrar *m1* cuatro personas. **An Ceathrar Soiscéalaí** los cuatro evangelistas.
ceathrú[1] *f5* cuarto; muslo. **saighdiúirí a chur ar ceathrú** acuartelar a los soldados. **ceathrú d'amhrán** verso de una canción. **ceathrú chun a sé** las seis menos cuarto.
ceathrú[2] *adj* cuarto. **bhain mo dheirfiúr an ceathrú háit amach sa chomórtas** mi hermana obtuvo el cuarto puesto en la competición.
ceathrúnach[1] *m1* furriel.
ceathrúnach[2] *adj* en cuartos. **seisiún ceathrúnach** sesión trimestral.
Ceatsuais *f2* quechua.
céide *m4* pequeña meseta; lugar de asamblea; avenida.
ceil *vt* ocultar; suprimir; denegar.
céile *m4* compañero; esposo. **fear céile** marido. **bean chéile** esposa. **athair céile** suegro. **céile comhraic** rival, adversario. **trína chéile** confuso. **mar a chéile** igual. **le chéile** juntos. **ó am go chéile** de vez en cuando. **trí huaire as a chéile** tres veces seguidas. *usado para expresar relación recíproca* **taobh le chéile** uno al lado del otro. **d'ionsaigh siad a chéile** se atacaron. **ar cuairt ag a chéile** visitándose uno al otro. **tá sibh cosúil le chéile** ustedes se parecen uno al otro.
céileachas *m1* compañerismo; cohabitación; cópula, coito.
célí *m4* visita; sesión de baile irlandés.
ceiliúir *vt, vi* celebrar; cantar. **ceiliúradh de dhuine** despedir a alguien.
ceiliúr *m1* canción; saludo. **ceiliúr pósta** propuesta de matrimonio. **ceiliúr na camhaoire** coro del alba.
ceiliúradh *m* fiesta, celebración; despedida.
céillí *adj* sensato, razonable.
ceilp *f2* quelpo.
ceilpeadóir *m3* tijereta.
ceilt *f2* disimulo; denegación. **choiméad sé an scéal go léir faoi cheilt** mantuvo la historia en secreto.
Ceilteach[1] *m1* celta *adj* céltico.
ceilteach[2] *adj* reservado, sigiloso.
Ceiltis *f2* lengua celta.
céim *f2* paso, escalón; licenciatura; título; grado. **céim siar** paso atrás. **céimeanna na gealaí** fases lunares. **ar aon chéim** al mismo nivel. **beidh an teocht timpeall fiche céim** la temperatura será de unos veinte grados.
céimí *m4* licenciado.
ceimic *f2* química.

40

ceimiceach adj químico.
ceimiceoir m3 químico.
céimíocht f3 rango, distinción.
céimiúil adj distinguido, notable.
céimneach adj escalonado.
céimnigh vt, vi dar un paso; graduar.
céimniú m4 graduación.
céimseach adj graduado, gradual.
céimseata f5 geometría.
céimseatúil adj geométrico.
ceint m4 cent.
ceinteagrád m1 centígrado.
ceinteagrádach adj centígrado.
ceintilítear m1 centilitro.
ceintiméadar m1 centímetro.
céir f5 cera; capa; mancha.
ceirbreach adj cerebral.
ceirbream m1 cerebro.
ceirbrín m4 cerebelo.
ceird f2 oficio, ocupación.
ceiribín m4 querubín.
ceirín m4 cataplasma.
ceirisín m4 queroseno.
céiriúil adj cerúleo.
ceirmeacht f3 cerámica.
ceirnín m4 disco, grabación.
céirseach f2 mirlo.
ceirt f2 trapo, paño.
ceirtlín m4 pelota, ovillo. **rinne an ghráinneog ceirtlín di féin** el erizo se hizo un ovillo.
ceirtlis f2 sidra.
céis f2 **céis mhuice** cochinillo, lechoncito.
céislín m4 amígdala.
céislínteas m1 amigdalitis.
ceisneamh m1 queja, protesta.
ceist f2 pregunta; cuestión; problema. **cuir ceist air faoin airgead** pregúntale por el dinero. **bhí sé i gceist agam an teach a dhíol** tenía la intención de vender la casa.
ceisteach adj interrogativo, inquisitivo.
ceistigh vt, vi preguntar, interrogar. **tá fear á cheistiú ag na gardaí** la policía está interrogando a un hombre.
ceistitheoir m3 interrogador.
ceistiú m4 interrogación.
ceistiúchán m1 interrogatorio, cuestionario.
ceistneoir m3 encuesta.
ceithearnach m1 soldado de infantería irlandés del s.XVI; peón en ajedrez; hincha.
ceo m4 niebla, bruma, neblina. **níl ceo ar bith air** no le pasa nada.
ceobhrán m1 calabobos, llovizna; bruma.
ceobhránach adj brumoso; lloviznante.
ceoch adj brumoso, nuboso.
ceol m1 música; canción. **bhí gasúr ag seinm ceoil ar an tsráid** había un niño tocando música en la calle.
ceolán m1 campanilla; campanilleo.

ceoláras m1 sala de conciertos.
ceolbhosca m4 melodeón.
ceolchluiche m4 comedia musical, opereta, zarzuela.
ceolchoiméide f4 zarzuela, musical.
ceolchoirm f2 concierto.
ceoldráma m4 ópera; musical, zarzuela.
ceolfhoireann f2 orquesta.
ceolfhoirneach adj orquestal.
ceolmhaireacht f3 cualidad melodiosa.
ceolmhar adj musical, melodioso; vigoroso.
ceoltóir m3 músico, cantante. **Comhaltas Ceoltóirí Éireann** (asociación de músicos tradicionales).
ceomhar adj nebuloso.
cha, chan, char partícula verbal negativa empleada en los dialectos del Ulster no. **cha phósann siad go hóg** no se casan jóvenes. **chan ólaim é** no lo bebo. **chan fhuil sin ceart** eso no es correcto. **char ith sé é** no se lo comió. **char fhan siad ach seachtain** sólo se quedaron una semana.
cheana adv ya; de antemano; otro; último. **mar atá ráite cheana féin** como ya se ha dicho. **an lá cheana** el otro día.
chí var pres de **feic**. **chím í gach lá** la veo todos los días.
choíche adv siempre, para siempre; nunca. **ní thiocfaidh siad choíche** nunca vendrán.
chomh adv tan. **chomh geal le sneachta** tan blanco como la nieve. **chomh luath agus is féidir** tan pronto como sea posible. **chomh maith** también. **chomh maith le** además de, tanto como.
chuala pas de **clois** (ver tablas). **ar chuala tú an fhuaim sin?** ¿oíste ese ruido?
chuig prep (ver tablas). a, hacia; para; en. **cad chuige?** ¿para qué? **an bhliain seo chugainn** el año que viene. **bhí ar Áine dul chuig an dochtúir inné** Áine tuvo que ir al médico ayer.
'chuile (ver **gach uile**) cada, todo. **'chuile dhuine** todo el mundo.
chun prep a, hacia, para. **dul chun na cathrach** ir a la ciudad. **chun an bhaile** a casa. **dul chun olcais** empeorar. **ceathrú chun a sé** las seis menos cuarto. **chun an fhírinne a rá** a decir verdad.
ciabh f2 pelo, trenza.
ciabhach adj de pelo largo.
ciachán adj ronquera.
ciachánach adj ronco.
ciachmhar adj nebuloso; oscuro; pesimista.
ciainíd f2 cianuro.
ciall f2 sentido; cordura; percepción; significado. **cén chiall atá ar an abairt sin?** ¿qué significa esa frase?

ciallaigh *vt, vi* querer decir, significar; explicar; interpretar.
ciallmhaireacht *f3* sensatez.
ciallmhar *adj* sensato, razonable.
cian[1] *f* tiempo; distancia; lugar lejano. **i gcéin** en la distancia.
cian[2] *m4* tristeza, melancolía.
cian[3] *adj* largo; distante.
cianach *adj* melancólico; malhumorado.
cianaosta *adj* longevo; anciano; antiguo.
cianda *adj* distante, remoto. **obair go cianda** teletrabajo.
cianobair *f2* teletrabajo.
cianrialtán *m1* control remoto.
ciap *vt* acosar, molestar; atormentar.
ciapach *adj* molesto; atormentador.
ciapadh *m1* molestia, tormento. **ciapadh gnéasach** acoso sexual.
ciar[1] *adj* oscuro, moreno.
ciar[2] *vt* encerar.
ciarach *adj* de cera, cerúleo.
ciarbhuí *adj* leonado.
ciardhubh *adj* azabache, negro.
ciaróg *f2* escarabajo. **ciaróg dhubh** cucaracha.
ciarsúr *m1* pañoleta, pañuelo.
cíb[1] *f2* junco.
cíb[2] *f2* moquillo de ave.
cibé *pron adj* quienquiera, cualquiera. **cibé ar bith** de cualquier forma. **cibé acu** cualquiera de ellos. **cibé áit** dondequiera.
cíbeach *adj* juncoso.
ciberbhulaíocht *f3* ciberacoso.
ciberchoireacht *f3* ciberdelito.
cibleachán *m1* bolo.
cic *m4* patada.
ciceáil *vt, vi* patear, dar patadas.
ciclipéid *f2* enciclopedia.
cifle *m4* andrajo. **cifle ceo** jirón de niebla, vapor.
cigil *vt, vi* hacer cosquillas, cosquillear; rielar.
cigilt *f2* cosquilleo; acción de rielar.
cigilteach *adj* cosquilloso.
cigire *m4* inspector.
cigireacht *f3* inspección.
cíle *f4* quilla.
cileagram *m1* kilogramo. **chaill mé cúig chileagram** perdí cinco kilos.
cíléar *m1* tina poco profunda.
cileavata *m4* kilovatio.
cililítear *m1* kilolitro.
ciliméadar *m1* kilómetro.
cill *f2* iglesia; camposanto; celda; célula.
cillín *m4* celda.
cime *m4* cautivo, prisionero, preso.
ciméara *m4* quimera; espejismo, ilusión.
cín *f2* libro. **cín lae** diario.
Cincís *f2* Pentecostés. **Luan Cincíse** lunes de Pentecostés.

cine *m4* raza. **cine daonna** raza humana. **cine geal** raza blanca.
cineál I *m1* tipo, clase, especie; sexo; variedad. **cén cineál scannáin is maith leat?** ¿qué tipo de películas te gusta? **cineál clófhoirne** tipo de letra. **II** *usado como adverbio* bastante. **tá sé cineál fuar** hace algo de frío.
cineálach *adj* genérico; cualitativo.
cineálta *adj* amable, agradable; apacible.
cineáltas *m1* amabilidad; cualidad natural.
cineama *m4* cine.
cinedheighilt *f2* apartheid, segregación por razones de raza.
ciniceas *m1* cinismo.
cinicí *m4* cínico.
ciniciúil *adj* cínico.
ciníoch *adj* racial, étnico; racista.
cinníochas *m1* racismo.
cinn[1] *gen de* **ceann**. **dul chun cinn** avance, progreso.
cinn[2] *vt, vi* sobrepasar, superar, vencer.
cinn[3] *vt, vi* fijar, determinar, decidir. **chinn sí ar dhul go Bilbao** decidió ir a Bilbao.
cinneadh *m1* determinación, decisión. **cén cinneadh a rinne sibh maidir leis an bpost?** ¿qué decidieron ustedes con respecto al puesto?
cinnire *m4* persona que lleva a un animal; guía, acompañante.
cinniúint *f3* destino, hado; oportunidad; tragedia. **Lá na Cinniúna** el día decisivo.
cinniúnach *adj* fatídico, fatal, trágico.
cinniúnachas *m1* fatalismo.
cinnte *adj* cierto, seguro, definido; tacaño. **déan cinnte de** asegúrate.
cinnteach *adj* fijo, definido, definitivo.
cinnteacht *f3* certeza; tacañería; limitación.
cinntigh *vt, vi* cerciorarse, confirmar, asegurarse.
cinntitheach *m1* determinante.
cinntiú *m4* confirmación.
cinseal *m1* dominio, dominación.
cinsealach *adj* predominante, dominante.
cinsealacht *f3* **an Chinsealacht** el Dominio Protestante (*clase protestante dominante durante el s. XVIII*).
cinsire *m4* censor.
cinsireacht *f3* censura. **cinsireacht ar leabhair** censura de libros.
cinsiriúil *adj* relativo a la censura.
cíoch *f2* pecho, seno, teta.
cíochbheart *m1* sujetador, bra; corpiño.
cioclón *m1* ciclón.
cíocrach *adj* glotón, ansioso.
cíocras *m1* glotonería, ansia. **cíocras léinn** sed de conocimientos.
ciombal *m1* címbalo, platillo.

cion

cion[1] *m3* cariño, estima, afecto. **cion croí a dhéanamh le leanbh** abrazar a un niño amorosamente.
cion[2] *m4* parte. cantidad. **cion siúcra** contenido de azúcar.
cion[3] *m3* delito, transgresión; culpa. **cionta in aghaidh an Stáit** delitos contra el Estado.
cionn *(ver ceann)* **os cionn** arriba, encima de. **cionn is** por, a causa de.
cíoná *m4* cinco de triunfos; jefe; campeón.
ciondáil *f3* ración *vt* racionar.
cionmhaireacht *f3* proporción, parte.
cionmhar *adj* proporcional. **ionadaíocht chionmhar** representación proporcional *(sistema de votación en Irlanda)*.
cionroinn *vt* repartir.
cionroinnt *f2* reparto, porción.
cionsiocair *f5* causa primaria.
ciontach *adj* culpable *m1* inculpado.
ciontacht *f3* culpa, culpabilidad.
ciontaí *s* **is tú is ciontaí leis** tú tienes la culpa.
ciontaigh *vt, vi* culpar, acusar; condenar; transgredir.
ciontóir *m3* delincuente.
ciontú *m4* condena.
cíor I *f2* peine; cresta. **cíor fiacla** dentadura. **cíor mheala** panal. **tá an teach ina chíor thuathail** la casa está patas arriba. **II** *vt, vi* peinar; examinar minuciosamente.
cíoradh *m1* peinado; examen; pelea.
cíorbhuí *m4* reyezuelo.
ciorcad *m1* circuito.
ciorcal *m1* círculo.
ciorclach *adj* circular; cíclico.
ciorclaigh *vt* rodear.
ciorclán *m1* carta circular.
cíorláil *f3* peinado; búsqueda; malos tratos *vt, vi* peinar; buscar; maltratar.
cioróis *f2* cirrosis.
ciorraigh *vt, vi* cortar; acuchillar; mutilar; hechizar.
ciorrú *m4* mutilación; acortamiento; deformación causada por mal de ojo. **ciorrú coil** incesto.
cíos *m3* alquiler, renta; impuesto, tributo. **cíos dubh** extorsión. **fuaireamar teach ar cíos i ndeisceart na Spáinne** conseguimos una casa de alquiler en el sur de España.
cíosaigh *vt* alquilar; pagar renta; compensar.
cíoscheannach *m1* compra a plazos, compra en cuotas.
ciotach *adj* zurdo; torpe; inoportuno.
ciotaí *f4* zurdez; molestia. **ciotaí a dhéanamh do dhuine** importunar a una persona.

ciúta

ciotóg *f2* zurdo.
ciotógach *adj* zurdo; molesto.
ciotrainn *f2* caída torpe; torpeza.
ciotrúnta *adj* torpe; terco.
ciotrúntacht *f3* torpeza; terquedad.
cipe *m4* fila; banda.
cipín *m4* palito, ramita. **ciotaí solais** cerilla. **bheith ar cipíní** estar en ascuas. **an ciotaí mín a chur ar rud** pulir.
circeoil *f3* carne de pollo.
círéib *f2* disturbio, motín; persona ruidosa. **éadach círéibe** uniforme antidisturbios.
círéibeach *adj* alborotado; estruendoso; amotinado.
círín *m4* cresta. **círín coiligh** cresta de gallo. **círín toinne** cresta de ola.
críneach *adj* crestado; ruborizado.
cirte *f4* exactitud; corrección.
cis[1] *f2* recipiente de mimbre, cesta; cajón de embalaje.
cis[2] **I** *f2* restricción, limitación. **II** *vt, vi* restringir, limitar.
ciseach *f2* camino improvisado; puente peatonal. **ciseach a dhéanamh de rud** hacer algo muy mal.
ciseal *m1* capa; fila; hilada.
ciseán *m1* cesta de mimbre; ancheta.
cispheil *f2* baloncesto.
cist *f2* quiste.
ciste *m4* arca, cofre; tesoro; fondo.
císte *m4* pastel, torta.
cisteoir *m3* tesorero.
cistin *f2* cocina.
citeal *m1* hervidor, olla en forma de cafetera o tetera.
cith *m3* chaparrón, chubasco. **chuir sé cith** cayó un chaparrón.
cithfholcadh *m1* ducha.
cithréim *f2* deformidad.
cithréimeach *m1* minusválido.
citreach *adj* cítrico.
citreas *m1* cítricos, agrios.
ciú *m4* cola, fila.
ciúáil *vi* hacer cola.
ciúb *m1* cubo *(geom)*.
ciúbach *adj* cúbico.
ciúbachas *m1* cubismo.
ciúbaigh *vt* cubicar.
ciúin *adj* calmado, tranquilo, callado. **an tAigéan Ciúin** el Océano Pacífico. **bígí ciúin!** ¡guarden silencio!
ciumhais *f2* borde, margen. **ciumhais leathanaigh** margen de página. **ciumhais talaimh** franja de tierra.
ciumhsach *adj* bordeado, rodeado.
ciúnaigh *vt, vi* calmar, apaciguar.
ciúnas *m1* silencio; calma, quietud.
ciúnú *m4* calma, pacificación.
ciúta *m4* chiste, agudeza; maña.

ciútraimintí

ciútraimintí *pl* equipo, avíos.
clab[1] *m1* boca; garrulidad. **dún do chlab!** ¡cállate!
clab[2] *vt* tragar, engullir.
claba *m4* agarradera, abrazadera.
clabaireacht *f3* parloteo; garrulidad.
clábar *m1* barro.
clábarach *adj* embarrado.
clabhar *m1* travesaño en la chimenea; repisa de chimenea; regulador de tiro de chimenea.
clabhstar *m1* objeto engorroso; persona torpe.
clabhstra *m4* claustro.
clabhsúr *m1* cierre, clausura. **an clabhsúr a chur ar rud** terminar algo. **cuireadh clabhsúr ar an gcomhdháil** se clausuró el congreso.
clabhta *m4* tortazo, golpe; pedazo; nube.
clabhtáil *vt* dar un tortazo.
cladach *m1* orilla, costa; playa rocosa. **cladach feamainne** banco de algas.
cladhaire *m4* malvado; pícaro; cobarde.
cladhartha *adj* malvado; cobarde.
cladóir *m3* habitante de la costa; trabajador de la costa.
cladóireacht *f3* trabajo costero.
clagarnach *f2* ruido. **clagarnach bháistí** llover a cántaros.
clagfharraige *f4* mar picada.
claí *m4* dique; muro; valla. **claí de shreang leictreach** valla electrificada.
claibín *m4* tapa; pestillo.
cláideach *f2* arroyo, corriente.
claidhreacht *f3* villanía; cobardía.
claífort *m1* terraplén.
claig *f2* abolladura, mella.
claimhe *f4* sarna, escorbuto; plaga; peste.
claimhteoir *m3* espadachín.
claimhteoireacht *f3* esgrima; manejo de la espada.
claíomh *m1* espada. **is treise an peann ná an claíomh** la pluma es más poderosa que la espada.
cláiríneach *m1* persona deforme, lisiado, jorobado.
cláirnéid *f2* clarinete.
cláirseach *f2* arpa; objeto grande y plano; cochinilla.
cláirseoir *m3* arpista.
cláirseoireacht *f3* interpretación con el arpa.
clais *f2* torrentera; carril, surco; lecho de desove.
claisceadal *m1* canto coral; coro.
claitseach *f2* mujer descuidada o sucia en su aspecto personal.
clamh *m1* roña, sarna.

cláraigh

clamhach *adj* roñoso, sarnoso; persona con calvas.
clamhán *m1* águila ratonera. **clamhán lópach** milano.
clamhsán *m1* refunfuño, queja.
clampa *m4* abrazadera; cepo.
clampaigh *vt, vi* sujetar con cepo; restringir.
clampar *m1* altercado; conmoción.
clamprach *adj* alborotado; turbulento.
clann *f2* hijo, descendiente; raza. **ag iompar clainne** embarazada. **pleanáil clainne** planificación familiar. **Clanna Gael** la raza irlandesa. **Uidhe Chlainne Lir** la tragedia de los hijos de Lir (*importante leyenda de la mitología celta*).
clannach *adj* fértil.
clannaigh *vt, vi* procrear.
claochladán *m1* transformador.
claochlaigh *vt, vi* deteriorarse; metamorfosear.
claochlú *m4* cambio; deterioro; metamorfosis, transformación. **claochlú chló an Tiarna** la Transformación del Señor.
claon-[1] *pref* curvo, inclinado; perverso, malvado; indirecto.
claon[2] **I** *m1* cuesta; tendencia. **II** *vt, vi* inclinar; doblar; declinar, desviar. **chlaon sé a cheann** inclinó la cabeza.
claonach *adj* perverso, falso.
claonachas *m1* desviacionismo; inclinación al mal.
claonadh *m1* inclinación, tendencia; prejuicio. **claonadh na gréine** declinar del sol. **an claonadh i dtreo an Bhéarla** la tendencia hacia el uso del inglés. **claontaí frithshóisialta** tendencias antisociales.
claonamharc *m1* mirada de soslayo; estrabismo.
claoninsint *f2* estilo indirecto en gramática.
claonmharaigh *vt* mortificar.
claonmharú *m4* mortificación.
claonpháirteach *adj* partidista, partidario.
claonpháirteachas *m1* confabulación.
claonta *adj* parcial, interesado. **soilse claonta** luces de cruce.
claontacht *f3* mala disposición; prejuicio.
clapsholas *m1* crepúsculo.
clár *m1* tabla; superficie plana; índice; programa; tapa. **clár oibre** programa de trabajo. **clár ama** horario. **clár éadain** frente. **clár iarnála** tabla de planchar. **clár fichille** tablero de ajedrez. **clár cinn na leapa** cabecera de cama. **an domhan cláir** todo el planeta.
clárach *adj* hecho de tablas, de madera; plano; ancho.
cláraigh *vt, vi* tabular; registrar; aplanar; extender; tener relaciones sexuales.

cláraitheoir *m3* registrador; archivista.
cláraitheoir ríomhaireachta programador de ordenadores.
clárchruit *f2* clavicordio.
clárfhiacail *f2* diente incisivo.
clárlann *f2* registro.
clárleabhar *m1* índice.
clárú *m4* paliza; tabulación; registro; matrícula.
clasach *adj* canalizado; zanjado, surcado.
clasaiceach *m1, adj* clásico.
clasaigh *vt, vi* canalizar, acanalar.
clásal *m1* cláusula. **clásal coibhneasta** cláusula de relativo.
claspa *m4* broche.
clástrafóibe *f4* claustrofobia.
clé I *f4* izquierda. **II** *adj* izquierdo. **ar clé** a mano izquierda.
cleacht *vt, vi* realizar habitualmente; acostumbrarse; practicar, experimentar; usar. **cleacht an comhrá** practica la conversación *m1* experiencia; lección.
cleachtach *adj* acostumbrado.
cleachtadh *m1* hábito; práctica, experiencia. **cleachtadh dráma** ensayo teatral.
cleachtaí foghraíochta ejercicios de pronunciación.
cleachtas *m1* práctica.
cleachtóir *m3* practicante.
cleamaire *m4* mimo, máscara.
cleamhnas *m1* relación por matrimonio; emparejamiento.
cleandar *m1* rigidez, almidonado.
cleas *m1* truco; hazaña; maña. **d'imir Fionn cleas air** Fionn le hizo un truco.
cleasach *adj* juguetón; astuto; mañoso.
cleasaí *m4* bromista; malabarista; comodín.
cleasaíocht *f3* gracia; destreza; acrobacia. **ag cleasaíocht le rudaí** haciendo malabarismos.
cléata *m4* abrazadera; listón.
clébhord *m1* babor.
cléibhín *m4* nasa o cesta pequeña; barca de cuero.
cleimintín *m4* mandarina.
cleipteamáine *f4* cleptomanía.
cleipteamáineach *m1, adj* cleptómano.
cléir *f2* clero; banda, compañía; tuna.
cléireach *m1* clérigo; monaguillo; sacristán.
cléireachas *m1* escribanía. **obair chléireachais** trabajo de oficina.
cléiriúil *adj* de oficina.
cléirtheach *m2* presbiterio.
cleite *m4* pluma de ave; cañón de pluma; pluma estilográfica. **ainm cleite** seudónimo.
cleiteach *f2* muda *adj* emplumado.
cleiteán *m1* pincel.
cleitearnach *f2* revoloteo.

cleith *f2* zarzo; estaca, palo; porra. **cleith uachtair** arpón.
cléithín *m4* tablilla; festón.
cleithiúnaí *m4* familiar dependiente.
cleithiúnas *m1* dependencia.
cleithmhagadh *m1* sorna, guasa.
cleitín *m4* alero.
cliabh *m1* armazón, cuadernas; cofre; cesta; cuévano.
cliabhán *m1* cuna; jaula de mimbre.
cliabhrach *m1* estructura corporal; pecho.
cliamhain *m4* yerno, hijo político.
cliant *m1* cliente.
cliantacht *f3* clientela.
cliarlathach *adj* jerárquico.
cliarlathas *m1* jerarquía religiosa.
cliath *f2* armazón de zarzo o enrejado; valla. **cliath ceoil** pentagrama.
cliathach *f2* caja torácica; armazón de cuadernas *adj* con costillas; con reja; entrelazado.
cliathán *m1* flanco, lado.
cliathánach *adj* lateral, de lado. **carr cliathánach** sidecar.
cliathbhosca *m4* cajón de embalaje; armatoste.
cliathrás *m3* carrera de obstáculos.
clib *f2* cabo; rabito.
clibín *m4* grupo.
clibíneach *adj* enmarañado; apiñado.
clibirt *f2* pelea; melé.
cling I *f2* campanilleo; timbrazo. **"ni chluinfear a cling go brách"** "ya no sonará su campanilla" *(verso de la famosa elegía "Cill Chais")*. **II** *vt* tocar el timbre.
clingeach *adj* de sonido metálico; campanilleante; sonoro.
clinic *m4* clínica.
cliniciúil *adj* clínico.
cliobóg *f2* potra; chicarrona.
clíoma *m4* clima.
clíomach *adj* climático.
clíomaigh *vt* aclimatar.
clíomeolaí *m4* climatólogo.
clíomeolaíocht *f3* climatología.
cliotar *m1* estruendo, estrépito.
clip *vt* pinchar; fastidiar; cansar; gastar.
clipe *f4* pínula. **clipe droma** espina dorsal.
clis *vi* saltar, dar un respingo; acobardarse, fallar. **chlis an solas** se fue la luz.
cliseach *adj* asustadizo; saltarín.
cliseadh *m1* salto, respingo; fracaso.
clisiam *m4* barullo, estruendo.
clisiúnach *m1* bancarrota.
clisiúnas *m1* quiebra, insolvencia.
cliste *adj* diestro; inteligente, listo. **is fearr Gaeilge bhriste ná Béarla cliste** es mejor hablar mal irlandés que buen inglés *(lema de los activistas de la lengua irlandesa)*.

45

clisteacht *f3* destreza; inteligencia, listeza.
clíth *m4* celo de la cerda.
clíthseach *f2* celo de la cerda; *término despectivo referido a mujeres.*
cliúsaí *m4* coqueteo.
cló *m4* figura; impresión; molde; letra, **cló iodálach** letra itálica. **cló dubh** negrita. **cló Gaelach** (cló ᵹaeꝺealaċ) letra irlandesa. **botún cló** error tipográfico.
clóbh *m1* clavo de especia.
clóbhuail *vt* escribir a máquina, imprimir. **in Éirinn a clóbhuaileadh** impreso en Irlanda.
clóca *m4* capa.
cloch *f2* piedra; testículo. **cloch phaidrín** cuenta de rosario. **cloch shneachta** granizo. **ag caitheamh cloiche in aghaidh cuain** haciendo algo descabellado.
clochach *adj* pedregoso.
clochadóireacht *f3* talla de piedra.
clochán *m1* pasaderas; vieja estructura de piedra.
clochaois *f2* edad de piedra.
clochar *m1* lugar pedregoso; convento.
clóchas *m1* impertinencia; presunción, arrogancia.
clóchasach *adj* impertinente, presuntuoso.
clochraigh *vt, vi* petrificar.
clóchur *m1* composición tipográfica.
clóchuradóir *m3* cajista.
clódóir *m3* impresor.
clódóireacht *f3* impresión.
cló-eagraí *m4* compositor.
clófhoireann *f2* fuente tipográfica.
clog¹ *m1* campana; reloj. **a haon a chlog** la una en punto.
clog² **I** *m1* ampolla. **II** *vt, vi* ampollar, ampollarse.
clogach *adj* ampollado.
clogad *m1* casco. **clogad gloine** campana de cristal.
clogarnach *f2* repique, toque de campanas.
clogás *m1* campanario.
clóghrafaíocht *f3* tipografía.
clogra *m4* carillón, conjunto de campanas.
clóic *f2* capa, manto; oscuridad; defecto.
cloicheán *m1* gamba, langostino.
cloichín *m4* piedra; cuenta.
cloichíneach *adj* guijarroso.
cloigeann *m1* calavera; cabeza. **ardaigh do chloigeann** levanta la cabeza. **baineadh an cloigeann de** fue decapitado.
cloígh¹ *vt* agotar; dominar; debilitar. **an namhaid a chloí** vencer al enemigo.
cloígh² *vi* adherir.
clóigh¹ *vt* domar, domesticar. **tú féin a chló le rud** acostumbrarse a algo.
clóigh² *vt* imprimir.

cloigín *m4* campana; grupo; ampollita.
cloigín gorm campanilla.
cloigíneach *adj* con campanas, acampanado; agrupado.
cloigtheach *m* torre circular; campanario.
cló-inneall *m1* imprenta.
clóiríd *f2* cloruro.
clóirín *m4* cloro.
clóirínigh *vt* clorar.
clois *vt, vi* oir. **ní chloisim thú** no te oigo. **cloisfidh tú a thuilleadh faoi seo** oirás más acerca de esto. **is oth liom é sin a chloisteáil** siento oír eso.
clóiséad *m1* armario.
cloisteáil *f3* audición, escucha.
cloíte *adj* derrotado; exhausto; debilitante; abyecto.
cloíteach *adj* agotador, extenuante.
cloíteacht *f3* debilidad, extenuación; bajeza de espíritu.
cloíteoir *m3* conquistador.
clólann *f2* imprenta.
clón *m1* clon.
clór *pref* cloro-.
clóraform *m1* cloroformo.
clord *m1* bancada; pasarela.
clos *s* **is clos dom go** oigo que. **go gclos dom** como he oído.
clós *m1* recinto, cercado; patio.
closamhairc *adj* audiovisual. **áiseanna closamhairc** medios audiovisuales.
clóscríbhinn *f2* mecanografiado.
clóscríbhneoireacht *f3* mecanografía.
clóscríobh *vt, vi* mecanografiar, escribir a máquina, teclear.
clóscríobhaí *m4* mecanógrafo.
clóscríobhán *m1* máquina de escribir.
closleabhar *m1* audiolibro.
clostrácht *m3* rumor.
clú *m4* reputación, renombre, fama. **bhain sí clú amach mar scríbhneoir** alcanzó fama como escritora.
cluain¹ *f3* prado.
cluain² *f3* fraude, engaño; disimulo.
cluaisín *m4* aurícula; oreja, lóbulo.
cluanach *adj* falso; persuasivo, lisonjero.
cluanaire *m4* impostor; adulador.
cluanaireacht *f3* falsedad; adulación; coquetería.
cluarán *m1* cardo.
cluas *f2* oído, oreja; agarradera, asa. **tinneas cluaise** dolor de oídos. **fáinne cluaise** pendiente, arete. **tiompán na cluaise** tímpano.
cluasach *adj* que tiene orejas; orejudo.
cluasaí *m4* oyente; persona que escucha conversaciones a escondidas.
cluasán *m1* audífono; auriculares.

cluasaíocht

cluasaíocht *f3* escucha furtiva; audición; conversación.
cluastuiscint *f3* comprensión oral.
club *m4* club.
clúdach *m1* cubierta; envoltorio; tapa.
clúdach litreach sobre. **clúdach leabhair** cubierta de libro. **clúdach piliúir** funda de almohada. **clúdach éadain** tapabocas, mascarilla.
clúdaigh *vt* cubrir, envolver. **bhí Éire clúdaithe le crainn fadó** hace mucho tiempo Irlanda estaba cubierta de árboles.
cluich *vt, vi* perseguir; rodear; acosar.
cluiche *m4* juego; partido. **cluiche peile** partido de fútbol. **cluiche ceannais** final.
cluicheadh *m* hostigamiento, acoso, persecución.
cluichíocht *f3* juego, partido.
clúid[1] *f2* rincón.
clúid[2] *f2* cubierta, cobertura.
clúidín *m4* pañal. **bruth clúidín** irritación del pañal, pañalitis. **clúidíní indiúscartha** pañales desechables.
cluimhreach *f2* plumas, plumaje.
cluimhrigh *vt* desplumar; limpiar; arreglar con el pico.
cluin *vt, vi* oir. **rud a chluinstin** oir algo.
cluinteach *adj* chismoso.
clúiteach *adj* famoso, de buena fama.
clúmh *m1* plumón, plumas; vello; follaje.
clúmhach I *m1* pelusa, vello. **II** *adj* velloso, plumoso.
clúmhilleadh *m1* difamación, calumnia.
clúmhillteach *adj* difamatorio, calumniante.
clúmhúil *adj* velloso; enmohecido.
clupaid *f2* arruga, pliegue.
clupaideach *adj* plegado, doblado.
clupais *f* persona desaseada.
cluthair *f5* refugio, abrigo; escondrijo, guarida.
cluthaireacht *f3* abrigo; calor; secreto.
cluthar *adj* abrigado; cálido; cómodo; secreto.
clutharaigh *vt* refugiar, dar asilo; mantener en secreto.
cnádán *m1* cardo; sapo; charla molesta.
cnádánach *adj* desagradable; peleón, conflictivo.
cnádánacht *f3* riña, altercado.
cnáfairt *f2* huesos; restos de comida.
cnag I *m1* golpe; bofetada; crujido. **II** *vt, vi* llamar a la puerta, golpear.
cnagadh *m* golpeo; llamada; agrietamiento; crujido.
cnagaire[1] *m4* aldaba; percutor; pájaro carpintero.
cnagaire[2] *m4* vaso pequeño.
cnagaosta *adj* de edad, mayor.

cnoc

cnagarnach *f2* agrietamiento; crepitación, crujido.
cnagbheirigh *vt* sancochar.
cnaguirlis *f2* instrumento de percusión.
cnaí *m4* oxidación, corrosión; debilitamiento, declive.
cnáib *f2* cáñamo.
cnáibeach *adj* de cáñamo.
cnaígh *vt, vi* corroer; debilitar, desgastar.
cnáimhseach I *f2* comadrona. **II** *adj* obstétrico.
cnáimhseachas *m1* partería, obstetricia.
cnáimhseáil *f3* refunfuño, queja.
cnáimhseálaí *m4* gruñón.
cnáimhseoir *m3* obstetra.
cnaipe *m4* botón; cuenta; tachón.
cnaiste *m4* bastidor, barandilla.
cnaíteach *adj* corrosivo; punzante.
cnámh *f2* hueso. **cnámh droma** espina dorsal. **cnámh géill** mandíbula. **tine chnámh** hoguera.
cnámhach *adj* huesudo; de huesos grandes.
cnámhaigh *vt, vi* osificar.
cnámharlach *m1* esqueleto.
cnámhóg *f2* residuo. **cnámhóg ghuail** ceniza.
cnap I *m1* terrón; bulto, montón; golpe. **II** *vt* amontonar, acumular; golpear.
cnapach *adj* grumoso; lleno de nudos.
cnapán *m1* terrón; bulto. **cnapán ime** pastelillo. **cnapán fola** coágulo.
cnapsac *m1* mochila.
cneá *f4* herida, llaga.
cnead I *f3* jadeo; gemido. **II** *vi* jadear; gemir.
cneadach *adj* jadeante, gimoteante.
cneáigh *vt* herir.
cneámhaire *m4* mezquino; canalla.
cneámhaireacht *f3* mezquindad; picardía.
cneas *m1* piel; superficie; buen aspecto. **éadach cnis** lencería, ropa interior femenina.
cneasaigh *vt, vi* cicatrizar.
cneasluiteach *adj* ajustado.
cneasta *adj* honesto, sincero; amable, bueno; pacífico. **aimsir chneasta** tiempo apacible.
cneastacht *f3* honestidad, sinceridad; apacibilidad.
cneasú *m4* cicatrización.
cniog I *m4* golpecito, golpe, palmadita. **II** *vt* palmotear, palmear.
cníopaire *m4* persona mezquina, miserable.
cníopaireacht *f3* mezquindad, miseria.
cniotáil I *f3* calceta. **II** *vt, vi* tejer, tricotar.
cniotálaí *m4* tejedor.
cnó *m4* nuez; tuerca. **cnó cócó** coco. **cnó gaelach** avellana. **cnó gallda** nuez; nogal.
cnoc *m1* colina. **cnoc oighre** iceberg. **cnoc ailse** tumor maligno.

47

cnocach *adj* accidentado, montañoso.
cnocadóir *m3* montañero, escalador.
cnocadóireacht *f3* alpinismo, escalada.
cnocán *m1* altozano; montón.
cnocánach *adj* montañoso, accidentado.
cnoga *m4* clavija; tolete.
cnóire *m4* cascanueces.
cnota *m4* nudo; escarapela; cresta.
cnuaisciúin *f3* economía, frugalidad; limpieza; eficiencia.
cnuaisciúnach *adj* frugal; ordenado; eficiente.
cnuasach *m1* acopio de comida; acumulación; colección, antología.
cnuasaigh *vt, vi* recolectar comida, recoger; acumular, almacenar.
cnuasainm *m4* nombre colectivo.
cnuasaitheach *adj* que hace acopio; ahorrador.
cnúdán[1] *m1* ronroneo.
cnúdán[2] *m1* trilla.
cóbalt *m1* cobalto.
cobha *m* deterioro de visión en un ojo.
cobhsaí *adj* firme, resuelto.
cobhsaigh *vt* estabilizar.
cobhsaíocht *f3* firmeza, estabilidad.
cobhsaitheoir *m3* estabilizador.
coca *m4* **coca féir** montón de heno.
cocach *adj* aguzado, apuntado; copetudo; engreído.
cócaire *m4* cocinero.
cócaireacht *f3* cocina, gastronomía.
cócaireán *m1* cocina, horno.
cocán *m1* **cocán róis** capullo de rosa; moño, rodete.
cócaon *m1* cocaína.
cócaráil *vt, vi* cocinar.
cocatú *m4* cacatúa.
cóch *m1* chaparrón.
cochall *m1* capucha; manto.
cochallach *adj* encapuchado; colérico.
cochán *m1* paja.
cócó *m4* cacao; coco.
cocól *m1* cornudo.
cocún *m1* capullo.
cód *m1* código.
códaigh *vt* codificar.
codail *vt, vi* dormir. **seomra codlata** dormitorio. **codail go sámh** que duermas bien.
codaíocht *f3* indolencia, pereza.
códaíocht *f3* cifrado, notación en clave.
codaisíl *f2* codicilo.
codam *m1* caspa.
codán *m1* fracción.
codarsnach *adj* contrario, opuesto.
codarsnacht *f3* contrariedad; contraste; terquedad. **i gcodarsnacht le** en oposición a.
códfhocal *m1* clave, contraseña.

codladh *m1* sueño. **téigh a chodladh** duérmete. **tá sí ina codladh** está durmiendo. **bhain sé codladh na hoíche díom** no pude dormir. **seomra codlata** habitación, dormitorio, alcoba.
codlaidín *m4* opio.
codlaidíneach *m1, adj* opiáceo, narcótico.
codlatach *adj* somnoliento, amodorrado; inactivo; latente.
codlatán *m1* durmiente, dormilón; criatura en hibernación.
códú *m4* codificación.
cófra *m4* cofre; armario.
cogadh *m1* guerra. **cogadh cathartha** guerra civil. **ag cogadh le** guerreando con. **sos cogaidh** alto el fuego. **coir cogaidh** crimen de guerra. **Cogaí na Croise** las Cruzadas. **Cogadh na Talún** Guerra Agraria *(lucha de los irlandeses contra grandes terratenientes en el siglo XIX)*.
cogain *vt, vi* mascar, masticar; roer; moler.
guma coganta chicle.
cogaíoch *m1, adj* beligerante.
cogaíocht *f3* estrategia, arte militar; beligerancia.
cógaiseoir *m3* farmacéutico.
cógaisíocht *f3* ciencia farmacéutica.
cogar *m1* susurro; secreto, conspiración.
cogar! ¡escucha! **abair i gcogar é** dímelo en voz baja.
cogarnach *f2* susurro; secreto, conspiración.
cógas *m1* preparado medicinal, medicina, medicamento. **cógais luibhe** medicinas herbales.
cógaseolaíocht *f3* farmacología.
cógaslann *f2* farmacia.
coguas *m1* velo del paladar; cavidad.
coguas na sróine cavidad nasal.
cogúil *adj* beligerante, belicoso.
cogúsach *adj* meticuloso.
cohórt *m1* cohorte.
cóib *f2* yeso.
cóibhche *f4* dote.
coibhéis *f2* equivalencia, equivalente.
coibhéiseach *adj* equivalente.
coibhneas *m1* relación; afinidad; proporción.
coibhneasacht *f3* relatividad, relativismo.
coibhneasta *adj* relativo; comparativo.
coicís *f2* quincena. **coicís is an lá inniu** hace dos semanas.
coicísiúil *adj* quincenal.
coidéacs *m4* códice.
cóidiútar *m1* vicario.
coidlín *m4* bacalao pequeño.
coifin *m1* ataúd.
coigeadal *m1* canto; coro; clamor.
coigeal *f2* rueca; canal estrecho. **coigeal na mban sí** espadaña.

coigeartaigh

coigeartaigh *vt* rectificar, ajustar.
coigeartú *m4* rectificación, ajuste.
coigil *vt* economizar, ahorrar.
coigilt *f2* conservación; frugalidad.
coigilteach *adj* económico, frugal.
coigilteas *m1* ahorro, frugalidad. **cárta coigiltis** libreta de ahorros.
coigistigh *vt* confiscar.
coigistíocht *f3* confiscación.
coigríoch *f2* lugar extraño; país extranjero. **airgeadra coigríche** divisas extranjeras.
coigríochach *m1, adj* extranjero.
coileach *m1* gallo. **coileach bradáin** salmón macho. **coileach feá** coalla. **coileach fraoigh** urogallo macho. **coileach peacóige** pavo real. **coileach gaoithe** veleta. **coileach comhraic** gallo de pelea.
coileachmheáchan *m1* peso gallo.
coileán *m1* cachorro. *prov.* **mar a bhíos an cú bíonn an coileán** cual el cuervo, tal el huevo.
coiléar *m1* collar.
coilgneach *adj* espinoso, con púas; irritable, irascible. **chomh coilgneach le gráinneog** espinoso como un erizo.
coiliceam *m1* cólico.
coilichín *m4* gallito.
coilíneach *m1* colonizador, colono; forastero *adj* colonial.
coilíneachas *m1* colonización. **ré an choilíneachais** la época colonial.
coilíneacht *f3* colonia.
coilínigh *vt* colonizar.
coilíniú *m4* colonización.
cóilis *f2* coliflor.
coill[1] *f2* bosque; foraois.
coill[2] *vt* capar, castrar.
coilleadh *m1* castración; violación.
coillteach *adj* boscoso, selvático.
coillteán *m1* eunuco.
coim *f2* cintura; capa, manto; cubierta. **bhí an t-uisce go coim air** el agua le llegaba hasta el estómago. **faoi choim** secreto.
coimeád I *m1* mantenimiento; observancia; protección. **coimeád dleathach** custodia legal. **II** *vt, vi* mantener, observar; guardar. **coimeád na fuinneoga ar oscailt** deja las ventanas abiertas.
cóimeád *m1* cometa. **fillfidh cóimeád Halley i 2061** el cometa Halley volverá en 2061.
coimeádach *m1, adj* conservador. **measaim go bhfuil d'athair cineál coimeádach** pienso que tu padre es bastante conservador.
coimeádaí *m4* guardián, custodio; conservador.
coimeádán *m1* contenedor, recipiente.

coimpléasc

coimeádta *adj* conservado. **go coimeádta** con seguridad.
cóimeáil *f3* montaje, ensamblaje. **líne chóimeála** cadena de montaje *vt* ensamblar.
coiméide *f4* comedia teatral.
coiméideach *adj* cómico.
coimhdeach *adj* acompañante; sirviente; subordinado.
coimhdeacht *f3* acompañamiento. **coimhdeacht a dhéanamh ar dhuine** escoltar a alguien. **lucht coimhdeachta** séquito, servidumbre.
cóimheá *f4* equilibrio.
cóimheáchan *m1* contrapeso; compensación.
coimhéad I *m* vigilancia, guardia; observación. **II** *vt, vi* vigilar, guardar; atender, ocuparse de. **tá siad ag coimhéad orainn** nos están vigilando. **do ghnó a choimhéad** ocuparte de tus asuntos.
coimhéadach *adj* vigilante, observador.
coimhéadaí *m4* vigilante, observador.
cóimheas I *m3* comparación, cotejo. **II** *vt* comparar, cotejar.
coimheascar *m1* lucha, refriega.
cóimhéid *f2* igual tamaño o cantidad.
cóimheonach *adj* agradable, simpático.
cóimhiotal *m1* aleación.
coimhlint *f2* competición, competencia; rivalidad. **bíonn coimhlint chrua eatarthu** son grandes rivales.
coimhlinteoir *m3* competidor, rival.
coimhthíoch *m1, adj* desconocido; exótico, extranjero.
coimhthíos *m1* extrañeza; reserva, timidez.
coimín *m4* tierra comunal.
coimíneacht *f3* derecho de pastar en común.
coimirce *f4* protección, tutela; patronato, patrocinio.
coimirceach *adj* protector; patrocinador, tutelar.
coimirceas *m1* protectorado.
coimirceoir *m3* protector, guardián; patrón.
coimircí *m4* guardia.
coimisinéir *m3* comisionado.
coimisiún *m1* comisión. **gearrtar coimisiún ard ar na ticéid** se cobra una comisión alta por las entradas.
coimlíne *f4* cintura.
coimpeart *m3* concepción.
coimpir *vt* concebir.
coimpléasc *m1* complexión, constitución; sistema digestivo; perímetro, circunferencia; complejo. **coimpléasc ísleachta** complejo de inferioridad. **coimpléasc Éideapúis** complejo de Edipo.

coimpléascach *adj* de constitución fuerte; de gran perímetro; complejo.
coimre *f4* esbeltez; concisión; resumen.
coimrigh *vt* resumir.
coinbhinsiún *m1* convención.
coinbhinsiúnach *adj* convencional.
coinbhint *f2* convento.
coincheap *m3* concepto *vt* concebir.
coincleach *f2* moho. **tháinig coincleach ar an arán** el pan se enmoheció.
coincréit *f2* hormigón.
coincréiteach *adj* concreto.
coindris *f2* escaramujo, rosal silvestre.
cóineartú *m4* sacramento de la confirmación.
coineascar *m1* crepúsculo, anochecer.
coinicéar *m1* conejera, madriguera.
coinín *m4* conejo; vagina.
coinleach *m1* rastrojo, rastrojera. **coinleach féasóige** barba de tres días.
coinlín *m4* espiga de avena, paja.
coinne *f4* cita, compromiso; expectación. **i gcoinne** en contra. **rinne sí i gcoinne a tola é** lo hizo en contra de su voluntad. **gan choinne** inesperadamente. **faoi choinne** para. **an bhfuil tú ag ullmhú faoi choinne an agallaimh?** ¿estás preparándote para la entrevista?
coinneac *m1* coñac.
coinneáil *f3* vigilancia; retención; observancia. **faoi choinneáil** bajo custodia.
coinneal *f2* vela, antorcha; luz, destello.
coinneal reo carámbano.
coinneálach *adj* retentivo; tenaz.
coinnealbhá *m4* excomunión.
coinnealbháigh *vt* excomulgar.
coinnigh *vt* guardar; mantener; almacenar. **coinnigh glan é** mantenlo limpio. **níor choinnigh sé a fhocal** no mantuvo su palabra. **coinnigh súil ar** vigilar. **rún a choinneáil** guardar un secreto.
coinníoll *m1* condición, estipulación; promesa. **coinníollacha oibre** condiciones laborales.
coinníollach[1] *m1* condicional.
coinníollach[2] *adj* convenido; fiel. **modh coinníollach** condicional (*gram*)
coinnleoir *m3* candelero, palmatoria. **coinnleoir craobhach** lámpara de araña.
coinscríobh *m3* servicio militar obligatorio *vt* llamar al servicio militar.
coinscríofach *m1* conscripto.
coinséartó *m4* concierto.
coinsias *m3* conciencia. **ní ligfeadh mo choinsias dom é a dhéanamh** mi conciencia no me permitiría hacerlo.
coinsiasach *adj* concienzudo.
coinsíneacht *f3* envío.
coinsínigh *vt* consignar, enviar.

cointinn *f2* contienda; contencioso.
cointinneach *adj* conflictivo, pendenciero.
coip *vt, vi* fermentar; espumar. **tá an fíon ag coipeadh sa ghloine** el vino está burbujeando en el vaso. **uachtar coipthe** nata batida.
cóip[1] *f2* banda, compañía; chusma.
cóip[2] *f2* copia. **déan cóip den litir sin** haz una copia de esa carta.
cóipcheart *m1* derechos de autor.
coipeach *adj* espumoso.
coipeadh *m1* fermentación; espuma, jabonaduras.
cóipeáil[1] *vt* arreglárselas.
cóipeáil[2] **I** *f3* copia, duplicado. **II** *vt, vi* copiar.
cóipeálaí *m4* copista.
cóipire *m4* fotocopiadora.
cóipleabhar *m1* cuaderno de ejercicios.
coir[1] *vt, vi* cansar.
coir[2] *f2* delito, ofensa; culpa, falta. **duine gan choir** persona inocente.
cóir[1] *f3* viento favorable.
cóir[2] **I** *f3* justicia, equidad; tratamiento. **cóir leighis** tratamiento médico. **II** *adj* justo, apropiado; decente. **ba chóir duit é a léamh** deberías leerlo. **a dhuine chóir** mi buen amigo.
cóir[3] *s* cercanía, proximidad.
coirb *f2* yugo.
coirbéal I *m1* repisa. **II** *vt* sobresalir.
coirbhéad *m1* corbeta.
coirce *m4* avena.
coirceog *f2* colmena; cono.
coirceogach *adj* cónico.
coirdial *m1* cordial.
coirdín *m4* cordel.
coire *m4* caldero; caldera. **coire bolcáin** cráter volcánico.
coireach I *m1* criminal, transgresor. **II** *adj* malvado; culpable.
cóiréagrafaíocht *f3* coreografía.
coiréal *m1* coral.
coiréalach *m1, adj* de coral, coralino.
coireolaíocht *f3* criminología.
cóirigh *vt, vi* arreglar, vestir; reparar. **cóirigh do leaba** haz tu cama.
cóiríocht *f3* alojamiento; equipamiento, accesorios.
coiriú *m4* arreglo; reparación.
coiriúil *adj* criminal.
cóiriúil *adj* favorable; adecuado.
coirloisceoir *m3* incendiario, pirómano.
coirloscadh *m1* incendio provocado.
coirm *f2* **coirm cheoil** concierto.
coirmtheach *m5* taberna.
coirne *f4* córnea.

coirneach

coirneach I *m1* persona tonsurada, monje; águila pescadora, quebrantahuesos. **II** *adj* tonsurado.
coirnéad *m1* corneta.
coirnéal[1] *m1* esquina.
coirnéal[2] *m1* coronel.
coirnín *m4* rizo, bucle.
coirpeach *m1* malhechor, criminal; revoltoso.
coirpeacht *f3* criminalidad.
coirpín *m4* corpúsculo.
cóirséad *m1* pañoleta.
coirt *f2* corteza, cáscara; capa.
coirteach *adj* cortical; recubierto.
coirthe *m4* piedra vertical, menhir.
coirtigh *vt* descortezar; curtir; recubrir.
cois *dativo singular de* **cos**. al lado de. **cois bóthair** al lado del camino. **cois cósta** costero. **cois farraige** a la orilla del mar. **cois abhann** a la orilla de un río. **le cois** junto con.
coisbheart *m1* calzado.
coisc *vt, vi* detener; prevenir; prohibir; frenar.
coiscéim *f2* pisada; paso. **coiscéim bhacaí** cojera. **coiscéim a choinneáil le** seguirle el ritmo.
coiscín *m4* anticonceptivo, condón.
coisctheach *adj* preventivo; moderador.
coisí *m4* paseante, peatón; caminante; soldado de infantería, infante.
coisíocht *f3* paso; modo de andar; viaje a pie.
cóisir *f2* banquete de bodas, festín; fiesta, reunión social; séquito, comitiva.
coisreacan *m1* consagración; bendición. **uisce coisreacain** agua bendita.
coisric *vt* consagrar, bendecir.
coiste *m4* jurado, comité.
cóiste *m4* coche, carruaje. **cóiste na marbh** coche fúnebre.
coisteoir *m3* miembro de un jurado o comité.
cóisteoir *m3* cochero.
coite *m4* barca pequeña.
coiteann I *m1* sociedad; comunidad; tierra comunal. **an coiteann** la gente corriente. **II** *adj* común, general. **i gcoiteann** en común.
coiteoir *m3* habitante de casa de campo.
coitianta *adj* común, usual. **go coitianta** generalmente. **is é an t-ainm is coitianta air** es la palabra más común.
coitiantacht *f3* vulgo. **rogha na coitiantachta** el favorito.
cóitín *m4* abrigo pequeño.
coitinne *f4* generalidad. **i gcoitinne** en general.

comardaigh

col *m1* prohibición, impedimento; incesto. **col ceathair** primo hermano. **col seisear** primo segundo.
colach *adj* incestuoso; malvado; repugnante.
colainn *f2* cuerpo; tronco. **peacaí na colainne** pecados de la carne. **ghlac an Briathar colainn dhaonna** el Verbo se hizo carne.
coláiste *m4* colegio; facultad. **Coláiste na Tríonóide** el Colegio de la (Santa) Trinidad (*la universidad más antigua de Dublín*).
coláisteach *adj* colegiado.
colaistéaról *m1* colesterol.
colanda *adj* físico.
colasaem *m1* coliseo.
colbha *m4* reborde; saliente; repisa.
colg *m1* hoja, filo; espada; cerda. **tháinig colg air** se enfadó.
colgach *adj* barbado, erizado; enfadado.
colgán *m1* espina, pincho, púa.
colgóg *f2* dedo índice.
coll *m1* avellana.
collach *m1* jabalí.
collaí *adj* carnal, sexual. **caidreamh collaí** relación sexual.
collaíocht *f3* carnalidad, sexualidad.
collóir *m3* zahorí.
colm[1] *m1* paloma.
colm[2] *m1* cicatriz.
colmann *f2* palomar; osario.
colmnach *adj* cicatrizado.
colmóir *m3* merluza.
cológ *f2* rebanada, pedacito.
colpa *m4* **colpa coise** pantorrilla.
colscaradh *m1* divorcio.
coltar *m1* cuchilla del arado.
colún *m1* columna.
colúnaí *m4* columnista.
colúnáid *f2* columnata.
colúr *m1* paloma.
com *m1* valle estrecho.
comadóir *m3* comodoro.
comáil *vt* atar, liar; entrelazar.
comair *adj* ordenado; conciso.
cománlach *m1* commando.
comaoin[1] *f2* favor; obligación. **bheith faoi chomaoin ag duine** estar en deuda con alguien
Comaoin[2] *f2* **Comaoin na Naomh** Comunión de los Santos.
Comaoineach *f4* comunión. **An Chomaoineach Naofa** la Sagrada Comunión. **Comaoineach a ghlacadh** comulgar. **an chéad Chomaoineach a dhéanamh** hacer la Primera Comunión.
comaoineach *adj* atento, servicial.
comard *m1* equivalente.
comardaigh *vt* igualar.

51

comh-

comh- *pref* mutuo, co-; igual; cerca; lleno, completo.
comha *f4* condiciones, términos; indemnización; premio.
comhad *m1* archivo, fichero; cobertura, protección. **comhad truaillithe** fichero corrupto. **caipéis a chur i gcomhad** archivar un documento.
comhagallamh *m1* simposio.
comhaill *vt* cumplir, llevar a cabo.
comhaimseartha *adj* contemporáneo.
comhainm *m4* homónimo.
comhainmneach *m1* tocayo.
comhair[1] *s empleado sólo en frases preposicionales.* **i gcomhair** para. **beidh sé réidh i gcomhair na Nollag** estará listo para Navidad. **os comhair** delante, enfrente. **feicfidh tú an siopa sin os comhair an bhainc** verás esa tienda enfrente del banco. **os mo chomhair amach** justo delante de mí.
comhair[2] *vt, vi* contar, calcular.
comhaireamh *m1* cuenta, cálculo.
comhairíocht *f3* intercambio de servicios, asistencia mutua.
comhairle *f4* consejo; influencia. **bheith idir dhá chomhairle faoi rud** estar indeciso. **cén chomhairle a chuirfeá orm?** ¿qué me aconsejarías? **do chomhairle féin a dhéanamh** hacer lo que quieras.
comhairleach *adj* consultivo.
comhairleoir *m3* consejero, consultor; concejal.
comhairligh *vt, vi* aconsejar. **comhairlíodh dom gan an teach a cheannach** me aconsejaron no comprar la casa.
cómhaith *f2* igual. **a chómhaith** su igual *adj* igualmente bueno.
cómhalartach *adj* recíproco.
cómhalartaigh *vt* corresponder.
comhall *m1* cumplimiento, observancia.
comhalta *m4* hermano adoptivo; miembro, socio.
comhaltacht *f3* comunidad, asociación; titularidad.
comhaltas *m1* asociación; calidad de socio.
comhaois *f2* de la misma edad, contemporáneo.
comhaontas *m1* alianza, concordia.
comhaontú *m4* acuerdo.
comhar *m1* cooperación entre vecinos, ayuda mutua. **scríobh Mícheál leabhar i gcomhar le beirt eile** Miguel escribió un libro en cooperación con otras dos personas. **Comhar Creidmheasa** *entidad bancaria similar a las cajas de ahorros.*
comharba *m4* sucesor, heredero.

comhdháil

comharbas *m1* sucesión, herencia. **Cogadh Chomharbas na Spáinne** la Guerra de Sucesión Española.
comharchumann *m1* sociedad cooperativa.
comh-ard I *m1* misma altura, mismo nivel. **II** *adj* igual de alto.
comhardaigh *vt* igualar, ajustar, equilibrar.
comhardú *m4* igualación, ajuste, equilibrio.
comharsa *f5* vecino; prójimo. **cé hé mo chomharsa?** ¿quién es mi prójimo?
comharsanacht *f3* vecindario, barrio.
comharsanúil *adj* de buen vecino.
comhartha *m4* signo, marca, símbolo, señal. **comhartha ceiste** signo de interrogación (= **?**). **feictear comharthaí dátheangacha in a lán áiteanna** se ven carteles bilingües por muchas partes. **comhartha na croise** señal de la cruz. **comhartha sóirt** detalles típicos.
comharthaigh *vt* marcar, indicar, señalizar; representar, significar.
comharthaíocht *f3* signo, señalización; aspecto.
comhbhá *f4* simpatía; alianza.
comhbhách *adj* comprensivo; amigable.
comhbheith *f2* coexistencia.
comhbhráithreachas *m1* confraternidad.
comhbhráthair *f5* familiar, pariente.
comhbhrí *f4* sinónimo.
comhbhriathar *m1* verbo compuesto.
comhbhrón *m1* condolencia, pésame.
comhbhrúigh *vt* comprimir.
comhbhrúiteán *m1* compresa.
comhchaidreamh *m1* asociación.
comhchealgaire *m4* conspirador.
comhcheangail *vt, vi* atar, unir; combinar.
comhcheangal *m1* combinación; afiliación, asociación.
comhcheilg *f2* conspiración.
comhcheol *m1* armonía.
comhchiallach *adj* sinónimo.
comhchoirí *m4* cómplice.
comhchoirigh *vt* recriminar.
comhchoiriú *m4* recriminación.
comhchoiste *m4* comisión, comité conjunto.
comhchoiteann *adj* general, colectivo.
comhchorda *m4* armonía.
comhchosach *adj* isósceles.
comhchruinn *adj* redondo, circular, esférico.
comhchruinnigh *vt, vi* reunir, congregar, concentrar.
comhchuibhigh *vt* armonizar.
comhdaigh *vt* archivar.
comhdháil *f3* convención, congreso.

52

comhdhéan

comhdhéan *vt* constituir.
comhdhéanamh *m1* constitución, estructura, composición.
comhdheas *adj* ambidiestro.
comhdhlúite *adj* condensado.
comhdhlúthaigh *vt, vi* condensar.
comhdhúil *f2* compuesto.
comhdhuille *m4* resguardo.
comhéigean *m1* coacción.
comhéignigh *vt* coaccionar.
comhfháisc *vt* comprimir, estrujar.
comhfháscadh *m1* compresión.
comhfhios *s* **i gcomhfhios don saol** abiertamente.
comhfhiosach *m1* consciente.
comhfhocal *m1* palabra compuesta.
comhfhreagair *vi* corresponder.
comhfhreagrach *adj* correspondiente.
comhfhreagracht *f3* correspondencia; acuerdo; corresponsabilidad.
comhfhreagras *m1* correspondencia. **tabharfaimid freagra ar gach comhfhreagras taobh istigh de dhá sheachtain** reponderemos a toda correspondencia en el plazo de quince días.
comhfhuaim *f2* consonancia, asonancia.
comhghairdeas *m1* felicitación, felicidades.
comhghairm *f2* convocatoria.
comhghéilleadh *m1* compromiso.
comhghleacaí *m4* compañero, colega.
comhghnás *m1* protocolo; convención social.
comhghnásach *adj* convencional.
comhghreamaigh *vi* adherir, pegar.
comhghreamaitheach *adj* cohesivo.
comhghuaillí *m4* aliado.
comhiomlán *m1, adj* agregado.
comhionann *adj* igual, idéntico; congruente.
comhionannas *m1* igualdad; congruencia.
 comhionannas inscne igualdad de sexos.
 comhionannas deiseanna igualdad de oportunidades.
comhla *f4* postigo. **comhla dorais** contraventana.
comhlach[1] *adj* valvular.
comhlach[2] *adj* asociado.
comhlachas *m1* asociación.
comhlacht *m3* compañía, empresa. **comhlacht teoranta** sociedad limitada. **comhlacht árachais** compañía de seguros.
comhlán *adj* completo; perfecto. **brabús comhlán** beneficio bruto.
comhlánaigh *vt* completar; complementar.
comhlann *m1* partido; lucha.
comhlántach *adj* complementario.
comhlánú *m4* complemento.
comhlárnach *adj* concéntrico.
comhleá *m4* fusión.

comhtháite

comhleáigh *vt* fundir.
comhlíon *vt* cumplir, realizar; llenar. **dualgas a chomhlíonadh** cumplir con una obligación.
comhlíonadh *m1* observancia; ejecución, realización.
comhluadar *m1* compañía.
comhluadrach *adj* sociable; asociativo.
comhmhargadh *m1* mercado común.
comhoibrigh *vi* colaborar, cooperar.
comhoibriú *m4* cooperación.
comhoideachas *m1* enseñanza mixta.
comhoiriúnach *adj* compatible, armónico.
comhoiriúnacht *f3* compatibilidad.
comhoiriúnaigh *vt* adecuar; armonizar.
comhordaigh *vt* coordinar.
comhpháirteach *adj* conjunta.
comhphobal *m1* comunidad. **an Comhphobal Eorpach** la Comunidad Europea.
comhrá *m4* conversación. **comhrá béil** cotilleo. **bhí comhrá breá agam léi aréir** tuve una conversación agradable con ella la pasada noche.
comhrac *m1* encuentro; pelea. **comhrac aonair** duelo. **céile comhraic** rival. **comhrac coiligh** pelea de gallos.
comhraic *vt, vi* enfrentarse, luchar.
comhraiceoir *m3* combatiente, luchador.
comhráiteach I *m1* conversador. **II** *adj* conversacional.
comhréidh *adj* plano. **crosaire comhréidh** paso a nivel.
comhréir *f2* acuerdo; congruencia; sintaxis. **is mór an difear idir comhréir na Gaeilge agus comhréir na Spáinnise** hay gran diferencia entre la sintaxis del irlandés y la del español.
comhréireach *adj* proporcional, sintáctico.
comhréiteach *m1* compromiso; conformidad.
comhréitigh *vt, vi* comprometerse, acordar.
comhriachtain *f3* coito.
comhrialtas *m1* gobierno de coalición.
comhrian *m1* contorno, silueta.
comhrianach *adj* contorneado.
comhshamhlaigh *vt, vi* asimilar.
comhshaol *m1* medio ambiente.
comhshaoránach *m1* compatriota.
comhshínigh *vt* refrendar.
comhshleasach *adj* equilátero.
comhsholas *m1* crepúsculo.
comhshondas *m1* asonancia.
comhshuaitheadh *m1* conmoción.
comhshuigh *vt* colocar; componer.
comhshuíomh *m1* composición.
comhthacaigh *vi* corroborar.
comhthacaíocht *f3* confirmación.
comhtháite *adj* coherente; integrado; fusionado.

comhthaobhach

comhthaobhach *adj* colateral.
comhtharlaigh *vi* coincidir.
comhtharlú *m4* coincidencia.
comhthéacs *m4* contexto.
comhthimpeallacht *f3* ambiente; atmósfera.
comhthionól *m1* grupo, comunidad; asamblea.
comhthíreach *m1* compatriota.
comhthogh *vt* designar.
comhthráth *s* **i gcomhthráth** al mismo tiempo.
comhthreomhar *adj* paralelo.
comhthreomharán *m1* paralelogramo.
comhuaineach *adj* simultáneo.
comóir *vt* convocar; celebrar; acompañar; conmemorar.
comónta *adj* común, ordinario.
comóradh *m1* reunión, asamblea; celebración. **comóradh céad bliain** centenario.
comórtas *m1* competición, concurso; comparación. **rudaí a chur i gcomórtas le chéile** comparar cosas. **comórtas oscailte na Spáinne** campeonato abierto de España.
compal *m1* recinto.
compánach *m1* compañero, socio.
compántas *m1* asociación. **compántas aisteoirí** grupo teatral.
comparáid *f2* comparación; semejanza. **cuir i gcomparáid** comparar. **céimeanna comparáide na haidiachta** grados comparativos del adjetivo.
comparáideach *adj* comparativo.
compás *m1* límite; espacio; compás.
complacht *m3* compañía militar; pandilla.
compord *m1* comodidad.
compordach *adj* cómodo, confortable; confortante.
comrádaí *m4* camarada.
comrádaíocht *f3* camaradería.
cón *m1* cono. **Cón an Deiscirt** el Cono Sur. **cón uachtair reoite** cucurucho de helado, barquillo.
conabhrú *m4* maltrato; pelea.
conablach *m1* carcasa; restos.
conách *m1* fortuna.
conacra *m4* tierra de labranza en arrendamiento.
cónaí *m* residencia, hogar; parada, estancia. **chuaigh siad a chónaí i bPanamá** se asentaron en Panamá. **tá sí ina cónaí i La Paz** vive en La Paz. **i gcónaí** siempre, todavía. **caith do chrios i gcónaí** ponte siempre el cinturón de seguridad. **áit chónaithe** residencia, morada.
cónaidhm *f2* federación.
cónaiféar *m1* conífera.

conraitheoir

cónaigh *vi* vivir, residir, permanecer; descansar.
conair *f2* camino; paisaje. **conair an bhia** aparato digestivo.
conairt *f2* manada de perros.
cónaisc *vt, vi* conectar; amalgamar, federar.
cónaitheach *adj* constante; residente.
cónaitheoir *m3* residente.
conamar *m1* pedazos, fragmentos. **conamar iarainn** chatarras.
conas *part int* ¿cómo? **conas tá tú?** ¿cómo estás? **conas a tharla sé?** ¿cómo sucedió? **conas a thaitin an béile leat?** ¿qué te pareció la comida? **an bhfuil fhios agat conas a litrítear an focal sin?** ¿sabes como se deletrea esa palabra?
cónasc *m1* lazo, conexión; conjunción.
cónascach *adj* conectivo; federal; conjuntivo.
cónascachas *m1* federalismo.
cónascadh *m1* amalgama, fusión; federación.
conbhua *m4* convoy.
concar *m1* congrio.
concas *m1* conquista.
cochaille *m4* flema.
conchró *m4* perrera.
conclúid *f2* conclusión.
conclúidigh *vi* concluir.
concordáid *f2* concordato.
confach *adj* furioso, enfadado; malhumorado.
confadh *m1* rabia, enfado. **madra confaidh** perro rabioso. **confadh ocrais** hambriento.
Confúiceach *m1, adj* confuciano.
cóngar *m1* proximidad, vecindad. **i gcóngar liom** cerca de mí.
cóngarach *adj* cerca; conciso; ingenioso. **glac an suíochán is cóngaraí duit** toma el asiento más cercano a ti.
cóngas *m1* cercanía, proximidad.
conlaigh *vt, vi* acumular, reunir.
conláiste *m4* amenidad, instalación.
conláisteach *adj* compacto; pulcro; idóneo.
conlán *m1* colección; banda. **rinne sé é ar a chonlán féin** lo hizo por su propia cuenta.
Connachta *pl* provincia al oeste de Irlanda. **Cúige Chonnacht** la provincia de Connaught.
connadh *m1* combustible; leña.
cónra *f4* ataúd.
conradh *m1* contrato; pacto, tratado. **conradh bliana** contrato por un año. **Conradh na Gaeilge** Liga Gaélica (asociación para la promoción de la lengua irlandesa).
conraitheoir *m3* contratante; miembro de una asociación.

conrós

conrós *m1* escaramuja, rosal silvestre.
consairtín *m4* concertina.
consal *m1* cónsul.
consan *m1* consonante. **ainmfhocal iolra dar críoch consan caol** sustantivo plural que termina en consonante palatal.
conslaod *m1* moquillo.
conspóid I *f2* conflicto, controversia. **II** *vt, vi* argumentar, argüir.
conspóideach *adj* controvertido, polémico.
conspóidí *m4* polemista.
constaic *f2* obstáculo, impedimento, traba.
contae *m4* condado. **ghlac gach contae páirt sa chomórtas náisiúnta** todos los condados participaron en la competición nacional.
contráil *f3* contrariedad.
contráilte *adj* contrario; malo, equivocado. **aimsir chontráilte** mal tiempo.
contráilteacht *f3* contrariedad; perversidad.
contralt *m1* contralto.
contrártha *adj* contrario, opuesto.
contrárthacht *f3* contraste, oposición.
contúirt *f2* peligro.
contúirteach *adj* peligroso.
cónúil *adj* cónico.
copail *f2* cópula gramatical.
copar *m1* cobre.
copóg *f2* acedera. **copóg an chroí** aurícula del corazón.
cor *m1* movimiento; vuelta. **ní raibh cor as no se movía. cor cainte** expresión idiomática. **ar aon chor** de todas formas. **ar chor ar bith** en absoluto.
cór[1] *m1* coro.
cór[2] *m1* cuerpo militar.
cora *f4* presa, exclusa.
córach *adj* atractivo; proporcionado.
coradh *m1* vuelta, curva.
córagrafaíocht *f3* coreografía.
coraintín *m4* cuarentena.
coraíocht *f3* lucha libre.
córam *m1* quórum.
corann *m1* tonsura.
córas *m1* sistema. **córas oideachais** sistema educativo. **córas díleáite** aparato digestivo. **córas na gréine** sistema solar.
corb *vt* corromper, pervertir.
corbach *adj* corrupto, viciado.
corbadh *m1* corrupción.
corc *m1* corcho.
corca *f4* raza, estirpe.
corcach *f2* pantano, ciénaga.
Corcaigh *f* Cork. **contae Chorcaí** el condado de Cork.
corcáil *vt* taponar.
Corcaíoch *m1, adj* nativo de Cork.
corcair *f* purpúreo.

corraigh

corcán *m1* olla.
corcra *adj* púrpura.
corcrán *m1* **corcrán coille** pinzón real.
corcscriú *m4* sacacorchos.
corda[1] *m4* cuerda. **corda a chur ar** atar. **corda an rí** pana.
corda[2] *m4* acorde.
córlann *f2* coro.
corn[1] *m1* cuerno; copa. **Corn an Domhain** copa del mundo.
corn[2] *vt* rodar, enrollar.
corna *m4* rollo, rodillo.
cornchlár *m1* aparador.
cornphíopa *m4* chirimía.
coróin *f5* corona. **Coróin Mhuire** rosario.
coróin spíne corona de espinas.
coróinéad *m1* corona.
coróinéir *m3* pesquisidor.
coróinvíreas *m1* coronavirus.
corónach *adj* coronario.
corónaigh *vt* coronar.
corónta *adj* coronado. **amadán corónta** todo un idiota.
corónú *m4* coronación.
corp *m1* cuerpo, cadáver, parte media. **níor tháinig siad ar na coirp riamh** nunca encontraron los cuerpos. **corp eaglaise** nave de una iglesia.
corpán *m1* cadáver, cuerpo.
corpanta *adj* corpulento. **bithiúnach corpanta** canalla.
corparáid *f2* corporación.
corparáideach *adj* corporativo.
corpartha *adj* corporal, corpóreo.
corpeolaíocht *f3* fisiología.
corplár *m1* centro, núcleo.
corpoideachas *m1* educación física.
corpoiliúint *f3* preparación física.
corpraigh *vt* incorporar.
corr-[1] *pref* ocasional.
corr[2] *f2* proyección; ángulo; borde, margen.
corr[3] *f2* **corr éisc, corr ghlas, corr mhóna** garza. **corr bhán** cigüeña blanca.
corr[4] *adj* impar; curvo; redondo. **éan corr** persona que está de más.
corrabhuais *f2* confusión; inquietud.
corrabhuaiseach *adj* inquieto; confuso.
corrach[1] *m1* pantano, ciénaga.
corrach[2] *adj* inestable; saliente, puntiagudo. **codladh corrach** sueño inquieto.
corradh *s* adición, suma. **corradh le** más de.
corraghiob *s* **ar do chorraghiob** agachado.
corraí *m4* movimiento; excitación.
corraiceach *adj* voluble; inseguro; distinto.
corraigh *vt, vi* mover, revolver, agitar. **corraigh ort** date prisa. **corraigh leis an spúnóg é** revuélvelo con la cuchara.

corraíl

corraíl *f3* movimiento; agitación, excitación.
corraithe *adj* agitado, excitado.
corraitheach *adj* emocionante, excitante.
corrán *m1* hoz; creciente. **corrán gealaí** cuarto menguante.
corránach *adj* ganchudo, angular; saliente.
corrdhuine *m4* persona aislada.
corrfhiacla *fpl* dientes incisivos.
corrfhocal *m1* palabra aislada. **ní thuigim ach corrfhocal** sólo entiendo palabras aisladas.
corrmhéar *f2* dedo índice.
corrmhíol *m1* mosca pequeña del orden de los dípteros.
corróg *f2* cadera.
corrthónach *adj* inquieto, impaciente.
corrthónacht *f3* inquietud, impaciencia.
corruair *adv* de vez en cuando.
cortasón *m1* cortisona.
cortha *adj* cansado, exhausto.
córúil *adj* coral.
cos *f2* pie, pata, pierna. **ghortaigh sí a cos** se hizo daño en el pie. **méara na gcos** dedos del pie. **cuir sna cosa largarse. cos ar bolg** opresión. **cuir faoi chois** oprimir.
cosain[1] *vt, vi* defender, proteger. **cosain do chearta i gcónaí** defiende siempre tus derechos.
cosain[2] *vi* costar. **cé mhéad a chosain na bróga sin?** ¿cuánto costaron los zapatos?
cosaint *f3* defensa, protección.
cosair *f* basura, desecho.
cosamar *m1* basura, desecho.
cosán *m1* camino, pasaje, vía, acera. **cosán sráide** calzada.
cosantach *adj* defensivo, protector.
cosantóir *m3* defensor, protector; defensa.
cosc *m1* prohibición; restricción; represión. **cosc ar thobac** prohibido fumar. **cosc ar sheilg** prohibido cazar.
coscair *vt, vi* deshelar, derretir; destrozar, desintegrar; vencer.
coscairt *f3* deshielo, derretimiento; destrozo, desintegración; derrota.
coscán *m1* freno.
coscrach *adj* pasmoso; angustioso.
coslia *m4* podólogo, pedicura.
cosliacht *f3* pedicura, podología.
cosmach *adj* cósmico.
cosmaid *f2* cosmético.
cosmaideach *adj* cosmético.
cosmas *m1* cosmos.
cosmeolaíocht *f3* cosmología.
cosmhuintir *f2* personas dependientes; clases más necesitadas, proletariado.
cosnochta *adj* descalzo.
cósta *m4* costa. **tá Cathair na Cruinne suite ar chósta Atlantach na Spáinne**

craiceann

A Coruña está situada en la costa atlántica de España.
cóstaer *m1* portavasos, posavasos.
costáil *vt, vi* costar, valer.
costas *m1* valor, precio, costo. **cén costas atá air?** ¿cuánto cuesta? **costas beatha** el coste de la vida.
costasach *adj* caro, costoso.
costinn *adj* pies doloridos.
cosúil *adj* semejante, parecido. **is cosúil go parece que. tá an léine sin cosúil leis na cinn eile** esa camisa es muy parecida a las otras.
cosúlacht *f3* semejanza; apariencia. **de réir cosúlachta** aparentemente.
cóta *m4* abrigo. **cóta beag** enaguas. **cóta fearthainne** gabardina, impermeable. **cóta mór** abrigo. **cóta péinte** mano de pintura.
cotadh *m1* timidez, vergüenza.
cothabháil *f3* mantenimiento, sostenimiento. **pá cothabhála** salario mínimo.
cothabhálach *adj* nutrición, manutención.
cothaigh *vt, vi* nutrir; agitar; promover; mantener. **ag cothú an linbh** alimentando al bebé. **cothaíonn an tobac an chasacht** el tabaco produce la tos.
cothaitheach *m1* nutriente *adj* alimenticio; que engorda.
cothroime *f4* igualdad, equidad; equilibrio, imparcialidad.
cothrom I *m1* nivel; equilibrio; equidad. **ar cothrom** al mismo nivel. **cothrom na Féinne** justicia. **II** *adj* equilibrado; justo; uniforme. **cluiche cothrom** empate. **faigh a chothrom i bpesos na hAirgintíne** obtén el equivalente en pesos argentinos.
cothromaigh *vt* nivelar, igualar, allanar.
cothromóid *f2* ecuación.
cothromaíocht *f3* igualdad, equilibrio.
cothú *m4* nutrición, sustento; manutención. **is beag an cothú a bhíonn sna bianna áise** las comidas precocinadas no son demasiado nutritivas.
cotúil *adj* vergonzoso, tímido.
crá *m4* angustia, tormento; pena.
crábhadh *m1* práctica religiosa; piedad, devoción.
cradhscal *m1* estremecimiento; repugnancia.
craein *f5* grúa.
crág *f2* manaza, zarpa; garfio; embrague.
crágach *adj* persona con manos grandes.
crágáil *vt, vi* desgarrar, manosear, sobar.
craic *f2* juerga; diversión.
cráic *f2* trasero; ano.
craiceann *m1* piel; cáscara. **craiceann na farraige** superficie del mar. **bain an craiceann den úll** pela la manzana. **fliuch go**

craiceann empapado. **ag bualadh craicinn** haciendo el amor. **craiceann gan choinníoll** relaciones promiscuas.
craicneach *adj* de piel suave; bien acabado, pulido.
cráifeach *adj* pío, devoto, beato.
cráifeacht *f3* piedad, devoción, religiosidad.
cráigh *vt* atormentar, fastidiar, afligir. **ná cráigh mé leis an bhfadhb sin** no me fastidies con ese problema.
cráin *f5* cerda. **cráin eala** cisne hembra.
cráinbheach *f2* abeja reina.
cráiniam *m4* cráneo.
cráite *adj* apenado, atormentado, destrozado.
cráiteachán *m1* atormentado, desgraciado.
crampa *m4* contracción, calambre.
cranda *adj* canijo; seco; decrépito.
crandaí *m4* hamaca. **crandaí bogadaí** balancín.
crandaigh *vt, vi* atrofiarse; desarrollarse.
crann *m1* árbol; mástil, palo, grúa. **crann Nollag** árbol de Navidad. **bearradh crann** podadura de árboles. **tá an chathair lán de chrainn tógála** la ciudad está llena de grúas.
crannaíl *f3* viga; rejilla; mástil.
crannchur *m1* sorteo, lotería.
crannlach *m1* espesura, maleza.
crannlacha *f4* cerceta.
crannlaoch *m1* soldado viejo.
crannóg *f2* estructura de madera; antigua casa lacustre; púlpito; cofa.
cranra *m4* nudo de la madera.
cranrach *adj* nudoso, calloso; cornudo.
cranraigh *vt, vi* endurecer, encallecer.
craobh *f2* rama, sección, sucursal; campeonato. **craobh ghinealaigh** árbol genealógico. **craobh eolais** señal de tráfico, letrero. **craobh na Mumhan** campeonato de la provincia de Munster. **An Chraobh Rua** la Rama Roja (*orden de guerreros de la mitología celta*).
craobh-abhainn *f5* afluente.
craobhabhar *f5* orzuelo.
craobhach *adj* ramificado, desplegado, extendido.
craobhaigh *vt, vi* ramificar, extender.
craobhchluiche *m4* partido final.
craobhóg *f2* ramita, ramillete.
craobhscaoil *vt* propagar, diseminar; emitir.
craobhscaoileadh *m1* propagación, diseminación; emisión. **bhí ról mór ag na hÉireannaigh i gcraobhscaoileadh na Críostaíochta** los irlandeses desempeñaron un papel muy importante en la difusión del cristianismo.
craobhscaoilte *adj* hablador, locuaz.

craol *vt, vi* anunciar, proclamar; emitir, difundir, transmitir.
craolachán *m1* transmisión, emisión.
craoladh *m1* emisión.
craoltóir *m3* locutor; emisora.
craorag *adj* carmesí, colorado.
craos *m1* garganta, buche; glotonería.
craosach *adj* boquiabierto; voraz, glotón.
craosaire *m4* glotón.
craosán *m1* gaznate; barranco, precipicio.
craosfholc *vi* hacer gárgaras.
craosfholcadh *m1* gárgara.
craosghalar *m1* aftas.
crap *vt, vi* contraer, encoger.
crapadh *m1* contracción, encogimiento.
crapall *m1* traba, restricción; incapacidad.
crapallach *adj* paralizador, restrictivo.
craplaigh *vt* esposar, encadenar; paralizar.
craptha *adj* afectado, cohibido.
cré[1] *f4* tierra, polvo, arcilla.
cré[2] *f4* credo, convicción religiosa. **Cré na nAspal** Credo de los Apóstoles.
creabhar *m1* tábano; chocha.
creach[1] *I f2* incursión; botín. **II** *vt, vi* hacer una redada; saquear, destruir.
creach[2] *vt* herrar; cauterizar.
creachach *adj* predador.
creachadh *m1* pillaje, saqueo; ruina, perdición.
creachadóir *m3* saqueador, invasor.
créacht *f3* herida, llaga.
créachta *f4* tuberculosis. **fuair a mháthair bás le créachta** su madre falleció a causa de la tuberculosis.
créachtach[2] *adj* herido, cortado.
créachtaigh *vt* herir, hacer daño.
créafóg *f2* tierra, arena.
creagach *adj* rocoso, pedregoso, árido.
creagán *m1* cerro rocoso; tierra pedregosa; callo.
créam *vt* incinerar, cremar.
créamadh *m1* cremación.
créamatóiriam *m4* crematorio.
creat *m3* moldura, armazón.
creatach *adj* escuálido, débil.
creath *vi* temblar, vibrar; menear. **chreath an fhuinneog leis an ngaoth** la ventana tembló con el viento.
creathach *adj* tembloroso; vibrante. **crann creathach** álamo temblón.
creathadh *m1* vibración.
creathán *m1* temblor, estremecimiento. **creathán talún** temblor de tierra.
creathánach *adj* tembloroso; vibrante.
creathnaigh *vi* temblar, estremecerse.
creatlach *f2* esqueleto; esquema, estructura; casco.
créatúr *m1* criatura; creación. **an créatúr!** ¡pobrecito!

cré-earra *m4* loza, cerámica.
creid *vt, vi* creer, suponer, opinar. **creid é nó ná creid** lo creas o no. **is furasta liom é a chreidiúint!** ¡me lo puedo creer!
creideamh *m1* creencia, religión, fe. **saoirse creidimh** libertad religiosa.
creidiúint *f3* crédito; fe; honor.
creidiúnach *adj* respetable; fidedigno.
creidiúnacht *f3* honorabilidad, respetabilidad.
creidiúnaí *m4* acreedor.
creidiúnaigh *vt* acreditar.
creidmheach *m1* creyente *adj* devoto, fiel; ingenuo.
creidmheas *m3* crédito. **cárta creidmheasa** tarjeta de crédito.
creidte *adj* creíble, verosímil.
creig *f2* peñasco, risco; pedregal.
creill *f2* toque de difuntos; insulto.
creim *vt* roer; corroer, carcomer.
creimeadh *m1* corrosión, erosión.
creimire *m4* roedor; murmurador.
creimneach *adj* roído, carcomido; erosionado; podrido.
créip *f2* crespón.
creis *f2* guardería.
creiteon *m1* cretona.
créúil *adj* arcilloso, terroso.
cré-umha *m4* bronce.
cré-umhaí *adj* de bronce.
criadóir *m3* ceramista, alfarero.
criadóireacht *f3* cerámica, alfarería.
crián *m1* carboncillo.
criathar *m1* cedazo, colandro; criba; lodazal. **criathar meala** panal.
criathrach I *m1* ciénaga, pantano. **II** *adj* perforado; pantanoso.
criathraigh *vt* cribar.
críne *f4* senectud, decrepitud, vejez.
crinnghréas *m3* calado.
críoch *f2* límite, frontera; territorio; final. **cuir críoch leis an obair sin** acaba ese trabajo. **cuir i gcrích** finalizar.
críochadóireacht *f3* demarcación.
críochaigh *vt* demarcar.
críochdheighilt *f2* partición, división territorial.
críochfort *m1* terminal. **léigh mé go bhfuil siad chun críochfort paisinéara nua a thógáil** he leído que van a construir una nueva terminal de pasajeros.
críochnaigh *vt, vi* terminar, completar, finalizar. **pósadh a chriochnú** consumar el matrimonio. **chríochnaigh an cluiche ar chomhscór i ndiaidh am breise** el partido acabó en empate después del tiempo extra.
críochnaithe *adj* terminado, completo; absoluto.

críochnaitheach *adj* definitivo, finalizado.
críochnúil *adj* entero, completo.
críochnú *m4* finalización.
criogar *m1* grillo. **criogar féir** saltamontes.
críon I *adj* viejo, envejecido. **II** *vt* envejecer.
críonna *adj* prudente, sabio; adulto; viejo.
chomh críonna le sionnach tan astuto como un zorro.
críonnacht *f3* sabiduría, prudencia; madurez; vejez.
crios *m3* cinturón. **crios tarrthála** salvavidas. **crios measartha** zona templada.
crioslach *m1* seno, pecho.
crioslaigh *vt* encerrar, cercar.
criosma *m4* crisma.
Críost *m4* Cristo.
Críostaí *m4 adj* cristiano.
Críostaíocht *f3* cristiandad.
criostal *m1* cristal.
criostalaigh *vt, vi* cristalizar.
Críostúil *adj* cristiano, caritativo.
Críostúlacht *f3* cristiandad.
crístín *m* padrino; palabrota.
crith I *m3* temblor, vibración. **II** *vt* temblar, vibrar. **crith talún** terremoto.
critheagla *f4* miedo, terror.
critheaglach *adj* aterrorizado, atemorizado, miedoso.
crithir *f1* chispa; partícula; materia en polvo.
critic *f2* crítica.
criticeas *m1* crítica.
criticeoir *m3* crítico.
criticiúil *adj* crítico.
criú *m4* tripulación.
cró[1] *m4* ojo; cercado. **cró muice** pocilga, chiquera. **cró madra** perrera. **cró na gcearc** gallinero. **cró dornálaíochta** cuadrilátero de boxeo. **cró snáthaide** ojo de una aguja.
cró[2] *m4* sangre.
crobh *m1* mano; garras. **crobh fola** geranio.
crobhaing *f2* racimo; grupo.
croca *m4* vasija, jarro.
croch I *f2* cruz; horca; garfio; grúa. **II** *vt, vi* colgar, ahorcar; levantar; llevar. **amhrán a chrochadh** cantar una canción. **crochadh na mílte i rith Éirí Amach 1798** miles de personas fueron ahorcadas durante la rebelión de 1798.
cróch *m4* azafrán.
crochadán *m1* percha, perchero.
crochadh *m1* colgadura; levantamiento, erección; grado de inclinación.
crochadóir *m3* verdugo; holgazán, vago.
crochadóireacht *f3* **ag crochadóireacht thart** merodeando.
cróchar *m1* andas, camilla; ataúd.

crochóg

crochóg *f2* liga de una media.
crochta *adj* colgado; inclinado.
crochtín *m4* hamaca, mecedora.
cróga *adj* valiente, osado; animado.
crógacht *f3* valentía, osadía; ánimo.
crogall *m1* cocodrilo.
croí *m4* corazón; centro. **a chroí** mi amor. **ó chroí** sincero. **croí na ceiste** el quid de la cuestión. **galar croí** enfermedad cardíaca. **lia croí** cardióloga.
croibhín *m4* pezuña; pata.
croíbhrú *m4* arrepentimiento.
croíbhrúite *adj* arrepentido, pesaroso.
cróichín *m* nata.
croídhícheall *m1* esfuerzo extremo.
croíleacán *m1* núcleo, centro.
cróilí *m4* enfermedad, dolencia. **bheith i gcróilí an bháis** estar en el lecho de muerte *adj* enfermo.
croiméal *m1* bigote.
cróimiam *m4* cromo.
cróinéir *m3* juez de instrucción.
cróineolaíoch *adj* cronológico.
croinic *f2* crónica.
croiniceoir *m3* cronista.
cróise *f4* ganchillo.
cróiseáil *vt, vi* ganchillar.
croisín *m4* muleta; negra *(nota musical, ♩)*. **bhí Peadar bocht ag siúl le croisín** el pobre Pedro estaba caminando con una muleta.
croiteoir *m3* aspersor, rociadera.
croith *vt, vi* sacudir; esparcir; saludar. **croitheadh láimhe** apretón de manos. **chroith sé salann ar an bhfeoil** echó sal en la carne.
croíúil *adj* cordial, cálido.
croíúlacht *f3* cordialidad, calidez.
crólinn *f2* charco de sangre.
crom I *adj* encorvado; torcido, inclinado. **II** *vt, vi* doblar, torcer; inclinar. **Crom** deidad de los celtas. **in ainm Chroim!** ¡por Dios!
cróm *m1* cromo.
cromada *s ar do chromada* agachado.
cromán *m1* cadera; halcón pequeño.
crómasóm *m1* cromosoma.
crómatach *adj* cromático.
cromfhearsaid *f2* cigüeñal.
cromleac *f2* crómlech.
cromóg *f2* nariz aguileña; garfio.
cromógach *adj* engarfiado; de nariz aguileña.
crompán *m1* cala, ensenada; riachuelo.
crón *adj* amarillo oscuro; curtido.
crónachan *f3* anochecer, crepúsculo.
crónán *m1* murmullo, zumbido, ronroneo.
cróntráth *m3* crepúsculo.
cros-[1] *pref* a través.

crúcach

cros[2] **I** *f2* cruz; encrucijada; travesaño; aflicción; prohibición. **An Chros Dhearg** la Cruz Roja. **cros Bhríde** la cruz de Santa Brígida *(cruz tradicional irlandesa)*. **Cros an Deiscirt** la Cruz del Sur. **comhartha na croise** señal de la cruz. **cros chéasta** crucifijo. **II** *vt* cruzar; prohibir; contradecir.
crosach *adj* en forma de cruz; marcado con cicatrices; mugriento.
crosáid *f2* cruzada.
crosáil *vt, vi* cruzar.
crosaire *m4* cruce, vado, encrucijada.
crosaire comhréidh paso a nivel.
crosán *m1* alca común.
crosánacht *f3* género de sátira cómica.
crosbhóthar *m1* cruce, encrucijada.
croscheist *f2* interrogación.
croscheisteoir *m3* interrogador.
croscheistigh *vt* interrogar.
croschineálach *adj* híbrido.
crosfhocal *m1* crucigrama.
crosta *adj* irritado, enfadado; irritable. **madra crosta** perro agresivo.
crotach *m1* zarapito.
crotal *m1* cáscara, corteza; liquen. **crotal cnó** cáscara de nuez.
crothán *m1* barnizado, capa.
crú[1] *m4* herradura.
crú[2] *m4* ordeño, obtención de leche.
crua I *m4* mal estado, circunstancias difíciles; dureza. **crua sa chorp** estreñido. **II** *adj* duro, sólido; difícil. **aimsir chrua** tiempo frío y seco. **carball crua** paladar. **leabhar crua** libro de tapas duras.
crua-ae *m4* hígado.
cruach[1] **I** *f2* pila, montón. **II** *vt* apilar, amontonar.
cruach[2] *f4* acero.
cruachan *f3* endurecimiento; temple.
cruachás *m1* situación difícil, apuro.
cruacht *f3* dureza; valor, bravura.
cruadhiosca *m4* disco duro.
crua-earra *m4* artículos de ferretería.
cruaigh *vt, vi* endurecer; robustecer.
cruáil *f3* adversidad, desgracia, pena; crueldad.
cruálach *adj* cruel; mezquino.
cruálacht *f3* crueldad; mezquindad.
cruan *m1* esmalte *vt* esmaltar.
cruas *m1* dureza; tacañería.
cruatan *m1* adversidad.
crúb *f2* garra, pezuña.
crúbach *adj* con garras; con pezuñas; torpe.
crúbadach *f2* acción de andar a cuatro patas; lucha.
crúbáil *vt, vi* arañar, dar zarpazos.
crúca *m4* gancho; anzuelo; cayado. **crúca is cró** corchete.
crúcach *adj* ganchudo.

crúcáil *vt, vi* enganchar; arañar; agarrar.
crúdóir *m3* herrador.
cruib *f2* pesebre.
cruibhéad *m1* vinagrera.
crúibín *m4* pezuñita. **crúibín muice** manitas de cerdo. **itear a lán crúibíní i gCorcaigh** se consumen muchas manitas de cerdo en Cork.
cruidín *m4* martín pescador.
crúigh[1] *vt* ordeñar.
crúigh[2] *vt* herrar.
cruimh *f2* gusano; cresa.
cruimheach *adj* agusanado.
cruinn *adj* redondo; exacto; coherente; claro. **éist go cruinn leis** escúchale atentamente. **súile móra cruinne** ojos grandes y redondos. **bí chomh cruinn agus is féidir leat** sé tan preciso como puedas.
cruinne[1] *f4* redondez; universo, mundo, globo.
Cruinne[2] *f4* **Cathair na Cruinne** A Coruña.
cruinneas *m1* exactitud; claridad. **cruinneas cainte** precisión en el lenguaje.
cruinneog *f2* orbe, globo.
cruinnigh *vt, vi* acumular, reunir; converger; enfocar; formar.
cruinnín *m4* glóbulo.
cruinniú *m4* reunión, concentración; formación. **cruinniú mullaigh** conferencia de cumbre.
crúiscín *m4* pequeño cántaro o recipiente.
cruit[1] *f2* joroba; pequeña elevación.
cruit[2] *f2* arpa pequeña.
cruiteach *adj* jorobado, abultado.
cruiteachán *m1* jorobado.
crúiteoir *m3* ordeñador.
cruithneacht *f3* trigo.
cruitire *m4* harpista.
crumhóg *f2* gusano.
cruóg *f2* necesidad urgente.
cruógach *adj* ocupado; urgente.
crúsca *m4* jarra, cántaro.
crústa *m4* costra, corteza.
crústach *m1, adj* crustáceo.
crústáil *vt* apalear, sacudir; apedrear.
cruth *m3* forma; condición. **cuir cruth ar an seomra** ordena la habitación. **i gcruth uibhe** con forma de huevo.
cruthach *adj* proporcionado, formado.
croíchruthach en forma de corazón.
crúthach *m1* **crúthach bainne** producción de leche.
cruthaigh *vt, vi* crear; formar; demostrar; comprobar. **conas a chruthófá é sin?** ¿cómo demostrarías eso? **ar chruthaigh tú cuntas cheana féin?** ¿ya has abierto una cuenta?
cruthaíocht *f3* forma, apariencia.

cruthaitheach *adj* creativo.
cruthaitheoir *m3* creador.
cruthanta *adj* exacto; auténtico. **rógaire cruthanta** granuja de tomo y lomo, malandrín. **aisteoir cruthanta is ea í** es una gran actora.
cruthú *m4* creación; prueba; testimonio.
cruthúnas *m1* prueba, evidencia. **níl aon chruthúnas againn go fóill** todavía no tenemos ninguna prueba.
cú *m4* galgo. **cú allta** lobo.
cuach[1] *f2* cuco; falsete; quejido; relincho.
cuach[2] *m4* cuenco, tazón.
cuach[3] *f2* manojo; trenza; nudo; abrazo *vt* trenzar; enrollar; abrazar.
cuachach *adj* enrollado; trenzado; cóncavo.
cuachaíl *f3* hablando en falsete; quejido; relincho.
cuachóg *f2* nudo.
cuadal *m1* panza, barriga.
cuaifeach *m1* **cuaifeach gaoithe** remolino de viento, vendaval.
cuaille *m4* viga, estaca.
cuain *f2* camada, nidada; banda.
cuainín *m4* ensenada, caleta.
cuaird *f* distrito.
cuaire *f4* curvatura; comba, combadura.
cuairt *f2* vuelta; visita. **cuairt a thabhairt ar dhuine** visitar a alguien.
cuairteoir *m3* visitante; turista. **ní théann a lán cuairteoirí chuig an gcuid sin den tír** no van muchos turistas a esa parte del país.
cual *m1* bulto; montón.
cuallacht *f3* asociación, compañía; gremio; cofradía.
cuan *m1* refugio; puerto; curva, recodo.
cuanna *adj* atractivo, elegante.
cuar I *m1* curva; aro; anillo. **II** *adj* curvado, doblado. **III** *vt* doblar.
cuarán *m1* sandalia.
cuardach *m1* búsqueda. **buíon chuardaigh** grupo de búsqueda. **barántas cuardaigh** orden de cateo, orden de registro, orden de allanamiento. **gadhar cuardaigh** perro de rescate.
cuardaigh *vt, vi* buscar, registrar; rastrear. **ar chuardaigh tú an focal sin san fhoclóir?** ¿has buscado esa palabra en el diccionario?
cuardaitheoir *m3* rastreador, buscador.
cuartaíocht *f3* visita, turismo.
cuas *m1* cueva; nicho; calo; seno.
cuasach *adj* hueco; vacío; cóncavo.
cuasnóg *f2* nido de abejas, colmena; hallazgo.
cúb I *f2* caseta; jaula; pliegue. **II** *vt, vi* plegar; encogerse.
Cúba *m* Cuba.

Cúbach *m!*, *adj* cubano.
cúbláil I *f3* manipulación; desfalco. **II** *vt*, *vi* agarrar, prender; manipular; desfalcar.
cúblálaí *m3* malversador, desfalcador.
cúcamar *m!* pepino.
cu-cú *int* ¡cucú!
cudal *m!* **cudal sceitheach** sepia.
cufa *m4* puño de camisa.
cufróg *f2* ciprés.
cuí *adj* conveniente, adecuado, correcto.
cuibheas *m!* conveniencia; decoro.
cuibheasach *adj* regular, mediano.
cuibheoir *m3* adaptor.
cuibhiúil *adj* correcto; decoroso, decente.
cuibhreach *m!* traba; encuadernación.
cuibhreann *m!* mesa común, comedor de cuartel; división, porción; campo cercado.
cuibhrigh *vt* atar, anudar; encadenar.
cuid *f3* parte, porción. **mo chuid éadaigh** mi ropa. **cuid mhaith airgid** bastante dinero. **cuid acu** algunos de ellos. **an chuid is mó** la mayor parte.
cuideachta *f4* compañía; diversión. **i gcuideachta a chéile** juntos.
cuideachtúil *adj* agradable; sociable.
cuideáin *adj* extraño, raro, curioso. **éan cuideáin** persona solitaria.
cuidigh *vi* ayudar. **cuidigh liom** ayúdame. **chuidigh sí leis an rún** apoyó la moción.
cuiditheoir *m3* ayudante; seguidor, animador.
cuidiú *m4* ayuda, asistencia, apoyo.
cúig *m4 adj* cinco. **cúig déag** quince. **cúig lá sa tseachtain** cinco días a la semana.
cúige *m4* provincia. **Cúige Uladh** la provincia del Ulster.
cúigeach *m!*, *adj* provincial.
cúigeachas *m!* provincialismo.
cuigeann *f2* mantequera; lechera.
cúigear *m!* cinco personas.
cúigiú *m!, adj* quinto. **ar an gcúigiú hurlár** en el quinto piso.
cúigréad *m!* quinteto.
cuil *f2* mosca.
cúil *f2* rincón.
cuilce *f4* colcha; edredón.
cuilceach *m!* bribón, granuja.
cuileann *m!* acebo.
cúileann *adj* de pelo rubio.
cuileog *f2* mosca.
cúilín *m4* tanto, punto.
cuilithe *f4* remolino, torbellino; centro.
cuilithín *m4* onda, remolino.
cuilmheáchan *m!* peso mosca.
cuilnimh *f2* matamoscas.
cuilt *f2* colcha; edredón.
cuimhin *s* **is cuimhin liom** me acuerdo, recuerdo. **an cuimhin leat an lá sin?** ¿te acuerdas de ese día?

cuimhne *f4* recuerdo, memoria. **i gcuimhne mo mháthar** en memoria de mi madre.
cuimhneach *adj* pensativo; atento.
cuimhneachán *m!* conmemoración; recuerdo. **ócáid chuimhneacháin** acto de conmemoración.
cuimhneamh *m!* recuerdo; conmemoración; idea, concepto.
cuimhnigh *vt*, *vi* recordar; considerar, pensar, concebir. **níor chuimhnigh mé an cheist a chur orthu** no se me ocurrió preguntárselo.
cuimhnitheach *adj* memorial.
cuimil *vt* frotar, friccionar; acariciar. **cuimil an nóta bainc chun é a sheiceáil** frote el billete para comprobar su validez.
cuimilt *f2* fricción; caricia.
cuimilteach *adj* fricativo.
cuimilteoir *m3* limpiaparabrisas.
cuimleoir *m3* trapo, paño; borrador.
cuimse *f4* abundancia, profusión. **gan chuimse** sin límite. **as cuimse, thar cuimse** exceso.
cuimsigh *vt* incluir, abarcar; restringir.
cuimsitheach *adj* exhaustivo, completo, comprensivo.
cuimsiú *m4* connotación; alcance, inclusión.
cuing[1] *f2* atadura; obligación; lazo.
cuing[2] *f2* yugo.
cuingrigh *vt* enganchar; acoplar.
cúinne *m4* esquina, rincón.
cúinneach I *m!* saque de esquina. **II** *adj* esquinado, que tiene esquinas.
cuinneog *f2* mantequera.
cúinse *m4* semblante; circunstancia; *pl.* asuntos; artimañas. **ar aon chúinse** bajo ningún concepto. **ar chúinse go** a condición de que. **braitheann sé ar do chúinsí airgeadais** depende de tus circunstancias financieras
cúipéir *m3* tonelero.
cuir *vt*, *vi* depositar, poner; mandar; sembrar; enterrar. **cuirtear béim ar an dara siolla** el énfasis se hace en la segunda sílaba. **cuireadh i reilig Ghlas Naíon é** lo enterraron en el cementerio de Glasnevin. **cuireadh na páistí abhaile go luath** los niños fueron enviados a casa muy temprano. **chuireamar bláthanna thart ar na crainn** sembramos flores alrededor de los árboles. ❶ *empleado con fenómenos meteorológicos* **ag cur fearthainne** lloviendo. **chuir sé sneachta aréir** nevó anoche. **cuir amach** publicar; vomitar. **cuir in iul** expresar. **cuir i bhfolach** esconder. **cuir in aghaidh** oponer. **cuir i mbaol** arriesgar. **cuir i gcás** por ejemplo. **cuir faoi ghlas** encerrar, encarcelar. **cuir siar** postergar. **cuir glaoch orm** llámame. **cuir**

as do dhuine desconcertar a una persona.
cuir fút in áit establecerse en algún lugar.
cuir isteach ar phost solicitar un trabajo. **cuir isteach ar dhuine** molestar a una persona. **ní chuirfidh mé suas leis** no voy a tolerarlo. **cuir in oiriúnt** adaptar. **cuir i láthair** presentar.
cuircín *m4* plumero, penacho, cresta. **tá braon sa chuircín aige** está bebido.
cuircíneach *adj* mechado, acrestado.
cuireadh *m1* invitación, citación.
cuireata *m4* sota.
cuirfiú *m4* toque de queda.
cuirín *m4* mora; pasa.
cuirliún *m1* zarapito.
cúirt *f2* corte; palacio, mansión; patio. **cúirt leadóige** pista de tenis. **cara sa chúirt** amigo influyente. **Cúirt an Mheán Oiche** El tribunal de la medianoche (*poema burlesco del s. XVIII*).
cúirtéireacht *f3* cortejo.
cúirtéis *f2* cortesía; saludo militar.
cúirtéiseach *adj* cortés; obsequioso.
cúirteoir *m3* cortesano.
cuirtín *m4* cortina.
cúis *f2* causa, razón, motivo; carga; caso. **cúis dlí** pleito. **ní dhéanfadh sin cúis** eso no servirá. **is cúis áthais dom** me alegra. **cad is cúis leis?** ¿cuál es el motivo? **mé féin is cúis leis** la culpa es mía. **cúis na saoirse** la causa de la libertad.
cúiseach *adj* modesto, pudoroso.
cúiseamh *m1* acusación, cargo.
cúiseoir *m3* acusador.
cúisí *m4* acusado.
cúisigh *vt* acusar; procesar, enjuiciar.
cúisín *m4* cojín.
cúisitheoir *m3* fiscal.
cuisle *f4* vena; pulso; antebrazo. **a chuisle mi amor**.
cuisne *m4* escarcha.
cuisneach *adj* helado, glacial.
cuisneoir *m3* frigorífico, nevera, heladera. **an féidir leat an cuisneoir a dhíshioc?** ¿puedes descongelar el frigorífico?
cuisnigh *vt, vi* helar, refrigerar.
cuisniúchán *m1* refrigeración.
cúistiúnach *adj* inquisitorial.
Cúistiúnacht *f3* Inquisición.
cúistiúnaí *m4* inquisidor.
cúiteach *adj* compensatorio, retributivo.
cúiteamh *m1* recompensa, compensación. **tá cúiteamh ag dul duit as an timpiste** recibirás compensación por el accidente. **grá gan cúiteamh** amor no correspondido.
cuiteog *f2* lombriz de tierra; pene.
cúitigh *vt* compensar; devolver.
cúitineach *m1* cutícula.

cuitléireacht *f3* cubiertos.
cúl *m1* parte de atrás; apoyo; gol; retaguardia. **dul ar gcúl** ir hacia atrás. **cúl báire** portero. **bhí mé i mo shuí ar chúl an tseomra** estaba sentado al fondo de la sala. **ar do chúl** detrás de ti. **cúl airgid** reserva de dinero. **bhí Concha ag caint fúm ar chúl mo chinn** Concha estaba hablando de mí a mis espaldas.
cúlaí *m4* defensa.
cúlaigh *vt, vi* dar marcha atrás, retroceder.
cúláire *m4* parte posterior de la cavidad bucal. **go gceanglaí mo theanga de mo chúláirí** que la lengua se me pegue al paladar.
culaith *f2* traje, vestido; equipo. **culaith snámha** traje de baño.
cúlaitheach *adj* regresivo; atrasado, retrógrado.
cúlamharc *m1* mirada hacia atrás.
cúlánta *adj* retirado, apartado; tímido.
cúlarán *m1* chufa; pacana.
cúlbhóthar *m1* carretera secundaria.
cúlchaint *f2* murmuración, cotilleo.
cúlchistin *f2* trascocina.
cúlchlós *m1* patio trasero.
cúlchríoch *f2* interior de un país.
cúldoras *m1* puerta trasera.
cúléist *vi* escuchar a escondidas.
cúlghabhálach *adj* retrospectivo.
cúlgharda *m4* retaguardia.
cúlghearr *vt* calumniar.
cúlionad *m1* fondo.
cúlóg *f2* asiento trasero. **ar cúlóg** ir en el asiento trasero, montar a la grupa.
cúlra *m4* origen; base, fundamento; formación. **tá cúlra láidir aige sa cheimic** tiene una gran formación en química.
cúlráid *f2* lugar aislado. **fanacht ar an gcúlráid** permanecer en segundo plano.
cúlráideach *adj* aislado, retirado.
cúlsolas *m1* faro trasero, luz de atrás.
cúlsruth *m3* estela.
cúltaca *m4* reserva.
cultas *m1* culto.
cúltort *vi* petardear; salir el tiro por la culata.
cúltortadh *m1* petardeo.
cultúr *m1* cultura.
cultúrtha *adj* culto, cultivado.
cúlú *m4* retirada, repliegue; marcha atrás.
cúlú gealaí mengua de la luna.
cum *vt, vi* formar, componer; concebir, inventar; limitar. **ba é Lope de Vega a chum an dráma sin** Lope de Vega escribió esa obra de teatro. **amanntaí is gá focal a chumadh** a veces hay que acuñar una palabra.

cuma

cuma¹ *f4* forma; apariencia. **ar chuma éigin** de algún modo. **ar an chuma** de todos modos. **ar an gcuma chéanna** del mismo modo. **níl cuma na Spáinnise ar an bhfocal sin** esa palabra no parece española. **cuma**² *adj* **is cuma** no importa. **is cuma linn** nos da igual. **cumá** *adv int empleado en negaciones.* **cumá nach suíonn tú?** ¿por qué no te sientas? **cumadh** *m1* formación; composición; invención. **cumadh bia** ración de comida.
cumadóir *m3* compositor; inventor.
cumadóireacht *f3* composición; ficción.
cumaisc *vt, vi* mezclar; combinar; seleccionar; cohabitar.
cumalas *m1* cúmulo.
cumann *m1* asociación, sociedad, club. **Cumann Lúthchleas Gael** *asociación que promueve deportes irlandeses*
cumannachas *m1* comunismo.
cumannaí *m4* comunista.
cumar *m1* barranco; cala; canal.
cumarsáid *f2* comunicación.
cumas *m1* capacidad, poder. **cumas labhartha Catalóinise** capacidad de hablar catalán. **ní raibh sé ar mo chumas bheith i láthair** no me fue posible asistir.
cumasach *adj* capaz; poderoso.
cumasaigh *vt* facultar, capacitar; autorizar.
cumasc *m1* mezcla; composición.
cumha *m4* añoranza, nostalgia; tristeza por la muerte o la ausencia de un ser querido.
cumhach *adj* nostálgico.
cumhacht *f3* poder, autoridad; energía. **cumhacht aturnae** poder. **cén páirtí atá i gcumhacht anois i Veiniséala?** ¿qué partido está ahora en el poder en Venezuela?
cumhachtach *adj* poderoso.
cumhachtaigh *vt* facultar, habilitar, autorizar.
cumharshalann *m1* sales aromáticas.
cumhartheiripe *f4* aromaterapia.
cumhdach *m1* cubierta, protección; relicario; carpeta. **cumhdach aghaidhe** tapabocas, mascarilla.
cumhdaigh *vt* cubrir, tapar; proteger, cobijar.
cumhra *adj* fragante; puro, fresco.
cumhracht *f3* fragancia, perfume.
cumhraigh *vt* perfumar; embalsamar; purificar.
cumhrán *m1* perfume, fragancia.
cumraíocht *f3* tipo, forma; configuración.
cumtha *adj* bien proporcionado; atractivo; inventado.
cumthacht *f3* gracia, encanto, donaire.

curaíocht

cúnamh *m1* ayuda, asistencia. **cúnamh a thabhairt** ayudar. **le cúnamh Dé** si Dios quiere.
cúnant *m1* convenio, pacto.
cúnantóir *m3* firmante de un pacto.
cúng *adj* estrecho.
cúngach *m1* estrechez, congestión.
cúngaigeanta *adj* de mente estrecha.
cúngaigh *vt, vi* estrechar, reducir.
cúngú *m4* usurpación; abuso.
cunórach *adj* entrometido, cotilla.
cunsailéir *m3* consejero, asesor.
cunta *m4* conde.
cúntach *adj* útil, provechoso; auxiliar, asesor.
cuntais *vt, vi* contar.
cuntar¹ *m1* condición; oportunidad; riesgo. **ar chuntar go** a condición de que.
cuntar² *m1* mostrador.
cuntas *m1* cuenta, factura; informe; narración. **tabhair dom cuntas beacht!** ¡las cuentas claras y el chocolate espeso! **chuir mé cuntas air** pregunté por él. **cuntas bainc** cuenta bancaria.
cuntasóir *m3* contable, contador.
cuntasóireacht *f3* contabilidad.
cúntóir *m3* ayudante, asistente.
cuntraphointe *m4* contrapunto.
cunús *m1* porquería, basura; persona desaliñada.
cuóta *m4* cuota.
cupán *m1* taza, pocillo.
cupard *m1* armario.
cúpla *m4* pareja; gemelos; unos cuantos. **an Cúpla** Géminis. **níl ach cúpla focal agam** sólo sé cuatro palabras.
cúplach *adj* gemelo.
cúpláil I *f3* copulación, cópula de animales. **II** *vt, vi* unir, copular.
cúplán *m1* conexión.
cúpón *m1* cupón.
cur *m1* siembra, cultivo; entierro; colocación; juego; ronda de bebidas. **cur sceana** juego de cuchillos. **cur amach** emisión, producción. **cur isteach** instalación; interferencia. **cur amú** desperdicio. **cur chuige** método. **cur i gcéill** hipocresía. **cur i láthair** presentación. **cur in oiriunt** adaptación.
cúr¹ *m1* espuma; milano.
cúr² *vt* castigar.
curach *f2* barca de cuero o de hule.
cúrach *adj* espumoso.
curaclam *m1* currículo.
curadh *m1* guerrero; héroe; campeón.
curadóir *m3* sembrador.
curadóireacht *f3* siembra.
curaí *m4* curry.
curaíocht *f3* siembra, labranza; cosecha.

cúram *m1* responsabilidad; familia; tarea. **faoi mo chúram** a mi cargo. **cúram fiacla** cuidado dental. **cad iad cúraimí an phoist?** ¿cuáles son las responsabilidades del puesto?
cúramach *adj* cuidadoso; cariñoso; ocupado.
cúránach *adj* espumoso; cremoso.
curata *adj* valiente, heroico.
curca *m4* cresta, penacho; moño; escarapela.
curcach *adj* crestado.
curfá *m4* estribillo.
curiarracht *f3* marca.
cúróg *f2* suflé.
curra *m4* pistolera.
cúrsa *m4* curso; viaje; asunto; menstruación. **d'fhreastail mé ar chúrsa Guaraní agus mé i bParagua** asistí a un curso de guaraní cuando estuve en Paraguay. **cúrsaí airgid** asuntos monetarios. **ceann cúrsa** destino. **cúrsaí reatha** actualidad. **cúrsaí báis agus beatha** cuestiones de vida y muerte. **cúrsaí spóirt** noticias deportivas.
cúrsáil I *f3* crucero; caza (*actividad rural en la cual se apuesta sobre cual de dos galgos alcanzará una liebre*). **II** *vt, vi* hacer un crucero; patrullar; cazar; correr (*líquido*). **seol a chúrsáil** arrizar velas. **an idirlín a chúrsáil** navegar el internet.
cúrsaíocht *f3* circulación.
cúrsóir *m3* crucero; cursor.
cuspa *m4* objeto; objetivo.
cuspóir *m3* blanco, objetivo; propósito.
cuspóireach I *m1* objeto. **tuiseal cuspóireach** acusativo gramatical. **II** *adj* objetivo; acusativo.
custaiméir *m3* cliente.
custaiméireacht *f3* clientela.
custam *m1* aduana.
custard *m1* postre hecho a base de leche y vainilla.
cuthach *m1* furia, rabia.
cúthail *adj* tímido; modesto.
cúthaileacht *f3* timidez.

D

D, d *m* letra D. **D séimhithe** (*Ḋ, ḋ*; **Dh, dh**) D lenizada.
dá[1] *conj* si **dá gcloisfeadh do mháthair thú!** ¡si tu madre te oyera! **dá mba leatsa é** si fuese tuyo. **dá mbeadh an t-am againn** si tuviéramos tiempo.
dá[2] *adj prep* para, con, de. **thug sí dá hathair é** se lo dio a su padre. **chuir sé i dtaisce dá chlann é** lo ahorró para sus hijos. **bhain sé dá cheann é** se lo quitó de la cabeza. **chaith sí trí bliana dá saol i mBuenos Aires** pasó tres años de su vida en Buenos Aires. **dá bhrí sin** por eso. **dá leithéid** por el estilo. **dá bharr** por ello.
dá[3] *forma compuesta de de + a , do + a* que, lo que. **iomlán dá mbaineann linn** todo lo que tiene relación con nosotros. **gach uair dá smaoiním air** cada vez que pienso en ello.
dá[4] *forma compuesta de de + a* por muy, por mucho. **dá airde an sliabh** por muy alta que sea la montaña. **dá olcas é sin** por muy malo que sea. **dá mhéad mo mheas air** por mucho que lo admire.
dá[5] (*ver dhá*).
daba *m4* embarradura; gota; bulto. **mac an daba** el dedo anular.
dabhach *f2* tina, cuba; alberca. **dabhach folctha** bañera.
dabhaid *f2* pieza; porción. **dabhaid feola** pedazo de carne.
dabht *m4* duda. **gan dabht** sin duda.
dada *m4* nada; ápice; pizca. **ní dúirt sí dada** no dijo nada.
daibhir *adj* pobre, indigente.
daibhreas *m1* pobreza, indigencia.
daichead *m1, adj* cuarenta. **na daichidí** los años cuarenta.
daicheadú *m4 adj* cuadragésimo.
daid *m4* papá.
daideo *m4* abuelito.
daidí *m4* papá. **Daidí na Nollag** Papa Noel, Santa Claus.
daigh *f2* dolor punzante, punzada. **daigh chroí** ardor de estómago, agruras.
dáigh *adj* terco, obstinado.
daighear *f2* llama, fuego. **daighear ghaoithe** ráfaga de viento.
daigheartha *adj* ardiente; punzante, doloroso.
dáil[1] *f3* asamblea; parlamento; distribución; compañía. **Dáil Éireann** *una de las cámaras del Parlamento de Irlanda*

dáil[2] *vt* distribuir, repartir, asignar. **dáil an rís ar phlátaí téite** sirva el arroz en platos calentados.
dáilcheantar *m1* distrito electoral en Irlanda.
dáileadh *m1* distribución. **dáileadh minicíochta** frecuencia estadística.
dáileamh *m1* camarero.
dáileog *f2* gota, dosis.
dáilia *f4* dalia.
daille *f4* ceguera; torpeza, estupidez.
dailtín *m4* mocoso; sujeto descarado.
dáimh *f2* amor fraterno; simpatía.
daimsín *m4* damasco.
daingean I *m1* fortaleza, fuerte, garantía. **II** *adj* fortificado; sólido, seguro. **coinnigh greim daingean air** sujétalo con firmeza.
daingne *f4* fuerza, firmeza; seguridad.
daingnigh *vt, vi* fortalecer, reforzar, asegurar.
daingnitheoir *m3* estabilizador.
dainséar *m1* peligro.
dainséarach *adj* peligroso.
dair *f5* roble.
dáir *f5* celo de las vacas.
dáiríre *adj* sincero; auténtico; serio. **i ndáiríre** de verdad. **dáiríre píre** realmente.
dáiríreacht *f3* seriedad; sinceridad.
dairt *f2* dardo, misil; terrón.
dairtchlár *m1* diana, blanco.
daite[1] *adj* coloreado, teñido. **fuinneoga daite** vitrales, vidrieras.
daite[2] *adj* repartido; destinado.
daitheacha *fpl* reúma, reumatismo.
dála *pl de dáil*[1]. como. **dála an scéil** a propósito. **dála mar a rinne mise** justo como hice yo.
dálach I *m1* día de asamblea. **II** *adj* sociable.
dalba *adj* travieso, osado; grande; fuerte.
dalcaire *m4* persona fornida.
dall *m1* ciego. **dall bán** albino. **ní raibh an seanathair dall go hiomlán** el abuelo no estaba totalmente ciego *vt* cegar; confundir.
dallach *s* **dallach dubh a chur ar dhuine** engañar a una persona.
dallachar *m1* deslumbramiento.
dalladh *m1* ceguera; ofuscación; abundancia.
dallaigh *vt* cegar.
dallamullóg *m4* ceguera; engaño. **dallamullóg a chur ar dhuine** engañar a una persona.
dallán *m1* interruptor, enchufe; válvula; himen; tapón.
dallarán *m1* tonto.

dallóg *f2* persiana; animal ciego. **dallóg fhéir** lirón. **dallóg fhraoigh** musaraña.
dallradharcach *adj* corto de vista, miope.
dallraigh *vt* cegar, ofuscar.
dallraitheach *adj* deslumbrante.
dalta *m4* estudiante; hijo adoptivo; discípulo; cadete. **bhí sé ina dhalta ag El Greco** era discípulo de El Greco.
daltachas *m1* adopción; tutela.
daltas *m1* condición de cadete.
damáiste *m4* perjuicio, daño
damáisteach *adj* dañino, perjudicial; dañado; podrido.
damanta *adj* maldito; malvado.
damba *m4* presa; dique.
dambáil *vt* represar.
damh *m1* buey; ciervo.
dámh *f2* facultad académica. **Dámh na Diagachta** Facultad de Teología. **an dámh** los literatos.
damhán *m1* buey joven. **damhán alla** araña.
damhna *m4* materia, sustancia.
damhsa *m4* baile.
damhsaigh *vt, vi* bailar, danzar.
dámhscoil *f2* escuela dedicada a la enseñanza del arte poético.
damhsóir *m3* bailarín.
damnaigh *vt* maldecir, condenar.
damnú *m4* maldición, condena. **damnú air!** ¡que le parta un rayo!
dán *m1* poema; arte poético; destino. **dán grá le Garcilaso de la Vega** un poema de amor de Garcilaso de la Vega. **dán díreach** antiguas formas métricas de poesía. **an rud atá i ndán dúinn** lo que nos espera.
dána *adj* travieso; osado; confiado.
dánacht *f3* travesura; osadía, audacia.
danaid *f2* pesar, lamentación; pérdida.
danaideach *adj* pesaroso, triste.
danar *m1* extranjero, bárbaro.
danartha *adj* cruel, bárbaro; insociable.
danarthacht *f3* barbarie; insociabilidad.
dánlann *f2* galería de arte.
daoi *m4* ignorante; patán.
daoineach *adj* populoso; numeroso.
daoire *f4* carestía.
daoirse *f4* esclavitud, servidumbre; opresión. **daoirse leanaí** explotación infantil.
daoirsigh *vt, vi* encarecer, aumentar el precio.
daoithiúil *adj* poco afable; grosero.
daol *m1* escarabajo; insecto; gusano.
daonáireamh *m1* censo.
daonchairdeas *m1* filantropía.
daonchumhacht *f3* mano de obra.
daonlathach *adj* democrático.
daonlathaí *m4* demócrata.

daonlathas *m1* democracia.
daonna *adj* humano; amable. **cearta daonna** derechos humanos. **acmhainní daonna** recursos humanos. **cine daonna** humanidad.
daonnachas *m1* humanismo.
daonnacht *f3* humanidad; bondad; menstruación. **samhlaíodh daonnacht leis na róinte** la gente imaginaba que las focas eran humanas.
daonnachtaí *m4* humanista.
daonnachtúil *adj* humano; natural.
daonnachtúlacht *f3* humanidad; filantropía.
daonnaí *m4* ser humano.
daonra *m4* población. **tá fás faoin daonra** la población está creciendo.
daor I *m1* esclavo; reo. **II** *adj* duro; caro. **d'ioc sé go daor as a bhotún** pagó muy caro su error. **III** *vt* esclavizar; condenar. **daoradh chun báis é** fue condenado a muerte.
daoradh *m1* esclavitud; condena.
daoránach *m1* presidiario, recluso.
daorbhreith *f2* condena, sentencia.
daorghalar *m1* almorranas, hemorroides.
daorsmacht *m3* esclavitud, opresión.
daoscarshlua *m4* vulgo, chusma.
dar[1] *prep* **dar m'anam** por mi alma.
dar[2] *v def* parece, según. **dar liom** según yo. **dar leis an sagart** según el cura.
dar[3] *rel* para quien, cuyo. **bhí ar na daltaí leabhar dar teideal** *Peig* **a léamh** los alumnos tenían que leer un libro llamado *Peig*.
dár[1] *posesivo empleado en 1 pers pl de.* para. **slí bheatha dár ndaoine** un medio de vida para nuestro pueblo. **duine dár gclann** uno de nuestros hijos. **dáil dár gcairde é repártelo entre nuestros amigos.
dár[2] *pasado de dá*[1]. **gach uair dár smaoinigh mé air** cada vez que pensaba en ello.
dár[3] *prep* **an lá dár gcionn** al dia siguiente.
dara *adj* segundo; siguiente; otro. **níl an dara rogha agam** no tengo alternativa. **an Dara Cogadh Domhanda** la segunda guerra mundial.
dartán *m1* terrón; césped.
dás *m1* estrado.
dásacht *f3* osadía, audacia; locura, furia.
dásachtach *adj* osado, audaz; loco, furioso.
dáta *m4* fecha; periodo; dátil. **tá an dáta caite** el plazo ha expirado. **as dáta** vencido, caducado; pasado de moda.
dátaigh *vt* datar.
dath *m3* color; apariencia. **dath a chur ar rud** colorear, pintar, teñir. **cén dath atá air?** ¿de qué color es? **cuireann sé dath**

dathadóir

gorm ar an bpáipéar litmis vuelve azul el papel tornasol. **a dhath** nada.
dathadóir *m3* pintor; colorista; tintorero; persona que exagera.
dathadóireacht *f3* tintura, pintura; exageración.
dathaigh *vt, vi* colorear, pintar; teñir.
dathán *m1* colorante.
dathannach *adj* multicolor, colorido.
dathdhall *adj* daltónico.
dátheangach *adj* bilingüe.
dátheangachas *m1* bilingüismo.
dathúchán *m1* tintorería.
dathúil *adj* colorido; guapo, bien parecido, buen mozo; generoso.
dathúlacht *f3* apostura, belleza; generosidad.
de *prep* desde, de; fuera de. **de bharr** a causa de. **de ghlanmheabhair** de memoria. **de ghnáth** por norma. **de nós** de costumbre. **ar gach taobh den teach** a ambos lados de la casa. **thuirling na paisinéirí den eitleán** los pasajeros bajaron del avión. **bhí an chathair lán de chuairteoirí** la ciudad estaba llena de visitantes.
dé-[1] *pref* bi-, di-, ambi-.
dé[2] *f4* resoplido; respiración; resplandor. **an dé deiridh** el último aliento. **dé ghaoithe** ráfaga de viento.
dé[3] *s* empleado con días de la semana. **Dé Domhnaigh** el domingo.
dé[4] *s* **dé do bheatha** bienvenido.
dea- *pref* bueno; bien-. **mar dhea** supuestamente.
dea-ainm *m4* buena fama.
deabhadh *m1* prisa.
deabhaidh *f* lucha, contienda, pelea.
dea-bhéasach *adj* educado, cortés.
dea-bhlasta *adj* sabroso.
déabhlóid *f2* devolución.
deabhóid *f2* devoción.
deabhóideach *adj* devoto, devocional.
deacair *adj* duro, difícil. **is deacair a rá go cinnte** es difícil decir con seguridad.
déach *adj* dual.
deachaigh[1] *pasado negativo de téigh*. **ní dheachaigh sé isteach sa tsiopa** no entró en la tienda.
deachaigh[2] *vt* diezmar.
dea-chroí *m4* buena voluntad.
deachtafón *m1* dictáfono.
deachtaigh *vt* instruir; dictar.
deachtóir *m3* dictador.
deachtóireacht *f3* dictadura.
deachtú *m4* dictado.
deachú *f* décima parte, diezmo.
deachúil *f3 adj* decimal.
deachúlach *adj* decimal.
deachúlaigh *vt* decimalizar.

déan

dea-chuma *f4* buen aspecto.
deacracht *f3* dificultad; calamidad; incomodidad.
déad *m1* diente; dentadura. **déad bréige** dientes postizos.
déadach *adj* dental; dentado.
déadchíor *f2* dentadura.
dea-dhéanta *adj* bien construido.
dea-fhocal *m1* palabra positiva. **bíonn an dea-fhocal i gcónaí aige** es una persona muy positiva.
déag *s empleado con numerales entre once y diecinueve*. **ocht déag** dieciocho. **naoi déag** diecinueve. **an seachtú imreoir déag** el decimoséptimo jugador. **déaga** *pl* años de la adolescencia.
deagánach *m1* diácono.
dea-ghléasta *adj* bien vestido.
dea-ghuí *f4* buenos deseos.
déagóir *m3* adolescente.
dea-iompar *m1* buena conducta.
dealaigh *vt, vi* partir, separar; distinguir; restar. **dealaigh le** separarse de. **dealaigh ó** sustraer de.
dealbh[1] *f2* estatua.
dealbh[2] *adj* desposeído; vacío; desierto.
dealbhach *adj* escultural.
dealbhaigh *vt* esculpir; empobrecer.
dealbhóir *m3* escultor.
dealbhóireacht *f3* escultura.
dealg *f2* espina; alfiler; broche.
dealgán *m1* aguja de tricotar.
dealrachán *m1* clavícula.
dealraigh *vt, vi* parecer; iluminar; comparar. **dealraítear dom** me parece.
dealraiteach *adj* resplandeciente; guapo; parecido. **is dealraitheach lena athair é** se parece a su padre.
dealraitheacht *f3* parecido; verosimilitud.
dealramh *m1* resplandor, brillo; apariencia; semejanza. **de réir dealraimh** aparentemente.
dealú *m4* separación; sustracción.
dealús *m1* destitución.
dealúsach *adj* desposeído, pobre.
deamhan *m1* demonio. **deamhan fola** vampiro.
deamhandíbirt *f3* exorcismo.
deamhanta *adj* demoníaco; malvado.
dea-mhéin *f2* buena voluntad. **le deamhéin** con buenos deseos, atentamente.
dea-mhuinin *f2* confianza.
dea-mhúinte *adj* educado.
déan[1] *m1* deán, decano.
déan[2] *vt, vi* hacer, realizar; practicar; formar; producir. **déan suas ceapairí don chruinniú** haz bocadillos para la reunión. **déanfaidh an tobac dochar duit** el

déanach

tabaco te hará daño. **déan cibé rud is fearr leat** haga como prefiera. **déanfaidh sé cúis** valdrá. **fual a dhéanamh** orinar. **i Meicsiceó a rinneadh** hecho en México. **déan ar** acercarse. **déan amach** calcular. **déan gearán** reclamar. **déan iarracht** inténtalo. **déan leithcheal** discriminar. **déan macnamh air** piénsalo. **déan suas d'intinn** decida. **déan trócaire orthu** ten piedad de ellos. **na déan trácht air** ni lo menciones. **déanfaidh mise an leaba** yo haré la cama. **ná déan goid** no robarás. **Déan Féin É** Hágalo Usted Mismo. ❶ *empleado como auxiliar* **déan an t-uisce a théamh** caliente el agua. **déan staidéar** estudiar.
déanach *adj* último, final; tardío. **tá mé déanach don rang** llego tarde a clase. **an Suipéar Déanach** la Última Cena.
déanaí *f4* **le déanaí** recientemente. **ar a dhéanaí** a más tardar.
déanamh *m1* acción; realización; hechura, construcción; forma. **tá déanamh an ghúna seo i bhfad níos deise** la hechura de este vestido es mucho más bonita. **déanamh duilleoige atá ar an linn snámha** la piscina tiene forma de hoja.
déanfasach *adj* industrioso, oficioso.
déanmhas *m1* formación, estructura.
deann *m3* punzada, pinchazo.
deannach *m1* polvo.
deannachtach *adj* severo, agudo.
deannachúil *adj* polvoriento.
deannóg *f2* narigada, pizca de rapé.
déanta *adj* completo, acabado.
déantán *m1* artefacto.
déantóir *m3* fabricante.
déantús *m1* marca, modelo, fabricación.
déantúsaíocht *f3* fabricación, manufactura.
dear *vt* dibujar, diseñar. **cé a dhear do ghúna?** ¿quién diseñó tu falda?
deara *s* **rud a thabhairt faoi deara** notar algo. darse cuenta. **thug póilín faoi deara é** un policía se dio cuenta. **faoi deara** razón, explicación. **sin faoi deara an doras a bheith oscailte** por eso estaba abierta la puerta. **míthuiscint faoi deara an cogadh** la guerra fue provocada por un mal entendido.
dearadh *m1* diseño.
dearbh-[1] *pref* verdadero; absoluto.
dearbh[2] *adj* **is dearbh liom go** estoy seguro de que. **go dearbh** sin duda.
dearbhaigh *vt*, *vi* declarar, afirmar; confirmar, demostrar. **dearbhaím duit** te aseguro.
dearbhán *m1* comprobante, cupón.
dearbhnialas *m1* cero absoluto.

deartháir

dearbhú *m4* declaración; confirmación; prueba.
dearc *vt*, *vi* mirar, contemplar, observar; considerar.
dearcach *adj* previsor; considerado.
dearcadh *m1* mirada, perspectiva, punto de vista; actitud. **tá dhá dhearcadh ann** hay dos perspectivas. **dearcadh an phobail** la opinión pública.
dearcán *m1* bellota.
deardan *m1* tiempo borrascoso.
Déardaoin *m4* jueves. **inniu an Déardaoin** hoy es jueves. **Déardaoin Deascabhála** día de la Ascensión. **Déardaoin Mandála** Jueves Santo.
dearfa *adj* probado, seguro, cierto, concreto. **níl dáta dearfa roghnaithe** no se ha fijado una fecha concreta. **go dearfa** ciertamente.
dearfach *adj* afirmativo, positivo.
dearg I *m1* rojo, colorete. **II** *adj* rojo; encendido; intenso. **tá an solas dearg** la luz está en roja. **bhí an t-ádh dearg air** tuvo mucha suerte. **fíon dearg le feoil dhearg** vino tinto con carne roja. **an Deargspota Mór** la Gran Mancha Roja. **Cumann na Croise Deirge** La Cruz Roja. ❶ *usado como intenficador* **bhí an t-ádh dearg air** tuvo la gran suerte. **cogadh dearg** guerra sin cuartel. **deargbhréag** mentira vil. **III** *vt*, *vi* enrojecer, ruborizarse; herir. **dhearg sé go bun na gcluas** se puso rojo como un tomate.
deargadaol *m1* caballito del diablo.
deargán *m1* besugo.
dearlacadh *m1* regalo, premio.
dearlaic *f2* donativo *vt* otorgar, donar.
dearmad I *m1* olvido; negligencia; error. **dearmad cló** errata. **dearmad a dhéanamh** equivocarse, olvidar. **mura bhfuil dearmad orm** si no me equivoco. **lig i ndearmad** olvidar, olvidarse. **II** *vt* olvidar; omitir; descuidar.
dearmadach *adj* olvidadizo, despistado.
dearna[1] *pasado de déan en oraciones negativas, relativas e interrogativas (ver tablas).* **ní dhearna mé faic** no hice nada. **cé go ndearna sé an obair é féin** aunque él mismo hizo el trabajo.
dearna[2] *f4* palma de la mano; manotazo; porrazo.
dearnadóir *m3* quiromántico, palmista.
dearnáil I *f3* remiendo. **II** *vt*, *vi* zurcir.
dearóil *adj* frágil; frío; yermo; desgraciado.
dearscnaitheach *adj* excelente; destacado; trascendente.
deartháir *m5* hermano. **deartháir céile** cuñado. **an deartháir is sine** el hermano mayor.

dearthóir

dearthóir *m3* diseñador.
deas¹ *s* **ó dheas al sur. an taobh ó dheas** la parte meridional.
deas² **I** *s* **de dheas** cerca de. **II** *adj* **deas do** cercano, próximo; accesible. **bheith deas i ngaol do dhuine** tener parentesco próximo con alguien.
deas³ *adj* derecho, al lado derecho. **an lámh dheas** la mano derecha.
deas⁴ *adj* bonito; agradable, amable; chévere. **tá sé pósta le cailín deas as Meicsiceó** está casado con una mexicana simpática. **níos deise** más bonito. **bheith deas ar** saber hacer algo.
deasach *adj* diestro.
deasaigh *vt, vi* vestir; preparar; posicionarse.
deasbhord *m1* estribor.
deasc¹ *f2* mesa, pupitre.
deasc² *vt, vi* asentarse; sedimentarse.
deasca *m4* poso; levadura; efecto. **chaith mé mí san ospidéal de dheasca na timpiste** pasé un mes en el hospital a consecuencia del accidente.
deascabháil *f3* Ascensión de Jesucristo.
deascán *m1* depósito, sedimento, acumulación; cantidad.
deaschaint *f2* discurso ingenioso. **deaschainteanna** *pl* agudezas.
deasghnáth *m3* rito, ceremonia; formalidad.
deaslabhra *f4* elocución.
deaslámhach *adj* diestro, hábil, mañoso.
deasóg *f2* mano derecha; puño derecho.
deastógáil *f3* Asunción de la Virgen María.
deatach *m1* humo; vapor.
deataigh *vt* ahumar. **bradán deataithe** salmón ahumado.
dea-thoil *f3* buenos deseos.
deatúil *adj* humeante, vaporoso.
dea-uair *f2* hora oportuna. **ar an dea-uair** afortunadamente.
débheathach *m1, adj* anfibio.
débhliantúil *adj* bienal.
débhríoch *adj* ambiguo.
débhríocht *f3* ambigüedad.
décharbónáit *f2* bicarbonato.
déchéileachas *m1* bigamia.
déchosach *m1, adj* bípedo.
défhoghar *m1* diptongo.
déghnéasach *adj* bisexual.
deic *f2* cubierta, puente.
deiceagram *m1* decigramo.
deich *m4 adj* diez. **tréimhse deich mbliana** un período de diez años.
deichiú *m4 adj* décimo.
deichniúr *m1* diez personas; decena del rosario.
deicibeil *f2* decibelio.
deiciméadar *m1* decímetro.

déirc

déideadh *m1* dolor de muelas.
déidhe *m4* **uimhir dhéidhe** número dual.
deifir *f2* prisa. **níl deifir orainn** no tenemos prisa.
deifnídeach *adj* definitivo.
deifreach *adj* apresurado, apurado.
deifrigh *vt, vi* apresurarse, acelerar. **deifrigh leat** date prisa.
deighil *vt* partir, dividir, repartir.
deighilt *f2* separación, división, repartición.
deighilteach *adj* que provoca separación, divisivo.
deighilteoir *m3* separador.
deil *f2* torno. **ar deil** en buen funcionamiento, en orden.
deilbh *f2* estructura, forma; apariencia.
deilbhigh *vt* construir; dar forma, amoldar.
deilbhíocht *f3* accidente gramatical.
deileadóir *m3* tornero.
déileáil I *f3* trato. **II** *vi* hacer tratos. **déileálaí** *m4* tratante, marchante, distribuidor. **déileálaí drugaí** narcotraficante.
deilf *f2* delfín.
deilgne *f4* espina, púa.
deilgneach¹ *f2* varicela.
deilgneach² *adj* espinoso; alambrado; astillado.
deilín *m4* cantinela.
deilíneach *adj* recíproco.
deiliús *m1* descaro, impudicia.
deiliúsach *adj* descarado, atrevido.
deilt *f2* delta.
deimheas *m1* tijeras. **deimheas béil** lengua afilada.
deimhin I *s* certeza, prueba. **II** *adj* seguro, cierto. **go deimhin** en efecto. **déan deimhin den phraghas sin** asegúrate del precio. **is deimhin go bhfuil buntáiste mór ag gabháil leis** es cierto que lleva una ventaja grande.
deimhneach *adj* cierto; positivo.
deimhnigh *vt, vi* certificar, afirmar, confirmar, verificar. **deimhníodh gur timpiste a bhí i gceist** se verificó que se trataba de un accidente.
deimhniú *m4* certificación, certificado, confirmación; seguridad.
deimhniúchán *m1* certificación; afirmación.
deimhniúil *adj* afirmativo.
déin *s* **dul faoi dhéin duine** ir al encuentro de, recoger a alguien. **ag teacht faoi mo dhéin** viniendo hacia mí.
déine *f4* velocidad; intensidad; severidad.
deirf2 herpes; varicela.
deirc *f2* agujero, hueco, cavidad.
déirc *f2* caridad, limosna. **fear déirce** mendigo. **ag iarraidh déirce** mendigando.

69

deirceach *adj* agujereado. **gealach dheirceach** luna creciente.
déirceach I *m1* limosnero, mendicante; persona caritativa. **II** *adj* caritativo; mendicante.
déircínteacht *f3* mendicidad.
deireadh *m1* fin, término, final; popa; parte trasera. **faoi dheireadh** por fin. **an lá faoi dheireadh** el otro día. **tá deireadh leis sin anois** eso se ha acabado. **Deireadh Fómhair** octubre.
deireanach *adj* último; tardío.
deireanas *m1* tardanza. **le deireanas** recientemente.
deirfiúr *f5* hermana. **deirfiúr céile** cuñada. **deirfiúr liom** una hermana mía.
deirge *f4* rojez; brillo; crudeza; barbecho.
déirí *m4* lechería.
deiridh *genetivo usado como adjetivo* último. **an duine deiridh** la última persona. **roth deiridh** rueda trasera.
déiríocht *f3* fabricación de lácteos.
deirmitíteas *m1* dermatitis.
deis *f2* mano derecha; oportunidad, chance. **cas ar dheis** gira a la derecha. **an deis a thapú** aprovechar la oportunidad. **ní raibh deis agam an nuachtán a léamh** no tuve la ocasión de leer el periódico. **tabhair deis dó** dale chance.
deisbhéalach *adj* que habla bien, ingenioso.
deisceabal *m1* discípulo.
deisceart *m1* sur, parte meridional.
deisceartach *m1* sureño *adj* meridional.
deiseacht *f3* cercanía, proximidad.
deiseal *adv* en dirección a la derecha, que sigue el movimiento del sol. **dul deiseal** ir en dirección de las agujas del reloj.
deisealach *adj* hacia la derecha, en el sentido de las agujas del reloj; ordenado.
deisealán *m1* mechón.
deisigh *vt* arreglar, reparar.
deisitheoir *m3* reparador.
deisiú *m4* reparación.
deisiúchán *m1* arreglo, reparación; ordenamiento.
deisiúil *adj* acomodado; bien equipado.
deisiúr *m1* aspecto sureño.
deismíneacht *f3* refinamiento; primor; preciosidad.
deismir *adj* bello; limpio; ejemplar.
deismireacht *f3* hermosura; ejemplo, ilustración; limpieza. **deismireacht chainte** bello giro lingüístico.
deismireán *m1* curiosidad, rareza.
déistin *f2* repugnancia, asco; naúsea. **chuir an eachtra déistin ar fhormhór an phobail** el acontecimiento le repugnó a la mayoría de la gente.
déistineach *adj* repugnante, nauseabundo, asqueroso.
dénártha *adj* binario.
deo *s* **go deo** eternamente; nunca; intensamente. **ní rachaidh mé ann go deo arís** no iré allí nunca más. **bhí sé an-fhuar go deo** hacía muchísimo frío.
deoch *f3* bebida, infusión; poción. **deoch chodlata** bebida somnífera. **deochanna neamh-mheisciúla** bebidas no alcohólicas. **deochanna súilíneacha** bebidas gaseosas. **deoch a ól ar dhuine** brindar por alguien. **an mbeidh deoch agat?** ¿quieres tomar algo?
dé-ocsaíd *f2* dióxido.
dé-ocsain *f2* dioxina.
deoin *f3* voluntad, deseo. **de do dheoin féin** de motu propio.
deoir *f2* lágrima; gota. **Deora Dé** fucsia.
deoiríneacht *f3* sentimentalidad.
deoise *f4* diócesis.
deolcach *m1* lactante.
deolchaire *f4* gratificación, munificencia.
deonach *adj* voluntario.
deonachán *m1* donación; beca.
deonaigh *vt, vi* permitir, consentir; otorgar.
deontas *m1* concesión; beca.
deontóir *m3* cedente. **deontóir fola** donante de sangre.
deonú *m4* concesión, consentimiento, condescendencia.
deorach *adj* lloroso.
deoraí *m4* emigrante. **is iomaí deoraí ó Éirinn a thug an Airgintín air féin** muchos emigrantes fueron de Irlanda a Argentina.
deoraíocht *f3* exilio; emigración.
deoranta *adj* extraño; distante, apartado.
dépholach *adj* bipolar.
déroinn *vt* bisecar.
déscéalaíocht *f3* mitología.
déshúiligh *npl* binoculares.
déthaobhach *adj* bilateral.
déthoiseach *adj* bidimensional.
dhá *adj num* dos. **bíonn dhá thaobh ar gach scéal** hay dos versiones de cada historia. **tá sé líofa sa dá theanga** habla bien las dos lenguas. **is fuath liom an dá rogha** odio las dos opciones. **tá dhá fhoireann peile againn sa choláiste** tenemos dos equipos de fútbol en el colegio.
dháréag *m4* doce personas. **an Dáréag** los doce apóstoles.
dí- *pref* de-, -in, dis, -in-, a-, an-.
dia *m3* Dios, deidad. **Dia duit** hola. **ar dheis Dé go raibh a anam** que descanse en paz. **go bhfóire Dia orainn** Dios nos guarde. **déithe na gCeilteach** los dioses de los celtas.

diabhal

diabhal *m1* diablo. **go dtachta an diabhal thú** que el diablo te lleve. **d'anam don diabhal** maldito seas. **bíodh an diabhal acu** al diablo con ellos. **an diabhal capaill sin** ese puñetero caballo.
diabhalta *adj* malicioso.
diabhlaí *adj* diabólico, endiablado.
diabhlaíocht *f3* diablura, travesura.
diach *s* demonio.
diachair *f3* dolor, aflicción; desgracia.
diachas *m1* teísmo.
diachrach *adj* doloroso, penoso.
diaga *adj* divino, sagrado; teológico. **an Choiméide Dhiaga** la Divina Comedia.
diagacht *f3* divinidad; teología.
diagaire *m4* teólogo.
diaganta *adj* divino; pío.
diaibéiteach *adj* diabético.
diaibéiteas *m1* diabetes.
diaicritic *f2* diacrítico.
diaidh *s* **i ndiaidh** detrás, después. **romham agus i mo dhiaidh** delante de mí y detrás de mí. **mí ina dhiaidh** un mes después. **i ndiaidh a chéile** uno tras otro. **ina dhiaidh sin** después de eso. **ina dhiaidh sin féin** no obstante. **diaidh ar ndiaidh** poco a poco. **tá na gardaí ina dhiaidh** la policía está detrás de él. **an dtagann an aidiacht i ndiaidh an ainmfhocail?** ¿viene el adjetivo detrás del sustantivo?
diail[1] *f2* dial.
diail[2] *adj* magnífico, destacado. **go diail!** ¡espléndido!
diailigh *vt, vi* marcar.
dialann *f2* diario.
dialannaí *m4* diarista.
diall *vi* inclinarse *m* inclinación, desviación.
diallait *f2* silla de montar; sillín.
diallaiteoir *m3* guarnicionero.
diamant *m1* diamante.
diamhair *f2* soledad; misterio; lugar remoto *adj* solitario; misterioso; oculto.
diamhasla *m4* blasfemia.
diamhracht *f3* oscuridad; misterio.
diamhróir *m3* reaccionario.
dian *adj* intenso, fuerte; duro, estricto. **tá an cúrsa Spáinnise lán chomh dian leis an gcúrsa Fraincise** el curso de español es tan difícil como el curso de francés.
diancheistiúchán *m1* interrogatorio.
dianchosc *m1* prohibición estricta.
dianchúram *m1* cuidado intensivo.
dianchúrsa *m4* curso intensivo.
dianleathadh *s* **ar dianleathadh** totalmente abierto.
dianscaoileadh *m* descomposición.
diantréanach *adj* ascético.
diantréanas *m1* ascetismo.

dígeanta

dí-armáil I *f3* desarme. **II** *vt, vi* desarmarse.
dias[1] *f2* mazorca de maíz, espiga.
dias[2] *m1* deismo.
diasraigh *vt, vi* espigar.
diathair *f2* órbita. **ar diathair** en órbita.
díbeartach *m1* persona desterrada, exiliado; paria.
dibheán *m1* diván.
díbheirg *f2* ira, rabia; venganza.
díbheirgeach *adj* rabioso, iracundo, vengativo.
díbhéirseach *adj* divergente.
díbhéirsigh *vi* divergir.
díbheo *adj* sin vida, lánguido; indiferente.
díbhinn *f2* dividendo.
díbhirce *f4* ardor, ansia, celo.
díbhirceach *adj* ardiente, ansioso, celoso.
díbhoilsciú *m4* desinflamiento; deflación.
díbholaíoch *m1, adj* desodorante.
díbir *vt* echar, desterrar, expulsar.
díbirt *f3* destierro, expulsión.
díblí *adj* desgastado, debilitado; senil; caduco; vil. **luibhne díblí** hierbas secas.
díbligh *vt, vi* desgastar, debilitar; dilapidar; ultrajar, insultar.
díblíocht *f3* debilidad; dilapidación; miseria, vileza.
dícháiligh *vt* descualificar.
dícheall *m1* máximo esfuerzo. **déanfaidh mé mo dhícheall** haré lo que pueda.
dícheallach *adj* esforzado; celoso, diligente.
dícheann *vt* decapitar; mutilar, destrozar.
díchéillí *adj* descerebrado, bobo, necio.
díchnámhaigh *vt* deshuesar; filetear.
díchreidmheach *adj* incrédulo, escéptico.
díchuimhne *f4* olvido.
díchuir *vt* expulsar; dispersar.
dídean *f2* refugio, amparo, protección. **daoine gan dídean** los sin techo. **fuair ár mbád dídean i gcuan Cádiz** buscamos refugio en la bahía de Cádiz.
dídeanach *adj* protector.
dídeanaí *m4* refugiado.
dídhaoinigh *vt* despoblar.
difear *m1* diferencia. **ní dhéanann sé aon difear** es lo mismo.
dífhibrileoir *m3* desfibrilador.
dífhostaíocht *f3* desempleo.
dífhostaithe *adj* en paro, desempleado.
difríocht *f3* diferencia. **is beag an difríocht a fheicim eatarthu** veo poca diferencia entre ellos.
difriúil *adj* diferente; distinto. **rud difriúil ar fad é sin** eso es totalmente diferente. **triail modhanna difriúla** ensaya distintos métodos.
diftéire *f4* difteria.
dígeann *m1* extremo, extremidad; clímax.
dígeanta *adj* acérrimo, fanático.

díghalraigh *vt* desinfectar.
díghalrán *m1* desinfectante.
digiteach *adj* digital.
díhiodráitigh *vt* deshidratar.
dil *adj* querido, amado.
díláithreach *m1* persona desplazada.
díláithrigh *vt* desplazar; despejar; demoler.
díláraigh *vt* descentralizar.
dilchuimhne *f4* **i ndilchuimhne ar** en memoria de.
díle *f* inundación; diluvio; torrente. **an Díle** el diluvio universal.
díleá *m4* disolución; digestión.
díleách *adj* digestivo.
dileagra *m4* discurso; memorial.
díleáigh *vt, vi* disolver, digerir.
dílis *adj* propio; genuino, auténtico; leal; integral. branda dílis marca propia. **ainm dílis** nombre propio.
dílleachta *m4* huérfano.
dílleachtlann *f2* orfanato.
dílse *f4* propiedad; autenticidad; lealtad.
dílseacht *f3* propiedad, atributo; autenticidad; lealtad. **bhí orm móid dílseachta a ghlacadh** tuve que jurar lealtad.
dílseánach *m1* propietario; seguidor leal.
dílseoir *m3* persona que se declara leal a una causa o a un país.
dílsigh *vt* conceder; dar en prenda; ceder; apropiarse; ocultar.
díluacháil I *f3* devaluación. II *vt* devaluar.
dímheabhair *f5* amnesia, debilidad mental.
dímheas *m3* falta de respeto, desprecio.
dímrí *f4* debilidad, estado de indefensión; ineficacia.
dímríoch *adj* débil, indefenso; ineficaz.
díneach *m1* brebaje, poción.
dineamó *m4* dinamo.
dineasár *m1* dinosaurio.
ding¹ **I** *f2* cuña. **II** *vt* acuñar; envasar herméticamente; rellenar.
ding² *f2* abolladura *vt* abollar.
dinglis *f2* cosquillas.
dingliseach *adj* cosquilloso.
dinimít *f2* dinamita.
dínit *f2* dignidad.
díniteach *adj* solemne, digno.
dinnéar *m1* cena; comida.
dinnireacht *f3* disentería.
dinnseanchas *m1* historia de topónimos tradicionales.
dintiúr *m1* credencial.
díobh *vt, vi* extinguir, eliminar; desaparecer.
díobhadh *m1* eliminación, extinción.
díobhaí *adj* sin sucesión, extinto.
díobháil *f3* daño, perjuicio; pérdida, carencia. **déanann sé díobháil do na duáin** daña los riñones.
díobhálach *adj* nocivo, dañino; necesitado.

díobhlásach *adj* pródigo.
díobholaíocht *f3* desodorante.
dioc *m3* giba.
díocas *m1* ansiedad, anhelo.
díocasach *adj* ansioso, anhelante.
díochlaon *vt* declinar (*gram*).
díochlaonadh *m1* declinación.
díochra *adj* intenso, ferviente, apasionado.
díodánach *adj* tambaleante.
díog *f2* zanja, foso; desagüe.
díogarnach *f2* boqueada, respiración.
díogha *m4* el peor. **díogha na bhfear** el peor de los hombres. **rogha an dá dhíogha** elección entre dos males.
díograis *f2* celo, fervor, entusiasmo.
díograiseach *adj* celoso, ferviente, entusiasta.
díograiseoir *m3* entusiasta, fanático.
díol **I** *m3* venta; pago; `objeto. **II** *vt* vender; pagar. **díoltar gach uile rud sa tsiopa sin** esa tienda vende de todo. **díol trua** objeto de conmiseración. **díol spéise** objeto de interés.
díolachán *m1* venta.
díolaim *f3* reunión; colección. **díolaim dána** antología poética.
díolaíocht *f3* venta; pago; recompensa. **bainisteoir díolaíochta** jefe de ventas.
díoltach *m1* vengador.
díoltas *m1* venganza, revancha.
díoltasach *adj* vengativo.
díoltóir *m3* vendedor, marchante; traficante.
díolúine *f4* exención, inmunidad. **díolúine ealaíontóra** licencia artística.
díomá *f4* decepción, pesar. **chuir toradh an toghcháin díomá orainn go léir** el resultado de las elecciones nos decepcionó a todos.
díomách *adj* decepcionado, pesaroso.
diomail *vt* desperdiciar, malgastar.
diomailt *f2* despilfarro, derroche.
diomailteach *adj* despilfarrador.
diomaíoch *adj* ingrato, desagradecido.
diomaite *adv* **diomaite de** aparte de, además de.
diomar *m1* defecto.
díomas *m1* orgullo, arrogancia; desprecio.
díomasach *adj* orgulloso, arrogante; desdeñoso. **tá a fhios ag an saol gur fear díomasach é** todo el mundo sabe que es un hombre arrogante.
díomhaoin *adj* holgazán, inútil; desempleado.
díomhaointeas *m1* holgazanería; inutilidad; desempleo.
diomú *m4* disgusto; insatisfacción.
díomua *m4* derrota; desventaja.
díomuachas *m1* derrotismo.

díomuan

díomuan *adj* transitorio, fugaz.
diomúch *adj* disgustado, insatisfecho.
díon I *m1* protección, resguardo; tejado. **II** *vt* proteger; techar; vacunar.
díonach *adj* protector; impermeable.
díonbhrollach *m1* prólogo.
díonchruthú *m4* apologética.
diongbháil *f3* semejante; igual; confiabilidad; constancia; seguridad.
diongbháilte *adj* valioso; constante; sólido, robusto; seguro de sí mismo.
díonmhar *adj* protector; impermeable.
díonteach *m2* ático.
dioplóma *m4* diploma. **tá Susana ag déanamh dioplóma i mBéaloideas na hÉireann** Susana está haciendo un diploma en folclore irlandés.
díorma *m4* banda, tropa; destacamento.
díorthach *m1, adj* derivado.
díorthaigh *vt* derivar.
díosal *m1* diesel.
diosc *vi* diseccionar.
díosc *vi* crujir, rechinar.
diosca *m4* disco.
dioscadh *m1* disección.
dioscaireacht *f3* quehaceres domésticos.
díoscán *m1* crujido, chirrido. **díoscán fiacla** rechinar de dientes.
díoscánach *adj* chirriante; rasposo.
dioscthiomaint *f3* disquetera, unidad de disco.
diosmaid *f2* dispensa, exención.
díospóireacht *f3* debate, discusión.
díotáil I *f3* acusación. **II** *vt* acusar.
díotchúisigh *vt* procesar; acusar.
díothach *adj* escaso, deficiente, necesitado.
díothaigh *vt* destruir, eliminar, exterminar. **díothaítear a lán madraí gach bhliain** todos los años se sacrifican muchos perros.
díothóir *m3* destructor, exterminador.
díothú *m4* destrucción, exterminio; abolición. **díothú phionós an bháis** la abolición de la pena de muerte.
díphearsanú *m4* despersonalización.
dírbheathaisnéis *f2* autobiografía.
díreach *adj* directo; justo. **díreach i ndiaidh a chéile** uno tras otro. **téigh díreach ar aghaidh** sigue todo recto. **tá mó díreach tar éis a glaoch ort** acabo de llamarte. **díreach tar éis an chogaidh** justo después de la guerra *m1* rectitud.
dírialáil I *f3* deregulación. **II** *vt* deregular.
dírigh *vt, vi* enderezar; apuntar, dirigir. **gunna a dhiriú ar dhuine** apuntar a una persona con un arma. **méar a dhíriú** señalar. **d'aire a dhíriú ar rud** dirigir la atención de uno hacia algo.
díríocht *f3* sinceridad, franqueza; rectitud.
dís *f2* dos, par, pareja. **an dís acu** ambos.

diúracas

dísc *f2* sequedad, aridez. **dul i ndísc** secarse.
díscaoil *vt, vi* soltar; dispersar, disolver; desintegrar.
díscigh *vt, vi* secar; agotar; exterminar.
disciplín *m4* disciplina.
discréid *f2* discreción, reserva.
discréideach *adj* discreto, reservado; secreto.
díséad *m1* dueto.
díseart *m1* lugar abandonado o remoto; ermita.
díseartach *m1* ermitaño.
díshamhlaigh *vt* disimilar.
díshealbhaigh *vt* desahuciar, desalojar.
díshealbhú *m4* deshaucio, desalojo.
díshioc *vt* descongelar.
díshláinte *f4* mala salud.
dísle *m4* dado. **rud a chur ar dhíslí** echar algo a suertes.
díspeag *vt* despreciar; minimizar.
díspeagadh *m1* menosprecio; diminutivo gramatical. **díspeagadh cúirte** desacato al tribunal.
dispeansáid *f2* exención.
díth *f2* pérdida; privación, carencia, necesidad. **rud a bheith de dhíth ort** necesitar algo.
díthaisire *m4* dehumificador.
díthiomnach *adj* intestinado.
dithneas *m1* prisa, urgencia.
dithneasach *adj* urgente, apresurado.
díthreabh *f2* lugar deshabitado, desierto; ermita.
díthreabhach *m1* recluso, ermitaño; persona sin hogar; niño abandonado.
diúc *m1* duque.
diúcacht *f3* ducado.
diúg *f2* gota *vt* beber; chupar; gorronear.
diúgaire *m4* gorrón.
diúgaireacht *f3* desecación; deshidratación; gorroneo; gimoteo.
diúilicín *m4* mejillón.
diúité *m4* deber, obligación. **ar diúité** de servicio, de turno.
diúl I *m1* succión. **II** *vt, vi* chupar.
diúlach *m1* chico, muchacho.
diúlfhiacail *f2* diente de leche.
diúltach *m1, adj* negativo. **athraíonn an pól ó dheimhneach go diúltach** el polo cambia de positivo a negativo.
diúltaigh *vt, vi* negar, rechazar. **dhiúltaigh se m'iarratas** rechazó mi solicitud.
diúltú *m4* denegación, rechazo; renuncia.
diúnas *m1* obstinación, terquedad.
diúracán *m1* proyectil, misil.
diúracas *m1* hormigueo.

diúraic *vt, vi* lanzar, disparar; proyectar, tirar; blandir. **saighead a dhiúracadh** lanzar una flecha.
diurnaigh *vt* desecar; tragar; abarcar, abrazar.
diúscair *vt* desechar, tirar, botar; traspasar; distibuir, repartir. **diúscair maoine** repartición de bienes. **coinnigh do chuid bruscair le diúscairt i gceart** guarde su basura y tírela en un lugar adecuado.
diúscairt *f5* desecho, residuo; traspaso; distribución, repartición.
dlaíóg *f2* briznilla; tallo; paja. **dlaíóg ghruaige** bucle de pelo.
dlaoi *f4* mechón; voluta; manojo; himen.
dlaoitheach *adj* tirabuzones; lana cardada.
dleacht *f3* derecho legal. **dleacht chustaim** arancel. **dleachtanna calafoirt** aranceles portuarios. **dleacht údair** derechos de autor.
dleathach *adj* legal; genuino; justo.
dlí *m4* ley, derecho. **an dlí a chur ar dhuine** montar un pleito contra alguien. **an dlí nadúrtha** la ley natural. **tríú dlí Newton** la tercera ley de Newton.
dlí-eolaí *m4* jurista.
dlí-eolaíocht *f3* jurisprudencia.
dligh *vt* tener derecho a algo; merecer; ser responsable de.
dlínse *f4* jurisdicción.
dlíodóir *m3* abogado. **seans go bhféadfadh dlíodóir cúnamh a thabhairt duit** quizás te podría ayudar un abogado.
dlisteanach *adj* legal, legítimo; apropiado; leal.
dlisteanaigh *vt* legalizar.
dliteanas *m1* reivindicación legal; derecho; responsabilidad.
dlíthairgthe *adj* **nótái dlíthairgthe** billetes de curso legal.
dlíthí *m4* litigante.
dlíthiúil *adj* legal, jurídico; legítimo.
dlúimh *f2* masa; nube densa.
dlúite *adj* comprimido, compacto.
dlús *m1* compacidad, densidad; plenitud.
dlúsúil *adj* diligente, industrioso; pronto.
dlúth[1] *m1* torcedura.
dlúth[2] *adj* cercano; compacto, denso. **níl an t-oighear chomh dlúth leis an uisce** el hielo no es tan denso como el agua.
dlúthaigh *vt, vi* comprimir; reunir, concentrar.
dlúthbhaint *f2* relación íntima; gran relevancia. **tá dlúthbhaint acu lenár ndúchas** tienen una relación estrecha con nuestro patrimonio cultural.
dlúthchara *m5* amigo íntimo.
dlúthdhiosca *m4* disco compacto.
do-[1] *pref* imposible; difícil; malo.

do[2] *adj pos* tu. **do choinsias** tu conciencia. **d'athair** tu padre.
do[3] *prep* (*ver tablas*). a, para. **cóngarach do rud** cerca de algo. **rud a thabhairt do dhuine** dar algo a alguien. **leabhair do pháistí** libros para niños. **cad is ainm duit?** ¿cómo te llamas? **d'fhreastail mé ar chúrsa do mhúinteoirí i León** asistí a un curso para profesores en León. **cheannaigh mé bronntanas do Mháire** le compré un regalo a María. **don chéad uair** por primera vez.
do[4] *partícula empleada en el pasado y en el condicional* **do bhí mé i gcathair Phanamá ag an am sin** estuve en la ciudad de Panamá por entonces.
dó[1] *m4* ardor; quemadura. **dó seaca** necrosis por congelación.
dó[2] *m4* dos. **dó dhéag** doce. **faoi dhó** dos veces.
do-aimsithe *adj* inalcanzable, inaccesible, elusivo.
do-áirithe *adj* incontable, innumerable.
do-aitheanta *adj* irreconocible, indistinguible.
do-athraithe *adj* inmutable; irrevocable.
dóbair *v def* casi, **dóbair dom titim** casi me caí.
dobhar *m1* agua; flujo. torrente.
dobharchú *m4* nutria.
dobhardhroim *m3* línea divisoria de aguas, parteaguas.
dobhareach *m1* hipopótamo, **maireann an dobhareach i riasca na n-aibhneacha** el hipopótamo vive en las ciénagas.
dobhogtha *adj* inmovible; inflexible.
do-bhraite *adj* imperceptible; intangible.
dobhránta *adj* torpe. estúpido.
dobhréagnaithe *adj* irrefutable, innegable, incontrovertible.
dobhriathar *m1* adverbio.
dobhriste *adj* irrompible.
dobrón *m1* pesadumbre, pena, aflicción.
dobrónach *adj* pesaroso, afligido.
dócha *adj* posible, probable. **is dócha é** supongo que sí. **ní dócha** es poco probable. **an dócha go mbeidh orm tréimhse a chaitheamh san oispidéal?** ¿será que tengo que pasar tiempo en el hospital?
dochaideartha *adj* insociable.
dochaite *adj* resistente, duradero; inagotable; incomible.
dochar *m1* daño, perjuicio; adeudo. **gan dochar** inocente. **déanann an tobac dochar do na scamhóga** el tabaco daña los pulmones.
dóchas *m1* esperanza; confianza, optimismo. **dóchas a bheith agat as duine**

dóchasach tener confianza en alguien. **Rinn an Dóchais** Cabo de Buena Esperanza.
dóchasach *adj* esperanzado, confiado, optimista.
docheansaithe *adj* indomable, inmanejable.
dochloiste *adj* inaudible.
dochloíte *adj* indomable, invencible; irrefutable.
dochma I *m4* privación, penalidad; tristeza; renuencia. **II** *adj* angustiado; incómodo; renuente.
dochrach *adj* dañino, perjudicial, pernicioso; angustioso. **is minic a dhéanann duine le bulimia rudaí dochracha don chorp** a menudo una persona con bulimia se hace cosas dañinas a sí misma.
dochraide *f4* penalidad; opresión; angustia.
dochreidte *adj* increíble.
docht I *adj* ceñido; rígido, estricto. **II** *vt* ceñir, atar.
dochtúir *m3* doctor. **caithfidh Pól dul faoi scrúdú dochtúra** Pablo tiene que someterse a un examen médico. **dochtúir ginearálta** médico general, médico de familia.
dochtúireacht *f3* doctorado; ejercicio de la medicina. **rinne Maighréad a taighde dochtúireachta i Sevilla** Margarita realizó sus investigaciones doctorales en Sevilla.
dóchúil *adj* posible, probable.
dochuimsithe *adj* ilimitado.
dóchúlacht *f3* posibilidad, probabilidad.
dochurtha *adj* difícil de instalar. **dochurtha i bhfeidhm** inaplicable.
dócmhainn *f2* responsabilidad legal.
dócmhainneach *adj* insolvente.
dócúl *m1* incomodidad, dolor; angustia.
dodach *adj* adusto; obstinado.
dodhéanta *adj* imposible, impracticable.
dodhearmadta *adj* inolvidable.
dodhíleáite *adj* indigesto.
dodhíolta *adj* invendible.
do-earráide *adj* infalible.
dofhaighte *adj* inalcanzable, difícil de conseguir.
dofheicthe *adj* invisible, imperceptible.
dofhulaingthe *adj* insoportable.
do-ghafa *adj* inexpugnable, invulnerable.
do-ghlactha *adj* inaceptable.
doghonta *adj* invulnerable.
doghrainn *f2* angustia, aflicción; dificultad.
doghrainneach *adj* angustiado, afligido; difícil.
dogma *m4* dogma.
dogmach *adj* dogmático.
dóib *f2* embarradura, barro; plastelina.
dóibeáil *vt* embadurnar; emplastar.

doicheall *m1* grosería; inhospitalidad; desgana.
doicheallach *adj* grosero; inhospitalario; poco generoso.
doichte *f4* estrechez; dureza, rigidez.
doiciméad *m1* documento.
doiciméadach *adj* documental.
dóid *f2* mano; puño, puñado; bulto.
do-ídithe *adj* inagotable.
dóigh[1] *f2* modo, manera; estado, condición. **dóigh oibre** método de trabajo. **ar dhóigh éigin** de alguna manera.
dóigh[2] *f2* expectativa; confianza. **ar ndóigh** por supuesto. **is dóigh liom** me parece. **cé gur dóigh leat gur botún é** aunque lo consideras un error.
dóigh[3] *vt, vi* quemar, abrasar, chamuscar. **ná dóigh plaistigh go deo** nunca queme plásticos. **boladh dóite** olor a quemado.
dóighiúil *adj* bien parecido, guapo; generoso, amable.
dóighiúlacht *f3* apostura; generosidad; amabilidad.
doilbh *adj* oscuro, tenebroso; melancólico.
doilbhir *adj* oscuro, tenebroso; lento.
doiléir *adj* oscuro; impreciso, poco claro.
doiléire *f4* oscuridad, umbría; vaguedad.
doilfeoir *m3* prestidigitador, ilusionista.
doiligh *adj* duro, difícil; angustioso. **is doiligh rogha a dhéanamh** es difícil escoger.
doilíos *m1* pesar, melancolía; aflicción, contricción.
doilíosach *adj* pesaroso, contrito; melancólico.
doimhneacht *f3* profundidad, lugar hondo.
doimhnigh *vt, vi* profundizar.
doineann *f2* tiempo tormentoso, tormenta; invernada.
doineanta *adj* tormentoso; inclemente, invernal.
doingean *m1* róbalo.
doinsiún *m1* calabozo, mazmorra.
do-inste *adj* inexpresable, indescriptible.
doirb *f2* escarabajo acuático.
doire *m4* madera de roble; robledal. **Doire** Derry *(ciudad y condado en el noroeste de Irlanda)*.
dóire *m4* quemador.
doirnín *m4* asa, mango; pinza de madera.
doirseoir *m3* portero.
doirt *vt, vi* derramar, verter; escanciar. **ag doirteadh fearthainne** lloviendo a chaparrones. **ná doirt ar an urlár é** no lo derrames en el suelo.
doirteadh *m1* derramamiento, vertido.
doirteadh fola matanza.
doirteal *m1* fregadero, pila.
dóisceanta *adj* de tez morena.
do-ite *adj* incomible, no comestible.

dóite *adj* quemado; seco; amargo, severo. **bheith dóite de rud** estar harto de algo.
dóiteacht *f3* quemadura; amargura, enojo.
dóiteán *m1* conflagración, incendio. **scrios dóiteán cuid mhór den amharclann** un incendio destruyó una gran parte del teatro.
dóithín *m4* **ní haon dóithín an obair seo** este trabajo no es una broma.
dol I *m3* lazo, dogal; trampa. **dol eangaí** lanzamiento de una red. **dol éisc** pesca. **II** *vt* enlazar; tender una trampa; coger con red.
dola[1] *m4* tolete; pinza.
dola[2] *m4* daño, pérdida; gasto; peaje.
doláimhsithe *adj* inmanejable; abultado.
dólámhach *adj* con dos manos; sin ayuda. **ag obair dólámhach** trabajando de firme.
dólás *m1* dolor, tribulación; contrición.
dólásach *adj* dolorido, afligido.
dolcarnach *adj* diligente, trabajador.
doleigheasta *adj* incurable.
doléite *adj* ilegible.
doleithscéil *adj* inexcusable.
dollar *m1* dólar.
dolmain *f2* dolmen.
doloicthe *adj* infalible.
doloiscthe *adj* ignífugo.
dolúbtha *adj* inflexible, rígido, tieso; terco.
domhain I *adj* profundo. **II** *f2* profundidad, abismo. **domhain na farraige** el mar profundo. **tharraing sí anáil dhomhain** respiró profundamente.
domhainfhriochtoir *m3* fritadora, freídora.
domhainiascaireacht *f3* pesca de altura.
do-mhaite *adj* imperdonable; inexorable.
domhan *m1* mundo; tierra, globo. **ar domhan** en absoluto. **ar fud an domhain** por todas partes. **bhí an domhan agus a mháthair ag cur comhairle uirthi** todo el mundo estaba ofreciéndole consejos. **is eisean an fear is gasta ar domhan** es el hombre más rápido del mundo. **tá an domhan siúlta aici** ella ha viajado mucho.
domhanda *adj* terrestre; mundial. **cogadh domhanda** guerra mundial.
domhandú *m* globalización.
domhanfhad *m1* longitud.
domhanleithead *m1* latitud.
domhantarraingt *f2* gravedad de la tierra.
do-mharáithe *adj* inmortal.
domheanma *f5* postración, desaliento, depresión. **chuir na torthaí domheanma orm** me deprimieron los resultados.
domhillte *adj* indestructible.
domhínithe *adj* inexplicable.

Domhnach *m1* Domingo. **Dé Domhnaigh** el domingo.
domhúinte *adj* incorregible, imposible de enseñar.
domlas *m1* bilis, hiel; amargura; rencor.
domlasta *adj* bilioso; rencoroso; odioso. **rud domlasta** cosa amarga o desagradable.
domplagán *m1* budín relleno.
dona *adj* malo; desgraciado, miserable. **bheith go dona** estar muy enfermo. **is dona liom do bhris** acepta mis condolencias. **d'imir siad go dona ach bhí an lá leo** jugaron mal pero pudieron ganar. **chaith sé go dona léi** la trató mal, **olc, maith, ná dona** de ninguna manera, ni riesgos.
donacht *f3* maldad; desdicha, desgracia; enfermedad. **dul chun donachta** empeorar.
Dónall *m1* **Dónall na gréine** persona despreocupada.
donán *m1* persona desafortunada, desgraciado.
donas *m1* maldad; aflicción, miseria. **mar bharr ar an donas** para colmo. **chuaigh a sláinte chun donais i ndiaidh na timpiste** su salud empeoró después del accidente.
donn *adj* marrón, castaño, color café, pardo, moreno. **cailín donn** chica de pelo castaño. **arán donn** pan integral.
donnóg *f2* gorrión.
doraitheacht *f3* pesca con caña.
doras *m1* puerta; umbral. **bhí an áit lán go doras** el lugar estaba lleno hasta los topes. **doras éalaithe** salida de emergencia.
dorcha *adj* oscuro, tenebroso. **tá sé ag éirí dorcha** está oscureciendo. **gloiní dorcha** gafas de sol.
dorchacht *f3* oscuridad.
dorchadas *m1* oscuridad; secreto, reserva.
dorchaigh *vt, vi* oscurecerse.
dorchla *m4* corredor, pasillo.
dord I *m1* zumbido, murmullo. **dord mara** murmullo del mar. **dord beach** zumbido de abejas. **dord na murúch** canto de sirena. **II** *vi* murmurar, zumbar; cantar con voz profunda.
dordán *m1* zumbido, murmullo.
dordánaí *m4* timbre.
dordghuth *m3* bajo (*voz*).
doréitithe *adj* difícil, imposible de desenredar; insoluble. **doréitithe le** incompatible con.
dorn *m1* puño; puñetazo; mango, asa. **dul sna doirne le duine** liarse a puñetazos con alguien. **bhuail sí a dorn ar an mbord** golpeó la mesa con el puño.

dornáil

dornáil I *f3* combate a puñetazos, boxeo. **II** *vt, vi* boxear.
dornálaí *m4* boxeador.
dornálaíocht *f3* pugilismo, boxeo.
dornán *m1* puñado, manojo. **dornán daoine** número reducido de personas, unos pocos.
dornasc *m1* esposas.
dornásc *m1* tantear; coger truchas con las manos.
dornchla *m4* empuñadura.
dornóg *f2* mitón, manopla.
doroinnte *adj* indivisible.
dorr *f2* cólera; gruñido.
dorrga *adj* hosco, brusco.
dorsán *m1* tamborileo; tarareo; gruñido; grillo.
dorú *m4* línea de señalización, línea de flotación. **as dorú** no alineado con.
dos *m1* arbusto, matorral.
dosach *adj* espeso, poblado.
dosaen *m4* docena.
doscaí *adj* derrochador; imprudente.
doscaoilte *adj* indisoluble, inseparable.
do-scartha *adj* inseparable.
doscriosta *adj* imposible de erradicar, indestructible.
doscúch *adj* duro, fuerte.
doshamhlaithe *adj* inimaginable, inconcebible.
doshanntacht *f3* carácter inalienable.
doshaothraithe *adj* impracticable; inutilizable.
dosheachanta *adj* inevitable, ineludible.
doshéanta *adj* innegable.
doshiúlta *adj* intransitable.
dosmachtaithe *adj* ingobernable, incontrolable.
dóthain *f4* bastante, suficiencia. **an bhfuil do dhóthain ite agat?** ¿has comido lo suficiente? **an bhfuil dóthain slí dúinn go léir?** ¿cabemos todos?
dóthanach *adj* saciado. **bheith dóthanach de rud** estar harto de algo.
dothuigthe *adj* ininteligible, incomprensible; inescrutable.
dothuirsithe *adj* infatigable, incansable.
dóú *adj* segundo. **an dóú fear** el segundo hombre. **an dóú háit** el segundo lugar. **an dóú lá déag** el décimosegundo día.
drabhlás *m1* juerga; disipación. **ar an drabhlás** de juerga.
drabhlásach *adj* libertino, pervertido.
drabhlásaí *m4* libertino.
draein *f4* desagüe.
draenáil I *f3* drenaje. **II** *vt, vi* drenar.
dragan *m1* dragón; estragón.

dreancaid

draid *f2* sonrisa, mueca. **draid bhreá fiacla** buena dentadura. **lán go draid** lleno hasta rebosar.
draidgháire *m4* sonrisa que muestra los dientes, mueca.
draighean *m1* endrino; apariencia colérica; renuencia.
draighneán *m1* endrino.
draíocht *f3* arte druídica; magia, encanto. **chuir Machu Pichu faoi dhraíocht mé** Machu Pichu me hechizó.
draíochtach *adj* mágico, hechicero.
draíodóir *m3* mago; persona astuta; pícaro. **draíodóir fir** brujo. **draíodóir mná** bruja.
dram *m3* trago.
dráma *m4* drama, obra teatral.
drámadóir *m3* dramaturgo, autor teatral.
drámaíocht *f3* drama, arte dramático **bunaíodh an amharclann sin le drámaíocht na Gaeilge a chur chun cinn** se fundó ese teatro con el objetivo de fomentar el teatro en lengua irlandesa.
drámata *adj* dramático.
drámh *m1* carta de poco valor; material de baja calidad; infortunio.
dramhaíl *f3* material de baja calidad; basura; residuos.
dramhaltach *f2* pisoteo.
dramhpháipéar *m1* papel usado.
drandal *m1* encía.
drann *vt, vi* sonreír mostrando los dientes; gruñir.
drannach *adj* gruñón.
drannadh *m1* gruñido, mueca.
drantaigh *vt, vi* gruñir; blandir.
drantán *m1* gruñido, refunfuño, queja; zumbido. **drantán ceoil** canturreo.
drantánach *adj* gruñón, refunfuñón; zumbante.
draoi *m4* druida, mago; adivinador; tramposo.
draoib *f2* barro, lodo; desecho.
draoibeach *adj* barroso, enlodado.
draoibeáil *vt* manchar, salpicar de barro.
draoibeal *m3* fango, barro.
draoidín *m4* enano.
draonán *m1* llovizna.
drár *m1* cajón; calzoncillos.
dreach *m3* cara; expresión facial; aspecto *vt* delinear, retratar.
dréacht *m3* pieza, composición; borrador, esbozo.
dréachtaigh *vt* dibujar; esbozar.
dream *m3* grupo, gente; tribu. **an dream atá i gcoinne athruithe** los que se oponen a los cambios.
dreancaid *f2* pulga.

dreancaideach *adj* infestado de pulgas, mordido por una pulga.
dreap *vt, vi* ascender, escalar.
dreapa *m4* lugar apropiado para escalar; reborde o grieta en acantilado; escalones para pasar una cerca.
dreapadóir *m3* escalador, alpinista.
dreapadóireacht *f3* ascenso, escalada, alpinismo.
dreas *m3* turno; racha; tanda.
dreasaigh *vt* incitar, urgir, impulsar.
dreideáil *vt, vi* dragar.
dreidire *m4* draga.
dreige *f4* meteoro.
dreigít *f2* meteorito.
dréim I *f2* aspiración, expectación; contención. **II** *vi* competir con, luchar.
dréimire *m4* escalera de mano.
dréimreach *adj* gradual, paso a paso; de pelo ondulado.
dreo *m4* descomposición, decadencia.
dreoigh *vt, vi* descomponerse, decaer, pudrirse.
dreoilín *m4* reyezuelo, **Lá an Dreoilín** Día del Reyezuelo (*día de San Esteban, 26 de diciembre*). **dreoilín teaspaigh** grillo.
dreoite *adj* marchito, decaído.
dreoiteach *adj* debilitado, mustio, pulverizado.
dríodar *m1* sedimento; desperdicios.
driog I *f2* gotita. **II** *vt, vi* destilar.
driogaireacht *f3* destilación.
drioglann *f2* destilería.
driopás *m1* prisa; bullicio; chapuza, zafiedad.
driopásach *adj* bullicioso; desmañado, torpe.
dris *f2* zarza. **dris chosáin** obstrucción.
driseachán *m1* recto.
driseog *f2* zarza.
driseogach *adj* espinoso, lleno de púas; irritable.
drisín *m4* callos.
drisiúr *m1* aparador, cómoda.
drithle *f4* chispa, destello; titilación.
drithleach *adj* reluciente; excitable.
drithleog *f2* destello.
drithligh *vi* centellear, destellar, chispear.
drithlín *m4* gota reluciente; estremecimiento; picotazo. **drithliní allais** gotas de sudor.
driuch *m3* sensación horripilante; apariencia enojada; irritabilidad. **driuch craicinn** carne de gallina.
droch- *pref* negativo, malo; pobre, funesto.
drochaigne *f4* malevolencia, mala voluntad.
drochaimsir *f2* mal tiempo.
drocháiseach *adj* poco complaciente, poco servicial.
drochamharc *m1* visión deficiente, miopía.

drochbhail *f2* mala condición; mal uso; invalidez. **tá drochbhail ar an gcóras sláinte** el sistema de salud está en malas condiciones.
drochbheart *m1* acción malvada.
drochbhéas *m3* descortesía.
drochbhéasach *adj* maleducado.
drochbhlas *m1* mal sabor. **tá drochbhlas ar an bhfíon** el vino sabe mal.
droch-cháil *f2* mala reputación.
droch-chríoch *f2* mal final; ruina.
droch-chroí *m4* corazón débil; mala disposición, mala voluntad.
drochiarraidh *f* abuso deshonesto.
drochíde *f4* insulto; maltrato.
drochiompar *m1* mal comportamiento, conducta inmoral.
drochiontaoibh *f2* desconfianza.
drochlabhartha *adj* mal hablado.
drochmheas *m3* falta de respeto.
drochmhisneach *m1* desaliento, abatimiento.
drochmhúineadh *m1* malas maneras, mala educación.
drochmhúinte *adj* sin modales, maleducado. **madra drochmhúinte** perro agresivo.
drochobair *f2* mala acción; daño.
drochrath *m3* mala suerte, infortunio.
drochrud *m3* cosa mala.
drochscéal *m1* malas noticias.
drochshaol *m1* vida dura; tiempos difíciles. **an Drochshaol** la Hambruna.
drochthiománaí *m4* mala conductora.
drochuair *f2* mala hora, crisis. **ar an drochuair** desgraciadamente.
drogall *m1* aversión, renuencia; pereza. **chuir sé drogall orm dul isteach sa teach salach sin** me dio pereza entrar en esa casa sucia.
drogallach *adj* renuente; circunspecto; vago.
droichead *m1* puente. **droichead tógála** puente levadizo.
droim *m3* espalda; dorso. **tá pian sa dhroim agam** me duele la espalda. **ar dhroim capaill** a caballo. **mála droma** mochila. **snámh droma** espalda. **droim ar ais** al revés.
droimeann *adj* de lomo blanco.
droimneach *adj* curvado, ondulante; arqueado, convexo.
droimscríobh *vt* endosar.
droinse *m4* mojadura.
drol *m3* lazo; rizo.
drólann *f2* colon *pl.* intestinos.
dromadaire *m4* dromedario.
dromainn *f2* cresta, montículo.
dromán *m1* peralte.
dromchla *m4* cima, pico; superficie.
dromchlach *adj* superficial.

dromlach

dromlach *m1* columna vertebral, espinazo.
drong *f2* grupo, facción; multitud.
dronlíne *f4* línea recta.
dronn *f2* giba; combadura. **dronn a bheith ort** estar jorobado.
dronnach *adj* jorobado; arqueado, doblado; convexo.
dronuilleog *f2* rectángulo.
dronuillinn *f2* ángulo recto.
drualus *m3* muérdago.
drúcht *m3* rocío.
drúchtín *m4* gota de rocío; babosa.
drúchtmhar *adj* cubierto de rocío.
druga *m4* medicamento; droga. **mangaire drugaí** traficante de drogas. **drugaí dearthóra** drogas de diseño.
drugáil *vt* drogar, drogarse.
druid[1] *f2* estornino.
druid[2] *vt, vi* cerrar. **druid le** acercarse.
druidígí siar retírense.
druidte *adj* cerrado. **duine druidte** persona cerrada. **druidte le** cerca de.
druil *f2* taladro, barrena.
druileáil I *f3* perforación. **II** *vt, vi* taladrar, perforar; ejercitar.
druilire *m4* taladro.
drúis *f2* lujuria, codicia.
drúisiúil *adj* lujurioso, lascivo.
druma *m4* tambor.
drumadóir *m3* tamborilero.
druncaeir *m3* borracho.
drúthlann *f2* burdel, prostíbulo. **is drúthlann faoi cheilt an t-óstán sin** aquel hotel es una tapadera para un prostíbulo.
dtí *(subjuntivo del verbo tar).* **go dtí** *prep* a, hasta. **go dtí an doras** hasta la puerta. **go dtí seo** hasta ahora. **go dtí gur thainig tú** hasta que llegaste.
dú-[1] *pref* negro; intenso; malo; desconocido.
dú[2] *m4* nativo, natural. **an rud is dú do dhuine** lo que es natural para una persona.
dua *m4* trabajo, esfuerzo, labor.
duáilce *f4* vicio; falta, defecto; infelicidad.
duáilceach *adj* vicioso; malvado, cruel; infeliz.
duainéis *f2* dificultad, apuro; descontento.
duairc *adj* malhumorado, hosco, sombrío.
duairceas *m1* hosquedad, tristeza, aflicción.
duais[1] *f2* regalo, premio; don.
duais[2] *f2* tristeza, abatimiento; preocupación, angustia.
duaisbhanna *m4 sistema de ahorros y sorteos nacionales.*
duaiseach *adj* triste, abatido; sombrío.
duaiseoir *m3* premiado, ganador.
duaisiúil *adj* laborioso, difícil, penoso.
duaithníocht *f3* camuflaje.
dual[1] **I** *m1* trenza; mechón; pliegue. **dual snáithe** hebra. **II** *vt* enroscarse; plegarse.

dúchroíoch

dual[2] *m1* botón; nudo en la madera.
dual[3] *adj* natural, propio. **an rud is dual do dhuine** lo que es natural, propio, para una persona.
dualach[1] *adj* rizado; empenachado; entrelazado, trenzado.
dualach[2] *adj* sujeto con una clavija; nudoso, anudado.
dualgas *m1* deber, obligación; derecho natural. **do dhualgas a dhéanamh** cumplir con el deber. **is beag an dualgas orm é** es lo menos que puedo hacer. **ar dualgas** estar de guardia.
duan *m1* poema, canción.
duán[1] *m1* anzuelo. **duán báid** arpón.
duán[2] *m1* riñón.
duánaí *m4* pescador con caña.
duanaire *m4* compositor o recitador de versos; antología poética.
duántacht *f3* pesca con caña.
duartan *m1* aguacero.
duasmánta *adj* lúgubre; hosco, malhumorado.
dúbail *vt* doblar.
dúbailt *f2* doble; duplicación.
dúbailte *adj* doblado, doble.
dubh-[1] *pref* negro, oscuro; intenso; malo; desconocido.
dubh[2] *adj* negro; de pelo negro, moreno; sombrío. **leann dubh** cerveza negra. **chomh dubh le gual** tan negro como el carbón. **bhí an áit dubh le daoine** el lugar estaba lleno de gente. **tá mé dubh dóite** de estoy harto. **an dubh a chur ina gheal ar dhuine** confundir; embaucar. **tá croí dubh aige** es malvado. **Róisín Dubh** *nombre poético para Irlanda.*
dubhach *adj* triste; negro.
dubhachas *m1* tristeza, aflicción.
dubhaigh *vt, vi* ennegrecer, oscurecer; entristecer.
dúblach *m1, adj* duplicado.
dúch *m1* tinta.
dúchan *f3* ennegrecimiento, oscurecimiento; tristeza. **le dúchan na hoíche** a la caída de la noche.
dúchán *m1* tintero.
dúchas *m1* herencia, patrimonio; lugar de nacimiento; afinidad natural. **filleadh ar do dhúchas** volver a tus raíces. **áit dhúchais** lugar de nacimiento. **cainteoir dúchais** hablante nativo.
dúchasach I *m1* nativo, local. **II** *adj* hereditario; innato; nativo. **ealaín dhúchasach Mheicsiceó** el arte indígena de México.
dúchéalacan *m1* ayuno completo.
dúcheist *f2* rompecabezas, acertijo.
dúchíos *m3* chantaje.
dúchroíoch *adj* triste; rencoroso.

Dúchrónach

Dúchrónach *m1* Negro y Caqui (*miembro de fuerza paramilitar británica empleada en Irlanda entre 1920 y 1921*).
ducht *m3* conducto.
dúdach *adj* rechoncho; cuellilargo; abatido, atontado.
dúdaireacht *f3* que escucha conversaciones a escondidas; soplo de gaita.
dufair *f2* jungla.
duga *m4* muelle; cuenca de un canal.
dugaire *m4* estibador.
dúghorm *adj* azul oscuro, azul marino.
duibhe *f4* negrura, negritud; morenez; oscuridad; malevolencia.
duibheagán *m1* abismo, profundidad abismal.
duibheagánach *adj* profundo, abismal.
duibhré *f4* **oiche dhuibhré** noche oscura.
dúiche *f4* región. **dúiche Dé** el reino de Dios. "**dúiche Dé dá gcaillfinn go bpógfainnse do bhéal**" "perdería el paraíso por un beso de tu boca" (*verso de "Tráthnóna Beag Aréir", canción tradicional de Donegal*). **an dúiche máguaird** la campiña circundante.
dúid *f2* tocón; objeto rechoncho.
dúidín *m4* pipa de barro.
duifean *m1* oscuridad, nubosidad; sombra; ceño.
dúil[1] *f2* cosa; elemento creado, criatura. **tábla na ndúl** tabla periódica de los elementos.
dúil[2] *f2* deseo; gusto; expectación. **tá dúil san airgead aige** le encanta el dinero. **bheith ag dúil le rud** desear algo. **dúil chollaí** deseo sexual.
Dúileamh *m1* Dios Creador.
duileasc *m1* alga marina comestible.
duileascar *m1* **duileascar cloch** musgo de roca.
duille *m4* hoja; párpado. **duille labhrais** hoja de laurel.
duilleach *adj* frondoso; con forma de hoja.
duilleog *f2* hoja. **rud a choinneáil faoin duilleog** mantener algo en secreto.
duilleoigín *m* hoja, volante.
duillín *m4* etiqueta; factura, comprobante. **duillín pá** nómina.
duilliúr *m1* hojas, follaje.
duillsilteach *adj* caduco.
dúilmhear *adj* ansioso, expectante, deseoso.
duine *m4* persona. **duine fásta** persona adulta. **duine uasal** caballero. **a dhuine uasail** muy señor mío, estimado señor. **caint na ndaoine** habla coloquial. **mo dhuine** ese tipo. **a dhuine** che, tío. **duine ar bith** cualquiera. **duine éigin** alguien. **an cineál sin daoine** ese tipo de gente.
duineata *adj* humano, amable.

dúrabhán

dúire *f4* terquedad, testarudez; torpeza, estupidez; hosquedad.
duirling *f3* playa pedregosa.
dúiseacht *f3* estado despierto. **fan i do dhúiseacht** quédate despierto.
dúisigh *vt, vi* despertar, despabilar. **ná dúistear mé roimh a hocht** que no me despierten antes de las ocho. **inneall a dhúiseacht** arrancar un motor.
dúisire *m4* botón de arranque.
dúisitheach *adj* evocativo.
dul *m3* ida; método; estructura. **ar an gcéad dul síos** en primer lugar. **dul chun cinn** progreso. **níl aon dul as** no hay alternativa. **dul faoi na gréine** ocaso. **dul i léig** declive.
dúlachán *m1* trucha de lago.
dúlaíocht *f3* tiempo desapacible. **dúlaíocht an gheimhridh** pleno invierno.
dúlra *m4* **an dúlra** los elementos, la naturaleza.
dumha *m4* montículo, túmulo.
dumhach *f2* duna. **dumhaigh** *pl* tierra arenosa.
dúmhál I *m1* chantaje. **II** *vt* chantajear.
dúmhálaí *m4* chantajeador.
dumpáil *vt* verter, vaciar residuos.
dún[1] *m1* fuerte, fortaleza, fortín; puerto; residencia.
dún[2] *vt, vi* cerrar, clausurar; asegurar; abrochar; apagar. **dún do dhorn air** agárralo fuerte. **cuirtíní a dhúnadh** correr las cortinas. **dún an lasc sin** apaga ese interruptor. **dhún na póilíní an fhéile ag meán oíche** la policía clausuró el festival a la medianoche.
dúnadh *m1* cierre, clausura.
dúnárasach *adj* reticente; reservado, taciturno.
dúnbhásaí *m4* homicida.
dúnbhású *m4* hecho homicida.
dundarlán *m1* idiota.
dúnfort *m1* lugar fortificado, fortaleza.
dúnmharaigh *vt* asesinar.
dúnmharfóir *m3* asesino. **dúnmharfóir íoctha** sicario.
dúnmharú *m4* asesinato.
dúnorgain *f3* homicidio.
dúnpholl *m1* boca de riego.
dúnta *adj* cerrado, clausurado; reticente; asegurado, abrochado, apagado. **beidh an bear dúnta** el bar quedará cerrado. **spéir dhúnta** cielo encapotado. **aigne dhúnta** mente cerrada. **biorán dúnta** imperdible, alfiler de gancho.
dúntóir *m3* cremallera.
dúr *adj* obstinado, terco; estúpido; insensible.
dúrabhán *m1* arcilla, suelo fértil.

dúradán

dúradán *m1* grano, mota negra. **dúradán i súil** mota en un ojo.
dúramán *m1* persona estúpida.
dúranta *adj* obstinado; regañón.
durdáil *vi* arrullar.
durdam *m1* murmullo, charla.
dúreo *m4* escarcha.
dúrud *m3* **an dúrud** un montón. **tá an dúrud airgid aige** tiene montones de dinero. **shíl sé an dúrud dínn** tenía una muy buena opinión de nosotros.
dúrún *m1* misterio.
dúshlán *m1* desafío, reto. **dúshlán a thabhairt** desafiar. **is dúshlán mór é an Ghaeilge a choinneáil beo** mantener vivo el irlandés es un gran reto.

dúthrachtach

dúshlánach *adj* desafiante, atrevido; exigente; resistente; seguro.
dúshnámh *m3* buceo.
dúshraith *f2* base, fundamento; sustrato. **dúshraith an chreidimh** la base de la religión.
dusta *m4* polvo.
duthain *adj* transitorio, efímero.
dúthomhas *m1* enigma.
dúthracht *f3* devoción, fervor; formalidad; favor; aguinaldo. **do dhúthracht a chaitheamh le rud** hacer todo lo posible.
dúthrachtach *adj* devoto; celoso; generoso; amable. **oibrí dúthrachtach** trabajador entusiasta. **guí go dúthrachtach** rezar fervientemente.

E

E, e *m* letra E. **E fada** (*É*, *é*) E larga. **é** *pron* él, a él; lo. **déan é** hazlo. **buaileadh é** fue golpeado. **gan é** sin él. **mar é** como él. **is é an fear céanna é** él es el mismo hombre. **is é sin** a saber. **tóg go bog é** tómatelo con calma. **ea** *pron neutro utilizado con cópula* is ea es. **ní hea** no es. **an ea?** ¿es así? **múinteoir is ea é** es profesor. **nach ea?** ¿verdad? **siúinéir ba ea m'athair** mi padre era carpintero.
éabann *m1* ébano.
Éabha *f4* Eva. **síol Éabha** la raza humana.
eabhar *m1* marfil.
eabhartha *adj* marfileño.
éabhlóid *f2* evolución.
eacaineacht *f3* equinoccio.
each *m1* caballo, semental.
eachaí *m4* jinete.
eachaire *m4* mozo de cuadra.
each-chumhacht *f3* potencia de caballos.
eachlach *m1* mensajero, botones.
eachma *f4* eczema.
eachmairt *f3* celo en yeguas; coito entre caballos.
eachrach *adj* ecuestre.
éacht *m3* hazaña; logro.
éachtach *adj* poderoso; maravilloso.
eachtardhomhanda *adj* extraterrestre.
eachtardhomhandach *m1* extraterrestre.
eachtra *f4* aventura; incidente; cuento; acontecimiento, evento. **tharla an eachtra seo nuair a bhí Cú Chulainn óg** este incidente sucedió cuando Cuchulainn era joven.
eachtrach *adj* externo; aventurero. **An Roinn Gnóthaí Eachtracha** el Ministerio de Asuntos Exteriores.
eachtraigh *vt, vi* relatar, narrar, contar.
eachtraíocht *f3* aventura; viaje. **ag eachtraíocht** contando historias.
eachtránaí *m4* aventurero.
eachtrannach *m1, adj* extranjero, forastero. **tá neart eachtrannach sa tír anois** ahora hay muchos extranjeros en el país.
eachtrúil *adj* aventurero, lleno de incidentes.
eacnamaí *m4* economista.
eacnamaíoch *adj* económico.
eacnamaíocht *f3* economía. **eacnamaíocht bhaile** economía doméstica. **tá céim ollscoile san eacnamaíocht ag mo bhean chéile** mi esposa tiene un título universitario en economía.
eacstais *f2* éxtasis.

Eacuadór *m4* Ecuador.
Eacuadórach *m1, adj* ecuatoriano.
éacúiméineach *adj* ecuménico.
éacúiméineachas *m1* ecumenismo.
éad *m3* celos, envidia. **in éad le** celoso de.
éadach *m1* tela; vestido; ropa. **fág do chuid éadaigh ar an gcathaoir** deje la ropa en la silla. **ball éadaigh** prenda. **culaith éadaigh** vestido, traje. **éadach boird** mantel.
éadáil *f3* adquisición; beneficio. **is beag an éadáil dó é** tiene poco que ganar con ello.
éadaingean *adj* inseguro, inestable; indeciso.
éadairbheach *adj* infructuoso; improductivo; fútil.
éadaitheoir *m3* sastre, pañero.
éadaitheoireacht *f3* mercería, pañería.
éadálach *adj* adquisitivo; beneficioso; rico.
éadan *m1* rostro; frente; superficie plana; fin. **in éadan** contra. **feachtas in éadan drugaí** campaña antidroga. **as éadan** sin control. **clár éadain** frente.
eadarghuí *f4* intercesión.
eadarlúid *f2* interludio.
eadhon *adv* esto es, a saber.
éadláith *adj* tosco.
éadmhar *adj* celoso, envidioso.
éadóchas *m1* desesperación, desesperanza.
éadóchasach *adj* desesperado, desesperanzado.
éadóigh I *f2* cosa inverosímil. II *adj* improbable. **is éadóigh go** es poco probable que.
éadoilteanach *adj* involuntario.
éadoimhneacht *f3* poca profundidad.
éadóirseacht *f3* naturalización.
éadóirsigh *vt* naturalizar.
éadomhain *adj* poco profundo, superficial.
eadra *m4* ordeño matinal; mediodía; intervalo.
eadráin *f3* mediación, conciliación. **talamh eadrána** tierra de nadie.
eadránaí *m4* mediador, árbitro.
éadrócaireach *adj* despiadado, sin compasión.
éadroime *f4* ligereza, levedad; ventilación; espacio.
éadrom *adj* ligero, liviano; trivial, mareado. **chomh héadrom le cleite** tan liviano como una pluma.
éadromaigh *vt, vi* aligerar, aliviar. **éadromaigh na dathanna beagán** diluye un poco los colores.

éadromán

éadromán *m1* globo; flotador; persona frívola; vejiga. **cailín éadromáin** muñeca hinchable.
éag I *m3* muerte. **dul in éag** morir; caducar; descomponerse. **dáta dul in éag** fecha de caducidad. **II** *vi* morir.
éagach *m1* difunto.
éagal *adj* **is eagal liom** temo.
eagán *m1* hoyo, poza; buche.
éaganta *adj* tonto, atolondrado.
éagaoin *vt, vi* gemir, quejarse, lamentarse.
éagaointeach *adj* lúgubre, triste; quejumbroso.
eagaois *f2* molleja.
eagar *m1* acuerdo; orden; estado, situación. **leabhar a chur in eagar** editar un libro. **gan eagar** desordenado.
eagarfhocal *m1* editorial periodística.
eagarthóir *m3* editor.
eagarthóireacht *f3* edición. **foireann eagarthóireachta** plantilla editorial.
eagla *f4* miedo, susto. **ar eagla go** por temor a que. **ar eagla na heagla** por si acaso. **tá eagla orm roimh an madra** tengo miedo del perro. **chuir an toirneach eagla orainn** el trueno nos asustó.
eaglach *adj* temeroso, miedoso; tímido.
eaglais *f2* iglesia. **Eaglais na hÉireann** la Iglesia Anglicana de Irlanda. **an Eaglais Chaitliceach** la Iglesia Católica.
eaglaiseach *m1* clérigo, eclesiástico.
eaglasta *adj* eclesiástico. **lá saoire eaglasta** día de fiesta religiosa.
éagmais *f2* ausencia, falta. **bheith in éagmais ruda** arreglárselas sin algo. **ina éagmais sin** así como.
éagmaiseach *adj* solitario; anhelante.
eagna *f4* sabiduría; inteligencia, entendimiento.
eagnaí *m4* sabio, hombre docto.
éagnaigh *vt, vi* gemir; quejarse; injuriar.
eagnaíocht *f3* sabiduría; ingeniosidad, charla ingeniosa. **an Eagnaíocht** la Ilustración.
éagnairc *f2* réquiem, oración por los difuntos. **aifreann éagnairce** misa de réquiem.
éagobhsaí *adj* inestable.
éagóir *f3* injusticia, error. **éagóir a dhéanamh ar dhuine** tratar a una persona injustamente.
éagórach *adj* injusto; equivocado.
éagothroime *f4* irregularidad; desequilibrio, desigualdad.
éagothrom *adj* desigual, desequilibrado; injusto.
eagraigh *vt* arreglar, organizar; montar. **is í Sinéad a d'eagraigh an chomhdháil** Juana organizó el congreso.
eagraíocht *f3* organización.

eangach

eagrán *m1* edición, número, ejemplar.
eagras *m1* organización.
éagráta *m4* tasa de mortalidad.
éagruth *m3* falta de forma; deformidad; decadencia. **in éagruth** deformado. **dul in éagruth** arruinarse; deformarse.
éagruthach *adj* informe, deforme; decaído.
éagsúil *adj* distinto, diferente, variado. **ar chúiseanna eagsúla** por diferentes motivos.
éagsúlacht *f3* diferencia, diversidad; rareza. **aontacht san éagsúlacht** unidad en la diversidad.
éaguimhne *f4* olvido.
éaguimseach *adj* ilimitado, inmoderado.
éagumas *m1* incapacidad; impotencia.
eala[1] *f4* cisne. **chuaigh Séas chuig Leda i riocht eala** Zeus se presentó a Leda en forma de cisne.
eala[2] *f4* **eala mhagaidh** objeto de ridículo.
éalaigh *vi* escapar; fugarse con un amante; escabullirse.
ealaín *f2* arte; destreza, habilidad. **ealaín theibí** arte abstracto. **ealaín ar son na healaíne** el arte por el arte. **Dámh na nEalaíon** Facultad de Humanidades.
ealaíonta *adj* artístico; hábil.
ealaíontóir *m3* artista. **an bhfuil aon eolas agaibh faoin ealaíontóir?** ¿saben algo del artista?
éalaitheach *m1* evadido, fugitivo.
éalang *f2* defecto, punto débil.
éalangach *adj* defectivo; débil, debilitado.
ealbh *m1* elfo.
ealbha *f4* manada, rebaño.
eallach *m1* ganado; cabaña de ganado; aves de corral.
ealta *f4* bandada de pájaros.
éalú *m4* escape, evasión; fuga.
éalúchas *m1* escapismo.
éamh *m1* ruego; queja; grito, clamor.
éan *m1* pájaro; ave, cría de pájaro. **éan circe** pollito. **éan corr** persona que está de más. **éan eala** cría de cisne. **éan parthais** ave de paraíso. **éan róin** cría de foca. **anraith nead éin** sopa de nido de ave, de pájaro.
éanach *m1* marisma, pantano; puerto; caza de aves.
éanadán *m1* jaula para pájaros.
Eanáir *m4* enero. **cuireadh tús leis an bhfeachtas i Mí Eanáir** la campaña se inició en enero.
éaneolaí *m4* ornitólogo.
éaneolaíocht *f3* ornitología.
eang *f3* senda, rastro; muesca; hueco, espacio.
eangach[1] *f2* red.
eangach[2] *adj* a cuadros; mellado; con cortes.

eangaigh

eangaigh *vt* mellar.
eanglach *m1* hormigueo, entumecimiento.
éanlaith *f2* aves; aves de corral.
éanlann *f2* pajarera.
éar *vt* rechazar, negar.
éaradh *m1* negativa, denegación; estorbo, obstáculo.
earc *m1* lagarto. reptil. **earc luachra** lagarto. **earc shléibhe** tritón.
earcach *m1* recluta.
earcaíocht *f3* reclutamiento.
éard *forma empleada con la cópula* **is éard a deir sé go** lo que dice es que.
eardhamh *m1* vestíbulo; sacristía.
éarlais *f2* fianza, depósito, enganche.
éarlamh *m1* santo patrón.
earnáil *f3* sector. **an earnáil phoiblí** el sector público.
earótach *adj* erótico.
earr *f2* final; extremidad, extremo.
earra *m4* mercancía, género, producto. **earraí caillte** objetos perdidos. **earraí glantacháin** productos de limpieza. **earra inbhailithe** pieza de coleccionista. **is olc an t-earra an lead sin** ese chaval es un elemento de cuidado.
earrach *m1* primavera.
earráid *f2* error; contrariedad; excentricidad. **dul in earráid** equivocarse. **rinne mé earráid** me equivoqué.
earráideach *adj* erróneo, incorrecto; excéntrico.
earralann *f2* almacén.
éarthach *m1* repelente.
eas *m3* catarata, cascada; rápido. **ag snámh in aghaidh easa** nadando contra corriente, intentar hacer algo muy difícil. **tá an tEas Iguazú suite in áit ina dtagann trí thír le chéile: an Airgintín, Paragua, agus an Bhrasaíl** las cataratas de Iguazú están situadas en las fronteras entre tres naciones: Argentina, Paraguay, y Brasil. **is e Salto Ángel an t-eas is airde ar domhan** el Salto Ángel es la catarata más alta del mundo.
easair *f5* camita de paja para animales.
easanálaigh *vt, vi* expirar, exhalar.
easaontaigh *vt, vi* disentir, no estar de acuerdo; desunir.
easaontas *m1* disconformidad; disensión, discordia.
easaontóir *m3* disidente.
éasc *m1* defecto.
éasca *adj* fácil; ligero; fluído. **níl sé chomh héasca agus a cheaptar** no es tan fácil como se piensa.
éascaigh *vt, vi* facilitar; acelerar.

éiceolaí

eascaine *f4* imprecación, maldición. **lig sí eascaine aisti faoina hanáil** masculló una maldición.
eascainigh *vt, vi* maldecir.
éascaíocht *f3* agilidad; fluidez; disposición.
eascair *vi* brotar.
eascairdeas *m1* antipatía, antagonismo.
eascairdiúil *adj* antipático, hostil.
eascann *f2* anguila.
eascara *m5* persona hostil, enemigo.
eascoiteannaigh *vt* excomulgar; boicotear.
eascra *m4* jarra.
easláinte *f4* achaque, mal.
easlán *m1, adj* enfermo, inválido.
easmailt *f2* reproche; insulto.
easna *f4* costilla.
easnach *adj* que tiene costillas.
easnamh *m1* falta, carencia; omisión. **an bhfuil aon fhocal in easnamh?** ¿falta alguna palabra? **easnamh daonlathach** déficit democrático.
easnamhach *adj* deficiente, insuficiente; incompleto.
easóg *f2* armiño.
easonóir *f3* deshonor, indignidad.
easpa[1] *f4* falta, ausencia; deficiencia. **easpa céille** falta de sentido común. **tá easpa taithí air** le falta experiencia. *prov.* **is fearr fuílleach ná easpa** mejor que sobre que que falte.
easpa[2] *f4* absceso.
easpach *adj* deficiente, defectuoso.
easpag *m1* obispo.
easpagóideach *adj m1* episcopal; anglicano.
Easpáinneach *m1, adj* hispano, hispánico. **tá dochtúireacht i dTeangeolaíocht Easpáinneach ag an ollamh** el catedrático tiene un doctorado en lingüística hispánica.
easparta *f5* vísperas.
easpórtáil *vt* exportar.
easpórtálaí *m4* exportador.
easraigh *vt* esparcir, desparramar.
eastát *m1* urbanización; hacienda, latifundio.
easumhal *adj* desobediente, insumiso, insubordinado.
easumhlaíocht *f3* insumisión, insubordinación.
easurraim *f2* irreverencia, falta de respeto.
easurramach *adj* irreverente, irrespetuoso; desobediente.
eatramh *m1* intervalo, pausa.
eatramhach *adj* interino, provisional.
eibhear *m1* granito. **chomh crua le cloch eibhir** tan duro como el granito.
eibleacht *f3* emulsión.
éiceachóras *m1* ecosistema.
éiceolaí *m4* ecólogo.

éiceolaíocht *f3* ecología.
éiclips *m4* eclipse. **éiclips na gréine** eclipse solar. **éiclips fáineach** eclipse anular.
éide *f4* ropa, vestido. **in éide garda** en uniforme de policía. **éide naíonán** ropa para bebés.
éideannas *m1* distensión.
éidearfa *adj* incierto, no confirmado.
eidhneán *m1* hiedra.
éidigh *vt* vestir, equipar.
éidreorach *adj* lento; frágil; ínfimo.
éifeacht *f3* efecto; valor. **gan éifeacht** inútil.
éifeachtach *adj* efectivo, eficiente; capacitado.
éifeachtúil *adj* eficaz, útil.
éigean *m1* violencia; violación; necesidad. **is éigean** es necesario. **b'éigean dom imeacht** tenía que ir. **ar éigean** apenas, por poco.
éigeandáil *f3* emergencia, crisis.
éigeantach *adj* obligatorio; angustiado. **tá an Fhraincis éigeantach le haghaidh an phoist sin** el francés es obligatorio para ese trabajo.
éigeas *m1* persona instruída, sabio; poeta.
éigh *vi* chillar; quejarse; clamar.
éigiallta *adj* sin sentido, irracional; estúpido.
éigin *adj* algún. **duine éigin** alguien. **rud éigin** algo. **ar bhealach éigin** de alguna manera.
éiginnte *adj* incierto; indefinido, impreciso.
éiginnteacht *f3* incertidumbre, indefinición; ambigüedad.
éigiontach *adj* inocente.
éigiontaigh *vt* absolver, exculpar.
éigneasta *adj* deshonesto; insincero.
éigneoir *m3* violador.
éignigh *vt* forzar; violar.
éigniú *m4* violación.
éigríoch *f2* infinito.
éigríochta *adj* infinito matemático.
éigríonna *adj* ignorante; imprudente; inexperto.
éigse *f4* sabiduría; poesía; asamblea de sabios o poetas.
eilc *f2* alce.
eile *adj adv s* otro, diferente; más. **ceann eile** otro. **an chéad cheann eile** el próximo. **cad eile?** qué más? **sin scéal eile** eso es otra historia.
éileamh *m1* demanda, reivindicación; queja; acusación. **éileamh a dhéanamh ar rud** reivindicar algo. **tá éileamh mór ar mhúinteoirí Béarla** hay una gran demanda de profesores de inglés.
eileatram *m1* féretro, coche fúnebre.
éilicsir *m4* elixir.
eilifint *f2* elefante.

éiligh *vt, vi* exigir, demandar; quejarse; afligir.
éilips *m4* elipse.
eilit *f2* cierva.
éilitheoir *m3* demandante, querellante. **an tÉilitheoir Óg** el Joven Pretendiente (Carlos Eduardo Estuardo).
éilligh *vt* corromper; ensuciar, manchar.
éillín *m4* nidada.
éimear *m1* esmeril.
éimigh *vt* rechazar, negar; recusar.
eindéimeach *adj* endémico.
éindí *s* **in éindí le** junto con.
éineacht *s* **in éineacht** al mismo tiempo; juntos. **in éineacht le** junto con.
éineart *m1* debilitamiento.
einime *f4* enema.
éinne (*aon duine*) alguien. **éinne eile** otra persona. **an bhfuil éinne anseo a bhfuil carr aige?** ¿hay alguien aquí que tenga coche?
eintríteas *m1* enteritis.
eipic *f2* épica, epopeya.
eipiciúil *adj* épico.
eipidéim *f2* epidemia.
eipidéimeach *adj* epidémico.
eipistéimeolaíoch *adj* epistemológico.
eipistil *f2* epístola.
eire *m4* carga, peso.
Éire *f5* Irlanda. **Poblacht na hÉireann** la República de Irlanda. **in Éirinn** en Irlanda. **bás in Éirinn** morir en Irlanda. **i bhfad Éireann** muchísimo. **tá an aeráid sna sléibhte i bhfad Éireann níos sláintiúla** el clima de las montañas es muchísimo más saludable.
eireaball *m1* cola, rabo. **bhí an madra ag croitheadh a eireabaill** el perro meneaba el rabo.
Éireannach *m1, adj* irlandés.
eireog *f2* gallina.
éirí *m4* subida, ascenso. **éirí amach** insurrección. **éirí in airde** arrogancia. **éirí na gréine** amanecer.
éiric *f2* retribución, recompensa; multa; rescate, **cic éirice** penalti.
eiriceach *m1* hereje.
eiriceacht *f3* herejía.
eiriciúil *adj* herético.
éirigh *vi* subir; crecer; levantarse; convertirse en, ponerse, hacerse. **tá costas gach rud ag éirí** el precio de todo está subiendo. **d'éiríomar go moch as an leaba ar maidin** nos levantamos temprano. **éirigh go gasta!** ¡levántate rápido! **éirigh as** renunciar, jubilarse. **d'éirigh mo mháthair as a post** se jubiló mi madre. **tá an Taoiseach ar tí éirí as** el Primer Ministro está al borde de la dimisión. **d'éirigh sé as an tobac** dejó

éirim de fumar. **d'éirigh leis** tuvo éxito. **cad é mar a d'éirigh libh sa scrúdú?** ¿cómo os fue en el examen? **go n-éirí leat** que tengas éxito. **d'éirigh mé suas i mBaile Átha Cliath** me crié en Dublín. **d'éirigh an oíche fuar** la noche se enfrió.
éirim f2 ámbito; inclinación; aptitud.
éirimiúil adj despierto. inteligente, con talento; apto.
éiritheach adj floreciente, próspero, **plúr éiritheach** harina que contiene polvo de hornear, harina leudante.
eirleach m1 destrucción; matanza.
eirmín m4 armiño.
éis s **tar éis** después, **tar éis an tsaoil** después de todo, **tar éis dóibh an Spáinn a bhaint amach** después de que llegaron a España, **leathuair tar éis a dó** las dos y media, **tá mé tar éis labhairt leo** acabo de hablar con ellos.
eisceacht f3 excepción.
eisceachtúil adj excepcional.
eischeadúnas m1 licencia para la venta de alcohol, tienda donde se vende alcohol; tienda donde se expende alcohol para su consumo en otra parte.
eiscir f5 esker (*cresta estrecha formada de depósitos de arena y grava*).
eisdíritheach m1 extrovertido.
eiseachadadh m1 extradición.
eiseachaid vt extraditar.
eiseachas m1 existencialismo.
éisealach adj quisquilloso, remilgado.
eiseamal m1 espécimen, muestra.
eiseamláir f2 ejemplar, modelo, ejemplo; ilustración.
eiseamláireach adj ejemplar.
eisean pronombre enfático 3sg m él mismo. **eisean a rinne é** lo hizo él.
éisí m adj existencialista.
eisigh vt editar; emitir, poner en circulación.
eisilteach m1 efluente.
eisimirce f4 emigración.
eisimirceach m1, adj emigrante.
eisiúint f3 emisión; publicación.
éislinn f2 punto débil; defecto.
éislinneach adj inseguro; vulnerable; defectuoso.
eispéireas m1 experiencia.
eispéirigh vt experimentar.
eisreachtaí m4 prófugo, fugitivo.
eisreachtaigh vt proscribir, ilegalizar.
éist vt, vi oír; escuchar, prestar atención; estar callado. **d'éist an bhanaltra liom go cúramach** la enfermera me escuchó con atención. **éist do bhéal!** ¡cállate! **is aoibhinn liom aifreann Gaeilge a éisteacht** me encanta oír la misa en irlandés. *prov.* **éist**

mórán agus can beagán escucha mucho y habla poco.
éisteacht f3 escucha; silencio. **lucht éisteachta** audiencia, público. **tabhair éisteacht dó** escúchale. **tá sé ina éisteacht** está callado.
éisteoir m3 oyente.
eite f4 ala; flanco; pluma. **eite chlé** ala izquierda. **eite dheas** ala derecha. **eití sicín** alitas de pollo.
eiteach m1 negativa, denegación; plumaje. **an t-eiteach glan a thabhairt** negarse rotundamente.
eiteachas m1 negativa.
eiteán m1 huso; bobina, carrete; volante.
éitear m1 éter.
eiteog f2 ala; pluma.
éitheach m1 mentira, falsedad. **thug tú d'éitheach** ¡mentiroso! **móid éithigh** perjurio.
eithne f4 meollo; núcleo.
eithneach adj nuclear **aistitim eithneach** lluvia radioactiva.
eithre f4 cola; aleta.
eitic f2 ética.
eiticiúil adj ético.
eitigh vt rechazar.
eitil vi volar, revolotear, centellear. **d'eitil na beacha ó bhláth go bláth** las abejas volaron de flor en flor.
eitilt f2 vuelo; revoloteo; parpadeo. **ar eitilt** volando. **bíonn eitiltí go Bilbao ar fáil go rialta anois** ahora hay vuelos regulares a Bilbao. **sásar eitilte** platillo volante.
eitinn f2 tisis, tuberculosis.
éitir f2 fuerza, vigor.
eitleán m1 avión. **sular thuirling an t-eitleán** antes de que el avión aterrizase.
eitleog f2 revoloteo; cometa; volea.
eitleoir m3 aviador.
eitleoireacht f3 vuelo; aviación.
eitlíocht f3 aviación.
eitneach adj étnico.
eitpheil f2 balonvolea.
eitre f4 surco.
eitrigh vt, vi surcar, hacer surcos.
eitseáil f3 grabado.
eo f4 tejo.
Eocairist f2 eucaristía.
eochair[1] f5 llave.
eochair[2] f5 frontera, linde, borde.
eochairchlár m1 teclado.
eochraí f4 hueva.
eoclaip f2 eucalipto.
eol m1 **is eol dom** sé. **mar is eol duit** como sabes. **mar is eol do chách** como sabe todo el mundo.
eolach adj entendido, erudito; habilidoso; informado.

eolaí

eolaí *m4* erudito, experto; guía; científico.
eolaí an teileafóin guía de teléfonos.
eolaíoch *adj* científico.
eolaíocht *f3* ciencia.
eolaire *m4* directorio.
eolas *m1* conocimiento; familiaridad; información. **tá sé ar eolas agam** lo sé. **eolas faoi bhialanna** información sobre restaurantes. **Eoraip** *f3* Europa. **Aontas na hEorpa** Unión Europea.

eontanáis

eorna *f4* cebada. **úsc na h-eorna** el jugo de la cebada (*whiskey*).
eoró *m4* euro. **comhartha eoró** símbolo del euro (= €).
Eorpach *adj* europeo. **an Comhphobal Eorpach** la Comunidad Europea. **an tAontas Eorpach** la Unión Europea.
eotanáis *f2* eutanasia.

F

F, f *m* letra F. **F séimhithe** (*Ḟ, ḟ; Fh, fh*) F lenizada.
fabhal *f2* fábula.
fabhalscéal *m1* leyenda, fábula.
fabhairt *f2* loción; bálsamo.
fabhar *m1* favor; favoritismo. **bheith i bhfabhar** estar a favor.
fabhcún *m1* halcón.
fabhra *m4* pestaña. **conas na fabhraí a dhéanamh níos faide agus níos déine?** ¿cómo hacer las pestañas más largas y más resistentes? **fuair sé faoi na fabhraí é** le dió en plena cara.
fabhrach *adj* favorable; parcial.
fabhraigh *vi* formarse, desarrollarse.
fabhraíocht *f3* favoritismo; desarrollo.
fabhrán *m1* cilio.
fabht *m4* falta, culpa; defecto. **fabht a aimsiú** encontrar un defecto. **fabht san éide** grieta en la armadura
fabhtach *adj* defectuoso; mentiroso.
fabhtaithe *adj* infectado; contaminado.
fabraic *f2* tela, tejido.
fachail *f5* legaña.
fachnaoid *f2* burla, mofa.
fachtóir *m3* factor. **fachtóir cosanta ar an ngrian** factor de protección del sol. **fachtóir coiteann** común denominador. **fachtóir príomha** factor primo.
fachtóirigh *vt* factorizar.
fad *m1* longitud; distancia; duración; extensión. **cén fad idir an dá chathair?** ¿cuánta distancia hay entre las dos ciudades? **chuir fad an dráma a chodladh mé** la duración del drama me hizo dormir. **cá fhad?** ¿cuánto tiempo? **i bhfad** mucho. **tá Baile Átha Cliath i bhfad níos mó ná Corcaigh** Dublín es mucho más grande que Cork. **i bhfad ó shin** hace mucho tiempo. **ar fad** todo. **Connachta ar fad agus leath de Chúige Uladh** todo Connaught y la mitad del Ulster. **fad** is a condición de que. **fad is nach bhfuil sé ródhaor** siempre que no sea demasiado caro. **ar feadh i bhfad** por mucho tiempo. **sar i bhfad** pronto. **go ceann i bhfad** por mucho tiempo. **tá na hoícheanta ag dul i bhfad** las noches se están haciendo cada vez más largas. *prov.* **dá fhad an oíche tiocfaidh an lá** no hay mal que cien años dure.
fada *adj* largo, alargado; aburrido. **le fada** durante mucho tiempo. **síneadh fada** acento escrito agudo (´). **chomh fada agus is eol dom** que yo sepa. **is fada**

liom an rang seo esta clase es muy cansona.
fadaigh *vt, vi* encender, prender; incitar; erigir; alargar.
fadálach *adj* lento; aburrido, tedioso.
fadamharcach *adj* hipermétrope.
fadaraíonach *adj* sufrido, paciente.
fadbhreathnaitheach *adj* previsor.
fadcheannach *adj* perspicaz, astuto.
fadcheirnín *m4* disco de larga duración, elepé.
fad-dealbhach *adj* oblongo.
fadfhulaingt *f2* resistencia, aguante; largo sufrimiento.
fadfhulangach *adj* resistente; paciente.
fadharcán *m1* nudo en la madera; bulto, hinchazón; callo del pie.
fadharcánach *adj* nudoso; grumoso; calloso.
fadhb *f2* nudo en árboles; problema; callosidad. **sin í an fhadhb** ahí reside el problema. **fadhb na tithíochta** el problema de la vivienda.
fadhbáil *f3* golpe; esfuerzo.
fadlíne *f4* meridiano.
fadlíneach *adj* meridional.
fadó *adv* hace mucho tiempo. **bhí rí ann fadó** érase una vez un rey.
fadradharc *m1* vista lejana; hipermetropía.
fadsaolach *adj* longevo; acomodadizo, tolerante.
fadsaolaí *f4* longevidad.
fadscéalach *adj* prolijo.
fadtréimhseach *adj* a largo plazo.
fadú *m3* extensión.
faecach *adj* fecal.
fág[1] *m3* ola grande, oleaje.
fág[2] *vt, vi* dejar, abandonar; marcharse; implicar. **d'fhág mé mo spéaclaí sa charr** dejé mis gafas en el carro. **d'fhágamar an baile** nos marchamos del pueblo. **fágaigí bhur gcuid airgid ansin** dejen su dinero allí. **tá tuilleadh fágtha** aún queda más. **fágadh ina baintreach í** se quedó viuda. **fág an eochair ag Seán** deja la llave con Juan. **ní fhágfar ach cnámha** solo quedarán huesos. **fágann sé** eso implica que. **fág slán acu** diles adiós. **fág fúmsa é** yo me ocupo de mí. **fág amach** omitir. **fág ar lár** omitir.
fágálach *m1* persona morosa, parsimoniosa, lenta.
faghair *vt* encender, inflamar; enardecer.
faghairt *f3* temple; fuego, fervor; brote de cólera.

88

faghartha

faghartha *adj* de genio ardiente, valiente.
fagóid *f2* haz de leña.
fágtha *adj* dejado, abandonado.
faí *f4* nota; grito, lamento; voz gramatical. **faí chéasta** voz pasiva. **faí ghníomhach** voz activa.
fáibhile *m4* haya.
faic *f4* nada. **níl faic air** no le pasa nada. **ní thuigim faic** no entiendo nada. **ní dhéanfaidh sé faic ort** no te hará daño.
faiche *f4* césped; prado. **faiche imeartha** campo de deportes. **Faiche Stíofáin** *parque en el centro de Dublín*.
faichill *f2* cuidado, atención, precaución.
faichilleach *adj* cuidadoso, cauteloso, precavido.
faicín *m4* pañal; trapo.
faicsean *m1* facción.
faid[1] *f2* (*ver fad*).
faid[2] *f2* prórroga.
fáidh *m4* profeta, sabio. **Íseáia fáidh** el profeta Isaías. **na Fáithe** los profetas; las Parcas.
fáidhbhean *f5* profetisa.
fáidheadóireacht *f3* profecía; sabio discurso.
fáidhiúil *adj* profético, sabio.
faigh *vt* conseguir, obtener, recibir; encontrar; hacerse. **faighim mo chuid leabhar ar lacáiste** obtengo mis libros con descuento. **gheobhaidh mé cathaoir duit** te buscaré una silla. **faigheann siad deontas ón rialtas** reciben subvención del gobierno. **tá m'iarratas faighte acu** han recibido mi solicitud. **an bhfaigheann tú an boladh?** ¿hueles algo? **cá bhfuair sibh na toitíní sin?** ¿dónde consiguieron esos cigarillos? **fuarthas ciontach í** fue encontrada culpable. **fuaireamar an bua tar éis comórtas dian** ganamos tras una dura competición. **bás a fháil** morir. **faigh amach** descubrir. **faigh réidh le** librarse de, quitar. **faigh locht ar** criticar, regañar.
faighin *f2* vaina, funda; vagina.
faighintaca *m4* pesario.
faighneog *f2* cáscara, concha, vaina.
fail[1] *f2* anillo; encierro; guarida; pocilga. **i bhfail** con, junto a.
fail[2] *f2* hipo. **fail a bheith ort** tener hipo.
fáil *f3* logro; encuentro; capacidad. **níl fáil air** no está disponible. **ar fáil, le fáil** disponible.
failc *f2* abertura; labio leporino.
failceach *adj* abierto; con labio leporino.
faileog *f2* hipo.
fáilí *adj* agradable, afable; furtivo.
faill *f2* oportunidad. **ní raibh faill suí agam** no tuve la oportunidad de sentarme.

faireog

faillí *f4* descuido, negligencia; omisión; demora. **faillí ghairmiúil** negligencia profesional. **measaim go ndearna a tuismitheoirí faillí de chineál éigin uirthi** creo que sus padres cometieron algún tipo de negligencia con ella.
failleagán *m1* brote.
failligh *vt, vi* descuidar; omitir; retrasar.
faillitheach *adj* negligente.
faillitheoir *m3* negligente; delincuente.
failm *f2* golpe.
failp *f2* latigazo.
fáilte *f4* bienvenida, acogida. **fáilte a chur roimh dhuine** dar la bienvenida a alguien. **Fáilte an Aingil** el Ángelus. **céad míle fáilte** mil veces bienvenido. **fáilte roimh chách** bienvenida a todos. **tá fáilte romhat** de nada, no hay de qué. **Oifig Fáilte** oficina de turismo. **cuirfear fáilte roimh iarratais i nGaeilge** las solicitudes en irlandés son bienvenidas.
fáilteach *adj* acogedor.
fáilteoir *m3* recepcionista.
fáiltigh *vi* dar la bienvenida, recibir.
fáiltiú *m4* bienvenida, recepción.
fainic I *f2* advertencia; cautela. **II** *vt, vi* tener cuidado. **fainic thú féin** ten cuidado.
fáinleog *f2* golondrina.
fáinne *m4* anillo, aro; aureola. **fáinne lae** alba, amanecer. **fáinne cluaise** arete. **fáinne fí** círculo vicioso. **fáinne gealltanais** anillo de compromiso. **fáinne gruaige** rizo. **fáinne oinniúin** aro de cebolla. **fáinne pósta** anillo de bodas. **fáinne solais** halo, aureola.
fáinneach *adj* circular; ensortijado, rizado.
fáinneáil *f3* vuelta; aleteo.
fainnéirí *m4* convalecencia.
fáinneog *f2* rizo.
fáinneoireacht *f3* cercado.
fáinnigh *vt, vi* cercar, rodear. **tá an lá ag fáinniú** está amaneciendo.
faíoch *adj* quejumbroso; abundante.
fair *vt, vi* mirar; hacer caso; vigilar, velar. **chaith mé fiche neomad ag faire ar bhus** estuve veinte minutos esperando el bus. **corp a fhaire** velar un difunto. **bhí an Garda ag faire orm** el policía estaba mirándome.
fáir[1] *f2* nido; guarida.
fáir[2] *vi* descansar en una percha.
fáirbre *f4* corte, muesca; arruga.
faire *f4* vigilancia; velatorio. **fear faire** centinela, vigilante. **focal faire** contraseña. **bí ar d'fhaire** ten cuidado.
fáireach *f2* abucheo, silbido de protesta.
faireog *f2* glándula. **faireog allais** glándula sudorípara. **faireog aidréineach** glándula suprarrenal.

Fairisíneach

Fairisíneach *m1* fariseo *adj* fariseico.
fairsing *adj* amplio, extenso; abundante, generoso. **eolas fairsing ar ríomhairí** amplios conocimientos sobre ordenadores.
fairsinge *f4* amplitud, extensión; abundancia; generosidad.
fairsingigh *vt, vi* ampliar, extender.
fairsingiú *m4* ampliación. **fairsingiú na bhfásach** la extensión de los desiertos.
fairtheoir *m3* centinela, vigilante.
fáisc *vt, vi* apretar, exprimir; presionar; atar fuertemente.
fáisceán *m1* vendaje.
fáiscín *m4* cierre, corchete. **fáiscín reatha** cremallera, cierre relámpago.
fáiscire *m4* exprimidor.
fáiscthe *adj* exprimido; ajustado; compacto.
fáise *f4* aridez.
faisean *m1* moda; costumbre; característica.
faiseanta *adj* de moda; elegante. **seanfhaiseanta** pasado de moda. **nuafhaiseanta** moderno.
faisisteach *adj* fascista.
faisisteachas *m1* fascismo.
faisistí *m4* fascista.
faisnéis *f2* información; informe; predicado gramatical. **faisnéis na haimsire** pronóstico meteorológico. **bhí sé ag cur d'fhaisnéise** estaba preguntando por ti.
faisnéiseach *adj* informativo; predicativo.
faisnéiseoir *m3* informante.
fáistine *f4* profecía, adivinación.
fáistineach I *m1* profeta, adivinador. **II** *adj* profético. **an aimsir fháistineach** el tiempo futuro.
fáistineacht *f3* predicción.
fáistinigh *vt* profetizar.
faiteach *adj* temeroso, aprensivo; tímido.
faiteadh *m1* aleteo, revoloteo. **i bhfaiteadh na súl** en un abrir y cerrar de ojos.
fáithim *f2* dobladillo.
faithne *m4* verruga. **lus na bhfaithní** ésula.
faitíos *m1* miedo, aprensión, temor; timidez. **ar fhaitíos go** por miedo a. **tá faitíos orm go bhfuil dul amú ort** me temo que te equivocas. **faitíos stáitse** miedo escénico. **ar fhaitíos na bhfaitíos** por si acaso.
faitíosach *adj* nervioso, tímido.
fál[1] *m1* verja, seto; protección; muro, barrera.
Fál[2] *m1* **Inis Fáil** *nombre poético de Irlanda*. **Fianna Fáil** *partido político irlandés*
fala *f4* rencor, resentimiento.
falacail *f2* folículo. **falacail ribe** folículo piloso.
falang *m1* falange.
fálaigh *vt* vallar, cercar; revestir.

faobhar

falcaire *m4* murajes.
falcóg *f2* alca.
fallaing *f2* manto, capa. **fallaing folctha** albornoz. **fallaing seomra** bata, levantadora. **fallaing mháinliachta** bata de cirugía. **fallaing Mhuire** alchemilla.
fallás *m1* falacia.
fálróid *f2* paseo; paso tranquilo.
falsa *adj* falso; perezoso.
falsacht *f3* falsedad; pereza. **ag falsacht** holgazaneando.
falsaigh *vt* falsificar.
falsaitheoir *m3* falsificador.
falsóir *m3* perezoso.
falsú *m4* falsificación.
faltanas *m1* rencor, resentimiento.
fáltas *m1* ingreso; beneficio; importe; suministro.
fámaire *m4* holgazán; visitante de verano; cosa o persona grande.
fan *vi* esperar, aguardar; permanecer, quedarse. **fan liom!** ¡espérame! **ní thig liom fanacht níos faide** no puedo esperar más. **fan i do thost** no digas nada. **d'fhan siad go meán oíche** se quedaron hasta medianoche.
fán *m1* vagabundeo, nomadeo. **treibheanna fáin** tribus nómadas.
fána *f4* declive; inclinación, pendiente, cuesta. **chuaigh an t-uisce le fána** el agua fue cuesta abajo.
fánach *adj* vagabundo, peripatético, errante; fútil; parcial. **spailpín fánach** jornalero errante, agregado, bracero. **d'fhág fear an phoist na litreacha go fánach ar leac an dorais** el cartero dejó el correo tirado en la entrada.
fanacht *m3* espera; permanencia.
fánaí *m4* jornalero; nómada, vagabundo.
fanaiceach *m1, adj* fanático.
fanaiceacht *f3* fanatismo.
fánaigh *vi* dispersar.
fanaile *m4* vainilla.
fánaíocht *f3* vagabundeo; merodeo.
fánán *m1* pendiente, rampa.
fánas *m1* espacio, hueco.
fann *adj* borroso; débil, lánguido.
fannchroíoch *adj* pusilánime.
fannlag *adj* débil.
fanntais *f2* mareo, desmayo. **tit i bhfanntais** desmayarse.
fanrais *f2* inquina, animadversión.
fantaisíocht *f3* fantasía.
faobhar *m1* filo, borde; entusiasmo. **faobhar a chur ar rud** afilar algo. **tá faobhar ar a teanga** ella tiene una lengua afilada. **cuirfidh sé seo faobhar ort** esto te va a interesar.

faobhrach

faobhrach *adj* afilado, cortante, mordaz; ansioso.
faobhraigh *vt* afilar, amolar.
faocha *f4* bígaro. **faocha chapaill** buccino. **faocha ghliomaigh** cangrejo ermitaño.
faofa *adj* desnudo.
faoi *prep (ver tablas)*. debajo de; menos de; cerca de; respecto a; contra; para, por; alrededor de. **faoin mbord** debajo de la mesa. **faoi bhláth** en flor. **dul faoi scrúdú** someterse a un examen. **faoi dhó** dos veces. **is cuma faoi** no importa. **fiche faoin gcéad** el veinte por ciento. **faoin tuath** en el campo. **faoi láthair** actualmente. **faoi dheireadh** por fin. **amuigh faoin spéir** al aire libre. **céard faoi?** ¿qué te parece? **bhí an Ghaeilge ag dul i léig faoi 1850** el irlandés había declinado llegado el año 1850. **scríobh sé leabhar faoi Pherón** escribió un libro sobre Perón. **faoi smacht** bajo control. **béal faoi** boca abajo. **dul faoi lámh easpaig** ser confirmado. **dul faoi scian** someterse a una operación. **roinn faoi sheacht** divida por siete. **faoi réir** conforme a, de acuerdo con. **urlár faoi thalamh** sótano.
faoileán *m1* gaviota.
faoileanda *adj* elegante.
faoileann *f2* doncella, muchacha.
faoileoir *m3* planeador.
faoilte *f4* alivio.
faoine *f4* languidez.
faoisc *vt* descascarar, sancochar.
faoisce *f4* concha; molusco.
faoiseamh *m1* alivio, paz.
faoistin *f2* sacramento de la penitencia. **an Fhaoistin Choiteann** la Confesión General.
faoitín *m4* pescadilla.
faolchú *m4* perro salvaje; lobo.
faomh *vt* aceptar, acceder; aprobar.
faon *adj* flácido, flojo.
faonoscailt *f2* hendidura; indirecta.
faopach *s* **san fhaopach** en aprietos, en un buen lío.
fara[1] *m4* gallinero.
fara[2] *pron prep* junto con, así como, además.
faradh *m1* transbordo.
farcha *m5* mazo.
farae *m4* forraje, pienso.
faraing *f2* faringe.
faraingíteas *m1* faringitis.
farantóireacht *f3* acto de transportar algo a través de un río o el mar. **bád farantóireachta** transbordador.
faraor *int* ¡ay! ¡qué pena!
farasbarr *m1* exceso, excedente.
fardal *m1* inventario.

feabhas

fardoras *m1* dintel.
fargán *m1* repisa, antepecho.
farradh *s* **i bhfarradh** en compañía de, junto a. **farradh is** comparado con.
farraige *f4* mar. **tinneas farraige** mareo. **radharc ar an bhfarraige** vista del mar. **ar an bhfarraige** en el mar. **turas farraige** viaje marítimo. **fear farraige** marinero.
fás I *m1* crecimiento, desarrollo; árbol joven. **tá fás leanúnach ar an daonra** la población sigue creciendo. **fás aon oíche** champiñón, hongo. **II** *vt, vi* crecer; cultivar. **ní fhásann crann ar bith ar na sléibhte úd** en aquellas montañas no crecen árboles. **d'fhás cairdeas eadrainn** nos hicimos amigos. **fás aníos** criarse. **cur ag fás** sembrar, cultivar.
fasach *m1* precedente.
fásach *m1* desierto, terreno baldío; exuberancia. **fásach Sonora** el Desierto de Sonora.
fáscadh *m1* presión; estrujón, apretón; estrechez; esfuerzo. **fáscadh gáire** convulsiones de risa. **na fascaí** contracciones del parto.
fáschogaint *f2* mascada.
fáschoill *f2* maleza, matorrales; arboleda.
fáslach *m1* advenedizo.
fásra *m4* vegetación.
fásta *adj* adulto, maduro. **duine fásta** persona adulta.
fastaím *f4* tonterías, disparates.
fásúil *adj* desértico.
fata *m5* patata, papa. **fataí bruite** patatas cocidas. **ag baint fataí** recogiendo patatas.
fáth-[1] *pref* místico; figurado; sabio; ingenioso.
fáth[2] *m3* causa, razón. **cén fáth?** ¿por qué?
fathach *m1* gigante.
fáthach *adj* metafórico, simbólico.
fáthadh *s* **fáthadh an gháire** sonrisa.
fáthchiall *f2* alegoría.
fáthchiallach *adj* alegórico; metafórico.
fáthlia *m4* curandero, sanador.
fáthmheas *m3* diagnóstico *vt* diagnosticar.
fáthrún *m1* sentido figurativo.
fáthrúnda *adj* misterioso.
fáthscéal *m1* alegoría, parábola.
feá[1] *m4* braza.
feá[2] *f4* haya, hayedo.
feabhas *m1* excelencia; mejoría. **ar fheabhas** excelente. **dul i bhfeabhas** mejorar. **thainig feabhas mór ar na bóithre ó shin** las carreteras han mejorado mucho desde entonces. **is fearr síocháin dá olcas ná cogadh dá fheabhas** una mala paz es mejor que una guerra buena. **barr feabhais** la calidad

más alta. **athrú chun feabhais** cambio para bien. **múinteoir feabhais** profesor de apoyo.
Feabhra *f4* febrero. **Mí Feabhra** el mes de febrero. **is ar an chéad lá d'Fheabhra a thosaíonn an t-earrach** la primavera comienza el primer día de febrero.
feabhsaigh *vt, vi* mejorar.
feabhsaitheoirí *pl.* fabraice suavizantes de ropa.
feabhsú *m4* mejoría.
feac[1] *m4* mango; pala.
feac[2] *vt, vi* doblar. **glúin a fheacadh** arrodillarse.
feacadh *m1.* curva, ángulo; postura torcida.
féach *vt, vi* mirar; considerar; examinar. **féach air seo** mire esto. **féach cad atá déanta agat** mira lo que has hecho. **feachaimís ar an léaráid sin** miremos ese diagrama. **cuisle a fhéachaint** tomar el pulso. **féachaint le rud a dhéanamh** intentar hacer algo. **féach ort an gúna sin** pruébate esa falda. **tá an gairdín ag féachaint go maith** el jardín se ve bonito. **féach chuige** cerciorarse, asegurarse. **féach chuige go mbeidh an obair ar an gcarr críochnaithe amárach** asegúrese de que el coche esté a punto mañana.
féachadóir *m3* espectador, observador; mirón.
féachaint *f3* aspecto, apariencia; juicio. **lucht féachana** espectadores.
feachrán *m1.* púa.
feacht *m3* flujo, corriente.
feachtas *m1.* campaña.
fead *f2* silbido.
féad *vi* ser capaz de, poder; deber. **an bhféadfá glaoch roimh ré?** ¿podrías llamar de antemano? **féadfaidh mé tosú láithreach** podré empezar inmediatamente. **an rud is measa a d'fhéadfadh tarlú** lo peor que podría pasar.
feadaíl *f3* silbido.
feadair *v def* (*con negación e interrogación*) saber. **ní fheadair aon duine cá bhfuil sé** nadie sabe dónde está.
feadaire *m4* silbador.
feadán *m1.* tubo; garganta; silbido; resuello.
feadh *m3* extensión; duración. **ar feadh** durante, por. **ar feadh tamaill** durante un rato. **ar feadh m'eolais** por lo que yo sé. **ar feadh bruacha na habhann** por la orilla del río.
feadhain *f3* tropa, compañía. **ceann feadhna** comandante, cabecilla.
feadhnach *m1.* banda, tropa; cuévano; cubo; gran cantidad.
feadóg[1] *f2* **feadóg stáin** flauta de latón. **feadóg mhór** flauta travesera.
feadóg[2] *f2* chorlito.
feag *f3* junco.
feall *m1.* engaño, traición; falta.
fealladh *m1.* traición; fracaso.
feallaire *m4* delator, traidor; mentiroso. *prov.* **filleann an feall ar an bhfeallaire** el pecado vuelve al pecador.
feallmharaigh *vt* asesinar.
feallmharfóir *m3* asesino.
feallmharú *m4* asesinato.
fealltach *adj* engañoso, traicionero.
fealltóir *m3* delator, traidor.
fealsamh *m1.* filósofo.
fealsúnacht *f3* filosofía.
feam *m3* cola, rabo; tallo de una planta.
feamainn *f2* alga marina. **moltar an fheamainn mar leigheas ar thinneas** se recomienda la alga marina para combatir la enfermedad.
fean *m4* abanico.
feanléas *m1.* montante de abanico.
feann *vt* desollar, despellejar.
feannóg *f2* **feannóg charrach** cuervo carroñero, buitre.
feanntach *adj* amargo; afilado; severo.
fear-[1] *pref* homo-, masculino.
fear[2] *m1.* hombre; marido. **beirt fhear** dos hombres. **maith an fear!** ¡bien hecho! **fear an tí** anfitrión. **fear céile** marido. **fear gnó** hombre de negocios. **fear uasal** caballero. **fear an phoist** cartero. **"fir"** "hombres", "caballeros" (*servicio de caballeros*). **fear fichille** pieza de ajedrez. **fear bréige** espantapájaros. **fear teanga** intérprete. **fir ionaid** sustitutos. **fear dá fhocal** é cumple con sus promesas. **leanbh fir** niño varón.
fear[3] *vt, vi* echar, servir; realizar; afectar. **fáilte a fhearadh roimh dhuine** dar la bienvenida a alguien. **ag fearadh na ndeor** derramando lágrimas. **cogadh a fhearadh** librar una guerra.
féar *m1.* hierba, césped, pasto, grama; heno.
féarach *m1.* pasto.
fearacht *sustantivo empleado como preposición* como. **fearacht an fhir sin** como ese hombre.
féaráilte *adj* justo, equitativo.
fearán *m1.* tórtola.
fearann *m1.* terreno, territorio. **baile fearainn** caserío, unidad pequeña de tierra en el campo.
fearantas *m1.* madurez; hombría.
fearas *m1.* labranza; dirección; equipamiento; aparato.
fearastaigh *vt* equipar.
fearastúil *adj* bien equipado; competente, habilidoso.
fearb *f2* verdugón; vira de zapato.

fearbán

fearbán *m!* ranúnculo.
fearchumhacht *f3* personal, recursos humanos.
fearg *f2* enfado, rabia, enojo. **ná bíodh fearg ort** no te enfades. **tuigim a chuid feirge** comprendo su rabia.
fearga *adj* masculino, viril. **ball fearga** pene.
feargach *adj* enfadado, enojado, bravo.
feargacht *f3* hombría, virilidad.
féarmhar *adj* herboso, pastoso.
fearnóg *f2* aliso.
fearóglach *m!* siervo.
fearsaid *f2* huso; mango. **an Fhearsaid** el cinturón de Orión.
feart[1] *m3* prodigio, milagro.
feart[2] *m3* montículo, túmulo, tumba.
féarthailte *sp!* pradera.
fearthainn *f2* lluvia; tormenta. **an bhfuil sé ag cur fearthainne i gcónaí?** ¿todavía está lloviendo?
feartlaoi *f4* epitafio.
fearúil *adj* viril, macho.
fearúlacht *f3* virilidad.
feasach *adj* astuto, sagaz; bien informado. **is feasach mé go** sé que.
feasachán *m!* boletín informativo.
féasóg *f2* barba. **bruth feasóige** barba de tres días.
féasrach *m!* hocico.
feasta *adv* de ahora en adelante, a partir de ahora, ya. **ní fheicfidh tú feasta iad** ya no les verás.
féasta *m4* banquete, comilona; fiesta.
féastach *adj* festivo.
féatas *m!* feto.
feic[1] *m4* espectáculo; visión.
feic[2] *vt, vi* ver. **an bhfeiceann tú an clár dubh?** ¿ves la pizarra? **an bhfaca tú an timpiste?** ¿viste el accidente? **feictear dom go** me parece que. **le feiceáil** visible.
feiceáil *f2* vista, visión; aspecto. **níl an fheiceáil rómhaith aige** no tiene buena vista.
feiceálach *adj* visible, prominente; llamativo; atractivo.
féichiúnaí *m4* deudor. **mar a mhaithimidne dár bhféichiúnaithe féin** como también nosotros perdonamos a los que nos ofenden.
féichiúnaigh *vt* cargar dinero en una cuenta.
féichiúnas *m!* deuda; obligación, responsabilidad.
féichiúnta *adj* puntual.
féideartha *adj* factible, posible.
féidearthacht *f3* posibilidad. **tá féidearthachtaí iontacha ag baint leis an**

feillghníomh

teicneolaíocht nua la nueva tecnología ofrece posibilidades maravillosas.
feidhle *f4* resistencia.
feidhligh *vi* resistir; perseverar.
feidhm *f2* función, uso; tarea. **beidh na feidhmeanna céanna aici agus atá agamsa** tendrá las mismas tareas que yo. **i bhfeidhm** funcionando. **as feidhm** no funciona. **ó tháinig an dlí i bhfeidhm** desde que la ley entró en vigor.
feidhmeach *adj* funcional, aplicado.
feidhmeannach *m!* funcionario; ejecutivo; agente.
feidhmeannas *m!* función; servicio; cargo.
feidhmigh *vt, vi* funcionar; actuar; ejecutar, hacer.
feidhmiúchán *m!* funcionamiento. **oifigeach feidhmiúcháin** ejecutivo. **coiste feidhmiúcháin** comité ejecutivo.
feidhmiúil *adj* funcional; eficiente; enérgico.
féidir *s* **is féidir é** es posible. **ní féidir liom** no puedo. **más féidir** si es posible. **b'fhéidir** quizás. **chomh luath agus is féidir** tan pronto como sea posible. **níorbh fhéidir linn cabhrú leis** no pudimos ayudarle. **an féidir rothar a fhágáil anseo?** ¿se puede dejar una bicicleta aquí? **dá mb'fhéidir liom cuimhneamh air** si lo pudiera recordar.
feifeach *adj* expectante; vigilante, atento.
feighil I *f2* vigilancia; cuidado, atención. **i bhfeighil an tí** al cuidado de la casa. **II** *vt, vi* gilar, supervisar.
feighlí *m4* vigilante, supervisor. **feighlí páistí** niñera.
feil *vi* sentar bien, ir bien, convenir. **má fheileann sé duit** si te conviene. **an bhfeileann De hAoine di?** ¿le va bien el viernes?
féile[1] *f4* generosidad, hospitalidad.
féile[2] *f4* festival, día de fiesta. **Lá Fhéile Pádraig** día de San Patricio. **Lá Fhéile Bríde** día de Santa Brígida. **Lá Fhéile Muire Mór** fiesta de la Asunción.
féileacán *m!* mariposa. **féileacán oíche** polilla.
féileadh *m!* **féileadh beag** falda escocesa, pollera escocesa.
feileastram *m!* lirio. **feileastram dearg** crocosmia.
feileon *m!* criminal.
feileonacht *f3* felonía, crimen.
féilire *m4* calendario. **féilire imeachtaí** calendario de eventos.
feiliúnach *adj* apropiado, adecuado; apto, idóneo. **níl an scannán feiliúnach do pháistí** la película no es apta para niños.
feillbhithiúnach *m!* canalla, cabrón.
feillghníomh *m!* traición.

93

feilt *f2* fieltro.
féiltiúil *adj* festivo; periódico, regular; puntual.
féimear *m1* fémur.
féimearach *adj* femoral.
feilmeanta *adj* fuerte, vigoroso, enérgico.
féimheach *m1*, *adj* bancarrota.
féin-[1] *pref* auto-.
féin[2] *adj pron con uso reflexivo* propio, mismo; solo. **mé féin** yo mismo. **é féin** él mismo. **iad féin** ellos mismos. **inis do scéal féin** cuenta tu propia historia. **sibh féin a dúirt é** vosotras mismas lo dijisteis. **Sinn Féin** Nosotros Mismos *(partido político)*. **Déan Féin É** Hágalo Usted Mismo, bricolaje. **mar sin féin** sin embargo.
féinchosaint *f2* defensa personal.
féindiúltiú *m4* abnegación.
féinfhostaíocht *f4* trabajo independiente.
féinghrá *m4* egoísmo.
féinics *m4* fénix.
feiniméan *m1* fenómeno.
féinín *m4* selfie. **maide féinín** palo de selfie.
féiniobairt *f4* abnegación.
féiniomhá *f4* autoimagen.
féiniúlacht *f3* individualidad; identidad; autonomía.
féinmharfóir *m3* suicida.
féinmharú *m4* suicidio. **tá an féinmharú anois ar cheann de na cúiseanna luathbháis is coitianta** el suicidio ha llegado a ser una de las causas más comunes de muerte prematura.
féinmheas *m3* amor propio.
féinmhuinín *f2* autoestima.
féinphortráid *f2* autorretrato.
féinriail *f5* autodeterminación, autonomía.
féinrialaitheach *adj* autónomo.
féinrialtas *m1* autogobierno.
féinseolta *adj* con dirección propia.
féinseirbhís *f2* autoservicio.
féinsmacht *m3* autocontrol.
féinspéis *f2* egoismo.
féinspéiseachas *m1* egoísmo.
féinspéisí *m4* egoísta.
féinspreagadh *m1* automotivación.
feirc *f2* punta; fleco; mango.
feircín *m4* cuñete, barrilito.
feirdhris *f2* escaramujo, rosal silvestre, rosa canina.
feire *m4* surco; borde.
féirín *m4* regalo, presente.
feirm *f2* granja, finca.
feirmeoir *m3* granjero.
feirmeoireacht *f3* agricultura.
feis *f2* fiesta, festival. **feis cheoil** festival de música.
feisire *m4* parlamentario.

feisteas *m1* herramientas, equipo. **seomra feistis** vestuario.
feisteoir *m3* ajustador; proveedor.
feistigh *vt* ajustar; vestir, equipar; asegurar.
féith *f2* tendón; vena; filón; rasgo.
féithchiúin *adj* sereno.
féitheach *adj* nervudo.
feithealann *f2* sala de espera.
feitheamh *m1* espera, expectación. **ag feitheamh le** esperando. **ar feitheamh** pendiente. **seomra feithimh** sala de espera.
féitheog *f2* tendón; músculo, vena.
féitheogach *adj* nervudo.
feitheoir *m3* supervisor, superintendente.
feitheoireacht *f3* supervisión, superintendencia.
feithicil *f2* vehículo. **feithicil faoi thiomáint ceithre roth** vehículo con tracción en las cuatro ruedas.
feithid *f2* insecto, bicho.
feithideolaí *m4* entomólogo.
feithideolaíocht *f3* entomología.
feithidicíd *f2* insecticida.
féithleann *m1* madreselva.
féithleog *f2* madreselva.
féithuar *adj* fresco, frío.
feitis *f2* fetiche.
feitiseachas *m1* fetichismo.
feo I *m4* pudrimiento; decaimiento. **II feo!** *int* ¡puaj!
feochadán *m1* cardo.
feod *m1* feudo.
feodach *adj* feudal.
feodachas *m1* feudalismo.
feoigh *vi* marchitarse, decaer.
feoil *f3* carne. **feoil thrua** carne magra. **tá cáil ar fheoil na hÉireann ar fud an domhain** la carne irlandesa es famosa en todo el mundo. **ionadach feola** alternativa vegetariana.
feoiliteach *adj* carnívoro.
feoiliteoir *m3* carnívoro.
feoilséanadh *m1* vegetarianismo.
feoilséantóir *m3* vegetariano.
feoir *f5* espuma de la cerveza.
feoirling *f2* antigua moneda de un cuarto de penique. **pingin agus feoirling** velocípedo.
feoite *adj* ajado, marchito.
feolaire *m4* carnicero.
feolaireacht *f3* carnicería.
feolmhar *adj* carnoso; grasiento.
feosaí *adj* arrugado, marchito.
feothan *m1* ráfaga, soplo; brisa.
fí *f4* tejeduría; tejido.
fia-[1] *pref* salvaje; de gran talla, enorme.
fia[2] *m4* ciervo.
fia[3] *m4* territorio.

fiabheatha

fiabheatha *f4* fauna.
fiabhras *m1* fiebre.
fiabhrasach *adj* febril.
fiacail *f2* diente, muela; filo, borde. **tinneas fiacla** dolor de muelas. **taos fiacla** pasta de dientes.
fiach[1] *m1* deuda. **bheith i bhfiacha** estar en deuda. **maith dúinn ár bhfiacha** perdónanos nuestras deudas.
fiach[2] *m1* cuervo.
fiach[3] **I** *m1* caza, persecución. **II** *vt* cazar, perseguir.
fiachas *m1* responsibilidad financiera.
fia-chat *m1* gato montés.
fiachóir *m3* deudor.
fiaclach *adj* dentado, serrado.
fiaclóir *m3* dentista, odontólogo **ba chóir duit coinne a fháil le fiaclóir** deberías pedir una cita con el odontólogo.
fiaclóireacht *f3* odontología.
fiafheoil *f3* carne de venado.
fiafraí *m4* pregunta, interrogante.
fiafraigh *vt, vi* preguntar, inquirir. **ná fiafraigh cén fáth** no preguntes por qué. **bhí Tomás ag fiafraí fút** Tomás preguntó por tí.
fiafraitheach *adj* inquisitivo.
fiagaí *m4* cazador, proveedor.
fiaile *f4* malas hierbas.
fiailicíd *f2* herbicida.
fiáin *adj* salvaje, fiero; ingobernable **na Géanna Fiáine** los Gansos Salvajes *(exiliados y mercenarios irlandeses de los s. XVII y XVIII)*.
fial[1] *m1* velo; cortina.
fial[2] *adj* generoso; hospitalario.
fialmhar *adj* generoso.
fialra *m4* velo.
fiamh *m4* rencor, resentimiento.
fianaise *f4* testigo; testimonio. **i bhfianaise** a la luz de. **i bhfianaise Dé** ante Dios.
fianaise imthoisceach evidencia circunstancial. **thug a dheartháir fianaise ina aghaidh** su hermano declaró contra él.
fianán *m1* cookie *(informática)*.
fiann *f2* **Na Fianna** *p1* banda de guerreros legendarios. **cothrom na Féinne** justicia.
Fiannaíocht *f3* corpus literario en torno a los Fianna.
Fiannóglach *m1* miembro de las fuerzas especiales del ejército.
fiántas *m1* estado salvaje, fiereza; desierto; monte.
fiaphoc *m1* ciervo macho.
fiar I *m1* inclinación, torcimiento; malicia. **II** *adj* inclinado, torcido. **III** *vt, vi* inclinar; doblar, retorcer.
fiarlán *m1* zig-zag.

Fínín

fiarlaoid *s* **ar fiarlaoid** a través de, en diagonal; contra.
fiarsceabha *m4* inclinación. **ar fiarsceabha** inclinado, torcido.
fiarshúil *f2* estrabismo.
fiarshúileach *adj* bizco.
fiarthrasna *adv adj* diagonal, a través de, contra.
fiata *adj* salvaje, fiero; enfadado; tímido.
fia-úll *m1* manzana silvestre.
fiche *m5* veinte. **na fichidí** los años veinte.
ficheall *f2* ajedrez.
ficheallaí *m4* jugador de ajedrez.
fichillín *m* peón en ajedrez.
fichiú *m4 adj* vigésimo.
ficsean *m1* ficción.
fidil *f2* violín. **aghaidh fidil** máscara.
fidléir *m3* violinista.
fif *f2* pífano.
fige *f4* higuera; higo.
figh *vt, vi* tejer; componer; crear; idear. **tá siad fite fuaite lena chéile** están estrechamente relacionados.
figiúr *m1* cifra, dígito, número.
file *m4* poeta.
fileata *adj* poético; imaginativo; romántico.
filiméala *m4* ruiseñor.
filíocht *f3* poesía.
Filistíneach *m1, adj* filisteo.
fill *vt, vi* volver, regresar; curvar, doblar. **níor fhill siad riamh** jamás regresaron. **fillim abhaile ag a seacht goch lá** vuelvo a casa a las siete todos los días. **ticéad fillte** billete de ida y vuelta. **fill an páipéar ar an mbronntanas** envuelve el regalo con el papel. **fill an taosrán ar an bhfeoil** envuelve la carne con el hojaldre.
filléad *m1* filete.
filleadh *m1* curva; pliegue, vuelta. **filleadh beag** falda escocesa.
filleasc *f2* doblez, pliegue.
fillteach *adj* plegable.
fillteán *m1* carpeta; envoltura.
fillteog *f2* chal.
filltín *m4* arruga; frunce, pliegue.
fimíneach *m1, adj* hipócrita.
fimíneacht *f3* hipocresía.
fine *f4* familia; raza. **Fine Gael** *partido político irlandés*
finéagar *m1* vinagre.
fineáil *f3* multa *vt* multar.
finéal *m1* hinojo.
fineálta *adj* fino, sutil; delgado; delicado.
finéigréad *m1* vinagreta.
fineog *f2* ácaro.
finideach *adj* finito.
Fínín *m* feniano *(miembro de un movimiento militante del s. XIX)*.

Fíníneachas *m!* fenianismo (*ideología republicana militante del s. XIX*).
fíniúch *adj* agusanado.
fíniúin *f3* viña, viñedo. **caora finiúna** uvas.
finne *f4* blancura, lo rubio.
finné *m4* testigo.
finscéal *m!* cuento romántico; fábula; ficción.
finscéalaíocht *f3* cuentos legendarios; romancero; ficción.
fiocas *m!* almorranas, hemorroides.
fíoch *m!* enemistad; furia.
fíochán *m!* tejido; red. **fíochán saille** tejido adiposo.
fíochmhaire *f4* ferocidad, furia.
fíochmhar *adj* furioso, feroz.
fiodóir *m3* tejedor; araña.
fiodóireacht *f3* tejido.
fiodrince *m4* vuelta, pirueta.
fiogach *m!* cazón.
fiogadán *m!* manzanilla.
fioghual *m!* carbón vegetal.
fion *m3* vino. **gloine d'fhíon geal** un vaso de vino blanco. **fíonta na hAirgintíne** los vinos de Argentina.
fionaíl *f3* fraticidio; parricidio.
fionaíolach *m!* parricida; fraticida.
fionchaor *f2* uva.
fionghort *m!* viñedo.
fionn[1] *m!* catarata, opacidad del cristalino del ojo.
fionn[2] *adj* rubio; blanco, brillante, claro.
fionn[3] *vt* averiguar, descubrir; encontrar; inventar.
fionnachrith *m3* carne de gallina (*med.*).
fionnachtain *f3* encuentro; descubrimiento; invención.
fionnachtaí *m4* descubridor.
fionnadh *m!* vello; piel. **tá fionnadh fiáin air** tiene un pelaje salvaje.
fionnaitheach *adj* peludo, greñudo.
fionnmhóin *f3* turba desmenuzada.
fionnuaire *f4* frescor, fresco.
fionnuar *adj* fresco, refrescante.
fionraí *f4* suspensión; prórroga; aplazamiento. **cuireadh an Pharlaimint ar fionraí** se suspendió el Parlamento.
fiontar *m!* riesgo; empresa, iniciativa empresarial. **chuaigh siad i bhfiontar na stoirme** se aventuraron en la tormenta.
fiontrach *adj* audaz, atrevido, osado.
fiontraí *m4* aventurero.
fíor-[1] *pref* real, verdadero; intenso, muy.
fíor[2] *f2* figura; imagen. **fíor na Croise** la señal de la cruz. **ghearr sí fíor na Croise uirthi féin** se santiguó. **fíor na spéire** el horizonte.

fíor[3] **I** *f2* verdad. **II** *adj* verdadero. **is fíor duit** tienes razón. **níl sé fíor i gcás na Spáinne** no es verdad en el caso de España. **III** *adv* verdaderamente.
fióróg muy joven.
fíorálainn muy bonito.
fíoraigh[1] *vt* figurar; trazar; simbolizar.
fíoraigh[2] *vt* verificar; cumplir con; satisfacer.
fíoras *m!* hecho.
fíorasc *m!* veredicto.
fíorbheagán *adv* muy poco.
fíorchaoin *s* **fíorchaoin fáilte** bienvenida sincera.
fiord *m!* fiordo.
fiordheimhnigh *vt* autentificar.
fiordheimhniú *m4* autentificación.
fíorga *adj* recto, honrado.
fíorúil *adj* virtual.
fíoruisce *m4* fuente, manantial; agua de manantial.
fios *m3* conocimiento; información. **tá a fhios agam go** sé que. **ní raibh a fhios againn** no sabíamos. **cuir fios ar an dochtúir** llama al médico. **d'imigh sé gan fhios dom** se fue sin que yo supiera. **go bhfios dom** por lo que yo sé. **ní fios no se sabe. cá bhfios?** ¿quién sabe? **cá bhfios duit?** ¿cómo sabe? **fios collaí** conocimiento carnal. **bradán feasa** Salmón de la Sabiduría (*salmón mitológico*). **bean feasa** clarividente.
fiosaíocht *f3* clarividencia.
fiosrach *adj* inquisitivo, preguntón.
fiosracht *f3* curiosidad.
fiosraigh *vt, vi* inquirir, indagar, preguntar.
fiosrúchán *m!* indagación, investigación.
fíre *f4* sinceridad; veracidad.
fíréad *m!* hurón.
fíréan I *m!* persona justa o sincera. **na fíréin** los elegidos. **II** *adj* justo, honrado; auténtico.
fíreann *adj* masculino, viril.
fíreannach *m!, adj* masculino.
fíréanta *adj* justo, honrado; genuino, sincero.
fíric *f2* hecho. **bailígí na fíricí go léir** recojan todos los datos.
fírín *m4* enano.
fírinne *f4* verdad. **is é fírinne an scéil go** la verdad es que. **slí na fírinne** la muerte. **tá tú ag ceilt na fírinne** estás ocultando la verdad. **chun an fhírinne a rá** a decir verdad.
fírinneach *adj* sincero; verdadero, auténtico. **bí fírinneach linn** dinos la verdad.
fírinscneach *adj* masculino.
firmimint *f2* firmamento.
fis *f2* visión.
fischaiséad *m!* videocasete.

físcheamara *m* videocámera.
físchluiche *m4* videojuego.
fischomhdháil *f3* videoconferencia.
físeán *m1* video.
físeoireacht *f3* carácter inquisitivo.
físeolaí *m4* fisiólogo.
físeolaíocht *f3* fisiología.
físí *m4* visionario, soñador.
fisic *f2* física.
fisiceoir *m3* físico.
fisiteiripe *f4* fisioterapia.
fisiteiripeach *m1* fisioterapeuta.
fithis *f2* sendero; pasillo; curso, órbita.
fithisigh *vt, vi* orbitar, estar en órbita.
fiú I *s* valor. *empleado con cópula* valer, merecer. **ní fiú é** no merece la pena. **ní fiú 100 pesos é** no vale 100 pesos. **an fiú an scannán sin a fheiceáil?** ¿vale la pena ver esa película? **fiú le rá** digno de mención. **beag is fiú** de poco valor. **bhí gluaisteán ag m'athair nárbh fhiú tada é** mi padre tenía un coche que no valía nada. **II** *adv* aun, incluso, hasta. **fiú amháin** incluso. **fiú na seandaoine** hasta los ancianos. **fiú da mbeadh fonn orm** aun si quisiera.
fiuch *vt, vi* hervir. **uisce fiuchta** agua hervida.
fiuchadh *m1* hirviente, hirviendo. **ar fiuchadh** hirviendo. **fiuchadh feirge** oleada de rabia.
fiuchphointe *m4* punto de ebullición.
fiúise *f4* fucsia.
fiúntach *adj* que vale la pena; sustancial, apreciable.
fiúntas *m1* valor; mérito; decencia.
fiús *m1* plomo, fusible; valencia química.
flagún *m1* jarro.
flaigín *m4* frasco, termo.
flainín *m4* franela.
flaith *m3* gobernante; príncipe; jefe.
flaitheas *m1* gobierno; soberanía; reino. **na flaithis** *pl* el cielo.
flaithiúil *adj* generoso; principesco.
flaithiúlacht *f3* generosidad, prodigalidad.
flaithiúnta *adj* soberano; celestial.
flan *m1* flan.
flannbhuí *adj* anaranjado, color naranja.
flanndearg *adj* bermellón.
flannóg *f2* armiño.
flas *m3* seda floja. **flas fiacla** seda dental.
flaspóg *f2* beso; cachete.
fleá *f4* banquete, festín. **fleá cheoil** festival de música.
fleáchas *m1* festividad; jovialidad.
fleasc *f2* vara; cinta; aro; guirnalda; retoño.
fleisc *f2* cable flexible, hilo.
fleiscín *m4* guión.
fliche *f4* humedad, mojadura.

flichshneachta *m4* aguanieve.
flíp *f2* capirotazo, golpe fuerte.
fliú *m4* gripe.
fliuch I *adj* húmedo, mojado; lluvioso. **II** *vt, vi* humedecer, mojar.
fliuchadh *m1* mojadura. **fliuchadh do bhéil** algo de beber.
fliuchán *m1* humedad, mojadura.
fliuchras *m1* lluvia; humedad.
fliúit *f2* flauta. **fliúit Shasanach** flauta de pico. **bain fliúit as sin** toma un trago de eso.
fliúiteadóir *m3* flautista.
flocas *m1* entreforro, relleno. **flocas cadáis** algodón.
flóra *m4* flora.
flosc *m3* flujo, torrente. **flosc chun oibre** ganas de trabajar.
fluairíd *f2* fluoruro.
fluaraiseach *adj* fluorescente.
flúinse *m4* volante de una prenda.
flúirse *f4* abundancia, plenitud.
flúirseach *adj* abundante, rico.
flústar *m1* agitación; revoloteo.
fo- *pref* hipo-; secundario, subordinado; trivial; ocasional.
fo-alt *m1* subsección.
fo-bhaile *m4* barrio en las afueras.
fo-bhailteach *m1* suburbano.
fobhríste *m4* calzones, calzoncillos.
focal *m1* palabra; comentario; mensaje; promesa. **níl focal faoi** no se dice nada sobre ello. **focal faire** contraseña. **focal scoir** la última palabra. **tá cúpla focal Gaeilge agam** hablo un poco de irlandés. **focal ar fhocal** literal. **stór focal** vocabulario. **focal iasachta** préstamo. **éist le fuaim na bhfocal** escucha el sonido de las palabras.
fócas *m1* foco, centro.
fochaid *f2* burla, mofa.
fochair *s* proximidad. **bheith i bhfochair duine** estar con alguien.
fochall *m1* podredumbre, porquería, mugre.
focheann *m1* raro, ocasional; único.
fochéimí *m4* estudiante no licenciado, no graduado.
fochma *m4* sabañón.
fochupán *m1* platillo, plato pequeño.
foclach *adj* prolijo, verboso.
focleolaíocht *f3* filología.
foclóir *m3* diccionario, vocabulario.
foclóireacht *f3* lexicografía.
foclóireolaíocht *f3* lexicología.
foclóirí *m4* lexicógrafo.
foclóirín *m4* vocabulario, lista de palabras.
fód *m1* terrón; franja de tierra; estrato. **fód dúchais** lugar nativo. **an fód a sheas-**

fódaigh

amh mantenerse firme. **faoin bhfód** muerto.
fódaigh *vt, vi* arraigar, instalarse.
fodar *m1* pienso, forraje.
fodhlí *m4* estatuto, reglamento local.
fodhuine *m4* persona de paso; persona inferior.
fódúil *adj* estable; sensato.
fodhearg *adj* infrarrojo.
fo-éadach *m1* ropa interior.
fógair *vt, vi* proclamar, anunciar; prevenir. **earraí a fhógairt** anunciar productos.
fograíodh an post ar an idirlíon el puesto se anunció en internet.
fógairt *f3* proclama, aviso; citación judicial.
fogas *s* cercanía. **i bhfogas do rud** cerca de algo.
fogha *m4* embestida; carrera; escapada.
fogha a thabhairt faoi dhuine atacar a alguien.
foghail *f3* pillaje, saqueo; depredación; invasión.
foghar *m1* sonido.
foghlaeir *m3* volatero.
foghlaeireacht *f3* volatería, caza de aves. **gunna foghlaeireachta** arma de caza.
foghlaí *m1* pillo, saqueador. **foghlaí mara** pirata.
foghlaigh *vt* saquear, desvalijar.
foghlaim I *f3* saber, erudición; aprendizaje, instrucción. **II** *vt, vi* aprender. **an fiú teanga iasachta a fhoghlaim?** ¿merece la pena aprender una lengua extranjera?
lucht foghlama aprendices.
foghlaimeoir *m3* aprendiz, estudiante.
foghlamtha *adj* culto.
foghraíocht *f3* fonética; pronunciación.
foghraí *m4* fonetista.
foghraigh *vt* pronunciar.
foghúna *m4* combinación, enaguas.
fógra *m4* aviso, advertencia; citación; cartel.
fógra báis esquela.
fógraíocht *f3* publicidad, anuncios.
fógróir *m3* anunciante, locutor.
fóibe *f4* fobia.
foiche *f4* avispa.
foighne *f4* paciencia. **bíodh foighne agat ten paciencia.**
foighneach *adj* paciente.
foighnigh *vt, vi* tener paciencia; sufrir, soportar.
fo-iarmhairtí *pl* efectos laterales.
fóill *adj* sutil, tenue; calmado, tranquilo. **go fóill** todavía, aún. **fan go fóill** espera un poco.
fóillíocht *f3* ocio. **am fóillíochta** tiempo libre.
foilmhe *f4* vacío, vacuidad.

fóise

foilsceadh *m1* conmoción; azoramiento, nerviosismo; velocidad.
foilseachán *m1* publicación, edición.
foilseán *m1* objeto expuesto *vt* exponer.
foilsigh *vt* revelar, descubrir; publicar.
foilsitheoir *m3* editor, editorial.
foilsitheoireacht *f3* publicación, edición; editorial.
fóin *vi* servir, ser de utilidad; beneficiar.
fóinéim *f2* fonema.
fóineolaíocht *f3* fonología.
foinse *f4* fuente, manantial; origen.
fóint *f2* utilidad.
fóinteach *adj* práctico, útil.
fóir[1] *f* límite; filo. **chuaigh sé thar fóir** fue demasiado lejos.
fóir[2] **I** *f2* alivio. **II** *vt, vi* ayudar; aliviar; salvar. **go bhfóire Dia orainn** que Dios nos ayude. **ní fhóireann na bróga dó** los zapatos no le sirven.
foirceann *m1* fin, extremidad; límite. **foirceann focal** terminación de la palabra.
foirceann dearg an speictrim el extremo rojo del espectro.
foirceanta *adj* finito, limitado.
foircheasúil *adj* grasiento.
fóirchloch *f2* bordillo.
fóirdheontas *m1* subvención, subsidio.
foireann *f2* equipo; tripulación; personal; fuente tipográfica; juego de ajedrez.
foireann troscáin muebles.
foirfe *adj* completo; perfecto; maduro; viejo, anciano.
foirfeacht *f3* plenitud; perfección; edad; madurez.
foirfigh *vt, vi* perfeccionar, madurar.
foirgneamh *m1* edificio, estructura; grupo de edificios.
foirgneoir *m3* constructor.
foirnigh *vt* construir.
foirgníocht *f3* arte o negocio de la construcción.
foirgthe *adj* **foirgthe le** plagado, infestado, cubierto con. **foirgthe le daoine** lleno de gente, abarrotado.
fóirithint *f2* ayuda, socorro. **fóirithint anachaine** ayuda humanitaria a las víctimas de una catástrofe.
foirm *f2* forma. **foirm iarratais** solicitud. **glactar an cógas i bhfoirm piollaí** la medicina se toma en píldoras.
foirmigh *vt* formar; formular.
foirmiúil *adj* formal.
foirmiúlacht *f3* formalidad.
foirmle *f4* fórmula.
foirnéis *f2* horno.
fóirsteanach *adj* adecuado, apropiado.
foirtil *adj* fuerte.
fóisc *f2* oveja.

foisceacht *f3* cercanía, proximidad. **i bhfoisceacht míle** a una milla.
fóiséad *m1* grifo, canilla; embudo.
foitheach *m1* buceador; colimbo.
folach *m1* escondite, ocultación. **i bhfolach** escondido. **cur i bhfolach** esconder.
folach bíog, folach cruach juego de escondite.
folachán *m1* escondite. *pl* **folacháin a dhéanamh** jugar al escondite.
folachánaí *m4* polizón.
folaigh *vt, vi* esconder, ocultar; cubrir; incluir.
folaíocht *f3* sangre; crianza; linaje. **ceart folaíochta** derecho de nacimiento.
foláir *s* empleado como negativo en expresiones de obligación y certeza. **ní foláir rud éigin a dhéanamh** hay que hacer algo. **níorbh fholáir dom imeacht** tuve que irme. **ní foláir nó chuaigh sí abhaile** debe de haberse ido a casa.
foláireamh *m1* advertencia, aviso; orden.
folaitheach *adj* escondido, secreto.
folamh *adj* vacío, desocupado; hueco. **buille folamh** golpe fallido.
folc *vt* bañar, lavar; sumergir.
folcadán *m1* bañera.
folcadh *m1* baño, lavado; inmersión. **seomra folctha** cuarto de baño. **folcadh béil** enjuague buccal.
folíne *f4* extensión telefónica.
folláin *adj* saludable, sano; estable.
folláine *f4* salud, bienestar.
follas *adj* claro, obvio, manifiesto.
follasach *adj* claro, obvio.
folmhaigh *vt* vaciar, descargar; agotar. **is gá na haraidí bruscair a fholmhú gach lá** es necesario vaciar las canecas de basura todos los días. **folmhú putóige** evacuación (*anat*).
folracht *f3* sangría.
folt *m1* pelo, cabello.
foltfholcadh *m1* champú.
foluain *f3* vibración, ondulación; sobrevuelo.
foltscaoilte *adj* despeinado, desmelenado.
folúil *adj* vigoroso; pura sangre.
folúntas *m1* vacante, vacío.
folús *m1* vacío. **ní théann fuaim trí fholús** el sonido no viaja en el vacío.
folúsghlantóir *m3* aspiradora.
fómhar *m1* otoño; cosecha. **an fómhar a dhéanamh** cosechar. **is álainn na dathanna a bhíonn ar dhuilliúr an fhómhair** las hojas se cubren de bellos colores en el otoño.
fomhórach *m1, adj* pirata; gigante.
fomhuireán *m1* submarino.
fón *m1* teléfono. **fón póca** teléfono móvil.

fónáigh *vt* convenir, servir. **fónann sé in aghaidh aicídí dúan** sirve contra enfermedades renales.
fónáil *vt* telefonear.
fónamh *m1* servicio, utilidad; validez. **rud ar fónamh** algo excelente. **bheith ar fónamh** estar bien. **gan fónamh** inútil.
fondúir *m3* fundador.
fondúireacht *f3* fundación, institución.
fonn[1] *m1* aire, tonada, melodía. **fonn a sheinm** tocar una melodía. **bhí sí ag gabháil foinn** estaba cantando.
fonn[2] *m1* deseo, inclinación. **an bhfuil fonn ort dul ag snámh?** ¿te apetece ir a nadar? **bíonn fonn troda oraibh i gcónaí** ustedes son muy pendencieros. **d'fhonn** para. **le fonn** con gusto.
fonnadóir *m3* cantante.
fonnadh *m1* chasis.
fonnmhar *adj* deseoso; entusiasta.
fonóid *f2* burla, mofa.
fonóideach *adj* burlón, irónico.
fonóta *m4* nota a pie de página.
fonsa *m4* anillo, aro, argolla.
fónta *adj* útil, práctico; bueno, válido. **is mise an t-aoire fónta** yo soy el buen pastor.
for- *pref* sobre-, super-; externo; grande; máximo, extremo.
forábhar *m1* suplemento.
foracha *f4* pájaro bobo.
foráil *f3* provisión.
forainm *m4* pronombre.
foráiste *m4* forraje.
foraois *f2* bosque. **foraois thrópaiceach bháistí** bosque tropical.
foraoiseacht *f3* silvicultura.
foraoiseoir *m3* guardamontes, guardabosques.
foras *m1* base, cimiento; principio establecido; fundación. **is gá go mbeadh forais réasúnacha ann** hay que tener motivos razonables. **Foras na Gaeilge** *agencia estatal para el fomento de la lengua irlandesa*. **Foras Feasa ar Éirinn** 'fundamentos de información sobre Irlanda', (*historia de Irlanda escrita en el s. XVII*). **fiacail forais** muela del juicio.
forás *m1* crecimiento; desarrollo, progreso.
forásach *adj* progresivo, progresista.
forasta *adj* estabilizado, estable; serio, formal.
forbair *vt, vi* desarrollar, expandir. **is iomaí sin bogearra a forbraíodh in Éirinn** se ha desarrollado una gran cantidad de software en Irlanda. **forbraíonn gás a** un gas caliente se expande.
forbairt *f3* desarrollo, crecimiento.
forbhalla *m4* parapeto, almena.

forbhríste *m4* guardapolvo, bata, mono.
forc *m1* tenedor.
forcamás *m1* vigilancia, atención; afectación. **forcamás cainte** pedantería. **bainfidh sé sin an forcamás de** eso le pondrá en su sitio.
forcháin *f5* sobretasa.
forchéim *f2* clímax.
forchéimniú *m4* progresión.
forchlúdach *m1* cubierta. envoltorio.
forchraiceann *m1* epidermis; prepucio.
forchruit *f2* joroba.
fordhaonna *adj* sobrehumano.
fordheontas *m1* recompensa, premio.
foréigean *m1* violencia; terrorismo.
foréigneach *adj* violento, contundente.
foréiligh *vt* requisar.
forghabh *vt* agarrar; sujetar; afianzar; usurpar.
forghabháil *f3* asimiento; embargo; toma forzosa, usurpación.
forghabhálaí *m4* usurpador.
forghéill *vt* perder derechos.
forlámhaigh *vt* usurpar.
forlámhas *m1* dominación; autoridad; usurpación. **i gcás amhrais is ag an téacs Gaeilge a bheidh an forlámhas** en caso de duda el texto irlandés tendrá precedencia.
forléas *m1* tragaluz, claraboya.
forleathan *adj* extendido, general; de largo alcance. **go forleathan** por todas partes.
forleathnaigh *vt* ensanchar, expandir.
forleathnú *m4* expansión, extensión.
forléine *f4* bata, guardapolvo.
forlíonadh *m1* relleno; hinchazón; conclusión; suplemento.
formad *m1* envidia; rivalidad.
formhéadaigh *vt* aumentar, ampliar, magnificar.
formhéadaitheoir *m3* lente de aumento.
formheas I *vt* aprobar, dar el visto bueno. **II** *m3* aprobación.
formhol *vt* elogiar, ensalzar.
formhór *m1* la mayor parte, mayoría.
formhothaithe *adj* imperceptible. **tháinig sé isteach go formhothaithe** entró sin que nadie se diese cuenta.
formhuinigh *vt* endosar, aprobar.
forneart *m1* fuerza, poder; violencia.
fornocht *adj* desnudo.
forógair *vt* decretar.
forógra *m4* proclamación, decreto; aviso. **Forógra na Poblachta** *proclamación de la República Irlandesa en 1916*.
forrán *s* **forrán a chur ar dhuine** abordar a alguien.

fórsa *m4* fuerza. **fórsa domhaintarraingthe** fuerza de gravedad. **fórsaí armtha** fuerzas armadas.
forscáth *m3* dosel; toldo.
forsheomra *m4* antecámara, vestíbulo.
fórsúil *adj* enérgico, contundente.
fortacht *f3* ayuda, socorro; alivio.
forthairg *vt* presentar, ofrecer.
fortún *m1* fortuna, destino; suerte.
fortúnach *adj* afortunado.
fo-rúnaí *m4* subsecretario.
fós *adv* todavía, aún. **agus ceann eile fós** y otro más. **níos deise fós** todavía más agradable.
fosaíocht *f3* pastoreo, cuidado. **ag fosaíocht le duine** congraciarse con alguien.
fosaoid *f2* alboroto, escándalo.
fosaoideach *adj* exigente, quisquilloso.
foscadh *m1* refugio.
foscúil *adj* abrigado, protegido; discreto.
fosfáit *f2* fosfato.
fosfar *m1* fósforo.
foshuiteach *m1*, *adj* subjuntivo.
foslongfort *m1* campamento.
fosta *adv* también. **mise fosta** yo también.
fostaí *m4* empleado.
fostaigh *vt*, *vi* contratar, emplear; enredar. **beidh gá le duine a fhostú** habrá que contratar a alguien. **giar a fhostú** seleccionar un cambio. **bhí sí fostaithe ag comhlacht renfe ar feadh cúig bliana** estuvo cinco años empleada en RENFE. **d'fhostaigh mé carr ar cíos ag Aerfort Mhalaga** alquilé un carro en el aeropuerto de Malaga.
fostaíocht *f3* empleo.
fostóir *m3* empresario, patrón.
fostú *m4* enredo, lío; empleo.
fóta- *pref* foto-.
fótachóip *f2* fotocopia.
fótagraf *m1* fotografía.
fothain *f3* refugio, cobertura; discreción.
fothainiúil *adj* protector; protegido; discreto, reservado.
fothair *f2* barranco, quebrada, hondonada.
fotháirge *m4* subproducto, derivado.
fotheideal *m1* subtítulo.
fothoghchán *m1* elección parcial.
fothrach *m1* ruina.
fothragadh *m1* baño, zambullida.
fothraig *vt* bañar, lavar; zambullirse.
fothram *m1* ruido; bronca, tumulto; escrofularia.
fothú *m4* fundación, base, establecimiento.
fothúil *adj* sólido, cimentado.
fraigh *f2* muro; viga; techo.
Frainc *f2* **an Fhrainc** Francia.
frainse *m4* fleco; franja.
fráma *m4* estructura, armazón, marco.

francach

francach *m1* rata.
Francach *m1* francés. **tháinig cabhlach Francach go hÉirinn** una flota francesa llegó a Irlanda.
Fraincis *f2* lengua francesa.
fraoch[1] *m1* brezo, brezal; páramo.
fraoch[2] *m1* furia, fiereza.
fraochán *m1* arándano, mora.
fraochmhar *adj* cubierto de brezos, matoso.
fraochta *adj* fiero, furioso.
frapa *m4* puntal, sostén, apoyo.
fras *f2* chaparrón *adj* copioso, abundante. **bhí mé ag cur allais go fras** estaba sudando copiosamente.
frása *m4* frase.
fraschanna *m4* regadera.
freagair *vt, vi* responder, contestar; corresponder. **ní fhreagraíonn an pictiúr don abairt** la fotografía no se corresponde con la frase. **agus na ceisteanna á bhfreagairt agat** mientras contestas las preguntas. **gléas freagartha** contestador.
freagra *m4* respuesta, contestación. **níl aon fhreagra ann** no hay respuesta. **ná bí ag tnúth le freagra go luath** no esperes pronta respuesta.
freagrach *adj* responsable. **bhí Cromaill freagrach as na mílte a mharú** Cromwell fue responsable de la muerte de miles de personas.
freagracht *f3* responsabilidad.
fréamh *f2* raíz, fuente, origen. **fréamh chearnach** raíz cuadrada. **fréamh an bhriathair** la raíz del verbo.
fréamhaigh *vt, vi* enraizar; saltar.
freang *vt* retorcer.
freanga *f4* retorcimiento, contorsión; tic, espasmo.
freangálaí *m4* contorsionista.
freascó *m4* fresco.
freastail *vt, vi* asistir; servir, atender. **d'fhreastail mé ar léacht ar Bhotero nuair a bhí mé i Medellín** asistí a una conferencia sobre Botero cuando estuve en Medellín.
freastal *m1* asistencia, servicio.
freastalaí *m4* camarero; asistente, ayudante; servidor.
freasúra *m4* oposición.
freisin *adv* también. **ní mór a rá freisin** también hay que decir.
fríd[1] *prep* por.
fríd[2] *f2* pizca. **oiread na fríde** la ínfima parte.
frídín *m4* germen, microbio; lengüeta; dardo.
frigéad *m1* fragata.
frigháire *m4* ligera sonrisa.
frimhagadh *m1* bufonada.

fuacht

frioch *vt, vi* freír, fritar. **tá ródhúil ag muintir na hÉireann sa bhia friochta** los irlandeses son muy aficionados a la comida frita. **prátaí friochta** papas fritas.
friochtán *m1* sartén.
friofac *m1* lengüeta; restricción, control.
fríos *m3* friso.
friotaíocht *f3* resistencia.
friotal *m1* discurso; expresión.
friotháil *f3* atención, servicio; ministerio.
friothálaí *m4* servidor, asistente.
friothamh *m1* refracción, reflejo.
friseáilte *adj* fresco.
frisnéis *f2* contradicción; refutación.
frith- *pref* anti-, contra-.
fríth *m3* descubrimiento, hallazgo.
frithábhar *m1* anticuerpo.
frithbheartaigh *vt* contrarrestar.
frithbheathach *m1, adj* antibiótico.
frithbhuaic *f2* anticlímax.
frithbhualadh *m* retroceso; palpitación, pulso.
frithchaiteoir *m3* reflector.
frithchaith *vt* reflejar. **frithchaitheann na díonta an teas** los techos reflejan el calor.
frithchioclón *m1* anticiclón.
frithchléireach *adj* anticlerical.
frithchoirpín *m4* anticuerpo.
frithchosúil *adj* paradójico.
frithchosúlacht *f3* paradoja.
frithdhamhna *m4* antimateria.
frithdhúnadh *m* cierre patronal.
frithéileamh *m1* contrademanda.
frithgheallaí *m4* asegurador.
frithghiniúint *f3* contracepción.
frithghiniúnach *m1, adj* anticonceptivo.
frith-Ghiúdachas *m1* antisemitismo.
frithghníomh *m1* reacción, oposición.
frithghníomhaí *m4* reaccionario.
frith-hiostaimín *m4* antihistamínico.
frithionsaí *m4* contraataque.
frithir *adj* agudo, intenso; dolorido.
frithnimh *f2* antídoto.
frithreo *m4* anticongelante.
frithsheasmhacht *f3* resistencia, firmeza; inmutabilidad.
frith-Sheimíteachas *m1* antisemitismo.
frithsheipteach *adj* antiséptico.
frithsheipteán *m1* antiséptico.
frithshuí *m4* contraste.
frithshóisialta *adj* antisocial.
frithshuigh *vt* comparar, contrastar.
frog *m1* rana; sapo.
frogaire *m4* hombre-rana.
fronsa *m1* farsa, entremés.
fronta *m4* frente político o militar.
fruilcheannach *m1* compra a plazos.
fuacht *m3* frío, escalofrío; apatía.

fuachtán *m1* sabañón.
fuadach *m1* secuestro; pillaje. **fuadach croí** pulso. **is coitianta fuadach na ndaoine i dtíortha áirithe i Meiriceá Theas** el secuestro es común en algunos países de Sudamérica. **fuadach feithicle** robo de auto con violencia. **fuadach croí** pulso acelerado.
fuadaigh *vt, vi* raptar, secuestrar. **d'fhuadaigh beirt fhear í gar dá teach cónaithe** dos hombres la secuestraron cerca de su casa.
fuadaitheoir *m3* raptor, secuestrador.
fuadar *m1* ímpetu; bullicio; prisa.
fuadrach *adj* ocupado; apresurado; exigente.
fuafar *adj* odioso, asqueroso.
fuaidire *m4* vagabundo, vago.
fuaidreamh *m1* vagabundeo; alboroto. **ar fuaidreamh** a la deriva.
fuaidrigh *vi* vagar, ir sin rumbo fijo; preocuparse.
fuaigh *vt, vi* coser.
fuáil *f3* costura, labor de aguja.
fuaim *f2* sonido. **mhéadaigh ar an bhfuaim** el sonido se elevó.
fuaimbhac *m1* barrera de sonido.
fuaimdhíonach *adj* insonorizado.
fuaimeolaíocht *f3* ciencia acústica.
fuaimint *f2* firmeza, solidez; sustancia.
fuaimintiúil *adj* fundamental; sustancial.
fuaimíocht *f3* sonido, acústica.
fuaimneach *adj* resonante.
fuaimnigh *vt, vi* sonar; pronunciar. **ní fhuaimnítear an litir scríofa "h" sa Spáinnis** la letra "h" no se pronuncia en español.
fuaimniú *m4* pronunciación; articulación.
fuaimrian *m1* banda sonora.
fuair *pasado de* **faigh**. **fuair sí coileán dá mac** consiguió un cachorro para su hijo.
fuaire *f4* frío, frialdad. **ag dul i bhfuaire** enfriándose.
fuairnimh *f2* entumecimiento, insensibilidad.
fual *m1* orina, orines. **fual a dhéanamh** orinar.
fualán *m1* escupidera; orinal; proxeneta, chulo de putas.
fualbhrostach *m1, adj* diurético.
fuar *adj* frío; indiferente; inútil. **tá sé fuar inniu** hace frío hoy. **chomh fuar le leac oighir** tan frío como el hielo.
fuaraigeanta *adj* de sangre fría, imperturbable.
fuaraigh *vt, vi* enfriarse; volverse indiferente.
fuarán *m1* fuente, manantial.
fuaránta *adj* frígido; indiferente, apático.
fuarchaoineadh *f* gimoteo.

fuarchráifeach *adj* poco religioso; hipócrita.
fuarchroíoch *adj* desalmado.
fuarchúis *f2* indiferencia; imperturbabilidad.
fuarchúiseach *adj* indiference; imperturbable.
fuarga *adj* frío.
fuarghol *m1* lloriqueo.
fuarthan *m1* frescor, frío; sitio frío.
fuarthé *m4* apatía; persona apática.
fuascail *vt* liberar; redimir; resolver.
fuascailt *f2* liberación; redención; resolución, **Fuascailt na gCaitliceach** La Emancipación Católica (*la anulación de leyes anticatólicas a comienzos del s. XIX*).
fuascailteoir *m3* liberador, emancipador; redentor, **An Fuascailteoir** *Daniel O'Connell, líder político de la primera mitad del s. XIX*
fuath[1] *m3* fantasma, espectro.
fuath[2] *m3* odio. **is fuath liom an saghas sin ceoil** odio ese tipo de música. **fuath gorm** dulcámara.
fuathaigh *vt* odiar, ser hostil a.
fud *s* **ar fud** por. **ar fud na háite** por todas partes.
fudar *m1* revoltijo, desorden.
fúg *m1* fuga musical.
fuil *f3* sangre. **ag cur fola** sangrando. **brú fola** tensión arterial.
fuilaistriú *m4* transfusión sanguínea.
fuilchill *f3* glóbulo.
fuilchraosach *adj* sanguinario.
fuilchoscach *adj* astringente.
fuildoirteadh *m2* derramamiento de sangre.
fuileadán *m1* vaso sanguíneo.
fuilghrúpa *m4* grupo sanguíneo.
fuiligh *vt* sangrar.
fuiliú *m4* hemorragia.
fuílleach *m1* sobras; resto, residuo; saldo.
fuílleach trádála balanza de pagos.
fuilteach *adj* sangriento, sanguinario.
fuiltéachtadh *m1* coágulo de sangre.
fuin *vt, vi* moldear.
fuineadh *m1* **fuineadh gréine** puesta de sol, atardecer.
fuinneamh *m1* energía, vigor, fuerza; espíritu. **fuinneamh gaoithe** energía eólica.
fuinneog *f2* ventana; abertura. **fuinneog chúil** ventana trasera. **leac na fuinneoige** el alféizar de la ventana. **fuinneoga na siopaí** escaparate, vitrina.
fuinniúil *adj* enérgico, vigoroso.
fuinseog *f2* ceniza.
fuíoll *m1* sobra, resto, excedente; omisión.
fuíoll núicléach residuo nuclear.
fuip *f2* látigo.
fuipeáil *vt* azotar.

fuireach *m1* espera, retraso.
fuirigh *vi* esperar, permanecer.
fuirist (*ver furasta*).
fuirseadh *m1* perturbación, conmoción; lucha.
fuirseoir *m3* comediante.
fuirseoireacht *f3* bufonada.
fuirsigh *vt, vi* perturbar, conmocionar; luchar.
fuisce *m4* whisky.
fuiseog *f2* alondra.
fuist *f4* juego de cartas. **fuist!** ¡cállate! ¡silencio!
fulacht *f3* cocina, barbacoa; asado.
fulaing *vt, vi* aguantar; sufrir. **fulaingíonn sí os íseal** sufre en silencio.

fulaingt *f2* sufrimiento; tolerancia, resistencia.
fulangach *adj* sufrido, paciente; pasivo. **caitheamh fulangach tobac** fumar pasivamente.
fungas *m1* hongo.
furasta *adj* fácil.
furú *m4* bullicio, alboroto.
fusacht *f3* facilidad.
fústar *m1* agitación, inquietud.
fústrach *adj* inquieto, agitado, nervioso.
futa *s empleado en frase* **futa fata** charla inane.
futar *m1* persona inexperta.
fútráil *f3* agitación, trajín.

G

G, g *m* letra G. **G séimhithe** (Ġ, ġ; **Gh**, **gh**) G lenizada.
ga *m4* dardo, flecha; punta; rayo. **ga solais** rayo de luz. **ga ciorcail** radio del círculo.
gá *m4* necesidad, requisito. **is gá a lán uisce a ól gach lá** es necesario beber mucha agua todos los días.
gabairdín *m4* gabardina.
gabh *vt, vi* coger, tomar; asir; ir; venir; encargarse de; concebir. **ghabh na gardaí beirt** la policía capturó a dos personas. **gabh mo leithscéal** disculpe. **gabhaim pardún agat** te ruego me disculpes. **ag gabháil don staidéar** estudiando. **buíochas a ghabháil** dar las gracias. **gabhann aguisín leis an bhfoclóir** el diccionario incluye un apéndice. **ghabh tinneas é** enfermó. **gabh ar aghaidh** sigue.
gábh *m1* peligro.
gabha *m4* herrero. **gabha óir** orfebre.
gabháil *f3* cogida, captura, toma; levadura. **gabháil éisc** pesca. **gabháil seilbhe** toma de posesión. **gabháil giall** secuestro. **gabháil éadaigh** traje. **tá sé ina ghabháil aige** lo lleva en brazos. **Leabhar Gabhála** Libro de las Invasiones (*antigua recopilación de la historia de Irlanda*).
gabhailín *m1* diapasón.
gabhair *f4* moda, manía. **ar gabhair chun ruda** loco por algo.
gabhal *m1* horquilla; empalme; entrepierna.
gabhal ginealaigh árbol genealógico.
gabhálach *adj* contagioso; codicioso.
gabhálaí *m4* invasor, conquistador. **gabhálaí foinn** cantante.
gabháltas *m1* ocupación, invasión; granja pequeña, **gabháltas gall** ocupación extranjera.
gabháltóir *m3* recipiente.
gabhann *m1* corral de ganado, cercado. **gabhann cúirte** banquillo en los tribunales.
gabhar *m1* cabra, cabrito, chivo. **an Gabhar** Capricornio.
gabhdán *m1* contenedor, recipiente.
gabhlach *adj* bifurcado, ramificado; hendido; de piernas arqueadas.
gabhlaigh *vt, vi* bifurcarse; desviarse.
gabhlán *m1* vencejo.
gabhlóg *f2* tenedor; horquilla.
gabhlógach *adj* bifurcado.
gabhrán *m1* clematis.
gach *adj s* cada; todo. **gach uile** cada. **gach uile lá** todos los días. **gach uair dá**

bhfeicim é cada vez que lo veo. **gach re cada dos. gach seans** a lo mejor.
gad *m1* mimbre, junco. **an gad is giorra don scornach** el problema más acuciante.
gadaí *m4* ladrón.
gadaíocht *f3* hurto, robo. **gadaíocht le lámh láidir** robo con violencia.
gadhar *m1* perro. **gadhar fiaigh** sabueso.
Gaeilge *f4* idioma irlandés. **Gaeilge a labhair an tUachtarán** el presidente habló en irlandés. **thóg siad a mac le Gaeilge** educaron a su hijo en irlandés. **Gaeilge na hAlban** gaélico escocés.
Gaeilgeoir *m3* hablante de irlandés; activista de la lengua irlandesa.
Gael *m1* irlandés.
Gael-Mheiriceánach estadounidense de ascendencia irlandesa.
Gael-Airgintíneach argentino de estirpe irlandesa.
gaelach *adj* irlandés, gaélico, relativo a la cultura gaélica. **peil ghaelach** fútbol gaélico. **caife gaelach** café irlandés.
Gaelachas *m1* cultura irlandesa; identidad irlandesa.
Gaeltacht *f3* área en la que se habla irlandés.
gafa *adj* absorto, inmerso; arrestado, detenido. **tá mé gafa in obair le déanaí** últimamente estoy inmerso en el trabajo. **tá an suíochán gafa** el asiento está ocupado. **ní bheinn gafa leis** no me interesaría. **gafa gléasta** arreglado.
gág *f2* grieta, hendidura; cala.
gágach *adj* agrietado, hendido; delgado.
gáibéal *m1* vacío, hueco; sima, abismo.
gaibhneacht *f3* trabajo de herrería, trabajo en metal.
gaibhnigh *vt* forjar.
gáifeach *adj* exagerado; sensacional; terrible.
gáifeachas *m1* sensacionalismo.
gaige *m4* dandi.
gailbh *f2* tormenta, chubasco.
gailbheach *adj* tormentoso, borrascoso.
gaileadán *m1* caldera.
gailearaí *m4* galería.
gaileon *m1* galeón.
Gailís *f2* **an Ghailís** Galicia.
Gailíseach *m1, adj* gallego.
Gailísis *f2* lengua gallega.
gaille *m4* galera. **profa gaille** galeradas.
gáilleog *f2* bocado, trago.
gailliasc *m1* lucio.

Gaillimh

Gaillimh *f2* **contae na Gaillimhe** condado de Galway. **cathair na Gaillimhe** ciudad de Galway. **muintir na Gaillimhe** la gente de Galway.
gailseach *f2* tijereta.
gaimbín *m4* usurero.
gaimbíneachas *m1* usura.
gainéad *m1* alcatraz.
gaineamh *m1* arena. **gaineamh beo** arena movediza.
gainmhín *m1* grano de arena.
gaineamhchloch *f2* arenisca.
gaineamhlach *m1* desierto. **Gaineamhlach Atacama** el desierto de Atacama.
gainmheach *adj* arenoso.
gainne[1] *m4* costra, caspa.
gainne[2] *f4* escasez, carestía. **dul i ngainne** escasear.
gáinne *f4* junco, caña; dardo.
gaíon *m1* subsuelo.
gair *vt, vi* llamar. **ghair an chuach i bhfad uaim** a lo lejos cantó el cuco. **gairim thú** ¡bravo!
gáir I *f2* grito, aullido; fama. **gáir mholta a ligean** dar ánimos. **II** *vt, vi* gritar; reír. **bhí siad go léir ag gáire fúm** todos estaban riéndose de mí.
gairbhe *f4* aspereza.
gairbhéal *m1* grava.
gairdeach *adj* feliz, festivo, alegre.
gairdeas *m1* alegría, regocijo; placer.
gairdigh *vi* alegrarse.
gairdín *m4* jardín. **Gairdín na Lus** jardín botánico.
gaire *f4* proximidad, cercanía.
gáire *m4* risa. **bhí fonn gáire orm** tenía ganas de reir.
gairéad[1] *m1* ostentación.
gairéad[2] *m1* desván; torreón.
gaireas *m1* aparato, mecanismo. **gaireas frithghadaíochta** dispositivo anti-robo.
gairfean *m1* dureza, suelo duro.
gairge *f4* severidad, dureza, acritud; mordacidad.
gairgeach *adj* severo; hosco, huraño.
gairid *adj* corto; cerca. **guta gairid** vocal corta. **tá na siopaí gairid don teach** las tiendas están cerca de la casa. **gaol gairid** relación estrecha. **le gairid** recientemente. **go gairid ina dhiaidh sin** poco después. **ba ghairid a mhair sé** no duró mucho tiempo.
gairidigh *vt, vi* acortar.
gáiriteach *adj* risueño, alegre, divertido.
gairleog *f2* ajo. **ionga gairleoige** diente de ajo.
gairm *f2* profesión, oficio; carrera profesional; llamada. **gairm bheatha** ocupación. **sos gairme** licencia no remunerada.

Galltacht

gairmeach *m1, adj* vocativo.
gairmiúil *adj* vocacional, profesional.
gairmoideachas *m1* formación profesional.
gairmscoil *f2* centro de formación profesional.
gairneoireacht *f3* horticultura.
gáirsiúil *adj* lascivo, obsceno.
gáirsiúlacht *f3* lascivia, obscenidad. **gáirsiúlacht chainte** lenguaje obsceno.
gairtéar *m1* liga.
gaisce *m4* hazaña, proeza; jactancia.
gaiscíoch *m1* guerrero, héroe; fanfarrón.
gaisciúil *adj* valiente, valeroso; creído.
gaiste *m4* lazo, trampa. **bhíodh coinín sa ghaiste gach maidin** cada mañana había un conejo en la trampa.
gaistigh *vt* atrapar.
gaistríteas *m1* gastritis.
gáitéar *m1* arroyo; cañería; canal.
gal *f2* vapor; valentía. **gal uisce** vapor de agua. **gal ghaoithe** ráfaga de viento. **gal tobac** humo de cigarro.
gála[1] *m4* vendaval, ventarrón.
gála[2] *m4* alquiler. **rud a íoc ina ghálaí** pagar algo a plazos.
galach *adj* hirviente; fanfarrón.
galaigh *vt, vi* vaporizar, evaporar, echar vapor.
galaithe *adj* al vapor. **diúilicíní galaithe** mejillones al vapor.
galamaisíocht *f3* travesura; bullicio; histrionismo.
galánta *adj* galante; magnífico, espléndido. **éadach galánta** ropa elegante.
galántacht *f3* elegancia, estilo; vanidad.
galar *m1* enfermedad, aflicción. **galar croí** enfermedad cardíaca. **galar dubhach** depresión, melancolía. **galar crúb agus béil** fiebre aftosa. **galar véinéireach** enfermedad venérea. **galar craosach** diabetes. **galar titimeach** epilepsia.
galareagla *f4* hipocondría.
galareaglach *adj m* hipocondríaco.
galbhánaigh *vt* galvanizar.
galf *m1* golf.
galfaire *m4* golfista.
galfchúrsa *m4* campo de golf.
galfholcadán *m1* sauna.
Gall *m1* extranjero; inglés; vikingo; galo.
gallán *m1* menhir.
gallchnó *m4* nuez, nogal.
gallda *adj* extranjero.
galldachas *m1* costumbres extranjeras; identificación con la cultura de otros países, sobre todo de Inglaterra.
gallfheabhrán *m1* angélica.
gallóglach *m1* mercenario extranjero.
Galltacht *f3* área de habla inglesa.

galltrumpa *m4* voz de apremio, incitación.
gallúnach *f2* jabón. **nigh an craiceann le huisce agus gallúnach bhog** lava la piel con agua y jabón suave.
galóis *f2* chanclos, chancletas.
galrach *adj* enfermo, enfermizo.
galraigh *vt, vi* infectar, contagiar.
galstobh *vt* brasear.
galtán *m1* barco de vapor.
galú *m4* evaporación.
galuisce *m4* agua en ebullición.
galún *m1* galón.
gamal *m1* patán, tonto.
gambún *m1* tocino, jamón.
gamhain *m3* becerro, ternero.
gan *prep* sin. **gan chúis** sin razón. **gan chead** sin permiso. **b'fhearr duit gan fanacht** mejor que no esperes. **gan ach** con sólo. **gan ach dhá eoró** con sólo dos euros. **gan trácht ar** sin mencionar. **gan amhras** sin duda. **gan a thuilleadh** sin más. **gan a bheith leadránach** sin ser aburrido.
gandal *m1* ganso.
ganfhiosach *adj* secreto, reservado.
ganfhiosaíocht *f3* secreto, reserva. **ag ganfhiosaíocht** actuando subrepticiamente.
gangaid *f2* veneno; violencia; amargura.
gangaideach *adj* venenoso, maligno.
gann *adj* escaso, ralo. **tá na caora gann na laethanta seo** hay escasez de moras en estos tiempos. **ba é sin ba lú ghann dom a dhéanamh** era lo menos que podía haber hecho.
gannchuid *f3* penuria, escasez. **bheith ar an ngannchuid** estar en la pobreza.
gannchúis *f2* escasez, penuria; tacañería.
gannchúiseach *adj* escaso; tacaño, mezquino.
ganntanas *m1* falta, escasez. **ganntanas báistí** escasez de lluvia.
gaobhar *m1* proximidad, vecindad. **bheith i ngaobhar áite** estar cerca de un sitio. **ar na gaobhair** cercano.
gaofar *adj* ventoso. **caint ghaofar** verborrea.
gaois *f2* sabiduría, perspicacia, sagacidad.
gaoiseach *adj* sabio; astuto, sagaz, inteligente.
gaol *m1* relación, parentesco; pariente, familiar. **tá cónaí ar dhuine de mo ghaolta i San Juan** tengo pariente que vive en San Juan. **tá gaol idir an dá fhocal** las dos palabras están relacionadas.
gaolmhaireacht *f3* relación, afinidad.
gaolmhar *adj* emparentado, relacionado; cognado.
gaorthadh *m1* valle; cuenca de un río.
gaosán *m1* nariz.

gaoth[1] *f2* viento. **bhí gaoth éadrom ag séideadh** soplaba un viento ligero. **imeacht ar nós na gaoithe** ir muy rápido. **an ghaoth aduaidh** el viento del norte.
gaoth[2] *m1* ensenada, estuario.
gaothaire *m4* respiradero, ventilador.
gaothrán *m1* abanico, ventilador.
gaothscáth *m3* parabrisas.
gar-[1] *prefijo empleado para indicar ciertos parentescos de segunda generación* cercano; aproximado.
gar[2] *m1* proximidad; favor. **i ngar do rud** cerca de algo. **gar a dhéanamh do dhuine** hacerle un favor a alguien. **an baile is gaire** el pueblo más cercano.
garach *adj* servicial, complaciente.
garaíocht *f3* favores, servicios. **bheith in áit na garaíochta** estar en posición de ayudar.
garáiste *m4* garaje.
garastún *m1* guarnición, fortaleza.
garathair *m5* bisabuelo.
garbh *adj* aproximado; tosco; severo; áspero, **cuntas garbh** a ojo.
garbhaigh *vt, vi* volverse áspero.
garbhánach *m1* persona áspera.
garbhchríoch *f2* región inhóspita; altiplano. **Garbhchríocha na hAlban** las tierras altas de Escocia.
garbhlach *m1* terreno desigual.
garbhlus *m3* azotalenguas, lapa.
garbhshíon *f2* mal tiempo.
garchabhair *f5* primeros auxilios.
garda *m4* guardia, policía. **Garda Síochána** cuerpo de policía irlandés. **staisiún na nGardaí** comisaría. **garda cosanta** guardaespaldas. **garda tarrthála** socorrista.
gardáil *vt, vi* guardar, vigilar.
garg *adj* acre, áspero; rudo; amargo, agrio. **deoch gharg** bebida amarga. **gníomh garg** acto violento.
gargaigh *vt* amargar; irritar.
gargraisigh *vt, vi* hacer gárgaras.
gariníon *f2* nieta.
garlach *m1* niño; pilluelo, golfillo.
garmachán *m1* espinoso.
garmhac *m1* nieto.
garmheastachán *m1* aproximación.
gáróid *f2* clamor, estrépito; llamada urgente.
garphointe *m4* el punto más cercano.
garra *f4* **garra bhuí** celidonia mayor.
garraí *m4* jardín; huerto; cercado, recinto; halo. **garraí glasraí** huerta.
garraíodóir *m3* jardinero.
garraíodóireacht *f3* jardinería. **ionad garraídóireachta** vivero.
garrán *m1* arboleda, bosquecillo.

garrfhiach *m1* buitre.
garsún *m1* chico, chaval, muchacho.
garta *m* verruga.
gartheagmháil *f3* contacto cercano.
garúil *adj* servicial, complaciente.
gas *m1* tallo; espiga.
gás *m1* gas; aceite de parafina. **gáis cheaptha teasa** gases de efecto invernadero.
gásach *adj* gaseoso.
gasail *f2* gacela.
gasóg *f2* tallo pequeño; muchacho explorador.
gasra *m4* grupo de personas jóvenes; rama de una organización, división.
gasta *adj* rápido; listo; pulcro, esmerado. **reathaí gasta** corredor rápido.
gastacht *f3* rapidez; inteligencia; pulcritud.
gastrach *adj* gástrico.
gastraistéigeach *adj* gastrointestinal.
gastranómachas *m1* gastronomía.
gasúr *m1* niño, chico. **nuair a bhí mé i mo ghasúr** cuando era niño.
gátar *m1* angustia, inquietud. **bheith i ngátar ruda** necesitar algo.
gátarach *adj* necesitado; angustiado.
gathaigh[1] *vt, vi* picar; radiar, irradiar.
gathaigh[2] *vt* arponear; enganchar.
gathú *m4* radiación.
gé *f4* ganso. **gé fhiáin** ganso salvaje.
geab *m4* cháchara, cotorreo. **do gheab a chur isteach** entrometerse en una conversación.
geabaire *m4* parlanchín, hablador.
geabaireacht *f3* labia, locuacidad.
geabanta *adj* locuaz.
geábh *m3* carrera corta; arrebato de actividad. **geábh a thabhairt ar áit** hacer una visita relámpago a un sitio.
geabhróg *f2* terna, golondrina marina.
geadán *m1* parche, remiendo; nalgas.
geaf *m3* garfio, arpón.
geafáil *vt* arponear; enganchar.
geafaire *m4* entrometido.
geafar *m1* capataz.
géag *f2* rama; miembro; ramificación. **géag den mhuir** brazo de mar. **is iad na matáin a chorraíonn na géaga** los músculos mueven las extremidades.
géagach *adj* ramificado, bifurcado; de miembros largos; pelo suelto.
geaitín *m4* portillo, portezuela.
geáitse *m4* pose, afectación. **ag déanamh geáitsí** dándose aires.
geáitsíocht *f3* pose, afectación.
geal I *adj* blanco; brillante; puro. **cine geal** raza blanca. **fíon geal** vino blanco. **is geal an scéal liom é** me parecen buenas noticias. **II** *vt, vi* blanquear; abrillantar. **nuair a gheal an lá** cuando amaneció.

gealacán *m1* clara de huevo; blanco de los ojos.
gealach *f2* luna. **oíche ghealaí** noche con luz de luna. **leath gealaí** media luna. **gealach lán** luna llena.
gealadh *m1* amanecer; decolorante.
gealán *m1* rayo, destello. **gealáin mechas en el pelo. na Gealáin Thuaidh** Aurora Boreal.
gealas *m1* suspensores para pantalones *pl.* tirantes.
gealbhan *m1* gorrión.
gealdorcha *adj* claroscuro.
gealgháire *m4* sonrisa radiante, risa agradable.
gealgháireach *adj* radiante, feliz, festivo.
geall I *m1* promesa; apuesta; empeño. **rud a chur i ngeall** empeñar algo. **teach gill** casa de empeños. **mar gheall air sin a** causa de esto. **cad mar gheall air sin?** ¿qué hay de eso? **geall le casi. tá sé geall le bheith ullamh** casi está listo. **ba gheall le cluiche é** era como un juego. **II** *vt, vi* prometer; apostar. **gheall sé céad eoró ar an rás** apostó cien euros en la carrera.
geallbhróicéir *m3* prestamista.
geallchur *m1* apuesta.
geallearb *vt* empeñar, dejar algo en prenda.
geallghlacadóir *m3* corredor de apuestas.
geallmhar *adj* aficionado. **geallmhar ar rud a dhéanamh** aficionado a hacer algo.
gealloifig *f2* casa de apuestas.
gealltanas *m1* promesa, palabra. **gealltanas pósta** compromiso matrimonial.
gealluínt *f* promesa.
gealt *f2* lunático, loco. **Suibhne Geilt** Sweeney el Loco *(figura mitológica irlandesa)*.
gealtachas *m1* locura; pánico.
gealtlann *f2* manicomio.
gealtóir *m3* lejía, blanqueador.
geamaireacht *f3* pantomima.
geamhar *m1* hierba o grano floreciente; brizna de hierba.
geamhchaoch *adj* legañoso; cegato.
geamhoíche *f4* noche de invierno.
geamhsholas *m1* media luz.
gean *m3* amor, afecto.
geanas *m1* castidad, modestia.
geanasach *adj* casto, modesto.
geanc *f2* nariz chata.
geandráma *m4* comedia.
geanmnaí *adj* casto, puro.
geanmnaíocht *f3* castidad, pureza; virginidad.
geansaí *m4* jersey, suéter.
geantraí *f4* música alegre.
geanúil *adj* cariñoso, amable; decoroso, decente.

geanúlacht

geanúlacht *f3* cariño, amabilidad; decoro, decencia.
géar *adj* agudo, afilado; escarpado; severo. **uillinn ghéar** ángulo agudo. **scread ghéar** grito estridente. **focal géar** comentario mordaz. **bainne géar** leche cortada. **A géar** A agudo (Á á).
géaraigh *vt, vi* afilar; intensificar. **tá an ghaoth ag géarú** empieza a correr el fresco. **do ghoile a ghéarú** abrir el apetito. **géarú ar shiúl** acelerar el paso.
gearán I *m1* queja, reivindicación, reclamo. **déan gearán leis an mbainisteoir** quéjate al encargado. **II** *vt, vi* quejarse.
géarán *m1* colmillo; roca saliente.
gearánach *adj* quejica, que se queja exageradamente.
gearánaí *m4* demandante.
gearb *f2* costra; sarna.
gearbach *adj* costroso, sarnoso; vil.
géarchéim *f2* emergencia, crisis.
géarchúis *f2* astucia, sagacidad; discernimiento.
géarchúiseach *adj* astuto, sagaz, discernidor.
gearg *f2* codorniz.
geargáil *f2* gárgola.
géarghá *m4* necesidad, exigencia.
géarleanúint *f3* persecución; opresión.
Gearmáin *f2* **an Ghearmáin** Alemania.
Gearmáinis *f2* lengua alemana.
Gearmánach *m1, adj* alemán.
gearr-[1] *pref* corto, pequeño; joven; moderado.
gearr[2] *m4* guión de codornices.
gearr[3] I *adj* breve, corto; cerca. **tamall gearr ina dhiaidh sin** poco después. **freagra gearr** respuesta seca. **tomhas gearr** medida corta o pequeña. **chun scéal fada a dhéanamh gearr** para abreviar. **gearr sa radharc** miope. **II** *vt, vi* cortar; reducir; cobrar; imponer. **ghearr sé a lámh** se cortó la mano. **gearradh príosún air** fue encarcelado.
gearradh *m1* corte, incisión; impuesto. **gearradh teanga** reprimenda. **gearradh siar** reducción.
gearr-aighneas *m1* descaro.
gearrán *m1* caballo castrado; jaca.
gearranáil *f3* falta de aire, jadeo.
gearranálach *adj* corto de resuello, asmático.
gearrbhodach *m1* joven; paje.
gearrcach *m1* pajarito.
gearrchaile *m4* chica joven.
gearrchaint *f2* impertinencia, contestación.
gearrchiorcad *m1* cortocircuito.
gearrfhiuchadh *m1* cocción al baño María.
gearrinsint *f2* informe, resumen.

géin

gearróg *f2* pedacito, trocito; respuesta corta. **na gearróga dubha** los días cortos del invierno.
gearr-radharc *m1* miopía.
gearr-radharcach *adj* miope.
gearrscéal *m1* cuento, historia corta, relato breve.
gearrscríobh *m3* taquigrafía.
gearrshaolach *adj* efímero.
gearrshiopadóir *m3* mercero, camisero.
gearrshodar *m1* trote ligero.
gearrthóg *f2* corte, recorte; chuleta.
gearrthóir *m3* picapedrero; escoplo, cincel.
géarú *m4* agudeza; acidez. **géarú siúil** aceleración. **géarú goile** pasante, aperitivo.
geasadóir *m3* mago, brujo.
géasar *m1* géiser.
geasróg *f2* encantamiento; superstición.
geata *m4* cancela, portada.
geataire *m4* junco largo; mecha.
geatóir *m3* portero.
géibheann *m1* grilletes. **i ngéibheann** en cautividad; embarazada. **campa géibhinn** campo de concentración o para presos de guerra.
géibheannach I *m1* cautivo, preso. **II** *adj* crítico; doloroso.
geilignít *f2* gelignita.
geilitín *m4* gelatina.
géill *vt, vi* ceder, rendirse. **géilleadh don namhaid** rendirse al enemigo. **ghéill sé go raibh an ceart agam** admitió que yo tenía razón. **géill slí** ceda el paso.
géilleadh *m1* rendición.
geilleagar *m1* economía. **tá geilleagar na tíre go láidir le déanaí** la economía del país ha estado fuerte últimamente.
geilleagrach *adj* relativo a la economía, económico.
géilliúil *adj* sumiso, obediente; crédulo.
géillsine *f4* sojuzgamiento; lealtad.
géillsineach *m1* súbdito.
géim[1] I *f2* mujido, rugido; bramido. **géim galltrumpa** toque de clarín. **II** *vt* rugir; bramar; gritar.
géim[2] *m4* caza menor.
geimheal *f2* cadenas; trabas, grilletes.
geimhleach *m1, adj* preso, cautivo.
geimhligh *vt* encadenar.
geimhreadh *m1* invierno. **aimsir gheimhridh** tiempo invernal. **grianstad an gheimhridh** el solsticio de invierno. **codladh geimhridh** hibernación.
geimhrigh *vi* hibernar, invernar.
geimhriú *m4* hibernación.
geimhriúil *adj* invernal, glacial.
géimiúil *adj* animado; atrevido; juguetón.
géimneach *f2* rugido, grito, bramido.
géin[1] *f2* **briste géine** pantalones vaqueros.

géin

géin² *f2* gen.
géineas *m1* género.
géineasach *adj* genérico.
géineolaíocht *f3* genética.
Geiniseas *m1* Génesis.
géiniteach *adj* genético.
geir *f2* grasa, sebo, manteca.
géire *f4* agudeza; filo; estridencia; acidez.
geireach *adj* graso, adiposo.
geireann *m1* gerundio.
geiréiniam *m4* geranio.
geis *f2* tabú; prohibición. **is geis dom é a dhéanamh** tengo prohibido hacerlo. **rud a chur de gheasa ar dhuine** imponer una estricta obligación a alguien.
geit I *f2* sobresalto, susto. **de gheit** de repente. **bhain sé geit asam** me sobresaltó. **II** *vi* asustarse, sobresaltarse; brincar.
geiteach *adj* asustadizo, nervioso.
geiteo *m4* gueto.
geocach *m1* músico ambulante; persona de voz alta; vagabundo; gorrón, sablista.
geocán *m1* pajita.
geografaíocht *f3* geografía.
geoin *f2* ruido de fondo, zumbido. **geoin chainte** rumor de conversación. **geoin ghadhar** aullido de perros.
geolaí *m4* geólogo.
geolaíocht *f3* geología.
geolbhach *m1* branquia, agalla.
geonaíl *f3* zumbido.
giall¹ *m1* quijada, carrillo; jamba; ángulo.
giall² *m1* rehén. **giall a ghabháil** capturar a un rehén.
giallfach *m1* tobillo.
giar *m1* cambio de marchas.
giarsa *m4* viga, vigueta, travesaño.
gibiris *f2* galimatías, jerigonza. **gibiris chainte** jerga ininteligible.
gibléid *p1* menudillos.
gild *m4* gremio.
gile *f4* brillo, blancura. **gile na gréine** resplandor del sol. **a ghile mo chroí** amor de mi corazón. **lus na gile** clavel. **gile agus scáil** claroscuro.
gilidín *m4* crías de trucha o salmón.
gilín *m4* lepisma.
gilitín *m4* guillotina.
gimléad *m1* barrena de mano.
gin I *f2* procreación, concepción; descendencia; feto. **Aifreann na Gine** misa del gallo. **II** *vt, vi* engendrar, concebir. **leictreachas a ghiniúint** generar electricidad.
gineadóir *m3* procreador; sembrador; generador.
ginealach *m1* genealogía. **ó ghinealach go ginealach** de generación en generación.
ginealas *m1* genealogía. **ag déanamh ginealais** investigando la genealogía.

giomnáisiam

ginearál *m1* general.
ginearálta *adj* general. **go ginearálta** en general.
gineolaí *m4* genealogista.
ginid *f2* duende, genio.
ginideach *m1, adj* genitivo.
ginidigh *vi* germinar.
giniúint *f3* concepción; nacimiento, germinación. **Giniúint Mhuire gan Smál** La Inmaculada Concepción. **stáisiún giniúna** central generadora de electricidad.
ginmharbh *m1* nacimiento de un niño muerto.
ginmhilleadh *m1* aborto provocado.
gintlí *m4 adj* gentil.
gintlíocht *f3* hechicería, brujería.
giob I *m4* bocado; pedazo; riña, pelea. **giob geab** picoteo. **II** *vt* escoger, seleccionar; picotear; besuquear.
giobach *adj* peludo, melenudo; desaliñado.
giobal *m1* trapo; mandil, delantal.
gioblach *adj* deshilachado, en jirones.
gioblachán *m1* galopín, pelagatos.
giobóg *f2* pedacito; harapo.
giobógach *adj* deshilvanado, deshilachado; desaliñado.
giodairiam *m1* fumaria.
giodal *m1* descaro, insolencia; presunción, engreimiento.
giodalach *adj* descarado, insolente; presumido, engreído.
giodam *m1* inquietud; vértigo; viveza, desenfado.
giodamach *adj* inquieto; vertiginoso; desenvuelto.
giofóg *f2* gitano.
gíog I *f2* pío, gorjeo; tuit *(comp.)*. **ní raibh gíog ná míog as** no dijo ni pío. **II** *vi* piar, gorjear.
giolc *m3* junco, caña; hierba alta, tuit.
giolcach *f2* junco, caña, mimbre. **giolcach shléibhe** retama.
giolcadh *m1* pío, gorjeo. **éirí le giolcadh an ghealbhain** levantarse al amanecer.
giolla *m4* paje, criado, mozo. **giolla cloig botones. fuair Séamas jab mar ghiolla san ospidéal** Jaime obtuvo un puesto de celador en el hospital.
giollacht *f3* servicio, atención; guía. **giollacht a dhéanamh ar rud** prestar atención. **giollacht an daill ar an dall** *uno sabe poco y el otro menos.*
giollaigh *vt* llevar; atender. **duine a ghiollacht** guiar a alguien.
gíománach *m1* soldado de infantería; cochero, chófer; lacayo; persona maleducada.
giomhán *m1* madeja.
giomnáisiam *m4* gimnasio.

giongach *adj* nervioso, inquieto; caprichoso.
giorra¹ *f4* escasez. **giorra anála** sin aliento.
giorra radhairc miopía.
giorra² *adj comp de gearr*. **an teach lóistín is giorra don trá** el hotel más cercano a la playa.
giorracht *f3* escasez; proximidad; brevedad. **i ngiorracht aimsire** en un corto periodo de tiempo. **i ngiorracht míle dúinn** a una milla de nosotros.
giorraigh *vt, vi* acortar, abreviar.
giorraisc *adj* corto; repentino, brusco. **ordú giorraisc** orden tajante.
giorria *m4* liebre.
giorrú *m4* abreviatura, acortamiento; contracción.
giorta *m4* cincha.
giortach *adj* corto, escaso; mezquino. **fear beag giortach** hombre bajito y rechoncho.
giosta *m4* levadura.
giota *m4* trozo. **giota grinn** rato de diversión. **giota ceoil** un poco de música.
giotár *m1* guitarra.
gipis *f2* menudillos.
gipseam *m1* yeso.
girseach *f2* chica joven.
Giúdach *m1, adj* judío.
giúiré *m4* jurado.
giuirléidí *pl* objetos personales.
giúis *f2* abeto, pino.
giúistís *m4* juez; magistrado.
giúmar *m1* humor, estado anímico.
giúmaráil *vt* complacer a alguien.
giúrann *m1* ganso barnacla; percebe.
giúróir *m3* miembro del jurado.
giúsach *f2* madera de abeto, pino.
glac¹ *f2* mano, puñado.
glac² *vt* tomar; aceptar, coger; encargarse de; emprender. **sos a ghlacadh** tomarse un descanso. **páirt a ghlacadh** participar. **seilbh a ghlacadh** apoderarse. **glac do shuaimhneas** relájate. **glac nóta de** apúntalo. **glac trua** ten piedad. **aicíd a ghlacadh** coger una enfermedad. **glacfaidh mé mo laethanta saoire i mí Lúnasa** me tomaré las vacaciones en agosto. **ghlac sé feag liom** se enfadó conmigo.
glacadh *m1* aceptación; recepción; incautación.
glacadóir *m3* receptor de teléfono.
glacadóireacht *f3* recepción. **gléas glacadóireachta** aparato receptor.
glacaire *m4* toma de sonido.
glacaireacht *f3* manejo; manoseo; masturbación. **glacaireacht thruaillí** tocamientos inmodestos.
glae *m4* pegamento; baba; semen.

glafadh *m1* ladrido. **glafadh a thabhairt ar dhuine** regañar a alguien.
glafarnach *f2* bronca, jaleo. **glafarnach na gaoithe** el aullido del viento.
glagaireacht *f3* estupidez. **glagaireacht chainte** tonterías.
glaidiólas *m1* gladiolo.
glaine *f4* limpieza; claridad.
glaise¹ *f4* arroyo, riachuelo, corriente.
glaise² *f4* verdor; resplandor; pureza.
glam I *f2* aullido. **II** *vi* aullar.
glám I *m1* agarre, asimiento. **II** *vt, vi* agarrar.
glámh *f* sátira.
glan I *m1* limpieza. **II** *adj* limpio, puro, claro; total. **an fhírinne ghlan** la verdad desnuda. **brabach glan** beneficio neto. **faisnéis ghlan** información clara. **diúltú glan** rechazo rotundo. **III** *vt, vi* limpiar, aclarar. **glan do bhróga** límpiate los zapatos. **glan na prátaí** lava las patatas. **glan an t-iasc** limpia el pescado. **fiacha a ghlanadh** saldar las deudas. **ghlan sé leis** se fue. **ghlan an capall an claí** el caballo saltó la valla. **tá an lá ag glanadh** está escampando.
glanachar *m1* limpieza.
glanadh *m1* limpieza; placenta.
glanmheabhair *s* **tá sé de ghlanmheabhair agam** lo sé de memoria. **rud a chur de ghlanmheabhair** aprender algo de memoria.
glanoscartha *adj* **dul glanoscartha thar rud** saltar un obstáculo.
glanscartha *adj* completamente separado; independiente. **árasán glanscartha** piso independiente.
glantach *m1* detergente.
glantáirgeacht *f3* rendimiento neto.
glantóir *m3* limpiador, detergente. **na glantóirí** la tintorería.
glao *m4* llamada, grito. **glao gutháin** llamada telefónica.
glaoch *m1* llamada, vocación. **glaoch ar earraí** demanda de productos.
glaoigh *vt, vi* gritar; llamar; pedir. **gach Domhnach glaonn sí ó Lima** llama todos los domingos desde Lima. **glaofaidh mé an rolla** pasaré lista. **ghlaoigh siad ar Dhia** invocaron a Dios.
glaomaire *m4* fanfarrón.
glár *m1* sedimento, aluvión.
glas¹ *m1* cerradura, cerrojo. **glas fraincín** candado. **glas ama** cerradura de tiempo. **glas a chur ar dhoras** cerrar con candado.
glas² **I** *m1* verde. **II** *adj* verde, inmaduro; gris. **capall glas** caballo gris. **is glas iad na cnoic i bhfad uainn** todo lo ajeno parece

glas

mejor. **an Comhaontas Glas** el Partido Verde.
glas³ *f2* riachuelo, arroyo.
glasadóir *m3* cerrajero.
glasáil *vt* cerrar con llave.
glasán *m1* abadejo. **glasán darach** verderón común. **glasán gobmhór** pepitero común.
glascheannach *m1* compra a plazos.
glasíoc *m3* pago parcial, abono.
glasóg *f2* lavandera (*orn*). **súil na glasóige a chaitheamh ar dhuine** mirar a alguien con ojos de cordero degollado.
glasphluma *m4* claudia.
glasra *m4* verdura, vegetación. **glasraí suaithfhrioctha** verduras rehogadas. **garraí glasra** huerta.
glasreo *m4* escarcha.
glasta *adj* brillante, reluciente.
glasuaine *f4 adj* verde intenso.
glé *adj* claro, brillante; diáfano, transparente.
gleacaí *m4* luchador; acróbata, gimnasta.
gleacaíocht *f3* lucha libre; acrobacia; gimnasia.
gleadhair *vt* golpear sonoramente, aporrear, apalear. **ag gleadhradh báistí** lloviendo a mares.
gleadhrach *adj* ruidoso; tumultuoso. **sruthán gleadhrach** riachuelo. **tine ghleadhrach** fuego chispeante.
gleadhradh *m* golpe sonoro; tumulto; resplandor, deslumbramiento. **gleadhradh daoine** gran cantidad de gente.
gleann *m3* cañada, valle, hondonada. **gleann seo na ndeor** este valle de lágrimas.
gleanntán *m1* valle pequeño, cañada.
gléas I *m1* aparato; equipo; atavío; instrumento musical; clave musical. **gléas iompair** medio de transporte. **gléas freagartha** contestador automático. **gléas ceoil** instrumento musical. **as gléas** desafinado. **gléas beo** profesión. **rud a chur i ngléas** ajustar algo. **gléas a chur ort féin** vestirse. **II** *vt* vestir, arreglar; equipar. **gléas an bord** pon la mesa.
gléasadh *m* equipamiento; preparación; atavío.
gléasra *m4* aparato; equipo, equipamiento.
gléasta *adj* equipado; vestido. **gléasta suas** disfrazado. **seomra gléasta** vestuario.
gléib *f2* gleba, tierra para labrar perteneciente a la iglesia.
gleic *f2* pelea, lucha; competición. **dul i ngleic le rud** enfrentarse a algo.
gléigeal *adj* blanco, puro; brillante. **uisce gléasta** agua cristalina. **aimsir ghléigeal** tiempo magnífico. **mo leanbh gléigeal** mi niño precioso.

gloine

gléine *f4* claridad, lucidez; transparencia; brillo.
gléineach *adj* claro; lúcido, reluciente; transparente.
gleo *m4* lucha, batalla; ruido, tumulto.
gleoiréiseach *adj* divertido; ruidoso, escandaloso.
gleoiseach *f2* pardillo.
gleoite *adj* pulcro, bonito; encantador. **is iomaí cailín gleoite a fheictear i mBuenos Aires** hay muchas chicas bellas en Buenos Aires.
gleoiteog *f2* **gleoiteog mná** mujer guapa. **gleoiteog linbh** niño guapo.
gleorán *m1* berro; capuchina, nasturcio.
gliaire *m4* gladiador.
glib *f2* mechón, flequillo; pelo enredado, greñas.
glic *adj* astuto; listo; perspicaz.
gliceas *m1* perspicacia, astucia.
glicrín *m4* glicerina.
gligín *m4* campanita; tintineo; persona tonta.
glinn *adj* claro, distinto; intenso.
glinne¹ *f4* claridad; viveza.
glinne² *f4* carrete de pesca.
glinneáil *vt, vi* enrollar, envolver; rebobinar. **snáithe a ghlinneáil** enrollar un hilo. **glinneáil suas** acabar algo. **ghlinneáil sé leis se** escabulló.
glinnigh *vt, vi* escudriñar, mirar intensamente; centellear, echar chispas.
gliobach *adj* despeinado; desgreñado; peludo.
gliodaí *f3* coqueta.
gliogar *m1* traqueteo; tintineo; charla.
gliogarnach *f2* tintineo, tilín.
gliogram *m1* traqueteo; ruido. **gliogram cos** pataleo.
gliomach *m1* langosta. **pota gliomaigh** langostera.
gliondar *m1* alegría, felicidad. **chuir an dea-scéal gliondar orthu** se alegraron mucho cuando se enteraron de la buena noticia.
gliondrach *adj* alegre, feliz.
glioseanach *f2* brillo; chispa, centelleo.
gliú *m4* cola, pegamento, goma.
gliúáil *vt* pegar, encolar.
gliúc *m3* mirada.
gliúcaí *m4* curioso, mirón.
gliúcaíocht *f3* mirada furtiva.
gliúmáil *f3* tanteo, acción de hurgar; juegos preliminares.
gloine *f4* cristal, vidrio; vaso, copa; lente. **glac gloine fíona** toma un vaso de vino. **teach gloine** invernadero. **gloine dhaite** vidriera. **gloiní cosanta** gafas protectoras. **gloine formhéadúcháin** lupa.

gloineadóir *m3* vidriero.
gloineadóireacht *f3* vidriería, cristalería.
gloinigh *vt, vi* vitrificar, acristalar.
glóir *f2* gloria. **glóir do Dhia** alabado sea Dios. **glóir dhíomhaoin** vanagloria.
glóirigh *vt, vi* glorificar, alabar.
glóirmhian *f2* ambición.
glóirmhianach *adj* ambicioso.
glóir-réim *f2* paseo triunfal, desfile.
glónraigh *vt, vi* driar, glasear.
glór *m1* voz; ruido. **gan ghlór** sordo (*ling*).
glórach *adj* ruidoso, escandaloso.
glóraíl *f3* sonido de voces, ruido.
glórmhar *adj* glorioso.
glórphost *m1* mensaje grabado.
glorú *m1* vocalización. sonorización.
glotas *m1* glotis.
glóthach I *f2* gelatina, jalea; baba; sustancia viscosa. **glóthach fhroig** huevas de rana. **glóthach ríogach** jalea real. **II** *adj* gelatinoso, viscoso.
glotha *m1* borboteo; gorjeo. **glotha an bháis** estertor.
gluair *adj* brillante, chillón; fuerte.
gluaire *f4* claridad, brillantez; ruido, estridencia; sonoridad.
gluais[1] *f2* comentario; glosario, vocabulario.
gluais[2] *vt, vi* mover, poner en movimiento; proceder, avanzar. **ghluais an trácht go mall** el tráfico avanzó muy despacio.
gluaiseacht *f3* movimiento. **daoine a bhfuil gluaiseacht laghdaithe acu** personas con movilidad reducida. **Gluaiseacht in Éadan an Chogaidh** Movimiento En Contra de la Guerra.
gluaisrothaí *m4* motociclista.
gluaisrothar *m1* motocicleta.
gluaisteán *m1* coche, carro, auto.
gluaisteánaí *m4* conductor, piloto, chófer.
gluaisteánaíocht *f3* automovilismo.
glúcós *m1* glucosa.
glugar *m1* chapoteo; gorjeo.
glúin *f2* rodilla; generación. **dul ar do ghlúine** arrodillarse. **an ghlúin óg** la juventud. **glúin staighre** escalón. **bean ghlúine** partera. **bhí an t-uisce aníos go glúine orm** el agua me llegaba hasta la rodilla.
glúinin *m* nodo.
glúinteas *m1* bursitis.
gnách *adj* acostumbrado, usual, normal. **is gnách leis** suele. **níor ghnách dó a bheith chomh déanach sin** no solía llegar tan tarde. **is gnách leis na daoine féiríní a bhronnadh ar a chéile um Nollag** es costumbre regalar por Navidad.
gnaíúil *adj* bonito, bello.
gnaoi *f4* belleza; afecto, cariño. **an bhean is fearr gnaoi i gCaracas** la mujer más bonita de Caracas. **níor chaill sí a gnaoi fós** todavía es bella. **tá mórán gnaoi ag na daoine ar an amhrán sin** esa canción es muy popular.
gnás[1] *m1* procedimiento; costumbre. **gnás dlí** derecho consuetudinario. **gnás díobhálach** mal hábito. **ní lia tír ná gnás** cada país tiene sus costumbres.
gnás[2] *f2* grieta, hendidura; labio leporino; odio, revulsión.
gnáth-[1] *pref* normal, común; constante.
gnáth[2] *m1* costumbre, uso; norma. **as an ngnáth** fuera de lo común. **de ghnáth** por regla general.
gnáthaigh *vt, vi* habituarse; practicar; frecuentar; aparecer.
gnáthamh *m1* costumbre; rutina, práctica.
gnátharm *m1* ejército regular.
gnáthchaite *adj* aimsir ghnáthchaite pasado habitual gramatical.
gnáthchléir *f2* clero secular.
gnáthdhochtúir *m3* médico de cabecera.
gnáthdhuine *m4* persona normal.
gnáthghaoth *f2* viento predominante.
gnáthóg *f2* hábitat; guarida; reserva escondida.
gnáthóir *m3* frecuentador, habitual.
gnáthshaighdiúir *m3* soldado raso.
gnáthúil *adj* normal.
gné *f4* especie; aspecto, rasgo. **an ghné a suimiúla de shaothar Diego Rivera** el aspecto más interesante de la obra de Diego Rivera. **d'aon ghné** de la misma especie.
gnéas *m1* sexo. **gnéas béil** sexo oral. **gnéas tóna** sexo anal.
gnéasach *adj* sexual.
gné-eolaíocht *f3* fisonomía.
gníomh *m1* acto, hecho. **gníomh gaisce** proeza. **gníomh creidimh** acto de fe. **Gníomhartha na nAspal** los Hechos de los Apóstoles. **cuir i ngníomh** implementar, efectuar. **dea-ghníomh** buena obra. **Gníomh a trí** Acto III. **cúlpháirtí roimh an ngníomh** cómplice previo a los hechos.
gníomhach *adj* activo. **bainisteoir gníomhach** director suplente. **rúnaí gníomhach** secretario en funciones. **faí ghníomhach** voz activa.
gníomhachtaigh *vt* activar.
gníomhaigh *vt, vi* actuar, interpretar.
gníomhaíocht *f3* actividad; representación, función; argumento.
gníomhaire *m4* agente. **gníomhaire eastáit** agente inmobilario.
gníomhaireacht *f3* agencia. **gníomhaireacht taistil** agencia de viajes.
gníomhas *m1* escritura.
gníomhar *m4* hechos.

gnó

gnó *m4* negocio; asunto. **bean gnó** mujer de negocios. **fear gnó** hombre de negocios. **déanfaidh sé gnó** eso servirá. **Roinn Gnóthaí Eachtracha** Ministerio de Asuntos Exteriores. **d'aon ghnó** a propósito. **tabhair aire do do ghnó féin** ocúpate de tus propios asuntos.
gnó-eagraí *m4* emprendedor.
gnólacht *m3* firma comercial.
gnóthach *adj* ocupado; trabajador. **ní raibh a fhios agam go raibh tú chomh gnóthach sin** no sabía que estabas tan ocupada.
gnóthachan *m1* ganancia, beneficio. **ag gnóthachan ar rud** ganando algo.
gnóthaigh *vt, vi* trabajar; ganar, alcanzar; obtener beneficio.
gnóthas *m1* empresa, compañía.
gnúis *f2* cara, rostro, semblante. **gnúis a chur ort féin** hacer una mueca.
gnúiseach *adj* guapo, atractivo.
gnúsacht *f3* gruñido.
go[1] *partícula empleada para formar adverbios.* **go dona** mal. **go maith** bien. **go mall** despacio. **go tapa** rápidamente. **go fóill** todavía. **go léir** todo. **go leor** suficiente. **go saor** a precio barato.
go[2] *prep* más **go leith** y medio. **dhá bhliain go leith** dos años y medio.
go[3] *prep* a, hasta, hacia. **dul go Meiriceá** ir a América. **go teacht an earraigh** hasta que llegue la primavera. **go dtí an chéad uair eile** hasta la próxima vez. **go deo** para siempre. **go bunúsach** básicamente.
go[4] *conj* que. **deir sé go bhfuil deifir air** dice que tiene prisa. **níor fhéad mé teacht mar go raibh mé tinn** no pude venir porque estaba enfermo. **cuimhnigh go recuerde** que.
go[5] *partícula verbal empleada con subjuntivo.* **go raibh maith agat** gracias. **go raibh an Tiarna libh** que el señor esté con vosotros. **go dté tú slán** que te vaya bien.
gó *f4* mentira, falsedad, engaño. **gan ghó** sin duda.
gob I *m1* pico; extremo, punta. **gob gainimh** banco de arena. **gob pinn** punta de lápiz. **II** *vt, vi* picar; brotar, retoñar. **ag gobadh amach** sobresaliendo.
gobach *adj* picudo, afilado, puntiagudo.
gobadán *m1* gallineta.
gobán[1] *m1* punta; mordaza. **gobán súraic** chupete.
gobán[2] *m1* factótum, hazlotodo. **an Gobán Saor** *constructor y herrero legendario.*
gobharnóir *m3* gobernador.
goblach *m1* bocado, pedazo, trozo.
gocarsach *f2* cloqueo.
góchum *vt* falsificar.

gor

góchumadóir *m3* falsificador.
gogaide *m4* **ar a ghogaide** en cuclillas.
gogaideach *adj* rechoncho; inestable.
gogail *vi* gluglutear, cacarear.
gogán *m1* vaso pequeño, jarro; balde.
goic *f2* inclinación; postura.
goid I *f3* robo, hurto. **II** *vt, vi* robar. **ná déan goid** no robarás. **cá bhfios ná gur goideadh a rothar** tal vez fue hurtada su bicicleta.
goil *vt, vi* llorar, sollozar.
goile *m4* estómago; apetito. **othras goile** úlcera gástrica. **ní dheachaigh an bia do mo ghoile** no me sentó bien la comida.
góilín *m4* cala pequeña, ensenada, quebrada.
goill *vi* afligir, dar pena; enfadar, enojar. **ghoill an scéal orm** la historia me entristeció.
goilliúnach *adj* doloroso; angustioso. **duine goilliúnach** persona sensible.
goimh *f2* aguijón; veneno. **bhí goimh ar an lá** el día era muy frío. **goimh a bheith ort le duine** molestarse con alguien. **an ghoimh a bhaint as rud** dorar la píldora.
goimhiúil *adj* maligno, venenoso.
goin I *f3* herida; pinchazo. **goin chnis** herida superficial. **goin ghréine** insolación. **II** *vt* herir; pinchar. **ghoin go croí mé an rud a dúirt sé** me hirió en el alma lo que dijo.
goinbhlasta *adj* picante.
goineog *f2* picadura; burla; colmillo de serpiente.
góire *m4* arrugas.
goirín *m4* grano, pústula. **goirín dubh** espinilla.
goirmín *m4* pensamiento *(bot).*
goirt *adj* salino, salado. **uisce goirt** agua salobre. **chaoin sí go goirt** ella lloró amargamente.
goirteamas *m1* amargura; salobridad.
góiséireacht *f3* calcetería.
góislín *m4* ansarino, gansarón.
gol *m1* llanto, sollozo. **thosaigh sí ag gol** empezó a llorar.
goltraí *f4* pieza de música lenta y triste, llanto.
gonc *m1* desaire. **gonc a thabhairt do dhuine** desairar a alguien.
gondala *m4* góndola.
gonta *adj* herido, lesionado, incisivo; lacónico, sucinto. **gonta go héag** herido mortalmente. **scéal gonta** historia abreviada.
gontacht *f3* concisión; mordacidad.
gor I *m1* calor de incubación. **cearc ar gor** gallina ponedora. **gor a dhéanamh ar uibheacha** incubar huevos. **gor a dhéan-**

goradán

amh ar rud obsesionarse por algo. **II** *vt*, *vi* calentar; empollar, incubar.
goradán *m1* incubadora.
goradh *m1* calor, incubación. **goradh a chur ar rud** soldar algo.
goraille *m4* gorila.
gorlann *f2* criadero.
gorm *m1*, *adj* azul. **súile gorma** ojos azules. **bhí culaith ghorm orm** yo llevaba una camisa azul. **is fearr a oireann an gorm duit** el azul te queda mejor. **an cine gorm** la raza negra. **na gormacha** los blues.
gormach *m1* persona de raza negra.
gormán *m1* aciano.
gort *m1* sembrado, huerto.
gorta *m4* hambre, hambruna; escasez. **an Gorta Mór** la Gran Hambruna (*del s. XIX*).
gortach *adj* hambriento; escaso, mezquino; infértil. **bheith gortach le duine** ser tacaño con alguien.
gortaigh *vt* herir, hacer daño, lesionar. **gortaíodh a mac i dtimpiste oibre** su hijo fue herido en un accidente laboral.
gortghlanadh *m* claro, despeje.
gortú *m4* daño, herida.
gorún *m1* anca; pierna.
gotha *m4* apariencia; gesto; afectación. **chuir sé gothaí troda air féin** adoptó una actitud agresiva.
gothaíocht *f3* gesto; característica.
grá *m4* amor, cariño. **a ghrá, grá mo chroí** mi amor. **in ainneoin a lochtanna bhí grá agam dó** a pesar de sus defectos lo amaba. **measaim nach bhfuil grá aici air** no creo que lo quiera. **folaíonn grá gráin** el amor es ciego. **titim i ngrá le duine** enamorarse de alguien.
grabasta *adj* sucio.
grabhaid *f* vulva.
grábháil I *f3* grabado. **II** *vt* grabar.
grabhar *m1* migas, fragmentos.
grabhróg *f2* miga.
grách *adj* amoroso, cariñoso.
grád *m1* grado, clase. **grád teasa** grado de temperatura.
grádaigh *vt* gradar, graduar; escalar.
gradam *m1* estima, respeto; distinción. **bheith faoi ghradam** estar bien considerado. **garda gradaim** guardia de honor.
gradamach *adj* estimado, estimable, distinguido.
grádán *m1* grado; gradiente.
grádú *m4* calibración; calificación.
graf *m1* gráfico *vt*, *vi* graficar.
grafadh *m* acción de escardar, desbroce.
grafán *m1* azada, azadón.
grafeolaí *m4* grafólogo.
grafóg *f2* azada pequeña.

gránnacht

grag *m1* aguardiente.
grág *f2* grito ronco; graznido; croa.
grágaíl *f3* graznido; rebuzno; cacareo.
graí *f4* caballeriza, cuadra; semental.
graidhin s mo ghraidhin go deo thú! ¡bravo! ¡bien hecho!
graiféad *m1* anclote; áncora, ancla pequeña.
graiféim *f2* grafema.
gráig *f2* pueblo, aldea.
gráigh *vt*, *vi* amar, querer. **gráigí a chéile amaos** los unos a los otros.
graiméar *m1* libro de gramática.
gráin *f* odio. **is gráin liom é** lo odio.
grainc *f2* ceño; mueca, gesto.
gráinigh *vt* odiar, detestar.
gráiniúil *adj* odioso, feo; terrible.
gráinne[1] *m4* grano, semilla; veta.
Gráinne[2] *nombre personal*. **Diarmaid agus Gráinne** *figuras de la antigua literatura irlandesa*. **Gráinne Mhaol** Grace O'Malley, Gráinne la Calva (*jefa de una familia importante del oeste de Irlanda s. XVI. El apelativo supuestamente se debe a que llevaba el pelo más corto de lo que se acostumbraba en aquella época*).
gráinneach *adj* granular, granulado.
gráinneog *f2* erizo.
gráinnigh *vt* granular, granear.
gráinnín *m4* gránulo, granito; pellizco, cantidad pequeña.
gráinseach *f2* cortijo; granero.
gráinteacht *f3* caricia, mimo.
graíre *m4* semental.
gráisciúil *adj* vulgar, obsceno.
gráisciúlacht *f3* vulgaridad, obscenidad.
graiseamal *m1* mezcla; confusión; restos de comida; basura.
gram *m1* gramo.
gramadach *f2* gramática. **leabhar gramadaí** libro de gramática.
gramadóir *m3* gramático.
gramadúil *adj* gramatical.
gramaisc *f2* populacho, gentuza.
grámhar *adj* cariñoso, afectuoso; simpático.
gramhas *m1* sonrisa burlona, mueca.
grán *m1* **grán cruithneachta** grano de trigo. **grán dubh** moho. **grán arcán** celidonia menor.
gránach *m1* cereal.
gránádóir *m3* granadero.
gránáid *f2* bomba de granada.
gránaigh *vt*, *vi* granular; raspar.
gránbhiorach *adj* **peann gránbhiorach** bolígrafo, lapicero, birome.
gránna *adj* feo, desagradable. **focal gránna** palabrota, taco. **amharc gránna** mirada fea.
gránnacht *f3* fealdad.

gránphlúr

gránphlúr *m1* harina de trigo o maíz
gránúll *m1* fruta de granada.
graosta *adj* lascivo, asqueroso. **scéal graosta** chiste verde.
graostacht *f3* obscenidad.
grás *m3* gracia.
grásaeir *m3* ganadero, tratante de ganado.
gráscar *m1* chusma, basura; riña. **gráscar Fraincise** nociones de francés.
grásta *m4* gracia. **grásta ó Dhia orthu** que descansen en paz. **atá lán de ghrásta** llena eres de gracia. **faic na ngrást** nada en absoluto.
grástúil *adj* piadoso, misericordioso.
grástúlacht *f3* piedad, misericordia.
gráta *m4* verja, reja; rejilla, parrilla.
grátáil[1] *f3* reja; emparrillado.
grátáil[2] *vt* enrejar; emparrillar, hacer a la parrilla.
grathain *f2* enjambre, multitud; gentuza, populacho.
gread *vt, vi* golpear; quemarse. **an doras a ghreadadh** golpear la puerta. **gread leat!** ¡lárgate! **gread do bhosa** aplaude.
greadadh *m* paliza, zurra; percusión. **greadadh teanga** reprensión. **greadadh báistí** aguacero. **ar greadadh** a gran velocidad. **greadadh airgid** mucho dinero.
greadhnach *adj* ruidoso; alegre, contento; brillante.
greadóg *f2* cachete, tortazo; aperitivo.
greadóg thine fuego crepitante.
greadtóir *m3* mezclador.
greagán *m1* gota de bebida alcohólica.
greagnaigh *vt* pavimentar, enlosar; cubrir, tapizar.
greallach *f2* fango, lodo, cieno.
grealltóireacht *f3* broma pesada.
greamachán *m1* adhesivo.
greamaigh *vt, vi* atar; pegar; agarrar. **rud a ghreamú de rud** pegar algo. **an fear a bhí greamaithe di** el hombre que estaba casado con ella. **gearr agus greamaigh** cortar y pegar.
greamaire *m4* alicates, tenazas.
greamaitheach *adj* absorbente; adherente, pegajoso.
greamú *m4* entrada, placaje. **taispeánadh an cárta buí do Mhícheál faoi ghreamú garbh a dhéanamh ar an gcúl báire** Miguel recibió tarjeta amarilla por realizar una dura entrada al portero.
grean[1] *m1* grava, arenilla.
grean[2] *vt* grabar; imprimir. **adhmad a ghreanadh** tallar madera.
greanadh *m* grabado; tallado, cincelado.
greanadóir *m3* grabador.

grianach

greanadóireacht *f3* grabado, talla; impresión.
greann *m1* broma; humor. **scéal grinn** historia divertida. **greann a dhéanamh de dhuine** burlarse de alguien. **acmhainn grinn** sentido del humor. **greann gáirsiúil** humor verde.
greannaigh *vt* irritar; desafiar; insultar.
greannán *m1* tebeo, revista con historietas y chistes.
greannmhaireacht *f3* jocosidad; amabilidad.
greannmhar *adj* gracioso, divertido, chistoso.
greanta *adj* pulido; grabado.
greantacht *f3* elegancia, belleza.
gréas *m3* trabajo ornamental; diseño decorativo.
gréasaí *m4* zapatero.
gréasaigh *vt* adornar; bordar.
gréasáil I *f3* vapuleo, zurra. **II** *vt* golpear, zurrar.
gréasaíocht *f3* zapatería, fabricación de calzado.
gréasán *m1* red; enredo; lío, maraña. **gréasán bóithre** red de carreteras. **tá sé ina ghréasán agat** lo tienes todo enredado.
gréasta *adj* adornado, ornamentado; bordado.
gréibhlí *spl* chucherías, baratijas. **faoi iomlán a gcuid gréibhlí** con todo su esplendor.
greidimín *m4* zurra, paliza.
greille *f4* reja, parrilla.
greim *m3* agarre; mordedura; puntada. **greim bia** bocado de comida. **greim coise** asidero. **greim fuála** punto de calceta. **greim láimhe** apretón de manos. **tá greim maith agam ar an bhFraincis** domino bien el francés. **bhain an madra greim as** le mordió el perro. **beir greim ar an liathróid** agarra la pelota. **tá na greamanna ionam i gcónaí** todavía tengo los puntos.
gréisc *f2* grasa, brillantina.
gréiscdhíonach *adj* a prueba de grasa.
páipéar gréiscdhíonach papel mantequilla.
gréisceach *adj* grasiento.
gréisclí *f4* maquillaje.
gréithe *pl* vajilla.
grian-[1] *pref* sol, solar.
grian[2] *f2* sol. **lá gréine** día soleado. **páiste gréine** hijo ilegítimo. **luí na gréine** ocaso. **urú gréine** eclipse solar. **lus na gréine** girasol. **ball gréine** mancha solar. **bliosán gréine** alcachofa. **scáth gréine** parasol.
grianach *adj* soleado; alegre, animado.

grianadh
grianadh *m* insolación.
grianaíocht *f3* luz del sol.
grianán *m1* habitación soleada; casa de verano; invernadero; persona alegre.
grianchloch *f2* cuarzo.
grianchlog *m1* reloj de sol.
grianchóras *m1* sistema solar.
griandaite *adj* bronceado.
griandó *m4* quemadura de sol.
grianghoradh *m* insolación; disfrute de la luz solar.
grianghraf *m1* fotografía.
grianghrafadóir *m3* fotógrafo.
grianghrafadóireacht *f3* fotografía.
grianmhar *adj* soleado, brillante; alegre.
grianstad *m4* solsticio.
grideall *f2* plancha.
gríl *f2* parrilla; reja.
grinn *adj* perspicaz; preciso, exacto, **amharc grinn** mirada penetrante.
grinneall *m1* fondo del mar. **chuaigh an long go grinneall** el barco se fue a pique.
grinneas *m1* perspicacia; exactitud.
grinnigh *vt* escudriñar, examinar.
gríobh *f2* grifón. **bheith i nead gríbhe** estar en un apuro.
gríobhán *m1* **cathair ghríobháin** laberinto.
gríodán *m1* sedimento, resto.
griofadach I *m1* picor, hormigueo. **II** *adj* hormigueante.
griog *m3* irritación; dolor *vt* fastidiar, molestar.
griolsa *m4* salmón joven que sólo ha estado una vez en el mar.
gríos *m1* ascuas; ardor; sarpullido, erupción; roncha.
gríosach I *f2* ascuas. **déanfaidh sé gríosach** causará estragos. **II** *adj* brillante; encendido.
gríosaigh *vt* incitar, estimular. **ghríosaigh an polaiteoir an slua** el político incitó a la gente.
gríosaitheach I *m1* estimulante. **II** *adj* emocionante, conmovedor; excitante.
gríosc *vt, vi* asar a la parrilla.
gríosclann *f2* parrilla, grill.
gríosóg *f2* roncha.
gríosóir *m3* agitador. **gríosóir cogaidh** señor de la guerra.
griotháil I *f3* gruñido, quejido. **II** *vi* gruñir.
griothal *m1* impaciencia; ansiedad.
griothalán *m1* animación, bullicio.
gríscín *m4* rodaja, loncha de carne. **gríscín uaineola** chuleta de cordero.
gríséadach *m1, adj* ruano.
gró *m4* palanca.

guairdeall
grod I *adj* repentino; rápido, inmediato. **go grod sa bhliain** a principios de año. **II** *vt, vi* acelerar, apresurarse.
grodfhoclach *adj* apresurado, precipitado.
groí *adj* fuerte, vigoroso.
gróig *vt, vi* comprimir; amontonar.
groiseog *f2* grosella.
grósa *m4* bruto.
grósaeir *m3* tendero.
grósaeireacht *f3* tienda de ultramarinos, colmado, supermercado pequeño.
grua *f4* mejilla, carrillo. **grua an chnoic** la cumbre de la montaña.
gruagach[1] *m1* duende peludo, ogro.
gruagach[2] *adj* peludo, melenudo.
gruagaire *m4* peluquero.
gruagaireacht *f3* peluquería.
gruaig *f2* pelo, cabello.
gruaim *f2* depresión, melancolía, abatimiento.
gruama *adj* triste, sombrío, deprimido; malhumorado. **aimsir ghruama** tiempo nublado.
gruamaigh *vi* oscurecerse.
gruán *m1* bulto.
grúdaigh *vt, vi* elaborar cerveza.
grúdaire *m4* cervecero.
grúdarlach *m1* bazofia, comida o bebida de baja calidad.
grúdlann *f2* fábrica de cerveza, cervecería.
grugach *adj* enfurruñado, ceñudo.
gruig *f2* ceño, sobreceño.
grúm[1] *m1* témpano de hielo.
grúm[2] *m1* novio, el que se casa.
grúnlach *m1* sedimentos, desechos.
grúnlas *m1* hierba cana.
grúnta *m4* profundidad; sondeo.
grúntáil *vi* sondear.
grúpa *m4* grupo. **oibrígí i ngrúpaí beaga** trabajad en grupos pequeños. **grúpa comhrá** grupo de chat.
grúpáil *vt, vi* agrupar.
grus *m1* ceño.
grusach *adj* ceñudo, arisco; lacónico.
grúscán *m1* refunfuño, gruñido; regañina.
gruth *m3* cuajo, grumos.
guagach *adj* inestable, variable, caprichoso.
guagacht *f3* inestabilidad, variabilidad.
guailleadóireacht *f3* pavoneo, contoneo.
guailleáil *vt, vi* contonearse, pavonearse. **ag guailleáil thart** paseándose.
guailleán *m1* tirante *pl* abrazaderas, refuerzos.
guailleog *f2* charretera.
guaillí *m4* compañero.
guaim *f2* autocontrol.
guairdeall[1] *m1* vuelta; incomodidad. **ag guairdeall i mo thimpeall** rondándome.

guairdeall

guairdeall[2] *m1* petrel.
guairdeallach *adj* circular; incómodo.
guaire *m4* cerda; bigote.
guaireach *adj* cerdoso.
guairne *f4* remolino; vuelta, giro.
guairneach *adj* arremolinado; giratorio.
guairneán *m1* giro; remolino; incomodidad.
poll guairneáin vórtice. **guairneán gaoithe** tornado.
guairneánach *adj* arremolinado; giratorio.
guais *f2* peligro; temor; desaliento. **is guais liom go** me temo que.
guaiseach *adj* peligroso.
gual *m1* carbón.
gualach *m1* carbón vegetal. **liníocht ghualaigh** dibujo al carboncillo.
gualainn *f2* hombro. **gualainn cnoic** lomo de la montaña. **gualainn báid** proa de barco. **chroith sé a ghuaillí** se encogió de hombros.
gualcheantar *m1* yacimiento de carbón.
gualda *adj* negro como el carbón, carbonizado.
gualpholl *m1* mina de carbón.
guamach *adj* planeado; ordenado.
guanacó *m* guanaco.
guanó *m* guano.
Guaráinis *f2* guaraní.
gubhach *adj* triste, dolorido.
guí *f4* oración, ruego, súplica. **is é mo ghuí go** es mi ferviente deseo que. **cuireadh faoi ghuí an phobail é** rezaron por él en la iglesia.
guigh *vt, vi* rezar, orar. **guigh orainn na peacaigh** ruega por nosotros pecadores.
guilm *f* entusiasmo.
guilpín *m4* gamberro, bruto.
guíodóireacht *f3* ruego, súplica.
guiséad *m1* escudete.
gúm *m1* plan, proyecto. **An Gúm** *editorial estatal de lengua irlandesa.*
guma *m4* goma, pegamento. **guma coganta** chicle.

guthú

gúna *m4* vestido, toga. **gúna breithimh** toga de juez.
gúnadóir *m3* modista.
gúnadóireacht *f3* costura.
gunail *f2* borde, regala.
gúnga *m4* nalgas; cadera. **suí ar do ghúngaí** ponerse en cuclillas.
gúngach *adj* de lomo estrecho; agachado; patoso.
gúngáil *f3* balanceo, vaivén; andar torpe o poco elegante.
gunna *m4* arma de fuego. **gunna gráin** escopeta. **gunna mór** cañón.
gunnadóir *m3* artillero.
gunnán *m1* revólver.
gur (gurb, gurbh) *empleada en pasado y condicional;* ver **go**[4]. *conj* que. **dúirt sé gur tháinig an litir** dijo que la carta había llegado. **b'fhéidir gurbh fhearr fanacht anseo** quizás mejor que nos quedemos aquí.
gus *m3* vigor, brío, iniciativa.
gúshnáithe *m4* hilván.
gusmhar *adj* enérgico, emprendedor.
gustal *m1* pertenencias; recursos; empresa.
gustalach *adj* rico, adinerado; emprendedor.
guta[1] *m4* vocal. **guta cúil** vocal posterior. **guta cúnta** vocal epentética. **guta srónach** vocal nasal. **guta tosaigh** vocal anterior.
guta[2] *m4* barro, lodo.
gúta *m4* gota.
guth *m3* voz; expresión. **d'aon ghuth** unánimemente. **is binn an guth atá ag Caitlín** Caitlín tiene una voz preciosa. **in ard a ghutha** a gritos. **ísligh do ghuth** habla bajito.
guthach *adj* vocal, vocálico.
guthaíocht *f3* vocalización; voz, voto.
guthán *m1* teléfono. **guthán póca** teléfono móvil.
guthú *m4* doblaje.

H

H, h *m* letra H.
habal *m1* apuro, situación difícil.
haca *m4* hockey.
haemaifilia *f4* hemofilia.
haileabó *m4* halibut.
háilléar *m1* driza, cuerda para izar las vergas en un barco.
haingear *m1* hangar.
hairicín *m4* huracán.
haisis *f2* hachís.
haiste *m4* escotilla, compuerta.
halbard *m1* alabarda; podadera.
halla *m4* vestíbulo; mansión. **Halla na Cathrach** el ayuntamiento, palacio municipal.
halmadóir *m3* timón, caña del timón.
hanla *m4* mango, asa.
hap *m4* salto, brinco. **de hap** de repente.
hap de mhaide zurra.
haras *sp1* síndrome de abstinencia de alcohol o droga; ansias. **haras óil** delerium tremens.
hart *m1* **hairt** corazones. **banríon hart** reina de corazones.
hata *m4* sombrero. **hata tuí** sombrero de paja. **bain díot do hata** quítate el sombrero. **hata an tsagairt** especie de anémona marina.
héadónachas *m1* hedonismo.
hearóin *f2* heroína.
heicseagán *m1* hexágono.
heicteagram *m1* hectogramo.
heicteár *m1* hectárea.
heictiméadar *m1* hectómetro.
héileacaptar *m1* helicóptero.
héilics *m* hélice.
heimisféar *m1* hemisferio.
heipteagán *m1* heptágono.
heirméiteach *adj* hermético.
heitrighnéasach *adj* heterosexual.
hibrid *f2* híbrido.
hibrideach *adj* híbrido.
hicearaí *m4* nogal americano.
hidreaclórach *adj* hidroclórico.
hidrigin *f2* hidrógeno.
hidrileictreach *adj* hidroeléctrico.
hiéana *m4* hiena.
hiodrálach *adj* hidráulico.
hiodrálaic *f2* hidráulica.
hiodrant *m1* boca de riego.
hiopnóis *f2* hipnosis.
hiopnóisigh *vt* hipnotizar.
hiopnósaí *m4* hipnotista.
hipeadróm *m1* hipódromo.
hipearsónach *adj* hipersónico.
hipideirmeach *adj* hipodérmico.
hipitéis *f2* hipótesis. **an hipitéis niallasach** la hipótesis de nulidad.
hipitéiseach *adj* hipotético.
histéire *f4* histeria.
hob *s* **ní raibh hob ná hé as** permaneció inmóvil. **bhí sí ar hob imeacht** estaba a punto de irse.
hobad *m1* hobbit.
holam halam *s* alboroto.
homafón *m1* homófono.
homaighnéasach *m1*, *adj* homosexual.
homaighnéasacht *f3* homosexualidad.
Hóméarach *adj* homérico.
hormón *m1* hormona.
huda *m4* capucha, caperuza.
húicéir *m3* barco de pesca con un sólo palo.
húm *s* **ní raibh húm ná hám as** no se movió ni articuló palabra.
humas *m1* humus.
hurá! *int* ¡hurra!
hurlamaboc *m4* conmoción, jaleo, escándalo.

I

I, i *m* letra I. **I fada** (**Í, í**) I larga. **i** *pron prep* (*ver tablas*), en, dentro de. **tá mo dheartháir i Luimneach** mi hermano está en Limerick. **an gcreideann tú i nDia?** ¿cree usted en Dios? **coimeád i do phóca é** guárdalo en tu bolsillo. **i mbliana** este año. **i gcónaí** siempre. **i gceart** debidamente. **i bhfad** lejos. **i bhfiacha** endeudado. **i bhfoirm** en la forma de. **i bhfolach** escondido. **i gcló** impreso. **cuir i gcás** por ejemplo. **i dtaobh** acerca de. **i measc** entre. **in aghaidh** contra. **in airde** arriba. **tá sé ag dul i bhfeabhas, i méid** está mejorando, aumentando. **in ann** capaz. **i gceann coicíse** dentro de quince días. ❶ *empleado con ciertos estados físicos* **bhí orainn fanacht inár seasamh** tuvimos que quedarnos de pie. **tá sí ina codladh** está dormida. ❷ *empleado con la cópula para clasificar* **tá Úna ina dochtúir** Úna es médica. **baintreach a bhí inti** era viuda. **tá sé ina shamhradh** estamos en verano.
í *pron 3 sg* ella, la. **chonaic mé í** la vi. **pósadh í** se casó. **bean mar í** una mujer como ella. **cé hí?** ¿quién es ella? **is í an bhanaltra chéanna í** es la misma enfermera. **ba bhád deas í** era un barco bonito.
iacht *f3* suspiro, gemido.
iachtadh *m2* lamento.
iad *pron 3 pl* ellos, a ellos; les, los. **níor cheannaigh mé iad** no los compré. **chualamar ag caint iad** los oímos hablar. **gan iad** sin ellos. **cé hiad?** ¿quiénes son? **cad iad?** ¿qué son? **iad seo** éstos. **iad sin** ésos. **iadsan** ellos mismos. **is iadsan a dheineann an obair** son ellos mismos quienes hacen el trabajo.
iadaigh *vt* aplicar yodo.
iaguar *m2* jaguar.
iaidín *m4* yodo.
iaigh *vt, vi* cerrar, encerrar; contener; cercar, **iaigh le** juntarse con.
iairiglif *f4* jeroglífico.
iall *f2* correa, tira. **iall bróige** cordón del zapato. **iall éan** bandada de pájaros.
iallach *m2* coacción, fuerza, compulsión. **chuir an gadaí iallach orm an t-airgead a thabhairt dó** el ladrón me obligó a entregarle el dinero.
ialtóg *f2* murciélago.
ialus *m3* correhuela menor.
iambach *adj* yámbico.

iamh *m2* clausura, cierre; encierro. **faoi iamh** adjunto. **an bhfuil na caipéisí go léir curtha faoi iamh agat?** ¿has adjuntado todos los documentos? **faoi iamh an tí** entre las cuatro paredes de la casa.
iamhar *adj* reticente.
iamhchríoch *f2* enclave.
ian *m2* ión.
ianach *adj* ionico.
ianaigh *vt* ionizar.
ianaisféar *m2* ionosfera.
ianaitheoir *m3* ionizador.
ianú *m3* ionización.
iar- *pref* después; ex-; occidental.
iarann *m2* hierro; plancha, **an t-iarann a chur ar éadach** planchar, **fuinneog iarainn** ventana con barrotes, **bóthar iarainn** ferrocarril. **buail an t-iarann nuair atá sé te** aprovecha la ocasión.
iarannaois *f2* edad de hierro.
iarbháis *gen empleado como adj* póstumo, **scrúdú iarbháis** autopsia.
iarbhlas *m2* regusto, sabor que queda después de una comida o bebida.
iarcheannaire *m4* ex-mandatario.
iarchéime *gen empleado como adj* posgraduado, **tá mo dheartháir ag déanamh taighde iarchéime san UNAM** mi hermano está realizando investigaciones posgraduadas en la UNAM.
iarchéimí *m4* estudiante de posgraduado.
iarchoilíneach *adj* postcolonial.
iarchuir *vt* aplazar, posponer.
iarchúram *m2* asistencia postoperatoria.
iardhátaigh *vt* posfechar.
iardhearcadh *m2* escena retrospectiva, vuelta atrás.
iardheisceart *m2* suroeste.
iarfhocal *m2* epílogo.
iarghaois *f2* retrospectiva.
iargharda *m4* retaguardia; ex policía.
iarghnó *m4* aflicción, pena; molestia.
iarghnóch *adj* angustiado; infeliz; molesto.
iarguil *f2* lugar remoto. **ar an iarguil** en el quinto pino, en la quinta porra.
iargúlta *adj* aislado, remoto.
iargúltacht *f3* lejanía, aislamiento.
iarla *m4* conde. **Imeacht na nIarlaí** Fuga de los Condes (*exilio de los nobles gaélicos de Irlanda 1607*).
iarlais *f2* niño débil y enfermo que dejan las hadas cuando roban un niño humano.
iarlann *f2* despensa.
iarmhaireach *adj* aterrador, solitario.

iarmhairt *f3* resultado, consecuencia. **iarmhairt cheaptha teasa** efecto invernadero.
iarmhar *m2* progenie, posteridad; resto, residuo. **níl fágtha ach an t-iarmhar** sólo quedan los restos. **iarmhar de chóiméad** residuo de cometa.
iarmharach *adj* residual.
iarmharán *m2* último superviviente; remanente, resto.
iarmhartach *adj* resultante, consiguiente.
iarmhéid *m2* balance, saldo.
iarmhéirí *m4* maitines, primeras oraciones del día.
iarmhír *f2* sufijo.
iarn- *pref* ferro.
iarnaí *adj* férreo, hecho de hierro.
iarnaigh *vt* poner grilletes; cubrir con hierro.
iarnáil *vt* planchar.
iarnmhangaire *m4* ferretero.
iarnóin *f3* tarde.
iarnóir *m3* ferretero.
iarnra *m4* ferretería, quincallería.
iarnród *m2* ferrocarril.
iaróg *f2* pelea, disputa; disturbio.
iarógach *adj* pendenciero, peleón; lesivo.
iarr *vt* pedir; intentar; querer. **d'iarr an garda orm sampla fuail a chur ar fáil** el policía me pidió una muestra de orina. **tá mé ag iarraidh na briathra go léir a fhoghlaim** quiero aprender todos los verbos. **táthar do d'iarraidh** te están buscando. **iarr a luach** pide lo que vale.
iarracht *f3* intento, esfuerzo; pizca. **déan iarracht** inténtalo. **theip ar an iarracht** el intento fracasó.
iarraidh *f* petición, demanda; intento. **gan iarraidh** no solicitado. **níl iarraidh ar an leabhar seo** no hay demanda por este libro. **ar iarraidh** perdido, extraviado. **tá mo chat ar iarraidh le dhá lá** mi gato lleva dos días perdido. **tá daoine ar iarraidh fós i Meiriceá Theas** todavía hay desaparecidos en Sudamérica.
iarratach *adj* demandante, insistente; inoportuno.
iarratas *m2* petición, solicitud, **aplicación. foirm iarratais** hoja de solicitud.
iarratasóir *m3* aspirante, solicitante.
iarrthóir *m3* peticionario; candidato, solicitante.
iarrthóireacht *f3* candidatura.
iarscoláire *m4* antiguo alumno.
iarscríbhinn *f2* posdata, anexo, epílogo.
iarsma *m4* resto, ruína; superviviente; efecto secundario.

iarsmalann *f2* museo. **Iarsmalann na hÉireann don Ealaíon Nua** Museo Irlandés de Arte Moderno.
iarthar *m2* oeste, región occidental; región remota.
iartharach *m2 adj* occidental.
iartheachtach *adj* subsiguiente.
iarthuaisceart *m2* noroeste.
iasacht *f3* préstamo. **ar iasacht** prestado. ❶ *empleada como adjetivo* extranjero. **ón iasacht** del extranjero **teanga iasachta** lengua extranjera.
iasachtaí *m4* prestatario; usuario.
iasachtóir *m3* prestamista.
iasc I *m2* pez. **Talamh an Éisc** Terranova. **na hÉisc** Pisces. **II** *vt, vi* pescar.
iascach *m2* pesca, pesquería.
iascaire *m4* pescador. **ní mór don iascaire foighne a bheith aige** el pescador necesita paciencia. **iascaire coirneach** pigargo.
iascaireacht *f3* pesca. **ró-iascaireacht** sobrepesca.
iascán *m2* pececillo; mejillón.
iasceolaíocht *f3* ictiología.
iascra *m4* pescado.
iascúil *adj* abundante en pescado, que huele a pescado. **líon iascúil** buena red de pesca.
iata *adj* cerrado; asegurado; atascado. **spéir iata** cielo encapotado.
iatacht *f3* estreñimiento.
iatán *m2* anexo.
Ibéarach *adj* ibérico. **an Leithinis Ibéarach** la Península Ibérica.
íbis *f2* ibis.
íce *f4* añadidura.
íceach *adj* curativo, medicinal.
ící *m4* curandero.
idé *f4* idea.
íde *f4* mal uso; abuso. **íde béil** insulto. **thug siad íde na muc is na madraí dom** me trataron muy mal.
idéal *m2* ideal.
idéalach *adj* ideal.
idéalachas *m2* idealismo.
idéalaigh *vt* idealizar.
idéalaí *m4* idealista.
idéalaíoch *adj* idealista.
idé-eolaí *m4* ideólogo.
idé-eolaíocht *f3* ideología.
ídigh *vt* agotar, consumir; abusar.
idil *f2* idilio.
idir-[1] *pref* en medio de, entre-, inter-.
idir[2] *prep* (*ver tablas*). entre; ambos. **idir an dá linn** mientras tanto. **idir fhir agus mhná** tanto los hombres como las mujeres. **idir lámha** en progreso. **idir lúibíní** entre paréntesis. **idir shúgradh agus**

idiraisnéis

dáiríre medio en serio, medio en broma.
leath bealaigh idir Lima agus Cuzco a medio camino entre Lima y Cuzco. **Dia idir sinn agus an t-olc** Dios nos guarde.
idir lúibíní entre paréntesis. **déanaigí comparáid eatarthu** compárenlos. **eadrainn féin an t-eolas seo** que esta información quede entre los dos. **is beannaithe thú idir mhná bendita tú** eres entre (todas) las mujeres.
idiraisnéis *f2* paréntesis.
idirbheart *m2* transacción.
idirbheartaíocht *f3* negociación.
idircheol *m2* interludio.
idirchluiche *m4* intermezzo.
idirchreidmheach *adj* interconfesional.
idirchuir *vt* interrumpir; interponer; meterse.
idirdhealaigh *vt* diferenciar, distinguir, discriminar.
idirdhealú *m4* diferenciación, distinción, discriminación.
idirfhigh *vt* entretejer.
idirghabh *vt, vi* intervenir.
idirghabháil *f3* intervención, mediación; interposición.
idirghabhálaí *m4* mediador, intermediario; alcahuete.
idirghaol *m2* interrelación.
idirghaolmhaireacht *f3* interrelación.
idirghaolmhar *adj* interrelacionado.
idirghréasán *m1* internet, web.
idirghuí *f4* intercesión, súplica.
idirghuítheoir *m3* intercesor.
idirlinn *f2* intervalo, pausa, intermedio.
idirlíon *m1* internet. **an bhfuil suíomh idirlín acu?** ¿tienen sitio web?
idirmhalartaigh *vt* intercambiar.
idirmheán *m2* media.
idirmheánach *adj* intermedio.
idirmhír *f2* intersección.
idirnáisiúnachas *m2* internacionalismo.
idirnáisiúnta *adj* internacional. **An Ciste Airgeadaíochta Idirnáisiúnta** el Fondo Monetario Internacional.
idirphonc *m2* diéresis.
idirphósadh *m1* matrimonio mixto.
idir-réaltach *adj* interestelar.
idir-ríocht *f3* interregno, periodo durante el cual el estado no tiene soberano.
idir-roinn *vt* dividir.
idirscar *vt, vi* divorciarse, separarse.
idirscaradh *m1* separación; divorcio.
idirshliocht *m3* interpolación.
idirsholas *m2* crepúsculo.
idirstad *m4* dos puntos en puntuación.
idirurlár *m2* entresuelo, entrepiso.
ifreanda *adj* infernal.

ilsleasach

ifreann *m2* infierno. **ní bheidh ifreann lán go dté sé ann** el infierno no estará lleno sin él. **déanann Dainté cuairt shamhailteach ar Ifreann** Dante hace un viaje imaginario al infierno.
il- *pref* mucho; multi-, poli-.
ilathraitheach *adj* caleidoscópico.
ilbhéarlach *adj* políglota.
ilbheartach *adj* polifacético; completo.
ilbhláthach *adj* multifloro, que produce muchas flores.
ilbhliantóg *f2* perenne.
ilbhliantúil *adj* perenne.
ilchasta *adj* complejo; elaborado.
ilchastacht *f3* complejidad; elaboración.
ilcheardaí *m4* manitas, todero, hazlotodo; persona habilidosa para una variedad de trabajos.
ilchiallach *adj* ambiguo.
ilchineálach *adj* misceláneo, heterogéneo.
ilchodach *adj* mixto, compuesto.
ilchomórtas *m2* torneo.
ilchosach *m1* ciempiés.
ilchreidmheach *adj* pluriconfesional.
ilchríoch *f2* continente.
ilchruthach *adj* polimorfo.
ilchumas *m2* versatilidad.
ilchumasach *adj* polifacético, versátil.
ilchumasc *m2* surtido.
ildánach *adj* polifacético, versado en varias artes.
ildathach *adj* multicolor, abigarrado, irisado.
ildiach *m1, adj* politeísta.
ildiachas *m2* politeísmo.
íle *f4* aceite.
iléirimiúil *adj* versátil.
ileochair *f5* llave maestra; ganzúa.
ilfheidhmeach *adj* multifuncional.
ilghnéitheach *adj* mezclado, vario, heterogéneo.
ilghraf *m1* polígrafo.
ilghuthach *m1* ventrílocuo.
íligh *vt* engrasar, enaceitar.
ilíocht *f3* variedad, diversidad.
ilíúil *adj* olineagoso, grasiento, aceitoso.
ilmhilliúnaí *m4* multimillonario.
ilnithe *spl* varios, diversos.
ilphósadh *m1* poligamia.
ilranna *adj* multidepartamental. **siopa ilranna** grandes almacenes.
ilroinnt *f2* fragmentación, división en muchas partes.
ilsiamsa *m4* espectáculo de variedades, vodevil.
ilsiolla *m2* polisílabo.
ilsiollach *adj* polisílabico.
ilsleasach *adj* multilateral.

ilstórach

ilstórach I *m2* rascacielos. **II** *adj* de muchos pisos.
iltaobhach *adj* multilateral.
ilteangach *adj* plurilingüe, poliglota.
iltíreach *adj* cosmopolita.
iltréitheach *adj* versátil.
im-¹ *pref* grande, muy; alrededor.
im² *m2* mantequilla. **im leáite** mantequilla derretida.
im³ *pron* + *pos* en mi.
imaistrigh *vt, vi* transmigrar.
imaistriú *m4* transmigración.
imbhualadh *m1* colisión.
imchlúdach *m2* envoltura.
imchlúdaigh *vt* envolver.
imchluiche *m4* reunión para jugar a las cartas.
imchomharc *m2* investigación, indagación.
imchruth *m3* configuración, bosquejo.
imchruthach *adj* estructural.
imchuairt *f2* circuito.
imdhearg *vt* sonrojar, avergonzar; denostar.
imdhíon *vt* inmunizar.
imdhíonach *adj* inmune. **an córas imdhíonach** el sistema inmunológico.
imdhíonacht *f3* inmunidad.
imdhíonadh *m1* inmunización.
imdhruid *vt* cercar, asediar.
imeacht *m3* ida, partida; curso; acontecimiento, evento. **le himeacht aimsire** con el paso del tiempo. **imeacht comórtha** acto de conmemoración. **imeachtaí** salidas. **imeachtaí an lae** noticias del día. **¡imeacht gan teacht air!** ¡ojalá que no vuelva!
imeagla *f4* espanto, terror.
imeaglach *adj* espantoso, terrorífico.
imeaglacht *m3* intimidación.
imeaglaigh *vt* intimidar, aterrorizar.
imeall *m2* canto, filo, margen; frontera. **imeall na spéire** horizonte. **bhíodh dánta á scríobh ar imeall na lámhscríbhinní** se escribían poemas en los márgenes de los manuscritos.
imeallach *adj* fronterizo, marginal; bordeado.
imeallaigh *vt* marginalizar.
imeallbhord *m2* frontera, margen; litoral.
imeartas *m2* juego, carácter juguetón; trampa. **imeartas focal** juego de palabras.
imeartha *adj* experto; jugetón. **imeartha le rud** harto de algo.
imghearradh *m3* circuncisión.
imghlan *vt* purificar, purgar.
imigéin *s* **in imigéin** lejos.
imigéiniúil *adj* lejano, remoto.
imigh *vi* ir, partir; viajar; pasar; funcionar. **d'imigh sé go luath** se fue pronto.

impleacht

imigh leat! ¡lárgate! **d'imigh cúig bliana thart** pasaron cinco años. **sula n-imíonn sí** antes de que se vaya. **imeoidh mé arís an bhliain seo chugainn** volveré a ir el año que viene. **tá mo chuimhne ag imeacht me está fallando la memoria. **tá Pól an-imithe** Pablo está muy deteriorado. **d'imigh an rud céanna ormsa** lo mismo me pasó a mí.
imir¹ *f2* tinte. **imireacha an fhómhair** los colores del otoño.
imir² *vt, vi* jugar; apostar; infligir, causar. **tá sé ag imirt peile** está jugando al fútbol. **d'imir mo mháthair d'Éirinn** mi madre jugó para Irlanda. **díoltas a imirt** vengarse. **imrigí i bpéirí** jugad en parejas. **cleas a imirt** gastar una broma.
imirce *f4* migración, emigración. **éan imirce** ave migratoria. **lucht imirce** emigrantes.
imirceach I *m2* emigrante. **II** *adj* migratorio.
imirt *f3* juego; uso. **teach imeartha** casa de juego, casino. **bulaíocht a imirt** acosar, hostigar. **an bhfuil imirt na fichille agat?** ¿sabes jugar al ajedrez? **as an imirt** fuera de juego.
imleabhar *m2* volumen, tomo.
imleacán *m1* ombligo; punto central, centro. **corda imleacáin** cordón umbilical.
imleacánach *m1* oreja de monje.
imlíne *f4* contorno, perímetro; circunferencia.
imlínigh *vt* bosquejar.
imlitir *f5* carta circular. **imlitir ón bPápa** encíclica.
imloisc *vt* chamuscar, quemar parcialmente.
imní *f4* angustia, preocupación, inquietud. **ná bíodh imní oraibh** no se preocupen. **níor chuir sé sin aon imní orthu** eso no les preocupó. **deir an tréidlia go bhfuil imní scartha ar mo chat** el veterinario dice que mi gato tiene ansiedad por separación.
imníoch *adj* angustiado, preocupado; diligente.
imoibreoir *m3* reactor nuclear.
imoibrigh *vi* reaccionar.
imphléasc *f2* colapso.
impí *f4* ruego, intercesión.
impigh *vt, vi* rogar, implorar.
impíoch I *m1* peticionario, intercesor. **II** *adj* suplicante.
impire *m4* emperador.
impireacht *f3* imperio. **Impireacht na Róimhe** el Imperio Romano.
impiriúil *adj* imperial.
impiriúlachas *m1* imperialismo.
impiriúlaí *m4* imperialista.
impleacht *f3* consecuencia, implicación.

impriseanaí *m4* impresionista.
imprisean *m1* impresión.
impriseanachas *m1* impresionismo.
imreas *m1* querella, discordia. **chothaigh sí imreas idir an bheirt acu** provocó rencor entre los dos. **is fearr foighne ná imreas** mejor paciencia que pelea.
imreasach *adj* pendenciero, peleón, camorrista; que arma peleas por causas leves.
imreasc *m1* iris. **mac imrisc** pupila.
imreog *f2* confite de mantequilla y azúcar; dulce de leche, arequipe.
imreoir *m3* jugador.
imrim *f2* vuelta, paseo. **Domhnach na hImrime** Domingo de Ramos.
imrothlach *adj* giratorio.
imrothlaigh *vi* girar. **imrothlaíonn an ghealach timpeall na cruinne** la luna gira alrededor de la tierra.
imrothlú *m4* revolución. **cá fhad a thógann sé imrothlú amháin a dhéanamh?** ¿cuánto tiempo tarda en hacer una revolución?
imruathar *m1* embestida; invasión.
imscríobh *vt* circunscribir.
imshaol *m1* medioambiente.
imshruthú *m4* **imshruthú na fola** circulación de la sangre.
imshuí *m4* asedio.
imshuigh *vt* sitiar, asediar.
imspleáchas *m2* interdependencia.
imtharraingt *f2* atracción; gravedad. **imtharraingt an domhain** la fuerza de la gravedad.
imtheorannaí *m4* preso encarcelado sin juicio.
imtheorannaigh *vt* encarcelar sin juicio.
imthoisceach *adj* circunstancial.
imthreascair *vt, vi* luchar, pelear; derrocar.
imthreascairt *f4* derrocamiento.
in-[1] *pref* in-, endo-.
in-[2] *pref* capaz de, susceptible de, adecuado para.
in[3] (*ver* **í**) *prep* en. **in eitleán** en un avión. **in Éirinn** en Irlanda. **ina phóca** en su bolsillo.
in[4] *variante de* **sin** *empleada con la cópula*. **b'in an rud a rinne mé** eso es lo que hice.
-ín *sufijo diminutivo* **firín** hombrecito. **puisín** gatito.
inacmhainne *adj* asequible. **tithíocht inacmhainne** alojamiento a precio asequible.
ináirithe *adj* calculable; digno de mención; reservable. **beidh na ticéidí ináirithe ón Luan** las entradas son reservables desde el lunes.
inaistir *adj* apto para circular; en condiciones de navegar.

inaistrithe *adj* móvil, portatil.
inaitheanta *adj* reconocible.
inar *prep* en el, en la. **an tír inar rugadh é** el país donde nació.
inbhear *m1* desembocadura, estuario, ría.
inbhéarta *m4* inverso.
inbhéartach *adj* inverso.
inbheirthe *adj* innato, congénito.
inbhraite *adj* perceptible; palpable, tangible.
inbhreathnaitheach *adj* introspectivo.
inbhreathnú *m4* introspección.
inbhriste *adj* frágil.
incháilithe *adj* cualificado.
inchainte *adj* capaz de hablar, hablador.
inchaite *adj* utilizable; comestible.
inchinn *f2* cerebro. **is í blaosc an chloiginn a chosnaíonn an inchinn ar dhíobháil** los huesos del cráneo protegen el cerebro.
inchloiste *adj* audible.
inchomhairimh *adj* contable.
inchreidte *adj* creíble.
inchríneach *adj* endocrino.
inchurtha *adj* **inchurtha le** comparable a, igual a, igualado con. **inchurtha ar ceal** rescindible. **inchurtha i bhfeidhm** realizable.
indéanta *adj* practicable, factible, posible.
Indiacha Thiar *mpl* Antillas.
Ind-Eorpach *adj* indoeuropeo.
indibhid *f2* individuo.
indibhidiúil *adj* individual.
indibhidiúlacht *f3* individualidad.
indíreach *adj* indirecto.
indíritheach *adj* introvertido.
indóite *adj* combustible.
inearráide *adj* falible, que puede fallar o equivocarse.
ineirgig *vt* activar, dar energía.
infear *m* fiesta de estreno de una casa.
infhaighte *adj* asequible, disponible. **tá na sonraí go léir infhaighte ar an suíomh idirlín** todos los detalles están disponibles en el sitio web.
infheicthe *adj* visible. **bíonn an réalta sin infheicthe sa gheimhreadh** esa estrella es visible durante el invierno.
infheictheacht *f3* visibilidad.
infheidhme *adj* funcional, adecuado, efectivo.
infheistigh *vt* invertir. **an gcaitear suim áirithe ar a laghad a infheistiú?** ¿hay que invertir una cantidad mínima?
infheistíocht *f3* inversión. **Banc Eorpach Infheistíochta** Banco Europeo de Inversiones.
infhill *vt* doblar hacia dentro; envolver; torcer.

infhilleadh *m1* inflexión gramatical.
infhillte *adj* plegable; implícito.
infhuascailte *adj* redimible; resoluble, soluble.
infinid *f2* infinito gramatical.
infridhearg *adj* infrarrojo.
ingear *m2* perpendicular, vertical. **líne ingir** plomada.
ingearach *adj* perpendicular, vertical; escarpado.
ingearán *m1* helicóptero. **baintear feidhm as ingearán le daoine a bhreith amach go dtí an t-oileán** se usa un helicóptero para llevar gente a la isla.
inghlactha *adj* aceptable, admisible.
inghluaiseacht *f3* mobilidad.
inghreim *vt* perseguir.
ingneach *adj* que tiene uñas o zarpas.
iniaigh *vt* adjuntar, acompañar.
iniamh *m2* anexos a una carta.
iniata *adj* adjunto.
iniatán *m1* documento adjunto.
Inid *f2* días que preceden al comienzo de la Cuaresma. **Máirt Inide** martes de carnaval.
inimirce *f4* inmigración.
inimirceach *adj m1* inmigrante.
iníoctha *adj* pagadero, debido.
iniompartha *adj* portátil.
iníon *f2* hija. **iníon dearthár** sobrina. **iníon léinn** estudiante femenina. **iníon rí** princesa. **Iníon Uí Bhriain** Señorita O'Brien. **ní raibh ach iníon amháin acu** solo tenían una hija. **ní raibh sé sásta íoc as bainis a iníne** no quiso pagar la boda de su hija.
iníor *m1* pasto; pastizal.
inis[1] *f2* isla (*empleado en topónimos*). **Inis Ealga, Inis Fáil, Inis Fódhla** *nombres poéticos para Irlanda.*
inis[2] *vt, vi* decir, contar. **inis dom d'ainm** dime cómo te llamas. **d'insíodh mo sheanathair scéalta faoi thaibhsí** mi abuelo contaba cuentos de fantasmas. **chun an fhírinne a insint** para decir la verdad. **bréag a insint** mentir. **an inseofá an fhírinne?** ¿dirías la verdad?
iniseal *m1* letra inicial.
iníseal *adj* humilde.
inísligh *vt* humillar.
inite *adj* comestible.
iniúch *vt* examinar; revisar: auditar.
iniúchadh *m1* examen; auditoría. **iniúchadh cuntais** auditoría de cuentas.
iniúchóir *m3* examinador; auditor.
inlasta *adj* inflamable.
inleighis *adj* curable.
inléite *adj* legible. **níl an téacs inléite** el texto es ilegible.
inléiteacht *f3* legibilidad.

inleog *f2* ingenio; trampa.
inlíocht *f3* maniobra.
inmhaíte *adj* envidiable.
inmharthana *adj* viable.
inmhe *f4* madurez, fuerza. **teacht in inmhe** madurar.
inmheánach *adj* interno. **an bheatha inmheánach** la vida interior.
inmhéatróis *f2* endometriosis.
inmholta *adj* recomendable, loable; aconsejable.
inmhuiníne *adj* fidedigno.
inne *m4* medio, centro. *pl* tripas, entrañas.
inné *adv s* ayer. **maidin inné** ayer por la mañana. **arú inné** anteayer.
inneach *m1* trama.
innéacs *m4* índice.
innéacsaigh *vt, vi* poner índice, clasificar algo en un índice.
inneall *m2* motor; orden; artilugio. **tá inneall láidir sa charr sin** ese coche tiene un motor potente. **inneall níocháin** lavadora. **inneall fuála** máquina de coser. **inneall a dhúiseacht** arrancar un motor. **cuir inneall ort féin** ¡arréglate!
innealra *m4* maquinaria, equipamiento mecánico.
innealta *adj* ordenado, pulcro; hábil. **cailín innealta** muchacha elegante.
innealtóir *m3* ingeniero.
innealtóireacht *f3* ingeniería.
inneoin *f5* yunque, bloque de hierro donde se forjan los metales.
innill *vt* arreglar, disponer; equipar; tramar.
innilt *f2* pasto, pastizal.
inniu *adv s* hoy. **maidin inniu** hoy por la mañana. **ár n-arán laethúil tabhair dúinn inniu** danos hoy nuestro pan de cada día. **inniu an t-ochtú lá** hoy es el día ocho. **Éire sa lá atá inniu ann** la Irlanda moderna. **cén lá atá ann inniu?** ¿cuál es la fecha?
inniúil *adj* capaz, apto. **bheith inniúil ar rud a dhéanamh** ser capaz de hacer algo.
inniúlacht *f3* habilidad, capacidad, aptitud.
inoibrithe *adj* practicable, factible.
inólta *adj* potable.
inphléasc *vi* implosionar.
inphósta *adj* núbil; en edad casadera. **fir óga inphósta** jóvenes en edad casadera.
inphrionta *m4* marca, huella.
inráite *adj* pronunciable; mencionable.
inrátaithe *adj* calculable, estimable.
inroinnte *adj* divisible.
insamhail *vt* comparar.
insan *prep* en el, en la.
inscartha *adj* separable.
inscne *f4* género; sexo. **comhionannas inscne** igualdad de género. **inscne**

inscríbhinn

ghramadúil género gramatical. **níl aon inscne neodrach sa Ghaeilge anois** el irlandés ya no tiene género neutro.
inscríbhinn *f2* inscripción.
inscríobh *vt* inscribir, grabar.
inse¹ *m4* bisagra, gozne.
inse² *f4* pulgada; vega.
inseach *adj* insular, isleño.
insealbhaigh *vt* investir.
inseamhnaigh *vt* inseminar.
inseamhnú *m4* inseminación. **inseamhnú saorga** inseminación artificial.
inseolta *adj* navegable, apto para navegar.
insint *f2* narración; declaración; versión. **insint dhíreach** estilo directo. **bíonn dhá insint ar scéal** hay dos versiones para cada historia.
insíolrú *m4* endogamia.
insíothlaigh *vi* infiltrarse.
insíothlú *m4* infiltración.
insligh *vt* aislar.
inslin *f2* insulina.
inslitheoir *m3* aislante, aislador.
insliú *m4* aislamiento.
inspéise *adj* notable, interesante.
inspioráid *f2* inspiración.
insroichte *adj* accesible.
insteall *vt* inyectar.
instealladh *m1* inyección.
instinn *f2* instinto.
instinneach *adj* instintivo.
institiúid *f2* instituto. **Institiúid Teicneolaíochta** Instituto Politécnico.
intinn *f2* mente; intención. **tá sé ar intinn agam** tengo la intención. **ar aon intinn** unánimemente. **thángamar ar mhalairt intinne** cambiamos de opinión.
intinneach *adj* deliberado; voluntarioso; terco.
intíre *adj* de tierra adentro, interior.
intleacht *f3* intelecto; inteligencia, ingenio.
intleachtach *adj* intelectual; inteligente, ingenioso.
intlis *f2* recuadro.
intofa *adj* elegible. **tugtar cuireadh do dhaoine intofa iarratais a chur isteach** invitamos a todos los candidatos que cumplan los requisitos que manden su solicitud.
intreach *adj* intrínseco.
intriacht *f3* interjección.
intuaslagtha *adj* soluble (*quím*).
intuigthe *adj* inteligible; implícito; entendido.
inúsáidte *adj* utilizable.
íobair *vt, vi* sacrificar.
íobairt *f3* sacrificio.
íobartach *m1* víctima *adj* sacrificante.

iomaí

íoc¹ **I** *m3* pago. **II** *vt, vi* pagar; compensar; expiar. **d'íoc mé an iomarca ar an gcarr** pagué demasiado por el coche.
íoc² **I** *f2* curación. **íoc leighis** medicamento. **II** *vt, vi* sanar, curar.
íocaí *m4* portador.
íocaíocht *f3* pago. **íocaíocht airgid** pago en efectivo. **íocaíocht roimh ré** pago anticipado.
íochtar *m1* parte inferior, fondo, base; norte. **íochtar bróige** suela de zapato. **in íochtar an ghleanna** al fondo del valle. **íochtar bainne** leche desnatada.
íochtarach *adj* inferior, bajo, humilde.
íochtarán *m1* subalterno, subordinado. **na híochtaráin** gente de baja clase social, proletariado.
iochtmhar *adj* misericordioso, compasivo, clemente.
íoclann *f2* dispensario, clínica.
íocóir *m3* pagador.
íocón *m1* icono.
íocshláinte *f4* bálsamo, reconstituyente, tónico.
Iodáil *f2* **an Iodáil** Italia.
Iodáilis *f2* lengua italiana.
Iodálach *m2 adj* italiano; itálico. **cló iodálach** letra itálica.
íogair *adj* sensible; quisquilloso. **cás íogair** caso delicado.
íogánta *adj* astuto, taimado.
iógart *m1* yogur.
íoglú *m4* iglú.
íograigh *vt* sensibilizar.
ioguána *m4* iguana.
íol *m1* ídolo.
íolach *adj* idólatra.
íoladhradh *m1* idolatría.
iolar *m2* águila.
iolarach *adj* aguileño.
iolartha *adj* múltiple, numeroso, variado.
íolbhriseadh *m1* iconoclastia.
íolbhristeoir *m3* iconoclasta.
iolra *m4 adj* plural.
iolrach *adj* múltiple.
iolrachas *m1* pluralismo.
iolraigh *vt* multiplicar. **ús iolraithe** interés compuesto.
iolrú *m4* multiplicación.
íoltóir *m3* idólatra.
iomad *s* gran número o cantidad; abundancia; exceso. **an iomad uair** muchas veces. **bíonn an iomad le rá aige** habla demasiado.
iomadaigh *vt, vi* aumentar, proliferar.
iomadúil *adj* numeroso, abundante; excesivo; excepcional.
iomadúlacht *f3* abundancia, plétora.
iomaí¹ *f4* lecho, cama.

125

iomaí

iomaí² *adj* muchos. **is iomaí lá a bhí mé ann** estuve allí muchas veces. **b'iomaí duine a bhí buíoch dó** mucha gente le estaba agradecida.
iomáin I *f3* el hurling (*deporte irlandés jugado con palos y pelota pequeña*). **dúiche láidir iomána** zona donde el deporte del hurling sigue siendo fuerte. **II** *vi* jugar al deporte del hurling.
iomaíocht *f3* competición, competencia; emulación. **ag iomaíocht le chéile** compitiendo con otro.
iomair *vt, vi* remar.
iomaire *m4* cresta; arruga.
iomaireach *adj* ondulado, arrugado.
iomaitheoir *m3* competidor, rival.
iománaí *m4* jugador de *iomáin*.
iománaíocht *f3* acción de jugar a *iomáin*.
iomann *m2* himno.
iomarbhá *f4* disputa; controversia.
iomarca *f4* exceso, demasiado. **bhí an iomarca airgid aige** tenía demasiado dinero.
iomarcach *adj* excesivo; redundante; superfluo.
iomarcaíocht *f3* exceso, excedente, redundancia; despido por cierre de empresa. **an féidir an iomarcaíocht atá beartaithe a sheachaint?** ¿se puede evitar la pérdida de puestos de trabajo?
iomard *m2* reproche; aflicción, penalidad.
iomardach *adj* reprochador; desafiante.
iomardaigh *vt* reprochar; retar; reconvenir.
iomas *m2* intuición. **iomas mná** intuición femenina.
iomasach *adj* intuitivo.
iombháigh *vt, vi* anegar, inundar.
iomchuí *adj* apropiado, adecuado.
iomghaoth *f2* torbellino, vendaval; tornado.
íomhá *f4* imagen; estatua; semejanza. **a íomhá sa scáthán** su reflejo en el espejo.
íomháineachas *m2* tropo.
iomlachtadh *m1* transporte; tránsito.
iomláine *f4* plenitud, totalidad.
iomlaisc *vt, vi* dar vueltas; trastabillar; revolcarse.
iomlán I *m2* todo, total, completo. **iomlán na fírinne** toda la verdad. **ina iomlán** en su totalidad. **II** *adj* total, entero, completo. **réimse iomlán earraí** una amplia gama de mercancía. **in iomláine** por completo. **go hiomlán** totalmente, por completo. **aontaím go hiomlán leis an méid a dúirt tú** estoy totalmente de acuerdo con lo que has dicho. **go hiomlán mícheart** totalmente equivocado. **éagumas iomlán** discapacidad total.
iomlanú *vt* completar, integrar.
iomlaoid *f2* cambio, fluctuación.

ionad

iomlaoideach *adj* alterno; fluctuante.
iomlasc *m1* ruedo, revolcón.
iomlat *m1* maldad.
iomlatach *adj* juguetón.
iomlua *m4* actividad; mención.
iomluaigh *vt, vi* mover; ejercitar; mencionar.
iomluas *m2* velocidad.
iompaigh *vt, vi* cambiar; girar; voltear. **d'iompaigh sí ina Caitliceach** se convirtió al catolicismo. **iompaígí go leathanach fiche** pasad a la página veinte. **d'iompaigh sé ar an nGaeilge** empezó a hablar en irlandés.
iompair *vt, vi* llevar, transportar; sostener; comportarse. **bheith ag iompar** estar encinta. **d'iompair sé é féin go maith** se portó muy bien.
iompaitheach *m1* converso, prosélito.
iompar *m2* transporte; carga; conducción; conducta. **iompar fuaime** transmisión del sonido. **iompar scéalta** chismorreo. **iompar clainne** embarazo. **dea-iompar** buena conducta.
iomphuball *m1* dosel, entoldado.
iompórtáil I *f3* importación, producto importado. **II** *vt* importar.
iompórtálaí *m4* importador.
iompróir *m3* trajinero, transportista, camionero; compañía aérea.
iompú *m4* vuelta, giro. **ar iompú boise** en un santiamén. **iompú goile** estómago revuelto.
iomrá *m4* rumor; fama. **tá iomrá leis se** dice.
iomráiteach *adj* conocido, renombrado, famoso.
iomrall *m2* error, equivocación. **iomrall aithne** confusión de identidad. **iomrall aimsire** anacronismo. **iomrall súil** espejismo; efecto óptico. **cic iomraill** tiro desviado.
iomrallach *adj* perdido; errado, equivocado.
iomramh *m1* boga, acto de remar. **bád iomartha** barco de remos.
iomramhach *m4* remero; vagabundo.
iomrascáil *f3* lucha libre.
iomrascálaí *m4* luchador.
iomróir *m3* remero.
íon *adj* puro; sincero.
íona *spl* dolores, punzadas.
ionacht *f3* pureza.
ionaclú *m4* inoculación.
ionad *m1* lugar; huella. **fear ionaid** diputado, sustituto. **ionad siopadóireachta** centro comercial. **ionad páirceála** aparcamiento. **ionad amhairc** mirador. **in ionad** en lugar de, en vez de.

ionadach *adj* sustituto, vicario; apartado, inaccesible.
ionadaí *m4* representante, delegado; sustituto, **ionadaí rí** virrey.
ionadaigh *vt* situar; citar; representar, sustituir.
ionadaíocht *f3* representación, sustitución.
ionadaíocht chionmhar representación proporcional (*sistema de votación en Irlanda*).
ionadh *m1* asombro, sorpresa. **is ionadh liom go** me sorprende que.
íonaigh *vt* purificar.
ionailt *f2* sirvienta.
íonais *f2* necesidad, carencia.
ion-análaigh *vt, vi* inspirar, inhalar.
ion-análaitheoir *m3* inhalador.
ionann *adj* mismo, idéntico, igual. **ní hionann é** no es lo mismo. **murab ionann a** diferencia de. **murab ionann leis na leabhair eile** no como los otros libros.
ionannaigh *vt, vi* igualar, equiparar; identificar.
ionannas *m1* igualdad; uniformidad; identidad.
ionar *m1* túnica; justillo.
ionarbhréid *m4* manto.
ionas *s empleado como adv.* **ionas go** de modo que; para que. **ionas nach** de modo que no. **cuir i dtaisce é ionas nach gcaillfear é** guárdalo para que no se pierda.
ionathar *m1* entrañas, intestinos.
ioncam *m1* ingreso financiero. **cáin ioncaim** impuesto sobre la renta.
ionchas *m1* expectativa, previsión. **ionchas saoil** esperanza de vida.
ionchoirigh *vt* incriminar.
ionchoisne *m4* investigación, pesquisa.
ionchollaigh *vt* encarnar.
ionchollú *m4* encarnación.
ionchorpraigh *vt* incorporar.
ionchúiseamh *m1* proceso, acción judicial. **an príomhfhinné don ionchúiseamh** el principal testigo de la fiscalía.
ionchúisigh *vt* procesar, enjuiciar.
ionchúisitheoir *m3* fiscal, acusador.
ionchur *m2* aportación, aporte.
ionduchtú *m4* inducción.
iondúil *adj* usual, habitual. **go hiondúil** normalmente.
ionfabhtaigh *vt* infectar.
ionfabhtú *m4* infección.
ionfhásta *adj* crecido hacia dentro.
ionga *f* uña, garra. **ionga gairleoige** diente de ajo.
iongabháil *f3* manejo atento; atención; prudencia.
ionghabh *vt* ingerir.
íonghlan *vt* purificar.
íonghlanadh *m1* purificación.

ionlach *m1* lavado, loción.
ionladh *m1* lavado, abluciones.
ionlann *f2* baño, servicio, aseo, váter.
ionlao *adj* preñada (*de una vaca*).
ionnail *vt* lavar, bañar.
ionnaltán *m1* barreño, lavamanos.
ionnarbadh *m1* expulsión, destierro. **dul ar ionnarbadh** exiliarse.
ionnús *m1* riqueza, recursos; inventiva.
íonphóraithe *adj* de pura raza.
ionphórú *m4* endogamia.
ionracas *m1* rectitud, honradez, integridad.
ionradaigh *vt* irradiar.
ionradaíocht *f3* irradiación.
ionradh *m1* incursión, invasión; saqueo. **ag ionradh na tíre** invadiendo, saqueando el país.
ionraic *adj* honrado, honesto.
ionramh *m1* manejo; trato; cuidado.
ionramháil I *f3* manipulación, manejo; complacencia. **ionramháil a dhéanamh ar rud** manipular algo. **II** *vt* manipular, manejar; complacer.
ionramhálaí *m4* manipulador.
ionróir *m3* invasor.
ionsaí *m4* asalto, ataque; tentativa. **ionsaí ciníoch** ataque racista. **rinneadh ionsaí ar thurasóirí sa cheantar sin** varios turistas han sido atacados en esa zona. **faoi ionsaí** bajo ataque.
ionsaigh *vt, vi* avanzar sobre, atacar; intentar. **d'ionsaigh sé go fíochmhar mé** me atacó salvajemente.
ionsáigh *vt, vi* introducir, insertar.
ionsaitheach *adj* agresivo, atacante.
ionsaitheoir *m3* atacante, agresor.
ionsar *prep* a, hacia.
ionscóp *m1* endoscopia.
ionstraim *f2* instrumento.
ionstraimeach *adj* instrumental.
ionstraimí *m4* instrumentista.
ionstraimigh *vt* instrumentar, orquestar.
ionsuigh *vt* enchufar, conectar.
ionsúigh *vt* absorber.
ionsúiteach *adj* absorbente, que atrae o retiene líquidos.
iontach *adj* maravilloso, sorprendente, extraordinario. **d'éirigh go hiontach leis** fue un gran éxito. ● *empleado como adv* muy, mucho. **tá sé iontach te inniu** hoy hace mucho calor.
iontaise *f4* fósil.
iontaiseach *adj* fósil, fosilizado.
iontaisigh *vt, vi* fosilizar, fosilizarse.
iontaobhach *adj* confiado.
iontaobhaí *m4* administrador.
iontaobhaíocht *f3* cargo de síndico.
iontaobhas *m1* asociación, cártel.
iontaofa *adj* fiable, fidedigno.

iontaofacht *f3* fiabilidad, veracidad.
iontaoibh *f2* confianza. **tá iontaoibh agam as an mbean sin** confío en esa mujer.
iontas *m1* asombro, sorpresa. **chuir sé iontas orm** me sorprendió. **seacht n-iontas na Cruinne** las siete maravillas del mundo. **ní hiontas gur phós sé** no es sorprendente que se casase.
iontlaise *adj* incrustado. **urlár iontlaise** suelo de parqué.
íontóir *m3* purificador.
iontráil *f3* entrada, ingreso. **scrúdú iontrála** examen de ingreso.
iontrálaí *m4* participante.
iontróid *f2* introito.
ionú *m4* temporada. **tá an t-ionú ann** ha llegado la hora.
íonú *m4* purificación.
ionúin *adj* querido, amado.
iora *m4* **iora rua** ardilla roja. **iora glas** ardilla gris.
íorna *m4* madeja.
íoróin *f2* ironía.
íorónta *adj* irónico.
íorpais *f2* hidropesía; veneno. **tá an íorpais ina chroí** está lleno de rencor.
íorpaiseach *adj* hidrópico; venenoso.
iorras *m1* promontorio.
íos- *pref* menor, mínimo.
Íosa *m4* Jesús.
Íosánach *m1*, *adj* jesuita.
ioscaid *f2* corva, parte posterior de la rodilla. **bhí na hioscaidí ag lúbadh fúm** sentí debilidad en las rodillas. **cuir bealadh faoi d'ioscaidí** date prisa.
íoschúirt *f2* tribunal de primera instancia.
íoslach *m1* sótano.
Íoslam *m1* Islam. **is é an tIoslam an dara reiligiún is mó ar domhan** el Islam es la segunda religión del mundo.
Íoslamach *adj* islámico. **bunúsachas Íoslamach** fundamentalismo islámico.
Íoslamachas *m1* islamismo.
íospairt *f3* mal trato, abuso.
iosta *m4* almacén, depósito.
íosta *adj* mínimo.
iostán *m1* choza, barraca.
iostas *m1* alojamiento.
íosteocht *f3* temperatura mínima.
íota *f4* gran sed; ardiente deseo.
íoth *m3* manteca, grasa.
iothlainn *f2* granero. **in iothlainn Dé go dtugtar sinn** que seamos recogidos en el granero de Dios.
ireas *m1* iris.
iris[1] *f2* correa, tirante.
iris[2] *f2* gaceta, revista. **iris mhíosúil** revista mensual.

iriseoir *m3* periodista.
iriseoireacht *f3* periodismo.
irisleabhar *m1* gazeta, revista.
is[1] *pres afirmativo de la cópula*. **is fear maith é** es un hombre bueno. **is Spáinneach í** es española. **is mór an trua é!** ¡qué pena! **múinteoir is ea í** es profesora. **is cosúil go parece que**. **is fearr liom tae** prefiero té. **is deacair a rá** es difícil decir. **is**[2] *part empleada en la formación del comparativo* **an cnoc is airde sna hAindéis** la montaña más alta de Los Andes. **an bhliain is mó báisteach** el año de más lluvia. **is**[3] *prep empleada con expresiones de tiempo*. **bliain is an t-am seo** el año pasado por estas fechas. **is**[4] (*abrev de* **agus**) *conj* y. **inniu is amárach** hoy y mañana. **anois is arís** de vez en cuando.
ise *pron enfático fsg* ella. **ise a dúirt é** ella lo dijo. **ach amháin ise** salvo ella.
íseal I *m1* persona humilde; lugar bajo. II *adj* bajo. **os íseal** en voz baja; clandestinamente. **marc íseal** nota baja. **beidh an teocht níos ísle ná an cothrom** la temperatura será más baja de lo normal.
ísle *f* depresión. **ísle brí** depresión anímica.
ísleán *m1* lugar bajo, declive.
ísligh *vt, vi* bajar, rebajar; degradar. **d'ísligh sé a ghuth** bajó la voz. **an ceann a ísliú** inclinar la cabeza.
ísliú *m4* bajada, depresión; humillación.
ispín *m4* salchicha.
ispíneachas *m1* botulismo.
isteach *adv prep* (con sentido de movimiento) en, adentro. **isteach libh go léir** todos adentro. **chuaigh sé isteach san ostán** entró en el hotel. **tar isteach** pase, ¡adelante! **íoclann siúil isteach** clínica ambulatoria. **cuir isteach ar** molestar.
istigh *adv prep* en, dentro. **tá sé istigh sa teach** está en casa. **an bhfuil Máire istigh?** ¿está Máire en casa? **taobh istigh** dentro de. **bheith istigh ar** ser solicitante. **tá an t-am istigh** se acabó el tiempo.
istír *adv* en el país; en tierra firme, varado.
istoíche *adv* de noche, por la noche.
ith *vt, vi* comer, alimentarse; morder. **ith an bhricfeasta** tómate el desayuno. **cad a íosfaidh sibh?** ¿qué comerán?
itheachán *m2* comida. **teach itheacháin** casa de comidas. **nósanna itheacháin** hábitos alimenticios.
ithiomrá *m4* chismorreo; calumnia.
ithir *f5* tierra.
ithirchreimeadh *m4* erosión del suelo.
iubhaile *f4* jubileo.
Iúil *m4* **Mí Iúil** mes de julio.

iúl *m1* conocimiento; dirección. **rud a chur in iúl do dhuine** poner algo en conocimiento de alguien. **tú féin a chur in iúl** expresarse.
Iúpatar *m1* Júpiter.
iúr *m1* tejo.

jín *m4* ginebra.
jíoranna *spl* maldiciones, burlas.
jíp *m4* Jeep (*marca de coche todo terreno*).
jóc *m4* broma.
jogáil *vi* hacer footing, trotar.
júdó *m4* yudo.

J

J, j *m* letra J.
jab *m4* trabajo, puesto, empleo. **an bhfuil jab faighte agat anois?** ¿ya has encontrado trabajo?
jabaire *m4* tratante de ganado.
jacaí *m4* jinete, jockey.
jaingléir *m3* vagabundo, errante.
jéiníos *spl* cascos de cerámica.
jib *f2* foque.

K

K, k *m* letra K.
karaté m4 karate.

L

L, l *m* letra L.
lá *m* día. **lá breithe** cumpleaños. **go maire tú an lá** feliz cumpleaños. **Lá fhéile Pádraig** día de San Patricio, 17 de marzo. **Lá fhéile Stiofáin** fiesta de San Esteban, 26 de diciembre. **lá cinn bhliana** día de Año Viejo. **Lá Caille** día de Año Nuevo. **Lá na nAmadán** Día de los Inocentes. **ón lá seo amach** de hoy en adelante. **laethanta saoire** vacaciones. **beidh sé anseo i gceann deich lá** llegará en diez días. **cén lá é inniu?** qué día es hoy?
lab *m1* cantidad, suma.
lábach *adj* fangoso, embarrado.
lábán *m1* barro; lecha.
lábánta *adj* ordinario, vulgar.
labhair *vt, vi* hablar. **labhair Gaeilge liom** háblame en irlandés. **labhair sí Spáinnis le blas na Cairíbe** habló español con acento caribeño. **labhair leis faoi sin** háblale de eso. **labhair amach** habla con franqueza.
labhairt *f3* habla; discurso; llamada. **lucht labhartha na Gailísise** los hablantes de gallego.
labhandar *m1* lavanda.
labharthach *adj* parlanchín; vociferante.
labarnam *m4* laburno.
labhra *f4* habla.
labhras *m1* laurel. **labhras silíní** laurel cerezo.
lábúrtha *adj* basto, vulgar.
lacáiste *m4* rebaja, descuento; subsidio. **ar lacáiste** rebajado.
lách *adj* amable; amistoso.
lacha *f5* pato, ánade. **éan lachan** cría de pato. **lacha bhreac** tadorna. **lacha rua** ánade silbón.
láchan *f3* amanecer.
lachanta *adj* linda, bonita.
lachna *adj* grisáceo; pardo.
lacht *m3* leche. **súile ina lacht** ojos arrasados de lágrimas. **lacht-tréimhse** período de lactancia.
lachtach *adj* láctico; lechoso.
lachtadh *m* lactancia.
lachtaí *m4* lactante, niño de pecho.
lád *m1* arroyo; canal.
ládáil I *f3* cargamento, carga. **bille ládála** conocimiento de embarque. **II** *vt* cargar.
ládanam *m1* láudano, preparación farmacéutica a base de opio.
ladar *m1* cazo, cucharón; espuma. **do ladar a chur i rud** intervenir en algo, meter la cuchara. **tá a ladar i ngach mias aige** es muy versátil, entrometido.
ládas *m1* obstinación, terquedad.
ládasach *adj* testarudo, terco.
ladhar *f2* parte interdigital; dedo del pie; garra; púa.
ladhrach I *m1* pie de atleta. **II** *adj* con garras; de tres puntas.
ladhróg *f2* cambio de agujas.
ladrann *m1* ladrón. **ladrann saithe** zángano.
ladúsach *adj* impertinente, fresco, atrevido.
laethúil *adj* diario, cotidiano. **téann sé ar aifreann go laethúil** va a misa todos los días.
laftán *m1* saliente rocoso; terraplén con hierba. **laftán néalta** banco de nubes.
lag[1] *m1* debilidad. **lag trá** marea baja.
lag[2] *pref* que indica débil.
lag[3] *adj* débil, frágil; flojo. **tae lag** té flojo. **cuisle lag** pulso débil. **an chuid is laige** la parte más floja.
lagachar *m1* debilidad, desfallecimiento.
lagaigh *vt, vi* debilitar; aflojar. **deoch a lagú** diluir una bebida. **lagaítear an t-aigéad le huisce** el ácido se diluye con agua. **nár lagaí Dia thú** Dios te guarde.
lagar *m1* debilidad; desmayo. **thit sí i lagar** se desmayó.
lágar *m1* cerveza rubia.
lagbhrí *f4* debilidad, enervación.
lagbhríoch *adj* débil, enervado.
lagbhrú *m4* baja presión.
lagchroíoch *adj* pusilánime.
laghad *m4* pequeñez; escasez. **níl amhras dá laghad orm** no tengo la menor duda. **ar a laghad** por lo menos. **dul i laghad** disminuir. **bhí daonra na tíre ag dul i laghad sa tréimhse sin** la población del país estaba en declive durante esa época.
laghairt *f2* lagarto.
laghdaigh *vt, vi* menguar, decrecer, disminuir, reducir.
laghdaitheach *adj* menguante, decreciente.
laghdú *m4* mengua, reducción. **d'fhógair an tAire laghdú ar chaiteachas ar an nGaeltacht** el ministro anunció una reducción de gastos en las zonas de habla irlandesa.
lagintinneach *adj* imbécil, tonto.
lagmheas *m3* desprecio, desdén.
lagmheasartha *adj* mediocre.
lagmheasúil *adj* despectivo, desdeñoso.
lagmhisneach *m1* desaliento, moral baja. **bhí lagmhisneach orm tar éis bhás**

lagmhisniúil

mo mháthar estaba bajo de moral después de la muerte de mi mamá.
lagmhisniúil *adj* abatido, desanimado, descorazonado.
lagra *m4* disminución, reducción.
lagrach *m1* depresión atmosférica, borrasca.
lagsaine *f4* relajación, relajamiento.
lagsholas *m1* luz tenue.
lagsprid *f2* abatimiento.
lagú *m4* debilitación, abatimiento.
laí *m4* asta, vara, pértiga. **feac na laí** mango de la pala.
láí *f4* azada.
láib *f2* barro, fango. **láib abhann** aluvión.
laibhe *f4* lava.
laibhín *m4* levadura. **baineann na hIndiaigh úsáid as fungus mar laibhín i ndéanamh beorach** usan los indígenas un hongo como levadura en la fabricación de cerveza.
laicear *m1* laca.
laidhricín *f4* meñique.
Laidin *f2* lengua latina.
Laidineach *m1, adj* latino. **Meiriceá Laidineach** América Latina.
láidir *adj* fuerte; duradero. **bíonn an ghrian láidir i ndeisceart na Spáinne** el sol es fuerte en el sur de España. **bhí tionchar láidir aici orm** tuvo una fuerte influencia sobre mí.
láidreacht *f3* fuerza. **chuir láidreacht an mhothúcháin ionadh orm** me sorprendió la fuerza de la emoción.
láidrigh *vt, vi* reforzar, fortalecer.
laige *f4* debilidad; desmayo. **thit sé i laige i rith an chomórtais** desfalleció en plena competición.
láigh *vi* amanecer.
Laighin *pl* Leinster. **Cúige Laighean** provincia de Leinster. **Teach Laighean** Casa Leinster *(sede del parlamento en Dublín)*.
laighce *f4* jovialidad, regocijo.
Laighneach *m1* oriundo de Leinster.
láimhdeachas *m1* manejo, manipulación.
láimhseáil **I** *f3* manejo, manipulación; administración. **II** *vt* manejar, manipular; administrar.
láimhsigh *vt* manejar, manipular; blandir.
láimhsitheoir *m3* manipulador.
laincis *f2* grilletes, esposas.
laindéar *m1* linterna.
láine *f4* plenitud.
láinnéar *m1* harapo.
lainse *f4* botadura, lanzamiento.
lainseáil *vt* botar, lanzar. **beidh mo leabhar filíochta á lainseáil i dTarragona Dé Sathairn** mi libro de poemas se lanzará en Tarragona el sábado.
láinteacht *f3* lisonja, halago.

lámhchuimilt

láíocht *f3* amabilidad.
laíon *m1* médula, pulpa.
láir *f4* yegua. **An Láir Bhán** la Vía Láctea.
láirig *f2* muslo. **cnámh na láirge** fémur.
laiste *m4* picaporte, pestillo.
laistiar *adv prep* detrás. **laistiar den teach** detrás de la casa. **chuaigh sé laistiar díom leis** lo hizo a mis espaldas
laistigh *adv* dentro. **tiocfaidh Rosario laistigh de dhá lá** Rosario llegará dentro de dos días.
laistíos *adv* debajo, bajo.
láithreach[1] *m1* ruina; huella, rastro.
láithreach[2] *adj adv* presente, inmediato; inmediatamente. **aimsir láithreach** tiempo presente. **labhair léi láithreach** habla con ella ahora mismo.
láithreacht *f3* presencia.
láithreán *m1* suelo, terreno; emplazamiento, espacio; escenario.
láithrigh *vi* aparecer, presentarse.
laitís *f2* reja.
láma *m4* llama.
lamairne *m4* malecón, muelle. **tá uasghrádú déanta ar an lamairne** han hecho mejoras en el malecón.
lámh *f2* mano, brazo; escritura. **tabhair dom do lámh** dame la mano. **lámh a chroitheadh** dar la mano. **rud a bheith idir lámha agat** tener algo entre manos. **lámh láidir** violencia, control férreo. **tá sé faoi lámh dochtúra** está al cuidado del médico. **lámh uachtair** supremecía. **fuair siad an lámh uachtair sa dara leath** dominaron durante el segundo tiempo. **daoine a chuireann lámh ina mbás féin** gente que se suicida. **lámh le** cerca de. **an lámh mhór** el minutero.
lámhacán *m1* gateo.
lámhach[1] *m1* manejo, destreza.
lámhach[2] **I** *m* tiro, disparo. **II** *vt, vi* disparar.
lámhachóir *m3* tirador.
lámhadóir *m3* tratante.
lamháil **I** *f3* paga, pensión; desgravación. **lamháil cánach** desgravación de impuestos. **II** *vt* descontar, desgravar.
lámhainn *f2* guante.
lámhaíocht *f3* ayuda; suscripción.
lámháltas *m1* descuento, concesión; tolerancia *(ingeniería)*.
lámhbheart *m1* guante, manguito.
lámhbhille *m4* volante, folleto.
lámhbhró *f4* molino de mano.
lámhchartadh *m* masturbación.
lámhcheird *f2* artesanía.
lámhchleasaí *m4* malabarista.
lámhchleasaíocht *f3* malabarismo.
lámhchlog *m1* campanilla.
lámhchuimilt *f2* masaje.

lámhdhaite *adj* pintado a mano.
lámhdhéanta *adj* hecho a mano.
lámhiata *adj* tacaño, amarrado, agarrado.
lámhleabhar *m1* manual.
lámh-mhaisiú *m4* manicura.
lamhnán *m1* vejiga. **bhíodh siad ag imirt peile le lamhnán muice** solían jugar al fútbol con vejigas de cerdo.
lámhráille *m4* pasamanos, barandilla.
lámhscaoileadh *m1* manumisión, acción de dar la libertad a un esclavo.
lámhscríbhinn *f2* manuscrito.
lámhscríbhneoireacht *f3* letra.
lámhscríofa *adj* manuscrito, escrito a mano.
lámhthoradh *m1* producto artesanal.
lampa *m4* lámpara, farola.
lampróg *f2* luciérnaga.
lán-[1] *pref* lleno, completo.
lán[2] **I** *m1* plenitud; cantidad grande. **a lán** mucho. **a lán acu** muchos de ellos. **a lán eile** mucho más. **lán spúnóige** cucharada. **lán mara** marea alta. **II** *adj* lleno. **tá an leabhar sin lán de bhréaga** ese libro está lleno de mentiras. **bhí an dioscó lán go doras** la discoteca estaba a tope. **III** *adv* plenamente. completamente. **bhí an dara scrúdú lán chomh deacair leis an gcéad cheann** el segundo examen era tan difícil como el primero. **faoi lán seoil** a todo trapo, a toda vela.
lán[3] *m1* curva, recodo.
lána *m4* sendero; callejón; carril.
lánaigh *vt, vi* llenar, hinchar.
lánaimseartha *adj* a tiempo completo.
lánán *m1* carga, relleno.
láncháilithe *adj* cualificado, preparado, capacitado.
lánchinnte *adj* seguro, convencido.
lánchúlaí *m4* defensa, zaguero.
lánchumhacht *f3* poder absoluto.
lánchumhachtach *adj* plenipotenciario.
lánchumhachtóir *m3* plenipotenciario.
landair *f2* partición; hueco; almacén, despensa.
lándáiríreadv *adj* serio, concienzudo; ferviente.
lándearfa *adj* confirmado, seguro.
lánéiclips *m4* eclipse total.
lánfhada *adj* de cuerpo entero; largo. **scannán lánfhada** largometraje.
lánfheistithe *adj* vestido de gala, de etiqueta.
lánfhostaíocht *f3* pleno empleo. **geilleagar ar lánfhostaíocht** economía de pleno empleo.
langa *m4* abadejo. **langa gorm** maruca azul; persona vaga.
langaire *m4* bofetón, porrazo.

lánléargas *m1* panorama. **lánléargas ar rud** visión clara de algo.
lánlogha *m4* indulgencia plenaria.
lánluas *m1* a toda velocidad, a toda carrera.
lánmhaireacht *f3* plenitud.
lánmhar *adj* lleno, repleto; pagado de sí mismo.
lánmhúchadh *m* apagón; asfixia.
lann *f2* placa, lámina; escama; hoja de un arma blanca.
lannach[1] *m1* salmonete.
lannach[2] *adj* laminado, dotado de láminas u hojas.
lannaigh *vt* laminar.
lánoilte *adj* entrenado, formado.
lánoiread *s* tanto como, en igual cantidad.
lánré *f4* luna llena.
lansa *m4* lanza, lanceta; hoja.
lansaigh *vt* alancear; punzar.
lánsásta *adj* totalmente satisfecho.
lánscáil *f2* umbra.
lánscor *m1* disolución parlamentaria.
lánstad *m4* punto.
lánstaonadh *m* abstinencia de bebidas alcohólicas.
lánstaonaire *m4* abstemio.
lantán *m1* lugar llano; prado.
lántosaí *m4* delantero.
lánúin *f2* pareja casada o prometida.
lánúnas *m1* vínculo matrimonial, unión; convivencia. **long lánúnais** lecho marital.
lánurú *m4* eclipse total.
lao *m4* ternera, becerro.
laobh *vt* pervertir, distorsionar.
laoch *m1* guerrero, héroe. **laochra marbha na hÉireann** los héroes muertos de Irlanda. **"do tháinig aniar ó Chonnacht chugainn céad is míle laoch"** "de Connaught en el oeste nos llegaron mil cien guerreros" (*de una canción de la Rebelión de 1798*).
laochas *m1* heroísmo, valor; fanfarronería, bravata.
laochta *adj* valeroso, heroico.
laofa *adj* propenso.
laofheoil *f3* carne de ternera.
laoi *f4* trova, canción, poema narrativo. **laoi Fiannaíochta** poema osiánico.
laom *m3* relámpago, fulgor; ataque.
laomtha *adj* fulgurante, brillante; ardiente.
lapa *m4* pata; aleta; pata palmeada.
lapadaíl *f3* chapoteo, acción de andar por el agua. **lapadaíl na dtonn** el rumor de las olas.
lapadán *m1* andares torpes, anadeo.
lapairín *m4* **lapairín locha** zampullín.
lár[1] *pref* central, medio.
lár[2] *m1* suelo; mitad, centro. **thit sé ar lár** se cayó al suelo. **ar lár** en falta. **fág ar lár**

láraigh

omitir, dejar fuera. **lár an chéid** a mediados de siglo. **lár na cathrach** el centro de la ciudad. **Meiriceá Láir** América Central.
láraigh *vt* centralizar.
laraing *f2* laringe.
laraingíteas *m1* laringitis.
larbha *m4* larva.
larcán *m1* **larcán gruaige** mechón de pelo.
lárcheantar *m1* centro urbano. **lárcheantar gnó** distrito comercial.
lárchóras *m1* sistema central. **lárchóras na néaróg** sistema nervioso central.
lardrús *m1* despensa.
lárionad *m1* centro. **lárionad fáilte** oficina de turismo.
lárlíne *f4* diámetro.
lárnach *adj* central, medio. **teas lárnach** calefacción central.
lártheifeach *adj* centrífugo.
lártheifneoir *m3* centrifugadora.
lárthosaí *m4* delantero centro.
lárú *m4* centralización.
las *vt, vi* encender, prender; inflamar; sonrojarse.
lása *m4* encaje; cordón.
lasadh *m* iluminación; inflamación; rubor. **ar lasadh** encendido.
lasair *f5* llama. **lasair choille** jilguero. **ar lasair** ardiendo.
lasairéan *m1* flamenco (*ave*).
lasán *m1* llama; relámpago; cerilla. **lasán feirge** arrebato.
lasánta *adj* llameante; ardoroso; irritable; sonrojado.
lasbhus *adv prep* al lado de. **lasbhus den abhainn** a este lado del río.
lasc *f2* látigo *vt, vi* azotar, golpear; cocear. **lasc fuipe** latigazo cervical.
lascadh *m* azote, flagelación; patada.
lascaine *f4* descuento. **cheannaigh mé an foclóir ar lascaine** compré el diccionario con descuento.
lascainigh *vt* descontar.
lasc-chlár *m1* cuadro de mandos.
lasmuigh *adv adj* afuera. **lasmuigh de sin** aparte de esto. **lasmuigh den seomra** fuera de la habitación.
lasnairde *adv adj* encima, superior.
lasóg *f2* cerilla, fósforo; llama.
lasta *m4* flete, gran cantidad.
lastall *adv adj* más allá, lejano; al dorso.
lastas *m1* flete, cargamento; embarque.
lastliosta *m4* lista de comprobación de carga.
lastlong *f2* buque de carga, carguero.
lastoir *adv adj* al este, oriental. **lastoir den tSionainn** al este del Shannon.

leabhareolaí

lasnairde *adv adj prep* encima, superior.
lastóir *m3* encendedor.
lastuaidh *adv adj* al norte, septentrional. **tá teach aige lastuaidh den Life** tiene una casa al norte del río Liffey.
lastuas *adv adj* encima, superior.
lata *m4* listón; persiana; aro de barril.
láth *m1* celo.
lathach *f2* barro, fango; légamo.
láthair *f* lugar, emplazamiento; presencia. **i láthair** presente. **i láthair na huaire** en este momento. **as láthair** ausente. **faoi láthair** actualmente. **láthair seandálaíochta** yacimiento arqueológico.
le *prep* (*ver tablas*). con; a, para; por, contra; de. **chaith mé an tráthnóna in éindí le Peig** pasé la tarde con Peig. **cara le Seán** un amigo de Seán. **le mí anuas** durante el pasado mes. **ollamh le Spáinnis** catedrático de español. **ní maith liom an t-arán sin** no me gusta ese pan. **an bhfuil aon rud le rá agat?** ¿tienes algo que decir? **le cúnamh Dé** si Dios quiere. **tá siad ar buile linn** están enfadados con nosotros. **spriocdháta le haghaidh iarratas** plazo para solicitudes. ❶ *empleado en comparativo* **chomh bán le sneachta** tan blanco como la nieve. **chomh fada siar le Cali** tan al oeste como Cali.
lé *f4* tendencia; parcialidad.
leá *m4* disolución; solución.
leaba *f* cama, lecho. **leaba loinge** camarote. **d'éirigh sé aniar sa leaba** se incorporó en la cama. **cóirigh an leaba** haz la cama. **leaba agus bricfeasta** media pensión. **leaba luascáin** hamaca. **míol leapa** ácaro. **seomra leapa** dormitorio. **scaraoid leapa** tendido. **anacair leapa** escara. **leaba i measc na Naomh go raibh aige** que descanse con los santos.
leaba abhann cauce.
leabaigh *vt* engastar; embutir.
leabhair *adj* ágil, flexible.
leabhairchruthach *adj* de línea aerodinámica.
leabhal *m1* libelo.
leabhar *m1* libro. **leabhar aifrinn** misal. **an leabhar a ghlanadh** saldar las deudas. **leabhar filíochta** libro de poesía. **an bhfuil an leabhar sin léite agat?** ¿has leído ese libro? **Leabhar Cheanannais** Libro de Kells. **Leabhar Gabhála** el Libro de Invasiones (*importante historia y mitología de los orígenes de los irlandeses*).
leabharbhách *m4 adj* bibliófilo.
leabharbhoth *f3* puesto de libros.
leabharcheangal *m1* encuadernación.
leabhareolaí *m4* bibliógrafo.

133

leabhareolaíocht *f3* bibliografía, bibliología.
leabharlann *f2* biblioteca. **tá réimse leabhar an-mhaith ar fáil sa leabharlann sin** esa biblioteca dispone de una gran variedad de libros.
leabharlannaí *m4* bibliotecario.
leabharliosta *m4* bibliografía.
leabharmharc *m1* señalador, marcador.
leabharthaca *m4* sujetalibros, soportalibros.
leabhlach *adj* difamatorio, calumnioso.
leabhlaigh *vt* difamar, calumniar.
leabhragán *m1* estantería.
leabhraigh *vt, vi* jurar; fichar.
leabhrán *m1* folleto.
leabhróg *f2* libreto.
leabhrú *m4* menstruación.
leac *f2* losa. **Leac Rosetta** piedra Rosetta. **leac oighir** hielo. **leac na fuinneoige** alféizar. repisa. **leac dorais** umbral.
leaca *f* mejilla; ladera, falda.
leacach *adj* enlosado; pedregoso.
leacaigh *vt, vi* aplastar; desmenuzar; golpear.
leacam *m1* mirada de reojo.
leacán *m1* azulejo, baldosa.
leacanta *adj* de tersas mejillas; lindo.
leacht[1] *m3* túmulo funerario, montón de piedras. **nochtfaidh an t-ambasadóir leacht cuimhneacháin** el embajador descubrirá un monumento conmemorativo.
leacht[2] *m3* líquido.
léacht *f3* conferencia.
leachtach *adj* líquido.
leachtaigh *vt, vi* licuar; liquidar.
leachtaitheoir *m3* liquidador.
léachtán *m1* atril.
léachtlann *f2* sala de conferencias.
léachtóir *m3* profesor de universidad.
léachtóireacht *f3* impartición de clases; lectorado.
leachtú *m4* licuación; liquidación.
leadaí *m4* vago, perezoso, gandul.
leadair *vt* golpear; cortar.
leadán *m1* cardo. **leadán liosta** lampazo menor.
leadhb I *f2* banda, faja; pellejo; jirón, harapo, trapo, **leadhb aráin** pedazo de pan. **thug sí leadhb dá teanga dó** le regañó. **II** *vt* hacer jirones; golpear; lamer.
leadhbach *adj* raído; desharrapado.
leadhbóg *f2* jirón. andrajo; pez plano.
leadhbóg leathair murciélago.
leadóg *f2* tenis. **leadóg bhoird** tenis de mesa.
leadradh *m* golpe, zurra; laceración, herida.
leadrán *m1* demora, morosidad; aburrimiento.

leadránach *adj* tardo, lento; pesado, aburrido.
leadránacht *f3* pesadez, aburrimiento.
leadránaí *m4* gandul,vago; pesado, pelmazo.
leafa *m4* **leafa gáire** ligera sonrisa.
leafaos *m1* pasta, engrudo.
leag *vt, vi* abatir; disminuir; colocar; tumbar. **leag ar an mbord é** ponlo en la mesa. **leag an bord** pon la mesa. **leag amach** distribuir; plantear, diseñar. **leag síos** estipular. **leag sé amach an gairdín go cúramach** diseñó su jardín con mucho cuidado. **leag an carr an páiste** el coche atropelló al niño. **caithfear an teach a leagan** habrá que tumbar la casa.
leagáid[1] *m4* enviado.
leagáid[2] *f2* herencia.
leagáideacht *f3* legación.
leagan *m1* versión; derribo, demolición; caída; disminución; colocación; imputación. **leagan a bheith agat le rud** estar inclinado a algo. **leagan cainte** modismo. **leagan amach** arreglo. **an bhfuil leagan Gaeilge ar fáil?** ¿hay versión en irlandés?
leaid *m4* muchacho, tipo, chaval, pibe.
leáigh *vt, vi* derretir. **leáigh an t-im ar dtús** primero derrite la mantequilla.
leaisteach *adj* elástico.
leaisteachas *m1* elasticidad.
leaistic *f2* goma.
leáiteach *adj* delicuescente; menguante; macilento.
leamh *adj* insípido, soso, banal; apagado, sordo; mate. **ba leamh leis gach rud a d'ith sé** todo lo que comía tenía sabor insípido.
léamh *m1* lectura; interpretación. **níl léamh ná scríobh aige** es analfabeto. **tá cúpla léamh air sin** se puede interpretar de varias maneras.
leamhach *adj* malvavisco (*bot*)
leamhan *m1* mariposa nocturna, polilla.
leamhán *m1* olmo.
leamhaol *m1* temple.
leamhas *m1* sosería, insipidez, inanidad; sonrisa burlona.
leamhgháire *m4* sonrisa burlona.
leamhnacht *f3* leche recién ordeñada.
leamhnáire *f4* coqueteo, timidez.
leamhnáireach *adj* tímido, vergonzoso.
leamhsháinn *f2* punto muerto, tablas.
léamhthuiscint *f3* comprensión de lectura.
lean *vt, vi* seguir, continuar; permanecer. **mar a leanas** como sigue. **lean leat** continúa. **is iomaí Éireannach a leanann foirne Sasanacha** muchos irlandeses siguen a equipos ingleses.
léan *m1* aflicción, angustia. **mo léan!** ¡ay de mí!

léana

léana *m4* vega, pradera, prado.
leanbaí *adj* aniñado; pueril; inmaduro.
leanbaíocht *f3* infancia; chochez.
leanbán *m!* nene; querido.
leanbh *m!* niño, bebé, guagua. **a leanbh** mi niño, mi hijo. **leanbh nuabheirthe** niño recién nacido. **leanbh promhadáin** niño probeta. **an Leanbh Íosa** el Niño Jesús.
léanmhar *adj* lastimoso; afligido.
leann *m3* cerveza rubia. **leann dubh** cerveza negra.
léann *m!* aprendizaje, educación; estudio. **Léann Ceilteach** estudios celtas.
leannán *m!* ❶ enamorado; querido; cónyuge. **leannán leapa** concubina. **ní fheiceann leannán locht** el amor es ciego. ❷ enfermedad crónica.
leannánta *adj* crónico.
leannlus *m3* lúpulo.
léannta *adj* sabio, leído, erudito.
léanntacht *f3* erudición.
leantach *adj* consecutivo, siguiente.
leantóir *m3* seguidor; remolque.
leanúint *f3* seguimiento, persecución; adhesión; continuación. **lucht leanúna** seguidores, hinchas. **ar leanúint** continuará, sigue.
leanúnach *adj* continuo, sucesivo; persistente; leal.
leanúnachas *m!* continuidad; apego; lealtad.
leanúnaí *m4* seguidor.
leapachas *m!* ropa de cama.
leáphointe *m4* punto de fusión.
lear[1] *m!* mar. **thar lear** en el extranjero.
lear[2] *m4* defecto.
lear[3] *m4* muchedumbre, gran cantidad. **bhí lear mór daoine i láthair** había mucha gente.
léaráid *f2* diagrama, ilustración, bosquejo.
learg *f2* cuesta, falda de una montaña.
léargas *m!* perspectiva, punto de vista; descripción; perspicacia. **thug an léacht léargas nua dúinn ar fhadhbanna Mheiriceá Theas** la ponencia nos proporcionó una nueva perspectiva sobre los problemas de América Latina.
learó *m4* destello.
learóg *f2* alerce.
léaróga *pl* anteojeras.
léarscáil *f2* mapa. **léarscáil an tsuímh** mapa del sitio.
léarscáiligh *vt* levantar un mapa.
léarscáilíocht *f3* cartografía.
leas-[1] *pref* vice- *vi-* (*empleado en ciertos parentescos familiares*).
leas[2] *m3* bien, beneficio; abono. **leas ainmhithe** bienestar de los animales. **An Roinn Leasa Shóisialaigh** el Departamento de Asuntos Sociales. **an raibh tú in ann leas a bhaint as?** ¿te sirvió para algo?
léas[1] *m!* rayo de luz; resplandor; verdugón.
léas[2] *m3* arriendo, contrato.
léas[3] *f2* espiga; brizna de paja.
léas[4] *vt* zurrar, azotar.
léasach *m!* arrendamiento.
leasachán *m!* abono.
léasadh *m!* zurra, flagelación.
leasaigh *vt, vi* enmendar, reformar; cuidar; abonar. **bia a leasú** sazonar una comida.
léasaigh *vt* arrendar.
leasainm *m4* mote, apodo. **tugadh La Pasionaria mar leasainm uirthi** le pusieron de apodo La Pasionaria.
leasaithe *adj* mejorado; enmendado.
leasaitheach *adj* enmendador, reformador; conservante.
leasaitheoir *m3* reformador. **leasaitheoir bagúin** curador de lacones.
leas-ardeaglais *f2* iglesia que hace las veces de catedral.
leasathair *m5* padrastro.
leasc *adj* perezoso; lento; reticente. **ba leasc liom labhairt leis** no tenía ganas de hablar con él. **is leasc liom éirí** no quiero levantarme.
leasdeartháir *m5* hermanastro.
leasdeirfiúr *f5* hermanastra.
leasiníon *f2* hijastra.
léaslíne *f4* horizonte.
leasmhac *m!* hijastro.
leasmháthair *f5* madrastra.
léaspaire *m4* farol, lámpara; luz.
léaspairt *f2* destello; ingenio.
leasrach *m!* lomos; muslos.
leasrí *m4* regente; virrey.
leasríocht *f3* regencia.
léas-seilbh *f2* arrendamiento.
leastar *m!* vasija; tonel; barreño.
leasú *m4* enmienda, reforma; conserva; sazón; abono. **leasú ar an mBunreacht** enmienda a la Constitución. **ba nós dóibh feamann a úsáid mar leasú** solían usar algas como abono.
leasuachtarán *m!* vicepresidente.
leasúchán *m!* enmienda.
léata *m4* regato; desaguadero.
leataobh *m!* apartadero. **i leataobh** aparte. **d'fhág sí an litir ar leataobh** dejó la carta a un lado. **cur i leataobh** separar; descartar. **tá billiún eoró curtha i leataobh le haghaidh an chórais sláinte** mil millones han sido separados para el sistema de salud.
leataobhach *adj* desequilibrado; sesgado; perjudicado.

leath-¹ *pref* yacente; desequilibrado; parcial; medio, hemi-.
leath² *f2* parte; dirección; mitad. **ní raibh ach leath den fhoireann i láthair** sólo estuvo presente mitad del equipo.
leath³ *vt, vi* esparcir, diseminar, extenderse; abrir de par en par. **leath an scéal ar fud an bhaile mhóir** la historia se extendió por el pueblo. **an dóigh leat go leathfaidh an galar?** ¿crees que la enfermedad se propagará?
leathabhainn *f5* confluencia.
leathadh *m* desparramamiento; difusión, expansión.
leathaghaidh *f2* cada uno de los lados de la cara; perfil.
leathan I *m1* anchura, explanada. **II** *adj* amplio, ancho, expansivo. **guta leathan** vocal posterior.
leathán *m1* hoja, lámina; tajada.
leathanach *m1* hoja, página. **leathanach tosaigh** portada.
leathanaigeanta *adj* carente de prejuicios.
leathanbhanda *m4* banda ancha.
leathar *m1* cuero; piel, pellejo. **leathar a bhualadh** mantener relaciones sexuales.
leathbhádóir *m3* compañero de tripulación; colega.
leathbháite *adj* empapado. mojado.
leathbheo *adj* monótono; medio muerto.
leathbhreac *m1* equivalente, correspondiente. **leathbhreac an lae inniu** un día como hoy.
leathbhrín *m4* tonto, imbécil.
leathbhruite *adj* medio cocido, sancochado.
leathchamán *m1* semicorchea.
leathcheann *m1* mitad; tonto.
leathcheannach *adj* inclinado.
leathcheannas *m1* **cluiche leathcheannais** semifinal.
leathchiorcal *m1* semícirculo.
leathchruinne *f4* hemisferio.
leathchúlaí *m4* defensa central.
leathchúpla *m4* gemelo.
leathdhosaen *m1* media docena.
leathdhuine *m4* tonto, atontado.
leathéan *m1* persona soltera; pajarillo.
leathfhada *adj* oblongo.
leathfhocal *m1* indirecta; reclamo, eslogan, muletilla.
leathlaí *m4* pértiga; vara de carro.
leathlámhach *adj* manco; falto de personal.
leathmheabhrach *adj* imbécil.
leathnaigh *vt, vi* ensanchar, extender.
leathóg *f2* platija, pez plano.
leathoiread *m* mitad.
leathphraitinn *f2* papel de tamaño folio.
leathrach *adj* de cuero.

leathrann *m1* medio verso.
leathscoite *adj* **teach leathscoite** casa pareada.
leathsféar *m1* hemisferio.
leathshaol *m1* vida media.
leathsheolaí *m4* semiconductor.
leathshúil *f2* tuerto.
leathspéacla *m4* monóculo.
leathstad *m4* punto y coma.
leath-thagairt *f2* insinuación.
leath-thosaí *m4* medio delantero.
leath-thuairim *f2* idea vaga, noción.
leathuair *f2* media hora.
leatra *f* necesidad urgente de orinar.
leatrom *m1* desigualdad, injusticia; opresión.
leatromach *adj* sesgado, injusto; opresivo.
leibhéal *m1* nivel.
leibhéalta *adj* nivelado.
léibheann *m1* terreno allanado; terraza; plataforma. **léibheann cheann staighre** rellano.
leibide *f4* descuidado; idiota.
leibideach *adj* descuidado; tonto.
leice *adj* enfermizo, delicado.
leiceacht *f3* carácter enfermizo; delicadeza, fragilidad.
leiceadar *m1* bofetada.
leiceann *m1* mejilla.
leiciméir *m3* haragán, holgazán, gandul.
leicneach *f2* paperas. **d'fhéadfadh bodhaire a bheith mar thoradh ar leicneach** las paperas pueden causar sordera.
leicneán *m1* arandela.
leictrea- *pref* electro-.
leictreach *adj* eléctrico.
leictreachas *m1* electricidad. **turraing leictreachas** descarga eléctrica.
leictrealú *m4* electrolisis.
leictreamaighnéad *m1* electromagnético.
leictreoir *m3* electricista.
leictreon *m1* electrón.
leictreonach *adj* electrónico.
leictreonaic *f2* electrónica.
leictriceimic *f2* electroquímica.
leictrigh *vt* electrificar.
leictriú *m4* electrificación.
leid *f2* indicio, pista.
léidearnach *f2* golpeteo; lanzamiento de objetos; chaparrón.
leideoir *m3* apuntador.
leidhce *m4* persona delicada; bofetón.
leifteanant *m1* teniente.
léig *f2* decadencia, abandono; legua. **dul i léig** disminuir.
léigear *m1* sitio, cerco, asedio. **bhí Granada faoi léigear ar feadh ocht mí** Granada estuvo bajo asedio durante ocho meses.

léigh

léigh *vt, vi* leer. **léifear an tAifreann** se leerá la misa. **beidh an t-údar ag léamh a shaothair féin** el autor leerá su propia obra.
leigheas *m1* medicina, medicamento; cura, remedio *vt, vi* sanar, curar. **níl aon leigheas ar an ngnáthshlaghdán** no hay cura para el resfriado común. **Dámh an Leighis** Facultad de Medicina.
leigheasóir *m3* curandero.
leigheasra *m4* medicinas.
léigiún *m1* legión. **Léigiún Mhuire** Legión de María.
léigiúnach *m1* legionario.
léim I *f2* salto, brinco; obstáculo. **léim fhada** salto de longitud. **II** *vt, vi* saltar, brincar; rebotar. **léim mo chroí le lúcháir** mi corazón dio un vuelco de alegría.
leimhe *f4* insipidez, insulsez, inanidad.
léimneach I *f2* salto. **II** *adj* saltarín.
léimneoir *m3* saltador. **léimneoir cuaille** saltador de pértiga.
léimrás *m1* carrera de obstáculos.
léine *f4* camisa. **léine uimhir a sé déag** camisa talla dieciséis.
léinseach *f2* remanso; explanada. **bhí an fharraige ina léinseach** el mar estaba en calma total.
leipreachán *m1* especie de gnomo.
léir I *adj* claro, nítido; listo; despierto. **is léir go raibh naimhde ag na hAstacaigh roimh theacht na Spáinneach** es evidente que los aztecas tenían enemigos antes de que llegaran los españoles. **ba léire fós é** fue aún más claro. **is léir don saol** es consabido. **slán libh go léir** adios a todos. **II** *adj* completo, entero. **go léir** todo. **an Ghaillís go léir** toda Galicia. **slán libh go léir** adios a todos.
léire *f4* claridad; exactitud, precisión.
léirigh[1] *vt, vi* mostrar; aclarar; arreglar; representar. **cad a léiríonn an suirbhé?** ¿qué muestra el sondeo?
léirigh[2] *vt* abatir; someter.
léiritheach *adj* ilustrativo; figurativo.
léiritheoir *m3* manifestante; productor *(de cine, etc)*.
léiriú[1] *m4* aclaración; arreglo; ilustración; retrato; producción.
léiriú[2] *m4* golpe; maledicencia; debilidad.
léirmheas *m3* juicio crítico, crítica, reseña.
léirmheastóir *m3* crítico.
léirmheastóireacht *f3* crítica.
léirscrios *m* destrucción total, devastación *vt* arrasar, devastar.
léirsitheoir *m3* manifestante.
léirsiú *m4* manifestación, **cuireadh toirmeasc de shé mhí ar léirsithe poiblí** se impuso una prohibición de seis meses a las manifestaciones públicas.
léirsteanach *adj* perspicaz; desconfiado; meticuloso.
leis *f2* muslo.
leisce *f4* vagancia, pereza. **leisce na bréige** por miedo a decir una mentira. **ná bíodh leisce ort glaoch orm** no dudes en llamarme.
leisceoir *m3* gandul, vago.
leisciúil *adj* perezoso, vago; reacio; tímido.
leisciúlacht *f3* pereza, gandulería, vagancia, escasa disposición.
leispiach *m1, adj* lesbiana.
leite *f* gachas, papilla de avena. **lámha leitean** manazas.
leith[1] *dativo de* **leath**. **ar leith**, **faoi leith** especial. **i leith** acerca de, hacia. **is cuma liom do thuairimí i leith na peile** no me importan tus opiniones sobre el fútbol. **cuireadh coir uafásach i leith an dochtúra** el médico fue acusado de un delito terrible. **go leith** y medio.
leith[2] *f2* **leith bhallánach** lenguado, pez plano.
leithcheal *m3* omisión, exclusión; distinción odiosa.
léithe *f4* color gris; mohosidad.
leithead *m1* amplitud, anchura; latitud.
leitheadach *adj* amplio, extenso; prepotente; engreído.
leitheadaigh *vi* expandir.
leitheadúlacht *f3* predominio.
leithéid *f2* semejante, igual. **ná habair a leithéid** no digas semejante cosa. **a leithéid de bholadh a bhí sa teach!** ¡semejante olor había en la casa! **ni fheicfear a leithéid arís** no veremos otro como él.
leithéis *f2* broma, habla chistosa.
léitheoir *m3* lector.
léitheoireacht *f3* lectura. **ní bhíonn suim ag na páistí sa léitheoireacht** los niños no tienen interés en la lectura.
leithinis *f2* península. **tá sé thar a bheith deacair dul trasna Leithinis Darien** es sumamente difícil cruzar la península de Darien.
leithleach *adj* diferente; distante; egoísta.
leithleachas *m1* peculiaridad, característica; egoísmo.
leithligh *s* **ar leithligh** aparte, en soledad; en particular. **rud a chur ar leithligh** apartar algo.
leithlis *f2* aislamiento.
leithlisigh *vt* aislar.
leithreas *m1* servicio, inodoro, aseo, cuarto de baño.
leithreasaigh *vt* apropiarse.
leithroinn *vt* repartir, distribuir.

leithscar

leithscar *vt* segregar.
leithscaradh *m* segregación.
leithscéal *m1* excusa, disculpa. **ghabh sé leithscéal as teacht go déanach** se disculpó por llegar tarde.
leithscéalach *adj* inclinado a pedir disculpas.
leitís *f2* lechuga.
leo *m4* lodo, cieno. **leo ola** mancha de petróleo.
leochaileach *adj* frágil, quebradizo; tierno.
leoga! *int* ¡no me digas!
leoicéime *f4* leucemia.
leoiste *m4* remolón, vago.
leoithne *f4* airecillo, brisilla.
leomh *vt, vi* atreverse; permitir.
leon[1] *m1* león. **an Leon** Leo, El León.
leon[2] *vt* torcer. **cos leonta** pie torcido.
leonadh *m* torcedura; herida.
leonta *adj* leonino.
leor *adj* suficiente, bastante. **ba leor sin** fue suficiente. **is leor a rá go** basta decir que. **ceart go leor** de acuerdo; bastante bien. **tá go leor ag caitheamh tobac i gcónaí** todavía hay bastante gente que fuma.
leoraí *m4* camión, volqueta. **leoraí altach** camión articulado.
leorchúiteamh *m1* indemnización.
leordhóthain *f1* suficiencia, cantidad suficiente.
leorghníomh *m1* reparación, restitución.
leorthóir *m3* embaucador.
lí *f4* color, pigmento; lustre; complexión. **lí an tsneachta** el color de la nieve. **lí an bháis a bhí air** tenía el color de la muerte.
lia[1] *m1* pilar, monumento. **Lia Fáil** *piedra sagrada de los antiguos reyes de Irlanda.*
lia[2] *m4* médico. **lia súl** oftalmólogo. **lia ban** ginecólogo.
lia[3] *adj comp* más abundante. **ní lia duine ná tuairim** hay tantas personas como opiniones.
liach[1] *f2* cucharón; cazo.
liach[2] *m1* pena, aflicción; calamidad; lamento.
liacharnach *f2* griterío.
liacht *f3* medicina. **liacht bhan** ginecología.
liag *f2* piedra. **liag dhrandail** flemón.
liagán *m1* monolito.
liagóir *m3* timonel.
liamhán *m1* tiburón canasta, colayo.
liamhás *m1* jamón, panceta.
lián *m1* desplantador; paleta o aspa de hélice.

liobrálach

liath I *adj* gris. **ó dhuine liath go leanbh** gente de todas las edades. **II** *vt, vi* encanecerse.
liathadh *m* color gris, cualidad de gris. **liathadh luath** canicie prematura.
liathán *m1* bazo.
liathreo *m4* escarcha.
liathróid *f2* pelota, balón, bola. **liathróid láimhe** pelota de mano.
libhré *m4* librea.
líbín *m4* objeto que gotea.
líce *m4* sanguijuela.
licéar *m1* licor.
lictéar *m1* gabarra, barcaza.
Life *f4* Liffey (*río principal de Dublín*).
lig *vt, vi* dejar, permitir; soltar; alquilar, lanzar. **lig do scíth** descansa. **lig ort** simular. **lig ar cíos** alquilar. **lig isteach** dejar entrar, admitir. **lig de** dejar de. **ná lig sinn i gcathú** no nos dejes caer en la tentación. **fuil a ligean** sangrar.
ligeach *adj* con goteras.
ligean *m1* permiso; liberación; lanzamiento; proyección; actuación.
ligh *vt, vi* lamer; acariciar; halagar, adular.
ligthe *adj* suelto, ágil. **ligthe le** inclinado a.
lile *f4* lirio, azucena.
limfe *f4* linfa.
limistéar *m1* ámbito, área, territorio; campo de acción. **limistéar anachaine** zona catastrófica. **limistéar eoró** eurozona.
lincse *f4* lince.
líne *f4* línea; linaje.
líneach *adj* rayado; lineal.
línéadach *m1* lino; ropa blanca.
líneáil *f3* forro *vt* forrar.
línéar *m1* transatlántico.
ling *vt, vi* saltar; saltar sobre, atacar.
lingeach *adj* elástico.
lingeán *m1* resorte, muelle.
línigh *vt, vi* alinear; trazar, dibujar.
líníocht *f3* dibujo lineal.
línitheoir *m3* dibujante; delineante.
linn[1] *f2* estanque, charca. **linn snámha** piscina. **Duibhlinn** charca negra (*antiguo nombre para Dublín*).
linn[2] *f2* espacio de tiempo, período. **idir an dá linn** entretanto. **le linn** durante. **i Maidrid na linne sin** en el Madrid de esa época.
lintéar *m1* desaguadero, sumidero, alcantarilla.
lintile *f4* lenteja.
liobair *vt* rasgar, hacer jirones; regañar.
liobar *m1* objeto flácido; labio.
liobarnach *adj* hecho jirones; desgarbado; zarrapastroso.
liobrálach *adj* liberal.

liobrálachas

liobrálachas *m1* liberalismo.
liobrálaí *m4* liberal.
liocras *m1* regaliz.
liodán *m1* letanía.
líofa *adj* pulido; afilado; fluído. **tá Gaeilge líofa ag María cé gur Spáinneach í** aunque es española María habla irlandés fluído.
líofacht *f3* agudeza; fluidez; presteza.
lióg *f2* mechón.
líomanáid *f2* limonada.
líomatáiste *m4* límite; extensión; distrito; parcela.
liombó *m4* limbo.
líomh *vt* moler; limar, pulir; erosionar.
líomhain *f3* alegato; vilipendio; reclamo *vt* alegar; vilipendiar.
líomhán *m1* lima.
liomóg *f2* pellizco.
líomóid *f2* limón.
líon[1] *m1* lino, tejido de lino.
líon[2] *m1* red; telaraña.
líon[3] **I** *m1* número completo; plenitud; medida. **tá laghdú tagtha ar líon na ndaoine a bhíonn ag caitheamh píopa** ha disminuído el número de gente que fuma en pipa. **líon tí** familia. **II** *vt, vi* llenar. **líon na bearnaí** rellene los espacios.
líonmhaireacht *f3* plétora, abundancia.
líonmhar *adj* numeroso, abundante; entero.
lionn *m3* humor del cuerpo. **lionn dubh** melancolía. **lionn fuar** flema. **lionn rua** cólera.
líonóil *f2* linóleo.
líonolann *f* hilas, pelusa.
líonra *m4* red; telaraña.
líonrith *m4* palpitación; excitación; pánico. **tháinig líonrith orm nuair a chonaic mé an tarbh** me invadió el pánico cuando vi el toro.
lionsa *m4* lente.
líonta *adj* lleno.
líontán *m1* redecilla, malla.
liopa *m4* labio; cabo; solapa. **liopa cluaise** lóbulo.
liopach *adj* labial.
liopard *m1* leopardo.
liopasta *adj* desaliñado, desgarbado.
lios *m3* fortificación circular; anillo; halo.
liosta[1] *m4* lista. **liosta aibítre** lista alfabética. **liosta na marbh** esquela.
liosta[2] *adj* aburrido, pesado.
liostacht *f3* aburrimiento, pesadez; persistencia.
liostaigh *vt* hacer una lista, enumerar.
liostáil *f3* reclutamiento *vt, vi* reclutar; alistarse.
liothrach *m1* gachas.
liotúirge *m4* liturgia.

loc-chomhla

liotúirgeach *adj* litúrgico.
lipéad *m1* etiqueta.
lir[1] *f2* lira.
Lir[2] *m nombre de una deidad del mar.* **Oidheadh Chlann Lir** la tragedia de la familia del rey Lir *(antigua leyenda de Irlanda)*.
líreac *m1* lametón, chupeteo.
líreacán *m1* piruleta.
liric *f2* lírica.
liriceach *adj* lírico.
liriceacht *f3* lirismo.
liteagraf I *m1* litografía. **II** *vt* litografiar.
liteagrafaíocht *f3* litografía.
lítear *m1* litro.
liteartha *adj* literario; literal; alfabetizado. **ciall liteartha** sentido literal.
litir *f5* letra; carta, epístola. **litreacha na haibítre** las letras del alfabeto. **bosca na litreacha** buzón. **litir Naomh Pól chuig na Rómhánaigh** epístola de San Pablo a los romanos.
litirtheacht *f3* alfabetismo.
litmeas *m1* tornasol.
litreoir *m3* corrector ortográfico.
litreoireacht *f3* letras; inscripción.
litrigh *vt* deletrear.
litríocht *f3* literatura. **duais litríochta Nobel** premio Nobel de literatura.
litriú *m4* ortografía. **tá litriú na Gaeilge sách achrannach** la ortografía del irlandés es bastante complicada.
litriúil *adj* literal.
liú *m4* aullido, grito.
liúdramán *m1* haragán, gandul.
liúigh *vi* aullar, gritar.
liúireach *f2* aullido, grito, acción de gritar.
liúit *f2* laúd.
liúntas *m1* concesión; subvención; pensión. **liúntas leanaí** subsidio familiar.
liúr I *m1* pértiga; garrotazo, leñazo. **II** *vt* pegar, zurrar.
liúradh *m* paliza, zurra.
liús *m1* lucio.
lobh *vt, vi* pudrirse; degenerar, decaer.
lobhadh *m1* putrefacción; degeneración, decadencia. **lobhadh fiacla** caries.
lobhar *m1* leproso.
lobhra *f4* lepra.
loc[1] *m1* esclusa.
loc[2] *vt* encerrar, sujetar; aparcar, estacionar. **ná loctar** no estacionar.
loca[1] *m4* corral, redil; aparcamiento.
loca[2] *adj* mechón; manojo, puñado.
locadh *m* estacionamiento.
locáil I *f3* localización. **II** *vt* localizar.
locair *vt* cepillar; allanar, alisar; pulir.
lócaiste *m4* langosta *(insecto)*.
locar *m1* cepillo de carpintero.
loc-chomhla *f4* compuerta.

139

loch *m3* lago, estanque, laguna. **bheith faoi loch** estar inmerso. **dul thar loch amach** emigrar.
lochán *m1* laguna, estanque, charca.
lóchán *m1* desperdicios, cascarillas, ahechaduras.
Lochlannach *m1*, *adj* escandinavo.
lóchrann *m1* lámpara, linterna; antorcha.
locht *m3* defecto, falta. **is ortsa atá an locht** tú tienes la culpa. **saor ó locht** inocente.
lochta *m4* desván, ático; galería.
lochtach *adj* defectuoso, erróneo; reprochable. **airgead lochtach** dinero falso.
lochtaigh *vt* tachar, reprochar.
lochtaitheach *adj* tiquismiquis, criticón.
lód[1] *m1* carga.
lód[2] *m1* filón.
lódáil *vt, vi* cargar.
lodar *m1* lodazal, barrizal, cenagal.
lodartha *adj* lodoso; abyecto.
lofa *adj* podrido, degenerado. **ubh lofa** huevo podrido. **tá sé lofa le hairgead** está tapado de la plata.
lofacht *f3* putrefacción, degeneración, decadencia.
log *m1* hueco. **log staighre** hueco de la escalera. **log tine** chimenea. **log amharclainne** platea. **log súile** cuenca del ojo.
logainm *m4* topónimo. **is oidhreacht chultúrtha thábhachtach iad logainmneacha na hÉireann** los topónimos de Irlanda forman un importante patrimonio cultural.
logall *m1* cuenca, órbita.
logán *m1* hoyo, hondonada. **logán baithise** fontanela.
logánta *adj* local.
logartam *m1* logaritmo. **tábla logartam** tabla de logaritmos.
logh *vt* remitir, perdonar.
logha *m4* indulgencia; concesión, subvención; pensión.
lógóireacht *f3* gemido, lamento.
loic *vt, vi* acobardarse, echarse atrás; rehuir. **loic sé roimh an obair** no quiso hacer el trabajo. **loic an t-inneall** el motor falló.
loiceach *m1* moroso.
loicéad *m1* medallón, guardapelo.
loiceadh *m* escaqueo; morosidad.
loighceoir *m3* lógico.
loighciúil *adj* lógico.
loighic *f2* lógica.
loighistic *f2* logística militar.
loilíoch *f2* vaca recién parida.
loime *f4* desnudez; pobreza.
loingeán *m1* cartílago, ternilla.
loingeas *m1* barco; flota. **Aer Lingus** (sic; *compañía aérea irlandesa*).

loingseoir *m3* marino, navegante.
loingseoireacht *f3* náutica, navegación. **bealach loingseoireachta** ruta de navegación.
loinneog *f2* estribillo.
loinnir *f* resplandor, fulgor. **loinnir na gréine** la refulgencia del sol. **loinnir a chur ar rud** hacer que algo brille.
loirgneán *m1* polaina, greba, calza o armadura que protege la pierna desde la rodilla hasta el pie.
lóis *f2* loción. **lóis iarbhearrtha** loción para después del afeitado, colonia.
loisc *vt* quemar, chamuscar; escocer. **cneá a loscadh** cicatrizar. **loisceadh ina beatha mar eiriceach í** la quemaron en vida por hereje.
loisceoir *m3* incinerador.
loiscneach I *m1* leña. II *adj* abrasador, abrasivo, cáustico. **is lasair loiscneach an grá** el amor es una llama que quema. **buama loiscneach** bomba incendiaria.
lóiste *m4* caseta; portería; logia.
lóisteáil I *f3* ingreso. II *vt, vi* ingresar.
lóistéir *m3* huésped, inquilino; pensionista.
lóistín *m4* alojamiento, pensión, cuarto. **teach lóistín** casa de huéspedes, pensión.
loit *vt* herir, dañar.
loiteach *adj* perjudicial, nocivo; dañino.
loitiméir *m3* destructor, vándalo; chapucero.
loitiméireacht *f3* destrucción, vandalismo.
lom I *m1* desnudez; pobreza. **lom na fírinne** la pura verdad. II *adj* desnudo, sobrio. **teanga lom** lengua afilada. **lom díreach** todo derecho. **diúltú lom** negación rotunda. III *vt, vi* desnudar, despojar. **caora a lomadh** esquilar una oveja.
lóma *m4* colimbo.
lomach *adj* de hoja caduca, caducifolio.
lomadh *m* desnudez; esquileo. **lomadh gruaige** corte de pelo.
lomair *vt* desnudar, esquilar; despojar.
lomaire *m4* esquilador. **lomaire faiche** cortacésped.
lomairt *m* **lomairt leapa** escara.
lomaistriúchán *m1* traducción literal.
lomán *m1* leño.
lomarthach *adj* esquilado.
lombharróg *f2* abrazo.
lomchaite *adj* gastado.
lomchlár *s* **lomchlár na fírinne** la verdad al descubierto.
lomeasna *f4* costilla.
lomlán I *m1* plenitud; máximo de capacidad. II *adj* completamente lleno, repleto.
lomnocht *adj* en cueros.
lomnochtacht *f3* desnudez.

lomra

lomra *m4* lana, vellón. **Lomra an Óir** el vellocino de oro.
lomrach *adj* lanoso, lanudo.
lon *m1* **lon dubh** mirlo.
lón *m1* abastecimiento, suministro; comida, almuerzo. **lón cogaidh** municiones. **lón léitheoireachta** material de lectura. **am lóin** mediodía.
lónadóir *m3* abastecedor, proveedor.
lónadóireacht *f3* abastecimiento, aprovisionamiento.
lónaigh *vt* abastecer, aprovisionar.
long *f2* barco.
longadán *m1* meneo, balanceo, vaivén.
longbhac *m1* bloqueo naval.
longbhriseadh *m* naufragio.
longchlós *m1* astillero.
longfort *m1* campamento; fortaleza.
longlann *f2* dársena.
longtheach *m* cobertizo para botes.
longthógáil *f3* construcción naval.
longúinéir *m3* armador.
lonn *f2* vehemencia; fiereza, enfado.
lonnach *m1* rizo, onda.
lonnaigh *vt, vi* arraigar, asentarse. **lonnaigh na hÉireannaigh ar an dtaobh thiar de Bhuenos Aires** los irlandeses se asentaron al oeste de Buenos Aires.
lonnaitheoir *m3* ocupa.
lonnú *m4* estancia; asentamiento.
lonrach *adj* brillante, resplandeciente.
lonradh *m1* brillo, resplandor.
lonraigh *vt, vi* brillar; iluminar. **bhí na tinte ealaíne ag lonrú na spéire** los fuegos artificiales estaban iluminando el cielo.
lónroinn *f2* comisariado.
lorg I *m1* marca, huella; rumbo, curso. **ar lorg** tras las huellas de. **bhí Cáit do do lorg** Cata te estaba buscando. **lorg na hiasachta** influencia extranjera. **II** *vt, vi* rastrear, buscar; pedir. **ag lorg eolais** buscando información.
lorga *f4* palo, porra; espinilla.
lorgaire *m4* rastreador; detective.
lorgaireacht *f3* rastreo; detección. **Lorgaireacht an tSoithigh Naofa** la búsqueda del Santo Grial.
los *m3* punta.
losaid *f2* artesa.
losainn *f2* pastilla.
losán *m1* letrina.
loscadh *m* quemadura; abrasión; incineración; escocedura. **loscadh gréine** insolación.
loscann *m1* rana; renacuajo.
loscánta *adj* anfibio.

luarga

lot *m1* herida; desperfecto, daño. **lot báis** herida mortal. **lot a dhéanamh ar dhuine** lastimar a alguien.
lota *m4* parcela.
lotnaid *f2* alimaña; peste.
lú *comparativo de* **beag**. **is lú an tSalvadóir ná Nicaragua** El Salvador es más pequeño que Nicaragua.
lua *m4* mención, cita, referencia.
luach *m3* valor; precio; recompensa. **díoladh faoina luach iad** se vendieron por menos de su valor. **ní féidir luach airgid a chur air** es de valor incalculable.
luacháil I *f3* valoración, tasación. **cuireann sé le luacháil thalamh feirme** aumenta el valor de la tierra agrícola. **II** *vt* tasar, valorar, evaluar.
luachair *f3* junco; juncal. **airgead luachra** ulmaria.
luachálaí *m4* tasador.
luachliosta *m4* lista de precios.
luachmhar *adj* valioso, costoso, precioso.
luadar *m1* movimiento, actividad; vigor.
luaidhe *f4* plomo. **peann luaidhe** lápiz.
luaidhiúil *adj* plomizo, plúmbeo.
luaidreán *m1* informe, relación; rumor.
luaigh *vt, vi* mencionar. **luaitear Machado go minic in éineacht le scríbhneoirí eile de chuid ghlúin 98** a menudo se cita a Machado junto a otros escritores de la generación del 98. **ní fiú é a lua** no merece la pena mencionarlo.
luail *f2* movimiento, actividad.
luain *f2* movimiento; ejercicio violento.
luaineach *adj* ágil; inquieto; vacilante; poco constante.
luaineacht *f3* movilidad; desasosiego, inquietud; vacilación; fluctuación.
luainigh *vi* moverse ágilmente; moverse de manera insegura; variar, cambiar.
luaíocht *f3* mérito.
luáiste *f* levística.
luaite *adj* mencionado.
luaiteachas *m1* informe; mención.
luaith *f3* cenizas.
luaithe *f4* rapidez, prontitud.
luaithreach *m1* cenizas; polvo. **Céadaoin an Luaithrigh** Miércoles de Ceniza.
luaithreadán *m1* cenicero.
luaithriúil *adj* ceniciento.
luamh *m1* yate.
luamhaire *m4* balandrista; deportista naútico.
luamhán *m1* palanca.
luan[1] *m1* lomo.
Luan[2] *m1* lunes. **Dé Luain** el lunes. **Lá an Luain** Día del Juicio.
luán *m1* cabrito, choto.
luarga *adj* vulgar.

luargacht *f3* vulgaridad.
luas *m1* rapidez, velocidad. **ní féidir luas an tsolais a shárú** no se puede superar la velocidad de la luz. **tá an traein ag bailiú luais** el tren está acelerando. **LUAS** (*red tranviaria de Dublín*).
luasaire *m4* acelerador.
luasc *vt, vi* balancear, mecer, oscilar.
luascach *adj* bamboleante, oscilante.
luascadán *m1* péndulo.
luascadh *m* oscilación, meneo, vaivén. **ar luascadh** meciéndose.
luascán *m1* mecedura, acción de mecer, columpio.
luascóp *m1* osciloscopio.
luasghéaraigh *vt, vi* acelerar.
luasghéarú *m4* aceleración.
luasmhéadar *m1* velocímetro.
luasmhoilligh *vi* desacelerar, frenar.
luath *adj* rápido, veloz; temprano. **chomh luath agus** tan pronto como, en cuanto. **go luath** pronto. **saothar luath Borges** la obra temprana de Borges. **ar a luaithe** lo más temprano. **a luaithe a fuair sé é** tan pronto como lo obtuvo.
luathaigh *vt, vi* apresurarse, acelerar.
luathintinn *f2* volubilidad, veleidad.
luathintinneach *adj* voluble, antojadizo, veleidoso, caprichoso; precipitado.
luathscríbhneoireacht *f3* taquigrafía.
lúb I *f2* lazo; eslabón; curva; puntada, punto de calceta. **cruth S atá ar an lúb** la curva tiene la forma de S. **lúb abhann** meandro.
lúb ghruaige rizo. **II** *vt, vi* rizar; hacer un lazo; coger en una red; torcer, inclinar. **is deacair slat crua a lúbadh** es difícil torcer un palo duro.
lúbach *adj* ondulado; plegable; astuto.
lúbaire *m4* artero, tramposo.
lúbaireacht *f3* engaño, trampa. **deirtear gur bhuaigh sí an toghchán trí lúbaireacht** dicen que ganó las elecciones haciendo trampa.
lúbán *m1* lazo; bucle; pasador.
lúbánach *adj* en forma de bucle, enrollado.
lúbarnaíl *f3* retorcido, sinuoso, serpeante.
lubhóg *f2* escama.
lubhógach *adj* desconchado; escamoso.
lúbóg *f2* ricillo; ojal.
lúbra *m4* laberinto.
luch *f2* ratón. **luch chodlamáin** lirón.
lúcháir *f2* alegría, júbilo.
lúcháireach *adj* alegre, jubiloso.
lucharachán *m1* duende, enano, elfo.
luchóg *f2* ratón.
lúcharpán *m1* gnomo.
lucht *m3* gente, categoría de personas; contenido, cargamento; carga eléctrica. **lucht léinn** gente docta. **lucht éisteachta** oyentes. **lucht féachana** espectadores. **lucht**

oibre trabajadores. **lucht na Fraincise** los francófonos. **lucht deimhneach** carga positiva.
luchtaigh *vt* cargar, llenar.
luchtmhar *adj* cargado; amplio; emotivo.
luchtóir *m3* cargador.
lúdrach *f2* gozne, bisagra, pivote.
lúfaireacht *f3* soltura, agilidad.
lúfar *adj* ágil, atlético.
lug *s* (*en frases*) **thit an lug ar an lag agam** me faltó valor, quedé aturdido.
lugach *m1* arenícola marina.
luí *m4* posición yacente, reposo; tendencia; presión. **dul a luí** ir a acostarse. **bhí mé i mo luí** estuve acostado. **luí gréine** puesta de sol. **luí na tíre** configuración del terreno.
luibh *f2* hierba; planta. **luibh Eoin Baiste** hierba de San Juan. **luibh leighis** hierba medicinal.
luibheach *adj* herbáceo.
luibheolaí *m4* herbolario; botánico.
luibheolaíocht *f3* botánica.
luibhghort *m1* jardín de hierbas.
luibhiteach *adj* herbívoro.
luibhitheoir *m3* herbívoro.
luibhre *m4* herbaje, vegetación.
lúibín *m4* ricito; ojal, corchete; paréntesis. **lúibín coille** cenador. **lúibín cufa** gemelo de una camisa.
luid *f2* pedazo; jirón, harapo.
lúidín *m4* meñique.
luifearnach I *f2* hierbajo, despojo. **II** *adj* lleno de malas hierbas.
luigh *vi* yacer; asentarse; inclinarse; acostarse. **"luigh ar do thaobh," arsa an dochtúir** "póngase de lado," dijo el médico. **ní luíonn sé le reasún** no tiene sentido.
luíochán *m1* estado yacente; emboscada.
lúipín *m4* altramuz.
lúireach *f2* peto; rogativa. **Lúireach Phádraig** peto de San Patricio (*oración de San Patricio*).
luis *f2* serbal.
luiseag *f2* espiga; colmillo.
luisne *f4* sonrojo, arrebol.
luisnigh *vi* sonrojarse, arrebolarse.
luisniúil *adj* sonrojado, arrebolado; rubicundo.
luiteach *adj* adecuado. **luiteach le** apegado a algo.
lúitéis *f2* servilismo, adulación.
lúitéiseach *adj* adulador, servil.
lúitheach I *f2* ligamento, tendón. *pl.* músculos. **II** *adj* nervudo, muscular.
lúithnire *m4* atleta.
lúithnireacht *f3* atletismo.
lumbágó *m4* lumbago.
Lúnasa *m4* agosto.

lus

lus *m3* planta, hierba. **lus an chromchinn** narciso. **lus súgach** espárragos. **lus an choire** cilantro. **lus na gréine** girasol. **lus na bó** pepino. **lus liath** lavanda. **lus na magairlí** orquídea. **lus mín** eneldo. **Garraí na Lus** Jardín Botánico.
lusach *adj* herbáceo.
lusca *m4* cripta, bóveda.
luslann *f2* herbario.
lusra *m4* hierbas, herbaje.
lústaire *m4* adulador, zalamero.
lústar *m1* adulación, zalamería; agitación.

lúthchleasaíocht

lútáil I *f3* adulación, lisonja. **II** *vi* adular, lisonjear.
lútálaí *m4* adulador, lisonjero.
lúth *m1* facultad de moverse, agilidad; vigor; nervio, tendón.
lúthaíocht *f3* ejercicio.
lúthchleas *m1* ejercicio atlético, **Cumann Lúthchleas Gael** *asociación para el fomento de los deportes gaélicos.*
lúthchleasaí *m4* atleta.
lúthchleasaíocht *f3* atletismo; deporte.

M

M, m *m* letra M. **M séimhithe** (**Ṁ**, **ṁ**; **Mh**, **mh**) M lenizada.
má[1] *f4* llanura, planicie.
má[2] (**más**) *conj* si. **má thagann sé amárach feicfidh tú é** si viene mañana lo verás. **má bhíonn deis agat** si tienes la ocasión. **má chreideann tú é sin** si crees eso. **más fíor é** si es verdad. **más mian leat** si quieres. **más buan mo chuimhne** si recuerdo correctamente.
mabóg *f2* borla.
mac *m1* hijo; muchacho. **mac léinn** estudiante. **mac dearthár** sobrino. **mac tíre** lobo. **mac imrisc** pupila. **a mhic** (*voc*) amigo.
macadam *m1* macadán.
macalla *m4* eco.
macánta *adj* honrado, honesto; amable.
macántacht *f3* honestidad; amabilidad.
macaomh *m1* joven, mancebo.
macarón *m1* macarrón.
macasamhail *f3* semejanza; reproducción, copia. **macasamhai lánmhéide** reproducción de tamaño natural. **a mhacasamhail** semejante. **drámadóirí de mhacasamhail Calderón** dramaturgos como Calderón.
macha *m4* prado, pastizal; corral.
máchail *f2* tacha, defecto, imperfección.
máchaileach *adj* estropeado, defectuoso.
machaire *m4* llanura. **machaire gailf** campo de golf. **machaire catha** campo de batalla.
machnaigh *vt, vi* pensar, reflexionar; contemplar.
machnamh *m1* reflexión, contemplación.
machnamhach *adj* pensativo, reflexivo, contemplativo.
macnas *m1* juerga; jugueteo; voluptuosidad.
macnasach *adj* sensual; juguetón; alocado.
macra *m4* niños; banda de jóvenes.
macúil *adj* filial.
madadh *m1* perro. **tá saol an mhadaidh bháin aige** vive a cuerpo de rey.
madhmadh *m* erupción; huída; detonación.
madra *m4* perro. **madra crainn** ardilla. **madra daill** perro lazarillo. **madra éisc** cazón. **madra faire** perro guardián. **madra folaíochta** perro de raza. **madra rua** zorro. **madra seilge** perro de caza. **madra uisce** nutria. **dhá mhadra bheaga bhána** dos pequeños perros blancos. **tá a fhios ag madraí an bhaile** lo sabe todo el mundo.
madragal *m1* madrigal.

madrúil *adj* perruno, canino.
magadh *m1* burla, mofa; broma. **ag magadh faoi dhuine** burlándose de alguien.
magairle *m4* testículo.
magairlín *m4* orquídea. **magairlín meidhreach** orquídea macho.
máguaird *adv* alrededor. **an ceantar máguaird** los alrededores.
magúil *adj* burlón, bromista.
mahagaine *m4* caoba.
maicín *m4* niño mimado, consentido, hijo de papá; reyerta, riña.
maicne *f4* hijos, progenie; estirpe, linaje.
maicréal *m1* caballa.
maide *m4* bastón, palo; viga, leño. **maide corrach** balancín. **maide croise** muleta. **maide gréine** rayo de sol. **maide luascáin** trapecio. **maide rámha** remo. **maide siúil** bastón. **maide stiúrach** caña del timón.
maidhm I *f2* erupción; desbandada; detonación. **maidhm thalún** corrimiento de tierras. **maidhm shléibhe** avalancha. **maidhm mara** tsunami. **maidhm sheicne** hernia. **maidhm thoinne** rompeolas. **II** *vt, vi* brotar; irrumpir; entrar en erupción; explotar.
maidhmitheoir *m3* detonador.
maidin *f2* mañana. **maidin Dé Luain** el lunes por la mañana. **ar maidin** por la mañana. **Réalt na Maidine** la estrella matutina, Venus.
maidir *prep* **maidir le** en cuanto a, en lo que concierne a; como, igual que. **gan idirdhealú maidir le cine, gnéas, nó creideamh** sin discriminar por razones de raza, sexo, o religión. **maidir le do litir con** referencia a su carta.
maidneachan *m1* amanecer, alba.
Maidrid *m* Madrid.
maidrín *m4* perrito; golfo; persona desaliñada.
maig *f2* inclinación, sesgo.
maígh *vt, vi* constatar, declarar, afirmar; jactarse; envidiar. **mhaígh urlabhraí thar ceann an Rialtais** un portavoz del gobierno declaró. **mhaígh sé gaol liom** afirmó ser mi pariente. **na buntáistí a mhaítear ar na modhanna nua** las ventajas que afirman tener los nuevos métodos. **ní mhaímid a gcuid airgid orthu** no les envidiamos su dinero.
maighdean *f2* virgen, doncella. **an Mhaighdean** Virgo. **An Mhaighdean**

144

maighdeanas

Mhuire la Virgen María. **maighdean mhara** sirena.
maighdeanas *m1* virginidad.
maighdeog *f2* pivote.
maighnéad *m1* imán.
maighnéadach *adj* magnético.
maighnéadaigh *vt* magnetizar.
maighnéadas *m1* magnetismo.
maighreán *m1* salmón joven.
maignéis *f2* magnesia.
maignéisiam *m4* magnesio.
máilín *m4* bolso pequeño, maletín. **máilín domlais** vesícula biliar. **máilín maise** estuche de cosméticos.
mailís *f2* malicia, malignidad.
mailíseach *adj* malicioso, maligno.
maille *prep* **maille le** con. **ainm gach iarrthóra maille le tuairisc ar a chúrsa léinn** el nombre de cada candidato así como una descripción de su programa de estudios.
máille *f4* mallas.
máilléad *m1* mazo, martillo de madera.
mailp *f2* arce.
maindilín *m4* mandolina.
maingléis *f2* frivolidad; ostentación.
mainicín *m4* maniquí, modelo.
mainicíneacht *f3* desfile de modelos; profesión de modelo.
mainistir *f5* monasterio, abadía.
máinlia *m4* cirujano.
máinliacht *f3* cirugía. **máinliacht chosmaideach** cirugía plástica.
mainneachtain *f3* negligencia, falta.
máinneáil *f3* balanceo, bamboleo; remoloneo, **ag máinneáil thart** merodeando.
mainséar *m1* pesebre; belén.
maintín *f2* costurera, modista.
maintíneacht *f3* costura; costurera, modista.
maintis *f* **maintis chrábhaidh** mantis religiosa.
maíomh *m1* afirmación; baladronada; envidia. **cúis mhaíte** motivo de orgullo.
mair *vi* vivir, perdurar; sobrevivir. **Seán Ó Sé nach maireann** el difunto Seán Ó Sé.
mhair an t-aighneas i bhfad la disputa duró largo tiempo. **mair an lá** *carpe diem*.
go maire tú felicidades. **ní féidir maireachtáil ar an tuarastal sin** no se puede vivir con ese sueldo.
mairbhiteach *adj* lánguido, letárgico; entumecido.
mairbhití *f4* languidez, letargo; entumecimiento.
mairbhleach *adj* entumecido.
maireachtáil *m3* vida; sustento, subsistencia. **costas maireachtála** el coste de la

máistreacht

vida. **caighdeán maireachtála** nivel de vida. **stíl mhaireachtála** estilo de vida.
máireoigín *m4* marioneta, títere.
mairfeacht *f3* aborto.
mairg *f2* pena, dolor. **mo mhairg!** ¡ay de mí! **is mairg go** es una pena. **is mairg nach mbíonn foighne aige** pobre de aquel que no tenga paciencia.
mairgneach *f2* lamentación, lamento, llanto.
mairnéalach *m1* marinero, marino.
mairnéalacht *f3* arte de marear, náutica.
máirseáil I *f3* marcha, desfile. **II** *vt, vi* marchar, desfilar. **go mear máirseáil** paso ligero.
máirseálaí *m4* marchista; manifestante.
Máirt *f4* martes. **Dé Máirt** el martes. **bíonn an cruinniú ar siúil gach dara Máirt** la reunión se celebra cada segundo martes.
mairteoil *f3* carne de vaca. **mionra mairteola** carne picada.
mairtíneach *m1* tullido, lisiado.
mairtíreach *m1* mártir.
mairtíreacht *f3* martirio.
mais *f2* masa. **deich n-oiread mhais na gréine** diez veces la masa del sol.
maise *f4* adorno; belleza, lindeza. **faoi mhaise** adornado. **ba mhaith an mhaise dó é** estuvo a la altura de las circunstancias. **Athbhliain faoi mhaise duit** que tengas Feliz Año Nuevo.
maisigh *vt* adornar, embellecer. **bia a mhaisiú** condimentar una comida. **Harry Clarke a mhaisigh na fuinneoga úd** Harry Clarke decoró esas ventanas.
maisíocht *f3* efecto especial. **maisíochta fuaimiúla** efectos de sonido.
maisitheoir *m3* decorador, escenógrafo.
maisiúchán *m1* adorno, decoración.
maisiúcháin na Nollag adornos navideños.
maisiúil *adj* decorativo, bello, elegante.
maisiúlacht *f3* belleza, lindeza, hermosura.
máisiún *m1* masón.
maistín *m4* mastín; matón, canalla.
máistir *m4* maestro, profesor; jefe. **máistir sorcais** maestro de ceremonias, jefe de pista. **máistir na meán cumarsáide atá ann** se trata de un experto en medios de comunicación. **tá sé ina mháistir ar a cheird** domina su oficio.
máistirshaothar *m1* obra maestra.
maistíteas *m1* mastitis.
máistreacht *f3* maestría, dominio; máster. **is rídheacair máistreacht iomlán a fháil ar theanga** es difícil dominar una lengua completamente. **tá máistreacht**

maistreadh sa tsocheolaíocht ag mo dheirfiúr ach ní féidir leí post a aimsiú mi hermana tiene un máster en sociología pero no ha podido encontrar trabajo. **maistreadh** *m1* operación de mejer la leche para sacar la manteca. **maistreán** *m1* puré. **máistreás** *f3* maestra de escuela; dueña. **maistrigh** *vt, vi* hacer manteca. **máistrigh** *vt* dominar. **máistriúil** *adj* autoritario; magistral. **maiteach** *adj* misericordioso; absuelto. **maíteach** *adj* fanfarrón; envidioso. **maiteachas** *m1* misericordia. **maith**[1] **I** *adj* bueno. **leithscéal maith** buena excusa. **roinnt mhaith, cuid mhaith** bastante, bastantes, varios. **fuair sé cuid mhaith poiblíochta** ganó bastante publicidad. **tamall maith** un buen rato. **is maith an smaoineamh é** es una buena idea. ❶ *usado para expresar gustos* **an maith leat an t-údar seo?** ¿te gusta este autor? **ba mhaith liom tuilleadh tae** me gustaría tomar más té. **ní maith leo an ceol traidisiúnta** no les gusta la música tradicional. **nach maith libh an trá?** ¿no os gusta la playa? **ith pé rud is maith leat** come lo que te guste. **II** *adv* **go maith** bien. **is maith is eol dúinn** bien lo sabemos. **tá go maith** está bien. **maith go leor** bastante bueno, bastante bien; de acuerdo. **tá sé go maith crosta anois** ya está bien enojado. **go maith as** acomodado, adinerado. **go maith ag an gceol** bueno en música. **ba mhaith an airí é** lo tenía bien merecido. **chomh maith** tan bien; también. **III** *f2* bien. **go raibh maith agat** gracias. **gan mhaith** inútil. **cén mhaith duit é?** ¿de qué te sirve? **ní haon mhaith é seo** esto no sirve. **ó mhaith** averiado, estropeado. **maith**[2] *vt* perdonar. **maith dúinn ár bhfiacha** perdónanos nuestras deudas. **is deacair dom é a mhaitheamh** me cuesta perdonarlo. **maithe** *f4* bondad, bien. **ar mhaithe le** por el bien de. **maitheamh** *m1* misericordia, perdón, remisión. **maitheas** *f3* bien, bondad. **athrú chun maitheasa** cambiar para mejor. **cailleadh é i mbarr a mhaitheasa** murió en su plenitud. **maithiúnas** *m1* misericordia, perdón. **máithreach** *f2* lecho. **stracadh an t-ancaire as a mháithreach** el ancla fue arrancada de su lecho. **máithreachas** *m1* maternidad.

máithreánach I *m1* matriculación. **II** *adj* **scrúdú máithreánach** examen de ingreso universitario. **máithriúil** *adj* maternal, materno. **mál** *m1* impuestos indirectos. **mala** *f4* ceja; cuesta, pendiente. **in éadan na mala** cuesta arriba. **mála** *m4* bolsa, bolso. **mála láimhe** bolso de mano, cartera. **mála droma** mochila. **mála codlata** saco de dormir. **málaí taistil** maletas, equipaje. **maláire** *f4* paludismo, malaria. **malairt** *f2* alternancia; cambio; intercambio. **ar mhalairt slí** de otra manera. **malairt éadaigh** cambio de ropa. **ar an mbealach abhaile tháinig malairt aigne orm** de camino a casa cambié de opinión. **tá an trácht ar malairt treo** el tráfico va en dirección contraria. **is é a mhalairt a dúirt sé** dijo todo lo contrario. **níl fios a mhalairte acu** no saben otra cosa. **malartach** *adj* cambiante; canjeable, intercambiable; alternativo. **malartacht** *f3*. mutabilidad. **malartaigh** *vt* cambiar, intercambiar, trocar. **mhalartaigh siad a gcuid earraí le muintir na háite** intercambiaron sus mercancías con la gente del lugar. **malartán** *m1* niño sustituído por otro; cambio; centralita. **mall** *adj* lento; tardío, retrasado. **tá an clog sin mall** ese reloj va atrasado. **foinn mhalla** melodías lentas. **mallacht** *f3* maldición. **tá mallacht ar an áit seo** este lugar está maldito. **cuir mallacht ar dhuine** maldecir a alguien. **mallachtach I** *f2* maldición, acción de maldecir. **II** *adj* maldito. **mallaibh** *spl* **ar na mallaibh** últimamente, lo último. **mallaigh** *vt, vi* maldecir. **mallaithe** *adj* maldito; vicioso. **mallard** *m1* ánade real. **mallintinneach** *adj* corto de entendederas, lento; retrasado mentalmente. **mallmhuir** *f3* marea muerta. **malltriallach** *m1, adj* gandul, vago, haragán; lento. **malluaireach** *m1* tardón; rezagado, persona que llega tarde. **malrach** *m1* joven, mozo. **mam** *f2* mamá, mamacita. **mám**[1] *m3* puerto, paso de montaña. **mám**[2] *f3* puñado. **mamach I** *m1* mamífero. **II** *adj* mamario. **mamaí** *f4* mamá, mamacita. **mámh** *m1* triunfo en naipes. **mamó** *f4* abuelita.

mana

mana *m4* agüero; lema; actitud. **mana an phobail** opinión pública.
manach *m1* monje.
manachas *m1* monacato, vida monástica.
manachúil *adj* monacal, monástico.
Manainn *f* **Oileán Mhanann** isla de Man.
Manainnis *f2* manés, lengua manesa.
Manannán *m* **Manannán mac Lir** Manannán hijo de Lir (*dios celta del mar*).
mandáil *f3* **Déardaoin Mandála** Jueves Santo.
mandairín *m4* mandarín; mandarina.
mangach *m1* abadejo.
mangaire *m4* vendedor ambulante, buhonero.
manglam *m1* revoltijo, batiburrillo; cóctel.
manglam torthaí cóctel de frutas.
manglam cloicheán cóctel de langostinos.
mánla *adj* gentil, gracioso, amable.
mánlacht *f3* gentileza, amabilidad.
manna *m4* maná.
mant *m3* mella, muesca; mordisco; encía desdentada.
mantach *adj* mellado, dentado, con muescas; desdentado.
mantóg *f2* bozal.
maoil *f2* cabezo, cerro; cima pelada; corona. **ag cur thar maoil** a rebosar. **bhí na siopaí ag cur thar maoil** los almacenes estaban atestados de gente.
maoildearg *f2* morera.
maoile *f4* desnudez, calvicie.
maoileann *m1* cabezo, cerro.
maoin *f2* propiedades; riqueza. **chaill siad a maoin i rith an chogaidh** perdieron su plata durante la guerra. **lucht maoine** gente adinerada.
maoinchiste *m4* cofre.
maoineach I *m1* bienes atesorados. **II** *adj* acaudalado, rico, adinerado; querido.
maoineas *m1* dotación; subvención.
maoinigh *vt* financiar, dotar de fondos, patrociniar. **arna mhaoiniú ag Aontas na hEorpa** financiado por la Unión Europea.
maoiniú *m4* financiación.
maoinlathas *m1* plutocracia.
maoirseacht *f3* administracion; supervisión, superintendencia.
maoirseoir *m3* supervisor, superintendente.
maoithe *f* suavidad, ternura.
maoithneach *adj* sentimental; melancólico.
maoithneachas *m1* sentimentalismo, melancolía.
maol *adj* calvo; romo; obtuso. **scian mhaol** cuchillo embotado. **cath na mbó maol** disputa de dos calvos por un peine, disputa sin sentido.

maraigh

maolaigh *vt, vi* disminuir, menguar; aliviar.
mhaolaigh sé an luas redujo la velocidad.
maolaire *m4* amortiguador, sordina.
maolaitheach *m1, adj* paliativo, lenitivo.
maolchluasach *adj* alicaído; desanimado; con las orejas gachas; avergonzado.
maolchúiseach *adj* inepto; incapaz.
maolscríobach *adj* desaseado, desaliñado; chapucero.
maolteanga *f4* tartamudeo.
maolú *m4* disminución.
maoluillinn *f2* ángulo obtuso.
maonáis *f2* mayonesa.
maor *m1* administrador; guardián; supervisor; mayordomo.
maorga *adj* majestuoso, digno; sosegado.
maorgacht *f3* majestad, dignidad.
maorlathach *adj* burocrático.
maorlathas *m1* burocracia.
maos *m1* **ar maos** empapado, saturado.
maoth *adj* blando, tierno; húmedo.
maothaigh *vt, vi* ablandar; humedecer; empapar.
maothal *f2* calostro.
maothán *m1* lóbulo de la oreja; flanco; brote.
maothlach *m1* gachas, puches.
maothóir *m3* hidratante, humectante.
mapa[1] *m4* mapa.
mapa[2] *m4* fregona, trapeadora.
mar *prep, conj* como, como si; porque. **mar an gcéanna** del mismo modo. **mar a chéile** similar, parecido. **mar sin** por eso, aproximadamente. **fiche eoró nó mar sin** como veinte euros. **agus mar sin de** y así sucesivamente. **mar sin féin** sin embargo. **mar a** donde. **mar a bhain sé cáil amach** donde se hizo famoso. **mar aon le** así como. **cad é mar atá tú?** ¿cómo estás? **mar go bhfuil práinn leis** ya que es urgente. **seo mar a réitigh mé é** así es como lo solucioné. **mar fhocal scoir** para terminar, en conclusión. **mar gheall ar** de, con respeto a, por. **mar shampla** por ejemplo.
mara *gen de muir usado como adj* marino, **plandaí mara** flora marina.
marach *m1* defecto, imperfección; carencia.
márach *s* mañana. **lá arna mhárach** el día siguiente.
maraí *m4* marinero, marino.
maraigh *vt, vi* matar. **maraíodh beirt sa dóiteán** murieron dos personas en el incendio. **tá seisear maraithe le mí anuas** han muerto seis durante el pasado mes. **ná déan marú** no matarás.

147

marana *f4* contemplación, reflexión. **tá sé ar a mharana** está ensimismado en sus pensamientos.
maranach *adj* pensativo.
maránta *adj* amable; tierno; benigno.
marascal *m1* mariscal.
maratón *m1* maratón.
marbh I *m1* persona muerta. **Féile na Marbh** Día de los Muertos. **Aifreann na Marbh** Misa de Difuntos. **II** *adj* muerto; entumecido; flojo. **uisce marbh** agua estancada.
marbhán *m1* cadáver; persona apocada; bochorno, **rinne sé an marbhán beo** resucitó a los muertos.
marbhánta *adj* muerto; apagado; letárgico; estancado, parado. **tá an baile beag seo beagán marbhánta i gcomórtas le Barcelona** este pueblo es un poco parado comparado con Barcelona. **aimsir mharbhánta** tiempo bochornoso.
marbhchóiste *m4* coche fúnebre, carro fúnebre.
marbhfháisc *f2* mortaja. **marbhfháisc ort** así te mueras.
marbhghin *f2* mortinato, niño que nace muerto.
marbhlann *f2* depósito de cadáveres, morgue.
marbhna *m4* elegía, lamento, llanto. **Marbhna Luimní** Lamento por Limerick (*melodía tradicional*).
marbhsháinn *f2* jaque mate.
marc *m1* diana, blanco; nota, calificación; punto. **fuair sé marc ard sa scrúdú** obtuvo una nota alta en el examen.
marcach *m1* caballista, jinete.
marcaigh *vt, vi* cabalgar.
marcáil *vt* marcar, trazar; corregir un examen.
marcaíocht *f3* equitación; cabalgata.
marcas *m1* marqués.
marc-chlaíomh *m1* sable.
marcmheáchan *m1* peso welter.
marcra *m4* caballería.
marcshlua *m4* caballería; cabalgata.
marfach *adj* fatal. **peaca marfach** pecado mortal.
marfóir *m3* asesino.
marg *m1* marco.
margadh *m1* mercado; ganga; trato, pacto. **rinne Don Juan margadh leis an diabhal** Don Juan hizo un pacto con el diablo.
margaigh *vt* poner en venta.
margáil *f3* regateo.
margaíocht *f3* mercadeo, mercadotecnia, marketing.
margairín *m4* margarina.

marglann *f2* mercado, centro comercial.
marla *m4* barro de modelar; plastilina.
marmaláid *f2* mermelada confeccionada a base de cítricos.
marmar *m1* mármol.
maróg *f2* budín; panza, barriga. **maróg aráin** budín de pan. **tá maróg uirthi** está embarazada.
marógach *adj* panzudo.
marós *m1* romero (*bot.*).
Mars *m3* Marte.
marsúipiach *m1, adj* marsupial.
mart *m1* esqueleto de vaca; *pl.* ganado vacuno.
Márta *m4* Marzo. **Mí an Mhárta** el mes de marzo.
marthain *f3* existencia; subsistencia, supervivencia.
marthanach *adj* duradero, perdurable. **an bheatha mharthanach** vida eterna
marthanóir *m3* superviviente.
martraigh *vt* martirizar; mutilar, lisiar.
marú *m4* asesinato, matanza. **marú fuaime** amortiguamiento de sonido. **bheith ag marú madra mhairbh** machacar en hierro frío. **ná déan marú no matarás.**
marún *m1, adj* granate.
Marxach *m1, adj* marxista.
Marxachas *m1* marxismo.
más¹ (**má + is**) *conj* si es.
más² *m1* nalga; muslo.
másach *adj* nalgudo; gordo de muslos.
másailéam *m1* mausoleo.
masc I *m1* máscara, disfraz. **masc cosanta** tapabocas. **II** *vt* enmascarar, disfrazar.
mascalach *adj* viril, varonil, masculino; macho.
masla *m4* insulto; fatiga. **masla cainte** abuso verbal.
maslach *adj* insultante, abusivo; injurioso.
maslaigh *vt* insultar; dañar; fatigar.
masmas *m1* náusea. **chuir an deoch masmas orm** me mareó el trago.
masmasach *adj* nauseabundo; mareado.
mastóideach *m1, adj* mastoideo.
mata *m4* estera.
máta *m4* primer oficial de un barco.
matal *m1* repisa de chimenea.
matalang *m1* desastre, calamidad.
matamaitic *f2* matemáticas.
matamaiticeoir *m3* matemático.
matamaiticiúil *adj* matemático.
matán *m1* músculo. **matáin an bhoilg** abdominales.
matánach *adj* muscular.
máthair *f5* madre, mamá. **bhí a máthair ina múinteoir** su madre era profesora. **tá gaol agam leis ar thaobh mo mháthar**

máthairab

estoy emparentado con él por parte de madre. **mar a deireadh mo mháthairse** como mi madre solía decir. **máthair mhór** abuela. **máthair chéile** suegra. **a mháthair Dé!** ¡madre de Dios!
máthairab *f3* abadesa.
máthairtheanga *f4* lengua materna.
máthartha *adj* maternal; materno. **is í an Spáinnis a teanga mháthartha** el español es su lengua materna.
mathshlua *m4* gentío, muchedumbre, multitud.
matrarc *m4* matriarca.
matrarcach *adj* matriarcal.
mátrún *m1* matrona, jefa de enfermeras, ama de llaves.
mé *pron 1 sg (ver tablas)*. yo, me. **tá mé tinn inniu** hoy estoy enfermo. **an dtuigeann tú mé?** ¿me entiendes? **mé féin** yo mismo. **is dochtúir mé** yo soy médico. **mé féin san áireamh** yo incluído. **gan mé sin mí.** **duine mar mé** una persona como yo.
meá[1] *f4* balanza, pesa; medida. **an Mheá Libra**. **idir dhá cheann na meá** en estado crítico, en equilibrio precario.
meá[2] *f4* pesquería.
meá[3] *f4* hidromiel.
meabhair *f5* mente, intelecto; consciencia; sentido. **tá sé as a mheabhair** está loco. **ní féidir meabhair ar bith a bhaint as** no tiene sentido. **meabhal** *m1* engaño, traición. **meabhal scáil** espejismo.
meabhlach *adj* tramposo, engañoso, traicionero; ilusorio.
meabhlaigh *vt* engañar, seducir.
meabhrach *adj* consciente; inteligente; mental. **cliseadh meabhrach** ataque de nervios. **drochíde mheabhrach** abuso psicológico.
meabhraigh *vt, vi* memorizar; recordar; meditar; percibir, sentir. **mheabhraigh sí an chontúirt** percibió el peligro. **mheabhraigh sí an scéal dom** me recordó la historia. **meabhraigh go maith an méid sin** piénsalo bien. **ba chóir na rudaí a leanas a mheabhrú** hay que tener en cuenta lo siguiente.
meabhraíocht *f3* consciencia, atención; inteligencia.
meabhrán *m1* memorándum.
meacan[1] *m1* raíz, tubérculo. **meacan bán** chirivía, pastinaca. **meacan dearg** zanahoria. **meacan biatais** remolacha. **meacan ráibe** nabo.
meacan[2] *m1* quejido, lloriqueo.
meáchan *m1* peso. **meáchan adamhach** peso atómico. **titim chun meáchain** engordar.

meall

meáchanlár *m1* centro de gravedad.
méad *m1* **ar a mhéad** a lo sumo, como mucho. **cá mhéad? cé mhéad?** ¿cuánto? **dá mhéad é** por grande que sea. **dá mhéad a ngrá dá chéile** por mucho que se quieran. **dá mhéad cuimhne sa ríomhaire is ea is fearr** cuanto más memoria tenga el computador mejor. **cé mhéad uair a dúirt mé leat?** ¿cuántas veces te lo he dicho?
méadaigh *vt, vi* incrementar, multiplicar, crecer; agrandar. **táthar chun mo thuarastal a mhéadú** me van a aumentar el sueldo. **tá an ráta féinmharaithe ag méadú** está subiendo la tasa de suicidios. **méadaíonn ar an teocht** sube la temperatura. **gloine méadaithe** lupa.
méadail *f3* barriga, estómago, vientre.
méadailín *m4* ventrículo.
meadáille *m4* medallón.
méadaíocht *f3* desarrollo, crecimiento; madurez; presunción.
méadaitheach *adj* creciente, en aumento.
méadaitheoir *m3* ampliadora.
meadar *f2* recipiente de madera; mantequera.
méadar *m1* metro; contador, medidor.
meadaracht *f3* metro; métrica.
meadhg *m1* suero.
meadhrán *m1* mareo, vértigo; alegría loca. **bhí meadhrán i mo cheann** me sentía mareado.
méadlach *m1* comilón.
méadrach *adj* métrico.
méadú *m4* aumento, multiplicación, crecimiento. **tháinig méadú ar phraghas bia** subió el precio de la comida.
meafar *m1* metáfora.
meafarach *adj* metafórico.
meaig *f2* urraca.
meáigh *vt, vi* pesar; medir; ponderar, juzgar.
meaingeal *m1* remolacha forrajera.
meaisín *m4* máquina. **meaisín niocháin** lavadora.
meaisínghunna *m4* ametralladora.
meaisíneoir *m3* maquinista.
meáite *adj* resuelto, decidido. **bheith meáite ar rud a dhéanamh** estar decidido a hacer algo.
méala *m4* pena, tristeza; motivo de duelo. **méala mór a bhás** lamentan su muerte.
méalaigh *vt* afligir, causar pena.
mealbhacán *m1* **mealbhacán uisce** sandía, patilla.
mealbhóg *f2* bolso, zurrón, morral.
méaldráma *m4* melodrama.
méaldrámata *adj* melodramático.
meall[1] *m1* bola, globo; hinchazón; montón. **meal sneachta** bola de nieve.

meall

meall² *vt, vi* encantar, seducir; engañar, **mheall an ceol í** la música la sedujo.
meallacach *adj* seductor, encantador.
mealladh *m1* seducción, encanto; engaño.
mealltach *adj* seductor, lisonjero, zalamero.
mealltóir *m3* seductor, zalamero, engañoso.
meamhlach *f2* maullido.
meamraiméis *f2* lenguaje burocrático.
meamram *m1* memorial, memorándum.
meán-¹ *pref* medio, semi.
meán² *m1* medio; media, promedio. **na meáin chumarsáide** los medios de comunicación. **meán lae** mediodía. **Meán Fómhair** septiembre. **meán oíche** medianoche. **trí mheán na Gaeilge** a través del irlandés. **ar an meán** como promedio, por término medio.
meana *m4* lezna, punzón.
meánach *adj* medio, intermedio; mediano, moderado.
meánaicme *f4* clase media.
meánaicmeach *adj* de clase media.
meánaíocht *f3* moderación.
meánaois I *f2* edad media. **an Mheánaois** la Edad Media.
meánaoiseach *adj* medieval.
meánaosta *adj* de edad madura.
méanar *adj* **nach méanar duit go dtosaíonn do laethanta saoire amárach!** ¡qué suerte tienes que tus vacaciones empiezan mañana! **is méanar do lucht síochána a dhéanamh** bienaventurados los pacificadores.
meánchiorcal *m1* ecuador.
meánchiorclach *adj* ecuatorial.
meancóg *f2* equivocación; metedura de pata.
meánchrios *m3* ecuador.
meandar *m1* instante, segundo.
méanfach *f2* bostezo; gran abertura.
meang *f2* engaño.
meangadh *m* **meangadh gáire** sonrisa.
meanma *f5* mente, pensamiento; espíritu, moral.
meánmheáchan *m1* peso medio.
meánmhúinteoir *m3* profesor de enseñanza secundaria.
Meánmhuir *f3* **an Mheánmhuir** el Mediterráneo.
Meánmhuirí *adj* mediterráneo. **aeráid Mheánmhuirí** clima mediterráneo.
meanmnach *adj* animoso, vivaracho, alegre.
meannán *m1* **meannán gabhair** cabrito, chivo.
meannleathar *m1* cabritilla, cuero de cabrito.
meánoideachas *m1* enseñanza media.

measa

Meánoirthear *m1* **an Meánoirthear** el Oriente Medio. **teangacha ársa an Mheánoirthir** las lenguas antiguas del Oriente Medio.
meánscoil *f2* escuela secundaria.
meantán *m1* herrerillo, paro.
meánteocht *f3* temperatura media.
meánúil *adj* moderado, temperado.
mear *adj* rápido, ágil; precipitado; listo.
méar *f2* dedo. **méar coise** dedo del pie. **rud a chur ar an méar fhada** posponer algo. **bhí sí ag díriu méara i dtreo an dorais** estaba señalando la puerta.
méara *m4* alcalde.
méaracán *m1* dedal. **méaracán dearg, méaracán na mban sí** dedalera.
mearadh *m1* locura; ansia, afán.
mearaí *f4* locura, desconcierto.
mearaigh *vt, vi* confundir; distraer; desconcertar; irritar; turbar.
méaraíocht *f3* digitación, manoseo, jugueteo con las manos.
méaraigh *vt* manosear, tocar con los dedos, rasguear.
mearaithne *f4* ligero conocimiento.
mearbhall *m1* desconcierto, confusión; vértigo; error.
mearbhia *m4* comida rápida, comida chatarra.
mearbhlach *adj* desconcertado, confuso; mareado; desconcertante.
mearcair *m4* mercurio. **Mearcair** Mercurio.
méarchlár *m1* teclado.
meargánta *adj* temerario, atrevido; imprudente.
mearghrá *m4* encaprichamiento.
méarlorg *m1* huella dactilar.
méarnáil *f3* fosforescencia.
mearóg *f2* calabaza, calabacín.
méaróg *f2* guijarro, china; ficha. **méaróg éisc** palito de pescado.
mearsháile *m4* agua salobre.
mearú *m4* desorden, confusión. **an ghné atá do mo mhearú** el aspecto que me preocupa. **mearú súl** alucinación, espejismo.
meas¹ **I** *m3* estimación, juicio; estima, respeto. **le meas** atentamente. **ceard é do mheas?** ¿qué opinas? **níl meas madra agam air** no me merece ningún respeto. **II** *vt, vi* pensar; valorar; juzgar, considerar. **meas tú an mbeidh Róisín ann?** ¿crees que Rosita estará? **rud a mheas ar a chosúlacht** juzgar algo por su apariencia.
meas² *m3* bellota.
measa *comp de olc.* peor. **an ghné is measa den aicíd** lo peor de la enfermedad. **cé acu is measa?** ¿cuál te parece

measán

peor? **tá an ghéarchéim ag éirí níos measa** la crisis está empeorando.
measán *m1* perro faldero.
measartha *adj* moderado, templado; pasable, regular. **measartha maith** bastante bueno. **aeráid mheasartha** clima templado.
measarthacht *f3* moderación, templanza; cantidad suficiente.
measc[1] *s* **i measc** en medio de, entre. **i measc rudaí eile** entre otras cosas. **i measc na seirbhísí is mó a úsáidtear** entre los servicios más demandados. **as measc de entre.**
measc[2] *vt, vi* mezclar; agitar. **ná measc an dá rud le chéile** no mezcles las dos cosas.
meascán *m1* masa, pasta; mezcla. **meascán mearaí** confusión.
meascra *m4* mezcla, miscelánea.
meascthóir *m3* mezclador. **meascthóir bia** procesador de alimentos.
meastachán *m1* juicio, estimación, valoración aproximada.
meastóir *m3* tasador, asesor.
meastóireacht *f3* evaluación. **meastóireacht ar scileanna teanga** evaluación de competencia lingüística.
measúil *adj* estimable, respetable; respetuoso.
measúlacht *f3* honorabilidad, estima.
measúnacht *f3* tasación, valoración.
measúnaigh *vt* tasar; ensayar.
measúnóir *m3* tasador; perito.
measúnú *m4* evaluación formal.
meata *adj* pálido, enfermizo; vil.
meatach *adj* pálido, enfermizo; cobarde; perecedero. **earraí meatacha** bienes perecederos.
meatacht *f3* decadencia, declive.
meatán *m1* metano.
meath I *m3* decadencia, declive; fracaso. **II** *vt, vi* declinar, decaer; echarse a perder, **tháinig meath ar na barra** las cosechas se echaron a perder.
meathán *m1* serpollo, retoño; astilla.
meathbhruith *s* **ar meathbhruith** cociendo a fuego lento, al baño María.
meathlaigh *vi* declinar, decaer; fracasar, enfermar.
meathlaitheach *adj* retrógrado.
meathlú *m4* decadencia.
méathras *m1* gordura, grasa; carne grasienta.
meicneoir *m3* mecánico.
meicnic *f2* mecánica.
meicnigh *vt* mecanizar.
meicníocht *f3* mecanismo.
meicniúil *adj* mecánico.

Meiriceá

Meicsiceó *m* México. **rincí dúchasacha Mheicsiceó** las danzas indígenas de México.
Meicsiceach *m1, adj* mexicano.
méid[1] *m4* cantidad, número; extensión. **sa mhéid sin** hasta este punto. **sa mhéid go de modo que. sin é an méid** eso es todo. **tá méid mór airgid aici** tiene una buena cantidad de dinero. **is féidir liom méid áirithe Papiamento a thuiscint** entiendo algo de Papiamento. **ón méid a chuala mé** por lo que he oído.
méid[2] *f2* tamaño; magnitud. **dul i méid** aumentar.
meidhir *f2* alegría, vivacidad; diversión.
meidhreach *adj* alegre, vivaz.
meidhréis *f2* alegría, diversión; vivacidad.
meigeall *m1* barba de cabra; perilla.
meigibheart *m1* megabyte.
meil *vt, vi* moler, machacar; malgastar, desperdiciar, despilfarrar, perder. **tá tú ag meilt ama** estás perdiendo tiempo. **tá sé ag meilt a chuid maoine** está despilfarrando su patrimonio.
méile *m4* duna, montículo de arena.
méileach *f2* balido.
meilleog *f2* piel suelta. **meilleoga feola** llantitas, rollos, michelines. **meilleoga faoi na súile** ojeras.
meilm *f2* engaño.
meilt *f2* molienda, moledura; despilfarro.
meilt airgid derroche.
meilteoir *m3* molinero; moledor.
meilteoir caife molinillo de café.
méin *f2* actitud, disposición; complexión.
meiningíteas *m1* meningitis.
meinisceas *m1* menisco.
méiniúil *adj* bien dispuesto, amistoso; fértil.
meirbh *adj* lánguido, débil; bochornoso, sofocante.
meirbhe *f4* languidez, debilidad; bochorno.
meirbhligh *vt* enervar, debilitar.
meirdreach *f2* puta, prostituta.
meirdreachas *m1* puterío, prostitución.
meirdrigh *vt* prostituir.
meireang *m4* merengue.
meirfean *m1* debilidad, sofoco; bochorno, calor agobiante.
meirg *f2* óxido; irritabilidad. **tháinig meirg ar na huirlisí** se oxidaron las herramientas. **tá meirg tagtha ar mo chuid Gaeilge** mi irlandés está oxidado.
meirge *m4* bandera, enseña.
meirgeach *adj* oxidado; irritable.
meirgire *m4* abanderado; enseña.
Meiriceá *m4* América. **Meiriceá Láir** América Central. **Meiriceá Theas** América del Sur. **Meiriceá Laidineach** América Latina. **sin focal nach gcloistear i**

Meiriceá-Indiach Spáinnis Mheiriceá esa palabra no se oye en el español de América.
Meiriceá-Indiach *m1* amerindio.
Meiriceánach *m1, adj* americano.
meiriceánachas *m1* americanismo.
méirínteacht *f3* manoseo, toqueteo; intromisión.
meirleach *m1* ladrón, malhechor.
meirleachas *m1* bandidaje; vileza.
meirliún *m1* esmerejón.
méirscre *m4* cicatriz; grieta, hendidura.
meirtne *f4* debilidad, abatimiento; cansancio.
meirtneach *adj* débil; cansado; abatido.
meisce *f4* borrachera, embriaguez. **ar meisce** borracho, bebido.
meisceoir *m3* borrachín, beodo.
meisciúil *adj* embriagador; borracho, beodo. **ní bheidh deochanna meisciúla ar fáil** no se servirán bebidas alcohólicas.
meiseáil *f3* juerga, cachondeo. **ag meiseáil** haciendo tonterías.
Meisias *m4* Mesías.
meiteamorfóis *f2* metamorfosis.
meitéar *m1* meteoro.
meitéareolaíocht *f3* meteorología.
méith *f2* grasa; fertilidad *adj* gordo; fértil.
méithe *f4* gordura; fertilidad.
meitheal *f2* grupo de vecinos que colaboran para trabajar.
Meitheamh *m1* junio. **Mí an Mheithimh** el mes de junio.
meitibileacht *f3* metabolismo.
meitifisic *f2* metafísica.
meitileach *adj* metílico.
meon *m1* mente; carácter, temperamento.
meonúil *adj* fantasioso, extravagante, caprichoso.
mí-[1] *pref* mal-, dis-, des-, in-.
mí[2] *f* mes. **uair sa mhí** una vez al mes. **faoi dheireadh na míosa** para finales de mes. **mí ghealaí** mes lunar. **mí na meala** luna de miel. **leanbh sé mhí d'aois** un bebé de seis meses.
mí-ádh *m1* mala fortuna, mala suerte; desgracia. **bhí mí-ádh dearg orainn** tuvimos mucha mala suerte.
mí-ámharach *adj* desafortunado, desgraciado.
mian *f2* deseo, ansia, pasión. **más mian leat** si quieres. **ba mhian liom labhairt leis an mbainisteoir** quisiera hablar con el gerente. **níor mhian leí go bhfeicfí í** no quería que la vieran.
mianach *m1* mineral; mina; material; talento. **mianach talún** mina terrestre. **mianach guail** mina de carbón. **tá mianach aisteora ann** tiene talento para ser actor.

mianadóir *m3* minero.
mianadóireacht *f3* minería, excavación.
miangas *m1* deseo, concupiscencia.
miangasach *adj* deseoso, concupiscente.
mianra *m4* mineral. **tá saibhreas mianraí i Meiriceá Theas** América del Sur es rica en minerales.
mianrach *adj* mineral.
mianreolaíocht *f3* mineralogía.
mianúil *adj* deseoso; anhelante.
mias *f2* plato. **mias an lae** plato del día.
miasniteoir *m3* lavavajillas, lavaplatos.
míbhéasach *adj* maleducado, descortés.
míbhuíoch *adj* ingrato, desagradecido.
míbhuntáiste *m4* desventaja.
míbhunreachtúil *adj* anticonstitucional.
míchaidreamhach *adj* asocial, misántropo.
míchaidreamhacht *f3* misantropía, aversión al trato con los demás.
míchéadfach *adj* malhumorado, irritado.
mícheart *adj* incorrecto, equivocado. **ghabh na póilíní an duine mícheart** la policía detuvo a la persona equivocada.
míchéillí *adj* sin sentido, tonto.
míchiall *f2* estupidez; malentendido.
míchlú *m4* mala fama, mala reputación. **tharraing siad míchlú orthu féin** ganaron mala fama.
míchomhairle *f4* mal consejo. **mac na míchomhairle** el hijo pródigo.
míchompord *m1* incomodidad. **is fiú cur suas le beagán míchompoird** merece la pena soportar un poco de incomodidad.
míchothrom I *m1* desigualdad, injusticia. **II** *adj* desigual, desnivelado, desequilibrado; injusto.
míchothú *m4* desnutrición.
míchruinn *adj* inexacto, erróneo.
míchruinneas *m1* inexactitud, error.
míchuí *adj* indebido; excesivo. **míchuí ó thaobh aoise** inapropiado para la edad.
míchuibheasach *adj* inmoderado.
míchumas *m1* discapacidad, minusvalía. **daoine le míchumas** discapacitados, minusválidos.
míchumasach *adj* incapacitado, minusválido.
míchumtha *adj* deforme, malformado, mal hecho.
míchúramach *adj* descuidado, desaliñado, negligente.
micreafón *m1* micrófono.
micreascóp *m1* microscopio.
mídhaonna *adj* inhumano; cruel.
mídhaonnacht *f3* inhumanidad, barbarie; crueldad.
mídhíleá *m4* dispepsia, indigestión.
mídhílis *adj* infiel, desleal.
mídhílseacht *f3* infidelidad, deslealtad.

mídhílsigh *vt* malversar, malgastar; desfalcar.
mídhleathach *adj* ilegal. **tá do charr páirceáilte go mídhleathach** tu carro está aparcado ilegalmente.
mídhlisteanach *adj* ilegítimo; desleal.
mí-éifeachtach *adj* ineficiente, inefectivo.
mífhearúil *adj* impropio de un hombre, afeminado.
mífheiliúnach *adj* inadecuado.
mífhoighne *f4* impaciencia.
mífhoighneach *adj* impaciente.
mífholláin *adj* enfermo; poco saludable.
mífhonn *m1* desgana, renuencia; falta de entusiasmo.
mífhortún *m1* infortunio, desgracia.
mífhortúnach *adj* desafortunado, desgraciado.
míghean *m3* aversión, repugnancia.
mígheanas *m1* inmodestia, indecencia.
mígheanmnaí *adj* impuro; indecente.
míghléas *m1* **ar míghléas** averiado, estropeado, dañado.
míghnaoi *f4* fealdad, desfiguración; aversión.
míghreann *m1* murmuración, chismorreo, cotilleo.
mígréin *f2* migraña, jaqueca, cefalea.
mí-iompar *m1* mala conducta.
mí-iomprach *adj* revoltoso, indisciplinado.
mí-ionracas *m1* deshonestidad.
mí-ionraic *adj* deshonesto.
mil *f3* miel. **lá meala** día bueno. **criathar meala** panal.
míle *m4* mil; milla. **go raibh míle maith agaibh** gracias mil veces, les agradezco mucho. **bheadh sé míle uair níos fearr** sería mil veces mejor. **lonnaigh na hÉireannaigh na mílte míle óna dtír dhúchais** los irlandeses se establecieron a miles de millas de su patria. **cúig mhíle lasmuigh de Tijuana** a cinco millas de Tijuana. **míle gaelach** milla irlandesa (*un poco más larga que una milla británica*).
míleáiste *m4* distancia recorrida en millas.
míleata *adj* militar, marcial.
míleatach *adj* militante.
mílechosach *m1* milipiés.
mílemhéadar *m1* cuentakilómetros.
mileoidean *m1* melodeón, bandoneón pequeño.
mílí *f4* mal color, palidez.
Milidh *m* **Milidh Easpáinne** *guerrero legendario.* **Clanna Míle** descendientes de Míl (*irlandeses de origen gaélico*).
milis *adj* dulce. **breiseán milis** edulcorante. **milis searbh** salsa agridulce.
milíste *m4* milicia.

mílítheach *adj* pálido, macilento, demacrado.
míliú *m4adj* milésimo.
mill *vt, vi* estropear, echar a perder, arruinar. **tá an radharc á mhilleadh ag an teach úd** esa casa estropea la vista. **ní mhillfidh mé deireadh an scéil** no desvelaré el final de la historia. **súil mhillte mal de ojo.**
milléad *adj* mújol; salmonete.
milleadh *m* ruina, destrucción, estropicio; mutilación. **a mhilleadh sin** lo opuesto a eso.
milleagram *m1* miligramo.
milleán *m1* culpa. **ná cuir an milleán ormsa** no me eches la culpa. **ceap milleán** cabeza de turco.
milliméadar *m1* milímetro.
millín *m4* bolita, perdigón, píldora; croqueta; capullo.
milliún *m1* millón.
milliúnaí *m4* millonario.
milliúnú *adj* millonésimo.
millteach *adj* destructivo; pernicioso; enorme; extremo.
millteanach *adj* terrible, horrible; enorme. **gnó mór millteanach idirnáisiúnta is ea é an mearbhia** la comida rápida es una enorme industria internacional. **ba í an tubaiste ba mhillteanaí dá bhfaca mé riamh** fue el accidente más terrible que jamás haya visto. ● *empleado como adv* muy, sumamente **millteanach fuar** muy frío. **millteanach deacair** sumamente difícil.
millteanas *m1* destrucción, estrago; perversidad.
milseacht *f3* dulzura, suavidad.
milseán *m1* caramelo, dulce, golosina.
milseog *f2* dulce, golosina; postre.
milseogra *m4* confitería.
milsigh *vt, vi* endulzar.
mím I *f2* pantomima, mimo. **II** *vt, vi* hacer una pantomima, representar con mímica.
mímhacánta *adj* deshonesto.
mímhacántacht *f3* deshonestidad.
mímhodhúil *adj* irrespetuoso.
mímhorálta *adj* inmoral.
mímhoráltacht *f3* inmoralidad.
mímhúinte *adj* maleducado, grosero.
min *f2* harina. **min sáibh** serrín.
mín I *f2* objeto de buena calidad. **II** *adj* liso, plano; suave; amable, tranquilo. **cuir bailchríoch mhín air** dale un acabado liso. **dromchla mín** superficie plana.
mínádúrtha *adj* antinatural; insensible.
mináireach *adj* agresivo, feroz; desvergonzado, descarado.
minc *f2* visón.

míndána *sp!* **na míndána** las bellas artes.
míne *f4* lisura, suavidad; bondad, amabilidad; tranquilidad.
míneadas *m!* amabilidad, educación, refinamiento.
míneas *m!* menos (*signo aritmético*).
minic *adv* a menudo, frecuentemente. **is minic a chuirtear i sailéid iad** muchas veces se usan en ensaladas. **nach minic a chonaic mé iad** los he visto con frecuencia. **cé chomh minic agus a thagann Peadar?** ¿con qué frecuencia viene Pedro? **cén chontae is minice a bhuaigh é?** ¿qué condado lo ha ganado más veces? **ní fheictear iad chomh minic sin a thuilleadh** ya no se ven con tanta frecuencia. **go minic ní bhíonn leigheas air** muchas veces no tiene remedio. **d'imir m'athair go minic le Ruagairí na Seamróige** mi padre jugó muchas veces para el Shamrock Rovers. **go mion minic** con gran frecuencia.
minicíocht *f3* frecuencia. **cuar minicíochta** curva de frecuencias. **braitheann airde nóta ar a mhinicíocht** el tono de una nota depende de su frecuencia.
mínigh *vt* alisar, allanar; explicar; interpretar. **mínigh cén fáth ar scar an bhean lena fear** explica por qué la mujer se separó de su marido. **an míneofá an abairt sin?** ¿querría explicar esa frase?
nóta mínithe nota explicativa.
mínineacht *f3* delicadeza, refinamiento; sutileza.
ministir *m4* pastor eclesiástico.
mínitheach *adj* explicativo.
míniú *m4* explicación, interpretación; significado. **níl aon mhíniú air** no tiene explicación.
míniúchán *m!* explicación.
mínleach *m!* césped corto; calle (*golf*).
mínormálta *adj* anormal.
mínós *m!* vicio; mala educación, insolencia.
minseach *f2* cabra.
míntír *f2* terreno llano; tierra de labranza; tierra firme.
míntíreachas *m!* cultivo; puesta en cultivo de un yermo.
míobhán *m!* mareo.
míochaine *f4* fármacos, medicamentos, drogas.
miochair *adj* tierno; amable, cortés.
miocrób *m!* microbio.
miocsómatóis *f2* mixomatosis.
miodamas *m!* desperdicios, sobras, retazos.
miodóg *f2* daga.
míofar *adj* feo, mal parecido, mal encarado.
míog I *f2* pío. **II** *vt* piar.

míogarnach *f2* sueñecillo, cabezada; modorra.
mí-oiriúnach *adj* inadecuado, inapropiado.
míol *m!* animal, insecto; piojo. **míol mór** ballena. **míol buí** liebre. **míol críon** cochinilla.
míolach *adj* piojoso, agusanado.
míoleolaíocht *f3* zoología.
míolra *m4* bichos, parásitos.
míoltóg *f2* mosquito pequeño.
mion-[1] *pref* pequeño, diminuto; menor; micro-.
mion[2] *adj* pequeño; bueno; detallado. **scrúdaigh na póilíní an carr go mion** la policía examinó el coche detalladamente. **stróic sí an páipéar ina phíosaí miona** rompió el papel en pedazos pequeños.
mionaigh *vt, vi* pulverizar, moler; picar, desmenuzar.
mionairgead *m!* calderilla, cambio, menudo.
mionbhruar *m* migas, fragmentos.
mionbhus *m4* minibus.
mionchaint *f2* palique, chismorreo.
mionchloch *f2* guijarro; gravilla.
mionchoigeartaigh *vt* poner a punto, afinar.
mionchostas *m!* pequeños gastos.
mionchruinn *adj* menudo, detallado.
mionchúiseach *adj* meticuloso, melindroso; insignificante.
mionda *adj* pequeño, delicado.
miondealaigh *vt* analizar.
miondealbh *f2* miniatura.
miondealú *m4* distinción; análisis gramatical.
miondíol I *m3* venta al por menor. **II** *vt* vender al por menor.
miondíoltóir *m3* detallista, minorista.
mionéadach *m!* mercería; camisería; artículos tales como paños y tejidos.
mionfheoil *f3* carne picada.
miongaireacht *f3* mordisqueo, roedura.
miongán *m!* bígaro.
mionghaire *m4* sonrisa, risita.
mionghearr *vt* desmenuzar, rallar, picar.
míonla *adj* amable, apacible, manso.
mionlach *m!* minoría. **teangacha mionlaigh** lenguas minoritarias.
mionn[1] *m3* corona, diadema.
mionn[2] *m3* juramento. **mionn mór** palabrota. **cuireadh faoi mhionn é** le fue tomado juramento. **mionn éithigh** perjurio.
mionnaigh *vt, vi* jurar, blasfemar.
mionnscríbhinn *f2* declaración jurada.
mionphláinéad *m!* asteroide.
mionra *m4* carne picada.

mionrabh

mionrabh *f2* pedacitos, migajas; virutas, limaduras.
mionsamhail *f3* miniatura.
mionsaothar *m1* obra menor.
mionsciorta *m4* minifalda.
mionscrúdú *m4* inspección.
mionsonra *m4* detalles menores. **tá an donas dearg ar na mionsonraí** el diablo está en los detalles.
miontas *m1* menta. **miontas cait** menta gatuna. **miontas arbhais** menta arvensis.
mionteanga *m4* lengua minoritaria.
miontóir *m3* máquina de picar carne.
miontuairisc *f2* relación detallada. *pl* actas.
miontúr *m1* alminar, minarete.
mionúr *m1* menor.
miorr *m4* mirra.
míorúilt *f2* milagro.
míorúilteach *adj* milagroso.
míosachán *m1* publicación mensual.
mioscais *f2* odio, rencor; maldad. **mioscais a chothú** crear discordia. **mac mioscaise** persona conflictiva.
mioscaiseach *adj* rencoroso; malévolo.
míosta *adj* menstrual. **fuil mhíosta** menstruación.
míostraigh *vi* menstruar.
míostrú *m* menstruación.
míosúil *adj* mensual.
miosúr *m1* medida, medición. **as miosúr** desmesuradamente.
miotaigh *vt* morder, mordisquear; limar, reducir.
miotal *m1* metal; temple; persona o animal animoso.
miotalach *adj* metálico; brioso.
miotalóireacht *f3* metalurgia.
miotas *m1* mito.
miotasach *adj* mítico.
miotaseolaíocht *f3* mitología.
miotóg[1] *f2* mitón, manopla, guante.
miotóg[2] *f2* pellizco, pizca, pequeña cantidad.
mír *f2* pedazo; sección; artículo; asunto. **míreanna mearaí** rompecabezas. **an chéad mhír ar an gclár** el primer punto del orden del día.
mire *f1* rapidez, velocidad; ardor; frenesí, arrebato. **ar mire** furioso. **fear mire** loco.
míréadúil *adj* poco realista; irreal. **spriocanna míréadúla** objetivos poco realistas.
míréasúnta *adj* irracional, disparatado, absurdo.
míriail *f5* desgobierno.
mírialaigh *vt* gobernar mal.
mírialta *adj* mal administrado, desordenado; irregular.
míriar *m4* mala gestión, mala administración.

mí-úsáid

mirlín *m4* canica.
mírún *m1* mala intención, malicia.
mísc *f2* daño, travesura.
mise *pron enfático 1 pers* yo, yo mismo. **is mise bhur múinteoir** yo soy vuestro profesor. **arsa mise** dije yo. **agus mise óg** cuando yo era joven.
misean *m1* misión; encargo; delegación. semana de devociones especiales en una parroquia católica.
míshásamh *m1* desagrado, insatisfacción.
míshásta *adj* molesto, enojado, insatisfecho.
míshásúil *adj* insatisfactorio.
mísheans *m4* infortunio, mala suerte.
míshlachtmhar *adj* desordenado.
míshláintiúil *adj* insalubre, nocivo, malsano.
míshocair *adj* inestable.
míshona *adj* infeliz, insatisfecho.
míshonas *m1* infelicidad.
míshuaimhneach *adj* inquieto, desasosegado, perturbado.
míshuaimhneas *m1* inquietud, desasosiego, perturbación.
misinéir *m3* misionero. **modh na misinéirí** postura del misionero.
mismín *m4* menta.
misneach *m1* valor; esperanza; bienestar.
misnigh *vt* animar, alegrar.
misniúil *adj* valiente; esperanzado, alegre.
místá *m4* ceño.
miste *adj empleado con la cópula.* **ní miste a rá go** cabe decir que. **mura miste leat** si no le importa. **an miste libh má chaithim toitín?** ¿les importa si fumo un cigarrillo?
misteach *m1* místico.
misteachas *f4* misticismo.
mistéir *f2* misterio.
mistéireach *adj* misterioso.
mistiúil *adj* místico.
místuama *adj* imprudente; desmañado.
mítéar *m1* mitra.
míthaitneamhach *adj* desagradable.
míthapa **I** *m4* desventura, mala suerte; acción apresurada; inactividad. **II** *adj* inactivo; desprevenido.
mithid *adj empleado con la cópula.* **is mithid dom imeacht** es hora de que me vaya. **más maith is mithid** a su debido tiempo, oportuno.
míthráthúil *adj* inoportuno, extemporáneo.
míthreoir *f5* equivocación, confusión; debilidad.
míthrócaireach *adj* despiadado.
míthuiscint *f3* malentendido, falta de comprensión.
mitín *m4* mitón, manopla, guante.
miúil *f2* mula.
mí-úsáid *f2* uso indebido, abuso.

mná *pl y gen de* **bean**. mujeres, damas. **mná agus páistí ar dtús** las mujeres y los niños primero. **Sasanach mná** inglesa.
mo *adj pos* mi. **mo mhadra** mi perro. **m'aintín** mi tía. **m'fhoclóir** mi diccionario. **mo ghrá thú** te quiero. **mo cheol thú** bravo. **mo dhuine** ese tipo, ese tío, ese individuo. **i mo thuairimse** en mi opinión. **tá mé i mo shuí** estoy sentado. **bhíos i mo sheasamh i rith an chluiche go léir** estuve de pie durante el partido entero. **mo léan!** ¡ay, qué pena!
mó *adj comparativo de* **mór**. **is í Asunción an chathair is mó i bParagua** Asunción es la ciudad más grande de Paraguay. **an chuid is mó** la mayoría.
moch *adj* temprano. **d'éirigh mé go moch** me levanté temprano.
mochóirí *m4* madrugón; madrugador.
modartha *adj* oscuro, nuboso; lodoso; malhumorado.
modh *m3* modo, manera; método; respeto. **an bhfuil modh eile ann chun é a rá?** ¿hay otra manera de decirlo? **modh oibre** metodología. **modh taistil** medio de transporte. **modh ordaitheach** modo imperativo. **modh coinníollach** condicional. **ni gá an modh foshuiteach a úsáid san abairt sin** no hay que usar el subjuntivo en esa frase.
modheolaíocht *f3* metodología.
modhfheirm *f2* granja piloto.
modhnaigh *vt* modular, modificar.
modhúil *adj* cortés, bien educado, modoso; amable.
modhúlacht *f3* buenos modos, educación, amabilidad; moderación.
modúl *m1* módulo.
mogall *m1* malla, enganche; cáscara, concha; racimo. **mogall súile** globo ocular.
mogalra *m4* red.
mogh *m3* siervo, esclavo.
moghsaine *f4* servidumbre, esclavitud.
mogóir *m3* escaramujo.
moiche *f4* tempranura.
móid *f2* voto, juramento. **faoi mhóid** bajo juramento.
móide *adj* más; probable. **móide táillí seirbhíse** más tasas de servicio. **comhartha móide** signo de adición. **ní móide go bpósfaidh siad** es poco probable que se casen.
móideach *m1* devoto *adj* votivo.
móidigh *vt, vi* jurar.
moigli *adj* manso, sosegado, tranquilo.
moiglíocht *f3* afabilidad, sosiego, placidez.
móihéar *m1* mohair.
moileasc *m1* molusco.
móilín *m4* molécula.

moill *f2* aplazamiento; demora; obstáculo. **aga moille** lapso de tiempo. **gan mhoill** sin demora. **chailleamar an deis de dheasca na moille** perdimos la oportunidad a causa de la demora. **moill tráchta** atasco. **ná déan moill** no tardes.
moille *f4* lentitud, retraso *adj comparativo de* **mall**. más tarde.
moilleadóireacht *f3* dilación, irresolución.
moilligh *vt, vi* retrasar; aplazar; desacelerar. **ba chóir duit moilliú taobh amuigh den scoil** deberías reducir la velocidad fuera de la escuela.
móimint *f2* momento, instante.
móiminteam *m1* ímpetu, impulso.
móin *f3* turba; turbera, páramo.
móincheart *m1* recolección de turba; derecho de recolectar turba en terreno ajeno.
móinéar *m1* prado.
moing *f2* crines, melena; vegetación espesa, matojo; ciénaga o pantano cubierto de vegetación.
moinsíneoir *m3* monseñor.
móinteach *m1* turbera, páramo; terreno pantanoso desecado.
móinteán *m1* turbera, páramo.
móiréis *f2* altivez, presunción.
móiréiseach *adj* altivo, presuntuoso.
moirfeolaíocht *f3* morfología.
moirfín *m4* morfina.
moirt *f2* poso; heces; arcilla; fango.
moirtéal *m1* argamasa.
moirtéar *m1* mortero.
moirtís *f2* mortero.
móitíf *f2* motivo artístico.
mol[1] *m1* polo; pivote, eje; parte superior. **an Mol Thuaidh** el Polo Norte.
mol[2] *vt, vi* alabar; recomendar, proponer. **mol le animar. mholfainn duit cuairt a thabhairt ar an bPatagóin** te recomendaría que visitaras La Patagonia. **gáir mholta** ovación.
moladh *m1* alabanza, encomio; recomendación, propuesta. **moladh le Dia** alabado sea Dios. **ní raibh an béile thar moladh beirte** la comida fue mediocre. **fáilteofar roimh mholtaí** se aceptarán sugerencias. **litir mholta** carta de recomendación.
molás *m1* melaza.
moll *m1* montón, gran cantidad.
molt *m1* carnero castrado.
moltach *adj* laudatorio; aprobatorio.
moltóir *m3* adjudicador; árbitro; persona que propone o recomienda a un candidato.
moltóireacht *f3* juicio, arbitraje; adjudicación.
mómhaireacht *f3* modales; elegancia, dignidad.

mómhar

mómhar *adj* modoso, educado; digno; airoso.
mona *m4* dinero; monedas; acuñación; tipo.
monabhar *m1* murmullo.
monacrómatach *adj* monocromo.
monagamas *m1* monogamia.
monailit *f2* monolito.
monalóg *f2* monólogo.
monaplacht *f3* monopolio.
monaplaigh *vt* monopolizar.
monaraigh *vt* fabricar.
monarc *m4* monarca.
monarcha *f5* fábrica. **oibrithe monarchan** trabajadores de fábrica. **tá an baile sin lán de mhonarchana agus de thoit** ese pueblo está lleno de fábricas y de contaminación.
monatóir *m3* monitor.
moncaí *m4* mono, mico. **bolgach moncaí** viruela símica, viruela del mono.
moneolaíocht *f3* numismática.
mongach *adj* melenudo; cubierto de vegetación; pantanoso.
mónóg *f2* arándano; cuenta; gota.
monsún *m1* monzón.
monuar! *int* ¡ay de mí!
mór-[1] *pref* grande, principal; general.
mór[2] **I** *adj* grande, principal. **duine mór le rá** persona notable. **baile mór** ciudad. **an fharraige mhór** mar abierto. **bheith mór le duine** llevarse bien con alguien. **go mór mór** sobre todo. **ní mór** es necesario. **ní mór duit an táille a íoc** tienes que pagar las tasas. **nach mór** casi. **an saol mór** el público. **beag nó mór** más o menos. **Alastar Mór** Alejandro Magno. **II** *vt, vi* aumentar; jactarse; alabar. **mór ar** dar a regañadientes.
mora *s* **mora duit ar maidin** buenos días.
móradh *m* exaltación, alabanza.
móraí *f4* abuelita.
móraigeanta *adj* magnánimo.
móráil *f3* orgullo, jactancia.
móráireamh *m1* censo.
mórálach *adj* orgulloso, jactancioso.
morálta *adj* moral.
moráltacht *f3* moral, ética.
móramh *m1* mayoría.
mórán *m1* montón, abundancia, cantidad grande. **mórán díobh** muchos de ellos. **ní féidir mórán a rá** no podemos decir mucho. **níl mórán ama againn** no tenemos mucho tiempo.
mórbhealach *m1* carretera, autopista.
mórbhonn *m1* medallón.
mórcheannas *m1* hegemonía.
mórchóir *s* **ar an mórchóir** a gran escala, a granel.
mórchroí *m4* generosidad.

mothaigh

mórchuaird *f2* circuito.
mórchuid *f3* multitud, gran cantidad; mayor parte. **bhí mórchuid daoine ann** había una multitud de gente. **sa mhórchuid** en general.
mórchúis *f2* engreimiento, petulancia, arrogancia.
mórchúiseach *adj* engreído, petulante, pomposo.
mórdhíol *m3* venta al por mayor.
móréileamh *m1* gran demanda. **leabhair mhóréilimh** libros de gran popularidad, best-sellers.
mórfhoclach *adj* retórico; rimbombante, altisonante.
morg *vt, vi* corromper, descomponer, pudrir; gangrenar.
mórga *adj* grande, exaltado, enaltecido; majestuoso; magnánimo.
mórgacht *f3* grandeza, majestad; magnanimidad. **a Mhórgacht** su Alteza.
morgadh *m* corrupción, podredumbre; gangrena.
morgáiste *m4* hipoteca.
morgáistigh *vt* hipotecar.
morgthach *adj* putrefacto, podrido; gangrenoso.
mórluachach *adj* valioso; importante; presuntuoso.
mór-roinn *f2* continente.
mórsheisear *m1* siete personas.
mórshiúl *m1* desfile; procesión.
mórtas *m1* orgullo, jactancia. **mórtas cine** patriotismo. **déan mórtas** jactarse.
mórtasach *adj* orgulloso; jactancioso; optimista.
mórthaibhseach *adj* espectacular.
mórthimpeall I *m1* circuito; alrededores. **II** *prep adv* alrededor, en torno.
mórthír *f2* tierra firme, continente.
mortlaíocht *f3* mortalidad, mortandad.
mortlaíocht ailse agus ráta marthana mortalidad del cáncer y tasa de supervivencia.
mos[1] *m1* olor, aroma.
mos[2] *m1* hosquedad, mal humor.
mós *adv* más bien.
mosach *adj* enmarañado, peludo, hirsuto.
mósáic *f2* mosaico.
Moslamach I *m1* musulmán, islámico. **II** *adj* musulmán, islamista.
móta *m4* foso; montículo, terraplén.
mótar *m1* automóvil, coche, carro; motor.
mótarbhealach *m1* autopista.
mótaraigh *vt* motorizar.
mothaigh *vt, vi* sentir, percibir; tocar; oir; hechizar. **conas a mhothaigh tú tar éis na timpiste?** ¿cómo te sentiste después del accidente? **mhothaigh mé go raibh**

mothaitheach
imní orthu percibí que estaban preocupados. **mothaím uaim iad** les echo de menos.
mothaitheach *adj* sensible.
mothálach *adj* sensible, perspicaz.
mothall *m1* greña; pelambrera, melena.
mothallach *adj* espeso, tupido.
mothaolach *adj* poco sofisticado, ingenuo, crédulo.
mothar *m1* espesura, jungla, selva; gran masa.
mothrach *adj* cubierto de maleza; enredado; enorme; nublado.
mothú *m4* sentimiento, emoción; percepción, sensación. **tá an píosa ceoil sin lán de mhothú** esa pieza está llena de emoción.
mothúchán *m1* sentimiento, emoción.
mothúchánach *adj* emocional, afectivo.
muc *f2* cerdo, chancho, puerco, marrano. **muc mhara** marsopa. **muc ghainimh** duna. **muc ghuine** cobaya.
mucais *f2* pocilga, chiquero.
múcas *m1* moco.
muclach *m1* piara de cerdos; pocilga; comportamiento sucio o grosero.
múch I *f2* humo; vapor sofocante. **tagann múch nimhiúil as an monarcha sin** esa fábrica emite un humo venenoso. **II** *vt, vi* asfixiar; apagar; amortiguar. **múch an toitín sin** apaga ese cigarrillo.
múchadh *m* asfixia, sofocación; acción de extinguir fuego o luz; asma. **briogáid múchta tine** brigada antiincendios, bomberos. **lucht múchta** asmáticos.
múchán *m1* humero; casucha.
múchtach *adj* asfixiante, sofocante; asmático.
múchtóir *m3* extintor, matafuego.
mufa *m4* manguito.
muga *m4* tazón.
muiceoil *f3* carne de cerdo.
muid *pron 1 pers pl* nosotros, nos. **ar nós muid uile** como todos nosotros. **agus muid ar tí imeacht** cuando estábamos a punto de marcharnos.
muifín *m4* magdalena; mollete.
muifléad *m1* silenciador, sordina.
muiléad *m1* mijo.
muileann *m1* molino. **muileann gaoithe** molino de viento.
muileata *m4* diamantes (*naipes*).
muilleoir *m3* molinero.
muilleoireacht *f3* molienda.
muin *f2* lomo. **ar mhuin capaill** a caballo. **tá sé ar mhuin na muice** le va muy bien.

muirgha
múin *vt, vi* enseñar, instruir. **an chaoi a múintí na teangacha** como se enseñaban las lenguas.
muince *f4* collar.
muinchille *f4* manga.
muine *f4* matorral, maleza; bosquecillo.
múineadh *m1* enseñanza, instrucción; buenos modales. **múineadh scéil** moraleja.
muineál *m1* cuello. **caitheann sé slabhra airgid timpeall a mhuiníl** lleva colgada una cadena de plata alrededor del cuello.
muinín *f2* confianza; dependencia. **dul i muinín ruda** recurrir a algo. **tá muinín agam as Peadar** confío en Pedro. **eatramh muiníne** intervalo de confianza.
muiníneach *adj* confiado; fiable, digno de confianza.
muinisean *m1* munición, material bélico.
múinte *adj* cortés, educado.
muintearas *m1* amistad, relación. **rinneadh muintearas eatarthu** trabaron amistad.
muinteartha *adj* emparentado; amable, amistoso. **fear muineartha** pariente.
múinteoir *m3* profesor. **fuair Gobnait post mar mhúinteoir Béarla i gCancún** Gobnait consiguió un puesto de profesora de inglés en Cancún. **tá an-éileamh ar mhúinteoirí eolaíochta faoi láthair** actualmente hay mucha demanda por profesores de ciencia.
múinteoireacht *f3* enseñanza, acto de enseñar. **d'éirigh sí as an múinteoireacht** se jubiló de la enseñanza. **is beag fear atá ag dul le múinteoireacht anois** actualmente hay pocos hombres que se dediquen a la enseñanza.
muintir *f2* parientes, familia; gente. **teach muintire** hogar. **muintir na háite** la gente del lugar. **mo mhuintir féin** mi propia familia. **Muintir Laoire** los O'Leary.
muir *f3* mar. **Muir Éireann** mar de Irlanda. **ar muir** en el mar. **bia mara** mariscos y pescado.
muirbheach *m1* tierra arenosa.
muirdhreach *m3* paisaje marino.
Muire *f4* la Virgen María. **Coróin Mhuire** rosario. **rós Mhuire** romero.
muireach *adj* pesado; torpe; que tiene que mantener una familia grande.
muirear *m1* cargo, carga; familia. **muirear seirbhíse** cargo por servicios. **an muirear cánach reatha** el actual nivel de gravamen.
muirearach *adj* pesado; torpe; que tiene que mantener una familia grande.
muireolaíocht *f3* oceanografía.
muirgha *m4* arpón.

muirí *adj* marino, marítimo, náutico. **árachas muirí** seguro naval. **An Slua Muirí** Marina Irlandesa.
muirín[1] *f2* familia; carga.
muirín[2] *m4* venera, concha.
múirling *f2* chubasco, aguacero.
muirmhíle *m4* nudo, milla náutica.
muirneach *adj* afectuoso, mimoso; querido.
muirnéis *f2* mimo, cariño, afecto.
muirnigh *vt* acariciar; mimar, querer.
muirnín *m4* cariño, amor. **a mhuirnín** mi amor.
muirthéacht *f3* revolución, levantamiento.
múisc *f2* vómito, náusea; repugnancia, asco. **chuirfeadh sé múisc ort** te daría asco.
muiscít *f2* mosquito, zancudo.
múisciúil *adj* nauseabundo, malsano, sofocante.
muise *int* efectivamente, en efecto, sin duda.
múisiam *m4* disgusto; trastorno mental; asco, náusea; somnolencia.
muisiriún *m1* seta, champiñón.
muislín *m4* muselina.
múitseáil *f3* novillos.
mullach *m1* parte superior, cima; tierra elevada; coronilla. **i mullach a cheile** uno encima del otro, **cruinniú mullaigh** conferencia cumbre.
mullachán *m1* montón. **mullachán gasúir** chico robusto.
mullán *m1* altozano, otero, cerro aislado.
mullard *m1* baliza, noray.
mumaí *m4* momia.
Mumhain *f5* Munster. **Cúige Mumhan** provincia de Munster.
mún I *m1* orina. **II** *vi* orinar.
muna (*ver* **mura**).
mungail *vt, vi* mascar; mascullar, hablar entre dientes.
mungailt *f2* mascada; masculleo.
múnla *m4* modelo; molde, forma. **ollscoil ar an múnla Spáinneach** universidad que sigue el modelo español.
múnlaigh *vt* moldear, modelar, dar forma; acuñar. **mar a múnlaíodh an tírdhreach** como se formó el paisaje. **bíonn dearcadh na ndaoine á mhúnlú ag an teilifís** la televisión modela la opinión pública.
múnlú *m4* moldeado, vaciado.
múr *m1* muro, muralla; loma, montículo; chaparrón *pl* abundancia. **tá múrtha airgid aige** tiene un montón de plata *vt* amurallar.

mura (**muna, munar, murar, murab**) *conj neg* a no ser que, si, si no. **mura mbeadh ann ach sin** si eso fuera todo. **mura rachaidh tú ann** si no vas. **muna bhfuil dul amú orm** si no me equivoco. **muna mbeadh sí pósta** si no estuviera casada. **murab ionann agus** a diferencia de. **murab ionann agus Guayaquil** a diferencia de Guayaquil.
murach *conj* si no (existiera), sin, excepto. **murach sin** a no ser por eso. **murach an bháisteach rachaimis ag snámh** si no fuese por la lluvia iríamos a nadar. **murach go raibh an carr againn** si no tuviéramos el carro. **murach iad bheadh se deacair an togra seo a chur i gcrích** sin ellos habrían sido difícil realizar este proyecto.
Múrach *m1, adj* moro.
múraíl *f3* condiciones lluviosas; chaparrón, chubasco.
múráil I *f3* amarre. **II** *vt* amarrar.
murascaill *f2* golfo. **murascaill Mheicsiceo** Golfo de México.
murdar *m1* asesinato.
murdaróir *m3* asesino.
murlach *m1* laguna.
murlán *m1* bulto; pequeño objeto redondo; nudillo; tirador.
murlas *m1* caballa.
murnán *m1* tobillo.
mursanta *adj* dominante, tiránico.
murúch *f2* sirena.
músaem *m1* museo.
muscaed *m1* mosquete, rifle.
muscaedóir *m3* mosquetero, fusilero.
múscail *vt, vi* despertarse. **múscail do mhisneach** ármate de valor.
múscailt *f2* despertar.
múscailteach *adj* despierto.
múscán *m1* sustancia esponjosa; esponja.
múscánta *adj* esponjoso; cenagoso.
músclóir *m3* activador.
musla *m* mejillón.
mustairt *f2* estambre.
mustar *m1* reunión, asamblea; ostentación, arrogancia.
mustard *m1* mostaza.
mustrach *adj* ostentoso, jactancioso, arrogante.
mútóg *f2* dedal; aleta; muñón.

N

N, n *m* letra N.
-na[1] *sufijo enfático pl* **ár gceantarna** nuestro distrito. **ár gcarrna** nuestro coche.
na[2] *(ver* ***an***[3]*)* **I** *pl. del artículo definido* los, las. **na mná** las mujeres, **dún na fuinneoga** cierra las ventanas. **II** *genitivo del artículo definido* **i lár na seachtaine** a mediados de la semana.
ná[1] *partícula verbal negativa de imperativo* **ná habair é** no lo digas. **ná bíodh eagla ort** no tengas miedo.
ná[2] *conj* ni, o. **níl mac ná iníon aige** no tiene hijo ni hija.
ná[3] *partícula comparativa* que. **tá sé níos airde ná an fear eile** es más alto que el otro hombre.
ná[4] *conj* pero, sino. **cá bhfios ná gur goideadh iad** quizás fueron robados
ná[5] *expresa identidad.* **is é an t-ainm a bhí air ná Séanna** se llamaba Séanna. **is é an rud is measa ná** lo peor es que.
nach[1] *partícula verbal interrogativa negativa.* **nach bhfeiceann tú an teach sin?** ¿no ves esa casa? **nach bhfuil rothar agat?** ¿no tienes bicicleta?
nach[2] *partícula verbal relativa negativa.* quien, que no. **an té nach bhfuil anseo** el que no está aquí. **níl ostán sa chathair nach bhfuil lán** no hay un hotel en la ciudad que no esté completo.
nach[3] *conj* que no. **is fíor nach gcreidim é** es verdad que no me lo creo. **b'fhéidir nach bhfuil gá leis** quizás no hace falta. **nach mór, nach beag** casi.
nádúr *m1* naturaleza; personalidad; bondad. **dlíthe an nádúir** las leyes de la naturaleza. **nádúr an scríbhneora** la personalidad del escritor. **ó nádúr** inherente, innato.
nádúrachas *m1* naturalismo.
nádúraí *m4* naturalista.
nádúrtha *adj* natural, normal; amable.
nádúrthacht *f3* naturalidad; candidez.
naí *m4* bebé, nene.
náibhí *m4* peón.
naíchóiste *m4* cochecito, carrito de bebé.
náid *f2* cero; nada.
naigín *m4* jarrita; copita.
naímharfóir *f3* infanticida.
naímharú *m4* infanticidio.
naimhdeach *adj* hostil, enemigo; malévolo.
naimhdeas *m1* hostilidad, rencor; malevolencia. **cad é údar an naimhdis seo?** ¿cuál es la causa de este rencor?
naíolann *f2* guardería.
naíonacht *f3* infancia.
naíonán *m1* bebé, criatura, guagua.
naíonda *adj* infantil; inocente, ingenuo; hermoso.
naíonra *m4* guardería.
naipcín *m4* pañal. **naipcín boird** servilleta. **naipcín póca** pañuelo.
náir *adj* **is náir liom é a rá leat** me da vergüenza decírtelo.
nairciseas *m1* narciso.
náire *f4* vergüenza; modestia, decencia; pena. **mo náire thú!** ¡qué vergüenza! **bhuail náire é** le dio vergüenza. **duine gan náire** sinvergüenza. **cúis náire dá mhuintir é** es un motivo de vergüenza para su familia.
náireach *adj* vergonzoso; modesto, apenado.
náirigh *vt* avergonzar; deshonrar.
naisc *vt, vi* atar, liar; unir; uncir.
naíscoil *f2* jardín de infancia.
náisiún *m1* nación. **na Náisiúin Aontaithe** las Naciones Unidas.
náisiúnach *m1* nacional. **Náisiúnaigh** nacionalistas *(especialmente los de Irlanda del Norte).*
náisiúnachas *m1* nacionalismo.
náisiúnaí *m4* nacionalista.
náisiúnaigh *vt* nacionalizar.
náisiúnta *adj* nacional; natural. **scoil náisiúnta** escuela primaria. **sraith náisiúnta** liga nacional.
náisiúntacht *f3* nacionalidad.
namhaid *m5* enemigo. **níl namhaid ar bith againn** no tenemos enemigos. **bíodh grá agaibh do bhur naimhde** amen a sus enemigos.
naofa *adj* santo, sagrado. **Pádraig Naofa** San Patricio.
naofacht *f3* santidad.
naoi *m4* nueve. **naoi mbád** nueve barcos. **a naoi déag** diecinueve. **tharla an *coup* sa bhliain naoi déag seachtó a trí** el golpe de estado tuvo lugar en mil novecientos setenta y tres.
naomh *m1, adj* santo, bendito. **an Spiorad Naomh** el Espíritu Santo.
naomhaigh *vt* santificar.
naomhainmnigh *vt* canonizar.
naomhainmniú *m* canonización.
naomhaithis *f2* blasfemia.
naomhluan *m1* halo.
naomhóg *f2* barca de cuero o hule.
naomhsheanchas *m1* hagiografía.
naonúr *m1* nueve personas.
naoscach *f2* agachadiza.
naoscaire *m4* francotirador.
naoú *m4 adj* noveno.

naprún *m1* delantal.
nár[1] *partícula negativa usada con presente subjuntivo* **nár fheicimid arís é** espero que no le veamos otra vez. **nár lige Dia** que Dios no lo permita.
nár[2] *partícula verbal interrogativa negativa empleada en el pasado y condicional.* **nár cheannaigh tú é?** ¿no lo compraste? **cén fáth nár ghlaoigh sé?** ¿por qué no llamó? ❶ *variante* **nárbh. nárbh fhearr ceist a chur orthu?** ¿no sería mejor preguntarles?
nár[3] *partícula negativa verbal de relativo* quien no, que no. **an fear nár labhair** el hombre que no habló. **luaigh na rudaí nár thaitin leat** menciona las cosas que no te gustaron.
nár[4] *conjuntivo empleada en el pasado que no.* **sílim nár éirigh leis** creo que no tuvo éxito. **dúirt mé leis an ngarda nár liomsa an carr** le dije al policía que el carro no era mío.
nárbh *part neg verbal de rel.* (*variante de nár*[3]) quien no, que no. **rud nárbh fhéidir a dhéanamh** cosa que no se podía hacer.
nasc *m1* atadura,vínculo, lazo.
nath *m3* adagio; epigrama. **tá sé ina nath againn** es una forma de hablar entre nosotros. **ná cuir aon nath ann** no le hagas caso.
nathach *adj* aforístico; sentencioso.
nathaíocht *f3* dicho ingenioso, broma.
nathair *f5* serpiente.
nathán *m1* adagio, aforismo.
-ne *sufijo enfático pl.* **ár muintirne** nuestra gente, nuestro pueblo. **sinne, muidne** nosotros mismos. **linne** con nosotros mismos.
neach *m4* ser, persona, espíritu.
neacht *f3* sobrina.
neachtairín *m4* nectarina.
neachtar *m1* néctar.
neachtlann *f2* lavandería.
nead *f2* nido, guarida. **nead seangán** hormiguero. **nead damháin alla** telaraña. **is olc an t-éan a shalaíonn a nead féin** es mal pájaro el que mancha su nido.
neadaigh *vt, vi* anidar; arraigar, asentarse.
neafaiseach *adj* trivial.
néal *m1* nube; depresión; arrebato; cabezada. **néal codlata** siesta. **bhí néalta dubha os cionn an chnoic** había nubes negras sobre la colina. **néal Oríon** cinturón de Orión.
néalaigh *vt, vi* vaporizarse, sublimarse.
néalfartach *f2* acción de dormitar; tormentilla.
néalmhar *adj* nebuloso; melancólico; somnoliento.
néaltach *adj* nublado.

néaltraithe *adj* loco, demente.
neamaiteach *adj* imperdonable.
neamaitheach *adj* poco servicial, poco complaciente; inútil.
neamart *m1* falta, incumplimiento. **neamart a dhéanamh i rud** incumplir algo.
neamartach *adj* descuidado.
neamh-[1] *pref* neg in-, im-.
neamh[2] *f2* cielo. **ár nAthair atá ar neamh** Padre Nuestro que estás en los cielos.
neamhaí *adj* celestial; monótono.
neamhaird *f2* **neamhaird a thabhairt ar rud** desatender algo, no poner atención, descuidar.
neamhairdeallach *adj* incauto.
neamhaistreach *adj* intransitivo.
néamhanda *adj* nacarado.
néamhann *m1* nácar; gema.
neamhaontach *m1, adj* inconformista.
neamhbhailbhe *f4* franqueza.
neamhbhailí *adj* inválido, nulo. **tá an ceadúnas sin neamhbhailí** ese permiso es inválido.
neamhbhailigh *vt* invalidar.
neamhbhalbh *adj* franco, directo.
neamhbhásmhar *adj* inmortal.
neamhbheo *adj* inanimado; muerto. **ábhar neamhbheo** bodegón.
neamhbhríoch *adj* insignificante, nulo; ineficaz.
neamhbhuan *adj* temporal, transitorio.
neamhbhuartha *adj* despreocupado.
neamhbhuíochas *m1* ingratitud.
neamhchaighdeánach *adj* no estándar.
neamhchead *m3* **ar neamhchead do** sin permiso; a pesar de.
neamhchinnte *adj* inseguro.
neamhchiontach *m1, adj* inocente, no culpable.
neamhchlaonta *adj* imparcial.
neamhchodladh *m* insomnio.
neamhchoimisiúnta *adj* suboficial.
neamhchoitianta *adj* raro, inusual.
neamh-chomhfhios *m3* inconsciencia.
neamhchomhraiceach *adj* no combatiente.
neamhchosúil *adj* diferente, distinto.
neamhchúiseach *adj* despreocupado; imperturbable.
neamhchúramach *adj* descuidado.
neamhdhóchúil *adj* improbable.
neamhdhuine *m4* un don nadie.
neamheaglach *adj* audaz, intrépido.
neamhéifeachtach *adj* ineficaz.
neamhfheidhm *f2* disfunción; irrelevancia.
neamhfholach *adj* anémico.
neamhghnách *adj* inusual, extraordinario.
neamhghnóthach *adj* desocupado.

neamhiontas *m1* **neamhiontas a dhéanamh de rud** desatender, ignorar algo.
neamhláithreachas *m1* absentismo.
neamh-mheisciúil *adj* sin alcohol.
neamh-mheontach *adj* impertinente, presuntuoso.
neamhní *m4* nada, cero.
neamhnigh *vt* aniquilar, anular.
neamhoifigiúil *adj* oficioso, extraoficial.
neamhoiriúnach *adj* inapropiado.
neamhphearsanta *adj* impersonal.
neamhréireach *adj* inconsistente.
neamhrialta *adj* irregular. **na briathra neamhrialta** los verbos irregulares.
neamhscrupallach *adj* sin escrúpulos.
neamhshaolta *adj* espiritual; etéreo.
neamhshiméadrach *adj* asimétrico.
neamhshrianta *adj* desenfrenado; caprichoso.
neamhshuim *f2* despreocupación; indiferencia.
neamhshuimiúil *adj* sin importancia, insignificante.
neamhspleách *adj* independiente.
neamhspleáchas *m1* independencia. **Forógra an Neamhspleáchais** la Declaración de Independencia.
neamhthrócaireach *adj* despiadado, desalmado.
neamhúdaraithe *adj* no autorizado.
neamhurchóideach *adj* inofensivo.
neantóg *f2* ortiga.
neantúil *adj* irritado; irritable.
néar- *pref.* neuro-.
néarailge *f4* neuralgia.
néarchóras *m1* sistema nervioso.
néareolaí *m4* neurólogo.
néareolaíocht *f3* neurología.
néaróg *f2* nervio.
néaróis *f2* neurosis.
néaróiseach *m1*, *adj* neurótico.
neart *m1* fuerza, poder; control; buena cantidad. **tá neart ama agat** tienes mucho tiempo. **níl neart air** no tiene remedio. **is treise an neart ná an ceart** la fuerza prevalece sobre la verdad. **ní neart go chur le chéile** la unión hace la fuerza. **ó neart go neart** cada vez mejor. **ag cruinniú nirt** haciéndose más fuerte.
neartaigh *vt, vi* fortalecer, reforzar.
neartmhar *adj* fuerte, vigoroso, poderoso.
neartú *m4* fortalecimiento, refuerzo, apoyo.
neasach *m1* aproximante.
neascóid *f2* furúnculo.
neasghaol *m1* pariente más cercano.
néata *adj* limpio, pulcro, ordenado.
néatacht *f3* pulcritud, limpieza.
neidín *m* asno.
Neiptiún *m1* Neptuno.

neirbhís *f2* nerviosismo.
neirbhíseach *adj* nervioso.
néiríteas *m1* neuritis.
neodar *m1* neutro (*gram*); nada.
neodrach *adj* neutral, neutro.
neodracht *f3* neutralidad.
neodraigh *vt* neutralizar.
neodrón *m1* neutrón.
Neoiliteach *adj* neolítico.
neon *m1* neón.
ní[1] *m4* cosa, algo; nada. **níor tharla aon ní** no sucedió nada. **is mór an ní é** significa mucho. **ní nach ionadh** no es de extrañar. **ní ba mheasa fós** todavía peor. **dá dtarlódh aon ní dóibh** si algo les pasara.
ní[2] (**nic**) *f4 en apellidos de mujeres solteras*. **Nuala Ní Bhriain** Srta. Nuala O'Brien. **Máire Ní Ogáin** Srta. Mary Hogan. **Máire Nic Shuibhne** Srta. Mary McSweeney. **Bríd Nic an Ghoill** Srta.Brigid McGill.
ní[3] *f4* lavado, colada.
ní[4] *partícula verbal negativa* **ní fheiceann sé iad** no los ve. **ní raibh focal as** no dijo una palabra. **ní mar a shíltear a bhítear** las apariencias engañan.
ní[5] *negativo de la cópula* **ní saineolaí mé** no soy experto. **ní féidir** no es posible.
nia *m4* sobrino.
niachas *m1* valor; caballerosidad.
nialas *m1* cero.
niamh *f2* brillo, resplandor.
niamhghlan *vt* bruñir, pulir.
niamhrach *adj* resplandeciente.
nicil *f2* níquel.
nicitín *m4* nicotina.
nideog *f2* nicho.
nigh *vt, vi* lavar. **ba chóir na glasraí a ní go maith** se deberían lavar bien las verduras.
níl *vi presente negativo de bí*. **níl aon duine sa teach** no hay nadie en la casa. **níl Seán istigh** Juan no está. **níl mé sásta** no estoy contento. **níl a fhios agam** no lo sé. **níl aon amhras** no cabe duda.
nimfeach *f2* ninfa.
nimh *f2* veneno; virulencia. **nathair nimhe** serpiente venenosa. **gan nimh** inocuo, inofensivo.
nimheanta *adj* venenoso, viperino.
nimhigh *vt* envenenar.
nimhíoc *f2* antídoto.
nimhiú *m4* envenenamiento. **nimhiú fola** envenenamiento de la sangre, septicemia.
nimhiú bia intoxicación alimentaria.
nimhiúil *adj* tóxico, venenoso.
nimhneach *adj* doloroso; nocivo; rencoroso. **sceadamán nimhneach** garganta inflamada. **go nimhneach** implacablemente,

níochán
amargamente. **bhí fuacht nimhneach ann** hacía un frío glacial.
níochán *m1* lavado; lavandería.
niogóid *f2* sarcasmo; irritabilidad.
níolón *m1* nailon.
níor[1] *partícula verbal negativa empleada en el pasado*. **níor chreid sé mé** no me creyó. **níor cuireadh suim ann** nadie le dio importancia.
níor[2] *condicional y pasado habitual de la cópula*. **níor dochtúir m'athair** mi padre no era médico. **níor liomsa an carr** el coche no era mío. **níor léir dom cad a bhí i gceist** no entendía de que se trataba. **níor cheart é a dhéanamh arís** no debería hacerse de nuevo.
níos *adv comp* **tá tusa níos óige ná mé** tú eres más joven que yo. **dá mbeadh níos mó airgid agam** si tuviera más dinero. **i bhfad níos lú** mucho menos, mucho más pequeño.
níotráit *f2* nitrato.
nite *adj* lavado. **an bhfuil na gréithe nite go fóill agat?** ¿ya has lavado los platos?
niteoir *m3* friegaplatos, lavaplatos. **niteoir soithí** lavavajillas.
nithiúil *adj* real; concreto; corpóreo.
nithiúlacht *f3* realidad; concrección.
nítrea- *pref* nitro-.
nítrigin *f2* nitrógeno.
niúmóine *m4* neumonía, pulmonía.
nó *conj* o. **dubh nó bán** blanco o negro. **beo nó marbh** vivo o muerto. **cúigear nó seisear** cinco o seis personas. **ní bhaineann sé leat beag nó mór** no te incumbe en absoluto. **a bheag nó a mhór** más o menos. **nó go** hasta, para que. **bain díot é nó go nífear é** quítatelo para que sea lavado. **nó mar sin** por allí, aproximadamente. ❶ *empleado después de ciertas frases negativas* **ní foláir nó go bhfuil sé tinn** será que está enfermo.
nócha *m5 adj* noventa.
nóchadú *adj* décimonoveno.
nocht I *adj* desnudo, expuesto. **II** *vt, vi* desnudar, descubrir, aparecer; expresarse. **dealbh a nochtadh** descubrir una estatua. **nocht do chuid tuairimí** diga lo que opina. **bhí daoine nochta ar fud na trá** había gente desnuda por la playa.
nochtachas *m1* nudismo.
nochtacht *f3* desnudez.
nod *m1* abreviación; pista. **is leor nod don eolach** a buen entendedor, pocas palabras.
nód *m1* nodo.
nódaigh *vt* injertar, transplantar.
nodaireacht *f3* anotación.
nódú *m4* injerto, transplante.
nóibhéine *f4* novena.

nuachtánaí
nóibhíseach *m1* novicio.
nóiméad *m1* minuto; momento. **fan nóiméad** espera un minuto. **cé mhéad nóiméad atá fágtha?** ¿cuántos minutos faltan?
nóin *f3* mediodía, nonas.
nóinín *m4* margarita común; margarita mayor.
nóinléiriú *m4* matiné.
nóisean *m1* noción; idea descabellada. **tá nóisean ag Pilar do Roberto** a Pilar le atrae Roberto.
noitmig *f2* nuez moscada.
Nollaig *f* Navidad; diciembre. **Oíche Nollag** Nochebuena. **Mí na Nollag** diciembre. **Nollaig faoi mhaise duit, Beannachtaí na Nollag ort** Feliz Navidad. **Nollaig Bheag, Nollaig na mBan** La Epifanía, Día de los Reyes Magos.
normálta *adj* normal.
Normannach *m1, adj* normando.
nós *m1* costumbre; manera; estilo. **tá an nós céanna acu sa Bholaiv** en Bolivia tienen la misma costumbre. **nós imeachta** procedimiento. **ar nós** al modo de. **ar nós na gaoithe** a toda velocidad. **cathair ar nós Caracas** una ciudad como Caracas. **ar aon nós** de todas formas.
nósmhaireacht *f3* costumbre; formalidad; educación, cortesía.
nósmhar *adj* acostumbrado; formal; educado, cortés.
nósúlacht *f3* delicadeza excesiva, amaneramiento.
nóta *m4* nota; billete; apunte. **nótaí a scríobh** apuntar.
nótáil *vt* fijarse en, darse cuenta de; anotar, apuntar.
nótáilte *adj* notable, eminente, excelente.
nótaire *m4* notario.
nua-[1] *pref* nuevo, neo.
nua[2] *adj* nuevo.
nua-aimseartha *adj* moderno. **ní thuigeann m'athair an ealaín nua-aimseartha** mi padre no entiende el arte moderno.
nua-aoiseach *adj* moderno.
nua-aoiseachas *m1* modernismo; modernidad.
nuabheirthe *adj* recién nacido; recién puesto.
nuachar *m1* esposo, esposa.
nuachóirigh *vt* modernizar.
nuacht *f3* noticias; novedad. **cinnlínte na nuachta** los titulares.
nuachtán *m1* periódico.
nuachtánachas *m1* jerga periodística.
nuachtánaí *m4* vendedor de periódicos.

nuachtghníomhaireacht

nuachtghníomhaireacht *f3* agencia de noticias.
nuachlasaiceach *adj* neoclásico.
nuachtóir *m3* periodista.
nuachtóireacht *f3* periodismo.
Nua-Eabhrach *m4* Nueva York.
nuafhaiseanta *adj* moderno, de moda.
nuafhocal *m1* neologismo.
nuafhoilsithe *adj* recién publicado.
Nua-Ghaeilge *f4* irlandés moderno.
nuair *conj* cuando; considerando que, ya que; aunque. **buail isteach chuig m'oifig nuair a thiocfaidh tú ar ais** pasa por mi oficina cuando regreses. **nuair a shroich Cortés cathair Tenochtitlán** cuando Cortés llegó a la ciudad de Tenochtitlán. **nuair ab éigean dúinn imeacht** cuando teníamos que marcharnos. **nuair nár chuir siad fáilte romham** ya que no me dieron la bienvenida.

nuálach *adj* innovador.
nuálacht *f3* innovación.
nuálaí *m4* innovador.
nuaphósta *adj* recién casado.
nuasachán *m1* postulante.
nuatheanga *f4* lengua moderna.
nuatheicneolaíocht *f3* nueva tecnología.
nuathofa *adj* recién elegido, recién electo.
núicléach *adj* nuclear.
núicléas *m1* núcleo.
nuige *adv* **go nuige** hasta. **go nuige seo** hasta ahora.
nuinteas *m1* nuncio.
núíosach *m1* recién llegado; principiante *adj* nuevo; inmaduro; inexperto.
núíosacht *f3* novedad; inexperiencia.
núis *f2* fastidio.
nús *m1* calostro.

nuta

nuta *m4* tocón, cepa; colilla

O

O, o *m* letra O. **O fada (Ó, ó)** O larga.
ó[1] *m4* nieto; descendiente. ❶ *empleado en apellidos*, **an Dochtúir Ó hUiginn** el doctor O'Higgins.
ó[2] *prep (ver tablas).* de, desde; por. **ó Ghuayaquil go Lima** desde Guayaquil a Lima. **ó mhaidin** desde por la mañana. **dhá mhíle slí ón aerfort** a dos millas del aeropuerto. **cad atá ó Liam?** ¿qué necesita Liam? **ó ya que, desde que. ó bhí tú as láthair** ya que usted no estuvo. **tagann an fíon sin ón Airgintín** ese vino viene de Argentina. **óna chroí** de su corazón. **bíonn sí sa tsiopa óna naoi go dtí a cúig** suele estar en la tienda de nueve a cinco. **fuair sí an t-amhrán sin óna máthair** aprendió esa canción de su madre. **tuigim é sin anois óna bhfuil ráite agat** ahora entiendo eso por lo que me has dicho.
ó[3] *prep* hacia. **ó dheas** hacia el sur. **ó thuaidh** hacia el norte.
ó[4] *int* ¡oh! **ó, a Dhia!** ¡Dios mío!
ob *vt, vi* rechazar; esquivar, eludir; fallar. **obadh an seic** el cheque fue rechazado.
obach *adj* rechazado; evitado.
obadh *m3* negativa, rechazo.
obair *f2* trabajo, obra. **obair bhaile** deberes, tarea. **obair tí** oficio, tareas domésticas. **obair chapaill** trabajo muy duro. **cianobair** trabajo remoto. **tá mo dheirfiúr ag obair mar bhanaltra i Ciudad Real** mi hermana está trabajando como enfermera en Ciudad Real. **níl an clog ag obair** el reloj no está funcionando. **coinnigh ort leis an dea-obair** sigue con el buen trabajo. **chaill me dhá lá oibre** perdí dos días de trabajo. **lucht oibre** clase obrera. **as obair** en paro, desempleado, **oibreacha bóthair** obras de construcción de carretera.
óbó *m4* oboe.
obrádlann *f2* quirófano, sala de cirugía.
obráid *f2* operación quirúrgica, cirugía.
ócáid *f2* ocasión, vez; evento. **ar an ócáid sin** en aquella ocasión. **le haghaidh na hócáide** con el propósito expreso. **ócáid bhliantúil** un acontecimiento anual.
ócáideach *adj* ocasional; oportuno.
ócar *m1* ocre.
ocastóir *m3* buhonero.
ocastóireacht *f3* venta ambulante; regateo.
och! *int* ¡huy! ¡ay!
ochlán *m1* suspiro, gemido; causa de pena.
ochón! *int* ¡ay de mí! gemido, lamento.

ocht *m4* ocho. **a hocht déag** dieciocho. **ar a hocht a chlog** a las ocho. **ocht mbliana déag** dieciocho años. **níl ach ocht bplainéad ann** sólo hay ocho planetas.
ócht *f3* virginidad.
ochtach[1] *f2* abeto, pino.
ochtach[2] *m1* octava.
ochtagán *m1* octógono.
ochtapas *m1* pulpo.
ochtar *m1* ocho personas. **ochtar fear** ocho hombres.
ochtó *m5 adj* ochenta. **na hochtóidí** *pl* los años ochenta.
ochtódú *m4 adj* octogésimo.
ochtú *m4 adj* octavo. **an t-ochtú haois déag** el siglo dieciocho.
ocrach I *m1* hambre, escasez. **II** *adj* hambriento.
ocras *m1* hambre; pobreza; escasez. **tá ocras orm** tengo hambre. **stailc ocrais** huelga de hambre. **tá cuma an ocrais ort** parece que tienes hambre. **is maith an t-anlann an t-ocras** a buen hambre no hay pan duro.
ocsaíd *f2* óxido.
ocsaídigh *vt* oxidar.
ocsaigin *f2* oxígeno.
odhar *adj* pardo; oscuro, negro.
ofráil I *f3* ofrenda; ofertario; caridad. **II** *vt* ofrecer.
óg *m1, adj* joven. **cailleadh go hóg mo mháthair** mi madre murió joven. **Tír na nÓg** tierra mítica de juventud eterna. **is í Sorcha an cailín is óige sa rang** Sorcha es la chica más joven de la clase. **is deacair ceann críonna a chur ar cholainn óg** mocedad y buen entendimiento, nunca vienen al mismo tiempo.
óganach *m1* joven, chico.
ógbhean *f5* mujer joven.
ógchiontóir *m3* delincuente juvenil.
ógfhear *m1* hombre joven.
ógh *f2* virgen. **Muire Ógh** la Virgen María.
ogham *m1* ogam, el alfabeto ogámico (*antiguo alfabeto irlandés*).
óglach *m1* voluntario, soldado. **Óglaigh na hÉireann** los Voluntarios Irlandeses (*ejército nacional de Irlanda*).
ógra *m4* jóvenes; sección juvenil.
oibiachtúil *adj* objetivo.
oibleagáid *f2* obligación. **oibleagáid a dhéanamh do dhuine** hacer un favor a una persona.

oibleagáideach *adj* obligatorio; amable, atento.
oibreoir *m3* operador.
oibrí *m4* trabajador.
oibrigh *vt, vi* trabajar; funcionar, obrar; excitar, agitar. **d'oibrigh siad go dian** trabajaron duro. **níl na duáin ag obriú aici** no le están funcionando los riñones. **oibrigh ón mbarr anuas** proceda de arriba a abajo.
oibríoch *adj* operativo, en vigor.
oibriú *m4* trabajo; acción; operación; funcionamiento.
oíche *f4* noche; anochecer. **oíche mhaith** buenas noches **oíche Dhomhnaigh** el domingo por la noche. **oíche chinn féile** víspera de fiesta. **titim na hoíche** anochecer. **fás aon oíche** seta, champiñón. **oícheanta fada an gheimhridh** las largas noches de invierno. **Oíche Nollag** Nochebuena. **Oíche Chinn Bhliana** Nochevieja. **Oíche Shamhna** víspera de Todos los Santos.
oíchí *adj* nocturno.
óid *f2* oda.
oide *m4* tutor, profesor.
oideachas *m1* educación. **an Roinn Oideachais** el Ministerio de Educación. **oideachas lán-Ghaelach** educación en irlandés. **oideachas aosach** educación de adultos.
oideachasóir *m1* pedagogo.
oideachasúil *adj* educativo.
oideam *m1* máxima.
oideas *m1* instrucción; receta; prescripción facultativa. **níl sé le fáil ach ar oideas dochtúra** sólo se puede conseguir con receta médica.
oideolaíocht *f3* pedagogía, didáctica.
oidhe *f4* muerte; tragedia; algo que es merecido. **is maith an oidhe ort é** te lo mereces.
oidhre *m4* heredero.
oidhreacht *f3* herencia, legado, patrimonio.
oidhreachtúil *adj* hereditario.
oidhrigh *vt* legar.
oifig *f2* oficina. **oifig an phoist** la oficina de correos. **oifig ticéad** taquilla. **oifig turas-óireachta** oficina de turismo. **oifig na marbh** oficios fúnebres. **caithfidh an t-uachtarán eirí as oifig** el presidente tendrá que renunciar.
oifigeach *m1* oficial; funcionario.
oifigiúil *adj* oficial.
óige *f4* juventud, jóvenes; menor. **san Iodáil a chaith Colambas a óige** Colón pasó su juventud en Italia.
óigeanta *adj* juvenil.
oigheann *m1* horno.
oighear *m1* hielo; irritación.
oighearaois *f2* edad de hielo.
oighear-rinc *f2* pista de hielo.
oighearshruth *m3* glaciar.
oigheartha *adj* irritado.
oighreach *adj* glacial.
oighreata *adj* helado.
oighrigh *vt, vi* helar, congelar.
oil *vt* criar, nutrir; educar. **bheith oilte ar rud** dominar algo.
oilbheart *m1* maldad; vergüenza.
oilbhéas *m3* mal hábito; malicia; violencia, crueldad.
oilbhéasach *adj* malicioso; indisciplinado; agresivo.
oilbhéim *f2* ofensa; escándalo.
oileán *m1* isla. **tá beagán Spáinnise á labhairt i gcónaí sna hOileáin Fhilipíneacha** todavía se habla un poco de español en las Islas Filipinas. **an tOileán Úr** América del Norte. **oileán sráide** isleta.
oileánach *m1* isleño *adj* abundante en islas; insular.
oileánrach *m1* archipiélago.
Oilimpeach *adj* olímpico. **na Cluichí Oilimpeacha** los juegos olímpicos.
oilithreach *m1* peregrino.
oilithreacht *f3* peregrinación.
oiliúint *f3* educación, formación; alimentación, nutrición.
oiliúnach *adj* instruido, formado; alimentado.
oilte *adj* habilidoso, entrenado.
oilteacht *f3* formación; habilidad.
oilteanas *m1* educación, modales.
oiltiúil *adj* empalagoso, zalamero.
oineach *m1* honor, reputación; hospitalidad; favor. **consal oinigh** cónsul honorario.
oineachúil *adj* generoso; amable, bondadoso.
óinmhid *f2* simplón; bufón, gracioso.
oinniún *m1* cebolla.
óinseach *f2* persona tonta, estúpida.
óinsiúil *adj* tonto, estúpido.
oir *vi* convenir, sentar bien. **ní oireann sé duit** te sienta mal, no te conviene. **d'oir an obair dó** el trabajo le convino.
óir *conj* porque.
oirbheart *m1* manejo; recurso; hazaña; valor; madurez. **teacht in aois oirbhirt** alcanzar la pubertad.
oirbheartach *adj* diestro, hábil; valiente; maduro.
oirbheartaíocht *f3* tácticas militares.
oirbheartas *m1* destreza; poder.
oirchill *f2* preparación; expectación.
oirchilleach *adj* listo; preparado; previsor.
oirdheisceart *m1* sureste.

oireachas *m1* prioridad; soberanía; rango, status.
oireachtas *m1* asamblea deliberatoria; festival. **an tOireachtas** la legislatura irlandesa.
oiread *s* cantidad, número. **oiread a líonfadh cupán** suficiente para llenar una taza. **ach oiread** tampoco. **a dhá oiread** el doble. **an oiread seo** tanto. **bhí an oiread sin feirge orm** estaba tan enfadado. **tabhair an oiread samplaí agus is féidir** da tantos ejemplos como puedas.
oireas *m1* historia; conocimiento.
oirfide *m4* canto, música; entretenimiento.
oirfideach I *m1* músico, trovador, juglar. **II** *adj* musical.
oirirc *adj* eminente, ilustre.
oirirceas *m1* eminencia, distinción.
oiriseamh *m1* permanecer; parar; retrasarse.
oiriúint *f3* conveniencia, oportunidad.
oiriúintí *pl* accesorios. **arna chur in oiriúint do pháistí** adaptado para niños. **oiriúintí oifige** materiales de oficina.
oiriúnach *adj* apropiado, adecuado; preparado, bien educado. **ní mise is oiriúnaí chuige** yo no soy la persona más apropiada.
oiriúnaigh *vt* adecuar, adaptar; convenir.
oiriúnú *m4* adaptación.
oirmhinneach *m1* **a Oirmhinnigh** Reverencia. **an tOirmhinneach Séamus Ó Conghaile** el reverendo James Connolly.
oirmhinnigh *vt* reverenciar, honrar.
oirní *adj* inaugurado; eminente; ordenado.
oirnigh *vt* ordenar; inaugurar; arreglar. **oirníodh ina shagart é** fue ordenado sacedote.
oirniú *m4* ordenación; inauguración; puesta en orden, arreglo.
oirthear *m1* este, parte oriental. **is minic a bhí mé in Oirthear na hEorpa** a menudo he estado en Europa del este. **leigheas traidisiúnta an oirthir** medicina tradicional del oriente.
oirthearach I *m1* oriental. **II** *adj* del este.
oirthuaisceart *m1* noreste.
oiseoil *f3* carne de venado.
oisín *m4* cervatillo.
oisre *m4* ostra.
oisteansóir *m3* custodia.
oistéapat *m1* osteópata, especialista en enfermedades óseas.
oitir *f5* banco de arena; orilla, ribera.
ól I *m1* bebida. **bheith ar an ól** estar tomando alcohol. **teach an óil** bar, cantina, taberna. **II** *vt, vi* beber; tomar. **ná hól an t-uisce sin** no bebas esa agua. **mura n-ólann tusa é** si tú no lo tomas. **tá sé ólta** está borracho. **ní ólaim caifé** no tomo café. **ag ól tobac** fumando.
ola *f4* aceite; petróleo. **an ola dhéanach** extrema unción. **ola mhór** parafina. **tháinig ardú ar phraghas na hola** subió el precio del petróleo. **ola ae troisc** aceite de hígado de bacalao.
olach *adj* aceitoso.
ólachán *m1* bebida.
olacheantar *m1* yacimiento petrolífero.
olachrann *m1* olivo.
oladhath *m3* óleo.
olagarcacht *f3* oligarquía.
olagas *m1* pócima.
olagón *m1* gemido, lamento, llanto.
olagónach *adj* quejoso, lloroso.
olaigh *vt* lubricar; ungir.
olaíocht *f3* aceitoso.
olanda *adj* lanoso.
olann *f5* lana. **olann chadáis** motas de algodón. **bhí an-bhaint ag na hÉireannaigh le tionscal olla na hAirgintíne** los irlandeses tuvieron un papel importante en la industria de la lana en Argentina. **is doiligh ollann a bhaint de ghabhar** no le pidas peras al olmo.
olannacht *f3* lanosidad.
olar *m1* grasa;untuosidad.
olartha *adj* graso, grasiento; untuoso.
olc I *m1* mal, daño. **II** *adj* malo, dañino; pobre, desgraciado. **bheith go holc** estar muy enfermo. **más olc leat é** si no te gusta. **tá an lá go holc** hace mal día. **saor sinn ó olc** líbranos del mal. **ba mheasa an dara hiarracht** el segundo intento fue peor.
olcas *m1* maldad. **dul in olcas** empeorar. **dá olcas é** por muy malo que sea.
oll- *pref* gran, bruto, total, super.
ollach *adj* lanoso.
ollamh *m1* catedrático. **ollamh le Spáinnis** catedrático de español.
ollás *m1* pompa; regocijo.
ollásach *adj* jactancioso.
ollchruinniú *m4* reunión de masas, mítin.
ollfhoirfe *m4 adj* pluscuamperfecto.
ollghairdeas *m1* júbilo, alborozo.
ollmhaitheas *m3* riqueza; lujo. **ollmhaitheasaí** *pl* manjares.
ollmhaithiúnas *m1* amnistía.
ollmhargadh *m1* supermercado.
ollmharú *m4* masacre.
ollmhór *adj* enorme, inmenso.
ollnóva *m4* supernova.
ollphéist *f2* serpiente; monstruo.
ollphuball *m1* marquesina, especie de tejado o alero.
ollscartaire *m4* bulldozer, excavadora.

ollscoil *f2* universidad. **Ollscoil na hÉireann** Universidad Nacional de Irlanda.
ollscolaíocht *f3* formación universitaria.
ollsmachtach *adj* totalitario.
olltáirg *vt* producir en masa.
olltáirgeacht *f3* producto bruto; producción.
olltoghchán *m1* elecciones generales.
ollúnacht *f3* cátedra.
ológ *f2* aceituna, oliva. **crann ológe** olivo.
ola ológe aceite de oliva.
ólta *adj* borracho, ebrio, bebido.
óltach *adj* alcohólico; intoxicado; absorbente.
óltóir *m3* bebedor.
olúil *adj* aceitoso, oleaginoso.
ómós *m1* homenaje; reverencia, respeto. **in ómós** en honor de. **bhí an-ómós aige do Borges** era un gran admirador de Borges. **ómós a thabhairt** honrar.
ómósach *adj* reverente, respetuoso.
ómra *m4* ámbar.
ómrach *adj* ambarino.
onfais *f2* buceo; tumbo; revolcón.
onfaiseoir *m3* buceador.
ong *m1* lamento.
onnmhaire *f4* exportación.
onnmhaireoir *m4* exportador.
onnmhairigh *vt* exportar.
onnmhairiú *m4* exportación.
onóir *f3* honor, honra. **príosúnach ar a onóir** prisionero en libertad condicional.
onórach *adj* honorable; honorífico; estimado.
onóraigh *vt* honrar; rendir pleitesía.
ópal *m1* ópalo.
optach *adj* óptico. **nearóg optach** nervio óptico.
optaic *f2* óptica.
optamach *adj* óptimo.
ór *m1* oro. **ór Muire** caléndula, maravilla. **bonn óir** medalla de oro.
oracal *m1* oráculo.
óráid *f2* discurso.
óráideach *adj* declamatorio.
óráidí *m4* orador.
óráidíocht *f3* oratoria.
óraigh *vt* dorar.
oráiste *m4* naranja. **craiceann oráiste** cáscara de naranja.
Oráisteach *m1, adj* miembro de la Orden de Orange. **an tOrd Oráisteach** Orden de Orange (*organización protestante probritánica*).
oratóir *m3* oratorio.
ord[1] *m1* almádena, mazo de hierro.
ord[2] *m1* orden, secuencia. **as ord** desordenado. **ord aibítre** orden alfabético.

ordaigh *vt* ordenar, mandar; pedir. **burritos a d'ordaigh mé sa bhialann Mheicsiceach** pedí burritos en el restaurante mexicano. **níor ordaigh Dia béal gan bhia** Dios proveyó de comida para todos. **is fearr liom earraí a ordú ar líne** prefiero pedir productos online.
ordaitheach *m1, adj* modo imperativo.
ordanás *m1* artillería. **an Suirbhé Ordanáis** el Instituto Nacional de Cartografía.
órdhonn *adj* color castaño.
ordóg *f2* pulgar. **ordóg coise** dedo gordo. **bhíomar ar an ordóg** estábamos haciendo autoestop.
ordú *m4* orden, mandato.
ordúil *adj* ordenado, limpio.
orduimhir *f5* número ordinal.
ordúlacht *f3* orden, limpieza.
órga *adj* dorado. **an Ré Órga** la Edad de Oro.
orgán *m1* órgano. **is minic a chloistear an t-orgán leictreach i gceol na Colóime** a menudo se escucha el órgano eléctrico en la música colombiana.
orgánach I *m1* organismo. **II** *adj* orgánico.
orgánaí *m4* organista.
orla *m4* vómito. **chuirfeadh sé fonn orla ort** te daría ganas de vomitar.
orlach *m1* pulgada. **orlach go leith** pulgada y media.
ornáid *f2* ornamento.
ornáideach *adj* ornado.
ornáidigh *vt* adornar.
órnite *adj* dorado, bañado en oro.
oró *int* ¡oh!
órshúlach *m1* jarabe de azúcar.
órscoth *f3* crisantemo.
ortaipéideach *adj* ortopédico.
ortha *f4* encanto, hechizo; oración.
os-[1] *pref* super, supra-.
os[2] *prep* sobre, encima de. **os cionn** sobre. **os comhair** en frente de, delante de.
ós (ó + is) ya que. **ós í an Spáinnis atá á labhairt againn** ya que estamos hablando español.
ósais *f2* oasis.
osán *m1* **osán briste** pierna de pantalón pl medias, calcetines.
osánacht *f3* calcetería, géneros de punto.
oscail *vt, vi* abrir. **osclaíonn an leabharlann ag a naoi** la biblioteca abre a las nueve.
oscailt *f2* apertura. **ar oscailt** abierto.
oscailte *adj* abierto. **comórtas oscailte** competición abierta.
oscailteach *adj* abierto, franco; generoso.
oscailteacht *f3* franqueza, liberalidad; apertura.

oscartha

oscartha *adj* fuerte; ágil.
oscar *m1* guerrero, héroe.
osclóir *m3* abridor, abrelatas.
osna *f4* suspiro. **lig sé osna** suspiró.
osnádúrtha *adj* sobrenatural.
osnaíl *f3* suspiro. **osnaíl ghoil** sollozo.
ósón *m1* ozono. **ciseal an ósóin** la capa de ozono.
óspairt *f2* desgracia, accidente.
ospidéal *m1* hospital.
osréalach *adj* surrealista.
osréalachas *m1* surrealismo.
ósta *m4* alojamiento; hotel. **teach ósta** hotel, pensión.
óstach *m1* anfitrión; azafata.
óstaíocht *f3* alojamiento; entretenimiento para viajeros.
óstán *m1* hotel. **tá na hóstáin an-daor sa tír seo** los hoteles son muy caros en este país. **óstán galánta** hotel de lujo. **tá an t-óstán oiriúnach do chathaoireacha rothaí** el hotel está adaptado para sillas de ruedas.
ósteilgeoir *m3* retroproyector.
óstlann *f2* hotel.
óstlannaí *m4* hotelero.
ostóir *m3* posadero, hotelero.
ostrais *f2* avestruz.
otair *adj* sucio; vulgar.
oth *s* **is oth liom go** lamento que. **is oth liom do chás** siento lo que te pasa.
othar *m1* paciente; enfermedad; herida.
othar seachtrach paciente ambulatorio.
ag déanamh othair supurando.
otharcharr *m1* ambulancia.
otharlann *f2* enfermería, clínica.
othras *m1* enfermedad; úlcera. **othras goile** úlcera gástrica.
othrasach *adj* enfermo; herido; ulceroso.
otrach *m1* estiércol, basura; estercolero.
otracht *f3* suciedad, desorden; obesidad.
otrann *f2* estercolero; corral.
otras *m1* mugre, suciedad.

P

P, p *m* letra P. **P séimhithe** (*Ṗ, ṗ*; *Ph, ph*) P lenizada.
pá *m4* paga, sueldo. **pá glan** sueldo neto. **pá inchánach** base imponible.
pábháil *f3* pavimento *vt* pavimentar.
pabhsae *m4* botón floral, flor. **caith pabhsae brollaigh** lleva una flor en el ojal.
paca *m4* lote, paquete; manada, jauría. **paca droma** mochila. **mar a bheadh paca madraí** como una jauría de perros. **paca cártaí** baraja.
pacáil I *f3* empaquetado, envase, embalaje. **II** *vt, vi* empaquetar, empacar; rellenar.
pacáilte *adj* repleto, lleno.
pacáiste *m4* paquete, bulto. **pacáiste ilmheánach** paquete multimedia. **saoire phacáiste** paquete turístico.
pacáistigh *vt* empaquetar.
pacálaí *m4* empaquetador, envasador.
pachaille *f4* juanete.
padhsán *m1* persona delicada.
pádhuille *m4* nómina.
Pádraig *m* Patricio. **Naomh Pádraig** San Patricio. **Ardteampall Phádraig** catedral de San Patricio.
págánach *m1* pagano.
págánta *adj* pagano.
págántacht *f3* paganismo.
paicéad *m1* paquete.
paidhc *f2* barrera de peaje.
paidir *f2* oración. **an Phaidir** el padrenuestro. **abair paidir ar mo shon** reza por mí. **ná déan paidir chapaill de** no exageres. **tá sé ina phaidir aige** lo sabe de memoria.
paidreoireacht *f3* oración.
paidrín *m4* rosario, camándula; cuentas del rosario. **an Paidrín Páirteach** el rosario familiar. **an chloch is mó ar a phaidrín** su prioridad.
páil *f2* estaca; empalizada. **an Pháil** La Empalizada (*empalizada que delimitaba el área de dominio inglés en torno a Dublín durante los siglos XIV y XV*).
pailéad *m1* paleta de pintor.
pailin *f2* polen.
pailis *f2* empalizada, fortín; palacio; castillo.
pailliún *m1* pabellón.
pailm *f2* palma. **crann pailme** palmera.
pailnigh *vt* polinizar.
pailniú *m* polinización.
paimfléad *m1* panfleto, folleto.
paincréas *m1* páncreas.
paindéim *f2* pandemia.

painéal *m1* panel *vt* revestir con paneles de madera; artesonar.
painnéar *m1* cesto.
páinteach *adj* relleno, regordete.
paintéar *m1* trampa, cepo; pantera.
páipéar *m1* papel; ponencia; examen. **páipéar nuachta** periódico. **páipéar leithris** papel higiénico. **rinne mé go dona ar an gcéad pháipéar** el primer examen me salió muy mal. **ar pháipéar** teóricamente. **páipéir aitheantais** documentos de identidad, papeles.
páipéarachas *m1* objetos de escritorio; papeleo.
páipéaraí *m4* librero, papelero.
páipéaraigh *vt* empapelar.
páipéaróir *m3* empapelador.
paipír *f2* papiro.
páirc *f2* parque; prado, dehesa, campo. **páirc imeartha** parque de juego. **páirc uileaimsire** polideportivo cubierto. **páirc an áir** campo de batalla. **Páirc an Chrócaigh** Croke Park (*estadio principal de Dublín*).
páirceáil *vt* aparcar, estacionar. **cosc ar pháirceáil** prohibido aparcar. **ticéad páirceála** multa.
páircíneach *adj* a cuadros.
pairifín *m4* parafina.
pairilis *f2* parálisis.
páirín *m4* papel de lija.
páirt-[1] *pref* parcial.
páirt[2] *f2* parte, porción; papel; asociación. **an bhfuil na páirteanna go léir againn?** ¿tenemos todas las partes? **páirt a ghlacadh** participar. **bhí páirt bheag ag Síle sa scannán** Síle tuvo un pequeño papel en la película. **ná bíodh baint ná páirt agat leo** no tengas nada que ver con ellos. **cheannaigh mé an teach i bpáirt le mo dheartháir** compré la casa con mi hermano. **i bpáirt** en común. **malairt páirte** parte de repuesto.
páirtaimseartha *adj* a tiempo parcial.
páirteach *adj* partícipe; favorable, parcial. **bheith páirteach** participar; compartir. **tá mé páirteach leat i do thrióblóid** comparto su dolor.
páirteachas *m1* participación. **ráta íseal páirteachais** bajo nivel de participación.
páirteagal *m1* partícula. **pairteagail ar a dtugtar móilíní** partículas que se llaman moléculas.
páirtí *m4* partido; asociado, socio; pareja; parte; fiesta. **páirtí polaitíochta** partido

páirtíneach

político. **i láthair triú páirtí** en presencia de una tercera persona. **mise agus mo pháirtí** mi pareja y yo. **pléigh an téama le do pháirtithe** discuta el asunto con sus socios.
páirtíneach *m1* partisano, guerillero.
páirtíocht *f3* asociación; colaboración.
páirtnéir *m3* socio; pareja.
páirtnéireacht *f3* sociedad.
páirturú eclipse parcial.
páis *f2* pasión, sufrimiento. **Domhnach na Páise** Domingo de Pasión.
paisean *m1* pasión; emoción; ira.
paiseanta *adj* apasionado; irascible.
paisinéir *m3* pasajero.
paisinéireacht *f3* viaje, travesía, pasaje.
paiste *m4* parche. **paiste oibre** un poco de trabajo.
páiste *m4* niño. **páiste scoile** escolar. **nuair a bhí mé i mo pháiste** cuando era niño. **páiste fir** niño pequeño. **páiste mná** niña pequeña.
paisteáil I *f3* remiendo. **II** *vt, vi* remendar, parchear.
paistéar *vt* pasteurizar.
paistéarachán *m1* pasteurización.
paistil *f2* pastilla.
paistís *f2* pastiche; mezcla desordenada.
páistiúil *adj* infantil; inocente.
páistiúlacht *f3* infantilismo.
paiteana *m4* patena.
paiteanta *adj* patente, claro; exacto. **tá Gaeilge phaiteanta aige** habla un irlandés perfecto.
paiteog *f2* bulto; criatura rellena; juguete blando y redondo; lebrato.
paiteolaí *m4* patólogo.
paiteolaíocht *f3* patología.
paitinn *f2* patente.
paitinnigh *vt* patentar.
pálás *m1* palacio.
pálásta *adj* palaciego, cortesano.
paltóg *f2* golpe.
pámháistir *m4* pagador.
pán *m1* casa de empeños.
pána *m4* cristal, vidrio.
pánaí *m4* criatura rellena.
pánáil *vt* empeñar.
pancóg *f2* panqueque, tortita, crepé.
panda *m4* panda.
panna *m4* cazuela, cazo, cacerola.
pantaimím *f2* pantomima.
pantar *m1* pantera.
pantrach *f2* despensa.
paor *m4* hazmerreir; rencor, resentimiento.
pápa *m4* papa, pontífice.
pápach *adj* papal.
pápacht *f3* papado.
pápaireacht *f3* habla inane, tonta.

pé

pár *m1* pergamino. **rud a chur ar phár** poner algo por escrito.
para- *pref* para-.
parabal *m1* parábola.
paradacsa *m4* paradoja.
paragraf *m1* párrafo.
paráid *f2* desfile, procesión.
páráil *vt* cortar, mondar.
parailéal *m1* paralelo.
parailéalach *adj* paralelo.
paraimíleata *m1, adj* paramilitar.
paraipléige *f4* paraplejia.
paraisít *f2* parásito.
paraisiút *m1* paracaídas.
paranóia *f4* paranoia.
parasól *m1* parasol, sombrilla.
paratrúipéir *m3* soldado paracaidista.
pardún *m1* perdón. **gabhaim pardún agat** disculpe.
parlaimint *f2* parlamento. **Parlaimint na hEorpa** el Parlamento Europeo.
parlaiminteach *adj* parlamentario.
parlús *m1* sala de estar.
paróiste *m4* parroquia.
paróisteach I *m1* parroquiano. **II** *adj* parroquial; estrecho de miras.
párpháipéar *m1* vitela.
parsáil *vt* analizar gramaticalmente.
parthas *m1* paraíso. **Gairdín Pharthais** paraíso terrestre. **grianbhrugha Pharthais** paraíso celestial.
parúl *m1* libertad condicional; prohibición.
pas *m4* aprobado; pase, salvoconducto; pasaporte. **pas a fháil i scrúdú** aprobar un examen. **O** *usado como adv* un poco. **pas beag fuar** ligeramente frío.
pasáil[1] *vt* presionar; pisar; pasar.
pasáil[2] *vt, vi* aprobar.
pasáiste *m4* pasillo, corredor; travesía.
pasfhocal *m1* contraseña.
pastae *m4* pastel, tartaleta; masa, pasta.
pastal *m1* color pastel; pintura al pastel.
patachán *m1* lebrato; criatura rellena.
pataisc *f2* perdiz.
patrarc *m4* patriarca.
patrarcach *adj* patriarcal.
patról *m1* patrulla.
patrún *m1* modelo, patrón; santo patrón; fiesta del patrón.
pátrúnacht *f3* patrocinio, patronato.
patuaire *f4* falta de interés, apatía.
patuar *adj* apático, indiferente.
pé *pron adj conj* quienquiera, cualquiera. **pé duine** quienquiera que sea. **pé áit a bhfuil sí** donde quiera que ella esté. **pé sceal é** de todos modos. **pé acu** si bien. **pé acu fíor nó bréagach a scéal** sea su cuento verdadero o falso. **pé méid atá ag teastáil uait** cuanto quieras.

péac I *f2* pico; brote; pinchazo. **II** *vt, vi* brotar; pinchar; germinar.
peaca *m4* pecado. **peaca marfach** pecado mortal. **peaca an tsinsir** el pecado original. **is mór an peaca é!** ¡es una lástima! ¡qué pecado!
peacach *m1* pecador. **guigh orainn na peacaigh** ruega por nosotros pecadores.
péacach *m1* puntiagudo; llamativo, vistoso.
péacadh *m1* germinación.
peacaigh *vi* pecar.
péacán *m1* brote.
péacóg *f2* pavo real. **cearc phéacóige** pava real.
péacógach *adj* vanidoso, presumido; vestido de forma extravagante.
peacúil *adj* pecaminoso.
peadairín *m4* arlequín. **peadairín na stoirme** petrel.
peaindí *m4* tazón de aluminio; puré de papas.
peann *m1* pluma; bolígrafo, lapicero. **peann luaidhe** lápiz.
peannaid *f2* penitencia, pena, castigo; tormento.
peannaideach *adj* penal; doloroso.
peannaire *m4* pájaro secretario.
peannaireacht *f3* caligrafía.
péarla *m4* perla.
pearóid *f2* loro.
pearsa *f1* persona, personaje. **na pearsana sa dráma** los personajes de la obra de teatro. **an dara pearsa uatha** la segunda persona singular.
pearsanaigh *vt, vi* hacerse pasar por, interpretar un papel.
pearsanra *m4* personal. **Rannóg Pearsanra** Departamento de Recursos Humanos.
pearsanta *adj* personal; bien parecido. **ar chúiseanna pearsanta** por razones personales.
pearsantacht *f3* personalidad. **cén cineál pearsantachta atá aici?** ¿cómo es su personalidad?
pearsantaigh *vt* personificar.
pearsantú *m4* personificación.
pearsanú *m4* suplantación de personalidad en las elecciones, fraude electoral.
péarsla *m4* gorjeo, trino.
péas *m4* policía.
peasghadaí *m4* carterista, ladrón de carteras.
peata *m4* mascota; niño mimado. **peata an mhúinteora** el favorito del profesor. **peata beag a mháthar** el favorito de su madre. **peata lae** un día precioso.
peataireacht *f3* caricias; comportamiento infantil.

péatar *m1* petrel.
peictin *f2* pectina.
peidiatraic *adj* pediátrico.
peidléir *m3* buhonero, vendedor ambulante.
peig *f2* pinza.
peil *f2* fútbol; balón, pelota. **bhí na buachaillí ag imirt peile** los niños estaban jugando al fútbol. **peil ghaelach** fútbol gaélico.
peilbheas *m1* pelvis.
peileacán *m1* pelícano.
peileadóir *m3* futbolista.
péindlí *m4* **Na Péindlíthe** Leyes penales (*sistema de leyes anticatólicas del s. XVIII*).
péine *m4* piña. **crann péine** pino.
péineas *m1* pene.
peinicillin *f2* penicilina.
péint *f2* pintura. **péint úr** pintura fresca.
peinteagán *m1* pentágono.
péinteáil I *f3* pintura. **II** *vt, vi* pintar.
péintéir *m3* pintor.
péintéireacht *f3* pintura.
peipteach *adj* péptico.
péire *m4* par, pareja. **péire bróg** un par de zapatos. **tá péire ina múinteoirí** dos son profesores.
péireáil *vt* emparejar.
peireascóp *m1* periscopio.
peireatóiníteas *m1* peritonitis.
peiriméadar *m1* perímetro.
peiriúic *f2* peluca usada por jueces y abogados.
péirse *f4* perca.
peirsil *f2* perejil.
peirspictíocht *f3* perspectiva.
péist *f2* gusano; bestia, monstruo. **péist chabáiste** oruga. **péist mhara** monstruo marino. **péist talún** lombriz de tierra.
peiteal *m1* pétalo.
peitreal *m1* gasolina, nafta.
peitricheimiceán *m1* producto petroquímico.
peitriliam *m4* petróleo.
péitse *m4* paje, recadero.
péitseog *f2* melocotón, durazno.
piachán *m1* ronquera.
piachánach *adj* ronco.
pian *f2* pena, castigo, dolor. **cá bhfuil an phian ort?** ¿dónde te duele? **i bpian** dolido. **pianta boilg** dolores estomacales. **pianta fáis** problemas inherentes al crecimiento. **bíonn go leor péine i dteip pósta** el fracaso de un matrimonio trae mucho dolor.
pianadh *m1* dolor; pena, castigo.
pianmhar *adj* doloroso.
pianmhúchán *m1* calmante, analgésico.
pianó *m4* piano.

pianódóir

pianódóir *m3* pianista.
pianpháis *f2* angustia, agonía.
pianseirbhís *f2* trabajos forzados.
pianúil *adj* punitivo, penal; doloroso.
piara *m4* muelle, embarcadero.
piardáil *vt, vi* saquear; registrar.
piardóg *f2* cangrejo de río.
piasún *m1* faisán.
píb *f2* gaita; tráquea. **píb uilleann** gaita de codo.
pic *f2* brea. **chomh dubh le pic** negro como el carbón.
píce *m4* pica; horquilla (*arma empleada por los irlandeses en la rebelión de 1798*).
picéad *m1* piquete; estaca.
picéadaigh *vt* formar piquetes, piquetear.
picil I *f2* escabeche, encurtido. **II** *vt* encurtir; escabechar.
picnic *f2* picnic, comida en el campo.
pictiúr *m1* cuadro, pintura; fotografía; película. **mar a léirítear sa phictiúr thíos** como se muestra en el cuadro abajo. **dul chuig na pictiúir** ir al cine. **goideadh pictiúr le Velázquez as an ngailearaí** robaron un cuadro de Velázquez del museo.
pictiúrlann *f2* sala de cine.
pictiúrtha *adj* pictórico; pintoresco.
pigín *m4* cubo, balde.
pigmí *m4* pigmeo.
píle *m4* hilera, fila.
piléar[1] *m1* bala. **piléar a scaoileadh** pegar un tiro.
piléar[2] *m1* pilar, columna.
pílear *m4* policía.
piléardhíonach *adj* a prueba de bala.
piléarlann *f2* recámara.
pilibín *m4* chorlito; pene. **pilibín míog** avefría.
piliúr *m1* almohada. **clúdach piliúir** funda.
pillín *m4* asiento trasero; grupa.
pinc *m4 adj* color rosa.
pincín *m4* pececillo.
pingin *f2* penique, céntimo, centavo. **pingin mhaith** una bonita suma de dinero.
pinniúr *m1* hastial; frontón.
pinse *m4* toma, dosis.
pinsean *m1* jubilación; pensión. **dul amach ar pinsean** jubilarse con una pensión.
pinsín *m4* pizca. **pinsín salainn** pizca de sal.
pinsinéir *m3* jubilado.
píob *vt* enronquecer.
píobaire *m4* gaitero. **píobaire an aon phoirt is ea é** es como un disco rayado.
píobaireacht *f3* música de gaita.
píobán *m1* tubo, tubería; tráquea; bronquios. **píobán gairdín** manguera.

píopa

piobar *m1* pimienta; pimiento, pimentón.
piobarán *m1* pimentero.
píobarnach *f2* jadeo; zumbido en los oídos.
píoblach *m1* romper el cascarón.
pioc[1] *m4* pizca, trozo. **níl pioc céille aige** no tiene nada de sentido común. **bíodh pioc céille agat** ten un poco de sentido común. **níor ith tú pioc** no ha comido nada.
pioc[2] *vt, vi* recolectar; escoger, seleccionar. **pioc amach an ráiteas atá ceart** seleccione la oración correcta. **cén fáth ar phioc tú an Ghaeilge?** ¿por qué escogiste el irlandés? **chaith na páistí an mhaidin ag piocadh bláthanna** los niños pasaron la mañana cogiendo flores. **ag piocadh ar an mbia** mordisqueando la comida. **pioc suas** aprender de una manera informal.
piocadh *m* selección.
piocarsach *m1* prado esquilmado; espigueo; recolección.
piochán *m1* poro.
piocóid *f2* piqueta.
pioctha *adj* pulcro.
pióg *f2* tarta, torta.
piollaire *m4* píldora; tapón.
piolóid *f2* picota, tormento.
piolón *m1* pilón.
píolóta *m4* piloto.
píolótach *m1* ballena piloto, calderón común.
píolótaigh *vt* pilotar.
pioncás *m1* alfiletero.
piongain *f2* pingüino.
pionna *m4* pinza, gancho. **plocóidí trí phionna atá in úsáid in Éirinn** en Irlanda se emplean enchufes trifásicos.
pionna éadaigh gancho de ropa. **pionna gruaige** gancho de pelo.
pionós *m1* pena, castigo. **pionós báis** pena de muerte. **cic pionóis** penalti, golpe de castigo.
pionósach *adj* punitivo.
pionsa *m4* valla, cercado; florete.
pionsail *m4* lápiz.
pionsóir *m3* esgrimista.
pionsóireacht *f3* esgrima.
pionsúirín *m4* pinzas.
pionsúr *m1* pinzas, tenacillas.
pionta *m4* pinta.
píopa *m4* tubo, tubería, cañería, gaseoducto; pipa. **tugtar i dtír é trí phíopa** se trae a tierra a través de un gaseoducto. **tá sé chomh fuar sin go bhfuil na píopaí reoite** hace tanto frío que las cañerías están congeladas. **ní minic a fheictear daoine ag caitheamh piopa na**

píopáil

laethanta seo ya no es común ver a gente fumando en pipa.
píopáil *f3* jadeo; ahogamiento, asfixia.
píopáilte *adj* asfixiado, jadeante, sin aliento.
píoráid *m4* pirata.
piorra *m4* pera. **piorraí stánaithe** peras en lata. **piorra abhcóide** aguacate, palta.
piorróg *f2* peral.
píosa *m4* trozo, pedazo; moneda. **déan trí phíosa den chíste milis sin** reparte el pastel en tres partes. **tá píosa talún aici i gContae na hIarmhí** tiene un terreno en Westmeath. **d'fhan sí ina seasamh píosa** quedó parada un rato. **píosa amach ó lár na cathrach** un poco retirado del centro de la ciudad. **píosa fichille** pieza de ajedrez.
píosáil *vt* remendar.
piostal *m1* pistola.
píotón *m1* pitón.
piréis *f2* pírex.
pirimid *f2* pirámide.
pis *f2* guisante, arveja. **pis talún** cacahuete, maní. **pis chumhra** arveja dulce.
piscín *m4* gatito, minino.
piseánach I *m1* lenteja. **II** *adj* leguminoso.
piseog *f2* hechizo; superstición.
piseogach *adj* supersticioso.
pistil *f2* pistilo.
pit *f2* vulva.
piteog *f2* hombre afeminado.
piteogach *adj* afeminado.
pitseámaí *m4* pijama.
piúratánach *m1*, *adj* puritano.
plá *f4* plaga, pestilencia; infestación. **tá an fheirm faoi phlá choiníní** la granja está infestada de conejos.
plab I *m4* golpe. **II** *vt, vi* cerrar de golpe.
plac *vt, vi* comer con avidez, engullir.
placaint *f2* placenta.
plaic[1] *f2* placa.
plaic[2] *f2* bocado.
pláigh *vt* acosar, molestar, importunar.
pláinéad *m1* planeta; mala suerte.
plaisteach *m1*, *adj* plástico.
pláistéir *m3* yesero.
pláistéireacht *f3* enyesado.
plait *f2* calva; cuero cabelludo.
plaiteach *adj* calvo.
pláitín *m4* platito; rótula.
plámás *m1* adulación, lisonjas, halagos. **ag plámás le duine** adular a alguien.
plámásach *adj* halagüeño.
plámásaí *m4* adulador.
plán *m1* llanura, planicie.
plána[1] *m4* cepillo; plano, planicie. **plána cothrománach** plano horizontal. **plána ceartingearach** plano vertical.
plána[2] *m4* plátano de sombra.

pléascadh

plánáil *vt* cepillar.
planc *vt* golpear, dar puñetazos. **rud a phlancadh síos** arrojar algo.
plancadh *m1* paliza.
plancstaí *m4* planxty (*melodía tradicional irlandesa*).
planctón *m1* plancton.
planda *m4* planta, esqueje; persona de aspecto atractivo. **bíonn an planda á shaothrú go fairsing** la planta se cultiva en muchas partes. **planda den uaisleacht** vástago de la nobleza.
plandaigh *vt* plantar, sembrar.
plandáil I *f3* plantación. **Plandáil Uladh** Colonización del Úlster (*colonización inglesa y escocesa de la provincia del Úlster en el s. XVII*). **II** *vt* colonizar.
plandlann *f3* vivero.
plandóir *m3* colono.
plandúil *adj* relativo a la verdura.
plapa *m4* faldilla, solapa.
plás[1] *m1* superficie plana; plaza; calle corta.
plás[2] *m1* platija.
plásánta *adj* plausible, verosímil.
plásántacht *f3* suavidad, halago.
plasma *m4* plasma.
plásóg *f2* lugar plano; césped.
plastaicín *m4* plastilina.
plástar *m1* yeso.
plástráil *vt, vi* enyesar.
pláta *m4* plato. **ní dada ar mo phláta é** no me sirve. **pláta aigéanach** placa oceánica.
plátáil I *f3* capa metálica. **II** *vt* laminar, aplanar; blindar.
platanam *m1* platino.
platónach *adj* platónico.
plé *m4* debate, discusión; trato.
pléadáil I *f3* súplica, petición; disputa. **II** *vt, vi* suplicar; declararse. **phléadáil sé ciontach** se declaró culpable, aceptó los cargos.
plean *m4* plan.
pleanáil I *vt, vi* planear. **II** *f3* planificación. **pleanáil clainne** planificación familiar.
pleanálaí *m4* planificador.
pléaráca *m4* juerga, jolgorio.
pléasc I *f2* explosión, estallido. **II** *vt, vi* explotar, estallar, reventar. **creidtear gur phléasc ollnóva i limistéar úd na spéire** se cree que explotó una supernova en esa zona del cielo. **tar éis na pléisce** después de la explosión.
pléascach *m1*, *adj* explosivo; plosivo. **consan pléascach** consonante plosiva.
pléascadh *m* explosión. **chuala me pléascadh millteach** oí una explosión enorme.

pléascán *m1* explosivo, bomba. **pléascán admhach, núicléach** bomba atómica, nuclear.
pléascánaíocht *f3* bombardeo.
pléascánta *adj* alegre, despreocupado.
pléascóg *f2* petardo típicamente asociado con el Halloween; juguete en forma de petardo típico de la Navidad; pequeño cilindro de cartón que contiene un obsequio navideño sorpresa.
pléata *m4* pliegue, doblez. **pléata talún** franja de terreno.
pléatach *adj* plegado.
pléatáil *vt* plisar, hacer pliegues.
pleidhce *m4* simplón, tonto.
pleidhcíocht *f3* broma; tontería; cachondeo.
pleidhciúil *adj* gamberro, bromista.
pléigh *vt, vi* abogar; discutir; tratar con, ocuparse de algo. **pléigh le** tratar con, trabajar con. **an chispheil a bheidh á plé againn anocht** esta noche hablamos de baloncesto. **phléigh Unamuno an t-ábhar sin i leabhar eile dá chuid** Unamuno lo trató en otro libro.
pléineáilte *adj* simple, sin adornos.
pléireacht *f3* juerga, jolgorio.
pléiseam *m4* tontería; tonto.
pléisiúr *m1* placer, disfrute. **pléisiúr a bhaint as rud** disfrutar de algo. **tá sé de phléisiúr agam** me complace.
pléisiúrtha *adj* placentero, agradable, grato, amable.
pleist *f2* sonido sordo; objeto flácido.
pléite *adj* agotado, exhausto.
pleota *m4* estúpido, tonto.
plimp *f2* caída repentina. **plimp thoirní** trueno.
pliúraisí *m4* pleuresia.
plobaire *m4* charlatán; persona fofa.
plobaireacht *f3* gimoteo, lloriqueo; farfulleo.
plobarnach *f2* burbujeo, borboteo.
plocóid *f2* tapón; enchufe.
plód *m1* multitud, muchedumbre.
plódaigh *vt, vi* atestar, llenar; amontonarse. **tá an dioscó plódaithe le daoine óga anocht** la discoteca está llena de gente joven esta noche. **plódú tráchta** congestión de tráfico.
plota *m4* argumento; conspiración. **plota scéil** trama.
pluais *f2* cueva, guarida.
pluc I *f2* carrillo. **II** *vt, vi* hincharse; atiborrarse. **ná pluc do bhéal le bia!** ¡no te atiborres de comida!
plucach *adj* gordinflón; mofletudo.
plucáil *vt* desplumar; estafar, timar; saquear.
plucaireacht *f3* descaro.

plucamas *m1* paperas.
plúch *vt, vi* sofocar; atestar, llenar.
plúchadh *m* asfixia, asma.
plúchtach *adj* sofocante, cargado.
pluda *m4* lodo, fango.
pludach *adj* enlodado, enfangado.
pludchlár *m1* salpicadero.
pludgharda *m4* guardabarros.
pluga *m4* tapón, enchufe.
pluid *f2* manta, cobija.
pluiméir *m3* fontanero, plomero.
pluiméireacht *f3* fontanería, plomería.
plúirín *m4* florecilla. **plúirín sneachta** campanilla de invierno.
pluis *f2* felpa.
pluma[1] *m4* ciruela; ciruelo.
pluma[2] *m4* plomo.
plúr *m1* harina; flor. **plúr an locháin** lobelia.
plúrach *adj* harinoso; bonito como una flor.
plus *adv m4* más.
plútacratachas *m1* plutocracia.
plútóiniam *m4* plutonio.
Plútón *m1* Plutón.
pobal *m1* pueblo; población; comunidad; público. **tá an mainistir dúnta don phobal** el monasterio está cerrado al público. **pobal na tíre** la población del país. **na pobail Easpáinneacha** los pueblos hispanos. **i mbéal an phobail** en boca de la gente. **meon an phobail** la opinión pública. **leas an phobail** el bien común. **sagart pobail** párroco. **pobal Dé** congregación. **teach an phobail** la iglesia.
pobalbhreith *f2* plebiscito, referéndum; sondeo.
pobalscoil *f2* instituto de enseñanza pública.
poblacht *f3* república. **Poblacht na hÉireann** la República de Irlanda.
poblachtach *m1, adj* republicano.
poblachtachas *m1* republicanismo.
poc[1] *m1* animal macho; cabrito. **poc tinnis** ataque de una enfermedad. **poc mearaidh** ataque de locura.
poc[2] *m1* golpe del palo en *iománaíocht*; bofetón.
póca *m4* bolsillo, área pequeña. **cuardaigh do chuid pócaí** busca en tus bolsillos. **tá póca teann aige** tiene dinero de sobra. **foclóir póca** diccionario de bolsillo. **as póca** con dinero perdido. **i gcorrphóca den chathair** en áreas reducidas de las ciudades.
pocadán *m1* sabueso.
pocáil *vt, vi* dar cabezazos; topar; golpear la pelota.
pocaire *m4* juerguista. **pocaire na mbánta** urraca.

pocán
pocán *m1* macho cabrío.
pócar *m1* póquer.
pocléimneach *f2* salto, brinco.
podchraoladh *m1* podcast.
póg I *f2* beso. **II** *vt, vi* besar. **póg a chaitheamh chuig duine** lanzar un beso a alguien.
poibleog *f2* álamo, chopo.
poiblí *adj* público. **go poiblí** públicamente. **tá leabharlann phoiblí ar an mbaile seo** hay una biblioteca pública en este pueblo. **níl dóthain leithreas poiblí i lár an bhaile** hacen falta más aseos públicos en el centro del pueblo.
poibligh *vt* hacer público, publicitar.
poiblíocht *f3* publicidad, propaganda. **ní mór tús a chur le feachtas poiblíochta** habrá que iniciar una campaña de publicidad.
poiblitheoir *m3* publicista.
póicéad *m1* hueco; espacio oscuro.
poigheachán *m1* concha de un caracol.
póilín *m4* policía.
póilínigh *vt, vi* vigilar, mantener el orden.
poimp *f2* pompa.
poimpéis *f2* pomposidad.
poimpéiseach *adj* pomposo.
pointe *m4* punto. **ag an bpointe seo** en este momento. **ar an bpointe boise** inmediatamente. **is pointe tábhachtach é es** un punto importante. **go pointe áirithe** hasta cierto punto. **trí phointe a cúig** tres coma cinco.
pointeáil *vt* señalar, indicar; arreglarse.
pointeáilte *adj* arreglado, pulcro; elegante; puntual.
pointeáilteacht *f3* pulcritud; meticulosidad; puntualidad.
pointiúil *adj* puntual.
poipín *m4* amapola.
poiplín *m4* popelina.
póir *f2* poro.
poirceallán *m1* porcelana.
póirín *m4* patata pequeña; guijarro.
póiriúil *adj* poroso.
póirse *m4* pórtico, porche; entrada cerrada.
póirseáil *f3* registro; búsqueda desordenada.
póirtéir *m3* portero, conserje.
poit I *f2* codazo. **II** *vt* dar un codazo.
póit *f2* acto de beber en exceso, borrachera; resaca.
poitigéir *m3* farmacéutico. **siopa poitigéara** farmacia.
poitín *m4* aguardiente elaborado ilegalmente a base de patata.
póitseáil I *f3* caza o pesca furtiva. **II** *vt, vi* cazar o pescar furtivamente.
póitseálaí *m4* cazador o pescador furtivo.

pornagrafaíocht
pol *m1* polo. **pol diúltach** polo negativo. **pol deimhneach** polo positivo.
pola(i)- *pref* poli-.
polagamas *m1* poligamia.
polagán *m1* polígono.
polaimiailíteas *m1* poliomielitis.
polaitéin *f2* politeno.
polaiteoir *m3* político. **is cuma liom faoi thuairimí na bpolaiteoirí** me dan igual las opiniones de los políticos.
polaitíocht *f3* política.
polaitiúil *adj* político.
polaraigh *vt, vi* polarizar.
polasaí *m4* política, póliza. **ní aontaímse lena bpolasaí** no estoy de acuerdo con su política.
polca *m4* polca.
poll I *m1* agujero, hoyo; pozo; madriguera; perforación. **poll eochrach** cerradura. **poll aeir** respiradero. **poll uisce** charco. **poll sróine** orificios nasales. **dul go tóin poill** hundirse en el mar. **II** *vt, vi* agujerear, perforar, taladrar. **bonn a pholladh** pinchar una llanta.
polla *m4* poste, pilar.
polladh *m* penetración, perforación.
polláire *m4* orificios nasales; ojal.
pollóg *f2* abadejo, pescadilla.
polltach *adj* penetrante, cortante.
póló *m4* polo. **tá cáil ar imreoirí póló na hAirgintíne** los jugadores de polo de Argentina tienen fama.
pomagránait *f2* granada.
póna *m4* toril, corral.
pónaí *m4* pony.
pónaire *f4* frijol, alubia, gandul, poroto. **pónaire fhrancach** judía verde, ejote. **pónaire leathan** haba. **pónaire dhuánach** habichuela.
ponc *m1* punto; detalle. **tá sé i bponc** está en un apuro. **a trí ponc a naoi faoin gcéad** tres coma nueve por ciento. (*en direcciones internet*) **"www ponc gaeilge ponc es"** www.gaeilge.es. **ponc séimhithe** punto de lenicion (= ˙)
poncaigh *vt* puntuar; puntear.
poncaíocht *f3* puntuación.
Poncán *m1* yanqui.
Poncánach *adj m1* yanqui.
poncloisc *vt* cauterizar.
poncúil *adj* puntual.
poncúlacht *f3* puntualidad.
pontaif *m4* pontífice.
pontaifiúil *adj* pontifical.
pontún *m1* pontón.
popcheol *m1* música pop.
pór *m1* semilla; fruto.
póraigh *vt, vi* propagar, reproducir.
pornagrafaíocht *f3* pornografía.

port

port[1] *m1* melodía tradicional irlandesa. **tá Aoife chun port a sheinm dúinn anois** ahora Aoife nos va a tocar una jiga. **tá a phort seinnte** está perdido.
port[2] *m1* puerto; orilla; fortaleza. **port cabhlaigh** base naval.
pórt *m1* oporto.
portach *m1* ciénaga, pantano, turbera.
Portaingéalach *m1, adj* portugués.
Portaingéil *s* **an Phortaingéil** Portugal.
Portaingéilis *s* **an Phortaingéilis** lengua portuguesa.
portaireacht *f3* tarareo.
portán *m1* cangrejo, jaiba. **an Portán** Cáncer.
pórtar *m1* cerveza negra.
pórtheastas *m1* certificado de pedigrí, linaje.
portráid *f2* retrato.
portráidí *m4* retratista.
portús *m1* breviario.
pórú *m4* diseminación, propagación.
pós *vt, vi* casarse. **phós Máire fear as an Airgintín** Máire se casó con un argentino. **tá mé ag dul ag pósadh** me voy a casar. **bhí siad le pósadh i mbliana** iban a casarse este año.
pósadh *m* boda, matrimonio. **cá háit a mbeidh an pósadh?** ¿dónde será el matrimonio? **gan phósadh** soltero. **scar siad seachtain tar éis an phósadh** se separaron una semana después de casarse.
pósae *m4* ramillete; flor.
post[1] *m1* correos. **fear an phoist** el cartero. **oifig an phoist** la oficina de correos. **cuireadh an litir sa phost aréir** la carta fue mandada anoche.
post[2] *m1* puesto, trabajo. **cén post atá ag do bhean chéile?** ¿en qué trabaja tu mujer?
post[3] *m1* poste. **post leapa** columna.
pósta *adj* casado. **tá mo mhac pósta le cailín ó Bharcelona** mi hijo está casado con una chica de Barcelona.
póstaer *m1* póster, cartel, afiche.
postaigh *vt* situar, apostar.
postáil *vt* echar al correo.
postas *m1* franqueo.
postúil *adj* engreído, creído, presumido.
postúlacht *f3* engreimiento, vanidad, presunción.
pota *m4* olla, marmita, puchero. **an Pota Phádraig** *bebida que se toma para celebrar el Día de San Patricio.*
potaire *m4* alfarero, ceramista.
pótaire *m4* borracho.
potaireacht *f3* alfarería, cerámica.
potais *f2* potasa.
potaisiam *m4* potasio.

préach

pothrais *f2* estofado.
potrálaí *m4* curandero.
prabhait *f2* pulpa; mezcla.
prácás *m1* mezcolanza; lío.
prae *f4* presa; adquisición.
praghas *m1* precio.
praghsáil *f3* valoración; puja.
pragmatach I *m1* persona pragmática. **II** *adj* pragmático.
pragmatachas *m1* pragmatismo.
práibeach *adj* suave, blando.
práinn *f2* precipitación, prisa; urgencia.
práinneach *adj* urgente.
praiseach *f2* berza; potaje; gachas; follón, lío. **praiseach a dhéanamh de rud** estropear algo.
praiticiúil *adj* práctico, factible.
praitinn *f2* pergamino.
praitinniúil *adj* astuto; sabio, sensato.
pram *m4* cochecito, carrito de niño.
pramsa *m4* cabriola.
pramsach I *f2* encabritamiento. **II** *adj* retozón, juguetón.
pramsáil *vt* hacer cabriolas; juguetear, retozar.
prap *adj* pronto, repentino, súbito.
prapaireacht *f3* engreimiento, arrogancia.
prapanta *adj* impertinente, insolente.
pras *adj* rápido, pronto.
prás *m1* latón.
prásach *adj* de latón.
prásaí *m4* latonero.
prásáil *vt, vi* soldar.
praslacha *f4* cerceta.
prásóg *f2* mazapán.
práta *m4* patata, papa. **ní raibh de bheatha ag na mílte ach an práta** mucha gente dependía de la patata.
preab I *f2* bote, salto, brinco; latido, pulsación. **de phreab** de repente. **II** *vi* botar; latir, palpitar. **bhí mo chroí ag preabadh** me palpitaba el corazón. **liathróid a phreabadh** botar una pelota. **níor fhan preab i mo chroí** mi corazón dejó de latir.
preabach *adj* saltarín; espasmódico, agitado.
preabadh *m1* salto; latido.
preabaire *m4* persona saltarina; grillo.
preabaire na mbánta urraca.
preabaireacht *f3* vitalidad, vivacidad.
preabán *m1* remiendo, parche.
preabanta *adj* vivaz, activo.
preabarnach *f2* salto; agitación.
preab-Ghaeltacht *f3* zona improvisada para fomentar el uso de la lengua irlandesa.
preabúil *adj* activo; pronto; generoso.
préach *vt* morir de frío. **bhíomar préachta** estábamos muertos de frío.

177

préachán

préachán *m1* cuervo, grajo. **préachán ceirteach** cometa de juguete.
preafáid *f2* prefacio.
prealáid *f2* prelado.
préamh *f2* raíz.
préamhaithe *adj* arraigado.
preas *m3* imprenta, prensa.
preasagallamh *m1* rueda de prensa.
preasáil *vt* planchar; levar.
preasráiteas *m1* comunicado de prensa.
preiceall *f2* papada.
preicleach *adj* que tiene papada.
Preispitéireach *m1*, *adj* presbiteriano.
priacal *m1* peligro, riesgo. **ar a phriacal féin** a su propio riesgo.
priaclach *adj* peligroso, arriesgado; angustiado.
préitiríteach *m1* pretérito.
pribhéad *m1* alheña, seto.
pribhléid *f2* privilegio.
pribhléideach *adj* privilegiado; dotado.
prímeáil *vt* preparar, cebar.
priméar *m1* cartilla, libro elemental.
princeam *m1* retozo, jugueteo.
printéir *m3* impresor; impresora.
printéireacht *f3* impresión.
printíseach *m1* aprendiz.
printíseacht *f3* aprendizaje.
príobháid *f2* intimidad, privacidad; lugar privado.
príobháideach *adj* privado, particular.
prioc *vt, vi* picar, pinchar. **phrioc beach í** le picó una abeja. **prioc leat** vete.
priocadh *m* pinchazo, aguijoneo.
priocaire *m4* persona burlona; atizador; cuchillo pequeño y puntiagudo.
prióir *m3* prior.
prióireacht *f3* priorato.
príomh- *pref* primero, principal.
príomha *adj* primero, primario. **uimhir phríomha** número primo. **go príomha** principalmente.
príomhach *m1* primate.
príomháidh *m4* primado.
príomh-aire *m4* primer ministro.
príomhalt *m1* artículo editorial.
príomhchathair *f3* capital. **is í Managua príomhchathair Nicearagua** Managua es la capital de Nicaragua.
príomhchúrsa *m4* plato principal.
príomhoide *m4* director de escuela.
príomhshráid *f2* calle principal.
príomhúil *adj* primario.
priompallán *m1* escarabajo pelotero.
prionsa *m4* príncipe.
prionsabal *m1* principio. **fear gan phrionsabal** un hombre sin principios.
prionsabálta *adj* con principios; puntilloso.

prompa

prionsabáltacht *f3* posesión de principios morales; puntillosidad.
prionsacht *f3* principado.
prionta *m4* huella; impresión.
priontáil *vt, vi* marcar; imprimir.
prios *m3* armario, alacena.
priosla *m4* baboseo.
prioslóir *m3* babero.
priosma *m4* prisma.
priosmach *adj* prismático.
príosún *m1* prisión, cárcel; encarcelamiento. **duine a chur i bpríosún** encarcelar a alguien.
príosúnach *m1* preso, prisionero. **scaoilfear saor na príosúnaigh pholaitiúla** liberarán a los presos políticos.
príosúnacht *f3* encarcelamiento.
prislín *m4* baboseo.
probháid *f2* validación de un testamento.
próca *m4* cántaro, jarra; urna.
prócáil *f3* investigación; sondeo.
prócar *m1* buche de un pájaro.
prochóg *f2* guarida; cuchitril, antro.
profa *m4* prueba de imprenta, galerada.
léitheoir profaí corrector de pruebas.
profaigh *vt* corregir pruebas.
profáil *vt* acto de corregir pruebas. **caithfidh sibh profáil cháiréiseach a dhéanamh ar an téacs** tendrán que corregir las pruebas del texto con mucho cuidado.
prognóis *f2* prognosis.
proifid *f2* provecho, beneficio.
próifíl *f2* perfil.
proifisiún *m1* profesión.
proifisiúnta *adj* profesional.
proinn *f2* comida, alimento.
proinnseomra *m4* comedor.
proinnteach *m1* refectorio; restaurante, comedor.
Proinsiasach *m1*, *adj* franciscano.
próis *f2* proceso judicial.
próiseáil I *vt* procesar. **II** *f3* proceso. **scriosann an phróiseáil na vitimíní** las vitaminas se pierden en el proceso.
próiseálaí *m4* procesador.
próiseas *m1* proceso. **próiseas an aosaithe** envejecimiento. **próiseas síochána** proceso de paz.
próiste *m4* eje, huso.
próitéin *f2* proteína.
prólátáireach *m1*, *adj* proletario.
prólátáireacht *f3* proletariado.
promanád *m1* paseo.
promh *vt* probar, someter a prueba.
promhadán *m1* tubo de ensayo.
promhadh *m1* prueba, test. **bheith ar promhadh** estar en libertad condicional.
promhaire *m4* ensayador.
prompa *m4* grupa.

propán *m1* propano.
propast *m1* rector.
prós *m1* prosa. **sliocht próis as an Inca Garcilaso** fragmento de prosa del Inca Garcilaso.
prósach *adj* prosaico.
prosóid *f2* prosodia; métrica.
próstatach I *m1* próstata. **II** *adj* prostático.
Protastúnach *m1, adj* protestante.
Protastúnachas *m1* protestantismo.
prúna *m4* ciruela.
puball *m1* tienda de campaña.
púbas *m1* pubis.
púbasach *adj* púbico.
púca *m4* duende maligno. **púca peill** seta no comestible. **an púca a chur ó do dhoras féin** pasar la pelota a otra persona.
púcaíocht *f3* acción de no llamar la atención.
puchán II *m1* trematodo. **pucháin** *pl* glándulas hinchadas; ojeras.
puchóid *f2* pústula.
púdal *m1* caniche, perro de lanas.
púdar *m1* polvo; pólvora.
púdrach *adj* polvoriento.
púdraigh *vt* pulverizar.
púdráil *vt* polvorear, espolvorear.
púic *f2* venda; máscara; ceño. **púic tae** cubretetera.
púiceach *adj* hosco, malhumorado; taciturno.
púicín *m4* venda; máscara; ceño. **púicín a chur ar dhuine** vendar los ojos a alguien, engañar a alguien.
púiciúil *adj* triste; hosco, malhumorado.
puifín *m4* frailecillo.
puilín *m4* polea.
puilpid *f2* púlpito.
puimcín *m4* calabaza.
puinn *s* algo, un poco. **níl puinn céille aige** no tiene mucho sentido común. **an bhfuil puinn airgid agat?** ¿tienes algo de dinero?
puins *m4* ponche.
puinseáil *vt* taladrar, agujerear; punzar.
puipéad *m1* títere, marioneta.
púir[1] *f2* pérdida; tragedia.
púir[2] *f2* humero. **púir dheataigh** humareda. **púir beach** enjambre de abejas.
púirín *m4* redil; choza, chabola.
puisín[1] *m4* gatito, minino.
puisín[2] *m4* labio; hocico de un ternero.

puiteach *m1* ciénaga, lodazal.
puití *m4* masilla.
púitse *m4* bolsa pequeña; petaca.
pulc *vt, vi* llenar; atestar. **pulc isteach é** mételo a la fuerza. **phulc an gadai rud eigin ina mhála** el ladrón embutió algo en su bolsa.
pulcadh *m1* aglomeración, multitud, masa.
púma *m4* puma.
pumpa *m4* bomba.
pumpáil *vt, vi* bombear.
punann *f2* gavilla, haz.
punt *m1* libra. **punt ime** una libra de mantequilla. **punt steirling** libra esterlina. **punt Éireannach** libra irlandesa.
pupa *m4* crisálida.
púrach *adj* trágico, calamitoso; afligido.
púráil *f3* paliza.
purgadóir *f3* purgatorio.
purgadóireacht *f3* penas del purgatorio.
purgaigh *vt* purgar.
purgóid *f2* purgante; pócima, poción.
purgóideach *adj* purgativo, purgante.
purláin *mpl* recinto; alrededores, inmediaciones.
púróg *f2* piedra redonda, guijarro. **púróg dhuáin** cálculo renal.
purpair *f2* morado, púrpura.
pus *m1* boca, hocico; cara larga, morros. **thug mé sonc sa phus dó** le pegué un sopapo en la cara. **féach ar an bpus atá ar Mhícheál** mira que morros tiene Miguel. **tá pus air liom** está enfadado conmigo.
pusal *m1* rompecabezas.
pusach *adj* irritado, enojado; quejica, quejoso.
pusáil *m* lloriqueo.
pusaireacht *f3* morros.
púscán *m1* cieno, lama.
puslach *m1* hocico, morro.
puth *f2* soplo, ráfaga de aire. **níl ann ach an phuth** apenas le queda vida.
puthaíl *f3* resoplido, soplido.
putóg *f2* tripas, intestinos; morcilla, moronga.

Q

Q, q *m* letra Q.
quinín *m4* quinina.

R

R, r *m* letra R.
rá I *m4* dicho; elocución. **rá béil** declaración verbal. **II** *nv de* **abair**. decir, **an féidir é a rá ar bhealach eile?** ¿se puede decir de otra manera? **mór le rá** famoso, destacado.
rábach *adj* atrevido, temerario; abrumador.
go rábach fácilmente.
rábaire *m4* activo; fogoso.
rabairne *m4* prodigalidad, derroche.
rabairneach *adj* pródigo, derrochador.
rábálaí *m4* trabajador a destajo; velocista.
rabhadh *m1* advertencia, aviso. **seo é an rabhadh deireanach a thabharfaidh mé duit** esta es la última vez que te aviso.
rabhán[1] *m1* espasmo, ataque de tos o de risa. **rabhán cainte** charlatanería.
rabhán[2] *m1* armeria.
rabharta *m4* marea viva; torrente; superabundancia. **rabharta feirge** ataque de ira.
rabhcán *m1* cantinela. **rabhcán maraí** saloma.
rabhchán *m1* señal de peligro; baliza.
rabhlaer *m1* guardapolvo, bata, delantal.
rabhlóg *f2* trabalenguas.
rabhnáilte *adj* redondo.
raca[1] *m4* estante, anaquel; banco. **raca bagáiste** portaequipajes.
raca[2] *m4* peine.
ráca *m4* rastrillo.
rácáil *vt. vi* rastrillar.
racán *m1* alboroto, barullo; tumulto.
racánach *adj* alborotador.
racánaíocht *f3* disturbios; pendencias; gamberrismo.
rachaidh *futuro de* **téigh** (*ver tablas*). **go Bilbao is túisce a rachaidh mé** primero iré a Bilbao.
ráchairt *f2* demanda. **tá ráchairt mhór ar ríomhairí** hay una gran demanda de ordenadores.
rachmas *f1* riqueza, abundancia; capital.
rachmasach *adj* rico, capitalista.
rachmasaí *m4* rico; capitalista.
racht *m3* emoción; arrebato; explosión. **do racht a ligean** desahogarse. **racht casachtaí** ataque de tos. **racht mara** tsunami.
rachta *m4* par; viga.
rachtán *m1* galón militar.
rachtúil *adj* emocional; vehemente; cordial.
racún *m1* mapache.
rad *vt, vi* lanzar, arrojar; hacer cabriolas.
rada- *pref* radio-.

radacach *m1, adj* radical.
radacachas *m1* radicalismo.
radachur *m1* lluvia radioactiva.
radadh *m* acribillamiento; pateado.
radagrafaíocht *f3* radiografía.
radaighníomhaíocht *f3* radioactividad.
radaíocht *f3* radiación.
radaireacht *f3* despotrique; flirteo.
radaitheoir *m3* radiador.
radar *m1* radar.
radharc *m1* vista, mirada; campo visual; escena teatral. **as mo radharc!** ¡apártate de mi vista! **radharc na súl** vista. **dul as radharc** desaparecer. **radharc tíre** paisaje. **scrúdú radhairc** examen ocular.
radharcach *adj* visual, óptico.
radharceolaí *m4* óptico.
radharceolaíocht *f3* óptica.
radharcra *m4* decorado teatral.
radú *m4* radiación.
radúil *adj* radial.
rafar *adj* próspero; prolífico.
ráfla *m4* rumor, chisme.
rafta *m4* balsa.
raga *m4* persona o cosa inútil.
ragairne *m4* diversión, juerga, disipación, **dul ar ragairne** ir de juerga.
ragairneach *adj* juerguista, disoluto.
ragairneálaí *m4* juerguista; derrochador.
raghaidh (*ver* **rachaidh**).
ragobair *f2* horas extraordinarias, horas extras.
ragús *m1* impulso, arrebato; deseo.
ráib *f2* empuje; sprint.
raibh *interrogativo, subjuntivo y pasado negativo de* **tá** (*ver tablas*). **an raibh tú ag an gceolchoirm?** ¿estuviste en el concierto? **ní raibh Maria riamh i nGaillimh** María nunca ha estado en Galway. **go raibh maith agat** gracias.
raibí *m4* rabino.
raibiléir *m3* persona disoluta! **raibiléir mná** prostituta.
raic[1] *f2* restos; escombros. **raic mhara** pecios.
raic[2] *f2* alboroto, tumulto. **thóg sí raic nuair a chaill siad an cluiche** armó un alboroto cuando perdieron el partido.
raicéad *m1* raqueta. **raicéad leadóige** raqueta de tenis.
raiceáil I *f3* destrozo. **II** *vt* destrozar.
raicíteas *m1* raquitismo.
raideog *f2* arrayán brabántico, arrayán de los pantanos.
raideolaí *m4* radiólogo.

raideolaíocht *f3* radiología.
raidhfil *m4* rifle, fusil.
raidhse *f4* abundancia.
raidhsiúil *adj* abundante.
raidiam *m4* radio (*quim*).
raidió *m4* radio. **is nós liom éisteacht leis an raidió ar maidin** tengo la costumbre de escuchar la radio por la mañana.
raidis *f2* rábano. **raidis fhiáin** rábano picante.
raifeal *m4* rifa, sorteo.
raifleáil *vt* rifar.
ráifléis *f2* cotilleo.
ráig *f2* ímpetu; brote; ataque.
ráille *m4* barandilla; valla, cerca.
raiméis *f2* disparates, tonterías.
raimhre *f4* espesor, grosor, gordura.
raimsce *m4* granuja, pícaro.
raingléis *f2* cosa desvencijada; choza.
ráinigh *v defectivo* alcanzar, llegar; lograr; resultar. **ráinigh liomsa an teach a ghlanadh roimh an gcóisir** conseguí limpiar la casa antes de la fiesta. **ráinigh sé a bheith ann** casualmente él estaba allí. **ráinigh go raibh sé san oifig** resultó que él estaba en la oficina.
rainse *m4* rancho, hacienda.
rainseoir *m3* ranchero.
ráipéar *m1* estoque, espada.
raispín *m4* tunante, mocoso, miserable.
ráite I *adj* dicho. **tá sé ráite go minic** a menudo se dice. **II** *conj* teniendo en cuenta que, en vista de que. **an méid sin ráite** por ello.
ráiteachas *m1* elocución; dicho; rumor.
ráiteas *m1* declaración. **ráiteas a dhéanamh** declarar. **ráiteas bainc** extracto bancario.
ráithe *f4* trimestre; temporada, estación del año.
ráitheachán *m1* publicación trimestral.
ráithiúil *adj* trimestral.
raithneach *f2* helecho. **páiste raithní** hijo ilegítimo.
rálach *f2* mujer vulgar, basta.
ramallach *adj* baboso.
ramallae *m4* limo, cieno; baba.
rámh *m3* remo.
rámhaí *m4* remero.
rámhaigh *vt, vi* remar.
rámhaille *f4* delirio, desvarío; fantasías. **rámhaille óil** delirium tremens.
rámhailleach *adj* delirante; fantástico.
rámhainn *f2* pala.
rámhaíocht *f3* remo, arte de remar, boga.
ramhar *adj* gordo, espeso. **ramhar le** lleno de. **is iomaí páiste ramhar atá le feiceáil na laethanta seo** hoy en día se ven muchos niños gordos.

rámhlong *f2* galera.
ramhraigh *vt, vi* engordar, espesar. **ramhraigh an leacht le plúr** espesa la leche con harina.
rampar *m1* muralla.
rancás *m1* jugueteo; travesura.
rancásach *adj* juguetón, travieso.
rang *m3* rango; fila; clase. **rang oíche** clase nocturna.
rangabháil *f3* participación; participio.
rangaigh *vt* clasificar; graduar.
rangalam *m1* galimatías, lenguaje confuso.
rangú *m4* clasificación; grado.
rann *m1* cuarteto; verso. **rainn do pháisti** canciones infantiles.
rannach *adj* departamental.
rannaireacht *f3* versificación.
rannán *m1* división del ejército.
ranníocach *adj* contributorio.
ranníocóir *m3* contribuyente.
rannóg *f2* sección. **Rannóg an Aistriúcháin** Sección de Traducción.
rannpháirt *f2* participación; parte, porción.
rannpháirt a bheith agat i rud participar en algo.
rannpháirteach *adj* participativo.
ransaigh *vt, vi* saquear; registrar. **ransaigh na saighdiúirí an teach** los soldados registraron la casa.
raon *m1* camino; ruta; rango, gama. **raon cluas** alcance auditivo. **raon leathan seirbhísí** una amplia gama de servicios. **raon rásaí** pista. **raon rothar** carril para bicicletas. **raon faoi bhéal** a quemarropa.
raonchulaith *f2* chándal, sudadera.
rapáil *vt, vi* golpetear.
rapsóid *f2* rapsodia.
rás *m3* carrera. **rásaí na gcon** carreras de galgos.
rásaí *m4* corredor.
rásaíocht *f3* carrera.
rascail *m4* tunante, bribón.
ráscánta *adj* graciosillo; jocoso.
ráschúrsa *m4* circuito, pista.
raspa *m4* lima.
raspáil *vt, vi* raspar, rallar.
rásúr *m1* cuchilla; máquina de afeitar.
ráta *m1* proporción; tarifa, tasa, tipo. **ráta úis** tipo de interés. **cad é an ráta is ísle?** ¿qué tarifa es la más barata? **ráta beireatais** tasa de natalidad. **ráta boilscithe** tasa de inflación.
rátáil *vt* valorar, tasar, estimar.
rátaithe *adj* valorado.
rath *m3* prosperidad. **faoi rath** próspero. **guím rath ar an obair** que el trabajo vaya bien. **má bhíonn rath ar na cainteanna** si las negociaciones tienen éxito. **ó rath** en decadencia. **gan rath** inútil.

ráth¹ *m3* rampa; fortaleza circular de las hadas.
ráth² *f3* banco de peces. **ráth sneachta** nevada.
rathaigh *vt, vi* prosperar, tener éxito.
ráthaigh¹ *vt* garantizar.
ráthaigh² *vi* formarse un banco de peces.
ráthaíocht *f3* garantía.
ráthóir *m3* garante, persona que da garantía.
rathúil *adj* próspero, exitoso; afortunado.
rathúnas *m1* prosperidad; abundancia.
ré-¹ *pref* llano, liso; fácil; moderado.
ré² *f4* luna; período, era, época. **lán na ré** la luna llena. **le mo ré** durante el curso de mi vida. **roimh ré** con antelación. **ré an chóilíneachais** la época colonial. **ré na Lochlannach** la época vikinga.
ré³ *f4* extensión de tierra.
réab *vt, vi* desgarrar; romper, destrozar. **ná réab an bosca** no rompas el cartón.
réabadh *m1* destrucción, ruina. **réabadh reilige** profanación de una tumba. **tá réabadh déanta acu ar an mbóthar** han picado todo el pavimento de la calle.
réablach *f2* ataque; arranque.
réabhlóid *f2* revolución.
réabhlóideach *adj* revolucionario.
réabhlóidí *m4* revolucionario.
reacaire *m4* vendedor ambulante; rapsoda; chismoso pregonero.
reacaireacht *f3* venta; recitación; discurso rimbombante.
reacht *m3* ley; estatuto. **de réir reachta** legalmente.
reachtach *adj* legislativo.
reachtaigh *vt, vi* legislar; decretar, promulgar.
reachtáil I *f3* gestión, dirección. **II** *vt* gestionar, dirigir. **tá scoil Béarla á reachtáil aige** dirige una escuela de inglés.
reachtaíocht *f3* legislación.
reachtaire *m4* administrador; mayordomo; auditor; maestro de ceremonias; rector protestante.
reachtas *m1* administración.
reachtmhar *adj* legal, legítimo.
reachtóir *m3* legislador.
reachtúil *adj* estatutario; legislativo.
réadach *adj* real; objetivo. **eastát réadach** bienes raíces.
réadaigh *vt* realizar, hacer realidad. **sócmhainní a réadú** vender acciones.
réadán *m1* carcoma, comején.
réadlann *f2* observatorio astronómico.
réadúil *adj* real, realista.
réal¹ antigua moneda que valía seis peniques.

réal² *vt* dejar claro, manifestar; revelar una foto.
réalachas *m1* realismo.
réalaí *m4* realista.
réalt- *pref* astro-.
réalta *f4* estrella; asterisco (= *). **réalta bhíogach** pulsar. **réalta eireabaill** cometa. **réalta eolais** estrella guía. **réalta reatha** estrella fugaz. **réalta scannáin** estrella de cine.
réaltach *adj* estrellado; astral. **idirréaltach** interestelar.
réaltacht *f3* realidad. **réaltacht fhíorúil** realidad virtual.
réaltbhreac *adj* estrellado.
réaltbhuíon *f2* constelación.
réalteolaí *m4* astrónomo.
réalteolaíocht *f3* astronomía.
réaltfhisic *f2* astrofísica.
réaltín *m1* asterisco (*).
réaltnéal *m1* nebulosa.
réaltóg *f2* estrellita.
réaltógach *adj* estrellado.
réaltra *m4* galaxia. **réaltra bíseach** galaxia espiral. **réaltraí imigéineacha** galaxias remotas.
réam *m3* resma de papel.
réama *m4* reúma; flema, catarro.
réamach *adj* reumático; flemoso; catarral; viscoso.
réamh- *pref* pre-, ante-, introductorio, preliminar.
réamhaisnéis *f2* previsión, pronóstico.
réamhaisnéiseoir *m3* pronosticador.
réamhaithris I *f2* predicción. **II** *vt, vi* predecir, pronosticar.
réamhbhabhta *m4* eliminatoria.
réamhbhreithe *adj* antenatal.
réamhcheilteach *adj* pre-celta.
réamhcheol *m1* obertura.
réamhchlaonadh *m* prejuicio.
réamhchlaonta *adj* parcial; predispuesto en contra de algo.
réamhchríostaí *adj* precristiano.
réamhchúram *m1* precaución.
réamhdhéan *vt* prefabricar.
réamheolaire *m4* prospecto.
réamhfhocal *m1* preposición; prefacio, prólogo. **réamhfhocal comhshuite** preposición compuesta.
réamhghabháil *f3* anticipación.
réamhimeachtaí *sp1* preliminares.
réamhíocaíocht *f3* prepago.
réamh-leathdhéanach *adj* antepenúltimo.
réamhléiriú *m4* ensayo.
réamhluaite *adj* dicho, mencionado.
réamhrá *m4* introducción, prefacio.
réamhráite *adj* dicho, antedicho.

réamhriachtanas

réamhriachtanas *m1* requisito, condición previa.
réamhshampla *m4* precedente.
réamhstairiúil *adj* prehistórico.
réamhtheachtach *adj* precursor; antecedente.
réamhtheachtaí *m4* precursor, predecesor; antecedente gramatical.
réamhtheachtaire *m4* precursor.
réamhtheastáil *f3* periodo de pruebas.
reangach[1] *adj* calloso; arrugado.
reangach[2] *adj* enjuto, flacucho.
réasún *m1* razón, sentido. **luíonn sé le réasún** es lógico. **ramhar sa réasún** estúpido.
réasúnach *adj* razonable; racional.
réasúnachas *m1* racionalismo.
réasúnaí *m4* racionalista.
réasúnaigh *vt, vi* razonar, racionalizar.
réasúnaíocht *f3* razonamiento. **réasúnaíocht bhriathartha** razonamiento verbal.
réasúnta *adj* razonable, sensato; moderado; bastante.
reatha *genitivo de* **rith**, *empleado como adj.* actual; corriente, que corre o que sirve para correr. **airgead reatha** moneda de curso legal. **bliain reatha** año en curso. **bróga reatha** zapatillas de entrenamiento. **cuntas reatha** cuenta corriente. **cúrsaí reatha** noticias de actualidad. **scéal reatha** chisme. **uisce reatha** agua fresca.
reathach *adj* cursiva.
reathaí *m4* corredor.
réchaite *adj* gastado, usado.
réchas *vt, vi* girar lentamente; funcionar al ralentí.
réchnocach *adj* ondulado.
réchúiseach *adj* de trato fácil, despreocupado.
rédhorcha *adj* sin luna.
reibiliún *m1* rebelión.
reic I *m3* venta; recital; cotilleo; gasto excesivo, despilfarro. **reic sráide** venta ambulante **reic clabhsúir** liquidación por cierre. **saor-reic** ganga. **II** *vt, vi* comerciar; recitar; pregonar; traicionar; malgastar, despilfarrar. **reic sé a chuid airgid** despilfarró su plata. **tá ráfla á reic** está circulando un rumor.
réice *m4* pícaro; libertino, disoluto.
réiciúil *adj* libertino, disoluto.
reicteam *m1* recto.
réidh *adj* liso, suave; plano; preparado, acabado, listo. **tá sé réidh** está listo. **talamh réidh** tierra plana. **déan réidh** hacer los preparativos. **faigh réidh leis** líbrate de él.
réidhe *f4* uniformidad; soltura; planicie.

Reifirméisean *m1* **an Reifirméisean** reforma protestante del s. XVI.
reifreann *m1* referéndum.
réigiún *m1* región.
réigiúnach *adj* regional.
réileán *m1* espacio nivelado; campo de juego; extensión.
reilig *f2* cementerio, camposanto.
reiligíneach *adj* persona con pie zopo, talipe.
reiligire *m4* sacristán; sepulturero.
reiligiún *m1* religión.
reiligiúnach *adj* referente a la religión.
réiltín *m4* estrellita; asterisco.
réim *f2* curso; sucesión; gama; régimen. **bheith i réim** estar en el poder. **nós atá faoi réim** una costumbre que prevalece. **réim bia** dieta. **réim cainte** registro lingüístico. **réim uafáis** régimen de terror.
réimeas *m1* dominio; era, época; régimen. **le linn réimeas an Deachtóra** durante la época del dictador.
réimír *f2* prefijo gramatical.
réimnigh *vt, vi* progresar; clasificar; conjugar.
réimse *m4* área; gama; terreno; campo. **réimse radhairc** campo visual. **réimse maighnéadach** campo magnético. **roghnaigh réimse leathan bia** escoja una amplia variedad de comida.
réinfhia *m4* reno.
reiptíl *f2* reptil.
réir *f2* deseo; orden. **bheith faoi réir duine** estar al servicio de alguien. **de réir** según. **de réir a chéile** gradualmente. **faoi réir** disponible, listo. **de réir dealraimh** por lo visto. **dá réir** por eso.
réise *f4* espacio, trecho; envergadura. **réise droichid** luz.
reisimint *f2* regimiento.
réiteach *m1* acuerdo; solución; preparación; desenredo; claro. **bord réitigh** tribunal de arbitraje. **ceann réitigh** mediador. **vóta réitigh** voto decisivo. **ní réiteach ar bith é sin** eso no es una solución.
réiteoir *m3* árbitro; mediador.
reith *f2* celo.
reithe *m4* carnero. **an Reithe** Aries. **reithe cogaidh** ariete.
réitigh *vt* arreglar; solucionar; preparar; nivelar; despejar; desenredar; llevarse bien. **is féidir é a réiteach go héasca** tiene fácil solución. **réiteach le duine** arreglar una disputa con alguien. **ní réitíonn an aeráid liom** el clima no me sienta bien. **ní réitíonn sí lena dearthair** no se lleva bien con su hermano.
reitine *f4* retina.
reitric *f2* retórica.

reitriciúil *adj* retórico.
reo *m4* escarcha.
reoán *m1* glaseado.
reoch *adj* escarchado.
reodóg *f2* carámbano.
reoigh *vt, vi* helar, congelar; solidificar.
reoiteach *adj* helado; fresco.
reoiteog *f2* helado.
reomhaireacht *f3* frigidez; frialdad.
reomhar *adj* frígido; glacial.
réón *m1* rayón.
réríomhaire *m4* tabla de cálculo.
réscaip *vt, vi* difundir luz.
ré-uimhir *f* número par.
rí-[1] *pref* real; extremadamente, ultra-.
rí[2] *m4* rey. **na Trí Ríthe** Los Reyes Magos. **Rí na Spáinne** el Rey de España. **an rí rua** pinzón.
rí[3] *f4* antebrazo.
riabh *f2* raya.
riabhach *adj* a rayas; abigarrado; pardo; lúgubre, oscuro.
riabhóg *f2* bisbita. **riabhóg mhór** alondra.
riach *m1* diablo. **téigh sa riach** vete al infierno. **is cuma sa riach** no importa en absoluto.
riachtanach *adj* necesario, esencial, imprescindible. **más riachtanach** si es necesario. **tá ceadúnas tiomána riachtanach don phost sin** el permiso de conducir es esencial para ese trabajo.
riachtanas *m1* necesidad, requisito. **níl riachtanas leis** no es imprescindible.
riail *f5* regla, reglamento; autoridad. **bheith faoi riail duine** estar gobernado por alguien. **de réir na rialacha** según las normas. **rialacha an bhóthair** las normas de circulación.
riailbhéas *m3* hábito; disciplina.
rialachán *m1* reglamento.
rialaigh *vt* regular, reglamentar, regir; rayar un papel. **is í an scairt a rialaíonn an t-análú** el diafragma controla la respiración.
rialaitheoir *m3* instrumento de control.
rialóir *m3* regla.
rialta *adj* regular, habitual. **bean rialta** monja. **go rialta** regularmente.
rialtacht *f3* regularidad; vida religiosa.
rialtán *m1* regulador.
rialtas *m1* gobierno. **Rialtas na hÉireann** el gobierno de Irlanda.
rialtóir *m3* gobernante. **rialtóir aertráchta** controlador aéreo.
rialú *m4* regla, reglamentación; gobierno.
riamh *adv* siempre; nunca; alguna vez. **an raibh tú i gCósta Ríce riamh?** ¿has estado alguna vez en Costa Rica? **riamh anall** desde hace mucho tiempo.

rian *m1* curso, trayectoria; rastro; vigor. **tá a rian air** se le nota. **rian coise** huellas.
rianaigh *vt* marcar, trazar.
rianaire *m4* calibre.
rianta *adj* trazado; preparado; realizado.
rianú *m4* marca, traza. **rianú DNA** análisis de ADN.
rianúil *adj* ordenado, metódico.
riar I *m4* administración; provisión; distribución; suministro; porción. **riar agus éileamh** oferta y demanda. **ith trí riar glasraí sa lá** come tres porciones de verdura al día. **II** *vt* administrar; abastecer; servir. **riar siad spaigití orm** me sirvieron espaguetis. **lucht riartha na hollscoile** la administración de la universidad.
riarachán *m1* administración.
riaráistí *m4* atrasos.
riarthach *adj* administrativo; distributivo.
riarthóir *m3* administrador; distribuidor.
riasc *m1* marisma, pantano.
riascach *adj* pantanoso.
riast *m3* ribete; raya.
riastach *adj* ribeteado, a rayas.
riastáil *vt, vi* ribetear; rayar.
rib *vt* cazar con trampas.
ribe *m4* cerda, fibra. **ribe féir** hoja de hierba. **ná cuir ribe air** no le irrites. **ribe róibéis** camarón.
ribeach *adj* peludo; fibroso; frío cortante.
ribeadach *adj* capilar.
ribeadán *m1* vaso capilar.
ribín *m4* cinta, tira; cuerda; banda.
ríchathaoir *f5* trono.
ríchíos *m3* derechos de autor, regalías.
ricne *s* **ola ricne** aceite de ricino.
rideal *f2* colador, coladera.
rídhamhna *m4* heredero real.
ridire *m4* caballero; caballo en ajedrez.
ridire fáin caballero andante.
ridireacht *f3* orden de caballería.
rige *m4* **rige ola** plataforma petrolífera.
rigeáil *vt* aparejar un barco.
righ *vt* estirar, tensar.
righin *adj* duro; tenaz; lento; viscoso.
righneálaí *m4* persona lenta.
righneáil *f2* rezagado, que evita trabajar; merodeo.
righneas *m1* tenacidad; dureza; lentitud; viscosidad.
righnigh *vt, vi* endurecer; perseverar; retrasarse; volverse viscoso.
rigín *m4* aparejo; cuadernas.
ríl *f2* baile irlandés y escocés.
rill *vt* cribar. **ag rilleadh báistí** lloviendo a cántaros.
rilleán *m1* criba, cedazo.
rilleadh *m1* corriente, torrente; aguacero.
rím *f2* rima.

ríméad *m1* alegría. **chuir torthaí an toghcháin ríméad air** los resultados de las elecciones le llenaron de alegría.
ríméadach *adj* alegre; orgulloso.
rimín *m4* flequillo.
rinc[1] *f2* pista de patinaje.
rinc[2] *vt, vi* bailar.
rince *m4* baile, danza.
rinceoir *m3* bailarín.
ringear *m1* palanca.
rinn[1] *f2* punta, extremidad; cima, cumbre. **rinn tíre** cabo. **Rinn an Choirn** Cabo de Hornos.
rinn[2] *m3* estrella; planeta.
rinneach *adj* puntiagudo; afilado, cortante.
rinnfheitheamh *m1* contemplación.
rinse *m4* llave inglesa.
rinseáil *f3* enjuague, aclarado.
ríochan *f3* estiramiento; tensión; control. **ní raibh ríochan lena chuid nirt** su fuerza no tenía límites.
ríochas *m1* realeza.
riocht *m3* forma, modo; estado; capacidad. **i riocht aingil** en forma de angel. **riocht leachtach** estado líquido. **i riocht is go** para que, de tal manera que. **níl tusa in aon riocht chun bheith ag tiomáint** tu no estás en condiciones de conducir. **ith do riocht** come todo lo que quieras.
ríocht *f3* reino. **an Ríocht Aontaithe** el Reino Unido. **go dtaga do ríocht** que venga tu reino.
riochtán *m1* maniquí.
riochtú *m4* acondicionamiento.
ríog *f2* ataque, espasmo; impulso.
ríoga *adj* real, regio.
ríogach *adj* espasmódico; impulsivo.
ríogaí *m4* monárquico.
ríomh-[1] *pref* referente a computadores.
ríomh[2] *m3* enumeración, cálculo; narración *vt* computar, calcular; contar.
ríomhaire *m4* calculadora; ordenador, computador, computadora. **ríomhaire glúine** ordenador portátil.
ríomhaireacht *f3* cuenta; cálculo; cómputo.
ríomhchláraitheoir *m3* programador de ordenadores, programador de computadores.
ríomhchlárú *m4* programación de computadores, programación de ordenadores.
ríomhchuidithe *adj* asistido por ordenador, asistido por computador.
ríomheolaíocht *f3* informática, ciencias computacionales.
ríomhiris *f2* revista digital.
ríomhphost *m1* correo electrónico, e-mail.
ríon *f3* reina; dama.
ríora *m4* realeza; dinastía.

ríoraíoch *adj* dinástico.
riosól *m1* croqueta; empanada.
riospráid *f2* respiración.
rírá *m4* alboroto, jaleo.
ris *adv* desnudo, descubierto.
rís *f2* arroz. **ríspháipear** papel de arroz. **maróg ríse** arroz con leche.
ríshlat *f2* cetro.
ríshliocht *m3* dinastía.
rísín *m4* pasa.
ríste *m4* haragán, holgazán.
rístíocht *f3* holgazaneo, gandulería.
rite[1] *adj* tenso; empinado, escarpado. **rite le gaoth** expuesto al viento.
rite[2] *adj* exhausto. **rite anuas** con las defensas bajas. **tá mo chuid airgid rite se me** ha acabado el dinero.
riteoga *fpl* medias, leotardos.
rith **I** *m3* carrera; curso, corriente rápida; promulgación. **rith croí** palpitación. **rith focail** lapsus linguae. **rith tinnis** ataque de una enfermedad. **i rith** en el curso de. **II** *vt, vi* correr; circular; dirigir; promulgar. **rith sé liom** se me ocurrió. **ritheadh dlí** se promulgó una ley. **is fearr rith maith ná drochsheasamh** agua no has de beber, déjala correr. **rith searraigh** flor de un día.
rítheaghlach *m1* familia real.
rithim *f2* ritmo. **rithimí na colainne** bioritmos.
rithimeach *adj* rítmico.
ríúil *adj* majestuoso, real.
ró-[1] *pref* mucho, muy; sobre-; excesivo.
ró[2] *m4* prosperidad; suavidad. **ró sámh** calima.
róba *m4* traje de ceremonia, túnica.
robáil **I** *f3* robo. **II** *vt, vi* robar.
robálaí *m4* ladrón.
roc[1] *m1* raya (*pez*).
roc[2] **I** *m1* arruga. **II** *vt, vi* arrugar, estriar.
rocach *adj* arrugado, estriado.
rochtain *f3* acceso. **rochtain do chathaoireacha rothaí** acceso para sillas de ruedas. **rochtain idirlín gan sreang** acceso inalámbrico a internet.
ród[1] *m1* camino.
ród[2] *m1* cruz, crucifijo.
ródaideándrón *m1* rododendro.
ródaíocht *f3* viaje; anclaje.
ródhaonra *m4* superpoblación.
ródhéanach *adj* demasiado tarde.
rodta *adj* podrido; sin fuerza.
rófhada *adj* demasiado largo.
rógaire *m4* granuja, pícaro.
rógaireacht *f3* granujada, picardía.
rógánta *adj* picaresco; travieso.
rogha *f4* elección, selección; alternativa; lo mejor. **níl an dara rogha agam** no tengo

roghnach alternativa. **bíodh do rogha agat** escoge. **rogha na coitiantachta** el favorito. **de rogha** preferiblemente. **de rogha air sin** como alternativa. **rogha dánta** poesía selecta.
roghnach *adj* optativo, opcional.
roghnachas *m1* elección; preferencia.
roghnaigh *vt* elegir, seleccionar. **an té a roghnófar** el que sea elegido.
roghnóir *m3* seleccionador.
roghnú *m4* elección, selección. **roghnú nádúrtha** selección natural.
roicéad *m1* cohete.
roimh *prep* antes, delante. **roimh ré** previamente. **roimh Chríost** antes de Jesucristo. **roimh ghuta** ante vocal. **roimh dúinn imeacht** antes de que nos fuésemos.
roimhe *adv* antes. **roimhe seo** anteriormente.
roinn I *f2* parte, porción; departamento. **An Roinn Airgeadais** el Ministerio de Hacienda. **ranna cainte** partes de la oración. **ranna an choirp** las partes del cuerpo. **II** *vt, vi* dividir, partir, repartir, distribuir. **roinn ar a trí** divida por tres. **roinn sí na milseáin ar na páistí** distribuyó los dulces entre los ninos. **ceithre ranna an domhain** las cinco partes del mundo.
roinnt I *f2* división; distribución. **II** *adv* bastante; algunos. **tá sé roinnt fuar** hace bastante frio. **roinnt bheag** un poco. **chaith sé roinnt blianta sa tSalvadóir** pasó algunos años en El Salvador. **roinnt airgid** algo de dinero.
roinnteach *adj* distributivo.
roinnteoir *m3* divisor; distribuidor.
rois[1] *f2* andanada, descarga; ráfaga. **rois toirní** trueno.
rois[2] *vt, vi* desenredar, desenmarañar. **ag roiseadh bréag** profiriendo mentiras.
roiseadh *m* desgarro; torrente.
roisín *m4* resina.
róiste *m4* gobio.
roithleagadh *m1* giro, rotación.
roithleán *m1* rueda; polea; carrete de pesca); movimiento en espiral.
roithleánach *adj* rotatorio, giratorio.
ról *m1* papel, rol.
roll *vt, vi* hacer rodar. **is isteach faoin mbord a roll an bonn** la moneda rodó debajo de la mesa.
rolla *m4* lista; registro; rollo. **bheith ar an rolla** estar matriculado. **an rolla a ghlaoch** pasar lista.
rollach *adj* rodante.
rollaigh *vt* registrar, alistar.
rollán *m1* rollo; rodillo, cilindro pequeño.
rollóg *f2* rollo, panecillo, bolillo.
rollóir *m3* apisonadora; aro.

róluath *adj* demasiado temprano.
rómánsach *adj* romántico. **na teangacha Románsacha** las lenguas romances.
románsaíocht *f3* Romanticismo; fantasía absurda, despropósito.
rombas *m1* rombo.
rómhair *vt, vi* cavar; excavar.
Rómhánach *m1, adj* romano. **cló rómhánach** letras romanas.
rómhar *m1* excavación.
rómhinic *adj* con demasiada frecuencia. **ní go rómhinic a tharlaíonn sé sin** eso no sucede muy a menudo.
rón *m1* foca.
rónléine *f4* cilicio.
ronna *m4* goteo; mucosidad.
ronnach[1] *m1* caballa.
ronnach[2] *adj* moqueante; mucoso.
rop I *m3* puñalada. **II** *vt, vi* apuñalar; salir disparado.
rópa *m4* cuerda.
ropadh *m* apuñalamiento; embestida; reyerta.
ropaire *m4* atracador; canalla. **ropaire bóthair** bandolero.
ropaireacht *f3* apuñalamiento; violencia; robo; vileza.
ropánta *adj* cortante, punzante.
ropóg *f2* intestino.
ros[1] *m1* linaza.
ros[2] *m3* bosque; promontorio.
rós *m1* rosa.
rosach *adj* calloso.
rósach *adj* sonrosado; rosado.
rosaid *f2* panadizo.
rosc[1] *m1* ojo.
rosc[2] *m1* composición retórica. **rosc catha** grito de guerra. **rosc ceoil** rapsodia.
rosca *m4* galleta, bizcocho.
roscach *adj* retórico, declamatorio.
rósóg *f2* rosal.
róst *vt, vi* asar.
rosta *m4* muñeca (*anat*).
rósta *m4* asado.
rosualt *m1* morsa.
rótachartaire *m4* motocultor.
roth *m3* rueda. **roth deiridh** rueda trasera. **roth stiúrtha** volante. **roth tosaigh** rueda delantera. **bara rotha** carretilla. **cathaoir rotha** silla de ruedas. **roth uisce** noria de agua.
rothaí *m4* ciclista.
rothaigh *vi* montar en bicicleta.
rothaíocht *f3* ciclismo.
rothalcheas *m1* voltereta lateral.
rothán *m1* ruedecilla; espiral; madeja.
rothánach *adj* circulante.
rothar *m1* bicicleta. **ar rothar** en bicicleta.

rótharraingt *f2* descubierto en cuenta bancaria.
rothchathaoir *f5* silla de ruedas.
rothlach *adj* giratorio, rotatorio.
rothlaigh *vt, vi* rotar, girar, dar vueltas.
rothlaíonn an domhan ar a ais la tierra gira sobre su eje.
rothlú *m4* rotación, giro, vuelta.
rua *adj* rojo, pelirrojo. **duine rua** persona pelirroja. **madra rua** zorro.
ruacan *m1* berberecho.
ruachan *m3* enrojecimiento.
ruacht *f3* rojez.
ruadhóigh *vt, vi* chamuscar.
ruaig I *f2* persecución; fuga; visita apresurada. **chuir sé an ruaig ar na gadaithe** puso en fuga a los ladrones. **ruaig thinnis** ataque de enfermedad. **II** *vt* perseguir, poner en fuga. **ba chóir an fear sin a ruaigeadh as an tír** ese hombre debería ser expulsado del país.
ruaigh *vt, vi* enrojecer.
ruaille s ruaille buaille conmoción, tumulto.
ruaim[1] *f2* tinte rojo; óxido. **ruaimeanna gruaige** tintes. **ruaim feirge** ataque de ira.
ruaim[2] *f2* sedal.
ruaimneach *adj* rojez.
ruaimneacht *f3* decoloración.
ruaimnigh *vt, vi* teñir de rojo; decolorar.
ruainne *m4* pelo; fibra, hilo.
ruainneach *f2* pelo de caballo.
rualoisc *vt* chamuscar.
ruán *m1* gavilán.
ruaphoc *m1* corzo.
ruathar *m1* acometida, ataque, arremetida. **thug na Gardaí ruathar faoi na léirsitheoirí** los policías atacaron a los manifestantes.
ruatharach I *m1* acometida. **II** *adj* acometedor; impulsivo.
rúbal *m1* rublo.
rubar *m1* goma.
rúbarb *m4* ruibarbo.
rud *m3* cosa; asunto; circunstancia. **an bhfuil aon rud le rá agat?** ¿tienes algo que decir? **rud eile** otra cosa. **an rud is fearr liom** lo que yo prefiero. **rud éigin** alguna cosa. **rud beag daor** un poco caro. **rud a dhéanamh ar dhuine** obedecer a alguien; hacer un favor. **más rud é** si. **ós rud é go** puesto que. **ní thaitneoidh leat an rud atá le rá agam** no te va a gustar lo que tengo que decir. **is beag an rud é** no tiene importancia. **an rud is annamh is iontach** lo que raramente se encuentra se valora más.
rufa *m4* gorguera, volante.
rufach *adj* con gorgueras, con volantes.
ruga *m4* alfombra.
rugbaí *m4* rugby.
ruibh[1] *f2* sulfuro.
ruibh[2] *f2* veneno; aguijón; impaciencia.
ruibhchloch *f2* azufre.
ruibheach *adj* sulfúrico.
ruibheanta *adj* venenoso, de lengua afilada.
ruibhiúil *adj* sulfuroso.
rúibín *m4* rubí.
rúibric *f2* rúbrica.
rúid *f2* esfuerzo final, sprint.
rúidbhealach *m1* pista de aterrizaje.
ruifíneach *m1* rufián, gamberro.
rúiléid *f2* roulette.
rúipí *m4* rupia.
ruipleog *f2* callos, menudo.
ruis *f2* sauco.
rúisc I *f2* descarga. **II** *vt, vi* quitar la cáscara; remover, hurgar; agitar.
ruithne *f4* resplandor, brillo; rayo de luz.
ruithneach *adj* radiante, brillante.
rúitín *m4* tobillo; espolón.
rum *m1* ron.
rúm *m1* habitación.
rún *m1* misterio; secreto; intención; resolución. **faoi rún** en confianza. **rún díoltais** plan de venganza. **a rún** mi amor.
rúnaí *m4* secretario. **rúnaí pearsanta** secretario personal. **cé hé rúnaí an choiste?** ¿quién es el secretario del comité?
rúnaíocht *f3* secretariado.
rúnchara *m5* confidente.
rúnda *adj* misterioso, secreto, confidencial.
rúndacht *f3* secreto.
rúndaingean *adj* resuelto, firme.
rúndiamhair I *f2* misterio religioso. **II** *adj* místico, misterioso. **rúndiamhra an chreidimh** los misterios de la fe.
runga *m4* escalón, peldaño.
rúnmhar *adj* secreto.
rúnpháirteach *adj* inicial.
rúnpháirtí *m4* iniciado.
rúnscríbhinn *f2* escritura rúnica; escritura cifrada.
rúóg *f2* cordel, bramante.
Rúraíocht *f3* **an Rúraíocht** Ciclo del Úlster (*ciclo épico*).
rúsc *m1* corteza de un árbol.
rúscadh *m* sacudida; paliza.
rúta *m4* raíz; tocón.
ruthag *m1* carrera; trayectoria.

S

S, s *m* letra S. **S séimhithe** (**Ś**, **ś**; **Sh**, **sh**) S lenizada.
sa[1] *prep* en el, en la **sa scoil** en el colegio. **sa seomra** en la habitación. **sa teach** en la casa.
-sa[2] *suf enfático.* **seo mo pheannsa** este bolígrafo es mío. **an liomsa nó leatsa é?** ¿es mío o tuyo? **tabhair domsa é** dámelo a mi.
sá *m4* apuñalamiento; empujón; embestida, acometida.
sabaitéir *m3* saboteador.
sabaitéireacht *f3* sabotaje.
sábh *m1* sierra *vt, vi* serrar.
sábháil I *f3* salvamento, rescate; seguridad. **II** *vt, vi* salvar, rescatar; preservar; cosechar; ahorrar. **shábháil tú mo bheatha** me has salvado la vida.
sábháilte *adj* salvo, ileso; seguro. **tá an tSile ar cheann de na tíortha is sábháilte i Meiriceá Theas** Chile es uno de los países mas seguros de América del Sur.
sábháilteacht *f3* seguridad.
sabhaircín *m4* primavera *(flor)*.
sábhálach *adj* económico, ahorrativo.
sábhálaí *m4* ahorrador.
sabhall *m1* granero.
sabhdán *m1* sultán.
sabhdánach *m1* pasa.
sabhsáilte *adj* empapado.
sabóid *f2* sábado.
sabóideach *adj* sabático.
sac I *m1* saco. **II** *vt* empaquetar; rellenar; atestar; embutir.
sacáil *vt* despedir.
sacán *m1* saco pequeño.
sacannán *m1* arpillera.
sacar *m1* fútbol.
sacéadach *m1* tela de saco, arpillera.
sách I *m1* persona bien alimentada. **II** *adj* lleno; suficiente, bastante. **sách láidir** bastante fuerte.
sácráil *f3* consagración.
sacrailéid *f2* sacrilegio.
sacrailéideach *adj* sacrílego.
sácráilteacht *f3* indolencia; autocomplaciencia.
sacraimint *f2* sacramento.
sacraimintiúil *adj* sacramental.
sacraisteoir *m3* sacristán.
sacraistí *m4* sacristía.
sacrás *m1* carrera de sacos, carrera de embolsados.
sacsafón *m1* saxofón.
Sacs-Bhéarla *m4* lengua inglesa.

sádach *m1, adj* sádico.
sádachas *m1* sadismo.
sádar *m1* soldadura.
sadhlann *f2* silo.
sadhlas *m1* ensilaje.
sádráil *vt, vi* soldar.
Safach *adj* sáfico.
sáfach *f2* mango; hacha de guerra.
sága *m4* saga.
sagart *m1* sacerdote, cura. **hata an tsagairt** anémona marina.
sagartacht *f3* sacerdocio.
sagartúil *adj* sacerdotal.
saghas *m1* tipo, clase. **de gach uile shaghas** de toda clase. **cén saghas madra atá agat?** ¿qué tipo de perro tienes? ❶ *usado como adv* un poco. **tá saghas uaignis orm** estoy un poco triste. **saghas fuar** un poco frío.
saghdar *m1* sidra.
saibhir *adj* rico.
saibhreas *m1* riqueza.
saibhrigh *vt* enriquecerse.
saibhriú *m* enriquecimiento.
saibhseálaí *m4* zahorí; entrometido.
sáible *m4* sable.
saicín *m4* vesícula.
saidhbhéar *m1* gaviota tridáctila, gavina.
saidhlín *m4* lavandera, andarríos.
saidléir *m3* guarnicionero, talabartero.
saifír *f2* zafiro.
sáigh *vt, vi* clavar; apuñalar; empujar, arremeter. **sáigh an biorán sa chorc** clava el alfiler en el corcho. **sáite san obair** inmerso en el trabajo.
saighdeadh *m* incitación.
saighdeoir *m3* arquero; incitador. **an Saighdeoir** Sagitario.
saighdeoireacht *f3* tiro con arco; pesca con lanza.
saighdiúir *m3* soldado.
saighdiúireacht *f3* servicio militar.
saighdiúrtha *adj* valiente; militar, marcial.
saighead *f2* flecha, saeta, dardo; punzada. **saighead reatha** flato.
saighid *vt, vi* incitar; burlar; atravesar; perforar.
saighneáil *vt, vi* firmar.
saighneán *m1* relámpago; flash; explosión. **na Saighneáin** La Aurora Boreal.
saighneánta *adj* brillante; intermitente.
saighneoireacht *f3* pesca con jábega.
sail[1] *f2* viga; garrote; puntal, entibo.
sail[2] *f2* suciedad, escoria; mancha. **sail chnis** caspa. **sail chluaise** cera de oídos.

sáil

sáil¹ *f2* talón; tacón.
sáil² *adj* tranquilo, descansado; comodón; voluptuoso.
sailchearnach *f2* sauce llorón.
sailchuach *f2* violeta.
sáile¹ *m4* agua de mar, agua salada; mar. **thar sáile** ultramar.
sáile² *f4* confort; exceso, desenfreno; vegetación exuberante.
saileach *f2* sauce. **slat sailí** mimbrera.
sailéad *m1* ensalada. **sailéad Rúiseach** ensaladilla rusa.
saileánach *m1* mimbre.
sáilín *m4* tacón pequeño; espuela; restos, retales.
saill I *f2* carne en salazón; grasa. **II** *vt, vi* salar.
sailleach *adj* gordo, adiposo.
sailleadh *m* salazón. **ar sailleadh** en adobo.
sailpítear *m1* salitre.
sáiltéar *m1* salero.
sáimhe *f4* tranquilidad, quietud.
sáimhín *m4* comodidad. **bheith ar do sháimhín só** estar cómodo.
sáimhrigh *vt* calmar, tranquilizar; adormecer.
sáimhríoch *adj* tranquilo; somnoliento.
sáimhríocht *f3* tranquilidad.
sain- *pref* especial, específico, característico.
sainaicme *f4* clase; casta.
sainaithin *vt* identificar.
saincheardaíocht *f3* destreza; especialidad.
saincheird *f2* especialidad.
saincheist *f2* tema, cuestión, asunto.
sainchomhartha *m4* característica.
sainchónaí *m* domicilio jurídico.
sainchreideamh *m1* confesión.
sainchumas *m1* prerrogativa; privilegio legal.
sainchuntas *m1* especificación.
saine *f4* diferencia, diversidad; excelencia.
saineithne *f4* quintaesencia.
saineolach *adj* experto.
saineolaí *m4* especialista, experto.
saineolaíocht *f3* especialización.
saineolas *m1* pericia, especialización.
sainigh *vt* especificar; definir.
sainiúil *adj* específico, distintivo; especial, **tréithe sainiúla** rasgos distintivos.
sainiúlacht *f3* peculiaridad; excelencia.
sainmharc *m1* contraste; sello.
sainmhínigh *vt* definir. **is mar seo a leanas a shainmhíntear an focal** la palabra se define así.
sainmhíniú *m4* definición. **ní ghlacaim leis an sainmhíniú a thug tú** no acepto la definición que has dado.

samhail

sáinn *f2* rincón; refugio; apuro, aprieto.
sáinnigh *vt* arrinconar; atrapar; poner en un aprieto; dar jaque.
sainordú *m4* mandato, mandamiento.
sainsiléar *m1* salero; canciller.
saint *f2* codicia, avaricia.
saintréith *f2* rasgo, característica.
saíocht *f3* saber, erudición.
sairdín *m4* sardina.
sairse *f4* tamiz, colador.
sáirsint *m4* sargento.
sais *f2* fajín; ceñidor.
sáiste *f4* salvia.
sáiteach *adj* punzante; intruso; marimandón.
sáiteacht *f3* entrometimiento, indiscreción.
sáiteán *m1* estaca, poste; esqueje; mofa.
sáith *f2* comida; cantidad suficiente.
saithe *f4* enjambre.
sáithigh *vt* saciar, hartar; saturar.
sáithiú *m* saciedad, hartura.
saithnín *m4* enjambre.
saitin *m4* satén.
salach *adj* sucio, sórdido; obsceno. **caint shalach** habla grosera. **an tír is salaí san Eoraip** el país más sucio de Europa. **teacht salach ar** entrar en conflicto con; contradecir.
salachar *m1* suciedad; basura; obscenidad; malas hierbas. **salachar craicinn** erupción de la piel.
salacharáil *f3* nociones; llovizna.
salaigh *vt, vi* ensuciar, manchar; contaminar. **shalaigh an aimsir** el tiempo empeoró.
salamandar *m1* salamandra.
salán *m1* espadín.
salanda *adj* salino, salado.
salann *m1* sal.
sall *adv* hacia allí, allá. **chuaigh Aoife sall go Meiriceá** Eva fue a América.
salm *m1* salmo.
salmaire *m4* salmista.
salmaireacht *f3* salmodia; parloteo, charloteo.
salón *m1* salón.
saltair *f* salterio.
salú *m* contaminación; corrupción.
samabhár *m1* samovar.
sámh I *f2* tranquilidad, paz; descanso. **II** *adj* tranquilo, plácido; descansado. **codladh sámh** felices sueños.
sámhach *adj* tranquilo, plácido.
samhadh *m1* acedera.
sámhaigh *vt, vi* calmar, tranquilizar; dormirse.
samhail *f3* semejanza; imagen; modelo. **níl a shamhail le fáil** no hay nada como ello.

samhailchomhartha *m4* símbolo.
samhailteach *adj* imaginario.
Samhain *f3* Samhain. **Mí na Samhna** mes de noviembre. **Oíche Shamhna** víspera de Todos los Santos, Halloween.
samhairle *m4* cachorro.
samhalta *adj* quimérico; virtual.
samhaltach *adj* simbólico.
samhaltacht *f3* fantasía, imaginación.
samhaltán *m1* emblema, símbolo.
sámhán *m1* siesta, cabezada.
sámhas *m1* voluptuosidad.
sámhasach *adj* voluptuoso.
samhlachúil *adj* típico.
samhlaigh *vt, vi* imaginar. **samhlaigh sin anois** imagínatelo.
samhlaíoch *adj* imaginativo.
samhlaíocht *f3* imaginación. **easpa samhlaíochta** falta de imaginación.
samhlaoid *f2* ilustración; imagen.
samhlú *m* fantasía, imaginación.
samhnas *m1* náusea; repugnancia, asco. **chuir an boladh samhnas orm** el olor me dio náuseas.
sámhnas *m1* respiro, descanso, tregua; calma.
samhnasach *adj* repugnante, nauseabundo; aprensivo, delicado.
samhradh *m1* verano. **lá breá samhraidh** un día veraniego. **ba chóir an samhraidh a chur ar ceal** deberíamos abandonar el uso de hora de verano.
samhraigh *vi* veranear.
samhrata *adj* veraniego.
sampla *m4* ejemplo, muestra; presagio. **mar shampla** por ejemplo. **dea-shampla** un buen ejemplo.
samplach *adj* ejemplar, típico.
sampláil *vt* degustar, probar; hacer un muestreo.
samúraí *m4* samurai.
san[1] en el, en la (*ante vocales*). **san oifig** en la oficina. **san fharraige** en el mar.
San[2] *s* santo, san. **San Nioclás** Papá Noel. **San Doiminic** Santo Domingo.
-san[3] *suf enfático 3pl* **a dteachsan** su casa.
sanas *f1* susurro; indirecta, insinuación; glosario. **Lá Fhéile Muire na Sanaise** La Anunciación. **Sanas Chormaic** Glosario de Cormac (*glosario de la lengua irlandesa del s. IX*).
sanasaí *m4* etimólogo.
sanasaíocht *f3* etimología.
sanasán *m1* glosario.
sanatóir *m3* sanatorio.
sanctóir *m3* sagrario; santuario.
sann *vt* asignar; designar.
sannadh *m3* cesión, escritura de traspaso; asignación.

santach *adj* avaricioso, codicioso; ávido, deseoso.
santaigh *vt* codiciar, desear.
santal *m1* sándalo.
santú *m* codicia; avaricia.
saobh I *adj* inclinado, torcido; reojo; perverso. **II** *vt* inclinar, torcer; pervertir.
saobhadh *m* desvirtuación, perversión.
saobhchiall *f2* locura.
saobhchiallda *adj* paradójico.
saobhchrábhadh *m1* hipocresía.
saobhchráifeach *adj* hipócrita.
saobhchreideamh *m1* heterodoxia.
saobhchreidmheach *adj* heterodoxo.
saobhgháire *m4* risa histérica.
saobhghrá *m4* encaprichamiento.
saobhnós *m1* distracción, capricho.
saobhshúileach *adj* bizco, con estrabismo.
saochan *m1* **saochan céille** aberración mental.
saofacht *f3* aberración; perversidad.
saoi *m4* persona sabia. **ní bhíonn saoi gan locht** no hay sabio que no pueda equivocarse.
saoire *f4* fiesta; vacaciones. **lá saoire** día feriado, día festivo. **caithfimid saoire na Nollag in oileán Mhargarita** pasaremos las vacaciones de Navidad en la isla de Margarita.
saoirse *f4* libertad; exención; baratez. **saoirse ealaíne** libertad artística. **saoirse cainte** libertad de expresión.
saoirseach *m1* hombre libre.
saoirseacht *f3* artesanía. **ag saoirseacht** trabajando de albañil.
saoirsigh *vt, vi* rebajar, abaratar.
saoiste *m4* capataz; ola grande.
saoisteog *f2* asiento bajo.
saoithín *m4* pedante.
saoithíneach *adj* pedante.
saoithíneacht *f3* pedantería.
saoithiúil *adj* sabio, experto; competente; entretenido, divertido; peculiar.
saoithiúlacht *f3* sabiduría; humor; peculiaridad.
saol *m1* vida; tiempo; mundo. **pionós saoil** cadena perpetua. **árachas saoil** seguro de vida. **in Avila a chaith sí a saol** pasó su vida en Ávila. **níl sa saol ach taibhreamh** la vida es sueño. **an saol mór** todo el mundo. **os comhair an tsaoil** públicamente. **tar éis an tsaoil** después de todo. **ar ámharaí an tsaoil** por suerte.
saolach *adj* longevo, que vive mucho tiempo.
saolaigh *vt* nacer; dar a luz. **i Medellín a saolaíodh Botero** Botero nació en Medellín.

saolré *f4* ciclo vital.
saolta *adj* mundano; público; laico; respetable.
saoltacht *f3* asuntos mundanos.
saolú *m* nacimiento; parto.
saonta *adj* ingenuo, cándido.
saontacht *f3* ingenuidad, candidez.
saor-[1] *pref* libre; gratuito.
saor[2] **I** *m1* artesano; albañil; hombre libre. **saor báid** carpintero de barcos. **II** *adj* libre, independiente; barato. **cic saor** tiro libre. **saor ó cháin** libre de impuestos. **saor in aisce** gratis. **toil shaor** libre albedrío. **lá saor** día festivo. **briathar saor** forma verbal empleada como voz pasiva. **III** *vt* liberar; salvar; eximir. **saor sinn ó olc** líbranos del mal.
saoráid *f2* facilidad; soltura.
saoráideach *adj* fácil.
saorálaí *m4* voluntario.
saoránach *m1* ciudadano. **cearta saoránaigh** derechos civiles.
saoránacht *f3* ciudadanía.
saorbhreithiúnas *m1* absolución.
saorchead *m3* permiso; licencia.
saordhána *spl* **na saordhána** las artes liberales.
saorealaíona *spl* artes liberales.
saorfhear *m1* hombre libre.
saorga *adj* artificial.
saorgacht *f3* artificialidad.
saorghabhálaí *m4* poseedor de feudo franco.
saorghabháltas *m1* plena propiedad.
saorghlan *vt* purgar, purificar.
saorghlanadh *f* purga, purgación.
saormheadaracht *f3* verso libre.
saoroideachas *m1* educación gratuita.
saor-reic *f3* rebajas; rastro.
saorshealbhóir *m3* propietario; feudatario.
saorsheilbh *f2* propiedad; feudo.
saorstát *m1* **Saorstát Éireann** Estado Libre Irlandés (*nombre dado a la Irlanda independiente entre 1922 y 1937*).
saorthoil *f3* propia voluntad, libre albedrío.
saorthoilteanach *adj* discrecional.
saorthrádáil *f3* libre comercio.
saorthuras *m1* excursión.
saoth *m3* sufrimiento, tensión.
saothar *m1* trabajo, obra; labor; composición literaria o artística. **saothar anála** jadeo.
saotharlann *f2* laboratorio.
saothrach *adj* laborioso; penoso, dificultoso; industrioso.
saothraí *m4* trabajador; sostén de la familia.
saothraigh *vt, vi* trabajar; cultivar; ganar. **do bheatha a shaothrú** ganarse la vida.
saothrán *m1* cultivo de laboratorio.

saothrú *m* cultivo; ganancias.
sár- *pref* excelente; ultra; sumamente.
sara *prep* antes. **sara i bhfad** pronto.
sarafach *adj* seráfico, angélico.
saraifín *m4* serafín.
sáraigh *vt, vi* superar; infringir; vencer; violar. **duine a shárú** vencer a alguien. **deacrachtaí a shárú** superar las dificultades.
sáraíocht *f3* controversia, discusión.
saraiste *f4* sarga; tipo de tela de líneas diagonales.
sáraitheach *adj* violento; excesivo, intenso; abrumador.
sáraitheoir *m3* transgresor, infractor.
saranáid *f2* serenata.
sárbheartú *m* golpe maestro.
sárbhliain *f3* año excelente. **sárbhliain fíona** añejo.
sárchéim *f2* superlativo.
sárchéimeach *adj* superlativo.
sármhaith *adj* excelente.
sárobair *f2* obra maestra.
sárocsaíd *f2* peróxido.
sároilte *adj* altamente entrenado.
sárshaothar *m1* obra maestra.
sárú *m* violación; frustración; agotamiento; mejora.
sás *m1* trampa, cepo; aparato.
sásaigh *vt* satisfacer, agradar.
sásamh *m1* satisfacción; reparación. **bainim sásamh as** disfruto, gozo. **sásamh aigne** paz mental.
Sasana *m4* Inglaterra.
Sasanach *m1, adj* inglés; anglicano.
sásar *m1* platillo.
sáslach *m1* mecanismo, maquinaria.
sáspan *m1* cazo, cacerola.
sásta *adj* satisfecho, contento; convencido; dispuesto. **tá mé sásta go bhfuil sé ciontach** estoy seguro de que es culpable.
sástacht *f3* satisfacción; buena voluntad; habilidad.
sástaí *m4* persona habilidosa.
sásúil *adj* satisfactorio; idóneo, adecuado.
satail *vt, vi* pisotear.
satailít *f2* satélite.
satailt *f2* pisada.
satair *m4* sátiro.
Sátan *m1* Satanás.
Satarn *m1* Saturno.
sathaoide *f4* tiro de chimenea.
Satharn *m1* sábado. **Dé Sathairn** el sábado.
scaball *m1* escapulario; peto.
scabhait *f2* acometida; ráfaga.
scabhaitéir *m3* sinvergüenza, canalla.
scabhat *m1* desfiladero, quebrada; callejón.
scabhta *m4* explorador.

scabhtáil *f3* exploración, reconocimiento militar.
scadán *m1* arenque.
scadarnach *m1* basura.
scafa *adj* ávido; codicioso.
scafaire *m4* chico fornido.
scafall *m1* andamio, andamiaje; cadalso.
scafánta *adj* fornido.
scáfar *adj* asustadizo; tímido.
scafláil *f3* andamiaje.
scag *vt, vi* filtrar, tamizar; refinar; cribar.
scagach *adj* permeable, poroso; endeble.
scagachán *m1* filtración.
scagacht *f3* porosidad.
scagadh *m* filtración; refinado; examen crítico.
scagaire *m4* filtro; refinador.
scagdhealú *m* diálisis.
scaglann *f2* refinería.
scaibéis *f2* sarna, enfermedad contagiosa de la piel.
scaif *f2* bufanda; pañoleta.
scáil *f2* sombra; reflejo; fantasma. **faoi scáil** bajo la influencia.
scáileán *m1* pantalla.
scailéathan *m1* exageración; emoción excesiva.
scailliún *m1* cebollino, cebollita.
scailp *f2* hendidura, grieta, fisura; guarida; estrato. **scailp cheo** banco de niebla. **scailp chodlata** un rato de sueño.
scailtín *m4* ponche de güisqui.
scaimh *f2* virutas, limaduras; gruñido.
scaimheog *f2* mueca; contorsión del rostro.
scáin *vt, vi* hender; esparcir; desparramar, entresacar.
scaineagán *m1* guijarro.
scaineamh *m1* playa de guijarros.
scáinne *f4* madeja, ovillo.
scáinte *adj* escaso; disperso; raído, andrajoso.
scaip *vt, vi* dispersar, difundir, esparcir, diseminar. **scéala a scaipeadh** difundir las noticias. **scaipeann an ghaoth na síolta** las semillas son diseminadas por el viento.
scaipeach *adj* disperso, diseminado; derrochador; incoherente.
scaipeadh *m* diseminación, dispersión.
scaipthe *adj* disperso, diseminado; distraído.
scair *f2* parte; estrato, capa; acción.
scairbh *f2* agua poco profunda en una playa.
scaird *f2* chorro *vt, vi* chorrear.
scairdeán *m1* chorro, cascada.
scairdeitleán *m1* avión a reacción.
scairdinneall *m1* reactor.
scairdire *m4* aspersor.
scairdtiomáint *f3* motor a reacción.

scairp *f2* escorpión. **an Scairp** la constelación de Escorpión.
scairshealbhóir *m3* accionista.
scairt[1] *f2* redaño; diafragma; pulmón.
scairt[2] **I** *f2* grito; llamamiento, llamada. **scairt an choiligh** el canto del gallo. **cuirfidh mé scairt ort** te llamaré. **II** *vt, vi* gritar; brillar. **scairt an ghrian i ndiaidh na báistí** salió el sol después de la lluvia.
scairteach I *f2* grito, **II** *adj* gritón.
scairtín *m4* matorral, terreno con matas y malezas.
scaiteolaíocht *f3* escatología.
scaitheamh *m1* rato; temporada. **scaití** *pl* a veces.
scaitseálaí *m4* mentiroso.
scal I *f2* estallido, explosión. **II** *vi* estallar, explotar.
scála[1] *m4* cuenco.
scála[2] *m4* pesa; escala.
scalán *m1* estallido; pánico.
scall *vi* escaldar; regañar, reñir. **ubh a scalladh** escalfar un huevo.
scalladh *m* escaldadura; reprimenda, reprensión.
scalladóireacht *f3* vituperio, insulto.
scallamán *m1* cría de ave.
scallóid *f2* insultos, improperios; persona insultante, regañón.
scallóideach *adj* insultante, grosero; regañón.
scallta *adj* débil, flojo.
scalltach *adj* hirviente.
scalltán *m1* cría de ave.
scalóid *f2* ráfaga.
scamall *m1* nube; membrana. **scamall baistí** nube de lluvia. **tá an polaiteoir sin faoi scamall amhrais** ese político se encuentra bajo una nube de sospechas.
scamallach *adj* nuboso, nublado; membranoso.
scamallaigh *vt, vi* nublar.
scamh *vt, vi* descortezar, pelar, raspar, decapar; descubrir. **scamh an oinniún** pela la cebolla. **coinnigh do dhá shúil scafa mantente alerta**.
scamhadh *m* virutas, limaduras.
scamhard *m1* alimentación, nutrición.
scamhardach *adj* nutritivo, alimenticio.
scamhóg *f2* pulmón. **tá laghdú ar an ráta báis le haghaidh ailse scamhóige** hay un descenso de la tasa de mortalidad a causa del cáncer de pulmón.
scan *vt* escrutar, ojear, echar un vistazo; escánear.
scanadh *m* escansión, medida de los versos poéticos.
scannal *m1* escándalo.
scannalach *adj* escandaloso.

scannalaigh

scannalaigh *vt* escandalizar.
scannán *m1* película, filme; membrana. **scannán lánfhada** largometraje. **scannán uafáis** película de terror. **scannán cumhdáithe** plástico adhesivo.
scannánaigh *vt, vi* filmar.
scannánaíocht *f3* rodaje. **Ionad Scannánaíochta Éireann** Instituto Irlandés de Cinematografía.
scanóir *m3* escáner.
scanradh *m1* miedo; pánico, terror. **chuir an madra scanradh orm** el perro me asustó.
scanraigh *vt, vi* asustarse, tener miedo.
scanraithe *adj* asustado. **scanraithe chun** ávido.
scanrúil *adj* asustadizo, miedoso, espantoso.
scansáil *f3* pelea, riña.
scaob I *f2* cuchara; pala. **II** *vt* extraer con pala.
scaoil *vt, vi* liberar; desabrochar; soltar; extender; disolver; disparar. **ualach a scaoileadh anuas** soltar una carga. **scaoil an t-arm leis an slua** el ejército disparó contra la multitud. **scaoileadh saor é tar éis dhá lá** fue liberado después de dos días.
scaoileadh *m* aflojamiento; liberación; extensión; solución. **scaoileadh urchar** disparos.
scaoilte *adj* holgado, suelto; libre.
scaoilteach *adj* suelto; lenguaraz; disoluto; laxante.
scaoilteacht *f3* relajación; laxación; diarrea.
scaoll *m1* pánico, miedo.
scaollmhar *adj* alarmista.
scaoth *f2* enjambre.
scaothaire *m4* persona rimbombante.
scaothaireacht *f3* ampulosidad, rimbombancia.
scar *vt, vi* apartar, separar; extender; dividir. **scar a thuistí nuair a bhí sé óg** sus padres se separaron cuando era pequeño. **scar amach ar an urlár iad** extiéndelos sobre el piso.
scaradh *m* separación; despliegue, dispersión. **scaradh sóisialta** distanciamiento social.
scaraoid *f2* mantel. **scaraoid leapa** colcha.
scarbháil I *f3* endurecimiento. **II** *vi* encostrarse, endurecerse.
scard *m1* susto, terror.
scarlóid *f2* escarlata, color rojo vivo.
scarlóideach *adj* escarlata.
scártha *adj* azotado por el viento; desolado.
scarúnachas *m1* separatismo.

sceamh

scata *m4* grupo; manada. **scata daoine** grupo de gente.
scáta *m4* patín. **scataí rothacha** patines de ruedas.
scátáil *vi* patinar.
scátálaí *m4* patinador.
scáth *m3* sombra; cubierta; pantalla; fantasma; reflejo; miedo. **scáth fearthainne** paraguas. **scáth gréine** parasol. **an bhfeiceann tú scáth na gcrann sa loch?** ¿ves el reflejo de los árboles en el lago? **tháinig scáth a mháthar chuige** vio el fantasma de su madre. **chuir an torann scáth orm** me dio miedo el ruido. **faoi scáth** bajo la protección o la influencia.
scáthach *adj* protegido; a la sombra.
scáthaigh *vt, vi* sombrear, oscurecer; ocultar; proteger.
scáthán *m1* espejo.
scáthbhrat *m1* toldo, marquesina.
scáthchruth *m3* silueta.
scáthlán *m1* refugio; pantalla. **scáthlán lampa** pantalla de una lámpara.
scáthshúileach *adj* miope.
sceabha *m4* inclinación, sesgo. **ar sceabha** oblicuamente.
sceabhach *adj* torcido, oblicuo.
sceach *f2* espino, zarza. **sceach gheal** zarzal. **sceach i mbéal bearna** solución provisional o incompleta.
sceachóir *m3* baya del espino.
sceachra *m4* zarza.
scead *f2* mancha, señal; claro.
sceadach *adj* manchado, señalado; desigual; escaso.
sceadamán *m1* garganta.
scéal *m1* historia, cuento, noticia; situación. **seo mar atá an scéal** así son las cosas. **aon scéal?** ¿qué hay de nuevo? ¿qué me cuentas? ¿qué hubo? **scéal grinn** chiste. **ar an taobh eile den scéal** por otra parte. **an seanscéal céanna** la vieja canción.
scéala *m4* noticias; mensaje. **scéala a dhéanamh ar dhuine** delatar a alguien.
scéalach *adj* chismoso; hablador.
scéalaí *m4* cuentista; chismoso.
scéalaigh *vt* contar, relatar.
scéalaíocht *f3* narrativa.
sceall[1] *m3* concha.
sceall[2] *m3* esquisto, pizarra.
sceallán *m1* patata pequeña.
sceallóg *f2* pedacito; rodaja fina. **sceallóga prátaí** papas fritas.
scealp I *f2* astilla. **scealp a bhaint as an tsúil** quitar una astilla del ojo. **II** *vt, vi* astillar; separar en escamas o capas.
scealpach *adj* cascado, astillado.
sceamh I *f2* chillido. **II** *vi* chillar.

sceamhaíl
sceamhaíl *f3* chillido.
scean *vt* acuchillar, apuñalar; cortar en pedazos.
sceanairt *f2* recorte; monda, peladura; operación quirúrgica.
sceanra *m4* cubiertos, cubertería.
sceanúil *adj* afilado, cortante.
sceart *f2* panza, barriga.
sceartán *m1* garrapata.
sceathrach *f2* vómito; desove.
sceathraigh *vt, vi* vomitar.
sceideal *m1* horario; programa.
sceidealta *adj* programado; regulado.
sceidín *m4* leche desnatada.
sceilfid *f2* tonto, imbécil.
sceilg *f2* peñasco, risco.
scéilín *m4* anécdota.
sceilmis *f2* miedo, terror.
sceilp *f2* palmada; cachete.
scéim *f2* plan, esquema. **scéim tithíochta** urbanización.
scéiméir *m3* intrigante.
scéimh[1] *f2* belleza; apariencia.
scéimh[2] *f2* proyección; alero, borde.
sceimheal *f2* alero, reborde; muralla.
sceimhealtóir *m3* asaltante, atracador.
sceimhle *m4* terror, espanto.
sceimhligh *vt, vi* aterrorizar, aterrar.
sceimhlitheoir *m3* terrorista.
sceimhlitheoireacht *f3* terrorismo.
sceimhliú *m4* terror.
scéin *f2* susto; espanto.
scéiniúil *adj* asustado; brillante, llamativo.
scéinséir *m3* novela, película de suspense.
sceipteach *m1* escéptico.
sceipteachas *m1* escepticismo.
sceiptiúil *adj* escéptico.
sceir *f2* isla rocosa, arrecife, escollo.
sceird *f2* lugar inhóspito, azotado por el viento.
sceirdiúil *adj* inhóspito, desolado.
sceirdiúlacht *f3* desolación, crudeza.
sceireog *f2* mentirijilla.
sceiteach *adj* frágil, quebradizo.
sceiteog *f2* susto.
sceith I *f2* vómito; exceso; descarga; huevas.
sceith fola pérdida de sangre. **II** *vt, vi* vomitar; desovar; descargar; derramar; desbordarse; traicionar. **rún a sceitheadh** divulgar un secreto. **sceitheadh na ceimicí as an monarcha** la fábrica vertió residuos químicos. **sceith an dreoilín ar Stiofán Naofa** el reyezuelo traicionó a San Esteban. **nuair a sceitheann an Níl** cuando el Nilo se desborda. **astú sceite** emisión de gases de escape.
sceithire *m4* soplón, chismoso.
sceithphíopa *m4* tubo de escape.

scinnideach
sceitimíní *spl* excitación; emoción; éxtasis, embeleso.
sceitse *m4* esbozo, diseño, croquis.
sceitseáil *vt, vi* esbozar, bosquejar.
sceitseálaí *m4* dibujante.
scí *m4* esquí.
sciáil *vi* esquiar.
sciaitíce *f4* ciática.
sciálaí *m4* esquiador.
sciamhach *adj* hermoso, bello.
sciamhacht *f3* belleza.
sciamhaigh *vt* embellecer.
sciamhú *m* embellecimiento.
scian *f2* cuchillo. **dul faoi scian dochtúra** someterse a una operación quirúrgica. **sceana agus foirc** cubiertos. **scian mhara** almeja. **ag cur sceana gréasaí** lloviendo a cántaros.
sciar *m4* parte, porción.
sciata *m4* raya *(pez)*.
sciath *f2* escudo.
sciathán *m1* ala; lado; brazo. **sciathán leathair** murciélago.
sciathlúireach *f2* peto.
scibhéar *m1* broqueta; espetón.
scibhinseoir *m3* carroñero.
scidil *f2* bolo.
scigaithris *f2* parodia.
scigdhráma *m4* farsa.
scige *f4* risita; mofa, irrisión.
scigealaíontóir *m3* caricaturista.
scig-gháire *m4* risita.
scig-ghaisciúil *adj* heroico-burlesco.
scigireacht *f3* burla, mofa.
scigiúil *adj* burlón.
scigmhagadh *m1* mofa, irrisión.
scigmhagúil *adj* burlón.
scigphictiúr *m1* caricatura.
scil[1] *f2* habilidad, destreza, pericia. **scil sa pheil** habilidad futbolística.
scil[2] *vt, vi* descascarillar, mondar, desvainar.
sciliúil *adj* hábil, diestro; experto.
scilléad *m1* sartén.
scillig *vt, vi* descascarillar; cortar en rodajas; hacer trizas; parlotear.
scim *f2* película, capa fina. **rud a bheith ag déanamh scime duit** estar impaciente por algo.
scimeáil *vt, vi* espumar.
scimpéir *m3* bribón; pillín; pícaro.
scinceáil *vt, vi* decantar.
scineach *m1* escamas.
scinn *vi* brotar; lanzarse; desbocarse. **scinn an focal uaim** se me olvidó la palabra. **scinn an carr tharainn** el carro pasó a gran velocidad.
scinnide *f4* nerviosismo.
scinnideach *adj* nervioso; tímido.

sciob *vt, vi* asir, coger; arrebatar. **sciob an madra an fheoil agus rith sé leis** el perro cogió la carne y huyó.
sciobalta *adj* elegante, pulcro; rápido, pronto.
scíobas *m1* sorbo; estrujón, apretón.
scióból *m1* granero.
sciobtha *adj* rápido, pronto. **labhair sé go sciobtha** habló rápido.
sciodar *m1* leche cortada; diarrea.
sciodarnach *f2* purga; fregado.
sciolamar *m1* desvergüenza.
scioll *vt, vi* reprender, reñir.
sciolladh *m* **sciolladh teanga** regañina.
sciomair *vt, vi* fregar; pulir.
scíontachán *m1* rezagado, que se queda atrás.
sciorr *vi* resbalar, deslizarse, derrapar. **sciorr an carr ar an leac oighir** el coche derrapó en el hielo. **tá na blianta ag sciorradh thart** los años pasan volando.
sciorrach *adj* resbaladizo; liso.
sciorrachán *m1* persona escurridiza; chulo, puto, proxeneta.
sciorradh *m* resbalón, patinazo.
sciorrfhocal *m1* lapsus, equivocación en el habla cometida por descuido.
sciorta *m4* falda.
sciot I *m3* retazo, retal, **II** *vt* cortar; recortar; podar.
sciotach *adj* cortado, podado; escaso.
sciotaíl *f3* risa tonta, risa floja.
sciotán *m1* **de sciotán** de repente.
scioteireaball *m1* cola cortada.
scipéad *m1* cajón; caja registradora.
scipéir *m3* capitán, patrón de barco.
scirmis *f2* escaramuza; refriega.
scís *f2* fatiga, cansancio.
scísteoireacht *f3* descanso.
scístiúil *adj* relajante.
scíth *f2* cansancio, fatiga; descanso. **lig do scíth** relájate. **scíth nóna** siesta.
scítheach *adj* cansado.
scitsifréine *f4* esquizofrenia.
sciúch I *f2* tráquea, garganta. **II** *vt* ahogar, estrangular.
sciuird *f2* prisa; carrera; visita relámpago.
sciúirse *m4* azote; opresión.
sciúlán *m1* peto, babero.
sciúr *vt, vi* fregar, restregar, pulir; pegar, zurrar.
sciúradh *m* fregado; pulido; zurra.
sciurd *vi* precipitarse, lanzarse.
sciúrsáil I *f3* azote; flagelación. **II** *vt* azotar; flagelar.
sclábhaí *m4* esclavo. **sclábhaí feirme** jornalero, peón, bracero. **sclábhaí ar teitheadh** esclavo fugitivo.

sclábhaíocht *f3* esclavitud; trabajo penoso.
sclábhánta *adj* servil; subordinado.
sclábhántacht *f3* servilismo.
sclábhúil *adj* laborioso.
sclamh I *f2* mordisco, mordida; pellizco. **II** *vt, vi* morder.
sclár *vt* cortar en pedazos; rasgar; lacerar.
scláradh *m* laceración.
scláta *m4* pizarra; teja; baldosa.
scléaróis *f2* esclerosis, atrofia de un tejido u órgano.
scléip *f2* ostentación; festividad; entretenimiento.
scléipeach *adj* ostentoso; festivo, divertido.
scléipire *m4* persona ostentosa; juerguista.
scleoid *f2* persona desgarbada, desaseada.
scleoidiúil *adj* desgarbado, desaseado.
scleondar *m1* júbilo, alegría.
scleondrach *adj* jubiloso, alegre.
sclimpíní *spl* deslumbramiento.
scliúchas *m1* alboroto, jaleo; reyerta.
sclog *vt, vi* atragantarse; boquear, ahogarse. **ag sclogadh gáire** aguantando la risa.
sclóin *f2* torniquete, eslabón giratorio.
sclota *m4* cavidad.
sclotar *m1* demacración.
sclotrach *adj* flaco, demacrado.
scóchas *m1* timidez; renuencia.
scód *m1* vela de un barco. **ná lig scód leis na páistí** no les des tanta libertad a los niños.
scóid *f2* esplendor; boato, ostentación.
scóig *f2* cuello; gollete.
scoil *f2* escuela; banco de peces. **ar scoil** en la escuela, a la escuela. **scoil cheartúcháin** reformatorio. **scoil éigse** escuela poética. **chuaigh Dáithí ar scoil sa Spáinn** David fue a una escuela en España.
scoilt I *f2* escisión; fisura, ruptura; hendidura; raya del pelo. **tharla scoilt sa phairtí** se produjo una escisión en el partido. **II** *vt, vi* partir, rajar, hender. **scoilt sé mo chroí** me partió el corazón. **bhí mo chloigeann ag scoilteadh** tenía un dolor de cabeza muy fuerte. **pearsantacht scoilte** personalidad desdoblada.
scoiltbhrúchtadh *m* erupción geológica.
scoilteach *f2* dolor agudo; reumatismo.
scoilteadh *m* fisión, escisión.
scoiltire *m4* hendedor; cuchillo de carnicero.
scóip *f2* alcance, ámbito; alegría. **tá siad ag dul as a gcraiceann le scóip** no caben en sí de gozo.
scóipiúil *adj* ancho. espacioso; alegre.
scóipiúlacht *f3* amplitud.
scoir *vt, vi* desconectar; deshacer; separar; parar.

scoite *adj* cortado; desconectado; separado, aislado, remoto. **tá cónaí uirthi in áit scoite** vive en un lugar remoto. **teach scoite** casa adosada. **ceathanna scoite** chubascos esporádicos.
scoiteach *f2* dispersión, desperdigamiento.
scoith *vt, vi* partir, desconectar; destetar; arrancar; recortar; aislar; adelantar, pasarse. **ná scoitear** no adelantar. **scoith an fhiaile sin** arranca esa maleza.
scol *m3* nota alta; llamada; grito.
scól *vt, vi* escaldar; atormentar, torturar.
scóladh *m* quemadura; tormento; regañina.
scolaí *m4* erudito, escolar.
scolaíoch *adj* escolástico.
scolaíocht *f3* escolaridad, educación escolar.
scoláire *m4* estudiante, alumno; erudito.
scoláire Gearmánach a rinne taighde ar an nGaeilge un erudito alemán que hizo investigaciones sobre el irlandés.
scoláireacht *f3* saber; beca.
scolardach *m1* experto en deportes.
scolártha *adj* erudito.
scolb *m1* astilla; muesca, desconchón.
scolbánta *adj* flexible, robusto.
scolfairt *f2* griterío, risotada; gorgeo.
scolgarnach *f2* cacareo.
scolgháire *m4* cacareo; risotada.
scológ *f2* granjero; trabajador joven.
sconna *m4* manantial; surtidor; grifo, canilla, llave.
sconnabheartach *adj* apresurado, impulsivo.
sconnóg *f2* chorro, rociada. **sconnóg orla** vómito proyectil.
sconsa *m4* cerca; acequia, zanja.
scor[1] *m1* desconexión; conclusión; retiro. **scor éigeantachz** jubilación obligatoria. **mar fhocal scoir** en conclusión.
scor[2] *s* **ar scor ar bith** en cualquier caso, de todos modos.
scor[3] *vt, vi* cortar, acuchillar; marcar con líneas; hacer muescas.
scor[4] *m1* despido por cierre de empresa.
scór *m1* muesca; cuenta; resultado; puntuación; partitura; gol; veintena. **dhá scór** cuarenta.
scorach *m1* mozalbete, joven, muchacho.
scóráil *vt, vi* marcar un tanto; anotar; orquestar.
scoraíocht *f3* velada social.
scorán *m1* alfiler; muletilla; llave.
scorbach *m1* escorbuto.
scórchlár *m1* marcador.
scorn *m1* escarnio, desdén.
scornach *f2* garganta.
scornúil *adj* gutural.
scot *m1* cómputo.

scoth-[1] *pref* semi-, medio-; bastante, mediano.
scoth[2] *f3* flor; penacho; ramillete; preparativo; estilo. **scoth na bhfear** el mejor de los hombres. **den chéad scoth** de primera calidad.
scoth[3] *f3* punta, extremo; pico.
scothán *m1* copa de árbol, arbusto.
scothbhruite *adj* medio cocer; poco hecho.
scothmheáchan *m1* peso semipesado.
scothóg *f2* flor; borla; campanilla.
scothram *m1* locuacidad.
scothúil *adj* hermoso; escogido.
scrábach *adj* desaliñado, sucio. **aimsir scrábach** tiempo desapacible.
scrábáil *f3* garabato.
scrabh *vt, vi* garabatear; rayar, raspar.
scrabha *m4* garabato; rayado.
scragall *m1* hoja de metal. **scragall stáin** papel de plata.
scráib *f2* raspadura; piltrafa, chatarra.
scraiste *m4* haragán, perezoso, holgazán.
scraith *f2* estrato, capa. **scraith ghlugair** ciénaga.
scraithín *m4* terrón, césped.
scrathóg *f2* vejiga.
screab *f2* costra, corteza.
scréach I *f2* chillido; chirrido. II *vi* chillar; chirriar.
scréachóg *f2* **scréachóg choille** arrendajo. **scréachóg reilige** lechuza de granero.
scread I *f3* grito. II *vi* gritar, chillar. **lig sí scread aisti nuair a bhuaigh sí an duais** gritó al ganar el premio.
screadach *f2* grito, griterío.
screamh *f2* capa, costra; espuma.
screamhóg *f2* costra; lámina.
scríbhinn *m1* inscripción; documento escrito.
scríbhneoir *m3* escritor; autor.
scríbhneoireacht *f3* escritura; obra literaria. **tá traidisiún láidir scríbhneoireachta i mBaile Átha Cliath** Dublín tiene una gran tradición literaria. **tá scríbhneoireacht mhaith aige** tiene buena letra.
scrín *f2* santuario, sepulcro.
scríob I *f2* triza; raspadura; ralladura; meta, límite. **ceann scríbe** destino. II *vt, vi* arañar; raspar, rallar, rascar. **tá scríob ar thaobh an chairr ó bhain an timpiste dó** el lateral quedó rayado después del accidente.
scríobach *m1* abrasivo *adj* rasposo.
scríobadh *m* raspadura *adj* rasposo.
scríobán *m1* rallador.
scríobchaitheamh *m1* erosión.
scríobh I *m* escritura. II *vt, vi* escribir. **scríobh d'ainm agus do shloinne ag**

scríobhaí

barr an leathanaigh escriba su nombre y apellido en la parte superior de la página.
scríobhaí *m4* escriba, amanuense.
scriobláil *f3* garabato.
scríofa *adj* escrito. **an teanga scríofa** la lengua escrita.
scrioptúr *m1* escritura.
scrios I *m* destrucción, ruina. **II** *vt, vi* rasgar; destruir; borrar. **scrios amach an focal sin** borra esa palabra. **tá an rófhorbairt ag scriosadh áilleacht na tíre** la construcción excesiva está destruyendo la belleza del país.
scriosach *adj* destructivo, ruinoso.
scriosán *m1* raspador; goma de borrar.
scriostóir *m3* destructor; devastador.
scriostóireacht *f3* destrucción.
script *f2* guión.
scriptscríbhneoir *m3* guionista.
scriú *m4* tornillo, tuerca.
scriúáil *vt, vi* atornillar.
scriúire *m4* destornillador.
scrobanta *adj* canijo; desnutrido.
scrobarnach *f2* broza, maleza.
scrobh *vt* hacer un revoltillo de huevos.
scroblach *m1* sobras, basura; gentuza.
scroblachóir *m3* basurero; animal carroñero.
scrofa *adj* **ubh scrofa** huevo revuelto.
scrogaire *m4* curioso, entrometido.
scrogaireacht *f3* acto de escuchar a escondidas.
scrogall *m1* cuello largo y estrecho.
scroid *f2* comida ligera, botana, tentempié.
scroigeach *adj* flaco.
scrolla *m4* rollo de papel o pergamino; cédula; voluta.
scrúd *vt* torturar. **scrúdta ag an ocras** muerto de hambre.
scrúdaigh *vt* examinar. **scrúdaigh sé an seic go mion** examinó el cheque minuciosamente.
scrúdaitheoir *m3* examinador.
scrúdán *m1* escrutinio; recuento o revisión de votos.
scrúdú *m4* examen. **scrúdú dochtúra** examen médico. **scrúdú béil** examen oral. **d'éirigh go breá liom sa scrúdú matamaitice** el examen de matemáticas me salió muy bien.
scrúile *m4* tacaño, avaro.
scrupall *m1* escrúpulo; remordimiento.
scrupallach *adj* escrupuloso.
scuab I *f2* escoba, cepillo; gavilla; haz. **scuab gruaige** cepillo del pelo. **scuab péinte** brocha. **II** *vt, vi* barrer.
scuabach *adj* corriente.
scuabadóir *m3* barrendero.

seachas

scuad *m1* pelotón. **scuad calaoise** brigada anti-corrupción.
scuadrún *m1* escuadrón.
scuaid *f2* salpicadura, rociada; diarrea.
scuaine *f4* fila, hilera; cola.
scubaid *f2* pícara, desvergonzada, lagarta.
scuibhéir *m3* escudero.
sculcaireacht *f3* acecho.
scun scan *s* completamente, totalmente, por completo. **ghlac siad scun scan leis an gcóras a bhí i réim roimhe sin** aceptaron por completo el sistema que ya existía.
scúnar *m1* goleta, barco velero ligero.
scunc *m1* mofeta.
scútar *m1* patín, patinete; vespa.
-se *suf enfático (ver -sean³)*. **mo chuidse is do chuidse** mi parte y tu parte. **táimse ullamh** yo estoy listo.
sé¹ *pron 3sg masc* él; ello. **beidh sé anseo i gceann tamaill** estará aquí dentro de un rato. **bhí sé fuar inné** ayer hizo frío.
sé² *m4* **a sé** seis. **a sé déag** dieciseis. **caibidil a sé** capítulo seis. **na Sé Chontae** los seis condados de Irlanda del Norte. **sé huaire níos mó** seis veces más grande.
sea¹ **(is ea)** sí *(solamente empleado en ciertos contextos)*.
sea² *m4* turno, vez; lapso de tiempo.
sea³ *m4* fuerza, vigor; cuidado, atención.
seabhac *m1* halcón.
seabhcóir *m3* halconero.
seabhcóireacht *f3* cetrería.
seabhrán *m1* vértigo; zumbido en los oídos, tinitus.
séabra *m4* cebra.
seac *m1* gato para el carro; prensa; martinete.
Seacaibíteach *m1, adj* jacobita *(seguidor de la dinastía de los Estuardos)*.
seacain *f2* lentejuela.
seacál *m1* chacal.
seach *s* **faoi seach** a su tiempo; ocasionalmente; respectivamente.
seachadadh *m* entrega, reparto.
seachadóir *m3* repartidor.
seachain *vt* entregar, repartir.
seachain *vt, vi* evitar, rehuir; tener cuidado, protegerse. **ní féidir é a sheachaint** no hay alternativa. **seachain an madra** cuidado con el perro. **seachain an chéim** cuidado con el escalón.
seachaint *f3* evasión; precaución.
seachaíocht *f3* subrogación.
seachantach *adj* evasivo, elusivo; distante.
seachantacht *f3* evasivo.
seachantóir *m3* evasor.
seachas *prep* excepto, salvo, aparte de; en comparación con. **seachas an leabhar sin** aparte de ese libro.

seach-chonair *f2* carretera de circunvalación; desvío coronario.
seachfhocal *m1* aparte.
seachghalar *m1* complicación médica.
seachghlórtha *sp1* efectos de sonido.
seachmall *m1* aberración; abstracción; ilusión.
seachnóin *prep* por todo, por todas partes.
seachrán *m1* vagabundeo; equivocación, desvarío.
seachránaí *m4* vagabundo.
seachránaigh *vi* extraviarse, equivocarse.
seacht *adj m4* siete. **a seacht** siete. **a seacht déag** diecisiete. **mo sheacht ndícheall** lo mejor que puedo.
seachtain *f2* semana. **go ceann seachtaine** durante una semana. **seacht lá na seachtaine** los siete días de la semana. **i gceann seachtaine** dentro de una semana. **deireadh seachtaine** fin de semana.
seachtainiúil *adj* semanal.
seachtanán *m1* semanario.
seachtar *m1* siete personas. **an seachtar a shínigh Forógra na Poblachta** los siete que firmaron la Declaración de la República de Irlanda.
seachtháirge *m4* producto derivado. subproducto.
seachtú *m4 adj* séptimo. **ar an seachtú lá scoir sé ó obair** el septimo día descansó.
seachtrach *adj* externo; exterior.
seachvótáil *f3* votar por poderes.
séacla *m4* persona demacrada; gamba.
seacláid *f2* chocolate.
sead[1] *f2* nido.
sead[2] *f2* sábalo.
sead[3] *vt. vi* resoplar, jadear.
séad *m3* camino, sendero.
séadaí *m4* excursionista.
seadaigh *vt, vi* asentarse; permanecer; prolongar.
séadaire *m4* marcapasos.
seadán *m1* parásito.
séadchomhartha *m4* monumento.
seadóg *f2* pomelo, toronja, pamplemusa.
seafaid *f2* vaquilla.
seafóid *f2* tontería.
seafóideach *adj* disparatado, tonto.
seafta *m4* palanca.
seagal *m1* centeno.
seaghais *f2* placer, deleite.
seaghsach *adj* placentero, divertido.
seaicéad *m1* chaqueta, americana, saco.
seaimpéin *m4* champán, champaña.
seaimpín *m4* campeón.
seal *m3* turno; rato; temporada. **do shealsa te toca a tí**. **chaith sé seal i mBilbao** pasó una temporada en Bilbao. **thuas seal thíos seal** los altibajos de la vida.

seál *m1* chal.
séala *m4* sello. **faoi shéala** sellado.
sealad *m1* turno; rato; lapso de tiempo.
sealadach *adj* temporal, provisional.
séalaigh *vt* sellar.
sealaíocht *f3* alternancia, turno. **rás sealaíochta** carrera de relevos.
sealán *m1* lazo corredizo; anilla, argolla.
sealánach *m1* verdugo.
sealbhach *m1, adj* posesivo. **aidiacht shealbhach** adjetivo posesivo.
sealbhaigh *vt, vi* poseer; tomar posesión; adquirir.
sealbhaíocht *f3* posesión, tenencia.
sealbhán *m1* rebaño, hato.
sealbhóir *m3* ocupante; poseedor, propietario.
sealbhú *m* adquisición. **sealbhú an dara teanga** adquisición de la segunda lengua.
sealg *f2* bazo.
sealgaire *m4* cazador, montero.
sealgaireacht *f3* cacería.
seall *m3* iris.
sealla *m4* chalet.
sealóid *f2* chalota, chalote.
sealúchas *m1* posesión; bienes, hacienda.
seam *m3* remache.
seamaí *m4* ante, gamuza.
seamaide *m4* brizna, ramita, fronde.
seamair *f2* trébol.
seamhan *m1* semen.
seamhar *m1* savia.
seamhrach *adj* vigoroso, fuerte, sano.
seamhraigh *vi* ir de prisa, trajinar.
seamlas *m1* degolladero, matadero; lío.
seampú *m4* champú.
seamróg *f2* trébol.
seamsán *m1* zumbido, sonido monótono.
sean-[1]*pref* viejo, antiguo, anciano; sobre-, super-.
sean[2] **I** *m4* anciano, abuelo; vejez; cosa vieja. **II** *adj* viejo; maduro. **is é Pól an mac is sine** Pablo es el hijo mayor.
-sean *suf enfático (ver* **-se**), **a chroísean** el corazón de él.
séan[1] *m1* signo, agüero; buena suerte, prosperidad; fausto. **sonas agus séan ort** te deseo felicidad y prosperidad.
séan[2] *vt, vi* negar, repudiar. **séanann siad freagracht** niegan su responsabilidad. **shéan sé a chuidiú orm** no quiso ayudarme.
seanad *m1* senado.
séanadh *m* negación, rechazo.
seanadóir *m3* senador.
seanaimseartha *adj* pasado de moda; viejo.
seanaimsir *f2* antigüedad, tiempos pasados.

séanaire

séanaire *m4* adivino, augur.
séanaireacht *f3* adivinación, augurio.
seanaois *f2* vejez.
seanársa *adj* primitivo.
séanas *m1* espacio entre los incisivos; labio leporino.
seanathair *m5* abuelo.
seanaithne *f4* conocimiento desde hace mucho tiempo.
seanbhean *f5* vieja, anciana. **an tSeanbhean Bhocht** la anciana pobre *(nombre poético para Irlanda)*.
seanbhlas *m1* gusto rancio; desaire, desprecio; sarcasmo.
seanbhlastúil *adj* duro, rancio; despreciativo; sarcástico.
seanbhoc *m1* **an Seanbhoc** el diablo.
seanchabhail *f5* casco; ruina.
seanchaí *m4* cuentacuentos tradicional.
seanchaite *adj* desgastado; obsoleto; trillado.
seanchas *m1* saber tradicional, erudición popular; (narración de) folclor. **seanchas béil** tradición oral. **Seanchas Mór** *compendio de antiguas leyendas irlandesas*.
seanchleachtadh *m1* amplia experiencia.
seanchríonna *adj* precoz; sabio; viejo y experto.
seanchríonnacht *f3* precocidad; experiencia.
seanda *adj* antiguo, añejo.
seandacht *f3* antigüedad. **seandachtaí** *pl* antigüedades.
seandálaí *m4* arqueólogo.
seandálaíocht *f3* arqueología.
seanduine *m4* viejo, anciano; sabio.
seanfhaiseanta *adj* pasado de moda; anticuado.
seanfhear *m1* viejo.
seanfhocal *m1* refrán, proverbio.
seanfhondúir *m3* antiguo habitante.
seanfhothrach *m1* ruina.
seang *adj* delgado, flaco.
seangaigh *vt, vi* adelgazar.
seangán *m1* hormiga.
Sean-Ghaeilge *f4* irlandés antiguo.
seanléim *f2* **bheith ar do sheanléim** estar totalmente recuperado.
seanlia *m4* geriatra.
seanmhaighdean *f2* solterona.
séanmhar *adj* afortunado, próspero.
seanmháthair *f5* abuela.
seanmóir *f3* sermón; homilía.
seanmóireacht *f3* sermoneo, predicación.
seanmóirí *m4* predicador, sermoneador.
sean-nós *m1* vieja costumbre. **amhránaíocht ar an sean-nós** canto tradicional.
seanóir *m3* persona mayor, anciano. **Agallamh na Seanórach** el Coloquio de los

Ancianos *(compendio de historias sobre Fionn mac Cumhaill y sus guerreros)*.
seanphinsean *m1* pensión para los mayores.
seanrá *m4* aforismo.
seanré *f4* el pasado, tiempos pasados.
seans *m4* ocasión, oportunidad. **ní bheidh seans eile agat** no tendrás otra oportunidad. **trí sheans a chuala mé an scéal** me enteré por casualidad. **téigh sa seans** arriésgate. ● *empleado como adv* de pronto, quizás. **seans go bhfuil an ceart agat** quizás tengas razón.
séans *m4* sesión espiritista.
seansáil *vt* probar, arriesgar.
seansailéir *m3* canciller.
seansailéireacht *f3* legación, cancillería.
seansáith *f2* exceso.
seansálaí *m4* oportunista.
seanscéal *m1* leyenda.
seansúil *adj* aventurado, arriesgado; afortunado.
séanta *adj* bendito; afortunado.
séantóir *m3* renegado; apóstata.
séarachas *m1* alcantarillado. **ceantair tuaithe atá gan córas séarachais** lugares rurales que no tienen alcantarillado.
searbh *adj* amargo, agrio. **blas searbh a bhí ar an gcaife** el café tenía sabor amargo.
searbhaigh *vt, vi* amargar.
searbhú *m* amargura.
searc *f2* amor; amado.
searcúil *adj* cariñoso.
searg *vt, vi* arrugar; declinar; marchitarse.
seargadh *m* atrofia.
seargán *m1* momia.
seargánach *m1* aguafiestas.
searmanas *m1* ceremonia. **searmanas bronnta** ceremonia de entrega de premios.
searr *vt* estirar, extender.
searrach *m1* potrillo.
searradh *m1* estiramiento. **searradh a bhaint asat féin** estirarse. **síneadh is searradh** ejercicios de precalentamiento.
seas *vt, vi* permanecer; estar de pie; pararse; durar; soportar; presentarse a elecciones. **seas suas le do thoil** párese por favor. **má sheasann an aimsir** si el buen tiempo se mantiene. **sheas Juanita i gCordoba** Juanita se presentó a las elecciones en Córdoba. **seas le** apoyar; ser padrino de. **seas amach** destacar. **deoch a sheasamh** invitar a una bebida.
seasaman *m1* sésamo, ajonjolí.
seasamh *m1* posición, postura vertical; resistencia. **tá mé i mo sheasamh** estoy

seasc

de pie. **áit seasaimh** espacio para quedarse de pie pero no sentarse.
seasc *adj* estéril. **bó sheasc** vaca que no da leche.
seasca *adj m* sesenta.
seascacht *f3* esterilidad.
seascadú *adj m4* sexagésimo.
seascair *adj* cómodo.
seascaireacht *f3* comodidad. **bheith ar do sheascaireacht** estar acomodado económicamente.
seascann *m1* pantano. ciénaga.
seasmain *f2* jazmín.
seasmhach *adj* firme, constante.
seasmhacht *f3* firmeza, constancia.
seaspar *m1* jaspe.
seasta *adj* derecho; resistente; permanente, fijo; regular. **táillí seasta** gastos regulares.
seastán *m1* puesto; parada; tribuna.
séasúr *m1* estación, temporada; sazón. **séasúr an fhiaigh** temporada de caza. **séasúr na turasóireachta** la temporada turística. **ceithre séasúr na bliana** las cuatro estaciones del año.
séasúrach *adj* de temporada; sazonado.
seathras *m1* sororidad, hermandad de sólo mujeres.
séchodach *adj* séxtuplo.
séibhíní *spl* virutas.
seibhírín *m4* **seibhírín buí** prímula.
seic[1] *m4* cheque.
seic[2] *m4* tela a cuadros.
seiceadóir *m3* albacea testamentario; guardián, vigilante.
seiceáil *vt, vi* poner a prueba; comprobar.
seiceal *m1* siclo.
seiceamar *m1* sicomoro.
seicheamh *m1* seguimiento; imitación; secuencia.
seicphointe *m4* control de tráfico.
seicin *f2* tegumento, membrana.
seicleabhar *m1* talonario.
seict *f2* secta.
seicteach *adj* sectario.
seicteachas *m1* sectarismo.
séid *vt, vi* soplar, jadear; inflar. **tá an ghaoth ag séideadh** el viento está soplando. **tá an fheadóg séidte** ha sonado el silbato. **ag séideadh fola** sangrando.
séideadh *m* soplido; corriente de aire; hinchazón, inflamación.
séideán *m1* ráfaga; materia inflada; resuello, jadeo.
seideánach *adj* racheado, borrascoso; jadeante.
séideog *f2* resoplido, bufido; sorbetón.
séidlampa *m4* soplete.

seirbhe

SEIF *abreviatura,* **Siondróm Easpa Imdhíonachta Faighte** SIDA, Síndrome de Inmunodeficiencia Aquirida.
seift *f2* recurso; expediente. **múineann gá seift** la necesidad es la madre de todos los inventos.
seifteoir *m3* proveedor; persona con recursos.
seiftigh *vt, vi* idear, maquinar; procurar, proveer.
seiftiú *m4* provisión; improvisación.
seiftiúil *adj* ingenioso.
seiftiúlacht *f3* ingenio, inventiva.
seilbh *f2* tenencia, posesión; propiedad, patrimonio. **ghlac an t-arm seilbh ar an bpríomhchathair** el ejército tomó la capital.
seile *f4* escupitajo; saliva.
seileadán *m1* escupidera.
séiléir *m3* carcelero.
seilf *f2* estante, estantería.
seilg I *f2* caza, persecución. **II** *vt, vi* cazar, perseguir.
seilide *m4* caracol; babosa.
seiligh *vi* escupir.
seilmideálaí *m4* persona lenta.
séimeantaic I *f2* semántica. **II** *adj* semántico.
séimh *adj* plácido; agradable; sútil.
séimhe *f4* afabilidad, suavidad.
séimhigh *vt, vi* apaciguar, suavizar; lenizar.
séimhiú *m4* ablandamiento; lenición *(cambio consonántico en ciertos entornos).* **ponc séimhithe** punto de lenicion (= ').
séimhní *adj* manso, tranquilo.
seimide *m4* émbolo de percusión; baqueta de fusil.
seimilín *m4* semolina.
seimineár *m1* seminario.
seineafóbach *m1* xenófobo.
seineafóibe *f4* xenofobia.
seinge *f4* delgadez.
seinm *f3* tañido de un instrumento musical; gorjeo, trino.
seinn *vt, vi* tocar música. **bíonn Ruairí ag seinm an ghiotáir gach tráthnóna** Rodrigo toca la guitarra todas las tardes.
séinne *m4* sena.
seinnteoir *m3* tañedor; intérprete de música. **seinnteoir dlúthdhioscaí** reproductor de discos compactos. **is féidir an seinnteoir a íoslódáil go héasca** el reproductor se puede descargar fácilmente.
séipéal *m1* capilla, iglesia.
séipéilín *m1* oratorio.
séiplíneach *m1* capellán, coadjutor.
seipteach *adj* séptico.
seirbhe *f4* amargor, acidez.

seirbheáil *f3* servicio; provisión. **II** *vt* servir.
seirbhís *f2* servicio. **níl seirbhís san áireamh** servicio no incluído. **seirbhís custaiméara** servicio al cliente.
seirbhíseach *m1* sirviente, criada, muchacha del servicio.
seircín *m4* justillo.
seirdín *m4* sardina.
séire *m4* comida.
séiream *m1* suero.
seirfeach *m1* siervo, esclavo.
seirfeachas *m1* servidumbre.
seirfean *m1* amargura, indignación.
seirglí *m4* estado de postración; decadencia.
seiriceán *m1* gusano de seda.
seiris *f2* jerez.
séirse *m4* arremetida, embestida.
séis *f2* melodía; murmullo.
seisc *f2* juncia.
séiseach *adj* melódico.
seiseacht *f3* compañía.
seiseamhán *m1* sextante.
seisean *pron enfático 3sg masc* él. **tá seisean cinnte ach níl mise** él está seguro pero yo no.
seisear *m1* seis personas. **col seisir** primo segundo.
séisín *m4* propina.
seisire *m4* reto.
seisiún *m1* sesión; reunión. **seisiún ceoil** sesión de música improvisada.
seismeach *adj* sísmico.
seismeagraf *m1* sismógrafo.
seismeolaí *m4* sismólogo.
seismeolaíocht *f3* sismología.
seisreach *f2* animales de tiro; arado; tierra de labranza. **an tSeisreach** el Carro, la Osa Mayor.
seisréad *m1* sexteto.
seit *m4* tanda de danza.
séitéireacht *f3* trampa, engaño.
seitgháire *m4* risa burlona, risita.
seithe *f4* piel, pellejo.
seitheadóir *m3* taxidermista.
seithigh *vt* despellejar, pelar.
seitreach *f2* relincho; bufido.
seitril *f3* risita burlona.
seitse *f4* mosca tsetsé.
seo *pron dem adj adv* este, esta, esto, estos, estas; aquí. **seo an áit** este es el lugar. **ól seo** bebe esto. **an cailín seo** esta chica. **seo duit é** toma. **cad é seo?** ¿qué es esto? **seo é Séamas** te presento a Jaime. **seo mar atá** así es. **seo chugainn Pól** aquí viene Pablo. **as seo amach** de ahora en adelante. **an mhí seo caite** el mes pasado. **go dtí seo** hasta ahora.
seó *m4* espectáculo; diversión.

seobhaineachas *m1* chauvinismo.
seoch *m4* dique, acequia.
seodóir *m3* joyero.
seodóireacht *f3* joyería.
seodra *m4* joyas.
seoid *f2* joya; objeto precioso. **seoid chuimhne** recuerdo.
seoigh *adj* maravilloso. **oireann sé go seoigh duit** te sienta maravillosamente.
seoinín *m4* pelmazo; adulador; adulador de la cultura inglesa.
Seoirseach *adj* georgiano (*estilo arquitéctonico del Dublín del siglo dieciocho*).
seoithín *m4* suspiro, susurro. **seoithín seó canción de cuna**; nana.
seol[1] *m1* telar.
seol[2] **I** *m1* vela; dirección; curso. **faoi lán seoil** a toda vela. **II** *vt, vi* navegar; enviar; inagurar; conducir energía. **litir a sheoladh chuig duine** remitir una carta a una persona. **sheol na Spáinnigh timpeall na cruinne** los españoles navegaron alrededor del mundo. **seolfar an leabhar Dé hAoine** el libro se presentará el viernes.
seol[3] *m1* parto. **bean seoil** parturienta.
seoladán *m1* conducto.
seoladh *m1* navegación; dirección; lanzamiento; conducción; inaguración. **seoladh ríomhphoist** dirección de correo electrónico. **cén seoladh atá agat?** ¿cuál es tu dirección?
seoladóir *m3* navegante.
seoladóireacht *f3* navegación.
seolaí *m4* destinatario.
seolbhrat *m1* vela.
seolchrann *m1* mástil.
seolta *adj* bien encaminado; en marcha; agraciado. **seolta ar rud** adepto a algo.
seoltóir *m3* marinero; remitente; pastor; conductor de electricidad.
seoltóireacht *f3* navegación a vela.
seoltrioc *m4* jarcia.
seomra *m4* habitación, cuarto. **seomra aclaíochta** gimnasio. **seomra bia** comedor. **seomra feistis** probador. **seomra folctha** cuarto de baño. **seomra leapa**, **seomra codlata** dormitorio. **árasán dhá sheomra codlata** apartamento de dos dormitorios. **seomra suí** sala.
seomradóir *m3* chambelán.
seordán *m1* sonido susurrante; siseo.
séú *m4 adj* sexto.
sfagnam *m1* esfagno, turba.
sféar *m1* esfera.
sféarúil *adj* esférico.
sfioncs *m4* esfinge.
sí[1] *m4* hada, **bean sí** banshee (*mujer fantasmal que anuncia la muerte de una persona*).
sí[2] *m4* **sí gaoithe** torbellino.

sí³ *pron 3sg fem* ella. **mharaigh sí a fear céile** mató a su marido. **tá an oíche tirim ach tá si fuar** la noche está seca pero fría.
sia *adj comp* más largo, más lejano. **níos sia ar aghaidh** más adelante.
siabhair *vt* hechizar, encantar.
siabhrán *m1* desatino, error; confusión mental.
siad¹ *m3* crecimiento, hinchazón.
siad² *pron 3pl* ellos, ellas. **tháinig siad isteach duine ar dhuine** entraron de uno en uno. **fuair siad bás sa Chogadh Chathartha** murieron en la Guerra Civil.
siamsa *m4* divertimento musical; entretenimiento.
siamsúil *adj* entretenido, divertido.
sian *f2* silbido; chillido, quejido; zumbido.
sianaíl *f3* chillido, quejido.
sianán *m1* aullido; quejido, gemido.
siansa *m4* melodía.
siansach I *m1* repique. **II** *adj* melódico, harmonioso, sinfónico.
siar *adv prep a* hacia el oeste; hacia atrás. **siar ó thuaidh** hacia el noroeste. **dul siar ar rud** repasar algo. **druidigí siar** retírense. **i bhfad siar** hace mucho tiempo. **ag titim siar** en declive. **bhíodh foireann láidir acu ach tá siad ag titim siar** tenían un equipo fuerte pero están en declive. **cuireadh an bhainis siar** se postergó la boda.
sibh *pron 2pl* vosotros, ustedes. **cá ndeachaigh sibh aréir?** ¿adónde fuisteis anoche? **feicfimid amárach sibh** las vemos mañana.
síbhean *f5* hada.
sibhialta *adj* cortés, educado; civil; cívico; civilizado.
sibhialtach *m1, adj* civil.
sibhialtacht *f3* civilización; civismo.
sibille *f4* sibila.
síbín *m4* taberna clandestina.
sibiriteach *m1* sibarita, persona aficionada al lujo.
síc *m4* jeque.
síceach *adj* psíquico.
síceapatach I *m1* psicópata. **II** *adj* psicopático.
síceolaí *m4* psicólogo.
síceolaíocht *f3* psicología.
síciatrach *adj* psiquiátrico.
síciatracht *f3* psiquiatría.
síciatraí *m4* psiquiatra.
sicín *m4* pollo.
síciteiripe *f4* psicoterapia.
sicphiseánach *m1* garbanzo.
sifilis *f2* sífilis.
sifín *m4* esqueje; paja.

sil *vt, vi* gotear, escurrir; colgar. **tá an t-uisce ag sileadh den díon** está goteando el agua del tejado. **bhí sí ag sileadh na ndeor** estaba llorando. **bhí an t-allas ag sileadh díom** estaba empapado en sudor.
síl *vt, vi* pensar, considerar; tener la intención. **sílim go bhfuil dul amú ort** creo que te equivocas. **ní mar a shíltear a bhítear** las cosas no son lo que parecen. **má shíleann tú ar imeacht** si piensas irte.
sileacón *m1* silicona.
sileadh *m* gotera, derrame; caída.
síleáil *f3* techo; tabique.
siléar *m1* sótano.
siléig *f2* lentitud, dilación, dejadez.
sileog *f2* saliva.
silín¹ *m4* cereza. **silíní searbha** rencor, resentimiento, envidia.
silín² *m4* gotita, reguero; objeto pendiente.
silíneach *adj* de color cereza.
sill *vt, vi* mirar, echar un vistazo.
silleadh *m* mirada, ojeada.
sil-leagan *m1* depósito geológico.
silteach *adj* goteante; fluido; colgante, suelto. **duine silteach** derrochador.
silteán *m1* desagüe, canal; drenaje; riachuelo, quebrada, arroyo.
siméadrach *adj* simétrico.
siméadracht *f3* simetría.
simléar *m1* chimenea.
simpeansaí *m4* chimpancé.
simpleoir *m3* simplón; inocente.
simplí *adj* sencillo; ingenuo. **is féidir é sin a rá ar bhealach níos simplí** se puede decir de manera más fácil. **ní thuigim ach abairtí an-simplí** sólo entiendo frases muy sencillas.
simpligh *vt* simplificar.
simplíocht *f3* sencillez; ingenuidad, candidez.
simplíú *m* simplificación.
sin *pron dem adv* ese, esa, eso; esos, esas. **an bhean sin** esa mujer. **na crainn sin** esos árboles. **ná habair sin** no digas eso. **sin sin** ya está. **agus mar sin de** y así sucesivamente. **faoi sin** para entonces. **dá bhrí sin** por eso. **seachtain ó shin** hace una semana. **mar sin féin** sin embargo. **mar sin** por eso. **roimhe sin** antes de eso. **an méid sin** esa cantidad. **an oiread sin** tanto. **chuige sin** para eso. **sin é an buachaill a bhuaigh an duais** ese es el chico que ganó el premio.
sín *vt, vi* estirar; extender; alargar. **sín siar ar an leaba** tiéndete en la cama.
sinc *f2* cinc.
sinciarann *m1* hierro galvanizado.

sincigh *vt* galvanizar.
sine *f4* pezón, teta. **sine siain** úvula.
sineach *f2* mamífero.
Síneach *m1, adj* chino.
sínéad *m1* sello.
síneadh *m1* estiramiento; extensión; propina. **síneadh fada** acento escrito que indica vocal larga (´).
sineán *m1* papila.
síneas *m1* seno.
sinéidín *m4* máquina de hilar.
singil *adj* único; delgado; soltero. **saighdiúir singil** soldado raso.
singléad *m1* camiseta de tirantes.
sínigh *vt, vi* firmar; señalar. **dhiúltaigh sí an litir a shíniú** se negó a firmar la carta.
Sínis *f2* lengua china.
sínitheoir *m3* firmante.
síniú *m4* firma.
sinn *pron 1pl* nosotros, nos. **nach sinn a bhí amaideach!** ¡qué tontos fuimos! **Sinn Féin** (*partido político irlandés*) Nosotros Mismos.
sinne *pron enfático 1pl* nosotros. **ár gcuid sinne** nuestra porción.
sin-seanathair *m5* bisabuelo.
sin-seanmháthair *f5* bisabuela.
sinsear *m1* anciano; antepasado; categoría superior en deportes.
sinséar *m1* jengibre.
sinsearach I *m1* persona anciana; abuelo. **II** *adj* anciano; hereditario.
sinsearacht *f3* ancianidad; linaje.
sinseartha *adj* ancestral.
sínteach *adj* elástico, extensible; alargado; generoso.
sínteán *m1* camilla.
sínteánaí *m4* camillero.
sintéis *f2* síntesis.
sintéiseach *adj* sintético.
sintéisigh *vt* sintetizar.
sínteoireacht *f3* estiramiento. **sínteoireacht aimsire** dilación.
síntiús *m1* donación, suscripción.
síntiúsóir *m3* suscriptor.
síob *f2* paseo en coche. **thug mo dheartháir síob go dtí an t-aerfort dom** mi hermano me llevó al aeropuerto.
síobadh *m1* deriva. **síobadh sneachta** ventisca.
síobaire *m4* autoestopista.
síobhas *m1* cebollino.
sioc I *m3* escarcha. **tá sé ag cur seaca** está escarchando. **II** *vt, vi* helar; cuajar; fijar.
siocair *f5* causa; ocasión; pretexto.
siocaire *m4* achicoria.
siocán *m1* escarcha; sustancia congelada; persona helada.
síocanailís *f2* psicoanálisis.

siocánta *adj* escarchado, congelado.
siocdhó *m4* congelación.
siocdhóite *adj* congelado.
síocháin *f3* paz. **Garda Síochána** *cuerpo policial de la República de Irlanda.*
síochánachas *m1* pacifismo.
síochánaí *m4* pacifista.
síochánta *adj* pacífico, apacible. **rinne na cimí agóid shíochánta** los presos montaron una protesta pacífica.
siocóis *f2* psicosis.
siocúil *adj* escarchado.
síoda *m4* seda.
siodal *m1* insinuación, indirecta; pista.
síodúil *adj* sedoso; urbano, cortés.
siofón I *m1* sifón. **II** *vt, vi* sacar agua con sifón.
síofra *m4* duende; niño puesto por hadas en lugar de otro; niño precoz.
síofróg *f2* hada.
síofrógacht *f3* brujería, hechicería.
sióg *f2* hada.
síog *f2* raya; filón, veta. **II** *vt* rayar.
síogaí *m4* elfo, hada; cotilla.
síogaigh *vi* irse apagando, desvanecerse.
siogairlín I *m4* ornamento, colgante. **sogairlíní** *pl* flores péndulas.
siogairlíneach *adj* pendiente, adornado con borlas.
síol *m1* semilla; semen; prole, progenie. **síol cearbhais** carvis. **bain na síolta astu** quítales las semillas. **síol Ádhaimh** la raza humana. **síol Éabha** la raza humana.
síoladóir *m3* sembrador.
síoladóireacht *f3* siembra.
síolaicme *f4* raza.
síolaigh *vt, vi* sembrar.
síolbhach *m1* progenie, linaje.
síolchuir *vt, vi* propagar; sembrar.
síolchur *m1* propagación; propaganda.
siolla *m4* sílaba. **siolla ceoil** nota musical. **ar an dara siolla a leagtar an bhéim** el énfasis está en la segunda sílaba.
siollabadh *m* silabificación.
siollabas *m1* plan de estudios.
siollach *adj* silábico.
siollóg *f2* silogismo.
siollógach *adj* silogístico.
síolmhaireacht *f3* fertilidad.
síolmhar *adj* fértil, fructífero.
síológ *f2* planta de semillero.
siolp *vt, vi* chupar; ordeñar; desecar.
siolpaire *m4* mamón; lactante.
síolphlanda *m4* planta criada de semilla.
síolrach *m1* prole, progenie.
síolraigh *vt, vi* procrear, propagar. **ó Indiaigh ar shíolraíonn siad** descienden de indígenas.
síolraitheach *adj* prolífico.

siolrú

síolrú *m* propagación, reproducción; descendencia.
siolta *m4* sedimento, aluvión.
síolteagasc *m1* adoctrinamiento, propaganda.
siombail *f2* símbolo.
siombalach *adj* simbólico.
siombalachas *m1* simbolismo.
siombalaigh *vt* simbolizar.
siombóis *f2* simbiosis.
siompóisiam *m4* simposio.
síon *f2* mal tiempo.
sionad *m1* sínodo.
sionagóg *f2* sinagoga.
Sionainn *f2* **an tSionainn** río Shannon (*el río más largo de Irlanda*).
sionapsa *m4* sinapsis.
síonchaite *adj* deteriorado por la intemperie, curtido.
sioncrónaigh *vt* sincronizar.
sioncrónú *m* sincronización.
síondaite *adj* bronceado.
síondíonach *adj* impermeable.
siondróm *m1* síndrome.
sionnach *m1* zorro. **sionnach i gcraiceann na caorach** lobo con piel de cordero.
sionnachúil *adj* astuto.
síonra *m4* elementos metereológicos.
sionsa *m4* retraso.
sionsaigh *vi* retrasarse, remolonear.
siopa *m4* tienda. **siopa leabhar** librería. **siopa poitigéara** farmacia.
siopach *f2* entrometido, metomentodo.
siopadóir *m3* tendero; cliente.
siopadóireacht *f3* compras; ir de compras, comerciar, ir de tiendas, mercar. **is fuath liom an tsiopadóireacht** odio ir de compras. **ionad siopadóireachta** centro comercial.
siopalann *f2* centro comercial.
síor-[1] *pref* perpetuo, continuo.
síor[2] *adj* eterno, perpetuo; continuo. **de shíor** constantemente; para siempre.
sioráf *m1* jirafa.
síoraí *adj* eterno, perpetuo. **go síoraí** para siempre. **suaimhneas síoraí dá anam** que descanse en paz.
síoraigh *vt* perpetuar.
síoraíocht *f3* eternidad.
siorc *m3* tiburón.
síorghlas *adj* perenne.
síorghnách *adj* monótono.
síoróip *f2* jarabe.
siorradh *m1* ráfaga, corriente de aire.
siortaigh *vt, vi* escrudiñar; buscar; perseguir.
siortáil *vt, vi* maltratar.
síos *adv prep* bajo, hacia abajo; hacia el norte.
síos leat bájate. **thit sé síos an staighre** se cayó por las escaleras. **dul síos an tsráid** andar por la calle. **cur síos** descripción. **suígí síos le bhur dtoil!** ¡sentaos por favor! **luí síos** acostarse. **airgead síos** pago inicial.
siosa *m4* silbido.
siosach *m1, adj* sibilante.
siosarnach *f2* silbido; murmullo, susurro.
sioscadh *m* siseo; murmullo, susurro.
sioscadh cainte murmullo de voces.
siosma *m4* cisma, escisión; disensión, riña.
siosmach *m1, adj* cismático; disidente.
siosmaid *f2* sentido común.
siosúr *m1* tijeras.
siota *m4* ráfaga; arranque; movimiento rápido.
síothadóir *m3* pacifista.
síothaigh *vt* pacificar.
síothlaigh *vt, vi* filtrar; desaguar; apaciguarse; expirar.
síothlán *m1* colador, filtro, colandro.
síothlú *m* filtración; apaciguamiento; caducidad.
síothóilte *adj* asentado, apacible.
síothú *m* pacificación.
síothúil *adj* pacífico.
sip *f2* cremallera, cierre relámpago.
sípéir *m3* pastor; perro pastor. **madra sípéara** perro pastor.
síprisín *m4* crepe, panqueque.
siringe *f4* jeringa; lila.
sirriam *m4* alguacil.
sirtheach *adj* suplicante; insistente, pesado.
sirtheoir *m3* buscador; peticionario; mendigo; explorador.
sirtheoireacht *f3* búsqueda; súplica; exploración, prospección.
síscéal *m1* cuento de hadas.
sise *pron enfático* 3*sg fem* ella. **chuaigh mise go Ponce ach d'fhan sise i San Juan** yo fui a Ponce pero ella se quedó en San Juan.
siseal *m1* cincel, escoplo.
siséal I *m1* cincel. **II** *vt, vi* cincelar.
sistéal *m1* cisterna.
síth *f2* paz.
sítheach *adj* apacible, armonioso.
sitheadh *m1* ímpetu; embestida; descenso.
sithire *m1* entrometido, metomentodo.
siúcra *m4* azúcar.
siúcraigh *vt* azucarar.
siúcrúil *adj* azucarado.
siúd *pron pos de 3p adv* aquel, de él, de ellos, de ella, de ellas. **a leithéid siúd** los de su calaña. **a theach siúd** la casa de aquel hombre. **fág siúd mar atá sé** déjalo como está. **siúd leis** allá se fue. **siúd is go** aunque. **an leabhar siúd** el libro ese. **siúd a bhfuil páistí acu** los que tienen niños.

siúicrín

siúicrín *m4* sacarina.
siúil *vt, vi* andar, caminar; viajar. **shiúil mé níos tapa** caminé más rápido. **chaitheamar an tráthnóna ag siúil timpeall na cathrach** pasamos la tarde andando por la ciudad.
siúil *adj* propio de un hada o elfo.
siúinéir *m3* ensamblador; carpintero.
siúinéireacht *f3* ensamblaje; carpintería.
siúl *m1* paseo; movimiento; viaje. **lucht siúil** personas de vida itinerante. **maide siúl** bastón, caña. **ar siúl** en marcha. **cad atá ar siúl agat?** ¿qué estás haciendo? **scaoil chun siúl** liberar.
siúlach *adj* inclinado a viajar; que se mueve; veloz.
siúlóid *f2* paseo, vuelta; procesión.
siúlóir *m3* caminante; vagabundo.
siúnt *vt, vi* maniobrar, apartar.
siúnta *m4* juntura, costura; hendidura, grieta.
siúntaigh *vt* unir.
siúr *f5* título empleado por religiosas y enfermeras. **an tSiúr Máire** la hermana María.
siúráilte *adj* seguro, certero. **go siúráilte** ciertamente.
slaba *m4* cenagal; lodo, fango.
slabach *adj* embarrado, enlodado.
slabhra *m4* cadena. **slabhra bia** cadena alimenticia. **faoi shlabhra** encadenado.
slabhrúil *adj* catenular, en forma de cadena.
slabóg *f2* mujer sucia, desordenada.
slac *vt, vi* batear.
slacaí *m4* bateador.
slacán *m1* bate.
slacht *m3* pulcritud, orden.
slachtaigh *vt* ordenar; pulir.
slachtmhaireacht *f3* orden.
slachtmhar *adj* bien acabado, pulcro, ordenado.
slad I *m3* pillaje, saqueo; devastación. **II** *vt, vi* saquear, devastar.
sladaí *m4* saqueador.
sladaíocht *f3* saqueo, pillaje.
sladmhargadh *m1* ganga, rebajas, descuentos.
slaghdán *m1* resfriado. **tá slaghdán orm** tengo catarro. **slaghdán teaspaigh** fiebre del heno.
slaidh *vt* asesinar.
slaig *f2* escoria.
slaimice *m4* pedazo, trozo.
slaimiceáil *f3* desorden; engullida.
sláine *f4* integridad; salud.
sláinte *f4* salud; brindis. **tá togha na sláinte ag Ramón** Ramón goza de buena salud.
sláinteach *adj* higiénico.
sláinteachas *m1* higiene.

sleán

sláintíocht *f3* saneamiento.
sláintiúil *adj* saludable, sano.
slám[1] *m4* borla; puñado; cantidad. **slám ceo** cúmulo de niebla.
slám[2] *vt, vi* cardar.
slampar *m1* limo, cieno.
slán I *m1* persona sana; salud; despedida. **slán agat. slán libh** adiós. **slán go fóill** hasta luego. **II** *adj* sano; completo, intacto, tháinig sé slán as an timpiste sobrevivió el accidente.
slánaigh *vt, vi* sanar; salvar; indemnizar; completar; cumplir años. **aois áirithe a shlánú** alcanzar cierta edad. **shlánaigh sé é féin** alcanzó la salvación. **slánaigh an ciorcal** complete el círculo.
slánaíocht *f3* indemnización, garantía.
slánaitheoir *m3 adj* redentor, salvador.
slándáil *f3* seguridad. **crios slandála** cinturón de seguridad.
slánú *m4* salvación; cura; indemnización; placenta.
slánuimhir *f5* integral.
slaod I *m3* capa; balsa. **II** *vt, vi* segar; derribar.
slaodacht *f3* viscosidad.
slaon *vt* cardar.
slapach *adj* descuidado, desaliñado.
slapar *m1* vestimenta holgada.
slaparnach *f2* salpicadura, chapoteo.
slat *f2* vara, caña; yarda; pene. **slat tomhais** criterio. **slat draíochta** varita mágica. **slat droma** espina dorsal. **slat iascaireachta** caña de pescar. **céad slat uaim** a cien yardas de mí.
slatbhalla *m4* parapeto.
sláthach *m1* cieno, limo.
sleá *f4* lanza, jabalina.
sleabhac I *m1* encorvamiento; impotencia sexual; alga marina. **II** *vi* inclinarse; caer; marchitarse.
sléacht[1] *m3* masacre, destrucción, matanza.
sléacht[2] *vi* arrodillarse, postrarse, inclinarse.
sléachtadh *m* genuflexión.
sleádóir *m3* lancero; cortador de turba.
sleáigh *vt* arponear; aguijonear, pinchar.
sleamchúis *f2* remisión, negligencia.
sleamchúiseach *adj* remiso, negligente.
sleamhain *adj* liso; resbaladizo; malicioso.
sleamhnaigh *vt, vi* deslizarse, resbalar; alisar.
sleamhnán[1] *m1* deslizamiento; rampa, tobogán; diapositiva; especie de melodía tradicional.
sleamhnán[2] *m1* orzuelo.
sleamhnóg *f2* semivocal; semiconsonante.
sleán *m1* terrón de césped; pala para cortar turba.

sleasach *adj* lateral; con muchos lados, **tríshleasach** triangular.
sleasán *m1* faceta.
sléibhín *m4* gaviota de cabeza negra.
sléibhteánach *m1* habitante de las montañas.
sléibhteoir *m3* montañero.
sléibhteoireacht *f3* montañismo, alpinismo.
sléibhtiúil *adj* montañoso.
slí *f4* camino; dirección; espacio, capacidad. **slí bheatha** ocupación, profesión. **ar aon slí** en cualquier caso. **géill slí** ceda el paso. **tá slí do chúigear sa charr** caben cinco personas en el coche. **ar shlí** en cierto modo. **as an tslí** incorrecto. **sa tslí go** de modo que.
sliabh *m2* montaña; páramo; monte. **fásann fraoch ar na sléibhte** el brezo crece en los páramos. **cad é an sliabh is airde sa Spáinn?** ¿cuál es la montaña más alta de España? **amharc sléibhe** vista de las montañas.
sliabhraon *m1* cordillera.
sliasaid *f2* muslo; costado; alféizar.
slíbhín *m4* persona hipócrita.
slíbhíneacht *f3* malicia, astucia.
slibrí *adj* dejado, abandonado.
slige *m4* concha; tejoleta.
sligh *vt, vi* cortar.
sligreach I *f2* conchas; fragmentos. **II** *adj* lleno de conchas.
slinn *f2* pizarra; azulejo; teja. **fiú is slinn amháin níor chailleamar de dheasca na stoirme** no perdimos ni una pizarra en la tormenta.
slinneán *m1* omóplato.
slinneánach *adj* ancho de espaldas.
slíob *vt, vi* frotar; alisar, pulir.
slíobach *adj* liso, pulido.
slíoc *vt, vi* alisar, frotar suavemente; acariciar.
sliocht *m3* prole; pasaje, extracto. **ba de shliocht Sasanach é** era de origen inglés. **léigh sé sliocht as an leabhar** leyó un extracto del libro. **sliocht as litir Naomh Pól** lectura de la carta del apóstol San Pablo. **sleachta tofa as scríbhinní an Phiarsaigh** extractos seleccionados de las obras de (Pádraig) Pearse.
slíoctha *adj* lustroso; verosímil.
slíodóir *m3* persona astuta, bribón.
slíodóireacht *f3* astucia.
sliogán *m1* concha; marisco; casquillo; proyectil, bomba. **sliogán crústaigh** crustáceo.
sliogánach *adj* desconchado.
slíogart *m1* piedra pómez.
sliogiasc *m1* marisco.

slíom *vt, vi* alisar, pulir.
slíomadóir *m3* lisonjero, adulador.
slíomadóireacht *f3* melosidad, lisonja.
slíománta *adj* halagador.
slíomóg *f2* mujer elegante.
sliop *vt, vi* arrebatar.
sliopach *adj* torpe.
sliopánta *adj* descuidado.
slios *m3* lado, costado; inclinación; franja.
sliosamharc *m1* perfil.
sliospholl *m1* portilla.
sliotán *m1* ranura.
sliotar *m1* pelota pequeña empleada en el *iománaíocht*.
slipéar *m1* pantufla.
slis *f2* astilla, raspadura; loncha; listón, tajada.
slisín *m4* loncha de beicon, tajada de pan.
slisne *m4* corte, sección.
slisneach *m1* astillas, raspaduras; lonchas.
slisneoir *m3* rebanador.
slítheánta *adj* astuto, zalamero, rastrero; avispado.
slítheántacht *f3* astucia.
slíúil *adj* ahorrador.
slóbairt *f* apetito voraz.
sloc *m1* hoyo, pozo; ranura; cavidad.
slocach *adj* surcado.
slocán *m1* enchufe.
slócht I *m3* ronquera. **II** *vt, vi* enronquecer.
slóchtach *adj* ronco.
slog *vt, vi* tragar; engullir. **bain slog as mbuidéal seo** toma un trago de esta botella.
slóg *vt, vi* movilizar.
slogadh *m* trago.
slógadh *m1* movilización, reunión.
slogaide *f4* gollete, parte superior de la garganta.
slogóg *f2* trago, succión.
sloigisc *f2* chusma; gentío.
sloinn *vt* decir, expresar; nombrar; apellidar.
sloinne *m4* apellido. **ainm agus sloinne** nombre y apellido. **cén sloinne atá ort?** ¿cuál es su apellido?
sloinnteoir *m3* genealogista.
sloit *f2* mecha.
slonn *m1* expresión matemática.
slua *m4* multitud, muchedumbre; hueste, ejército. **bhí na sluaite ar na sráideanna tar éis an chluiche** había multitudes por las calles después del partido. **an slua sí** las hadas.
sluaíocht *f3* expedición.
sluaisteáil *vt, vi* cavar; vaciar.
sluaistrigh *vt, vi* enterrar.
sluasaid *f2* pala; palada.
slúiste *m4* perezoso, vago.

sluma *m4* poblado de chabolas, comuna, villa miseria.
slúpa *m4* balandro, velero ligero.
slusaí *m4* hipócrita; adulador.
smacht *m3* control, disciplina. **níl smacht aige air féin** no se puede controlar. **coinnigh smacht ar do pháistí** controle a sus hijos.
smachtaí *m4* ordenancista, rigorista.
smachtaigh *vt* controlar, dominar; disciplinar.
smachtbhanna *m4* sanción, embargo.
smachtín *m4* porra.
smachtúil *adj* dominante, disciplinario; represivo.
smachtúlacht *f3* despotismo.
smailc I *f2* bocado; bocanada. **II** *vt, vi* engullir; hincharse.
smailleac *f2* manotada.
smaiste *m4* placenta de animal.
smál *m1* mancha, tizne; nube. **Muire gan Smál** María Inmaculada.
smálaigh *vt* empañar, manchar.
smaoineamh *m1* pensamiento, idea, **is maith an smaoineamh é sin** es una buena idea.
smaoinigh *vt, vi* pensar, considerar; recordar, **bhí mé ag smaoineamh ort** estaba pensando en tí.
smaointeach *adj* pensativo, meditabundo.
smaointeoir *m3* pensador.
smaointeoireacht *f3* acto de pensar, reflexionar.
smaois *f2* hocico; mocos.
smaoiseach *adj* mocoso.
smaoisíl *f3* lloriqueo.
smaragaid *f2* esmeralda.
smeach I *m3* chasquido; lametón; boqueada. **II** *vt, vi* chasquear; lamer; boquear.
smeachaíl *f3* chasquido.
smeachán *m1* pizca, pequeña cantidad.
smeachóid *f2* ascua.
smeadar *m1* mancha; pasta; tintura.
smeadráil *vt* manchar; untar.
smeámh *m1* aliento, bocanada de aire.
smear *vt* tiznar; pringar, engrasar. **smeartha** emborronado, borrosa. **d'aimsigh na bleachtairí méarlorg smeartha ar an ngunna** los detectives encontraron una huella dactilar borrosa en la pistola.
sméar *f2* mora.
smearadh *m1* mancha, pringue; betún; tinte.
sméardhris *f2* zarzamora.
smeareolas *m1* nociones.
sméaróid *f2* ascua. **sméaróid chéille** pizca de sentido común.
sméid *vt, vi* guiñar, hacer señas con la cabeza; señalar.

sméideadh *m* guiño, seña.
smid *f2* aliento, bocanada; palabra. **ná habair smid faoi** no digas nada sobre eso.
smideadh *m1* maquillaje.
smidiríní *spl* añicos, trizas.
smig *f2* barbilla, mentón.
smiog *vi* morir, fallecer.
smionagar *m1* astillas, fragmentos.
smior *m3* tuétano, médula; quinta esencia.
smiot *vt* golpear; cortar; picar.
smiota *s* **smiota gáire** risita.
smíst *vt* golpear, dar una paliza.
smíste *m4* mano de mortero; garrote; golpe fuerte. **smíste a dhéanamh de dhuine** abatir a una persona.
smitín *m4* golpe seco.
smoirt *f2* moho.
smol I *f3* marchitamiento, decaimiento. **II** *vt, vi* marchitarse. **tá na prátaí ag smoladh** hay una plaga en las patatas.
smól *m1* ascua; objeto chamuscado. **rinneadh smól den teach** la casa se quemó.
smólach *m1* tordo.
smolachán *m1* polluelo.
smolchaite *adj* raído, andrajoso; humeante.
smúdáil *vt, vi* planchar.
smúdar *m1* polvo, tierra. **smúdar guail** cisco. **smúdar móna** polvo de turba.
smuga *m4* mucosidad; moco.
smugach *adj* mocoso.
smugachán *m1* persona despreciable.
smugacht *f3* mucosidad.
smugairle *m4* gargajo. **smugairle róin** medusa.
smuigleáil *vt, vi* hacer contrabando.
smuigléir *m3* contrabandista.
smuigléireacht *f3* contrabando.
smuilc *f2* morro; jeta.
smuilceach *adj* áspero, rudo; arisco.
smúiríneach *m1* metomentodo, entrometido.
smúit *f2* depresión; humo; tiniebla; polvo.
smúiteán *m1* nube de humo o polvo; tizne; mancha.
smúitigh *vt, vi* oscurecer, ensombrecer.
smúitiúil *adj* humeante; neblinoso; lóbrego; opresivo.
smúr[1] *vt, vi* ceniza, polvo, hollín; tizón.
smúr[2] *vt, vi* olfatear.
smúrach *adj* polvoriento, tiznado.
smúránta *adj* neblinoso, brumoso.
smúrthacht *f3* husmeo, olfateo.
smúsach *m1* tuétano; miga; pulpa; puré.
smut I *m1* fragmento, pedazo; expresión malhumorada. **tá smut den cheart agat** tienes algo de razón. **II** *vt* truncar, acortar.
smutach *adj* rechoncho; bajo; arisco.
smután *m1* tocón; trozo de madera.

sna *forma compuesta de prep con pl. del artículo* en los, en las. **sna tríochaidí** en los años treinta.
snab *m3* tocón.
snag[1] *m3* bocanada; hipo.
snag[2] *m3* **snag darach** pájaro carpintero. **snag breac** urraca.
snagach *adj* boqueante; sollozante; con hipo.
snagaireacht *f3* boqueo; sollozo; tartamudeo; hipo.
snagbhanna *m4* grupo de jazz.
snagcheol *m1* jazz.
snaidhm I *f2* nudo; atadura; vínculo. **II** *vt, vi* anudar; atar, entrelazar.
snáith *vt* sorber; saborear, paladear.
snáithe *m4* hilo; punto; grano; fibra; cuerda.
snáithe an droma médula espinal.
snáitheach *adj* graneado; fibroso.
snáithín *m4* filamento; fibra.
snáithíneach *adj* fibroso, hebroso.
snamh I *m1* corteza; piel. **II** *vt, vi* descortezar, pelar.
snámh I *m3* natación; brazada; calado; arrastre. **an bhfuil snámh agat?** ¿sabes nadar? **ar snámh** flotando. **linn snámha** piscina. **culaith snámha** traje de baño. **II** *vi* nadar; flotar; arrastrarse. **snámh in aghaidh easa** ir contracorriente.
snámhach *adj* flotante, boyante; corriente.
snámhacht *f3* flotación.
snámhaí *m4* haragán, bribón.
snámhaíocht *f3* arrastre.
snámhán *m1* cuerpo flotante, corcho.
snámhóir *m3* nadador.
snámhraic *f2* restos de un naufragio.
snaoisín *m4* rapé.
snap I *m4* chasquido; tirón; corto lapso de tiempo. **II** *vt, vi* atrapar, coger.
snas *m3* lustre, buena apariencia; acento; ceceo. **ba mhaith leo snas a chur ar a gcuid Gaeilge** les gustaría pulir su dominio del irlandés. **snas béil** brillo de labios, labial. **tá snas ar a theanga** habla un poco raro.
snasaigh *vt* pulir.
snasán *m1* lustre, betún.
snaschraiceann *m1* chapa; barniz.
snasleathar *m1* charol.
snasta *adj* brillante, lustroso.
snastacht *f3* brillantez.
snáth *m3* hilo, hilaza.
snáthadh *m1* sorbo.
snáthadán *m1* aguja para redes; típula.
snáthaid *f2* aguja; indicador. **snáthaid mhór** libélula. **snáthaid an phúca** típula. **ná húsáid snáthaid atá cam nó maol** no uses una aguja que esté torcida o roma.

snáthaidpholladh *m* acupuntura.
snáthghloine *f4* fibra de vidrio.
sneachta *m4* nieve. **ag cur sneachta** nevando. **calóg shneachta** copo de nieve. **cloch shneachta** granizo. **maidhm shneachta** avalancha de nieve. **plúirín sneachta** campanilla de febrero.
sneachtúil *adj* blanco como la nieve, níveo.
sneagaire *m4* persona refunfuñona, regañón.
sní *f4* corriente; vertido.
snigh *vi* vertir; fluir; filtrarse; arrastrarse.
sniodh *f* liendre. **sneá** *pl.* liendres.
sniog *f2* gota *vt* ordeñar; desecar.
sníomh *m3* **I** hila; retorcedura; ansiedad. **II** *vt, vi* hilar; retorcer; tensar.
sníomhaí *m4* hilandero.
sníomhaire *m4* huso.
snítheach *adj* fluente, corriente.
snoí *m4* talla; refinamiento; extenuación.
snoigh *vt, vi* cortar; trinchar; tallar; refinar; agotarse.
snoíodóir *m3* cortador, tallador, escultor.
snoíodóireacht *f3* corte; talla, escultura.
snoite *adj* demacrado.
snoiteacht *f3* limpieza, refinamiento; demacración.
snua *m4* complexión; color; tez.
snuaphúdar *m1* polvos de maquillaje.
snua-ungadh *m1* crema facial.
snúda *m4* cinta; redecilla.
snúúil *adj* de buena complexión; de aspecto saludable.
so- *pref* fácil de; bueno.
só *m4* comodidad; disfrute; lujo; prosperidad.
so-adhainte *adj* inflamable.
so-aimsithe *adj* fácil; accesible.
so-aitheanta *adj* reconocible.
so-athraithe *adj* ajustable, graduable.
sobal *m1* espuma; enjabonadura.
sobalchlár *m1* telenovela.
sobhéasach *adj* educado.
so-bhlasta *adj* sabroso.
sobhogtha *adj* sensible; móvil; flexible.
sobhriste *adj* frágil, quebradizo.
sóbráilte *adj* sobrio.
soc *m1* nariz; hocico. **soc céachta** reja de arado.
sócad *m1* enchufe.
socadán *m1* entrometido.
socair *adj* tranquilo, calmado, quieto; estable. **fan socair** quédate quieto.
sócamas *m1* confites, golosinas.
sóch *adj* cómodo; lujoso.
sochaí *f4* sociedad; comunidad.
sochaideartha *adj* tratable, sociable.
sochar *m1* beneficio, ganancia; ventaja; producto; crédito. **sochar agus dochar** ganancias y pérdidas. **bain sochar as**

sóchas

aprovechar. **sochar leanaí** pensión para los niños.
sóchas *m1* comodidad, placer.
socheansaithe *adj* dócil.
socheolaí *m4* sociólogo.
socheolaíoch *adj* sociológico.
socheolaíocht *f3* sociología.
sochma *adj* blando, bonachón; plácido.
sochomhairleach *adj* dócil.
sochorraithe *adj* impresionable, excitable.
sochrach *adj* beneficioso, ventajoso; aprovechable.
sochraid *f2* funeral, cortejo, entierro.
sochraideach *m1* asistente a un funeral.
sochreidte *adj* creíble, verosímil.
socht *vt, vi* callarse; reprimir.
sochtheangeolaíocht *f3* sociolingüística.
sochtóir *m3* supresor.
sócmhainn *f2* haberes, posesión, bienes.
sócmhainneach *adj* solvente.
sócmhainneacht *f3* solvencia.
socracht *f3* tranquilidad, calma; descanso.
socraigh *vt, vi* asentarse; calmarse; decidir; arreglar. **shocraigh siad síos i La Paz** se establecieron en La Paz. **shocraigh Máire ar dhul go Corcaigh** Máire decidió ir a Cork. **socraigh do chuid gruaige** arréglate el pelo.
socraíocht *f3* acuerdo. convenio.
socraithe *adj* decidido, acordado. **an bhfuil aon rud socraithe agat?** ¿has decidido algo?
socránta *adj* plácido.
socrú *m* acuerdo, arreglo, solución. **ní rabhamar in ann teacht ar socrú** no pudimos llegar a un acuerdo.
sócúl *m1* comodidad.
sócúlach *adj* cómodo.
sodamacht *f3* sodomía.
sodar *m1* trote. **ag sodar** al trote.
sodhéanta *adj* practicable, factible, hacedero.
sodhearfa *adj* demostrable.
sodhíolta *adj* vendible, en demanda.
sodóg *f2* pastel de soda; mujer regordeta.
sofaist *m* sofista.
sofaisticiúil *adj* sofisticado.
sofheicthe *adj* visible; manifiesto, obvio.
sofhriotal *m1* eufemismo.
sofhriotlach *adj* eufemístico.
sofhulaingthe *adj* soportable, sufrible.
soghlactha *adj* aceptable.
soghluaiste *adj* móvil; accesible; receptivo. **guthán soghluaiste** teléfono móvil. **airgead soghluaiste** dinero fresco
soghluaisteacht *f3* movilidad; accesibilidad; receptividad.
soghonta *adj* vulnerable.
soghontacht *f3* vulnerabilidad.

soibealta *adj* impúdico, descarado.
soicéad *m1* enchufe.
soicind *m4* segundo.
soidhir *f2* celo.
sóid *f2* soda.
sóidiam *m4* sodio.
soighe *m4* soja. **anlann soighe** salsa de soja.
soilbhir *adj* agradable; alegre; bien hablado.
soilbhreas *m1* agrado; alegría, gozo.
soiléir *adj* nítido, claro, evidente. **an bhfuil sé sin soiléir?** ¿está claro? **níl an dlí róshoiléir sna cásanna seo** la ley no es demasiado clara en estos casos.
soiléireacht *f3* nitidez, claridad; obviedad. **tar chun soiléireachta** aclararse.
soiléirigh *vt* aclarar; manifestar.
soiléirse *f4* axioma.
soiléiriú *m4* aclaración.
soilíos *m1* satisfacción, placer; tranquilidad; beneficio.
soilíosach *adj* servicial.
soilire *m4* apio.
soilse *f4* luz; resplandor. **a Shoilse** su Excelencia.
soilseach *adj* reluciente.
soilseán *m1* luz, tea.
soilsigh *vt, vi* brillar; iluminar, alumbrar; revelar.
soilsiú *m4* iluminación, alumbrado.
soinéad *m1* soneto.
soineann *f2* calma, buen tiempo; serenidad.
soineanta *adj* tranquilo, bueno; agradable.
soineantacht *f3* inocencia.
soinmheach *adj* próspero.
soinnigh *vt* presionar.
sóinseáil I *f3* cambio, vuelta. II *vt, vi* cambiar.
so-iompair *adj* portátil.
soiprigh *vt* abrigarse, acurrucarse.
soir *adv prep* hacia el este. **chomh fada soir le Mallorca** tan hacia el este como Mallorca. **soir siar** de un lado a otro.
soirbéad *m1* sorbete.
soirbhigh *vt, vi* facilitar; prosperar.
soirbhíoch *m1* optimista.
soirbhíochas *m1* optimismo.
soiriáis *f2* psoriasis.
soiscéal *m1* evangelio. **an soiscéal de réir Eoin Naofa** el evangelio según San Juan.
soiscéalach *adj* evangélico.
soiscéalaí *m4* evangelista; predicador.
soiscéalaigh *vt, vi* predicar.
sóisear *m1* menor.
sóisearach *adj* juvenil. **craobh sóisearach** campeonato juvenil.
sóisialach *adj* socialista; social. **An Roinn Gnóthaí Sóisialacha agus Teaghlaigh** el Ministerio de Asuntos Sociales.

sóisialachas *m1* socialismo.
sóisialta *adj* social. **stair shóisialta na cathrach** la historia social de la ciudad.
realaíochas sóisialta realismo social.
oibrí sóisialta trabajador social.
soith *f2* perra.
soitheach *m1* vasija, recipiente; plato; barco.
sól *m1* lenguado.
sola *m* presagio, augurio.
solabhartha *adj* afable; elocuente.
solad *m1* sólido.
soladaigh *vt, vi* solidificar.
soláimhsithe *adj* fácil de manejar.
sólaisteoir *m3* repostero.
sólaistí *f2* manjares.
solamar *m1* **solamar bia** comida sabrosa.
solamarach *adj* rico, delicioso, sabroso.
solámhach *adj* diestro, hábil.
solaoid *f2* ilustración, ejemplo.
solas *m1* luz; lámpara. **solas na gréine** la luz del sol. **solas an lae** la luz del día. **d'iarr sé solas orm** me pidió fuego. **tá sé ag dul ó sholas** está oscureciendo. **fan amach as mo sholas** no me quites la luz. **tabhair chun solais** revelar. **teacht chun solais** salir a la luz. **solas na bhFlaitheas dá hanam** que descanse en paz.
sólás *m1* consuelo; alivio.
sólásach *adj* reconfortante. cómodo.
sólásaigh *vt* consolar.
solasbhliain *f3* año luz. **is tomhas achair í solasbhliain, ní am** el año luz es una medida de distancia, no de tiempo.
solasmhar *adj* resplandeciente, claro.
so-lasta *adj* inflamable.
solathach *adj* venial.
soláthair *vt, vi* proveer, abastecer. **is é an comhlacht seo a sholáthraíonn leath dá gceannaítear go náisiúnta** esta compañía abastece la mitad del mercado nacional.
soláthar *m1* colección; abastecimiento, provisión. **soláthar maith calciam ínár n-aiste bia** una buena fuente de calcio en nuestra dieta. **Bord Soláthair an Leictreachais** *compañía nacional de electricidad.*
soláthraí *m4* proveedor; persona industriosa.
soléirithe *adj* demostrable.
soléite *adj* legible.
soleonta *adj* vulnerable.
sólfá *m4* solfa, sistema de notación musical.
sollúnaigh *vt* solemnizar, celebrar.
sollúnta *adj* solemne.
sollúntacht *f3* solemnidad.
solúbtha *adj* flexible, adaptable.
so-mharfacht *f3* mortalidad.

sómas *m1* tranquilidad, comodidad.
sómasach *adj* tranquilo, cómodo, relajado.
sómhar *adj* cómodo, lujoso.
somheanmnach *adj* de buen humor, alegre.
somhúinte *adj* fácilmente adiestrable, dócil.
son *s* **ar son** a beneficio de, por, a favor de. **guígí ar mo shon** rezad por mí. **an bhfuil tú ar a shon nó ina choinne?** ¿estás a favor o en contra? **ar son na cúise** por la causa. **ar a shon** aunque. **ar a shon sin is uile** no obstante.
sona *adj* feliz, afortunado. **ba iad siúd na laethanta ba shona dá shaol** aquellos fueron los días más felices de su vida. **is fearr sona ná saibhir** mejor ser feliz que rico.
sonach *adj* sónico.
sonáid *f2* sonata.
sonas *m1* felicidad; buena suerte. **rugadh an sonas leis** tenía una personalidad alegre. **sonas ort** gracias.
sonasach *adj* feliz; afortunado.
sonc *m4* empujón, codazo.
soncáil *vt, vi* empujar.
sonda *adj* sonoro.
sondáil *vt, vi* sonar.
sondas *m1* sonoridad.
sonite *adj* lavable.
sonnach *m1* empalizada, vallado.
sonóg *f2* mascota.
sonra *m4* característica; detalle; apariencia. **próiseáil sonraí** proceso de datos. **bunachar sonraí** base de datos.
sonrach *adj* particular, específico.
sonraigh *vt, vi* particularizar; especificar, detallar.
sonraíoch *adj* destacado; peculiar; especial.
sonraíocht *f3* especificación; peculiaridad.
sonrasc *m1* factura.
sonrú *m4* especificación; atención, percepción.
sonuachar *m1* buen esposo.
so-oibrithe *adj* factible, viable; fácil de usar.
so-ólta *adj* potable.
sop *m1* brizna, pequeño manojo; lecho de paja.
soprán *m1* soprano.
sophléasctha *adj* explosivo.
sor *m1* garrapata.
so-ranna *adj* sociable, amigable.
sorcas *m1* circo.
sorcha **I** *f4* resplandor. **II** *adj* resplandeciente; alegre.
sorchaigh *vt* alumbrar, iluminar.
sorcóir *m3* cilindro.
sorn *m1* horno.
sornóg *f2* hornillo.
soroinnte *adj* divisible.

sórt I *m1* tipo, clase; variedad. **is scríbhneoir de shórt éigin a dheartháir** su hermano es una especie de escritor. **comhartha sóirt** rasgo distintivo; síntomas. **II** *adv* algo, un poco. **tá sé sin sórt aisteach** es un poco raro.
sórtáil *vt, vi* clasificar.
sortálaí *m4* clasificador.
sos *m3* pausa, intervalo; tregua. **sos cogaidh** tregua. **sos lámhaigh, sos comhraic** alto el fuego. **sos a ghlacadh** tomarse un descanso.
soshínte *adj* elástico.
sotaire *m4* niñato, mocoso.
sotal *m1* arrogancia; impertinencia, **a leithéid de shotal!** ¡semejante impertinencia!
sotalach *adj* arrogante, impertinente.
sotar *m1* setter, raza de perro.
sothuigthe *adj* comprensible, simple.
sóúil *adj* cómodo; lujoso; delicioso.
spá *m4* balneario.
spád *f2* azada.
spadach *adj* pesado y húmedo.
spadal *m1* pala; espátula.
spadalach *m1* sustancia mojada.
spadánta *adj* perezoso, letárgico.
spadchos *f2* pies planos.
spadhar *m1* arrebato. **bhuail spadhar é** se apasionó.
spadhrúil *adj* temperamental.
spág *f2* pie grande, patón.
spaga *m4* saquito, monedero.
spágach *adj* de pies planos, desmañado, torpe.
spágáil *vt* andar arrastrando los pies.
spaic *f2* palo curvo.
spaigití *m4* espaguetis.
spailp *f2* periodo de tiempo; turno, vez.
spailpín *m4* jornalero.
Spáinn *f2* **an Spáinn** España. **ar fud na Spáinne** por España.
Spáinneach *adj m1* español. **is nós le mic léinn Spáinneacha teacht go hÉirinn chun Béarla a fhoghlaim** vienen estudiantes españoles a Irlanda para aprender inglés.
spáinnéar *m1* spaniel.
Spáinnis *f2* lengua española. **Spáinnis Mheiriceá** el español de las Américas.
spairn I *f2* pelea, riña. **II** *vt, vi* pelear, reñir. **dul chun spairne** pelearse.
spairt *f2* terrón húmedo; cosa mojada; cuerpo inerte; coágulo.
spaisteoir *m3* paseante.
spaisteoireacht *f3* paseo, callejeo. **áit spaisteoireachta** paseo.
spall *vt, vi* chamuscar, requemar.

spalla *m4* desconchón; astilla; rebanada, tajada.
spalladh *m* quemadura; sequedad, sequía.
spalladh náire vergüenza profunda.
spallaíocht *f3* flirteo, coqueteo; **spallaíocht léinn** nociones.
spalp *vt, vi* reventar; derramar. **bhí an ghrian ag spalpadh anuas** el sol brillaba muy fuerte. **bhí sé ag spalpadh bréag** estaba soltando mentiras.
spalpadh *m* reventón, erupción; emanación.
spalptha *adj* requemado.
spalpas *m1* vergüenza.
spang *f2* paroxismo, acceso violento.
spangach *adj* irregular; caprichoso.
spanla *m4* espinilla.
spáráil I *f3* economía, frugalidad. **II** *vt, vi* economizar, **an bhfuil aon airgead le spáráil agat?** ¿me puedes prestar algo de dinero?
spárálach *adj* escaso, frugal.
sparán *m1* monedero.
sparánacht *f3* beca; tesorería.
sparánaí *m4* becario; tesorero.
sparra *m4* palo, barra; pincho; barrera.
spártha *adj* sobrante.
spás *m1* espacio; sitio; intervalo de tiempo; periodo de gracia. **fág spás ag na damhsóirí** deja pasar a los bailarines, **culaith spáis** traje espacial.
spásáil I *f3* espaciamiento. **II** *vt* espaciar.
spásaire *m4* astronauta.
spásárthach *m1* nave espacial.
spáslong *f2* nave espacial.
spasmach *m1, adj* espástico, espasmódico.
spásmhar *adj* espacioso.
spaspas *m1* espasmo, convulsión.
speabhraíd *f2* alucinación, ilusión, desvarío.
speach I *f2* coz; retroceso. **II** *vi* cocear; retroceder.
spéacla *m4* **spéaclaí** *pl* gafas, anteojos.
spéacláireach *adj* especulativo.
spéacláireacht *f3* especulación.
speal I *f2* guadaña. **II** *vt, vi* segar; esparcir; demacrarse; declinar.
spealadóir *m3* segador.
speanc *f2* acantilado.
speansa *m4* despensa.
speansas *m1* gastos.
speic *f2* inclinación; mirada de soslayo.
speiceas *m1* especie.
spéicéir *m3* celestina, casamentera, alcahueta.
speictreach *adj* espectral.
speictreagraf *m1* espectrógrafo.
speictream *m1* espectro.
speir *f2* corva, espinilla.

spéir *f2* cielo; aire; brillo. **amuigh faoin spéir** al aire libre. **mol go hard na spéire** alabar excesivamente. **íor na spéire** horizonte. **spéir dhorcha an gheimridh** el cielo oscuro del invierno. **teach spéire** rascacielos. **cad faoin spéir atá ort?** ¿qué diablos te pasa?
spéirbhean *f5* mujer bella.
spéirbhruinneall *f2* muchacha guapa.
spéireata *m4* espada. **spéireataí** *pl* alucinaciones.
spéirghealach *f2* noche estrellada.
spéirghlan *adj* despejado.
spéiriúil *adj* amplio; claro; alegre; bello.
spéirléas *m1* claraboya, tragaluz.
spéirling *f2* tormenta; violencia; disputa.
spéirlint *f2* anguila.
speirm *f2* semen, esperma.
spéis *f2* interés; afecto. **an bhfuil spéis agat sa pholaitíocht?** ¿te interesa la política? **níl morán spéise agam ann** no me interesa demasiado. **is díol spéise go es** interesante que. **spéis a chur i** interesarse por algo.
speisialaigh *vt, vi* especializarse.
speisialta *adj* especial. **tá aíonna speisialta sa stiúideo linn anocht** tenemos invitados especiales en el estudio esta noche.
speisialtacht *f3* especialidad.
speisialtóir *m3* especialista.
spéisealtóireacht *f3* especialización. **rinne sé spéisealtóireacht ar an eolaíocht** se especializó en ciencias.
spéisiúil *adj* bonito, atractivo; interesante.
spiacánach *adj* dentado; puntiagudo.
spiagaí *adj* llamativo; chillón.
spiaire *m4* espía; delator.
spiaireacht *f3* espionaje.
spiara *m4* diafragma.
spíce *m4* punta, clavo, pincho; cresta. **spíce solais** rayo de luz.
spíceach *adj* erizado.
spíd *f2* difamación, calumnia.
spidéal *m1* hospital.
spideog *f2* petirrojo.
spídigh *vt* ultrajar, difamar.
spídiúchán *m1* difamación; menosprecio; insulto.
spídiúil *adj* difamatorio; insultante.
spiléireacht *f3* pesca de arrastre.
spinéar *m1* carrete de pesca.
spiogóid *f2* espita, grifo.
spíon[1] *f2* espina.
spíon[2] *vt, vi* cardar, peinar; examinar minuciosamenete; gastar, agotar.
spíonach *adj* espinoso.
spionáiste *m4* espinaca.
spíonán *m1* grosella.

spíonlach *m1* espinas. **spíonlach giúise** agujas de pino.
spionn *vt* animar.
spionnadh *m1* vigor; animación.
spionnúil *adj* vigoroso, fuerte.
spiora *m4* saliente afilado; rama delgada.
spiorad *m1* espíritu; valor; moral. **an Spiorad Naomh** el Espíritu Santo.
spiorad na linne el espíritu de la época.
spioradachas *m1* espiritismo; espiritualismo.
spioradálta *adj* espiritual. **cúrsa spioradálta** retiro espiritual.
spioradáltacht *f3* espiritualidad.
spioradúil *adj* animoso, valiente.
spióróg *f2* gavilán.
spíosra *m4* especias, condimento.
spíosrach *adj* condimentado con especias; aromático.
spíosraigh *vt* sazonar.
spitheog *f2* copo de nieve.
spladhas *m1* empalme.
spladhsáil *vt* empalmar.
splanc *f2* destello, chispa. **níl splanc chéille aige** carece de sentido común, no tiene dos dedos de frente *vi* destellar; brillar.
splancúil *adj* chispeante.
spleách *adj* dependiente, subordinado; solícito.
spleáchadh *m1* mirada, ojeada.
spleáchas *m1* dependencia, subordinación; halago.
spleodar *m1* alegría, vivacidad; exuberancia.
spleodrach *adj* alegre, vivaz; exuberante.
splín *f2* bazo.
splinc *f2* pináculo, cumbre.
splinceáil *f3* acto de escudriñar.
splíontaíocht *f3* maltrato; penalidad.
spliota *m4* astilla.
spóca *m4* radio de rueda.
spoch *vt, vi* castrar; expurgar. **ag spochadh** tomando el pelo.
spochán *m1* buche.
spól *m1* bobina, carrete.
spóla *m4* cuarto de carne.
sponc *m1* espíritu, coraje; fárfara.
sponcach *adj* inflamable.
sponcán *m1* mecha.
sponcúil *adj* valiente.
spor **I** *m1* espuela. **II** *vt, vi* espolear.
spór *m1* espora.
spórt *m1* deporte; diversión. **bhí an-spórt againn ag an gceolchoirm** lo pasamos muy bien en el concierto. **is mór an spórt iad** son muy divertidos.
sportha *adj* exhausto; roto.
spórtúil *adj* juguetón; entretenido; deportivo; de juego limpio.

spota

spota *m4* mota, mancha; defecto; lugar concreto.
spotach *adj* moteado.
spotáil *vt* localizar.
spotseiceáil *f3* control o inspección realizada al azar.
spotsolas *m1* foco.
sprae *m4* pulverizador; rociada.
spraeáil *vt, vi* pulverizar, rociar.
spraeire *m4* pulverizador.
spraic *f2* arenga, reprimenda.
sprais *f2* salpicadura, rociada; ducha.
spraíúil *adj* juguetón; deportivo; entretenido; alegre, divertido.
sprang *f2* tenedor de cuatro pinchos.
spraoi *m4* divertimiento; jolgorio. **bain spraoi as na laethanta saoire** diviértete en las vacaciones.
spré[1] *f4* propiedad; riqueza; dote.
spré[2] *f4* chispa.
spreab *f2* azadonada.
spreacadh *m* vigor, energía.
spréach I *f2* chispa; fuego. **II** *vt, vi* destellar; chisporrotear; rociar, extender.
spréacharnach *f2* destello.
spréachphlocóid *f2* bujía.
spreacúil I *adj* vigoroso, fuerte.
spreag *vt* incitar, inspirar. **ba é mo mhúinteoir a spreag mé chun spéis a chur sa dúlra** mi profesor despertó mi interés por la naturaleza.
spreagadh *m* incitación, estímulo, incentivo.
spreagthach *adj* estimulante. **is láidir an t-ábhar spreagthach an chaiféin** la cafeína es un estimulante fuerte.
spreagthóir *m3* incitador, instigador; estimulante.
spreagúil *adj* alentador; animado.
spreang *m3* salto, bote; impulso, arrebato.
spreangach *adj* impulsivo; irascible.
spreangadh *m1* torcedura.
spreas *m1* ramita.
spreasán *m1* ramita; persona inútil.
spreasánta *adj* inútil.
spréigh *vt, vi* extender, esparcir.
spréire *m4* irrigador.
spréiteoir *m3* esparcidor.
spreota *m4* pedazo, rebanada.
spreotáil *f3* corte.
sprid *f2* espíritu; fantasma; valor, ánimo.
 sprid foirne espíritu de equipo.
spridiúil *adj* tenaz, animoso.
sprinlín *m4* centella, destello.
sprioc-[1] *prep* fijado, dispuesto.
sprioc[2] **I** *f2* marca, meta, blanco; mojón. **ceann spríce a bhaint amach** alcanzar la meta. **sprioc ama** plazo. **ba é sin an sprioc a chuir mé romham** ese fue el

sraithuimhir

objetivo que me puse. **II** *vt, vi* marcar, fijar; preparar.
spriocdháta *m4* plazo.
spriocúil *adj* puntual.
spriocúlacht *f3* prontitud, puntualidad.
spriolladh *m1* vivacidad, viveza; energía.
sprionga *m4* resorte.
sprionlaithe *adj* miserable, ruín.
sprionlaitheacht *f3* ruindad, avaricia.
sprionlóir *m3* avaro, tacaño.
spriúch *vi* desbocarse; cocear; montar en cólera.
sprochaille *f4* zarzo; papada. **tá sprochaille air** tiene papada.
sprocht *m1* tristeza.
spruadar *m1* migaja, trozo. **cúil spruadair** basurero.
spruán *m1* fragmento.
spruigeáil *vt, vi* bordar.
sprúille *m4* miga, fragmento.
sprús *m1* pícea.
spruschaint *f2* cotilleo, charla.
spuaic *f2* ampolla; pináculo; enfado, enojo. **spuaic shlaghdáin** herpes labial, ampolla febril. **spuaic eaglaise** capitel.
spuaiceach *adj* con ampollas; puntiagudo; malhumorado.
spúinse *m4* esponja.
spúinseáil *vt* esponjar.
spúinsiúil *adj* esponjoso.
spuirse *f4* euforbio.
spúnóg *f2* cuchara; cucharada.
srac-[1] *pref* superficial, incompleto, ligero.
srac[2] *vt, vi* tirar; romper, desgarrar; arrastrar; luchar.
sracadh *m1* tirón, sacudida; rato; porción.,
sracadh talún franja de terreno.
sraceolas *m1* conocimiento superficial.
sracfhéachaint *f3* vistazo.
stracléaráid *f2* esbozo, bosquejo.
sracúil *adj* animoso.
sráid *f2* calle, **ceoltóir sráide** músico callejero. **Sráid Uí Chonaill** Calle O'Connell (*calle principal de Dublín*).
sráidbhaile *m4* pueblecito.
sráideog *m4* cama improvisada; jergón. **chóirigh siad sráideog mar nach raibh aon leaba acu dó** le prepararon una camilla porque no había camas.
sraith *f2* capa; serie; fila; liga. **comórtas sraithe** competición de liga. **sraith teilifíse** serie televisiva. **sraith an ósóin** capa de ozono.
sraithadhmad *m1* aglomerado, contrachapado.
sraithdhúnmharfóir *m3* asesino en serie.
sraithchomórtas *m1* liga.
sraithuimhir *f5* número de serie.

sram I *m3* legaña; baba; cieno. **II** *vt, vi* nublarse; supurar; embadurnar.
sramach *adj* nublado; legañoso; fangoso; pegajoso; húmedo.
sramshúileach *adj* lloroso.
srann *f2* ronquido; gruñido; zumbido *vi* roncar; gruñir; resollar, jadear.
sraoill[1] *f2* mujer dejada. **sraoill deataigh** estela de humo.
sraoill[2] *vt. vi* desgarrar, arrancar; arrastrar.
sraoilleach *adj* harapiento, andrajoso.
sraoilleán *m1* colgante; serpentina.
sraoilleog *f2* mujer desaseada.
sraoillín *m4* fila, hilera.
sraon *vt, vi* tirar, arrastrar.
sraoth *m3* estornudo; gruñido.
sraothartach *f2* estornudo; resoplido.
srapnal *m1* metralla.
srathach *adj* en capas; gradado; seriado.
srathaigh *vt, vi* estratificar; publicar por entregas; reclutar.
srathair *f5* posición a horcajadas.
srathaire *m4* vago, holgazán, perezoso.
srathnaigh *vt, vi* extender, estirar.
sreabh I *f2* corriente, flujo; chorrito. **sreabh chodlata** cabezada. **II** *vi* fluir.
sreabhach *adj* corriente, fluente.
sreabhann *m1* membrana; gasa.
sreabhlach *m1* camarón.
sreabhnach *adj* membranoso; fino, transparante.
sreang *f2* **I** cuerda, cordón; alambre. **sreang bheo** cable con corriente. **II** *vt* tirar.
sreangach *adj* fibroso, filamentoso; inyectado en sangre.
sreangadh *m* tirón.
sreangaigh *vt* alambrar.
sreangán *m1* cuerda, cordón; bramante.
sreangánach *adj* hebroso, fibroso.
sreangscéal *m1* telegrama.
sreangshiopaí *sp1* cadena de tiendas.
sreangshúil *f2* ojo inyectado de sangre.
srian I *m1* brida, rienda; restricción. **caithfidh tú srian a chur le do chaiteachas** tienes que controlar tus gastos. **II** *vt* frenar, restringir. **shrian mé mo gháire** contuve la risa.
srianta *adj* restringido, controlado, limitado.
srincne *f4* cordón umbilical.
sroich *vt, vi* alcanzar, conseguir, llegar. **shroich mé Bogotá roimh oíche** llegué a Bogotá antes de la noche.
sról *m1* satén, raso.
srón *f2* nariz; proa; saliente. **droichead a sróine** tabique nasal. **do shrón a sheideadh** sonarse. **labhair trí do shrón** hablar por la nariz.

srónach *adj* nasal; entrometido, inquisitorio; desdeñoso. **consan srónach** consonante nasal.
srónaíl *f3* nasalidad; nasalización; curiosidad.
srónbheannach *m1* rinoceronte.
sruán[1] *m1* torta de avena.
sruán[2] *m1* berberecho. molusco comestible.
srubh *f2* morro. **srubh lao** boca de dragón.
srúill *f2* río, riachuelo; corriente; marea.
sruithléann *m1* **an sruithléann** las Humanidades.
srúsram *m* confusión.
sruth *m3* riachuelo; corriente, flujo. **Sruth na Murascaille** la corriente del golfo de México. **i gcoinne an tsrutha** contracorriente. **le sruth** con la corriente. **sruth comhfheasa** monólogo interior.
sruthaigh *vi* correr, fluir.
sruthán *m1* riachuelo, arroyo, quebrada, regato; corriente.
sruthlaigh *vt* enjuagar; lavar; tirar de la cadena.
sruthlam *m1* turbulencia.
sruthlán *m1* riachuelo.
sruthlíneach *adj* aerodinámico.
sruthlíon *m1* red de arrastre.
sruthlú *m* enjuague.
sruthshoilseach *adj* fluorescente.
sruthshoilsiú *m* luz fluorescente.
stá *m4* buen aspecto; flor.
stábla I *m4* establo. **stáblaí** *pl.* caballerizas.
stáca *m4* estaca, poste; dinero que se apuesta, bote. **loisceadh ag an stáca í** murió quemada en la hoguera.
stacán *m1* palo, estaca; muñón.
stad I *m4* parada, alto. **lan stad** punto final. **comhartha stad** señal de stop. **baineadh stad asam** me quedé de piedra. **II** *vt, vi* parar, cesar; permanecer. **stadaigí láithreach** paren ya.
stadach *adj* vacilante, titubeante; tartamudo.
stadaire *m4* tartamudo.
stádar *m1* **ar stádar** haciendo la ronda.
stádas *m1* status. **stádas sibhialta** estado civil.
stadchomhartha *m4* punto.
staduaireadóir *m3* cronómetro.
staic *f2* estaca, poste; pila. **staic mhagaidh** hazmerreir.
staid[1] *f2* estadio; medida en hípica.
staid[2] *f2* estado, condición; etapa. **staid na tíre** estado del país.
stáidbhean *f5* mujer elegante.
staidéar *m1* estudio; sentido común; estancia. **an tÉireannach a rinne an chéad staidéar ar phlandaí na Patagóine** el

staidéarach

irlandés que llevó a cabo el primer estudio de las plantas de la Patagonia.
staidéarach *adj* estudioso; estable.
staidiúid *f2* estatuto.
stáidiúil *adj* majestuoso, pomposo.
staidiúir *f2* pose, postura.
staidreamh *m1* estadística.
staighre *m4* escalera; planta, piso. **staighre beo, staighre creasa** escalera mecánica. **suas staighre** escaleras arriba. **síos staighre** escaleras abajo. **tá sí ina cónaí thuas staighre** vive en el piso de arriba.
stail *f2* caballo semental.
stailc *f2* huelga. **ar stailc** en huelga. **stailc ocrais** huelga de hambre.
stailceoir *m3* huelguista.
staimín *m4* estambre.
stainc *f2* susceptibilidad; resentimiento, rencor.
stainceach *adj* enojadizo, irritable.
stainnín *m4* puesto, tenderete.
stair *f2* historia. **stair na clódóireachta** historia de la imprenta.
stáir *f2* racha; ataque. **ar na stártha** borracho como una cuba.
stairiúil *adj* histórico.
stáirse *m4* almidón.
stáirseáil *vt* almidonar.
stáiseanóireacht *f3* papelería.
stáisiún *m1* estación; emisora. **stáisiún traenach** estación de ferrocarril. **stáisiún peitril** gasolinera. **stáisiún gardaí** comisaría.
staitistic *f2* estadística.
staitistiúil *adj* estadístico.
stáitse *m4* escenario, tarima. **Éireannach stáitse** *figura estereotipada del irlandés en la literatura inglesa.*
stáitsigh *vt* poner en escena.
stáitsiúil *adj* histriónico, melodramático.
stálaigh *vt, vi* echarse a perder; endurecerse.
stálaithe *adj* duro, rígido; obstinado.
stalc *vt, vi* fijar; endurecer, ponerse rígido.
stalcach *adj* tozudo, terco; malhumorado; rígido.
stalcacht *f3* tozudez, terquedad; malhumor; rigidez.
stalcaire *m4* acosador.
stalcánta *adj* terco, testarudo.
stalla *m4* pesebre; establo; puesto; butaca.
stamhlaí *adj* tempestuoso. **lá stamhlaí** día de ventarrones.
stampa *adj* sello, timbre, estampilla.
stampáil *vt, vi* sellar, timbrar.
stampdhleacht *m3* timbre, impuesto.
stán[1] *m1* estaño. **glasraí stánaithe** verduras en lata.

stán[2] *vi* mirar fijamente. **bhí gach duine ag stánadh ar an leanbh** todos miraban fijamente al bebé.
stánadóir *m3* hojalatero.
stánadh *m1* mirada fija.
stánaigh *vt* estañar; enlatar.
stang[1] *f2* clavija; pértiga.
stang[2] *vt, vi* hundirse; combarse; aflojarse.
stangadh *m* comba; albeo; tirón. **baineadh stangadh asam** me quedé estupefacto.
stangaireacht *f3* regateo; holgazanería.
stangán *m1* situación frustrante.
stanna *m4* barril.
stánosclóir *m3* abrelatas.
stánphláta *m4* hojalata.
stánúil *adj* de estaño; metálico.
staon *vt* abstenerse; echarse atrás. **bheartaigh mé staonadh ón bhfeoil** decidí dejar de comer carne.
staonadh *m* abstención; cese; restricción.
staonaire *m4 adj* abstemio.
stápla *m4* grapa.
stápláil *vt* grapar.
stáplóir *m3* grapadora.
staraí *m4* historiador; narrador; chismoso.
staróg *f2* anécdota; cuento.
starr-[1] *pref* saliente. prominente.
starr[2] *f3* prominencia, saliente.
starrach *adj* saliente, prominente; escabroso; tosco.
starragán *adj* pequeño saliente; obstáculo. **bhain starragán dó** tropezó.
starraic *f2* pico, cumbre; saliente.
starraiceach *adj* prominente; copetudo; crestado.
starrfhiacail *f2* diente salido hacia fuera; colmillo.
stát *m1* estado. **Stáit Aontaithe Mheiriceá** Estados Unidos de América. **Stáit Aontaithe Mheicsiceó** Estados Unidos Mexicanos. **stát eadránach** estado colchón.
statach *adj* estático.
státaire *m4* estadista.
státaireacht *f3* arte de gobernar.
státchiste *m4* erario, tesoro público.
státrúnaí *m4* secretario de estado.
státseirbhís *f2* funcionariado. **fuair sé post sa státseirbhís** consiguió un puesto de funcionario.
státseirbhíseach *m1* funcionario.
státúil *adj* solemne, majestuoso.
státurraithe *adj* patrocinado por el estado.
stéad *m3* corcel.
steall I *f2* chapoteo; rociada, chorro. **II** *vt, vi* chapotear; chorrear; derramar.
stealladh *m1* chorro; chaparrón; tunda; riña. **ag stealladh baistí** lloviendo a cántaros.

steallaire *m4* jeringuilla.
steanc I *m4* chorro; chapoteo. **II** *vt, vi* chorrear; chapotear.
stéig *f2* solomillo, bistec.
stéigeach *adj* intestinal.
steillbheatha *s* **ina steillbheatha** en persona.
steip *f2* peldaño, escalón.
steirligh *vt* esterilizar.
steiteascóp *m1* estetoscopio.
steirileoir *m3* esterilizador.
steiriligh *vt* esterilizar.
steiriliúchán *m1* esterilización.
steiriúil *adj* estéril.
stiall *f2* trozo, pieza; azote *vt* cortar en tiras; rasgar, desgarrar.
stiallach *adj* rasgado, hecho jirones.
stialladh *m* laceración.
stiallbhratacha *sp1* banderita.
stíbheadóir *m4* estibador.
stibhín *m4* plantador.
stil *f2* alambique.
stíl *f2* estilo.
stíleach *adj* estilístico.
stiléir *m3* destilador.
stiléireacht *f3* destilación; elaboración de licor ilegal.
stílí *m4* estilista.
stíobhard *m1* mayordomo.
stioc *f2* gota; porción pequeña. **stioc bhainne** gota de leche.
stiogma *m4* estigma.
stionsal *m1* patrón, plantilla.
stíoróip *f2* estribo.
stiúg *vi* morir, perecer. **tá mé stiúgtha leis an ocras** estoy muerto de hambre.
stiúideo *m4* estudio.
stiúir I *f5* timón; control; postura. **fear stiúrach** timonel. **faoi stiúir** bajo la dirección de. **II** *vt, vi* conducir, manejar; guiar.
stiúradh *m* dirección, guía.
stiúraigh *vt* dirigir, conducir.
stiúrthóir *m3* timonel; conductor; director, controlador.
stiúsaí *m4* mujerzuela, mujer descarada.
stobh *vt* guisar.
stobhach *m1* estofado, guiso, cocido. **stobhach Gaelach** guiso irlandés.
stoc[1] *m1* ganado, mercancía; valor bursátil.
stoc[2] *m1* estirpe. **stoc crainn** tronco de árbol. **stoc focail** raíz de una palabra.
stoc[3] *m1* corneta, trompeta; erección sexual. **stoc fógartha** megáfono.
stoca *m4* media, **stoca gearr** calcetín.
stocach *adj* rígido, tieso.
stócach *f3* joven, mozo. **tá stócach aici** tiene novio.

stócáil I *f3* preparativo. **II** *vt, vi* añadir combustible; hacer preparativos.
stocaire *m4* trompetista; persona que está de más; gorrón, colado.
stocaireacht *f3* trompeteo; darse bombo; gorroneo.
stocáireamh *m1* inventario, balance.
stócálaí *m4* fogonero.
stocbhróicéir *m3* corredor de bolsa.
stocghalar *m1* priapismo.
stóch *m1* estoico.
stóchas *m1* estoicismo.
stóchúil *adj* estoico.
stocmhargadh *m1* mercado de valores.
stocshealbhóir *m3* accionista.
stoda *m4* taco; tocón, muñón.
stodam *m1* enfurruñamiento, malhumor.
stodamach *adj* enfurruñado, malhumorado.
stoidiaca *m4* zodiaco.
stoil *f2* estola.
stóinsithe *adj* sólido; tenaz, testarudo.
stóinsitheacht *f3* tenacidad, testarudez.
stoirm *f2* tormenta.
stoirmeach *adj* tormentoso, tempestuoso.
stoith *vt* tirar, arrancar; extraer; desarraigar.
stoitheadh *m1* tirón; extracción.
stoithin *vt* despeinar.
stoithneach *adj* desgreñado, despeinado.
stól *m1* taburete.
stoll *vt, vi* rasgar, desgarrar; romper.
stolla *m4* **stolla cloiche** punta, piedra vertical.
stolladh *m* rasguño, laceración.
stollaire *m4* persona robusta, fornida; persona o animal obstinado.
stollaireacht *f3* terquedad, obstinación.
stolltach *adj* borrascoso, tempestuoso.
stolp I *m1* comida indigesta; sustancia apelmazada; estancamiento. **II** *vi* indigestarse, hacerse pesado; endurecerse; estancarse.
stolpach *adj* pesado, indigesto; estreñido, constipado.
stop I *m4* parada, alto. **II** *vt, vi* parar; hospedarse. **tá an clog ina stop** el reloj está parado. **stopaigí!** ¡paren!
stopadh *m* paro, detención, suspensión.
stopainn *f2* obstrucción, paro.
stopallán *m1* tapón.
stopuaireadóir *m3* cronómetro.
stór[1] *m1* depósito; reserva; riqueza. **stór focal** vocabulario. **teach stóir** almacén, bodega. **a stór** mi amor.
stór[2] *m1* piso. **teach dhá stór** casa de dos pisos.
stóráil I *f3* almacenaje. **II** *vt* almacenar, guardar.
stóras *m1* almacén; depósitos; riquezas.
stórchiste *m4* tesauro; antología.

storrúil *adj* fuerte, vigoroso; determinado.
stórthóir *m3* almacenista.
stoth *m1* fregona; mata; penacho.
stothach *adj* peludo, despeinado.
stothóg *f2* vello púbico.
strabhas *m1* mueca.
strabóid *f2* prostituta, puta.
strácáil *f3* lucha para hacer algo.
stradúsach *adj* arrogante.
strae *m4* extravío. **ar strae** por mal camino.
straeire *m4* extraviado, vagabundo.
straibhéis *f2* ostentación, show.
straibhéiseach *adj* ostentoso.
stráice *m4* tira, jirón; faja. **stráice Gaza** franja de Gaza.
straidhn *f2* tensión, esfuerzo; rabia.
straidhneáil *vt* forzar, hacer fuerza.
straidhp *f2* raya.
straigléir *m3* rezagado.
strainc *f2* mueca.
stráinín *m4* filtro, colador.
strainséartha *adj* extraño; tímido, reservado. **ná bí strainséartha** estás en tu casa.
strainséarthacht *f3* extrañeza; reserva, timidez.
strainséir *m3* extraño; forastero, desconocido.
stráisiúnta *adj* presuntuoso, descarado.
straip *f2* prostituta.
straitéis *f2* estrategia.
straitéiseach *adj* estratégico.
straitéisí *m4* estratega.
straithín *m4* cedilla.
strambánaí *m4* prolijo; rezagado.
straois *f2* mueca.
straoiseog *f2* emoticon.
strapa *m4* peldaño, escalón.
strapaire *m4* persona robusta.
strataisféar *m1* estratosfera.
stratas *m1* estrato.
streachail *vt, vi* esforzarse, luchar.
streachailt *f2* lucha.
streachlánach *adj* disperso; colgante.
streancán *m1* compases, acordes; melodía.
streancánacht *f3* rasgueo, raspado.
streill *f2* risa afectada o tonta.
striapach *f2* prostituta.
striapachas *m1* prostitución. **teach striapachais** prostíbulo, casa de citas, burdel.
stricnín *m4* estricnina.
stríoc[1] *f2* raya, lista.
stríoc[2] *vt, vi* alcanzar; bajar; rendirse. **bratach a stríocadh** arriar una bandera.
stríocach *adj* rayado, veteado; alineado; sumiso.
stríocadh *m* sumisión.
stró *m4* tensión, estrés; esfuerzo; riqueza; ostentación. **gan stró** facilmente. **ná cuir stró ort féin** no te esfuerces. **tá mé faoi stró** estoy estresado.
stróc *m4* apoplejía.
stróic I *f2* golpe; desgarro. **II** *vt, vi* rasgar, desgarrar; arrancar. **stróic sí an litir ina piosaí** rompió la carta en pedazos.
stroighin *f2* cemento.
stroighnigh *vt* cimentar.
stróinéiseach *adj* prepotente; autoritario.
stromp *vt* endurecer.
stróúil *adj* ostentoso; engreído; regocijado.
struchtúr *m1* estructura.
strufal *m1* trufa.
struipeáil *vt. vi* despojar, desnudar.
strus *m1* esfuerzo; tensión, estrés; riqueza, recursos.
strustuirsigh *vi* fatigar.
stua *m4* arco. **stua ceatha** arco iris.
stuacach *adj* puntiagudo; enfurruñado; terco.
stuacacht *f3* enfurruñamiento; terquedad.
stuach *adj* arqueado.
stuaic *f2* punta, pico; inclinación de cabeza; hosquedad. **chuir tú stuaic ar Sheán** has enojado a Juan. **bhí stuaic uirthi** estaba de mal humor.
stuáil I *f3* acción de guardar o almacenar. **II** *vt, vi* llenar, rellenar; almacenar. **stuáil na bréagáin sa mhála** mete los juguetes en la bolsa. **stuáil na málaí sa charr** mete las maletas en el auto.
stuaim *f2* autocontrol, sentido común; ingenio. **as a stuaim féin** por iniciativa propia. **gan stuaim** imprudente.
stuaire *f4* mujer hermosa.
stuama *adj* sensato. prudente; hábil; estable.
stuamaigh *vt* calmar, tranquilizar.
stuara *m4* arcada.
stuca *m4* fajina.
stuif *m4* material.
stuifín *m4* sardineta, arenque.
stuimine *m4* tajamar, proa, aroda.
stumpa *m4* tocón.
sú[1] *m4* jugo; savia. **sú torthaí** jugo de frutas. **sú oráiste** jugo de naranja. **sú na heorna** jugo de la cebada, whiskey. **fáisc an sú as an liomóid** exprime el jugo del limón.
sú[2] *f4* mora. **sú craobh** frambuesa. **sú talún** fresa, frutilla. **sú darach** muérdago.
sú[3] *m4* absorción, succión.
suáilce *f4* virtud; eficacia; placer, disfrute, **caintic na suáilce** el Magnificat.
suáilceach *adj* virtuoso; placentero.
suáilceas *m1* virtuosidad; felicidad.
suaill *f2* mar de fondo.
suaimhneach *adj* pacífico, tranquilo; cómodo. **dathanna suaimhneacha** colores relajantes.

suaimhneas *m1* paz, tranquilidad; reposo.
suaimhneas sioraí dá hanam descanse en paz.
suaimhneasach *adj* calmante, tranquilizante, sedante.
suaimhneasán *m1* sedante, tranquilizante.
laghdóidh na suaimhneasáin seo an neirbhís estos tranquilizantes harán disminuir la inquetud.
suaimhnigh *vt, vi* tranquilizar, calmar, aliviar.
suairc *adj* placentero, agradable; alegre.
suairceas *m1* agrado, alegría.
suairtle *f4* mujer dejada.
suaiteacht *f3* confusión; agitación; cansancio.
suaiteoir *m3* mezclador; agitador.
suaith *vt, vi* mezclar; amasar; ejercitar; cansar; confundir; debatir. **na cártaí a shuaitheadh** barajar las cartas. **ceist a shuaitheadh** tratar un tema. **is mór a shuaith an saol é** la vida lo ha tratado mal.
suaitheadh *m* mezcla; confusión, agitación; discusión.
suaitheantas *m1* insignia, emblema, bandera; espectáculo.
suaithinseach *adj* extraordinario, destacado; característico; especial, **culaith shuaithinseach** vestido especial.
suaithne *m4* cuerda.
suaithní *adj* destacado; raro, extraño
suaithnigh *vt* señalar.
suan *m1* sueño. **dul chun suain** dormirse.
suán *m1* jugo.
suanach *adj* letárgico, apático; latente.
suánach *adj* jugoso.
suanán *m1* siesta, sueñecito; somnífero.
suanaíocht *f3* letargo, sueño.
suanbhruith *vt, vi* hervir a fuego lento.
suanchógas *m1* somnífero.
suanghalar *m1* encefalitis letárgica.
suanlaíoch *adj* soporífero.
suanlios *m3* dormitorio.
suanmhaireacht *f3* somnolencia, modorra.
suanmhar *adj* dormido, somnoliento.
suansiúl *m1* sonambulismo.
suansiúlaí *m4* sonámbulo.
suantraí *f4* nana, canción de cuna.
suarach *adj* insignificante; humilde; vil; frívolo. **is suarach an pá a thuilleann sí** gana una miseria.
suarachán *m1* persona mezquina. ruín.
suarachas *m1* insignificancia; humildad.
suarachas intinne estrechez de miras.
suaraigh *vt* degradar.
suas *adv prep a* arriba; hasta. **suas le céad** hasta cien. **lámha suas!** ¡arriba las manos!

gléasta suas arreglado; disfrazado.
chuaigh sé suas staighre subió las escaleras. **ní féidir liom cur suas leis an torann sin** no soporto ese ruido. **déan suas d'aigne** decídete.
suathaire *m4* masajista.
suathaireacht *f3* masaje.
subh *f2* mermelada, compota, conservas.
subhach *adj* alegre, contento.
subhachas *m1* alegría, contento.
subhaigh *vi* alegrarse, regocijarse.
subhchrúsca *m4* tarro de mermelada.
substaint *f2* sustancia; valor sólido; propiedad, riqueza. **gan substaint** superficial.
substainteach *adj* substantivo; sustancioso, sólido, acomodado.
substaintiúil *adj* sustancial.
súchaite *adj* sin savia, estéril; banal.
súdaire *m4* curtidor; hipócrita; persona vil.
súdaireacht[1] *f3* curtido.
súdaireacht[2] *f3* halago; servilismo.
sufraigéid *f2* sufragista.
súgach *adj* alegre, achispado.
súgán *m1* soga de paja; jergón.
súgrach *adj* juguetón; deportivo.
súgradh *m* juego. **tá na páistí ag súgradh sa ghairdín** los niños están jugando en el jardín.
suí *m4* asiento; situación; vigilia; sesión. **bí i do shuí** quédate sentado. **tá mé i mo shuí sa chúinne** estoy sentado en el rincón. **bhí mé i mo shuí an oíche go léir** estuve despierto toda la noche. **tá an Dáil ina suí inniu** el Parlamento está reunido hoy.
suibiacht *f3* sujeto.
suibiachtachas *m1* subjectivismo.
suibiachtúil *adj* subjetivo.
súiche *m4* hollín.
súicheach *adj* hollinoso; sucio.
suigh *vt, vi* sentarse; asentarse; localizar. **suigh síos** siéntate. **suífidh an coiste don chéad uair amárach** el comité se reunirá mañana por primera vez. **ba ar na tailte ab fhearr a shuigh na Normannaigh** los normandos se asentaron en los campos más fértiles.
súigh *vt* absorber, succionar, chupar. **ní shúnn a corp an bia mar is ceart** su cuerpo no está asimilando el alimento.
súil *f2* ojo; expectación, esperanza; apertura, **súile gorma atá aici** tiene ojos azules. **tá súil agam go n-éireoidh leat** espero que te vaya bien. **caith súil air** échale un vistazo. **coinnigh súil ar an leanbh** vigila al niño. **súil siar** repaso. **súil chiorraithe** ojo prostético. **súil ghloine** ojo prostético.
súilaithne *f4* **tá súilaithne agam uirthi** la conozco de vista.

súilfhéachaint *f3* ojeada, vistazo.
suilfid *f2* sulfuro.
súilín *m4* ojete, ojal; burbuja; abalorio.
súilín drúchta gota de rocío.
súilíneach *adj* burbujeante.
súil-lia *m4* oftalmólogo.
suim *f2* suma, cantidad, número; interés. **is beag mo shuim sa pheil** no me interesa mucho el fútbol. **suim mhór airgid** una cantidad considerable de dinero.
suimigh *vt, vi* sumar.
súimín *m4* sorbo.
suimint *f2* cemento.
suimiú *m4* adición.
suimiúchán *m1* suma.
suimiúil *adj* interesante; considerable; engreído.
suíochán *m1* asiento; sesión; puesto; (*parlamentario*) escaño, curul. **suíochán tosaigh** asiento delantero. **suíochán deiridh** asiento trasero.
suíomh *m1* lugar, sitio, ubicación. **tá dhá shuíomh ar an lasc** el interruptor tiene dos posiciones. **suíomh an dráma** escena del drama. **tá suíomh breá air** está bien situado. **caithfear an t-ábhar sin a chur ar an suíomh gréasáin** habrá que poner ese contenido en el sitio web.
suipéar *m1* cena. **an Suipéar Déanach** la Última Cena.
suirbhé *m4* encuesta, sondeo. **de réir suirbhé a rinneadh sa Spáinn** según una encuesta realizada en España.
suirbhéir *m3* agrimensor, topógrafo, perito.
suirbhéireacht *f3* topografía.
suirí *f4* galanteo, cortejo.
suiríoch *m1* galán, pretendiente.
suirplís *f2* sobrepelliz.
súisín *m4* colcha, cubrecama, tendido.
súiste *m4* mayal.
súisteáil I *f3* azote, trilla; golpe. II *vt, vi* zurrar, pegar.
súisteálaí *m4* trillador.
suite *adj* ubicado, situado; fijo. **seomra suite** sala de estar.
súiteach *adj* absorbente.
súiteán[1] *m1* succión, absorción.
súiteán[2] *m1* jugosidad; suculencia.
sula (sular) *conj* prep antes de que; para que no. **sula dtiocfaidh sé ar ais** antes de que vuelva. **sular cheannaigh mé an ríomhaire** antes de que comprase el ordenador. **sula i bhfad** pronto.
súlach *m1* jugo; salsa.
sulfáit *f2* sulfato.
sulfar *m1* sulfuro.
sulfarach *adj* sulfúrico.
sult *m1* satisfacción; placer; diversión. **bhain mé sult as an scannán** disfruté de la película.
sultmhar *adj* satisfactorio; placentero, agradable.
súmadóir *m3* renacuajo.
súmaire *m4* sanguijuela; vampiro; parásito; remolino.
súmhar *adj* jugoso, suculento.
súmóg *f2* sorbo, trago.
súnás *m1* orgasmo.
suncáil *vt, vi* hundir.
sunda *m4* estrecho.
suntas *m1* interés, atención. **is cuid suntais torthaí an taighde seo es** importante prestar atención a los resultados de esta investigación.
suntasach *adj* notable, extraordinario; distintivo; interesante. **eachtra shuntasach i saol Cortázar** un acontecimiento importante en la vida de Cortázar.
súp *m1* sopa.
súrac *m1* succión, aspiración. **gaineamh súraic** arena movediza. **poll súraic** remolino. **gobán súraic** chupete.
súracálaí *m4* mamón.
súraic *vt, vi* sorber, aspirar; chupar.
súram *m1* extracto.
sursaing *f2* sobrecincha, cinto.
súsa *m4* alfombra; manta, cobija.
súsán *m1* turba.
sútamas *m1* saciedad.
sután *m1* sotana.
suth *m3* producto; progenie; embrión.
suthach *adj* productivo, fértil; embrionario.
suthain *adj* perpetuo, eterno.
suthaineacht *f3* eternidad, perpetuidad.
suthaire *m4* glotón.
suthaireacht *f3* gula, glotonería.
sutheolaíocht *f3* embriología.
svae *m4* dominio, control.
svaeid *f2* ante, gamuza.

T

T, t *m* letra T. **T séimhithe** (**Ṫ, ṫ**; **Th, th**) T lenizada.
tá *presente de* **bí** (*ver tablas*). **tá tú** eres, vos sos, usted es, está, estás etc. **tá mo dheartháir i Maidrid faoi láthair** mi hermano está ahora en Madrid. **tá sí éirimiúil go leor** es bastante inteligente. **tá sé a cúig a chlog** son las cinco. **tá siad ina gcodladh** están durmiendo. **cad atá ort?** ¿qué te pasa?
tábhacht *f3* importancia; sustancia. **an bhfuil tábhacht leis?** ¿es importante?
tábhachtach *adj* importante; sustancial. **cé acu is tábhachtaí?** ¿cuál es más importante?
tabhaigh *vt* ganar, merecer.
tabhair *vt, vi* (*ver tablas*). dar, conceder, rendirse; asignar; regalar; llevar; traer. **tabhair dom an leabhar sin** dame ese libro. **tabhair aire** pon atención. **tabhair amach** sacar; regañar. **tabhair faoi** intentar, atacar. **tabhair faoi deara** fijarse, darse cuenta. **níor thug mé faoi deara é** no me fijé. **tabhair ar ais** devolver. **tabhair suas** rendirse; dejar de hacer algo. **tabhair isteach** rendirse. **tá an tobac tugtha suas agam leis na blianta** hace años que no fumo. **thug beirt de na reathaithe suas** dos de los corredores se rindieron.
tábhairne *m4* teach **tábhairne** bar.
tábhairneoir *m3* dueño de un bar.
tabhairt *f3* concesión, entrega.
tabhall[1] *m1* honda.
tabhall[2] *m1* tablilla.
tabhartas *m1* regalo, donación; adopción, **páiste tabhartais** niño adoptado.
tabharthach *m1, adj* dativo.
tabharthóir *m3* donante.
tábla *m4* mesa; tabla. **tábla méadaithe** tabla de multiplicar.
táblaigh *vt* tabular, expresar por medio de tablas.
taca *m4* puntal, sostén; instante. **fear taca** hincha. **an taca seo den bhliain** en esta época del año. **bhain sé taca as an mballa** se apoyó contra la pared. **i dtaca le** en cuanto a, por. **um an dtaca seo** ya.
tacaí *m4* partidario; segundo; defensa, zaguero. **bhí an lámh in uachtar ag na tacaithe** la defensa dominó.
tacaigh *vt* apoyar, respaldar. **níor thacaigh sé leis an stailc** no apoyó la huelga.
tacaíocht *f3* apoyo; garantía.

tacair *vt* recoger, cosechar.
tacar *m1* juego. ❶ *genetivo empleado como adj* falso, artificial, postizo. **ábhar tacair** sucedáneo. **marmar tacair** imitación de mármol. **bainne tacair** leche artificial.
tacas *m1* caballete.
tachrán *m1* niño pequeño.
tacht *vt, vi* ahogar, sofocar; estrangular.
tachtach *adj* ahogo, asfixia.
tachtaire *m4* estrangulador; cierre, obturador.
tácla *m4* aparejo. **táclaí** *pl* arreos, arnés; jarcia.
tácláil *vt* agarrar, asir.
tacóid *f2* tachuela. **tacóid ordóige** chincheta.
tacsaí *m4* taxi.
tacsaiméadar *m1* taxímetro.
tacsanomaíocht *f3* taxonomía.
tacúil *adj* sólido; fiable; robusto; oportuno.
tacúlacht *f3* fiabilidad.
tadhaill *vt, vi* tocar, contactar.
tadhall *m1* contacto, tacto.
tadhlach *adj* colindante, vecino; táctil.
tadhlaí *m4* tangente.
tae *m4* té.
taephota *m4* tetera.
taespúnóg *f2* cucharilla.
tafann *m1* ladrido. **bhí an madra ag tafann i rith na hoíche** el perro estuvo ladrando durante la noche.
tafata *m4* tafetán.
tagarmharc *m1* punto de referencia.
tagair *vt, vi* referirse, aludir, mencionar. **ná tagair a thuilleadh dó** no lo vuelvas a mencionar.
tagairt *f3* referencia, cita bibliográfica; alusión.
taghd *m1* ataque; impulso. **taghd feirge** ataque de ira.
taghdach *adj* impulsivo, caprichoso.
tagra *m4* petición, ruego, súplica.
tagrach *adj* alusivo; impertinente.
taibearnacal *m1* tabernáculo.
táibhle *spl* almenas.
taibhreamh *m1* sueño; visión. **taibhreamh na súl oscailte** ensueño.
taibhrigh *vt, vi* soñar; revelar.
taibhriúil *adj* imaginario.
taibhse *f4* fantasma, espectro; ostentación.
taibhseach *adj* fantasmal; vistoso; pretencioso.
taibhsigh *vi* presentir; aparecer. **taibhsítear dom** tengo el presentimiento.

taibhsiúil *adj* fantasmal, espectral; imaginativo.
táibléad *m1* tabla, tableta.
táidhe *f4* sigilo; secreto.
taidhiúir *adj* lloroso, llorón; triste; melodioso.
taidhleoir *m3* diplomático.
taidhleoireacht *f3* diplomacia.
taifeach *m1* análisis.
taifead *m1* registro *vt* registrar; grabar.
taifeadadh *m1* grabación; registro.
taifeadán *m1* grabadora.
taifeoir *m3* analista.
taifí *m4* caramelo.
taifigh *vt* analizar.
taighd *vt, vi* hurgar, sondar; investigar.
taighde *m4* investigación.
taighdeoir *m3* investigador.
táille *f4* cargo, cuenta; tarifa.
táilliúir *m3* sastre.
táilliúrtha *adj* confeccionado.
tailm *f2* porrazo, golpe que se da con un palo o bastón.
táimhe *f4* torpeza; letargo.
táin *f3* robo de ganado; manada. **Táin Bó Cuailnge** el robo del toro de Cuailnge (*epopeya de la antigua literatura irlandesa*).
tainnin *f2* tanino, sustancia de la corteza de un árbol.
táinrith *m3* estampida, carrera rápida e impetuousa.
táinseamh *m1* acusación.
táinséirín *m4* mandarina.
táinsigh *vt* acusar.
taipéis *f2* tapicería.
taipióca *m4* tapioca.
táiplis *f2* tabla de juego. **táiplis bheag** juego de damas.
táir I *adj* mezquino, vil, miserable. **II** *vt* degradar.
tairbhe *f2* beneficio, provecho. **cén tairbhe é?** ¿para qué sirve? **bhain sí tairbhe as a taithí** aprovechó su experiencia. **de thairbhe** en virtud de.
tairbheach *adj* beneficioso, rentable, productivo.
tairbhí *m1* beneficiario.
tairbhigh *vt, vi* beneficiar.
tairbhiúil *adj* provechoso, ventajoso.
tairchéim *f2* caída; degradación, humillación.
táire *f4* bajeza, degradación.
táireach *adj* degradante.
tairg *vt, vi* ofrecer; intentar. **thairg siad leathmhilliún dom ar an teach** me ofrecieron medio millón por la casa.
táirg *vt* producir, fabricar.
táirge *m4* producto.

táirgeadh *m* producción, fabricación; rendimiento, productividad.
tairgeoir *m3* oferente, postor.
táirgeoir *m3* productor.
táirgiúil *adj* productivo.
táirgiúlacht *f3* productividad.
tairiscint *f3* oferta, puja; teorema.
tairise *f4* lealtad; fiabilidad.
tairiseach *adj* leal; fiable.
táiríseal *adj* abyecto, servil.
táirísleacht *f3* servilismo.
tairisnigh *vi* confiar.
táiriúil *adj* bajo, vil.
táirmheáchan *m1* tara.
táirmheas *m3* descrédito.
tairne *m4* clavo.
tairneáil *vt, vi* clavar.
tairngeartach *adj* profético.
tairngir *vt, vi* predecir, profetizar.
tairngire *m4* profeta; sabio.
tairngreacht *f3* profecía.
tairpeach *adj* violento.
tairseach *f3* umbral. **tairseach fuinneoige** alféizar, repisa. **tairseach bus** parada de autobús.
tais *adj* húmedo; blando; amable. **cuimil le héadach tais é** frótalo con un paño húmedo.
taisc *vt, vi* reservar, guardar; almacenar. **airgead a thaisceadh sa bhanc** depositar dinero en el banco.
taisce *f4* depósito; alijo; tesoro. **taisce bainc** depósito bancario. **a thaisce** amor mío.
taisceadán *m1* depositario; armario, caja fuerte.
taiscéal *vt, vi* explorar, examinar; reconocer.
taiscéalaí *m4* explorador, buscador. **b'iomaí taiscéalaí Spáinneach a chuaigh go dtí an Domhan Úr** muchos exploradores españoles fueron a las Indias.
taiscéalaíocht *f3* reconocimiento, exploración.
taisceoir *m3* ahorrador, acaparador; depositario.
taisctheitheoir *m3* depósito de agua caliente.
taiscumar *m1* embalse, depósito.
taise[1] *f4* humedad; compasión; diferencia. **ní taise do** no es diferente.
taise[2] *f4* fantasma, aparición. **taisí** *pl* reliquias. **taisí daonna** restos humanos.
taiséadach *m1* sudario, mortaja.
taiseagán *m1* relicario.
taisealbh *vt* atribuir, imputar.
taisleach *m1* humedad.
taisléine *f4* mortaja.
taisme *f4* accidente, contratiempo. **de thaisme** por casualidad.

taismeach *adj* accidental; trágico.
taispeáin *vt* mostrar, enseñar, exhibir; indicar. **taispeánfaidh mé an litir duit** te enseñaré la carta.
taispeáint *f3* muestra, exhibición. **ar taispeáint** en exhibición.
taispeánadh *m* revelación, aparición; demostración.
taispeántach *adj* demostrativo; vistoso, llamativo.
taispeántas *m1* muestra, exhibición, exposición. **beidh taispeántas mór san Acadamh Ríoga** habrá una gran exposición en la Real Academia.
taispéantóir *m3* expositor.
taisrigh *vt, vi* humedecer, mojar; rezumar.
taisriú *m4* humedad.
taisteal *m1* viaje. **lucht taistil** gente itinerante.
taistealaí *m4* viajero.
taistil *vt, vi* viajar. **thaistil na hÉireannaigh ar fud an domhain** los irlandeses viajaron por todo el mundo.
táitheach *m1* fornicador.
taithí *f4* experiencia; práctica; hábito. **an bhfuil taithí agat ar an ríomhaire sin?** ¿tienes experiencia con ese ordenador?
taithigh *vt, vi* frecuentar; recurrir a; experimentar, practicar.
táithín *m4* manojo, manojito.
taithíoch *adj* acostumbrado, familiar; experimentado.
taithíocht *f3* familiaridad, trato.
taithleach *m1* penitencia, mortificación.
táithlia *m4* cirujano.
taithmhigh *vt* anular.
taitin *vt, vi* brillar; agradar, gustar. **bhí an ghrian ag taitneamh an lá go léir** el sol estuvo brillando todo el día. **thaitin sí liom** me gustó. **an dtaitníonn mo chulaith leat?** ¿te gusta mi vestido?
taitneamh *m1* brillo, claridad; gusto, placer. **bainfidh tú taitneamh as an gceol** disfrutarás de la música.
taitneamhach *adj* brillante, claro; placentero, agradable.
tál I *m1* producción de leche; secreción. **II** *vt, vi* producir; derramar; secretar.
tálach *m1* calambre, contracción involuntaria de un músculo.
talamh *m1* tierra, suelo, terreno. **ar talamh** sobre la tierra. **go ndéantar do thoil ar an talamh** hágase tu voluntad en la tierra. **cheannaigh mo mhuintir na tailte méithe** mis familiares compraron los terrenos fértiles. **Talamh an Éisc** Terranova. **Cogadh na Talún** Guerra Agraria (*lucha de los irlandeses contra grandes terratenientes en el siglo XIX*).
talamhchreathach *adj* sísmico.
talamhchrith *m3* terremoto.
talamhiata *adj* cercado de tierra.
talcam *m1* talco.
talchair *adj* intencionado, deliberado.
tallann *f2* talento, don; impulso, arranque. **seó tallaine** concurso de talentos.
tallannach *adj* talentoso; caprichoso, impulsivo.
talmhaí[1] *m4* agricultor, labrador.
talmhaí[2] *adj* terrenal, mundano.
talmhaigh *vt, vi* atrincherarse; conectar a tierra; depositar el balón detrás de la línea de gol.
talmhaíocht *f3* agricultura. **An Roinn Talmhaíochta** el Ministerio de Agricultura.
támáilte *adj* perezoso.
támáilteacht *f3* lentitud, aletargamiento.
tamall *m1* rato. **tá sé ag foghlaim an phianó le tamall** lleva una temporada aprendiendo el piano. **d'fhan Cortés i Vera Cruz ar feadh tamaill** Cortés se quedó un rato en Vera Cruz. **fillfidh mé i gceann tamaill** ya vuelvo.
tambóirín *m4* pandereta
támh I *f2* trance; estupor, letargo. **támh chodlata** siesta. **II** *adj* inerte, pasivo.
támhach *adj* letárgico, inerte.
tamhan *m1* tronco; estirpe; cepa.
támhas *m1* fantasma.
támhbhreoite *adj* resacoso, que tiene malestar después de una borrachera.
támhchodladh *m* sueño profundo.
támhlag *adj* flojo, débil.
támhleisciúil *adj* aletargado, apático.
támhnéal *m1* desmayo, trance.
támhshuan *m1* narcosis.
tamtam *m1* tantán.
tanaí[1] *f4* bajío; terreno bajo.
tanaí[2] *adj* delgado, flaco, fino; aguado. **uisce tanaí** agua poco profunda. **ciseal tanaí** una capa fina.
tanaigh *vt, vi* adelgazar; diluir.
tanaíocht *f3* delgadez; escasez; superficialidad.
tánaiste *m4* heredero; vicepresidente del gobierno irlandés.
tánaisteach *adj* secundario.
tanalacht *f3* área de aguas poca profundas.
tanc *m4* tanque.
tancaer *m1* petrolero.
tancard *m1* pichel, recipiente de estaño alto.
tangant *m1* tangente.
tangó *m4* tango.
tanú *m4* atenuación, rarefacción.
tanúchán *m1* adelgazamiento; atenuación.

taobh

taobh *m1* lado, flanco; borde. **fuarthas an corp ar thaobh an bhóthair** se encontró el cadáver al borde de la carretera. **ó thaobh an dlí de** desde el punto de vista legal. **ar an taobh eile** por otra parte. **ó mo thaobhsa de** por mi parte. **taobh amuigh** fuera. **taobh amuigh de sin** aparte de eso. **taobh istigh** dentro. **i dtaobh** relativo a. **cad ina thaobh** ¿por qué? **fá dtaobh de** acerca de.
taobhach *adj* lateral; parcial, partidista.
taobhaí *m4* partidario, seguidor.
taobhaigh *vt* apoyar, aliarse. **níor thaobhaigh an pobal leis** el pueblo no lo apoyó.
taobhaitheoir *m3* simpatizante, seguidor.
taobh-bhord *m1* mesa auxiliar.
taobh-bhóthar *m1* calle lateral.
taobh-bhuille *m4* brazada de costado.
taobhdhoras *m1* puerta lateral.
taobhlach *m1* vía muerta.
taobhlíne *f4* línea de banda.
taobhmhaor *m1* juez de línea.
taobhthrom *adj* ladeado; desproporcionado; en estado de embarazo avanzado.
taogas *m1* economía, ahorro.
taogasach *adj* económico, ahorrativo.
taoibhín *m4* remiendo.
taoide *f4* marea. **lán taoide** pleamar.
taoidmhear *adj* relativo a la marea.
taoisc *f2* chorro; chaparrón.
taoiseach *m1* líder; cacique; primer ministro del gobierno irlandés.
taom[1] *m3* arranque; ataque; paroxismo. **taom croí** ataque cardíaco.
taom[2] *vt, vi* achicar agua; sacar líquido con una bomba.
taomach *adj* espasmódico; caprichoso.
taos *m1* masa, pasta.
taosach *adj* pastoso.
taosaigh *vt* pegar.
taosc *vt, vi* drenar. **ag taoscadh fola** sangrando.
taoscach *adj* desbordado.
taoscadh *m* achicamiento, bombeo; drenaje.
taoscán *m1* rociada, gota.
taoschnó *m4* donut.
taosmhar *adj* pesado; sustancial.
taosrán *m1* pastelería.
tapa *m4* rapidez, presteza; vigor. **go tapa** rápidamente. **tá tú ag labhairt róthapa** estás hablando demasiado rápido.
tapaigean *m1* salto; partida; contratiempo.
tapaigh *vt* acelerar, apresurar; asir. **tapaigh do dheis** aprovecha la oportunidad.
tapóg *f2* nerviosismo; impulso repentino.
tapúil *adj* rápido, presto, activo.
tapúlacht *f3* velocidad, rapidez.

tarráil

tar *vi* (*ver tablas*). venir, llegar, aproximarse; alcanzar. **thiocfadh mé nios luaithe ach ní féidir liom** vendría más temprano pero no puedo. **beidh na h-aíonna ag teacht inniu** hoy llegan los invitados. **tar anseo** ven aquí. **tar isteach** entra. **tar amach** salir. **tar anuas** bajar. **tar aníos** subir. **tar do** sentar bien, convenir. **tar le** estar de acuerdo. **tháinig sí nuair a bhí tú amuigh** vino cuando no estabas. **ar tháinig aon rud suimiúil as an gcruinniú?** ¿surgió algo interesante de la reunión? **tiocfaidh an tEarrach go luath** pronto vendrá la primavera. **tar éis** (**théis**) *prep* después de. **chonaic mé í théis an aifrinn** la vi después de la misa. **tar éis na Cásca** después de la Pascua. *usado para expresar un sentido perfecto* **tá mé tar éis labhairt leis** acabo de hablar con él. **bhíomar tar éis an carr a dhíol** acabábamos de vender el carro.
tarantúla *m4* tarántula.
tarathar *m1* barrena, instrumento para taladrar.
tarbh *m1* toro. **an Tarbh** Tauro.
tarbhánta *adj* como un toro; poderoso.
tarbhchomhrac *m1* corrida de toros.
tarbhchomhraiceoir *m3* torero.
tarbhealach *m1* viaducto.
tarbhghadhar *m1* bulldog.
tarbhthroid *f3* corrida de toros.
tarcaisne *f4* desprecio; insulto.
tarcaisneach *adj* despectivo, desdeñoso; insultante. **obair tharcaisneach** trabajo degradante.
tarcaisnigh *vt* menospreciar; insultar.
tarcaisniú *m4* menosprecio.
tarchéimnigh *vt* trascender.
tarchéimnitheach *adj* trascendente, importante.
tarchéimniúil *adj* trascendental.
tarchuir *vt* remitir, referir, transmitir.
tarchur *m1* remisión; transmisión.
tarchuradóir *m3* transmisor.
targaid *f2* blanco.
tarlaigh *vi* suceder, ocurrir; transportar. **cad a tharla?** ¿qué pasó? **rud a tharlaíodh go minic** cosa que sucedía con frecuencia.
tarlú *m4* incidente, suceso; transporte.
tarnocht *adj* desnudo.
tarnochtacht *f3* desnudez.
tarpól *m1* alquitranado.
tarr *m1* vientre, barriga, tripa. **aorta tairr** aorta ventral.
tarra *m4* alquitrán, brea.
tarracóir *m3* tractor.
tarraiceán *m1* cajón.
tarráil *vt* alquitranar.

tarraing

tarraing *vt, vi* tirar, arrastrar; atraer; dibujar, trazar. **tarraing líne idir an dá phointe** traza una línea entre los dos puntos. **tarraing do luch ar spás folamh** mueva el ratón a un espacio vacío. **an féidir leat léaráid a tharraingt?** ¿puedes dibujar un diagrama? **tharraing an taispeántas slua mór** la exposición atrajo a mucha gente. **ba chóir na dallóga a tharraingt anuas** deberíamos bajar las persianas. **achrann a tharraingt** causar disensión. **anáil a tharraingt** respirar. **tuarastal a tharraingt** cobrar un sueldo. **tá siad ag tarraingt go maith le chéile** se llevan bien. **tarraing siar** retirarse.
tarraingeoireacht *f3* dibujo, ilustración.
tarraingt *f* tirón, arrastre; extracción; atracción. **tarraingt fola** sangría, sangrado. **tarraingt na gealaí** atracción gravitacional de la luna.
tarraingteach *adj* atractivo.
tarraingteacht *f3* atracción, atractivo.
tarramhacadam *m1* asfalto.
tarramhacadamaigh *vt* asfaltar.
tarrghad *m1* cincha, faja con la que se asegura la silla sobre el caballo.
tarrtháil *f3* rescate, salvamento; ayuda. **bád tarrthála** barco de rescate. **snámhaí tarrthála** socorrista *vt* rescatar, salvar.
tarrthálaí *m4* rescatador.
tarsann *m1* sazón, condimento.
tarscaoil *vi* renunciar, prescindir.
tart *m3* sed. **ba mhór an tart a bhí orm tar éis an chluiche** tenía mucha sed después del partido.
tartmhar *adj* sediento; que provoca sed.
tasc *m1* tarea.
tásc *m1* noticias; fama, reputación. **níl tásc ná tuairisc orthu** no se sabe nada de ellos.
táscach *m1, adj* modo indicativo.
táscaire *m4* indicador.
táscmhar *adj* famoso, renombrado.
tascobair *f2* trabajo a destajo.
tástáil I *f3* prueba; muestra. **caithfidh mé dul faoi thástáil glucóis** tengo que hacerme una prueba de glucosa. **tástáil tiomána** examen de conducción. **II** *vt* probar, ensayar; comprobar. **ar thástáil tú an císte?** ¿has probado la torta?
tástálaí *m4* probador, ensayador.
tátal *m1* inferencia, deducción. **bhain na póilíní tátal as a thost** la policía hizo deducciones a raíz de su silencio.
táth¹ *m3* penacho, mechón. **táth gruaige** mecha de cabello.
táth² *m3* fornicación.

téad

tathag *m1* solidez, sustancia; plenitud; cuerpo.
tathagach *adj* sólido, sustancial.
táthaigh *vt, vi* soldar, unir; atar; fijar.
táthaire *m4* soldador.
táthán *m1* empaste.
tathant *m3* incitación, exhortación.
tathantaigh *vt, vi* urgir, incitar.
táthchuid *f3* ingrediente.
táthfhéithleann *m1* madreselva.
tatú *m4* tatuaje.
te *adj* caliente, cálido, caluroso. **ná cuir bia te sa chuisneoir** no pongas comida caliente en el frigorífico. **is annamh a bhíonn sé fíorthe in Éirinn** raramente hace mucho calor en Irlanda. **tá na réaltaí sin i bhfad níos teo** esas estrellas son mucho más calientes.
té *pron* la persona que, quien, el que, la que. **an té a dúirt é** el que lo dijo.
téac *f2* teca.
teach *m* casa, morada. **teach solais** faro. **teach na ngealt** manicomio. **teach pobail** iglesia. **teach an asail** servicio masculino. **teach ósta** hotel. **líon tí** familia. **Teach Laighean** Casa Leinster (*sede del parlamento en Dublín*).
teachín *m4* casita, cabaña.
teacht *m3* venida, aproximación, llegada; acceso. **teacht an earraigh** llegada de la primavera. **teacht amach** edición. **teacht chun cinn** progreso. **teacht isteach** ingresos. **níl teacht ag an dlí orthu** la ley no los alcanza.
téacht *vt, vi* congelar; cuajar, solidificar.
teachta *m4* mensajero, enviado. **Teachta Dála** diputado de una de las cámaras del parlamento irlandés.
téachtadh *m* congelación; solidificación.
teachtaire *m4* mensajero.
teachtaireacht *f3* mensaje, recado, razón. **teachtaireacht an Aingil** la Anunciación. **seol teachtaireacht e-phoist chuige** envíale un correo electrónico.
teachtán *m1* coágulo.
teachtmhar *adj* idóneo, adecuado, conveniente.
téacs *m4* texto; acotación. **cuir téacs dóibh amárach** mándales un texto mañana.
téacsach *adj* textual.
téacsáil *f3* acción de mandar mensajes de texto. **cén fáth nach n-oibríonn an téacsáil thuarthach i gceart?** ¿por qué no funciona el texto predictivo?
téacsleabhar *m1* libro de texto.
téad *f2* cuerda, soga. **téad damháin alla** telaraña. **téada gutha** cuerdas vocales. **téad rite** cuerda floja. **tarraingt na**

224

téadach

téide juego de la soga, tira y afloja, cinchada.
téadach *adj* de cuerda.
téadán *m1* cuerdecita; cordel, cuerda.
téadbhinn *adj* melódico.
téadchlár *m1* dulcimer.
téadchleasaí *m4* funámbulo, equilibrista.
teadhmannach *adj* pestilente; pesado, cargante.
téadléimneach *f2* saltar a la comba.
téagar *m1* sustancia, masa; alivio.
téagartha *adj* sustancial; protegido, cómodo.
teagasc I *m1* enseñanza, instrucción; doctrina. **bhí ar mo sheanmháthair éirí as an teagasc nuair a phós sí** mi abuela tuvo que dejar la enseñanza cuando se casó. **tá a lán tuismitheoirí ag tabhairt teagasc baile dá bpáistí na laethanta seo** actualmente muchos padres educan a sus hijos en casa. **Teagasc Críostaí** catecismo. **II** *vt, vi* enseñar, instruir.
teagascach *adj* didáctico, pedagógico.
teagascóir *m3* tutor, instructor.
teagascúil *adj* didáctico.
teaghlach *m1* hogar; familia, **saol teaghlaigh** vida familiar.
teaghlachas *m1* tareas domésticas.
teaghrán *m1* ronzal, cuerda.
teaglaim *f3* colección, reunión.
teagmhaigh *vi* encontrarse, contactar; tocar.
teagmháil *f3* encuentro, reunión; contacto. **déan teagmháil leis an rúnaí** ponte en contacto con la secretaria. **bhí teagmháil ag Éire leis an Spáinn ar feadh i bhfad** durante mucho tiempo hubo contacto entre España e Irlanda.
teagmhálaí *m4* correveidile, mensajero; entrometido.
teagmhas *m1* acontecimiento, suceso.
teagmhasach *adj* accidental, incidental, contingente.
teallach *m1* chimenea, hogar.
téaltaigh *vi* escabullirse; zafarse.
téama *m4* tema. **téama bunúsach i bhfilíocht Neruda** un tema fundamental en la poesía de Neruda.
téamh *m1* calefacción; calentamiento. **téamh lárnach** calefacción central. **téamh domhanda** calentamiento global.
teamhair *f5* colina, altozano. **Teamhair na Rí** Tara de los Reyes (*centro importante en el condado de Meath a partir de la época precristiana*).
teampall *m1* templo; iglesia protestante; camposanto. **ridirí an teampaill** los caballeros templarios.
teamparálta *adj* temporal.

tearmannú

teamplóir *m3* templario.
téana *v defectivo* **téana ort** venga.
téanam abhaile vámonos a casa.
teanchair *f2* tenazas, pinzas; alicates; fórceps.
teanga *f4* lengua; idioma. **na teangacha Románsacha** las lenguas románicas. **an teanga bheo** la lengua viva. **teanga bheag** úvula.
teangaire *m4* intérprete.
teangaireacht *f3* interpretación.
teangas *m1* pinzas.
teangeolaí *m4* lingüista.
teangeolaíoch *adj* lingüístico.
teangeolaíocht *f3* lingüística, **teangeolaíocht Easpáinneach** lingüística hispana.
teann I *m3* fuerza; énfasis; apoyo. **le teann** por motivo de. **II** *adj* apretado, tenso; hinchado; firme. **ag obair go teann** trabajando duro. **coinnigh greim teann air** sujétalo con firmeza. **II** *vt, vi* apretar, tensar, tensionar; inflar; enfatizar. **crios a theannadh** apretar el cinturón.
teannadh *m1* opresión, presión; énfasis.
teannaire *m4* inflador; bomba.
teannán *m1* tendón.
teannas *m1* tensión, estrés.
teannasach *adj* tenso.
teannóg *f2* zarcillo.
teannta *m4* dificultad, apuro; soporte, **ina theannta sin** además, **i dteannta** con, **fan i mo theannta** quédate conmigo.
teanntaigh *vt, vi* encerrar; arrinconar; sostener; apoyar.
teanntaíocht *f3* ayuda económica, subvención.
teanntán *m1* abrazadera, cepo.
teanntás *m1* atrevimiento, audacia; familiaridad.
teanntásach *adj* atrevido, audaz; familiar.
teanór *m1* tenor.
tearc *adj* poco, escaso, ralo.
tearcaigh *vt, vi* escasear.
tearcamas *m1* escasez.
tearcbhruite *adj* poco hecho, poco cocido, dos cuartos, vuelta y vuelta.
téarma *m4* término, periodo; trimestre; semestre; expresión; condición, cláusula, estipulación. **de réir théarmaí chonartha** bajo los términos del contrato. **ba bhreá le Pádraig téarma a chaitheamh i Salamanca** Patricio tiene ganas de pasar un trimestre en Salamanca.
téarmach *adj* terminal.
téarmaíocht *f3* terminología.
tearmann *m1* santuario, refugio; protección.
tearmannaigh *vt* dar refugio, proteger.
tearmannú *m4* refugio.

225

téarnaigh *vi* escapar; recuperarse; volver; sobrevivir.
téarnamh *m1* escape; recuperación. **teach téarnaimh** clínica de reposo. **seomra téarnaimh** sala de recuperación.
téarnamhach *adj* convaleciente.
teas-[1] *pref* calor.
teas[2] *m3* calor, ardor; fiebre; pasión. **an iarmhairt cheaptha teasa** el efecto invernadero.
teasaí *adj* caliente, ardiente; fogoso, apasionado.
teasaíocht *f3* calor; pasión.
teasaire *m4* calefactor, calentador.
teasairg *vt* salvar, rescatar.
teasargan *m1* rescate; intervención.
teasc[1] *f2* disco; patena.
teasc[2] *vt* cortar, amputar; acuchillar.
teascán *m1* sección, segmento.
teascóg *f2* sector.
teasdíon *vt* aislar.
teasdíontóir *m3* aislante.
teasfhulangach *adj* refractario.
teasghrá *m4* amor ferviente.
teasghrách *adj* cariñoso, afectuoso.
teasmhian *f2* deseo, anhelo.
teasmholadh *m* alabanza, loa.
teaspach *m1* bochorno, tiempo caluroso; exuberancia.
teaspúil *adj* acomodado; exuberante; lascivo.
teastaigh *vi* faltar, hacer falta. **teastaíonn breis airgid uaim** necesito más dinero. **sin é díreach an rud nár theastaigh uaidh** es justamente lo que no quería.
teastas *m1* testimonial; certificado, diploma. **teastas breithe** partida de nacimiento. **teastas pósta** certificado de matrimonio.
téatar *m1* teatro.
teibí *adj* abstracto.
teibíocht *f3* abstracción.
teicneoir *m3* técnico.
teicneolaí *m4* tecnólogo.
teicneolaíoch *adj* tecnológico.
teicneolaíocht *f3* tecnología.
teicníocht *f3* técnica.
teicniúil *adj* técnico.
teicniúlacht *f3* tecnicismo.
teicstíl *f2* textil.
teideal *m1* título; derecho. **cad é teideal an leabhair sin?** ¿cuál es el título de ese libro? **bheith i dteideal** tener derecho.
teidealach *adj* titular; titulado; arrogante.
teidealta *adj* titulado.
teidhe *m4* noción; capricho, antojo. **má bhuaileann an teidhe mé** si me apetece.
teidheach *adj* caprichoso; arisco.
teidhm *f3* enfermedad.
teifeach *m1, adj* fugitivo, refugiado.

téigh[1] *vt, vi* calentar; inflamar.
téigh[2] *vi* ir *(ver tablas)*. **téigh abhaile** vete a casa. **téigh isteach** entre. **cá dtéann an bus sin?** ¿adónde va ese bus? **téigh i ngleic le** enfrentarse a. **téigh i bhfeidhm ar** tener influencia en. **chuaigh fealsúnacht Unamuno go mór i bhfeidhm air** la filosofía de Unamuno le influyó mucho. **téigh i dtaithí le** acostumbrarse. **téigh i méid** aumentar. **téigh in iomaíocht** competir. **téann an carbhat leis an léine sin** la corbata va bien con esa camisa. **ní dheachaigh siad i bhfad** no fueron lejos. **nach rachaidh sibh abhaile amárach?** ¿no volverán a casa mañana?
téigle *f4* calma en el mar.
téiglí *adj* tranquilo; lánguido.
teile *f4* lima, tilo.
teileachlóire *m4* teletipo.
teileachumarsáid *f2* telecomunicación.
teiléacs *m4* télex.
teileafón *m1* teléfono.
teileafónaí *m4* telefonista.
teileagraf *m1* telégrafo.
teileagram *m1* telegrama.
teileapaite *f4* telepatía.
teileapaiteach *adj* telepático.
teileascóp *m1* telescopio.
teileascópach *adj* telescópico.
teilg *vt, vi* tirar, arrojar, lanzar.
teilgcheárta *f4* ferretería.
teilgean *m1* tiro, lanzamiento.
teilgeoir *m3* lanzador.
teilifís *f2* televisión.
teilifíseán *m1* televisor.
teilifísí *m4* televidente.
teilifísigh *vt* televisar.
teimheal *m1* penumbra, oscuridad; mancha; huella. **gan teimheal** inmaculado.
teimhleach *adj* oscuro; manchado.
teimhligh *vt, vi* oscurecer; manchar; empañar.
teimhneach *adj* oscuro.
teinne *f4* tirantez, rigidez; solidez.
teip I *f2* fracaso, fallo. **II** *vi* fallar; suspender. **theip ar mo dheirfiúr sa scrúdú** mi hermana suspendió el examen. **bígí ann gan teip** estén sin falta.
téip *f2* cinta. **téip ghreamaitheach** cinta adhesiva.
teipinn *f2* contratiempo.
téipthaifeadán *m1* grabadora, magnetófono.
teir *f2* mal augurio; presagio nefasto.
teirce *f4* escasez, falta.
téirim *f2* urgencia, prisa.
teiripe *f4* terapia.
teiripeach I *m1* terapeuta. **II** *adj* terapeútico.

teirmeach adj termal.
teirmeastat m1 termostato.
teirmeastatach adj termostático.
teirmiméadar m1 termómetro.
teirminéal m1 polo eléctrico; terminal.
téis f2 tesis.
teiscinn f2 alta mar.
téisclim f2 preparativos.
téisclimí m4 pionero.
téisiúil adj descarado, impertinente.
teist¹ f2 testimonio; reputación.
teist² f2 prueba, examen.
teisteáil vt probar.
teisteán m1 jarra.
teisteoir m3 testigo.
teistigh vi declarar.
teistiméireacht f3 testimonio; referencias; certificado.
teistíocht f3 deposición; declaración.
teiteanas m1 tétanos.
teith vi huir, escapar.
teitheadh m huída, evasión.
téitheoir m3 calentador.
teo- pref cálido.
teobhlasta adj condimentado, picante.
teochreasach adj tropical.
teochrios m3 zona tropical, trópicos.
teochroí m4 cariño.
teochroíoch adj cariñoso.
teocht f3 calor; temperatura. **an teocht ar dhromchla na gréine** la temperatura en la superficie del sol.
teoiric f2 teoría.
teoiricí m4 teórico.
teoiriciúil adj teórico.
teoirim f2 teorema.
teolaí adj agradable; confortable; exquisito.
teorainn f límite, frontera.
teorannaigh vt limitar, restringir.
teoranta adj limitado, restringido. **comhlacht teoranta** sociedad limitada.
teorantach adj restrictivo.
tháinig pas de tar (ver tablas). **ba mise an chéad duine a tháinig ar láthair na timpiste** yo fui la primera persona que llegó al lugar del accidente.
thall adv adj allí, más allá. **an taobh thall den ghleann** el otro lado del valle. **tá deirfiúr liom thall i Meiriceá** tengo una hermana que vive en Estados Unidos.
thar prep (ver tablas). a través, al otro lado de, delante de. **thar sáile, thar lear** en el extranjero. **thar barr** excelente. **thar a bheith** sumamente. **bhí sé thar a bheith casta** era muy complicado.
thart adv prep pasado, acabado; alrededor. **tá an ré sin thart** esa época ya pasó. **chuamar amach nuair a bhí an cith thart** salimos una vez que se había acaba-
do el chubasco. **thart faoin am sin** en ese entonces. **thart timpeall** alrededor. **chuala mé duine éigin ag gabháil thart** oí pasar a alguien.
theas adv en el sur.
thiar adv en el oeste; detrás. **taobh thiar** detrás. **na hIndiacha Thiar** las Antillas.
thíos adv abajo. **mar atá ráite thíos** como se indica a continuación. **tá sí ina cónaí sa tseomra thíos** vive en la habitación de abajo. **mise a bhí thíos leis** yo fui la víctima. **taobh thíos** debajo. **fuarthas an corp taobh thíos den droichead** se encontró el cadáver debajo del puente. **thíos staighre** abajo, en el sótano.
thoir adv en el este.
thú pro (ver tú). **ní fhaca mé thú** no te vi.
thuaidh adv en el norte. **ó thuaidh** hacia el norte.
thuas adv arriba; erigido. **beidh tú thuas leis** saldrás ganando. **thuas staighre** arriba. **an bhfuil an díon thuas fós?** ¿ya está finalizado el tejado?
thug pasado de tabhair (ver tablas). **níor thug mé aon bhrontannas Nollag dóibh i mbliana** este año no les di un aguinaldo.
tí f4 **ar tí** a punto de. **bhí mé ar tí dul a chodladh nuair a chuala mé an torann** estaba a punto de acostarme cuando oí el ruido.
tiachóg f2 cartera, maletín; mochila.
tiarach f2 grupa.
tiaráil f3 esfuerzo, trabajo laborioso.
tiarcais s **a thiarcais!** ¡Dios mío!
tiargáil f3 preparación, trabajo previo.
tiarna m4 señor, noble. **tiarna talún** terrateniente. **Ár dTiarna** Nuestro Señor.
tiarnaigh vt, vi dominar.
tiarnas m1 dominio, mando; dominación.
tiarnúil adj dominador; altanero; señorial.
tiarpa m4 trasero, nalgas.
tibia f4 tibia.
tic m4 marca. **cur tic sa bhosca** marca el recuadro.
ticéad m1 billete, boleto, tiquete, entrada.
ticeáil vt, vi latir; marcar.
tífeas m1 tifus.
tigh m versión regional de **teach** que se emplea con sentido locutivo. casa, en la casa. **bhíomar tigh Sheáin aréir** estuvimos donde Seán anoche.
tíl f2 teja, losa.
tím f2 tomillo.
timbléar m1 vaso, cubilete.
timchaint f2 perífrasis, rodeo.
timchainteach adj perifrástico.
time f4 debilidad, fragilidad.
timire m4 servidor; mensajero.
timireacht f3 recados; chapuzas.

timpeall I *m1* círculo, circunferencia; rodeo. **II** *prep* alrededor, cerca. **ag dul timpeall** rodeando. **timpeall na Nollag** por Navidad. **chaitheamar an mhaidin ag siúl timpeall na cathrach** pasamos la mañana paseando por la ciudad. **sheas siad ina thimpeall** lo rodearon.
timpeallacht *f3* alrededores, medio ambiente; vecindad.
timpeallaigh *vt* dar la vuelta a, rodear, circunvalar.
timpeallán *m1* rotonda, glorieta.
timpeallghearr *vt* circuncidar.
timpeallghearradh *m* circuncisión.
timpireach *adj* anal.
timpireacht *f3* ano.
timpiste *f4* accidente, contratiempo.
timpisteach *adj* accidental.
timthriallach *adj* cíclico.
tincéir *m3* persona que vive una vida nómada en Irlanda; calderero, quincallero.
tine *f4* fuego, incendio, hogar, chimenea. **tine chnámh** hoguera, fogata. **chuaigh an foirgneamh trí thine** el edificio se incendió.
tinfeadh *m1* respiración; inspiración.
tiníl *f* horno de cal.
tinn *adj* enfermo, dolorido; angustioso. **tá mo scornach tinn** me duele la garganta.
tinneall *s* **ar tinneall** listo, dispuesto. **tá a chorp ar tinneall** tiene el cuerpo rígido.
tinneas *m1* enfermedad, dolor, aflicción. **tinneas cinn** dolor de cabeza. **tinneas farraige** mareo. **tinneas cluaise** dolor de oídos. **tinneas fiacaile** dolor de muelas. **tinneas clainne** dolor del parto. **cén tinneas atá air?** ¿qué enfermedad tiene?
tinneasach *adj* doloroso.
tinneasnach *adj* urgente.
tinneasnaí *f4* urgencia.
tinneasnaigh *vt, vi* acelerar.
tinnigh *vt* irritar.
tinníocht *f3* dolor.
tinreamh *m1* asistencia.
tinsil *m4* oropel, lámina de latón que imita el oro.
tinteán *m1* hogar, chimenea.
tintiúr *m1* tinte, tintura.
tintreach *f2* rayo; destello, centella.
tintrí *adj* fiero, de mal genio, irritable.
tintríocht *f3* fiereza, mal genio.
tiocfaidh *fut de tar* (*ver tablas*). **tiocfaidh sí go luath** pronto vendrá.
tíofóideach *m1, adj* tifoidea.
tíofún *m1* tifón.
tíogar *m1* tigre.
tíolacadh *m3* don, concesión. **tíolacadh ó Dhia** don de Dios.
tíolaic *vt, vi* donar; dedicar; expresar.

tiomáin *vt, vi* conducir, manejar, guiar; mover; impulsar. **tiomáin ar chlé** maneje a la izquierda.
tiomáint *f3* conducción, manejo; agitación, ímpetu. **ceadúnas tiomána** permiso de conducir, licencia de manejar. **scrúdú tiomána** examen de conducción.
tiomna *m4* testamento, voluntad. **An Tiomna Nua** Nuevo Testamento.
tiomnaigh *vt, vi* legar; encomendar; dedicar; delegar.
tiomnóir *m3* testador.
tiomnú *m4* legado; devoción, obligación.
tiompán *m1* tambor, pandero; tímpano.
tiomsaigh *vt, vi* juntar, coleccionar, recopilar. **thiomsaigh Bunting a lán den seancheol** Bunting recopiló muchas melodías antiguas.
tiomsaitheach *adj* colectivo, acumulativo.
tiomsaitheoir *m3* compilador, recopilador.
tiomsú *m4* colección, recopilación; reunión.
tionchar *m1* influencia; efecto.
tionlacaí *m4* acompañante, escolta.
tionlacan *m1* acompañamiento, escolta; convoy.
tionlaic *vt* acompañar, escoltar. **thionlaic na gardaí chuig an stáisiún mé** la policía me llevó a la comisaría.
tionóil *vt, vi* recolectar, reunir; convocar.
tionóisc *f2* accidente, siniestro, percance.
tionól *m1* reunión, asamblea.
tionónta *m4* inquilino.
tionóntacht *f3* inquilinato.
tionóntán *m1* habitación; vivienda.
tionscadal *m1* proyecto, plan; empresa; iniciativa.
tionscain *vt, vi* iniciar; establecer; crear, elaborar; promover. **thionscain Lavoisier an córas méadarach** Lavoisier estableció el sistema métrico. **thionscain gáire orthu** empezaron a reír.
tionscal *m1* industria.
tionscantach *adj* inicial, original; emprendedor.
tionsclach *adj* trabajador, laborioso.
tionsclaí *m4* industrialista.
tionsclaigh *vt* industrializar.
tionsclaíoch *adj* industrial.
tionsclaíocht *f3* industrialismo. **eastát tionsclaíochta** parque industrial.
tionscnamh *m1* inicio; proyecto; fomento.
tionscnóir *m3* iniciador, creador, promotor, empresario.
tiontaigh *vt, vi* volver; cambiar, convertir; girar, volcarse, zozobrar; traducir. **tiontaigh ar chlé** gira a la izquierda. **tá Gaeilge aici ach is minic a thiontaíonn sí ar an Spáinnis** habla irlandés pero a menudo pasa al español. **tá Tomás**

tiontaitheoir

ag tiontú ar an Eaglais arís Tomás de nuevo regresa a la religión. **thiontódh an boladh do ghoile** el olor te daría asco. **thiontaigh sí a cuid airgid i bpesos** cambió su plata por pesos.
tiontaitheoir *m3* traductor.
tiontú *m4* giro. **tiontú focal** traducción.
tíor *vt* secar, resecar; agostar.
tíoránach *m1* tirano, matón.
tíoránta *adj* tiránico, opresivo.
tíoróideach I *m1* tiroides. **II** *adj* tiroideo.
tíorántacht *f3* tiranía, opresión.
tíos *m1* economía doméstica. **dul i dtíos** fundar un hogar.
tíosach I *m1* ama de casa; anfitrión. **II** *adj* ahorrador; hospitalario.
tipiciúil *adj* típico.
tír *f2* país, tierra; región. **dul i dtír** desembarcar. **ceol tíre** música country. **ar fud na tíre** por todo el país. **tíortha Mheiriceá Theas** los países de Sudamérica. **Tír na nÓg** tierra mítica de juventud eterna.
tírdhreach *m3* paisaje (*arte*)
tíreolaíocht *f3* geografía.
tírghrá *m4* patriotismo.
tírghrách *adj* patriótico.
tírghráthóir *m3* patriota.
tirim *adj* seco, agostado. **airgead tirim** dinero en efectivo.
tirimeacht *f3* sequedad.
tirimghlan *vt* lavar en seco.
tirimghlantóir *m3* tintorería, limpieza en seco.
tíriúil *adj* sencillo; sociable.
tíriúlacht *f3* sencillez; sociabilidad.
tír-raon *m1* terreno.
tit *vi* caer; declinar. **thit an garsún den bhalla** el niño se cayó del muro. **ba ghearr gur thit mé i mo chodladh** me quedé dormido rápidamente. **titfidh Lá Nollag ar an Luan** la Navidad caerá en lunes. **tit amach** suceder; reñir. **ní fheadar cad a thit amach ina dhiaidh sin** no sé que pasaría después.
tithíocht *f3* construcción de viviendas. **eastat tithíochta** urbanización
titim *f2* caída; cascada. **titim sneachta trom** nevada. **titim na hoíche** anochecer. **titim amach** desacuerdo, discordia.
titimeas *m1* epilepsia.
tiúb *f2* tubo.
tiúbar *m1* tubérculo.
tiubh *adj* denso, espeso.
tiubhaigh *vt, vi* espesar. **tiubhaítear an t-anlann le plúr** se espesa la salsa con harina. **tuaslagán tiubhaithe** solución condensada.
tiúilip *f2* tulipán.

tóg

tiúin I *f2* melodía; estado de ánimo. **II** *vt, vi* afinar.
tiús *m1* espesor, densidad.
tláith *adj* débil; tierno, amable.
tláithíneach *adj* de voz suave; halagador.
tláithínteacht *f3* halagos; adulación.
tlás *m1* debilidad, delicadeza.
tláthaigh *vt, vi* apaciguar.
tlú *m4* tenazas, alicates.
tnáite *adj* exhausto, cansado.
tnáith *vt* agotar, consumir.
tnúth I *m3* anhelo, ansia; envidia. **II** *vt, vi* envidiar; anhelar. **bhí na Gaeil ag tnúth le cabhair ón Spáinn** los irlandeses anhelaban ayuda de España.
tnúthach *adj* envidioso, avaro.
tnúthánach *adj* ansioso, anhelante.
tobac *m4* tabaco. **ná caith tobac** prohibido fumar.
tobacadóir *m3* estanquero, tabaquero.
tobainne *f4* precipitación, prisa.
tobairín *m4* hoyuelo.
tobán *m1* tina, barreño.
tobann *adj* precipitado, apresurado, súbito; irritable, colérico. **léim sé ina sheasamh go tobann** de repente se puso de pie. **bás tobann** muerte repentina.
tobar *m1* fuente, manantial, pozo.
tobhach *m1* imposición, recaudación, gravamen.
tóch *vt, vi* excavar; cavar.
tochail *vt* excavar, extraer, desarraigar; cavar.
tochailt *f2* excavación; desarraigo.
tochais *vt, vi* rascar, picar. **thochais sé a cheann** se rascó la cabeza.
tochaltach *adj* excavado; minado; arraigado.
tochaltán *m1* excavación; hoyo.
tochaltóir *m3* excavadora.
tóchar *m1* calzada; conducto subterráneo; alcantarilla.
tochas *m1* picazón. **tá tochas i mo shrón** me pica la nariz.
tochrais *vt, vi* dar cuerda; enrollar.
tocht[1] *m3* colchón.
tocht[2] *m3* emoción profunda; obstrucción intestinal.
tochtán *m1* ronquera.
tochtmhar *adj* emocional.
tocsain *f2* toxina.
tocsaineach *adj* tóxico.
todhchaí *f4* futuro. **sa todhchaí** en el futuro.
todóg *f2* cigarro puro.
tofa *adj* escogido, elegido, electo.
tóg *vt, vi* tomar, coger; llevar; traer; construir, erigir; criar. **thóg sé an t-airgead go léir** se llevó todo el dinero. **tógadh an foir-**

tógáil

gneamh sin sa naoú haois déag ese edificio se construyó en el siglo diecinueve. **tógadh mé i gcathair Chorcaí** me crié en Cork. **cé mhéad ama a thóg sé?** ¿cuánto tardó? **tógfaidh siad a bpáistí le Catalóinis** educarán a sus hijos en catalán. **tógtar SEIF ó na snáthaidí** el SIDA se transmite por las agujas.
tógáil *f3* levantamiento; ascenso; toma. **tógáil tithe** construcción de casas. **tógáil teaghlaigh** crianza de una familia.
tógaíocht *f3* emoción; idea.
togair *vt, vi* desear; escoger; intentar.
tógálach *adj* infeccioso; contagioso. **galar tógálach** enfermedad contagiosa.
tógálaí *m4* constructor. **tógálaí stoc** ganadero.
togh *vt, vi* escoger, seleccionar, elegir. **toghadh foireann an-láidir** se seleccionó un equipo muy fuerte.
togha *m4 adv* selección, elección; muy bien. **togha agus rogha** la mejor selección. **tá mé togha** estoy muy bien. **togha scannán na bliana** las mejores películas del año. **togha fir!** ¡bien hecho!
toghair *vt* convocar; invocar.
toghairm *f2* citación.
toghán *m1* turón.
toghchán *m1* elecciones, comicios.
toghchánaíocht *f3* campaña electoral.
toghcheantar *m1* distrito electoral.
toghchóras *m1* franquicia.
toghlach *m1* distrito electoral.
toghraim *f3* persecución.
tógtha *adj* aficionado; construído; ocupado. **tá na seomraí go léir tógtha** todas las habitaciones están ocupadas. **bhí sí tógtha le polaitíocht na heite clé** estaba involucrada en la política de izquierdas. **ní raibh dóthain áiteanna cónaithe tógtha le fada** no se han construido suficientes viviendas desde hace tiempo.
toghthóir *m3* elector, votante.
toghthóireacht *f3* electorado.
tograch *adj* dispuesto; ansioso; propenso. **tograch do shlaghdáin** propenso a los catarros.
togradh *m* voluntad; inclinación.
toibhigh *vt* recaudar, gravar; cobrar impuestos.
toice[1] *f4* prosperidad.
toice[2] *f4* pícara, prostituta.
toicí *m4* persona rica, persona adinerada.
toiciúil *adj* saludable, próspero.
toighis *f2* gusto, moda.
toil *f3* voluntad; inclinación, deseo. **le do thoil**, más é bhur dtoil é por favor. **toil shaor** libre albedrío. **i gcoinne mo thola** contra mi voluntad. **tá Ceatsuais ar a toil aici** domina el quechua.
toilghnústa *adj* intencionado, deliberado. **go toilghnústa** adrede, a propósito.
toiligh *vt, vi* querer; consentir; acordar.
toilíocht *f3* buena disposición, consentimiento.
toiliú *m4* voluntad; consentimiento.
toiliúil *adj* intencionado, voluntario.
toill *vi* caber, encontrar sitio.
toilleadh *m* capacidad.
toilteanach *adj* dispuesto.
toilteanas *m1* gusto, complacencia; voluntad.
toimhde *f* suposición, presunción; premisa.
toimhdigh *vi* pensar, suponer.
tóin *f3* fondo; trasero, culo, nalgas; parte trasera. **chuaigh an bád go tóin poill** el barco se hundió.
tóineáil *f3* encabritamiento.
toinníteas *m1* conjuntivitis, ojo rosado.
tointe *m4* hilo, hebra.
tointeáil *f3* servicio rápido de transporte entre dos puntos. **seirbhís tointeála** servicio regular de enlace.
toipeolaíocht *f3* topología.
tóir *f3* persecución, caza; búsqueda. **bhí an t-ainmhí ar thóir bia** el animal estaba buscando comida. **tá an-tóir ar na bréagáin sin i mbliana** esos juguetes están muy demandados este año.
toirbheartach *adj* generoso, dadivoso.
toirbheartas *m1* obsequio, donación; generosidad.
toirbhir *vt, vi* regalar, dar.
toirbhirt *f3* distribución, entrega; ofrenda, dedicación.
toirceoil *f3* carne de jabalí.
toircheas *m1* embarazo; descendencia, prole.
toircheasach *adj* embarazada.
toirchigh *vt* fertilizar, fecundar.
toirchim *f3* sueño pesado, sopor, letargo.
toirchiú *m4* fertilización, fecundación.
tóireadóir *m3* sonda.
toireasc *m1* sierra.
toirm *f2* tumulto.
toirmeasc *m1* prohibición, impedimento. **toirmeasc ar dhaoine a chlónáil go hatáirgeach** prohibición contra la clonación. **ordú toirmisc** orden de alejamiento.
toirmeascach *adj* prohibitivo; preventivo.
toirmisc *vt, vi* impedir, estorbar, dificultar. **thoirmisc an bochtanas air tuilleadh scríbhneoireachta a dhéanamh** la pobreza no le permitió escribir más.
toirneach *f2* trueno.
toirnéis *f2* ruido, conmoción.

toirniúil *adj* estruendoso, ruidoso.
toirpéad *m1* torpedo.
toirpín *m4* marsopa, mamífero marino.
tóirse *m4* antorcha, linterna.
tóirsholas *m1* proyector, reflector.
tóirsire *m4* persona que lleva una antorcha; acomodador.
toirsiún *m1* torsión.
toirt *f2* masa, volumen; tamaño. **aimsigh toirt an gháis san fheadán** calcula el volumen de gas en el tubo. **ar an toirt** en el acto, inmediatamente.
toirtéis *f2* orgullo, altanería, presunción.
toirtéiseach *adj* orgulloso, altivo, altanero.
toirtín *m4* tarta, pastel.
toirtís *f2* tortuga.
toirtiúil *adj* macizo, sustancioso, voluminoso.
toirtiúlacht *f3* corpulencia, grosor.
toirtmheascadh *m* valoración.
toisc *f2* encargo; propósito; circunstancia. **toisc go** ya que. **d'aon toisc** a propósito.
toise *m4* dimensión, medida.
toisigh *vt* medir.
toit *f2* humo, vapor; incienso.
toitcheo *m4* niebla mezclada con humo.
toiteach *adj* humeante, ahumado.
toitín *m4* cigarrillo.
toitrigh *vt* fumar; ahumar, fumigar.
tólamh *s* **i dtólamh** siempre, todo el tiempo.
tolg[1] *m1* sofá.
tolg[2] **I** *m1* ataque; brecha, grieta. **II** *vt, vi* atacar, combatir; contraer.
tolgach *adj* violento, furioso.
tolgadh *m* avecinamiento de una tormenta; contracción.
tolglann *f2* salón.
toll[1] *m1* hoyo, hueco, agujero; ano.
toll[2] **I** *adj* perforado; ahuecado, vacío, hueco. **guth toll** voz cavernosa, voz ronca. **fuaim tholl** sonido hueco. **II** *vt, vi* taladrar, perforar; reunir.
tolladh *m* perforación, excavación.
tolladóir *m3* perforador.
tollán *m1* túnel.
tollmhór *adj* engreído, pretencioso.
tolltach *adj* punzante, penetrante.
tom *m1* arbusto, mata; manojo.
tomhail *vt, vi* comer, consumir.
tomhailt *f2* consumo.
tomhais *vt, vi* medir, calibrar; pesar; estimar, juzgar; adivinar. **an féidir leat a haois a thomhais?** ¿puedes adivinar cuántos años tiene? **ní féidir é a thomhas ach amháin le fearas speisialta** se necesita un aparato especial para medirlo.
tomhaisín *m4* medida pequeña.

tomhaisiúil *adj* de ropa bien ajustada; ceñido.
tomhaiste *adj* mesurado, comedido.
tomhaltóir *m3* consumidor, comilón.
tomhas *m1* medida, talla; calibre; adivinanza, acertijo. **slat tomhais** criterio, regla. **is fearr a fheileann an tomhas mór duit** la talla grande te queda mejor. **caith tomhas** adivina.
tomhsaire *m4* indicador.
ton *m1* tono.
tónacán *m1* acción de arrastrarse sobre las nalgas; persona baja y gorda.
tonach *adj* tónico.
tónáiste *m4* tonelaje.
tónáisteach *adj* gravoso; oneroso.
tondath *m3* timbre.
tonn[1] *m1* ola. **thar toinn** en el extranjero. **tonn taoide** marea viva. **tonn teasa** ola de calor. **marcaíocht toinne** surfear, surfing. **tonnta fuaime** ondas sonoras. **trí thonn mhóra na hÉireann** las tres grandes olas mitológicas de Irlanda: **Tonn Chlíona, Tonn Rúraí** y **Tonn Tuaithe**.
tonn[2] *vt, vi* fluir, ondular; surgir.
tonna *m4* tonelada.
tonnadh *m* ola, onda, ondulación.
tonnadóir *m3* embudo.
tonnaíl *f3* ondulación.
tonnáiste *m4* tonelaje.
tonnán *m1* onda pequeña; rizo.
tonnaois *f2* edad avanzada.
tonnaosta *adj* entrado en años.
tonnchith *m3* aguacero.
tonnchosc *m1* rompeolas.
tonnchreathach *adj* vibrante.
tonnchreathaire *m4* vibrador.
tonnchrith I *m3* vibración. **II** *vt, vi* brar, temblar.
tonnfhad *m1* longitud de onda, frecuencia.
tonnmhar *adj* ondeante; ondulante.
tonntaoscadh *m* vómito repentino; vómito proyectil.
tonnúil *adj* tonal.
tonnús *m1* curtiduría, tenería.
tonúil *adj* tonal.
topagrafaíocht *f3* topografía.
topás *m1* topacio.
tor *m1* arbusto, matorral, mata, césped; resultado. **tor cabáiste** cabeza de repollo.
tóracs *m4* tórax.
toradh *m1* fruta, fruto, producto; resultado; atención. **tháinig toradh maith as a chuid oibre** su trabajo dio buenos frutos. **ní dócha go bhfaighidh tú toradh ar d'infheistíocht** se supone que tu inversión rendirá poco. **ba chóir duit tuilleadh torthaí úra a ithe** deberías comer más fruta fresca. **ar chuala tú toradh an**

tóraí chluiche? ¿te has enterado del resultado del partido? **de thoradh** a resultas de, a raíz de.
tóraí *m4* perseguidor, buscador; bandido; proscrito. **tóraí spré** cazafortunas.
tóraigh *vt, vi* perseguir, buscar.
tóraíocht *f3* persecución, caza, búsqueda. **Tóraíocht Dhiarmuid agus Ghráinne** la persecución de Diarmuid y Gráinne (*famoso relato de la antigua literatura irlandesa*).
tóraitheoir *m3* perseguidor.
tórán *m1* fugitivo.
torann *m1* ruido.
torannach *adj* ruidoso.
torathar *m1* ogro, monstruo.
torbán *m1* renacuajo.
torc[1] *m1* jabalí.
torc[2] *m1* torque.
torcán *m1* **torcán craobhach** puercoespín.
tórmach *m1* acumulación; crecimiento, incremento. **bó thórmaigh** vaquilla.
tormáil *f3* ruido, estruendo; rumor.
tormán *m1* ruido.
tormánach *adj* ruidoso.
tormas *m1* acción de quejarse, enfurruñamiento.
tornádó *m4* tornado.
tornapa *m4* nabo.
tornóg *f2* horno.
torpa *m4* terrón.
torpánta *adj* barrigón; letárgico.
torrach *adj* embarazada.
tórraigh *vt* velar.
tórramh *m1* velatorio, funeral.
torthaigh *vi* dar fruto, fructificar.
torthóir *m3* frutero.
torthúil *adj* fructífero, fértil.
torthúlacht *f2* fertilidad, riqueza.
tortóg *f2* montecillo, mata.
tosach *m1* comienzo; frente, parte anterior; posición adelantada; suela. **i dtosach** al principio. **chun tosaigh ar** por delante de. **tosaigh ó thosach** empieza por el principio. ● *gen empleado como adj* anterior, delantero. **guta tosaigh** vocal anterior. **roth tosaigh** rueda delantera. **siolla tosaigh an fhocail** la primera sílaba de la palabra.
tosaí *m4* delantero.
tosaigh *vt, vi* empezar, comenzar, iniciar. **sula dtosóidh tú** antes de que empieces. **bhí an léacht le tosú ag a hocht** la conferencia tenía que empezar a las ocho.
tosaíocht *f3* prioridad; iniciativa. **tosaíocht a ghlacadh** tomar la iniciativa.
tosaitheoir *m3* principiante, novato. **beidh an leabhar sin feiliúnach do thos-**

aitheoirí ese libro será adecuado para principiantes.
toscaire *m4* delegado, diputado.
toscaireacht *f3* delegación, comisión.
tost *m3* silencio. **bígi i bhur dtost** callaos. **d'fhan an gadaí ina thost** el ladrón quedó callado *vi* callarse.
tósta *m4* tostada.
tostach *adj* taciturno, callado.
tóstaer *m1* tostadora.
tostaíl *f3* silencio, taciturnidad.
tóstáil *vt* tostar.
tóstal *m1* asamblea, reunión; desfile.
tóstalach *adj* arrogante, presumido.
tostóir *m3* silenciador.
tosú *m4* comienzo, inicio.
tótam *m1* tótem.
tothlaigh *vt* desear, anhelar, ansiar.
trá[1] *f4* playa. **tá sé ina thrá** la marea está baja. **chaitheamar an Domhnach cois trá** pasamos el domingo en la playa.
trá[2] *m4* reflujo; hundimiento, decadencia.
trábhaile *m4* población costera de veraneo.
trácht[1] *m3* planta del pie.
trácht[2] *m3* viaje, tránsito; tráfico. **brú tráchta** atasco. **maor tráchta** guardia urbano.
trácht[3] *m3* discurso; comentario. **ná déan trácht air** no lo menciones. **II** *vt, vi* discutir, comentar; mencionar. **gan trácht ar** sin mencionar.
tráchtáil *f3* comercio.
tráchtaire *m4* comentarista.
tráchtaireacht *f3* comentario.
tráchtálaí *m4* comerciante.
tráchtas *m1* tratado, disertación, tesis. **scríobh sé tráchtas ar Rosalía de Castro** escribió una tesis sobre Rosalía de Castro.
tráchtearra *m4* bien, mercancía.
tráchtlong *f2* buque mercante.
tráchtsholas *m1* semáforo.
trádáil *f3* comercio.
trádálach *adj* comercial.
trádálaí *m4* comerciante.
trádmharc *m1* marca comercial.
trádstóras *m1* almacén.
traein *f* tren. **stáisiún traenach** estación de ferrocarril.
traenáil I *f3* entrenamiento. **II** *vt, vi* entrenar, adiestrar.
traenálaí *m4* entrenador; míster.
tragóid *f2* acontecimiento trágico.
tragóideach *adj* trágico.
traidhfil *f4* chuchería; postre hecho a base de flan y crema de leche.
traidín *m4* carga, fardo.
tráidire *m4* bandeja.
traidisiún *m1* tradición.

traidisiúnta *adj* tradicional. **ceol traidisiúnta** música tradicional.
traigéide *f4* tragedia.
traigéideach *adj* trágico.
tráigh *vt, vi* menguar, disminuir; retroceder; decaer.
tráill *f2* siervo, esclavo; miserable.
tráilleacht *f3* esclavitud.
traimil *f2* traba.
traipisí *spl* pertenencias personales. **caite i dtraipisí** desechado.
tráiteoir *m3* raquero.
tráithnín *m4* hoja de hierba seca. **ní fiú tráithnín é** no vale un pimiento, no importa ni un comino.
trál *m1* red de arrastre.
trálaeireacht *f3* pesca al arrastre.
trálaer *m1* barco de arrastre.
tralaí *m4* carrito.
tram *m4* tranvía.
tranglam *m1* confusión, desorden. **tranglam tráchta** atasco.
traoch *vt* agotar, apurar, gastar.
traochadh *m* agotamiento.
traochta *adj* exhausto, agotado. **tá mé tuirseach traochta de bheith ag éisteacht leat** estoy cansado de escucharte.
traoith *vt, vi* disminuir, reducir; consumir.
trap *m4* trampa.
tras- *pref* trans-.
trasalpach *m1* transalpino.
trasatlantach *adj* transatlántico.
trasghalú *m4* transpiración.
trasghearradh *m* corte transversal.
trasghnéasach *m1*, *adj* transexual.
traslár *m1* pecho.
traslitriú *m4* transcripción.
trasna *prep adv s* a través; por; **shiúil sé trasna na sráide** cruzó la calle. **leideanna trasna** pistas horizontales. **trasna boise** a contrapelo. **trasna an chuain** en la otra orilla de la bahía.
trasnaí *adj* transversal.
trasnaigh *vt, vi* atravesar, cruzar; interrumpir; contradecir.
trasnáil *f3* cruce; interrupción; contradicción.
trasnaíocht *f3* contradicción; interferencia.
trasnálaí *m4* persona que interrumpe o molesta a un orador.
trasnán *m1* travesaño.
trasnánach *adj* en cruz, en diagonal.
trasphlandáil *f3* trasplante.
trasraitheoir *m3* transistor.
trasteorann *adj* transfronterizo. **comhoibriú trasteorann** cooperación transfronteriza.
trastomhas *m1* diámetro.

trasuigh *vt* transponer.
tráta *m4* tomate.
tráth *m3* hora; tiempo, periodo; época. **ó thráth go chéile** de vez en cuando. **ag tráthanna éagsúla** en distintas épocas. **tráth ar bith den bhliain** en cualquier parte del año. **tráth na gceist** *concurso de cultura general*. **bhí mé sa cheantar sin tráth** estuve una vez en esa zona. **tráth dá raibh** una vez.
tráthchlár *m1* horario.
tráthchuid *f3* plazo, cuota.
tráthnóna *m4* tarde. **go dtí a cúig tráthnóna** hasta las cinco de la tarde.
tráthrialta *adv* **go tráthrialta** regularmente; puntualmente.
tráthúil *adj* oportuno, conveniente; ingenioso.
tráthúlacht *f3* conveniencia, oportunidad; ingenio.
tré- *pref* por, a través.
treabh *vt, vi* arar. **níl siad ag treabhadh le chéile** no se llevan bien. **ba chóir daoibh treabhadh ar aghaidh** deberían seguir adelante.
treabhadh *m* arada.
treabhchas *m1* tribu, gente.
treabhdóir *m1* labrador.
treabhsar *m1* par de pantalones.
tréad *m3* bandada, rebaño.
tréadach *adj* sociable.
tréadaí *m4* pastor. **is mise an Tréadaí Maith** yo soy el Buen Pastor.
tréadaíocht *f3* acto de reunir un rebaño.
tréadlitir *f* pastoral.
tréadúil *adj* sociable.
treafas *m1* granja; finca, cortijo.
treaghdán *m1* liendre.
tréaigh *vt* perforar, penetrar.
tréaire *adj* perforador, taladrado.
tréaiteach *adj* penetrante, punzante.
trealamh *m1* equipo, equipamiento, herramienta.
treall *m3* periodo corto de tiempo; capricho; arrebato.
treallach *adj* antojadizo, caprichoso; irregular.
treallús *m1* laboriosidad, diligencia, firmeza; atrevimiento.
treallúsach *adj* emprendedor, atrevido; confiado; firme.
trealmhaigh *vt* instalar, equipar.
treamhnaigh *vi* cuajar.
tréan I *m1* hombre fuerte, guerrero; fuerza; abundancia. **tá tréan airgid acu** tienen mucho dinero. **beidh tréan oibre romhat** te quedará mucho trabajo. **chuala mé tréan Guaranís á labhairt nuair a bhí mé i bParagua** oí mucho guaraní cuando

tréanas
estuve en Paraguay. **II** *adj* poderoso, potente; energético. **tá an margadh drugaí tréan i gcónaí** el mercado para droga sigue fuerte. **tuilte tréana** fuertes inundaciones.
tréanas *m!* abstinencia, ayuno.
tréanfhear *m!* guerrero; hombre fuerte.
tréaniarracht *f3* gran esfuerzo.
treas[1] *m3* línea, fila.
treas[2] *m3* combate, batalla.
treas[3] *adj num* tercero. **is tusa an treas duine a dúirt é sin** eres la tercera persona que dice eso.
tréas *m3* traición, deslealtad.
tréasach *adj* traidor, desleal.
treascair *vt, vi* derribar, tumbar, volcar.
treascairt *f3* derrota; derrocamiento.
treascrach *adj* dominante, abrumador.
tréaslaigh *vt* felicitar. **tréaslaím duit é** te felicito. **thréaslaigh an t-uachtarán leis an uile dhuine** el presidente les felicitó a todos.
tréaslú *m4* felicitación.
treaspás *m!* acto de entrar en una propiedad sin permiso.
tréasúil *adj* rebelde, furioso.
trébhealach *m!* pasaje, paso.
trébhliantúil *adj* perenne.
trédhearcach *adj* transparente; diáfano.
tréghalaigh *vi* transpirar.
treibh *f2* tribu; estirpe. **chaith Lord Edward tréimhse fhada i bhfochair na dtreibheanna dúchasacha** Lord Edward pasó mucho tiempo con las tribus indígenas.
treibheach *adj* tribal.
treibheachas *m!* tribalismo.
tréidín *m* **an Tréidín** las Pléyades.
tréidlia *m4* veterinario.
tréig *vt, vi* abandonar, desertar; fracasar; desteñir. **thréig siad a bhféamhacha** abandonaron sus raíces. **thréig an dath sa bhrat urláir** el color del tapete se destiñó.
tréigean *m!* deserción, abandono.
treighid *f2* punzada; cólico.
tréigthe *adj* abandonado; desteñido; descolorido.
tréigtheach *adj* desertor, desleal.
tréigtheoir *m3* desertor.
tréimhse *f4* periodo, plazo. **i Luimneach a bhí mé ag cur fúm sa tréimhse sin** en esa época vivía en Limerick.
tréimhseachán *m!* publicación periódica, revista.
tréimhsiúil *adj* periódico.
tréine *f4* fuerza, poder; intensidad.
treis *s* **i dtreis** en conflicto; implicado.

treise *f4* poder, dominación; fuerza, énfasis.
treise thola fuerza de voluntad. **cuir treise ar an siolla** enfatice la sílaba. **treise leat!** ¡bien hecho!
treiseoir *m3* elevador de presión.
treisigh *vt, vi* reforzar, fortalecer; enfatizar.
treisíonn Machado uaigneas na tuaithe Machado refuerza la soledad del campo.
treisiúil *adj* fuerte, vigoroso.
tréith[1] *f2* rasgo, cualidad, característica; logro; truco; broma. **tréith shainiúil** rasgo distintivo.
tréith[2] *adj* débil. **d'fhágadar go tréith sinn is ár namhad inár dtimpeall** nos dejaron vulnerables a los enemigos que nos rodeaban.
tréitheach *adj* instruido; de talento; juguetón; característico.
tréithíocht *f3* talento.
tréithlag *adj* debilitado, exhausto.
tréithrigh *vt* caracterizar. **tréithríonn na gnéithe sin saothar Quevedo** esos elementos son característicos de la obra de Quevedo.
tréithriú *m4* caracterización.
treo *m4* dirección, camino. **cén treo a rachaidh tú?** ¿qué dirección tomarás? **i ngach treo** por todas partes. **i dtreo** con rumbo, para que. **i dtreo is go dtriomóidh sé go tapa** para que se seque rápido. **malairt treo** sentido contrario.
treocht *f3* tendencia.
treodóireacht *f3* orientación.
treoir *f* guía, dirección; instrucción. **léigh na treoracha ar dtús** primero lee las instrucciones.
treoirchárta *m4* ficha.
treoirfhocal *m!* eslógan.
treoirleabhar *m!* manual.
treoirlíne *f4* pauta, directriz.
treoirscéim *f2* proyecto piloto.
treorach *adj* director, directivo; fuerte, vigoroso.
treoraí *m4* guía, líder.
treoraigh *vt, vi* guiar, conducir, acompañar; indicar.
treorán *m!* índice.
treorú *m4* orientación.
treoshuigh *vt* orientar.
treoshuíomh *m!* orientación.
tréscaoilteach *adj* permeable.
tréshoilseach *adj* translúcido.
tréshoilseán *m!* diapositiva.
trí[1] *pref* tres, tri-.
trí[2] *m4 adj* tres. **tá trí mhadra ag mo dhearthair** mi hermano tiene tres perros. **in aois a trí bliana** a los tres años de edad. **trí déag** trece.

trí³, tríd *prep (ver tablas)*. a través de; entre; por. **bhí cosán ag dul tríd an bpáirc** había un sendero que cruzaba el parque. **is deacair gnó a dhéanamh trí Ghaeilge in Éirinn** es difícil hacer gestiones a través del irlandés en Irlanda. **trí shúile pháiste** a través de los ojos de un niño. **trí sheans** por casualidad. **trí dhearmad** por error. **tríd síos** completamente. **tríd is tríd** principalmente. **trína chéile** confuso.
triacla *m4* melaza.
triail I *f3* prueba, examen; intento; experimento; proceso judicial. **coinníodh i bpriosún gan triail é** lo encarcelaron sin juicio. **bain triail as** inténtalo. **triail aisteoireachta** audición. **triail tiomána** examen de conducir. **II** *vt, vi* probar, examinar; juzgar. **triail an chulaith sin ort** pruébate ese traje.
triaileadán *m1* tubo de ensayo, probeta.
trialach *adj* experimental.
triall I *m3* viaje, expedición. **cá bhfuil do thriall?** ¿adónde vas? **II** *vi* viajar.
trian *m1* tercio, tercera parte. **tá dhá thrian den leabhar léite agam** he leído dos tercios del libro.
triantán *m1* triángulo.
triantánach *adj* triangular.
triantánacht *f3* trigonometría.
triarach *adj* triple, triplicado.
tríbhliantúil *adj* trienal.
triblid *f2* ramo de flores.
tric *adj* rápido; repentino; frecuente.
trícheips *f2* tríceps.
tríchosach *m1* con tres patas.
tríd *(ver trí³.)*
trídhathach tricolor. **An Trídhathach** bandera nacional de Irlanda.
trídhuilleach *adj* con tres hojas.
tríleach *m1* vibración.
trilis *f2* trenza.
trillín *m4* carga, estorbo.
trilliún *m1* trillón, un millón de millones.
trilseach *adj* trenzado; plegado; brillante.
trilseachán *m1* rulo.
trilseán *m1* trenza; pliegue; antorcha.
 trilseán oinniún ristra de cebollas.
trilsigh *vt, vi* trenzar; plegar; brillar.
trilsín *m4* sarta.
trinse *m4* foso, zanja.
trioblóid *f2* pena, aflicción; problema, dificultad. **ní maith liom do thrioblóid** te acompaño en el sentimiento. **i dtrioblóid** en un apuro. **na Trioblóidí sa Tuaisceart** *el conflicto político de Irlanda del Norte*.
trioblóideach *adj* molesto, fastidioso; problemático, conflictivo.

tríocha *m* treinta. **tá dhá chontae is tríocha in Éirinn** Irlanda tiene treinta y dos condados.
tríochadú *m4 adj* trigésimo.
triológ *f2* trilogía.
triomach *m1* sequía.
triomacht *f3* sequedad, aridez.
triomadóir *m3* secador.
triomaigh *vt, vi* secar. **torthaí triomaithe** frutas secas.
Tríonóid *f2* trinidad. **Coláiste na Tríonóide** el colegio de la Santa Trinidad *(una de las universidades de Dublín)*.
triopall *m1* racimo, manojo; guirnalda. **triopall treapall** desorden, confusión.
triopallach *adj* agrupado, ordenado.
tríopas *m1* callos, menudo.
trípéad *m1* trípode.
triptic *f2* tríptico.
tríréad *m1* trío musical.
trírinn *f2* tridente.
trírothach *m1* triciclo.
trishleasach *adj* trilateral.
tristéal *m1* caballete.
tritheamh *m1* paroxismo, convulsión, ataque. **tritheamh casachtaí** ataque de tos.
tríthoiseach *adj* tridimensional.
tríú *adj* tercero. **an Tríú Domhan** el Tercer Mundo.
triuch *m3* tos ferina.
trí-uilleach *adj* triangular.
triúr *m1* tres personas. **a dtriúr iníonacha** sus tres hijas.
triúracht *f3* triunvirato.
triús *m1* pantalones.
trócaire *f4* compasión, misericordia. **go ndéana Dia trócaire uirthi** Dios se apiade de ella.
trócaireach *adj* compasivo, misericordioso.
troch *m3* miserable, desdichado.
trochailte *adj* debilitado, agotado; desdichado.
trochlaigh *vt, vi* desglosar, descomponer.
trochlú *m4* deterioro, decadencia; deshonra.
trodach *adj* combativo, peleón, pendenciero.
trodaí *m4* luchador, combatiente; camorrista.
tródam *m1* cordón policial.
trodán *m1* archivador.
troid I *f3* pelea, riña; combate, lucha. **II** *vt, vi* pelear, reñir; combatir, luchar. **throid a sheanathair i gcath Belchite** su abuelo luchó en la batalla de Belchite.
troigh *f2* pie, medida de aproximadamente treinta centímetros; paso.
troime *f4* pesadez.
troimpéad *m1* trompeta.
troimpléasc *f2* explosión.

troisc *vi* ayunar.
troiste *m4* trípode.
troitheach *m1* soldado de infantería, infante; peatón.
troitheán *m4* pedal.
troithín *m4* surco, agujero.
trom[1] *m4* sauce.
trom[2] *m4* peso; carga; masa; importancia. **tá trom na hoibre déanta cheana féin** la parte más sustanciosa del trabajo ya está hecha.
trom[3] *adj* pesado; importante. **cló trom** letra negrita.
tromaí *adj* pesado; grave; afligido.
tromaigh *vt, vi* añadir peso; intensificar.
tromaíocht *f3* condena, censura, regaño.
tromaíocht a dhéanamh ar dhuine culpar a alguien injustamente; regañar.
tromán *m1* pesa.
tromas *m1* opresión.
trombóis *f2* trombosis.
trombón *m1* trombón.
tromchroí *m4* melancolía.
tromchroíoch *adj* melancólico.
tromchúis *f2* asunto grave; gravedad, importancia.
tromchúiseach *adj* grave, serio; importante; presumido.
tromlach *m1* mayor parte, mayoría.
tromluí *m4* pesadilla.
trom-mheáchan *m2* peso pesado.
tromosna *f4* suspiro hondo.
tromshlua *m4* multitud.
tromshuan *m1* sueño profundo.
tromshúileach *adj* somnoliento, adormilado.
tromuisce *m4* agua pesada.
trópaic *f2* trópico. **Trópaic an Phortáin** el Trópico de Cáncer. **Trópaic an Ghabhair** el Trópico de Capricornio.
trópaiceach *adj* tropical.
trosc *m1* bacalao.
troscach *adj* en ayunas.
troscadh *m1* ayuno. **bheith i do throscadh** estar en ayunas.
troscán *m1* muebles. **ball troscáin** mueble.
trost *f2* golpazo, ruido sordo.
trostal *m1* ruido de pisadas, de cascos.
trostán *m1* bordón, bastón.
trua I *f4* lástima, compasión; desdicha. **tá trua agam dóibh** siento compasión por ellos. **glac trua dúinn** ten piedad en nosotros. **is mór an trua é sin** es una pena. **ba mhór an trua dá gcaillfeá an seans** sería una lástima que perdieras la oportunidad. **mo thrua** ¡ay! II *adj* lastimoso, miserable; magro. **chuala sí gáir trua** escuchó un llanto lastimero. **feoil thrua** carne magra.
truacánta *adj* lastimero, lastimoso.
truachroíoch *adj* compasivo.
truaigh *vt, vi* demacrarse; mermar.
truaill *f3* funda, cubierta; embalaje.
truaillí *adj* corrupto, contaminado; vil; avaro.
truailligh *vt* corromper, contaminar; profanar.
truaillíocht *f3* contaminación.
truaillitheach *adj* corruptible, contaminante.
truaillitheoir *m3* corruptor, contaminador.
truailliú *m4* corrupción; contaminación, polución. **féintruailliú** masturbación.
truaillmheasc *vt* adulterar.
truaínteacht *f3* habla lastimera.
truamhéala *f4* lástima, compasión.
truamhéalach *adj* lastimoso, patético.
truán *m1* persona miserable, desdichado.
truas *m1* cualidad de ser magro.
trúbadóir *m3* trovador.
trucaid *f2* mochila para soldados.
trucail *f2* carretilla, carreta. **trucailí** *pl* pertenencias.
truflais *f2* basura, deshechos.
truiceadóir *m3* embaucador; burlador.
truicear *m1* gatillo, disparador.
trúig *f2* causa, motivo.
truip *f2* viaje; excursión.
trúipéir *m3* soldado de caballería.
trumpa *m4* trompeta; guimbarda.
trumpadóir *m3* trompetista.
trunc *m3* tronco.
trup *m1* fragor, estruendo.
trúpa *m4* tropa.
truslóg *f2* salto; zancada.
trust[1] *m3* confianza.
trust[2] *vt* confiar.
trustúil *adj* fidedigno; digno de confianza.
tú *pron* 2 *p sg* tú, vos, usted. **ní thuigeann tú** no entiendes. **an bhfuil tú i do chónaí i mBuenos Aires nó i Montevideo?** ¿vos vivís en Buenos Aires o en Montevideo? **an raibh tú anseo inné?** ¿estuvo usted aquí ayer?
tua *f4* hacha.
tuadóir *m3* hachero.
tuaigh *vt* cortar a hachazos.
tuaileas *m1* presentimiento.
tuáille *m4* toalla.
tuailm *f2* muelle, resorte.
tuailnge *f4* aptitud.
tuaim *f3* túmulo, sepulcro.
tuaiplis *f2* disparate; equivocación.
tuaiplisiúil *adj* disparatado.
tuairgneach *adj* machacante.
tuairgnín *m4* escarabajo; mortero.

tuairim *f2* opinión. **cad é do thuairim faoi sin?** ¿qué opinas? **buille faoi thuairim** adivinanza, conjetura. **ar aon tuairim** de acuerdo. **tuairim a nochtadh** expresar una opinión. *usado como prep* alrededor de. **tuairim an ama sin** por esa hora.
tuairimeach *adj* especulativo; perspicaz.
tuairimigh *vt, vi* opinar; hacer conjeturas.
tuairimíocht *f3* suposición, especulación, conjetura.
tuairín *m4* parcela de hierba.
tuairisc *f2* información, noticias; informe. **bhí Seán ag cur do thuairisce** Juan preguntó por tí.
tuairisceoir *m3* reportero, corresponsal.
tuairisceoireacht *f3* periodismo.
tuairiscigh *vt* informar.
tuairisciúil *adj* descriptivo.
tuairt *f2* porrazo, golpe estrepitoso; choque, accidente de tránsito.
tuairteáil *vt* golpear, aporrear; chocar.
tuairteálach *adj* aporreado, abollado.
tuairteoir *m3* parachoques.
tuaisceart *m1* norte. **Tuaisceart na hÉireann** Irlanda del Norte; el norte de Irlanda.
tuaisceartach *adj* norteño, del norte, septentrional.
tuaitín *m4* paleto, campesino tosco.
tuama *m4* tumba, sepulcro; lápida.
tuamúil *adj* sepulcral.
tuar[1] *m1* augurio, presagio; pronóstico, predicción. **tuar ceatha** arco iris. **tuar na haimsire** pronóstico meteorológico. **tuar dóchais** señal esperanzadora *vt* augurar, presagiar; merecer. **ní féidir a bhfuil i ndán dúinn a thuar** no se puede predecir el futuro.
tuar[2] *vt, vi* blanquear; sazonar.
tuarascáil *f3* informe, descripción. **tuarascáil bhliantúil** informe anual.
tuarascálaí *m4* reportero, corresponsal.
tuarastal *m1* salario, sueldo, paga.
tuargain *vt* golpear, aporrear.
tuargaint *f3* golpeteo, aporreo.
tuarthach *adj* predictivo
tuarúil *adj* portentoso, que presagia; significativo; de mal agüero.
tuaslagadh *m* solución.
tuaslagán *m1* solución química.
tuaslagóir *m3* solvente.
tuaslaig *vt* disolver.
tuata *m4* lego *adj* laico, seglar.
tuath *f2* territorio; laicado; campo. **faoin tuath** en el campo. **Tuatha Dé Danann** la gente de la diosa Danu *(tribu legendaria de Irlanda)*.
tuathaigh *vt* secularizar.

tuathal *m1 adv* dirección equivocada; error. **an taobh tuathail** el lado equivocado.
tuathalach *adj* hacia la izquierda; desmañado, torpe.
tuathánach *m1* campesino.
tuathghríosóir *m3* demagogo.
tuathghríosú *m4* demagogia.
tuathúil *adj* rústico.
tubaiste *f4* calamidad, desastre.
tubaisteach *adj* calamitoso, desastroso, nefasto.
tufar *adj* maloliente.
tuga *m4* tirante; correa; remolcador.
tugtha *adj* agotado, gastado. **tugtha do** adicto, aficionado. **tá sí tugtha do litríocht na Colóime** es aficionada a la literatura colombiana.
tugthacht *f3* tendencia.
tuí *f4* paja.
tuig *vt, vi* comprender, darse cuenta. **ní thuigim tada** no entiendo nada. **tuigtear dom** tengo entendido.
tuige *inter, variante de* **cad chuige**. ¿por qué, ¿para qué?
tuil *vt, vi* inundar, anegar; llenar hasta rebosar.
tuile *f4* inundación; diluvio. **níl tuile dá mhéad nach dtránn** no hay mal que cien años dure.
tuill *vt* ganar, merecer, **tá sé tuillte agat** te lo mereces.
tuilleadh *m1* adición, incremento. **tuilleadh eolais** información adicional. **O** *empleado como adv* ya no, más. **níl siad le fáil a thuilleadh** ya no se pueden conseguir.
tuilleamaí *m4* dependencia, **bheith i dtuilleamaí duine** depender de alguien.
tuilleamh *m1* ganancia; sueldo; mérito.
tuillmheach *adj* productivo, lucrativo.
tuillteanach *adj* merecedor.
tuillteanas *m1* mérito, merecimiento.
tuilsoilsigh *vt* alumbrar, iluminar.
tuilsolas *m1* foco.
tuilteach *adj* desbordante, rebosante.
tuin *f3* tono, acento.
tuineach *f2* túnica.
tuineanta *adj* insistente, persistente.
tuinnín *m4* atún.
tuíodóir *m3* techador.
tuirbín *m4* turbina.
tuire *f4* sequedad, aridez; embotamiento.
tuireamh *m1* lamento fúnebre, llanto.
túirín[1] *m4* torrecilla.
túirín[2] *m4* sopera.
tuirling *vi* descender, apearse; aterrizar. **sular thuirling an t-eitleán** antes de que aterrizara el avión.
tuirlingt *f2* descenso, aterrizaje.
tuirne *m4* rueca, torno de hilar.

tuirnicéad *m1* torniquete.
tuirpintín *m4* trementina.
tuirse *f4* cansancio, fatiga. **an bhfuil tuirse ort?** ¿estás cansado?
tuirseach *adj* cansado, fatigado, harto.
tuirsigh *vt, vi* cansar, fatigar, hartar.
tuirsiúil *adj* cansino, fatigoso.
tuirtheacht *f3* historia, relato.
túis *f2* incienso.
túisce *adj comp adv* más pronto, antes; primero. **ba iad na hArabaigh an dream ba thúisce sa Leithinis Ibéarach a mbíodh filíocht á cumadh acu** los árabes fueron los primeros en escribir poesía en la Península Ibérica. **an rud is túisce a tharla** lo primero que pasó.
tuisceanach *adj* comprensivo; sabio; amable.
tuiscint *f3* comprensión; sabiduría; consideración.
tuiseal *m1* caso gramatical.
túiseán *m1* incensario.
tuisle[1] *m4* caída, tropiezo; desliz; percance.
tuisle[2] *m4* gozne, bisagra.
tuisleach *adj* vacilante, tambaleante.
tuisligh *vi* vacilar, tambalearse; temblar.
tuismeá *f4* horóscopo.
tuismigh *vt, vi* engendrar, procrear.
tuismitheoir *m3* padre; madre.
tuiste *m3* padre; madre.
túitín *m4* persona pesada.
tul *m1* protuberancia; parte saliente.
tulach *f2* altozano, montículo.
tulán *m1* montecillo, montículo.
túlán *m1* cazo.
tulca *m4* inundación; ola; ráfaga.
tulcach *adj* inundado.
tulchach *adj* montañoso, accidentado.
tulgharda *m4* avanzada, avanzadilla.
tulmhaisiú *m4* frontispicio.
tumadh *m* zambullida, inmersión; buceo.
tumadóir *m3* buzo.
tumaire *m4* buzo, submarinista.
tumoideachas *m1* inmersión lingüística.
tump *m3* golpe.
tundra *m4* tundra.
tunna *m4* tonel.
tur *adj* seco; soso, antipático. **bia tur** comida sosa.
túr *m1* torre.
turadh *m1* cese de la lluvia.
turas *m1* viaje; peregrinaje; circuito; ocasión. **turas na Croise** Estaciones del Vía Crucis. **d'aon turas** a propósito. **go**

n-éirí bhur dturas libh que tengan un buen viaje. **tabhair turas ar** visitar. **thug sé turas ar Toledo nuair a bhí sé ina mhac léinn i Maidrid** visitó Toledo en su época de estudiante en Madrid.
turasleabhar *m1* diario de navegación.
turasóir *m3* turista.
turasóireacht *f3* turismo. **turasóireacht ghníomhaíochta** turismo activo. **ionad turasóireachta** oficina de turismo. **tá borradh mór tagtha faoin turasóireacht siúlóide le déanaí** últimamente se ha producido un gran aumento en el turismo de senderismo. **fadhb mhór do na póilíní in áiteanna áirithe de Mheiriceá Theas ná an turasóireacht ghnéis** el turismo por sexo es un gran problema para la policía en varias partes de América Latina.
turban *m1* turbante.
turbard *m1* rodaballo.
turcaí *m4* pavo.
turcaid *f2* turquesa.
turcaidghorm *adj* color turquesa.
turcánta *adj* cruel.
turcántacht *f3* crueldad.
turgnamh *m1* experimento.
turnaimint *f2* torneo, justa.
turnamh *m1* caída, declive, baja.
turraing *f2* embestida; calambre, choque.
turraing leictreach descarga eléctrica.
turraingeach *adj* violento, impetuoso.
turscar *m1* correo basura, spam.
turtar *m1* tortuga.
tús *m1* comienzo, origen; precedencia. **ar dtús** al principio. **tús áite** lugar de honor. **tús béile** aperitivo. **ó thús** en un principio. **mar thús** para empezar. **i dtús báire** en primer lugar.
tusa *pron enf 2 p sg* tú, usted, vos. **nach tusa deartháir Mháire?** ¿no eres tú el hermano de María? **is tusa an saineolaí** usted es el experto.
túschan *vt* entonar.
túslitir *f* letra inicial.
tútach *adj* torpe, bruto, rústico, rudo.
tútachas *m1* torpeza, brusquedad.
tutaíl *f3* tartamudeo.
tutaire *m4* tartamudo.
tuth *f2* tufo, hedor.
tuthaire *m4* pedorrero.
tuthóg *f2* pedo.
tuthógach *adj* fétido.

U

U, u *m* letra U, **U fada** (*Ú*, *ú*) U larga.
-ú *sufijo empleado en la formación de adjetivos ordinales.* **seachtú** séptimo, **triú** tercero.
uabhar *m!* orgullo, arrogancia.
uachais *f2* madriguera, cubil.
uacht *f3* voluntad, testamento. **uacht a dhéanamh** hacer testamento. **fágáil le huacht** legar.
uachtaigh *vt* testar, legar.
uachtar *m!* cima, parte superior; superficie; crema, nata. **maireann na feithidí in uachtar an uisce** los insectos viven en la superficie del agua. **uachtar bainne** nata. **uachtar bearrtha** crema de afeitar. **uachtar coipthe** nata, crema de leche. **cáis uachtair** queso crema. **uachtar gréine** crema antisolar. **uachtar reoite** helado. **an lámh in uachtar** supremacía, dominio.
uachtarach *adj* superior, alto.
uachtarán *m!* presidente. **Uachtarán na hÉireann** presidente de Irlanda. **Áras an Uachtaráin** *residencia oficial del presidente de Irlanda.*
uachtaránacht *f3* presidencia; autoridad.
uachtarlann *f2* lechería, mantequería.
uachtarúil *adj* cremoso.
uachtóir *m3* testador.
uafar *adj* espantoso, horrible.
uafás *m!* horror, terror; atrocidad. **is mór an t-uafás é** ¡qué horror! **scannán uafáis** película de terror. **cuir uafás air** aterrar, espantar. ● *empleado como adv* abundancia, gran cantidad, **tá an t-uafás léite aige** ha leído muchísimo.
uafásach *adj* horrible, terrible; asombroso; enorme. **botún uafásach is ea é** es un error garrafal. **bhí slua uafásach ag an oscailt** había un montón de gente en la inauguración.
uaibhéalta *adj* boquiabierto, asombrado.
uaibhreach *adj* orgulloso, arrogante; tupido, exuberante.
uaiféalta *adj* horrible, espantoso
uaigh *f2* tumba.
uaigneach *adj* solitario, solo; remoto. **beidh mé uaigneach gan iad** les echaré de menos. **díthreabhach uaigneach** ermitaño.
uaigneas *m!* soledad, retiro. **is fearr an troid ná an t-uaigneas** mejor pelear con una persona que vivir sin ella. **bhí uaigneas orainn** nos sentimos solos.
uail *f2* grupo, bandada.
uaill[1] *f2* lamento, alarido.

uaill[2] *f2* vanidad; orgullo.
uaillbhreas *m3* exclamación.
uaillmhian *f2* ambición.
uaillmhianach *adj* ambicioso.
uaim I *f3* aliteración. **II** *vt* juntar, unir; coser.
uaimh *f2* cueva; zulo; sótano.
uaimheadóireacht *f3* espeleología.
uain *f2* ocasión, oportunidad; turno. **is é m'uain é** me toca a mí.
uainchlár *m!* lista de turnos.
uaine *adj* verde. **cóta uaine** abrigo verde. **súile uaine** ojos verdes.
uaineadh *m!* intervalo entre chubascos.
uaineoil *f3* carne de cordero.
uainíocht *f3* alternancia, rotación.
uair *f2* hora; vez. **ar feadh uaire** durante una hora. **in aghaidh na huaire** por hora. **bhíos trí huaire i gCaracas** estuve tres veces en Caracas. **cén uair?** ¿cuándo? ¿a qué hora? **uair nó dhó** una o dos veces. **ba é sin an chéad uair a chonaic mé í** esa fue la primera vez que la vi. **an uair dheireanach** la última vez. **ón uair desde que. mhair an chiréib uair go leith** la reyerta duró hora y media. **uaireanta** a veces. **uaireanta oibre solúbtha** horas de trabajo flexibles. **corruair** a cada rato.
uaireadóir *m3* reloj de pulsera.
uaisleacht *f3* nobleza, gentileza; elegancia.
uaisligh *vt* ennoblecer, elevar, exaltar.
ualach *m!* carga, peso. **tháinig siad ar ualach mór hearóine** descubrieron una carga grande de heroína.
ualaigh *vt* cargar.
uallach *adj* veleidoso; excitable.
uallachas *m!* veleidad; excitación; vanidad.
uallfairt *f2* aullido, alarido; gruñido.
uallfartach *f2* ruidoso, clamoroso.
uamach *adj* aliterado.
uamhan *m!* terror, miedo; objeto de terror. **uamhan clóis** claustrofobia. **uamhan sráide** agorafobia. **uamhan damhán alla** aracnofobia. **is uamhan liom me** temo que.
uamhnach *adj* terrible, espantoso; temeroso.
uamhnaigh *vt, vi* espantar, aterrar.
uan *m!* cordero, borrego. **Uan Dé** cordero de Dios.
uanach *adj* espumoso.
uanán *m!* espuma.
uas- *pref* máximo, superior.
uasaicme *f4* clase alta.

uasal

uasal I *m1* noble, caballero, persona de importancia social. **an tUasal Ó Dónaill** el Sr O'Donnell. **II** *adj* noble. **fear uasal** caballero. **bean uasal** dama, señora. **uasal ón gcoigríoch** dignitario extranjero. **a dhuine uasail** muy señor mío. **seasaigí a dhaoine uaisle** señoras y señores, pónganse de pie.
uasalathair *m5* patriarca.
uasalathartha *adj* patriarcal.
uascánta *adj* manso; ingenuo.
uaschamóg *f2* apóstrofe.
uaschúirt *f2* corte suprema.
uaslathach *adj* aristocrático.
uaslathaí *m4* aristócrata.
uaslathas *m1* aristocracia.
uasluas *m1* velocidad máxima.
uasta *adj* máximo.
uasteocht *f3* temperatura máxima.
uath- *pref* auto-; espontáneo.
uatha *m4* singular gramatical.
uathchóras *m1* sistema automatizado.
uathchóras diailithe sistema de marcado automático.
uathdhó *m4* combustión espontánea.
uathfheidhmeach *adj* automático.
uath-imdhíonachta *adj* autoinmune.
uathlathach *adj* autocrático.
uathlathaí *m4* autócrata.
uathlathas *m1* autocracia.
uathoibreán *m1* autómata.
uathoibríoch *adj* automático.
uathoibriú *m4* automoción.
uathphíolóta *m4* piloto automático.
uathúil *adj* único.
ubh *f2* huevo. **uibheacha bhruite** huevos cocidos. **ubh fhriochta** huevo frito. **blaosc uibhe** cáscara. **ubh daite** cascarón.
ubhach *adj* oval.
ubhagán *m1* ovario.
úbhal *m1* úvula.
ubhán *m1* óvulo.
ubhchruthach *adj* oval.
ubhchupán *m1* huevero.
ubhsceitheadh *m* ovulación.
ubhthoradh *m1* berenjena.
ucht *m3* pecho, senos; regazo. **mac uchta** hijo adoptivo. **gadhairín uchta** perrito faldero. **as ucht** por. **go raibh maith agaibh as ucht bheith linn inniu** gracias por estar hoy con nosotros.
uchtach *m1* coraje; esperanza.
uchtaigh *vi* adoptar.
uchtbhalla *m4* parapeto.
uchtleanbh *m1* hijo adoptado.
uchtóg *f2* brazada.
uchtú *m* adopción.
uchtúil *adj* valiente, animoso.

uimhriú

úd I *adj dem* aquel; dicho. **an lá úd** aquel día. **II** *m1* ensayo (*en rugby*).
údar *m1* autor; origen; experto; motivo. **cé hé údar an leabhair sin?** ¿quién es el autor de ese libro? **is údar imní dúinn** nos preocupa.
údarach *adj* auténtico.
údaracht *f3* autenticidad.
údaraigh *vt* autorizar; causar.
údarás *m1* autoridad. **údarás áitiúil** autoridad local. **Údarás na Gaeltachta** organización estatal para el desarrollo de las zonas de habla irlandesa. **na húdaráis i Maidrid** las autoridades en Madrid.
údarásach *adj* autoritario; experto.
ugach *m1* ánimo, valor, coraje.
uibheagán *m1* tortilla de huevos.
uige *f4* tejido, tela; gasa.
uile *s adv* todo. **gach uile dhuine** todos. **go huile** por completo. **bhíomar uile sásta** todos quedamos contentos. **gach uile bhliain** todos los años.
uilechoiteann *adj* universal.
uilechumhachtach *adj* omnipotente, todopoderoso. **an tAthair Uilechumhachtach** el Padre Todopoderoso.
uilefheasach *adj* omnisciente.
uilefhios *m3* omnisciencia.
uileghabhálach *adj* amplio, comprensivo.
uileláithreach *adj* omnipresente, ubícuo.
uileloscadh *m* holocausto.
uilig *adv* totalmente, en total.
uilíoch *adj* universal.
uilíocht *f3* universalidad.
uilleach *adj* angular.
uillinn *f2* codo; esquina; ángulo. **uillinn a uillinn** cogidos del brazo. **uillinn a thabhairt** dar un codazo. **cathaoir uilleann** sillón. **píob uilleann** gaita de codo. **cibé uillinn óna bhféachann tú air** lo mires como lo mires. **na huillinneacha urchomhaireacha** los ángulos opuestos. **géaruillinn** ángulo agudo. **maoluillinn** ángulo obtuso.
uillinntomhas *m1* transportador de ángulos.
úim *f3* arreos; equipo, aparejo. **úmacha** *pl* alforjas.
uimhearthacht *f3* rudimentos de aritmética.
uimhir *f5* número, cifra. **uimhir a cúig** número cinco. **Uimhir Aitheantais Phearsanta** código, clave (*equivalente al número de seguridad social*).
uimhirphláta *m4* matrícula, placa.
uimhrigh *vt, vi* numerar.
uimhríocht *f3* aritmética.
uimhríochtúil *adj* aritmético.
uimhriú *m* numeración.

uimhriúil *adj* numérico.
úinéir *m3* dueño, propietario.
úinéireacht *f3* propiedad.
úir *f2* tierra, suelo.
uirbeach *adj* urbano.
úire *f3* frescura, novedad.
uireasa *f4* falta, deficiencia; ausencia.
uireasach *adj* falto, deficiente; indigente.
úirí *f4* testículo.
úirinéal *m1* urinario
uiríseal *adj* humilde; vil; servil.
uirísle *f4* humildad; bajeza; servilismo.
uirísligh *vt* humillar, rebajar, degradar.
uirísliú *m* humillación, degradación.
uirlis *f2* herramienta, utensilio.
uisce *m4* agua. **tá uisce de dhith ar na plandaí** toca regar las matas. **uisce beatha** whisky. **uisce goirt** agua salada. **uisce mianra** agua mineral. **uisce faoi thalamh** engaño. **madra uisce** nutria. **uisce coisricthe** agua bendita.
uisceadán *m1* acuario.
Uisceadóir *m3* **an tUisceadóir** Acuario.
uiscealach *m1* bebida floja.
uiscedhath *m3* acuarela.
uiscedhíonach *adj* impermeable, a prueba de agua.
uiscerian *m1* acueducto.
uiscigh *vt* regar, irrigar.
uisciú *m* irrigación.
uisciúil *adj* acuoso, húmedo.
uisciúlacht *f3* humedad.
uiséir *m3* ujier; acomodador.
uisinn *f2* sien.
úisiúil *adj* insincero.
úithín *m4* quiste.
ula *f4* sepulcro; osario. **ula mhagaidh** objeto de burla.
Ulaidh *pl* **cúige Uladh** provincia del Ulster. **tá roinnt mhaith cosúlachtaí idir Gaeilge Uladh agus Gaeilge na hAlban** hay una cantidad de semblanzas entre el irlandés del Ulster y el gaélico escocés.
ulán *m1* bloque de piedra, canto rodado.
ulcha *f4* barba.
ulchabhán *m1* buho.
ulchach *adj* barbudo.
úll *m1* manzana; esfera; articulación. **úll gráinneach** granada. **úll na haithne** la fruta prohibida. **úll na scornaí** nuez de la garganta. **úll na leise** cadera.
ullamh *adj* preparado, dispuesto, listo. **bí ullamh** prepárate. **an bhfuil an béile ullamh?** ¿está lista la comida?
ullmhaigh *vt, vi* preparar, hacer preparativos.
ullmhúchán *m1* preparación, preparativo.
úllóg *f2* tortita de manzana.

úllord *m1* manzanar, huerto.
ulóg *f2* polea.
ulpóg *f2* enfermedad infecciosa.
ultach[1] *m1* brazada; carga.
Ultach[2] *m1* oriundo de la provincia del Ulster.
ultra(i)- *pref* ultra-.
ultraivialait *adj* ultravioleta.
um *prep* por, en; sobre; para. **um thráthnóna** por la tarde. **um Cháisc** en Pascua. **An Choiste um Oideachas agus Eolaíocht** el comité para la ciencia y la educación. **Scoil um Staidéar Bhanaltrachta** Escuela de Enfermería. **uime sin** por eso.
úmadóir *m3* talabartero, guarnicionero.
umar *m1* abrevadero; pila, fregadero. **umar baiste** pila bautismal. **umar ola** oleoducto.
umha *m4* cobre; bronce.
umhal *adj* humilde; obediente, leal. **capall umhal** caballo dócil. **umhal do Rí na Spáinne** leal al Rey de España.
umhlaigh *vt, vi* humillar; inclinarse, arrodillarse. **umhlú do thoil duine** ceder al deseo de alguien.
umhlaíocht *f3* humildad; obediencia. **umhlaíocht do na sinsir** respeto por los mayores.
umhlóid *f2* sumisión; flexibilidad. **ag déanamh umhlóide** haciendo ejercicios físicos.
umhlú *m* genuflexión, reverencia; sumisión.
uncail *m4* tío.
únfairt *f2* acción de revolcarse; rodar.
ung *vt* ungir.
ungadh *m* ungüento, pomada. **ungadh éadain** crema facial. **ungadh glasluibhe** gaultería.
ungthach I *m1* ungido. **II** *adj* untuoso; grasiento.
unlas *m1* torno.
unsa *m4* onza.
upa *f4* hechizo, bebedizo.
ur- *pref* pre-, ante-.
úr *adj* fresco; nuevo; flamante. **bainne úr** leche fresca. **aer úr** aire fresco. **níl cuma ró-úr ar an saileád sin** esa ensalada no se ve tan fresca. **An Domhan Úr** el Nuevo Mundo, América. **glasraí úra** verduras frescas. **is maith an smaoineamh luibheanna úra a chaitheamh isteach san anraith** es buena idea echar hierbas frescas en la sopa.
úrach[1] *m1* madera verde.
úrach[2] *adj* úrico.
uraiceacht *m3* rudimentos.
uraigh *vt* eclipsar.
úraigh *vt, vi* refrescar, limpiar.

úráiniam *m4* uranio.
Uránas *m1* Urano.
úrbhacáilte *adj* recién horneado.
urbholg *m1* barriga.
urbhruinne *f4* pecho.
úrchaomhnaigh *vt* conservar, enlatar.
urchar *m1* tiro, disparo, balazo. **urchar a scaoileadh** disparar un tiro. **urchar folamh** bala de salva.
urchóid *f2* daño; maldad.
urchóideach *adj* dañino, maligno.
urchomhaireach *adj* opuesto, contrario.
urchosc *m1* profiláctico, preservativo, condón.
urchuil *f2* grillo.
urdhún *m1* bastión, baluarte.
urghabh *vt* confiscar.
urghabháil *f3* embargo.
urghaire *f4* orden, requerimiento; interdicto.
urgharda *m4* vanguardia.
urghnách *adj* extraordinario. **cruinniú urghnách** sesión extraordinaria.
urghráinigh *vt* odiar, aborrecer.
urghránna *adj* horroroso.
urla *m4* bucle; mechón; mango; extremo. **urla tí** alero de la casa.
urlabhra *f4* habla; facultad de hablar; dicción; lenguaje. **gan aithne gan urlabhra** inconsciente; en coma. **bac urlabhra** impedimento del habla.
urlabhraí *m4* portavoz.
urlabhraíocht *f3* articulación.
urlacan *m1* vómito.
urlaic *vt, vi* vomitar.
urlámhas *m1* control; jurisdicción, autoridad.
urlár *m1* piso; superficie plana. **an chéad urlár** la primera planta. **teach dhá urláir** casa de dos pisos.
úrleathar *m1* cuero sin curtir.
urlios *m3* portal, antepatio.
urnaí *f4* oración, rezo.
urnaitheach *adj* piadoso, devoto.
úrnua *adj* nuevo, flamante; fresco. **go húrnua** de nuevo.
úrnuacht *f3* frescura, novedad.
urphost *m1* avanzadilla.
urra *m4* garantía, fianza; fiador. **faoi urra** garantizado. **téigh in urra** avalar.
urraigh *vt* ser fiador o garante de algo, garantizar.
urraim *f2* respeto, estima.
urraíocht *f3* fianza; apoyo económico; patrocinio.

urramach *m1* reverendo. **an tUrramach Steel Dickson** el reverendo Steel Dickson *adj* respetuoso; respetado, reverenciado.
urramacht *f3* respeto, reverencia.
urramaigh *vt* respetar, reverenciar.
urrann *f2* compartimento.
urróg *f2* sacudida, empujón.
urrúnta *adj* fuerte, robusto.
urrúntacht *f3* fortaleza, robustez.
urrús *m1* seguridad, garantía; fuerza; confianza.
urrúsach *adj* fuerte; confiado; atrevido.
ursain *f2* jamba, quicio.
ursal *m1* tenazas.
urscaoil *vt* descargar.
úrscéal *m1* novela. **úrscéal bleachtaireachta** novela policíaca.
úrscéalaí *m4* novelista.
úrscéalaíocht *f3* género novelístico.
urtheilgean *m1* hipérbole.
urthimpeall *m1* alrededores.
urthrá *f4* playa.
urú *m4* eclipse; cambio consonántico en ciertos entornos gramaticales. **urú gealaí** eclipse lunar.
úrú *m* refrigerio.
ús *m1* interés monetario. **ráta úis** tipo de interés.
úsáid I *f2* uso. **ní bhaintear úsáid as riamh** nunca se usa. **II** *vt* usar. **ná húsáid iad gar don lasair** no usar cerca de la llama.
úsáideach *adj* útil; provechoso.
úsáideoir *m3* consumidor, usuario.
úsáidí *f4* utilidad.
úsáidire *m4* usuario.
úsaire *m4* usurero.
úsaireacht *f3* usura.
úsc I *m1* sustancia aceitosa. **II** *vt, vi* rezumar; rebosar.
úscach *m1* grasiento, grasoso, adiposo; jugoso.
úscadh *m* sudoración.
úscra *m4* extracto, esencia.
úspánta *adj* torpe, patoso.
útamáil *f3* manoseo, palpamiento; chapucería; cachondeo.
útamálaí *m4* chapucero, persona que trabaja toscamente, persona desmañada.
útaras *m1* útero.
úth *m3* ubre.
útóipe *f4* utopía.
utóipeach *adj* utópico

V

V, v *m* letra V.
vác *m4* graznido.
vácarnach *f2* acción de graznar.
vacsaín *f2* vacuna.
vacsaínigh *vt* vacunar. **iarrtar ar thuismitheoirí a gcuid leanaí a vacsaíniú** se les pide a los padres hacer vacunar a sus hijos.
vacsaíniú *m* vacunación.
vaidhtéir *m3* padrino de boda; **vaidhtéir cuain** guardacostas.
vaigín *m4* furgón; carro, coche. **bhí ceithre chapall faoin vaigín** cuatro caballos tiraban del carro.
vaighd *s* **imithe i vaighd** perdido por completo.
vailintín *m4* tarjeta del día de San Valentín; novio.
vaimpír *f2* vampiro.
válcaeireacht *f3* paseo.
vallait *f2* cartera.
válsa *m4* vals.
válsáil *vi* bailar un vals.
vardrús *m1* guardarropa, ropero.
vása *m4* jarrón. **vása ó Ré Ríshliocht Mhing** jarrón Ming.
vasáilleach *m1*, *adj* vasallo.
vásta *m4* derroche, despilfarro.
vástáil *vt* derrochar, gastar.
vástchóta *m4* chaleco.
vata *m4* vatio.
Vatacáin *f2* Vaticano. **Dara Comhairle na Vatacáine** Concilio Vaticano Segundo.
vatacht *f3* potencia en vatios.
veain *f4* furgoneta.
vearanda *m4* balcón.
vearnais *f2* barniz.
véarsa *m4* estrofa; verso.
véarsaíocht *f3* versificación; verso.
veasailín *m4* vaselina.
veicteoir *m3* vector.
veidheal *f2* viola.
veidhleadóir *m3* violinista.
veidhleadóireacht *f3* acción de tocar el violín.
veidhlín *m4* violín.
veigeatóir *m3* vegetariano.
veilbhit *f2* terciopelo.
veilbhitín *m4* aterciopelado.
veiliúr *m1* velvetón.
Véineas *f4* Venus.
veirteabrach *m1*, *adj* vertebrado.
veist *f2* chaleco; camiseta. **veist cheangail camisa de fuerza.**

vinil *f2* vinilo.
vióla *f4* viola.
víosa *f4* visado, visa.
víreach *adj* viral.
víreas *m1* virus. **víreas is bun leis** está causado por un virus.
vitimín *m4* vitamina. **saillte, vitimíní, agus mianraí** sales, vitaminas y minerales.
vitrial *m1* vitriolo.
volta *m4* voltio.
voltaiméadar *m1* voltímetro.
voltas *m1* voltaje.
vóta *m4* voto. **thug mé mo chéad vóta dó** le voté como número uno.
vótáil *f3* votación, escrutinio *vt*, *vi* votar.
vótálaí *m4* votante.

W

W, w *m* letra W.
wigwam *m4* wigwam.

X

X, x *m* letra X.
x-gha *m4* rayos x.
x-ghathaigh *vt* hacer una radiografía.
x-ghathú *m4* radiografía.
xileafón *m1* xilófono.

Y

Y, y *m* letra Y.
yóyó *m4* yo-yo.

Z

Z, z *m* letra Z.
zó-eolaíocht *f3* zoología.
zú *m4* zoo.

Breves Apuntes sobre la Gramática del Irlandés

Tabla I: Pronombres Preposicionales

El irlandés posee un sistema de pronombres que se combinan con preposiciones. Es un poco parecido a la palabra *contigo* en español, que combina una variante del pronombre *tú* con la preposición *con*. En irlandés la preposición cambia según el pronombre que le corresponde. Hay siete formas: 1a, 2a, 3a personas del singular (con formas femeninas y masculinas de la tercera persona), más 1a, 2a y 3a personas del plural.

ag	**ar**	**as**	**chuig**
agam	orm	asam	chugam
agat	ort	asat	chugat
aige	air	as	chuige
aici	uirthi	aisti	chuici
againn	orainn	asainn	chugainn
agaibh	oraibh	asaibh	chugaibh
acu	orthu	astu	chucu

de	**do**	**faoi**	**le**
díom	dom	fúm	liom
díot	duit	fút	leat
de	dó	faoi	leis
di	di	fúithi	léi
dínn	dúinn	fúinn	linn
díbh	daoibh	fúibh	libh
díobh	dóibh	fúthu	leo

roimh	**thar**	**ó**	**idir**
romham	tharam	uaim	—
romhat	tharat	uait	—
roimhe	thairis	uaidh	—
roimpi	thairsti	uaithi	—
romhainn	tharainn	uainn	eadrainn
romhaibh	tharaibh	uaibh	eadraibh
rompu	tharstu	uathu	eatarthu

i	**trí**	**um**	
ionam	tríom	umam	
ionat	tríot	umat	
ann	tríd	uime	
inti	tríth	uimpi	
ionainn	trínn	umainn	
ionaibh	tríbh	umaibh	
iontu	tríothu	umpu	

Foclóir Gaeilge-Spáinnise

Tabla II: Comparativo de Algunos Adjetivos Irregulares

mór	níos/is **mó**
beag	níos/is **lú**
maith	níos/is **fearr**
olc	níos/is **measa**
furasta	níos/is **fusa**
te	níos/is **teo**
gearr	níos/is **giorra**
iomaí	níos/is **lia**
fada	níos/is **faide/sia**
ionúin	níos/is **ionúine/ansa**
tréan	níos/is **tréine/treise**
deacair	níos/is **deacra**

Tabla III: Verbos Irregulares

Hay un número reducido de verbos irregulares en irlandés. A continuación damos los elementos principales de cada uno. En la mayoría de los casos se puede predecir la negación y/o la forma interrogativa, ya que siguen las mismas reglas que los verbos regulares. En los escasos casos donde no siguen la estructura típica del verbo damos las formas negativa e interrogativa. Citamos ejemplos que usan el pronombre **sí**.

	abair	beir	clois
Pres. de indic.	**deir sí**	**beireann sí**	**cloiseann sí**
Pasado	**dúirt sí**	**rug sí**	**chuala sí**
Pasado habitual	**deireadh sí**	**bheireadh sí**	**chloiseadh sí**
Futuro	**déarfaidh sí**	**béarfaidh sí**	**cloisfidh sí**
Condicional	**déarfadh sí**	**bhéarfadh sí**	**chloisfeadh sí**
Pres. de subj.	**go ndeire sí**	**go mbeire sí**	**go gcloise sí**
Nombre verbal	**rá**	**breith**	**cloisint**
Part. pasado	**ráite**	**beirthe**	**cloiste**

Diccionario Irlandés-Español

	déan	faigh	feic
Pres. de indic.	déanann sí	faigheann sí	feiceann sí
Pasado	rinne sí	fuair sí	chonaic sí
	ní dhearna sí	ní bhfuair sí	ní fhaca sí
	an ndearna sí?	an bhfuair sí?	an bhfaca sí?
Pas. habitual	dhéanadh sí	d'fhaigheadh sí	d'fheiceadh sí
Futuro	déanfaidh sí	gheobhaidh sí	feicfidh sí
	ní bhfaighidh sí —	—	
Pres. de subj.	dhéanfadh sí	go bhfaighe sí	go bhfeice sí
Condicional	go ndéana sí	gheobhadh sí	d'fheicfeadh sí
	ní bhfaigheadh sí —	—	
Nombre verbal	déanamh	fáil	feiceáil
Part. pasado	déanta	faighte	feicthe

	ith	tabhair	tar
Pres. de indic.	itheann sí	tugann sí	tagann sí
Pasado	d'ith sí	thug sí	tháinig sí
Pas. habit.	d'itheadh sí	thugadh sí	thagadh sí
Futuro	íosfaidh	tabharfaidh	tiocfaidh sí
Pres. de subj.	go n-ithe sí	go dtuga sí	go dtaga
Condicional	d'íosfadh sí	thabharfadh	thiocfadh
Nombre verbal	ithe	tabhairt	teacht
Part. pasado	ite	tugtha	tagtha

	téigh	bí	is (AN CHOPAIL)
Pres. de indic.	téann sí	tá sí	is, neg. ní
	—	níl sí	nach
	—	an bhfuil sí?	an?
Pasado	chuaigh sí	bhí sí	ba
	ní dheachaigh sí	ní raibh sí	neg. níor(bh)
	an ndeachaigh sí?	an raibh sí?	ar(bh)?
			neg. nár(bh)?
Pas. habit.	théadh sí	bhíodh sí	
Futuro	rachaidh sí	beidh sí	
Pres. de subj.	go dté sí	go raibh sí	
Condicional	rachadh sí	bheadh sí	
Nombre verbal	dul	bheith	
Part. pasado	dulta	—	

Foclóir Gaeilge-Spáinnise

Tabla IV: Declinaciones del Nombre

La estructura morfológica del nombre en irlandés es bastante complicada. Se suele analizar los nombres según los cambios que sufren en ciertos entornos sintácticos. Estos son los casos gramaticales y el singular y plural. Los adjetivos igualmente cambian de forma según su función gramatical. A continuación damos una esquema que puede ser útil como referencia inicial, aunque el dominio del sustantivo irlandés solo se consigue con esfuerzo y práctica.

Primera Declinación

Pertenecen a la primera declinación los nombres masculinos que acaban en consonante abierta (**leathan**). La consonante final se cierra (**caol**) para formar el genitivo singular. Algunas palabras de la primera declinación: **milseán, séipéal, amhrán, capall, asal, páipéar, bád, pictiúr, bothar, éan, leabhar, rothar.**

	Singular	Plural
Nominativo	**an bád**	**na báid**
Genitivo	**seol an bháid**	**seolta na mbád**
Dativo	**ar an mbád**	**ar na báid**

Cambios vocálicos en el genitivo singular:

ea > i	airgead > airgid, ceann > cinn, fear > fir
éa > éi	léann > léinn, páipéar > páipéir
ia > éi	cliabh > cléibh, iasc > éisc
io > í	díon > dín, líon > lín

Segunda Declinación

Pertenecen a la segunda declinación los nombres femeninos que acaban en consonante. Para formar el genitivo singular se añade **-e** a la consonante final, estrechando dicha consonante si es necesario. El artículo definido que se emplea en este caso es **na**. Algunas palabras de la segunda declinación: **cuileog, póg, duilleog, leabharlann, clann, cloch, long, scuab, slat, srón, saotharlann.**

	Singular	Plural
Nominativo	**an fhuinneog**	**na fuinneoga**
Genitivo	**gloine na bhfuinneog**	**gloine na bhfuinneoga**
Dativo	**ar an bhfuinneog**	**ar na fuinneoga**

Diccionario Irlandés-Español

Tercera Declinación
Esta declinación está formada por nombres masculinos y femeninos, aunque la mayoría son masculinos. Todos los nombres terminan en consonante. El genitivo singular acaba en **-a**. Los nombres personales que terminan en **-aeir**, **-éir**, **-eoir**, **-óir**, **-úir** son masculinos. Algunos ejemplos: **cuairteoir**, **fiaclóir**, **bádóir**, **múinteoir**, **feirmeoir**, **aisteoir**, **eagarthóir**.

	Singular	Plural
Nominativo	an bádóir	na bádóirí
Genitivo	teach an bhádóra	tithe na mbádóirí
Dativo	ar an mbádóir	ar na mbádóirí

Las palabras polisilábicas que terminan en **-cht** son femininas. Ejemplos: **beannacht**, **carthanacht**, **filíocht**, **cumhacht**, **poblacht**.

	Singular	Plural
Nominativo	an chumhacht	na cumhachtaí
Genitivo	méid na cumhachta	méid na gcumhachtaí
Dativo	ar an gcumhacht	ag na cumhachtaí

Cuarta Declinación
La mayoría de palabras que pertenecen a esta declinación son masculinas. Algunas de ellas terminan en vocal, otras en consonante y otras terminan en **-ín**. Las siguientes terminaciones son típicas para el plural: **-i**, **-te**, **-ta**, **-the**, **-cha**, **-nna**. Palabras que terminan en **-ín** y emplean **-í** para la formación del plural: **báidín**, **báisín**, **caipín**, **dreoilín**, **toitín**, **coinín**.

	Singular	Plural
Nominativo	an coinín	na coiníní
Genitivo	ceann an choinín	cinn na gcoiníní
Dativo	ar an gcoinín	ag na coiníní

Palabras masculinas que terminan en vocal. Ejemplos: **file**, **cluiche**, **bata**, **garda**, **pionta**, **uisce**, **oráiste**, **cóta**. Palabras femeninas que terminan en vocal. Ejemplos: **gloine**, **beatha**, **sláinte**, **eagla**, **cuisle**.

	Singular	Plural
Nominativo	an file	na filí
Genitivo	teach an fhile	tithe na bhfilí
Dativo	ar an bhfile	ag na filí

Foclóir Gaeilge-Spáinnise

Quinta Declinación
Pocas palabras pertenecen a esta declinación. La mayoría son femininas. Algunas de estas palabras acaban en **-il**, **-in**, **-ir**. Otras terminan en vocal. Algunas palabras de la quinta declinación: **beoir**, **cathair**, **litir**, **mainistir**, **eochair**.

	Singular	*Plural*
Nominativo	**an chathair**	**na cathracha**
Genitivo	**lár na cathrach**	**lár na gcathracha**
Dativo	**sa chathair**	**sna cathracha**

Refranes • Seanfhocail

El irlandés tanto como el español dispone de una gran abundancia de refranes y sabiduría popular. A continuación ofrecemos una selección de refranes en las dos lenguas:

A buen entendedor pocas palabras.
Is ionann comhrá agus éisteacht.

A buen hambre no hay pan duro
Is maith an t-anlann an t-ocras

A caballo regalado no le mires el dentado
Ná féachtar fiacla an chapaill a bhronntar

Al que madruga, Dios le ayuda
Bí go moch i do shuí is go luath i do luí, is ní fada go mbeidh tú chomh saibhir le rí

Al buen amigo le prueba el peligro
Aithnítear cara i gcruathán

Antes que acabes, no te alabes
Mol an lá um thráthnóna.

Aunque la mona se vista de seda, mona se queda.
Cuir síoda ar ghabhar ach is gabhar i gcónaí é.

Bueno y barato no caben en un saco
Ceannaigh drochrud agus bí gan aon rud

Cada día no es sábado.
Ní lá aonaigh chuile lá.

Cayendo se aprende a andar.
As an gcleachtadh a thigeas an fhoghlaim

Cría cuervos y te sacarán los ojos
Drochubh, drochéan

Cuando el río suena, piedras lleva
Ní bhíonn deatach gan tine.

Foclóir Gaeilge-Spáinnise

Dios que da la llaga, da la medicina
Níor dhún Dia doras gan ceann eile a oscailt

De grandes cenas están las sepulturas llenas
Nollaig bhreá a dhéanann reilig teann

De una mentira, nacen ciento
Cothaíonn bréag bréaga

Del agua mansa, líbreme Dios, que del agua brava me libro yo
Seachain an duine a bhíonn ina thost

Del dicho al hecho hay gran trecho
Ní breac go port é

Dios los cría y ellos se juntan
Faigheann an tseanbhróg an seanstoca

El amigo en adversidad es amigo en realidad
Aithnítear cara i gcruatan

El hábito hace el monje
Is é an duine an t-éadach

El hijo de la gata, ratones mata
Cad a dhéanfadh mac an chait ach luch a mharú?

En boca cerrada no entran moscas
Is binn béal ina thost

En casa del herrero cuchillo de palo
Ba mhinic drochbhróg ar ghréasaí

En el país de los ciegos el tuerto es el rey
I dtír na ndall is rí é fear na leathshúile

El que sube como palma baja como coco
Ní íseal ná uasal ach thíos seal agus thuas seal

Entre gustos no hay disgustos
Ní lia duine ná tuairim

Diccionario Irlandés-Español

Hombre prevenido vale por dos
Is fearr a bheith cinnte ná caillte

Indio comido, indio ido.
Ní chuimhnítear ar an arán atá ite

La que por la calle pasa, es mejor que la de mi casa
Bíonn adharca fada ar na ba thar lear

La cabra tira al monte
Briseann an dúchas trí shúile an chait

La necesidad agudiza el ingenio
Múineann gá seift

Las verdades duelen.
Bíonn an fhírinne searbh

Más vale la salud que el dinero
Is fearr an sláinte ná na táinte

Más vale maña que fuerza
An té nach bhfuil láidir ní foláir dó a bheith glic

Más vale pájaro en mano que cien volando
Is fearr éan ar láimh ná dhá éan ar an gcraobh

Más vale tarde que nunca
Is fearr go mall ná go brách

Más vale un 'te doy' que mil 'te daré'
Is fearr seo dhuit amháin ná dhá gheobhaidh tú

Mientras en mi casa estoy rey soy
Is leor don dreoilín a nead

No des la hacienda antes de morir, que los tuyos te harán sufrir
Tabhair do chuid dod' chomharsan is bí féin id' óinseach

No es más rico quien más tiene, sino quien menos necesita
Is fearr bothán lán ná caisleán folamh

Foclóir Gaeilge-Spáinnise

No hay mal que cien años dure.
Níl cogadh dá mhéid nach mbíonn síocháin ina dhiaidh

Nadie es profeta en su tierra
Ní fáidh duine ina dhúiche féin

Obra empezada, medio acabada
Tús maith, leath na hoibre

Ovejas bobas, por donde anda una, andan todas
Nuair a chacann gé, cacann na géanna uilig

Palabras sin obras, guitarras sin cuerdas
Glór ard, gníomh beag

Perro que ladre no muerde
Is í an toirneach a scanraíonn ach an tintreach a mharaíonn

Pobre que tiene amigos llámase rico
Ní easpa go díth carad

Poco a poco se va lejos
I ndiaidh a chéile a dhéantar na caisleáin

Por la boca muere el pez
Is minic a bhris béal duine a shrón

Por los hijos se conocen los padres
Mar a bhíos an cú mar a bheidh an coileán

Quien no tiene valor, que tenga buenos pies
Is fearr rith maith ná drochsheasamh

Quien tiene boca se equivoca
Ní bhíonn saoi gan locht

Quien la hace la paga
Filleann an feall ar an bhfeallaire

Todo tiene remedio, menos la muerte
Níl luibh nó leigheas in aghaidh an bháis

Diccionario Irlandés-Español

Un dedo no hace mano, pero ayuda a sus hermanos
Ní neart go cur le chéile

Una retirada a tiempo es una victoria
Is fearr rith maith ná drochsheasamh

Vístame despacio que voy de prisa
Nuair is mó deifir is ea is mó moill

Asimismo, hay una antigua tradición de expresiones proverbiales o de sabiduría popular que se presentan en grupos de tres elementos:

- **Trí ní nach féidir a cheilt: tart, tochas, agus ocras.**

- **Trí ní nach mothaítear ag teacht: cíos, aois, agus féasóg.**

- **Tri rud faoin ól; é a ól, é a iompar, agus é a íoc**

- **Trí shaghas fir nach féidir leo mná a thuiscint: fir óga, fir aosta, agus fir mheánaosta**

- **Trí thréithe na Féinne: glaine ár gcroí, neart ár ngéag, is beart de réir ár mbriathar**

- **Trí bhua an duine shona: fál, faire, agus mochéirí**

- **Triúr nach bhfeicfidh solas na bhflaitheas choíche: aingeal uaibhreach, páiste gan bhaisteadh, céile sagairt**

- **Trí rud nach bhfágann rian: éinín ar an gcraobh, breac ar an linn, grá mná ar chroí fir**

- **Trí chomhartha an amadáin: fead, feirc, is fiafraí**

Cnuasach Logainmeacha: Tíortha
Selección de Topónimos: países

Airgintín, an *f2* Argentina
Albain *f* Escocia
Andóra *m4* Andorra
Araib Shádach, an *f2* Arabia Saudita
Astráil, an *f2* Australia
Beilg; an Bheilg *f2* Bélgica
Beilís; an Bheilís *f2* Belice
Bolaiv; an Bholaiv *f2* Bolivia
Brasaíl; an Bhrasaíl *f2* Brasil
Breatain Bheag; an Bhreatain Bheag *f2* Gales
Breatain Mhór; an Bhreatain Mhór *f2* Gran Bretaña
Briotáin; an Bhriotáin *f2* Bretaña
Catalóin; an Chatalóin *f2* Cataluña
Ciúba *m4* Cuba
Colóim; an Cholóim *f2* Colombia
Danmhairg, an *f2* Dinamarca
Eacuadóir *m4* Ecuador
Eilbhéis, an *f2* Suiza
Éire *f* Irlanda
Fionlainn; an Fhionlainn *f2* Finlandia
Frainc; an Fhrainc *f2* Francia
Gailís; an Ghailís *f2* Galicia
Gréig; an Ghréig *f2* Grecia
Guáin; an Ghuáin *f2* Guyana
Guatamala *m4* Guatemala
Guine Mheánchiorclach; an Ghuine Mheánchiorclach *f* Guinea Ecuatorial
Háití *f4* Haití
Hondúras *m4* Honduras
India, an *f4* India
Iodáil, an *f2* Italia
Iorua, an *f4* Noruega
Ísiltír, an *f2* Países Bajos
Meicsiceo *m4* México
Nicearagua *m4* Nicaragua
Oileán na Trionóide *m1* Trinidad
Palaistín; an Phalaistín *f2* Palestina
Panama *m4* Panamá
Paragua *m4* Paraguay
Peiriú *m4* Perú
Poblacht Dhoiminiceach; an Phoblacht Dhoiminiceach *f3* la República Dominicana
Portaingéil; an Phortaingéil *f2* Portugal
Rúis, an *f2* Rusia
Salvadóir; an tSalvadóir *f2* El Salvador
Sasana *m* Inglaterra
Seapáin; an tSeapáin *f2* Japón
Sile; an tSile *f2* Chile
Spáinn, an *f2* España
Stáit Aontaithe Mheiriceá *pl* Estados Unidos de América
Sualainn; an tSualainn *f2* Suecia
Tír na mBascach País Vasco, Euskal Herria
Urugua *m4* Uruguay
Veiniséala *m4* Venezuela

Logainmeacha eile
Otros Topónimos

Afraic, an *f2* Africa
Aigéan Atlantach; an tAigéan Atlantach *m1* Océano Atlántico
Aigéan Ciúin; an tAigéan Ciúin Océano Pacífico
Aindéis; na hAindéis *pl* los Andes
Áis, an *f2* Asia
Andalúis, an *f2* Andalucía
Antartach; an tAntartach *m1* Antártida
Artach; an tArtach *m1* el Artico
Bá na Bioscáine el Golfo de Vizcaya
Baile Átha Cliath *m* Dublín
Cairib; Muir Chairib *f3* el Caribe
Caistíl; an Chaistíl *f2* Castilla
Cathair na Cruinne A Coruña
Dún Éadain *m1* Edimburgo
Eas Angel *m3* Salto Ángel
foraois bháistí *f2* selva tropical
Londain *f* Londres
meánchiorcal, an *m* el ecuador
Meánmhuir; an Mheánmhuir *f3* el Mediterráneo
Muir Éireann *f3* el Mar de Irlanda
Moscó *m4* Moscú
Murascaill Mheicsiceo *f2* Golfo de México
Nua-Eabhrac *m4* Nueva York
Meiriceá *m4* América
Meiriceá Láir *m4* Ámerica Central
Mol Theas, an *m* el Polo Sur
Mol Thuaidh, an *m* el Polo Norte
Oileáin Aintillí; na hIndiacha Thiar *pl* Las Antillas
Oileáin Bhailéaracha *pl* Islas Baleares
Oileáin Chanáracha *pl* Islas Canarias
Oileáin Fháclainne *pl* Islas Malvinas
Oileáin Galápagos *pl* Islas Galápagos
Oranócó, an *m* el Orinoco
Patagóin; an Phatagóin *f2* Patagonia
Piréiní, na *pl* los Pirineos
Portó Ríce *m* Puerto Rico
Rinn an Choirn *f2* Cabo de Hornos
Róimh, an *f2* Roma
Tír Bheannaithe, an *f2* La Tierra Santa
Tuaisceart Éireann *m* Irlanda del Norte